説文解字繫傳

上

【漢】許 慎 撰
【南唐】徐 鍇 傳釋

上海古籍出版社

圖書在版編目（CIP）數據

説文解字繫傳 /（漢）許慎撰；（南唐）徐鍇傳釋．上海：上海古籍出版社，2024.9．——ISBN 978－7－5732－1288－7

Ⅰ．H161

中國國家版本館 CIP 數據核字第 20244MOS18 號

説文解字繫傳

（漢）許慎　撰

（南唐）徐鍇　傳釋

上海古籍出版社出版發行

（上海市閔行區號景路 159 弄 1–5 號 A 座 5F　郵政編碼 201101）

（1）網址：www.guji.com.cn

（2）E-mail：guji1@guji.com.cn

（3）易文網網址：www.ewen.co

上海盛通时代印刷有限公司印刷

開本 890×1240　1/32　印張 42.875　插頁 10

2024 年 9 月第 1 版　2024 年 9 月第 1 次印刷

ISBN 978－7－5732－1288－7

H·280　定價：198.00 元

影印説明

董婧宸

東漢許慎撰《説文解字》十五卷，是一部以五百四十部爲綱，全面分析小篆形體並説解本字本義的小學專書。南唐時期，徐鍇據《説文解字》原本，附以注釋，撰成《説文解字繫傳》四十卷，世稱「小徐本」，亦稱《繫傳》；徐鍇另取《説文》所記，略存詁訓，次以《切韻》，輯成《説文解字韻譜》十卷，世稱《韻譜》。北宋初年，徐鉉等人奉詔校定《説文解字》，次爲《説文解字》三十卷，世稱「大徐本」，通稱《説文》。

徐鍇《説文解字繫傳》四十卷，卷一至三十爲《通釋》，署「文林郎守秘書省校書郎臣徐鍇傳釋，朝散大夫行秘書省校書郎臣朱翺反切」。卷三十一至四十，署「文林郎守秘書省校書郎臣徐鍇撰」。據《資治通鑑》卷二九一記載，徐鍇於南唐保大十一年（九五三）貶爲校書郎，分司東都，《繫傳》成書約在此時，時徐鍇三十四歲。徐鍇之兄徐鉉曾在《説文解字韻譜序》中説，《繫傳》旨在「考先賢之微言，暢許氏之玄旨，正陽冰之新義，折流俗之異耑，文字之學善矣盡矣」。在《説文》的版本流傳中，小徐本《繫傳》既是第一部全面發明許書的專書，又保留了不少祖出寫本時代的篆形和説解，具有重要的學術價值。

一

徐鍇《説文解字繫傳》在兩宋的流傳與刊刻，與宋代的館閣校勘有着密切的關聯。太平興國三年（九七八），建崇文院，下有昭文、史館、集賢院，「蓄天下圖書，延四方賢俊」。端拱元年（九八八），置秘閣，遂有館閣之稱。元豐五年（一〇八二），改崇文院爲秘書省。

北宋雍熙三年（九八六），徐鉉等人奉詔校定《説文解字》，曾據集書正副本及徐鉉等人家藏之書備加詳考，下國子監刊版，其中引録徐鍇《繫傳》之説，題以「徐鍇曰」。雍熙四年（九八七），徐鉉對徐鍇《説文解字韻譜》「殊有補益」，並「取此書刊於尺牘，使模印流行」，撰寫《韻譜後序》。〔一〕徐鉉《説文》和徐鍇《韻譜》在雍熙年間已先後刊版，唯徐鍇《繫傳》在北宋時期似未付刻，始終以抄本流傳。景祐元年（一〇三四）至慶曆元年（一〇四一）編成的《崇文總目》，著録有「《説文解字繫傳》三十八卷」。嘉祐四年

〔一〕參徐鉉《重修説文序》《韻譜後序》，《徐公文集》卷二三。

（一〇五九），校勘館閣書籍，置館閣編定書籍官，集賢校理蘇頌、太常博士張次立曾參與校定典籍。〔一〕今本《繫傳》書後有熙寧二年（一〇六九）蘇頌（子容）跋文，追述「嘉祐中予編定集賢書籍」之事，又《繫傳》部分文字和部首下，有張次立「臣次立曰」、「臣次立案」之案語，〔二〕説明蘇頌、張次立曾參與了嘉祐時期館閣校勘《繫傳》的工作。此後，葉夢得又自蘇頌處傳録《繫傳》。〔三〕

降及南宋，館閣藏書散亂，《説文》和《韻譜》在南宋初期當已重刻，唯《繫傳》流傳不廣。〔四〕孝宗時期，李燾留意小學，曾托時在館閣的尤袤、吕祖謙等人尋訪《繫傳》。《繫傳》

〔一〕參《玉海》卷五二「嘉祐編定書籍・昭文館書」條。此外，張次立長於小學，還曾參與嘉祐年間的石經校勘和《類篇》校勘。

〔二〕《繫傳》「藍、苗、台」等字下，及「玉、丨、艸、牛、口、辵、金、斗、車、阜、酉」諸部下，有「臣次立曰」「臣次立案」之案語。

〔三〕葉夢得撰，宇文紹奕考異《石林燕語》卷十：「余頃從蘇借《繫傳》，蘇語及此，亦自志於《繫傳》之末。」中華書局，一九八四年，第一五六頁。

〔四〕今所傳宋本《説文解字》，祖出北宋監本，約刻於南宋初年，並迭經宋元修版，參董婧宸《宋元遞修小字本〈説文解字〉版本考——兼考元代西湖書院的兩次版片修補》，《勵耘語言學刊》二〇一九年第一期。《説文解字韻譜》十卷本，南宋初年當亦有刻本，參淳熙年間李燾《説文解字五音韻譜序》：「今《韻譜》或刻諸學官，而《繫傳》迄莫光顯。余蒐訪歲久，僅得七八，闕卷誤字，無所是正，每用太息。」

書後尤袤乾道九年（一一七三）跋：

余暇日整比三館亂書，得南唐徐楚金《説文繫傳》，愛其博洽有根據，而一半斷爛，不可讀。會江西漕劉文潛以書來，言李仁甫託訪此書，乃從葉石林氏借得之。方傳録未竟，而余有補外之命，遂令小子槩於舟中補足。此本得於蘇魏公家，而訛舛尚多，當是未經校理也。乾道癸巳十月廿四日，尤袤題。

時李燾（仁甫）知瀘州，尤袤爲秘書省著作郎，劉焞（文潛）爲江南西路轉運判官。李燾托劉焞向尤袤尋訪《繫傳》，尤袤因三館亂書中的《繫傳》，乃「一半斷爛，不可讀」，遂自葉夢得家借得祖出蘇頌（魏公）家的《繫傳》，傳録迻寫，然因尤袤此年出知台州，遂令其子尤槩在舟中補抄。淳熙五年（一一七八），吕祖謙致書李燾，曾有三札言及《繫傳》：

徐鍇《通釋》紹興本，近方得之。比館中本，闕十卷。蓋此書本名《説文繫傳》，各分子門，其前三十卷謂之《通釋》，乃印本所有；後十卷各别有名，乃印本所無。今謹抄録送去。但此本蠹蝕闕字極多，若得暇以《説文》參校，義理亦可推尋也。

《通釋》比從姚倉求本，會其行部，猶未送到，當更趣之。所闕卷數，比因館中修《書目》，却尋得全本，但有脱方字處極多，當併録呈次。

《説文繫傳》非特校對草草，政以元本斷爛，每行滅去數字，故尤難讀。若得精小學

者，以許氏《説文》參繹，恐猶可補也。〔一〕

案，札中「姚倉」當爲姚宗之，時提舉兩浙東路常平，治所在紹興。時李燾出知常德，編次《説文解字五音韻譜》，故着力搜訪《繫傳》。吕祖謙則因李燾之薦，歷任秘書省秘書郎、著作佐郎、著作郎，並在館中參編《中興館閣書目》。吕祖謙指出，《繫傳》曾有「《通釋》紹興本」之印本，僅刻《通釋》三十卷，而無《繫傳》後十卷，吕祖謙也托任職紹興的姚宗之尋訪《通釋》，然尚未送到；吕祖謙另因編修《中興館閣書目》，訪得館中《繫傳》四十卷之本，然館中之本「蠹蝕闕字極多」，「有脱方字處極多」，「每行滅去數字，故尤難讀」。吕祖謙設法抄録，寄呈李燾。又據王應麟《困學紀聞》：「徐楚金《説文繫傳》有《通釋》《部敘》《通論》《祛妄》《類聚》《錯綜》《疑義》《系述》等篇，吕太史謂：『元本斷爛，每行滅去數字，故尤難讀。若得精小學者，以許氏《説文》參繹，恐猶可補也。』今浙東所刊，得本於石林葉氏，蘇魏公本也。」〔二〕大約在光宗、寧宗年間，兩浙東路刊行《繫傳》四十卷，蘇頌、尤袤跋文，當附刊

〔一〕吕祖謙《與李侍郎（仁甫）》（二、三、五），《東萊吕太史外集》卷五。相關繫年，參杜海軍《吕祖謙年譜》，中華書局，二〇〇七年；〔日〕白石將人《説文文本演變考：以宋代校訂爲中心》，中華書局，二〇二一年。

〔二〕王應麟撰，孫通海整理《困學紀聞》卷八《小學》，大象出版社，二〇一九年，第三四一頁。

於書後。[一]最終，歷經北宋嘉祐時期蘇頌、張次立的館閣校勘和南宋前期葉夢得、尤袤的流傳校録，《繫傳》定型爲今傳的宋槧面貌。

就著録和卷帙而言，書志和文獻中，多題徐鍇《説文解字繫傳》，偶有題作《通釋》，如徐鉉《韻譜前序》言「楚金又集《通釋》四十篇」，又《宋史·藝文志》同時著録「《説文解字繫傳》四十卷」和「《説文解字通釋》四十卷」，實則是誤以小題冠作大題。徐鍇《繫傳》原爲四十卷，北宋慶曆元年《崇文總目》、南宋鄭樵《通志·藝文略》著録作三十八卷，結合《繫傳》末蘇頌「舊闕二十五、三十共二卷，俟别求補寫」的題識來看，知北宋館閣庋藏的《繫傳》，闕卷二五及卷三十。南宋淳熙五年《中興館閣書目》、南宋陳振孫《直齋書録解題》著録作四十卷，又《玉海》卷四四言「（《繫傳》）今亡第二十五卷」。結合相關文獻可知，南宋館閣收藏和刊版流傳的《繫傳》，已補爲四十卷。[二]其中，卷三十爲許慎《説文解字敘》，《繫傳》存宋刻且

[一]《繫傳》書後蘇頌跋文，今存卷四十葉三之宋刻版葉，行款爲半葉七行，行十四字，與《繫傳》其餘各卷同。然存世《繫傳》各本中尤袤跋，皆爲補抄，行款均作半葉七行，行十七字（外每行上空二字），與《繫傳》其餘各卷不同，疑刊刻時據尤袤手書上版。

[二]尤袤《遂初堂書目》著録有「徐鍇《説文》」，未言卷數，當與館閣秘籍有關；陳振孫《直齋書録解題》著録版本，則與寧宗、理宗時流通刻本有關，可參馬楠《〈直齋書録解題〉與宋代刻本》，《古典文獻研究》第二十一輯下卷，凤凰出版社，二〇一八年。

有徐鍇注，或爲《通釋》紹興本已有。卷二五，《繫傳》各抄本結銜皆署徐鍇傳釋、朱翱反切，訓釋、説解、注語則出徐鉉校定《説文》，也就是説，徐鍇《繫傳》卷二五名存而實亡。唯此卷篆形多與《韻譜》十卷本相合，不與大徐《説文》一致，情形較爲特殊。〔一〕王應麟《急就篇補注》，徵引《繫傳》六十餘處；黄公紹、熊忠《古今韻會舉要》，以《禮部韻略》爲藍本，依次增入《説文》《廣韻》《玉篇》等字書韻書，多取徐鍇《繫傳》之説。然考二書所據，實亦南宋以來經張次立校勘、卷二五已亡之《繫傳》，〔二〕這也從側面反映出《繫傳》在宋元之際的流傳情況。

二

《説文解字繫傳》殘宋本，今藏國家圖書館（善三七四八），共四册。其中，第一册爲抄

〔一〕案，《繫傳》卷二五「繭、紹、綫、繳、蠆、蚳、虹、蠭、風」等字的正篆或重文，《繫傳》抄本與《韻譜》十卷本同，與《説文》不同。

〔二〕清儒校勘《繫傳》，每取《韻會》所引《繫傳》爲據。特别是段玉裁作《汲古閣説文訂》《説文解字注》，言《韻會》所引《説文》，未經張次立校改，且卷二五所見尚完。然結合《繫傳》在兩宋時期的文獻流傳，詳考《韻會》所引《説文》及《繫傳》，可知段氏之説不確。

本，傳爲趙宧光手録，内容爲《繫傳》卷二九，卷端題「説文解字敘目第一」「繫傳一」，卷末署「説文解字敘目第二十九」，[一]版心單白魚尾，葉一至葉二一，魚尾下書「敘目一」及葉碼；葉二二，魚尾下書「通釋敘目一」及葉碼。第二册至第四册爲宋刻殘卷，分別爲《繫傳》卷三十至三三、卷三四至三六、卷三七至卷四十，半葉七行，行十四字，白口，左右雙邊，版心單黑魚尾，魚尾下有「通釋三十」「部敘三十一」等及葉碼、刻工。版框高二一・九釐米，寬一五・九釐米。宋刻至卷四十葉三止，其後有補抄三葉，版心單白魚尾，亦傳爲趙宧光手録。葉四、五爲蘇頌跋的後半部分，版心分別書「系述四十」及葉碼「四」、「系述」及葉碼「五」。葉六爲尤袤跋，版心書「繫傳尾」及葉碼「一」。

宋本《説文解字繫傳》避諱至「慎」字，未見「惇、擴」等字，刻工有陳礼（礼）、顧昌（昌）、顧祐（祐、佑）、許才（才）、許成之、文。其中，顧昌、顧祐、許成之爲紹興十一年（一一四一）兩浙東路茶鹽司刻本《舊唐書》的南宋中期補版刻工，許才參與刊刻紹熙二年

[一] 案，《繫傳》卷二十九之卷端及卷尾題名，《繫傳》抄本互有出入。趙宧光本、朱筠抄本卷二十九卷端題「説文解字敘目第一」，卷尾則題「説文解字敘目第二十九」，翁方綱抄本卷二十九卷端題「説文解字敘目上」，卷尾題「説文解字通釋第二十九」，錢曾本卷二十九卷端、卷尾題「説文解字敘目第二十九」。

（一一九一）會稽郡齋刻本《鮑氏國策》、紹熙三年兩浙東路茶鹽司刻本《禮記正義》，顧祐、許成之參與刊刻慶元六年（一二〇〇）兩浙東路茶鹽司刻本《春秋左傳正義》和南宋中期八行本《孟子註疏解經》。〔一〕結合刻風、避諱、刻工和王應麟等人記述看，今傳的宋本《繫傳》，當即王應麟所述的「浙東刻本」，殆爲南宋光宗寧宗年間兩浙東路之刻本。〔二〕

就《繫傳》殘宋本的遞藏、傳録和傳校而言，刻本各册首葉，鈐有明人沈邦謨（伯宏）之「沈邦謨印」朱白方（「邦」反朱）、「沈印邦謨」白方、「沈伯宏父」白方、「伯」「宏」朱方連珠印、

〔一〕以上各本的刻工和刻年，皆經筆者調查和覆核。其中，結合相關文獻可知，《舊唐書》刻於紹興十一年，然從印面來看，此本經過南宋中期修補，顧昌、顧祐、許成之、許文、陳濟等刻工，爲南宋中期補版刻工。相關版本和刻工，可參（日）尾崎康著，（日）喬秀巖、王鏗譯《正史宋元版之研究》，中華書局，二〇一八年；董岑仕、董婧宸《紹興越刻本〈資治通鑑外紀〉〈舊唐書〉〈兩漢紀〉刊人考》（待刊）；張麗娟《宋代經書注疏刊刻研究》，北京大學出版社，二〇一三年；李霖《宋本群經義疏的編校與刊印》，中華書局，二〇一八年。

〔二〕北京圖書館《中國版刻圖録（修訂版）》：「宋諱缺筆至『愼』字。刻工『顧祐、許成之』又刻越州本《春秋左氏傳正義》，因知此書當是孝宗朝杭州地區官版。」文物出版社，一九六一年，第一四頁。按，根據相關同見刻工來看，《繫傳》的刻地當在兩浙東路茶鹽司所在的紹興府而非杭州；《繫傳》的刻年上限爲孝宗時期，更可能是光宗寧宗年間。

「沈氏悳侯」白方、「沈隱侯印」白方。抄本、刻本各卷卷端及卷二九葉十，鈐有明趙宧光（凡夫）「吴郡趙頤光家經籍」白方。趙宧光《説文長箋凡例・字書得失例》：

徐氏《繫傳》各篇，其《通釋》已亡，惟存其目，或者即叔重十五篇，釐爲二十八，併敘爲三十卷，似矣。其《部敘》，則《敘卦》之法，以五百四十部爲貫珠，中多彊説，又闕漏三十餘字，顛倒二三節，余爲悉攷《説文》元本補竄，且省其詞，不爲勉通，以傳疑焉。詳其文勢，當通篇匀寫，後之淺夫，截作大小篆真二體，遂譌不成讀。曾覓宋本，相同此失，知錯亂已久。其《通論》亦同前失。其《祛妄》，先已言之，不贅。若《類聚》《錯綜》《疑義》三篇，可毋閲也。首所載許氏敘表等文，比他本校詳，不似《説文》《韻譜》二家謬略。

由此可知，趙宧光收藏時，已爲殘本。又趙宧光《説文長箋》中，《説文解字敘》《説文解字部敘》曾參考《繫傳》之《敘目》，正文中偶有引及《繫傳》，亦不出今存的抄本、刻本範圍。〔一〕乾嘉之際，殘宋本曾與毛氏汲古閣抄本《繫傳》一起，藏於顧之逵（抱冲）小讀

〔一〕如《説文長箋》中，「殳、迹」條見《繫傳》卷二九《敘目》，「沓」條見卷三五《通論》，「袁、弢」條見卷三六《祛妄》，「藹」條見卷三八《錯綜》等。

書堆，[一]顧之逵並未在該本上鈐印。嘉慶二年（一七九七）顧之逵去世後，此本又入藏黄丕烈百宋一廛。顧廣圻撰、黄丕烈注《百宋一廛賦》云：「殘本《説文繫傳》，每半葉七行，每行大十四字，小廿二字。所存起《通釋》之第三十至末，凡十一卷。寒山趙頤光家舊物也。」[二]黄丕烈亦未在該本上鈐印，《求古居宋本書目》著録。卷三十首葉，鈐有顧廣圻（千里）之「顧千里經眼記」朱長。顧廣圻爲顧之逵從弟，黄丕烈西賓。嘉慶初年，顧廣圻曾據顧之逵藏的毛氏汲古閣抄本《繫傳》録副，並在録副抄本的卷二九之卷端，摹録了趙宧光之藏印。嘉道之際，殘宋本入藏汪士鐘（閬原）藝芸書舍，抄本、刻本各册首葉，鈐有汪士鐘「汪士鐘藏」白長，《藝芸書舍宋元本書目》著録。道光十七年（一八三七），祁寯藻任江蘇學政，經李兆洛介紹，自顧廣圻孫顧瑞清處借得顧廣圻抄本《繫傳》，又自汪士鐘處借得殘宋本《繫傳》卷三十至四十的宋刻部分，在暨陽書院設局翻雕。殘宋本後歸瞿氏鐵琴銅劍樓，卷二九、三十卷端及卷四十末鈐有瞿氏「鐵琴銅劍樓」白方，卷三十卷端另鈐有瞿

〔一〕鈕樹玉《匪石日記鈔》乾隆五十九年（一七九四）四月二十日日記：「抱冲手劄云有宋本《繫傳》，即往觀。惜只存三十至四十卷，上有趙凡夫圖記並手鈔後敘。余爲代校五卷，其行款與顧氏所藏抄本正同，而亦有錯亂處。」

〔二〕顧廣圻撰，黄丕烈注《百宋一廛賦》，嘉慶十年（一八〇五）士禮居刻本。

鏞「子雔金石」白方，《鐵琴銅劍樓藏書目》著録。今藏國家圖書館。

三

《説文解字繫傳》宋本，目前僅有殘宋本一帙，而無足本存世。清代以來，曾有多部與宋本行款基本相同的《繫傳》抄本流傳，並深遠地影響了清代《説文》的版本流傳和《説文》研究。根據篆文和説解是否足備，《繫傳》抄本可以分爲足本、缺本兩個系統。足本系統的《繫傳》抄本，篆文字頭、徐鍇説解大多足備。〔一〕缺本系統的《繫傳》抄本，卷十至二十有較爲集中的篆文丢失、徐鍇注語脱漏的情況。〔二〕

清代前期，缺本系統的《繫傳》抄本的流傳更爲廣泛。乾隆三十五年（一七七〇）前後，

〔一〕根據文獻記載和今存版本可知，《繫傳》足本系統抄本，亦間有整葉缺葉。如錢曾本卷二十脱去一葉，《心部》「恐」至《惢部》「惢」諸字有脱文，又書後無尤袤跋文一葉；毛氏汲古閣抄本卷十一脱去七葉，《木部》「橄」至「校」、「櫱」至「棐」諸字有脱文。

〔二〕《繫傳》缺本系統抄本，其篆文缺失可參朱文藻《説文繫傳考異》。如㒳、㡀、月、歈、次、㫒、鬼、象諸部，整部脱去；又《禾部》「稙種」等十二篆、《疒部》「痛瘇」等九篆、《尸部》「屖屏層」三篆，字頭脱去；此外，又有徐鍇注語脱漏等。

朱文藻在杭州作《説文繫傳考異》時借得的朱文游抄本、郁陛宣抄本、徐堅抄本，及四庫館開館前後在京師流傳的四庫底本、翁方綱抄本、朱筠抄本、王杰抄本、丁杰抄本，皆爲缺本系統的《繫傳》抄本。乾隆四十七年（一七八二）刊成的汪啓淑刻本《説文解字繫傳》，以翁方綱抄本《繫傳》爲主要底本，篆形又多取毛刻剜改本《説文解字》。足本系統的《繫傳》抄本，僅在江南一帶流傳，包括毛氏汲古閣抄本、錢曾抄本、錢楚殷抄本。從交游來看，毛晉、毛扆父子和錢曾、錢沅（楚殷）父子，既有姻親關係，又嘗互通書籍，故這些足本系統的《繫傳》抄本，當有同源關係。嘉慶初年，顧廣圻以時藏顧之逵處的毛氏汲古閣抄本爲底本，並據時藏黄丕烈處的錢楚殷抄本校補，録副爲顧廣圻抄本。道光十九年（一八三九）刊成的祁寯藻刻本《説文解字繫傳》，以顧廣圻抄本《繫傳》和殘宋本《繫傳》爲主要底本，刊刻時又參考了大徐本《説文解字》、段玉裁《説文解字注》等書，對個别篆形、説解和反切作了校改。〔一〕

〔一〕關於《繫傳》缺本系統和足本系統抄本的傳録、校勘和刊刻，參董婧宸《汪啓淑刻本〈説文解字繫傳〉刊刻考》（《經學文獻研究集刊》二〇一九年第二輯）、《祁寯藻本〈説文解字繫傳〉刊刻考》（《北京大學中國古文獻研究中心集刊》第一八輯，北京大學出版社，二〇一九年）、《從抄本到刻本：祁寯藻刻本〈説文解字繫傳〉篆形改動考》（《中國古典學》第四卷，北京大學出版社，二〇二三年）等。

時至今日，足本系統的《繫傳》抄本中，毛氏汲古閣抄本、錢楚殷抄本、顧廣圻抄本均下落不知。唯有乾嘉時期流傳不顯的錢曾述古堂抄本（臺圖〇〇九二二）巋然獨存。錢曾抄本《繫傳》共四十卷，十册，藍色書衣，内無欄格，版心上題卷第，自「繫傳通釋卷一」至「繫傳通釋卷四十」止，中記葉次，下題「虞山錢遵王述古堂藏書」。〔一〕《述古堂藏書目》著録作「宋板影抄」，錢曾《讀書敏求記》「徐鍇《説文解字繫傳》四十卷」條云：「此等書應有神物訶護，留心籍氏者勿謂述古書庫中無驚人秘笈也。」咸同時期，該本爲郁松年（泰峰）插架，首尾鈐有郁松年「泰峰借讀」朱方、「田耕堂藏」朱方，《宜稼堂書目》著録。同治初年，轉歸丁日昌（禹生）收藏，《持静齋書目》著録，丁日昌並未鈐印。民國初年，轉歸張鈞衡（石銘）、張乃熊（芹伯）父子收藏，首尾鈐有張乃熊「菦圃收藏」朱方，《適園藏書志》《菦圃善本書目》著録。與同自《繫傳》足本而出的祁寯藻刻本《説文解字繫傳》相較，錢曾抄本《繫傳》固然難免抄寫之譌，但其中保留了不少《繫傳》篆形和説解的舊貌，彌足珍貴。

〔一〕需要指出的是，錢曾抄本《繫傳》版心卷第，一概作「繫傳通釋」，與殘宋本版心據各卷題名，分别作「通釋」「部敘」「通論」等不同。又錢曾抄本《繫傳》卷三八、卷四十爲半葉八行，卷三九末「説文解字疑義卷第三十九」字抄入葉二。以上三卷，錢曾抄本較殘宋本及其他清抄本各少一葉，行款不同，當爲錢曾抄本的行款改易。

四

一九一九年至一九二一年，商務印書館出版《四部叢刊》，經部收録《説文解字繫傳》八册，以時藏張鈞衡適園的錢曾述古堂抄本《繫傳》爲底本，套以欄格並影印出版。各册書籤題「説文解字繫傳」及册數，内封題「説文繫傳通釋／四部叢刊經部」，牌記署「上海涵芬樓借烏程張氏適園藏述古堂景宋寫本景印，原書板匡高營造尺六寸五分，寬四寸八分」，書後附葉德輝一九二一年中秋撰寫的跋文一篇，敘述《繫傳》抄本的遞藏始末及其特點。

一九二九年，商務印書館出版《四部叢刊》第二次影印本，並對《説文解字繫傳》的部分底本作了更换：卷一至卷二九，沿襲第一次影印本之貌，以錢曾抄本《繫傳》爲底本並套印欄格；卷三十至卷四十，改以時藏瞿啓甲鐵琴銅劍樓的殘宋本中的宋刻部分（並書後趙宧光補抄題跋三葉）爲底本。各册書籤及内封不變，牌記改署「上海涵芬樓借烏程張氏藏述古堂景宋寫本古里瞿氏藏宋刊本合印，原書版心高營造尺六寸半强，寬四寸八分」。《中國版刻圖録》在《説文解字繫傳》條下所説的「《四部叢刊》印本，即據此帙影印」，所指實即《四部叢刊》第二次影印本。

在《説文解字繫傳》的歷代傳本中，相較於汪啓淑刻本以缺本系統爲底本、祁寯藻刻本别據大徐本和段注改竄，《四部叢刊》第二次影印本所收的錢曾抄本和殘宋本《繫傳》，在《繫傳》各本中，具有較高的版本價值。長期以來，由於該本收入《四部叢刊》叢書，未見單行，故在《説文》和《繫傳》的研究和整理中，並未得到充分利用。上海古籍出版社擬據《四部叢刊》第二次影印本出版，爰綴數言，略述《繫傳》源流，不當之處，懇請讀者不吝賜教。

甲辰歲夏於京師爾雅居

目録

影印説明　董婧宸……一

上册

卷一

一部……一
丄部……三
示部……八
三部……一七
王部……一七
玉部……一九
珏部……三七
气部……三七
士部……三八
丨部……三九

卷二

中部……四一
艸部……四三
蓐部……八九
茻部……九〇

卷三

小部……九三
八部……九四
釆部……九五
半部……九六
牛部……九七
犛部……一〇一
告部……一〇一

口部……一〇二
凵部……一一七
吅部……一一七
哭部……一一八
走部……一一九
止部……一二五
癶部……一二六
步部……一二七
此部……一二八

卷四

正部……一二九
是部……一三〇
辵部……一三〇
彳部……一四一
廴部……一四六

㢟部……一四六
行部……一四七
齒部……一四八
牙部……一五二
足部……一五二
疋部……一五九
品部……一六〇
龠部……一六〇
冊部……一六一

卷五

㗊部……一六三
舌部……一六四
干部……一六五
谷部……一六五
只部……一六六

㕯部…………一六七
句部…………一六七
丩部…………一六八
古部…………一六九
十部…………一六九
卅部…………一七一
言部…………一七一
誩部…………一九四
音部…………一九五
䇂部…………一九六
丵部…………一九六
菐部…………一九八
廾部…………一九九
𠬜部…………二〇一
共部…………二〇二
異部…………二〇二
舁部…………二〇三

卷六

𦥑部…………二〇五
晨部…………二〇六
爨部…………二〇七
革部…………二〇七
鬲部…………二一四
䰜部…………二一六
爪部…………二一八
丮部…………二一九
鬥部…………二三〇
又部…………二三一
𠂇部…………二三五
史部…………二三六

支部……二二六
𦘒部……二二六
聿部……二二七
畫部……二二八
隶部……二二九
臤部……二二九
臣部……二三〇
殳部……二三〇
殺部……二三三
几部……二三三
寸部……二三四
皮部……二三五
㼱部……二三六
攴部……二三七
教部……二四三
卜部……二四四
用部……二四五
爻部……二四六
㸚部……二四六

卷七

旻部……二四九
目部……二五〇
䀠部……二六〇
眉部……二六一
盾部……二六一
自部……二六二
白部……二六二
鼻部……二六三
皕部……二六四
習部……二六五

羽部……二六五
隹部……二六九
奞部……二七四
萑部……二七五
𦫳部……二七六
𥄕部……二七七
羊部……二七七
羴部……二八〇
瞿部……二八一
雔部……二八二
雥部……二八二
鳥部……二八三
烏部……二九四

卷八

華部……二九七
冓部……二九八
幺部……二九九
丝部……二九九
叀部……三〇〇
玄部……三〇〇
予部……三〇一
放部……三〇二
𠬪部……三〇二
𣦼部……三〇四
歺部……三〇四
死部……三〇七
冎部……三〇八
骨部……三〇九
肉部……三一一
筋部……三二五

刀部……三二五
刅部……三三一
刧部……三三一
丯部……三三二
耒部……三三二
角部……三三三

卷九

竹部……三三九
箕部……三五三
丌部……三五四
左部……三五六
工部……三五六
㠭部……三五七
巫部……三五八
甘部……三五八
曰部……三五九
乃部……三六〇
丂部……三六一
可部……三六二
兮部……三六三
号部……三六三
亏部……三六四
旨部……三六五
喜部……三六五
壴部……三六六
鼓部……三六七
豈部……三六八
豆部……三六九
豊部……三七〇
豐部……三七〇

虘部……三七一
虍部……三七一
虎部……三七三
虤部……三七四
皿部……三七五
亼部……三七七
去部……三七八
血部……三七八

卷十

丶部……三八一
丹部……三八二
青部……三八三
井部……三八三
皀部……三八四
鬯部……三八五
食部……三八六
亼部……三九二
會部……三九二
倉部……三九三
入部……三九四
缶部……三九四
矢部……三九七
高部……三九九
冂部……四〇〇
𩫏部……四〇一
京部……四〇二
亯部……四〇二
畗部……四〇三
㫗部……四〇三
㐭部……四〇四

嗇部……四〇五
來部……四〇六
麥部……四〇六
夊部……四〇八
舛部……四一〇
舜部……四一一
韋部……四一一
弟部……四一四
夂部……四一四
久部……四一五
桀部……四一六

卷十一

木部……四一七
東部……四七五
林部……四七六

卷十二

才部……四七九
叒部……四八〇
之部……四八一
帀部……四八一
出部……四八二
𣎵部……四八三
生部……四八四
乇部……四八五
𠂹部……四八五
𠌶部……四八六
華部……四八七
禾部……四八七
稽部……四八八
巢部……四八九

桼部……四八九
束部……四九〇
橐部……四九一
囗部……四九二
員部……四九五
貝部……四九六
邑部……五〇三
䣈部……五二三

卷十三

日部……五二五
旦部……五三三
倝部……五三三
㫃部……五三四
冥部……五三八
晶部……五三九
月部……五四一
有部……五四二
朙部……五四三
囧部……五四四
夕部……五四五
多部……五四六
毌部……五四七
马部……五四八
東部……五四九
卤部……五五〇
齊部……五五一
朿部……五五二
片部……五五二
鼎部……五五四
录部……五五五

克部……五五五
禾部……五五六
秝部……五六九
黍部……五七〇
香部……五七一
米部……五七二
毇部……五七六
臼部……五七六
凶部……五七八
朩部……五七八
林部……五七九
麻部……五七九

卷十四

尗部……五八一
耑部……五八二
韭部……五八二
瓜部……五八三
瓠部……五八四
宀部……五八五
宫部……五九三
吕部……五九四
穴部……五九四
㝱部……五九九
疒部……六〇二
冖部……六一一
冃部……六一二
冃部……六一三
网部……六一五
网部……六一五
襾部……六一九

巾部……六二〇
市部……六二六
帛部……六二七
白部……六二八
㡀部……六二九
黹部……六二九

卷十五

人部……六三一
匕部……六五五
匕部……六五六
从部……六五七
比部……六五八
北部……六五九
丘部……六五九
㐺部……六六〇

壬部……六六一
重部……六六二
臥部……六六二
身部……六六三
㐆部……六六三

下册

卷十六

衣部……六六五
裘部……六七六
老部……六七七
毛部……六七八
毳部……六七九
尸部……六七九
尺部……六八一
尾部……六八二

履部……六八三
舟部……六八四
方部……六八五
儿部……六八六
兄部……六八七
兂部……六八七
皃部……六八七
𠑹部……六八八
先部……六八八
秃部……六八九
見部……六八九
覞部……六九三
欠部……六九四
㱃部……六九九
次部……六九九
旡部……七〇〇
卷十七
頁部……七〇一
百部……七〇九
面部……七〇九
丏部……七一〇
首部……七一〇
𥄉部……七一一
須部……七一一
彡部……七一二
彣部……七一三
文部……七一三
髟部……七一四
后部……七一七
司部……七一八

卮部……七一八
卩部……七一九
印部……七二一
色部……七二一
卯部……七二二
辟部……七二二
勹部……七二三
包部……七二四
茍部……七二五
鬼部……七二六
由部……七二八
厶部……七二八
嵬部……七二九
卷十八
山部……七三一
屾部……七三六
屵部……七三七
广部……七三七
厂部……七四二
丸部……七四五
危部……七四六
石部……七四六
長部……七五一
勿部……七五二
冄部……七五二
而部……七五三
豕部……七五三
㣇部……七五六
彑部……七五七
豚部……七五七

豸部……七五八
𤉡部……七六〇
易部……七六〇
象部……七六一

卷十九

馬部……七六三
廌部……七七三
鹿部……七七三
麤部……七七六
㲋部……七七六
兔部……七七七
萈部……七七七
犬部……七七七
㹜部……七八五
鼠部……七八五

能部……七八七
熊部……七八八
火部……七八八
炎部……七九七
黑部……七九八
囪部……八〇一
焱部……八〇一
炙部……八〇二
赤部……八〇三

卷二十

大部……八〇五
亦部……八〇七
夨部……八〇八
夭部……八〇九
交部……八一〇

九部……八一〇
壺部……八一一
壹部……八一二
㚔部……八一二
奢部……八一三
亢部……八一四
夲部……八一四
夰部……八一五
亣部……八一六
夫部……八一七
立部……八一八
竝部……八二〇
囟部……八二〇
思部……八二一
心部……八二一
惢部……八三九

卷二十一

水部……八四一
沝部……八九一
瀕部……八九一

卷二十二

く部……八九三
巜部……八九四
巛部……八九四
泉部……八九六
灥部……八九六
永部……八九七
𠂢部……八九七
谷部……八九八
仌部……八九九

雨部……九〇一
雲部……九〇五
魚部……九〇六
䲆部……九一三
燕部……九一四
龍部……九一四
飛部……九一五
非部……九一五
卂部……九一六

卷二十三

乙部……九一七
不部……九一八
至部……九一九
西部……九二〇
鹵部……九二〇
鹽部……九二一
户部……九二二
門部……九二三
耳部……九二八
𦣞部……九三一
手部……九三二
𠦬部……九五〇

卷二十四

女部……九五一
毋部……九七〇
民部……九七〇
丿部……九七一
𠂆部……九七一
乁部……九七二
氏部……九七二

氏部……九七三
戈部……九七三
戉部……九七六
我部……九七六
亅部……九七七
珡部……九七八
乚部……九七八
亡部……九七九
匸部……九八〇
匚部……九八一
曲部……九八三
甾部……九八三
瓦部……九八四
弓部……九八六
弜部……九八九
弦部……九九〇
系部……九九〇

卷二十五

糸部……九九三
素部……一〇〇九
絲部……一〇一〇
率部……一〇一〇
虫部……一〇一〇
䖵部……一〇二一
蟲部……一〇二三
風部……一〇二四
它部……一〇二五
龜部……一〇二五
黽部……一〇二六
卵部……一〇二七

卷二十六

二部……一〇二九
土部……一〇三〇
垚部……一〇四二
堇部……一〇四二
里部……一〇四三
田部……一〇四三
畕部……一〇四六
黄部……一〇四七
男部……一〇四七
力部……一〇四八
劦部……一〇五二

卷二十七

金部……一〇五三
幵部……一〇六九
勺部……一〇六九
几部……一〇六九
且部……一〇七〇
斤部……一〇七一
斗部……一〇七二
矛部……一〇七四
車部……一〇七五

卷二十八

𠂤部……一〇八五
𨸏部……一〇八六
𨺅部……一〇九三
厽部……一〇九三
四部……一〇九四
宁部……一〇九四
叕部……一〇九五

亞部……一〇九五
五部……一〇九六
六部……一〇九六
七部……一〇九六
九部……一〇九七
内部……一〇九七
嘼部……一〇九九
甲部……一〇九九
乙部……一一〇〇
丙部……一一〇一
丁部……一一〇一
戊部……一一〇二
己部……一一〇三
巴部……一一〇四
庚部……一一〇四
辛部……一一〇五
辡部……一一〇六
壬部……一一〇六
癸部……一一〇七
子部……一一〇八
了部……一一一〇
孨部……一一一〇
𠫓部……一一一一
丑部……一一一二
寅部……一一一三
卯部……一一一三
辰部……一一一四
巳部……一一一五
午部……一一一五
未部……一一一六

申部……一一一六
酉部……一一一七
酋部……一一二三
戌部……一一二四
亥部……一一二四
卷二十九
敘目……一一二七
卷三十
後敘……一一七一
上書進説文 許 沖……一一七四
卷三十一
部敘上……一一八一
卷三十二
部敘下……一一九七
卷三十三
通論上……一二〇九
卷三十四
通論中……一二二三
卷三十五
通論下……一二四一
卷三十六
祛妄……一二五九
卷三十七
類聚……一二七九
卷三十八
錯綜……一二九五
卷三十九
疑義……一三〇七

卷四十

系述……一三一五
蘇頌跋……一三二〇
尤袤跋……一三二五

附録

重印錢曾述古堂影宋抄本説文繫傳跋　葉德輝……一三二九
宋槧殘本説文解字繫傳跋　張元濟……一三三二

說文解字通釋卷第一

繫傳一　臣鍇曰部數字數皆仍舊題今分兩卷

文林郎守祕書省校書郎臣徐鍇傳釋

朝散大夫行祕書省校書郎臣朱翱反切

十四部　文二百七十四　重七十七

一　惟初太極道立於一造分天地化成萬物凡一之屬皆從一　臣鍇曰一者天地之未分太極生兩儀一旁薄始結之義是謂無狀之狀無物之象必横者象天地人之气是皆横屬四極老子曰道生一　今云道立於一者得

一而後道形無欲以觀其妙故王弼曰道始於無無又不
可以訓是故造文者起於一也苟天地未分則無以寄言
必分之也則天地在一之後故以一爲冠首本乎天者親
上故曰凡一之屬皆從一當許愼時未有反切故言讀若
此反切皆後人之所加甚爲踈朴
又多脫誤今皆新易之伊質反

弋 古文一臣鍇曰弋者物之株橛義主於數非專一之
一若言一弋二弋三弋如今人言一箇二箇一枚二
枚故曰枚卜也箇從竹枚從
木弋杙也杙亦木也會意

元 始也從一兀臣鍇曰元
者善之長故從一元首
也故謂冠爲元服故從兀兀高也與堯同
意俗本有聲字人妄加之也會意宜袁反

天 顚也至高
無上從一
大臣鍇曰通論備
矣會意聽連反

丕 大也從一不聲臣鍇曰古音不若
夫故得不爲丕字之聲也鋪眉反

𡀣 治人者也從一從史史亦聲臣鍇曰吏之理人心主於一也書曰克肩一心史者爲君之使也凡言亦聲備言之耳義不主於聲會意連致反

文五　重一

丄 高也此古文上指事也凡上之屬皆從上臣鍇曰本乎天者親上故曰指事班固謂之象事嘗試論之曰凡六書之義起於象形則日月之屬是也形聲者以形配聲班固謂之象聲鄭玄注周禮謂之諧聲象則形也諧聲言以形諧和其聲其實一也江河是也水其象也工可其聲也若空字雞字等形或在下或在上或在左右亦或有微旨亦多從配合之宜非盡有義也而今之末學爲象文者妄相移易偏旁乖亂以爲奇詭若言字辛在口上則爲

言辛在口右則五葛反其類甚多非此以察則妄爲奇詭者浮俗剽薄紀於言議爲六文之中象形者蒼頡本所起觀察天地萬物之形謂之文故文少後相配合孳益爲字則形聲會意者是也故形聲最多轉注者建類一首同意相受謂老之別名有耆有耋有壽有耄又孝子養老是也一首者謂此孝等諸字皆取類於老則皆從老若松栢等皆木之別名皆同受意於木故皆從木後皆象此轉注之言若水之出源分岐別泒爲江爲漢各受其名而本同主於一水也又若醫家之言病疰故有鬼疰言鬼气轉相染著注也而今之俗說謂丂左回爲考右回爲老此乃委巷之言且又考老之字皆不從丂丂音考老從匕音化也假借者古省文從可知故令者使也可借爲使令平長者長上也可借爲長上幼諸如此類皆以旁字察之則可知至春秋之後書多口授傳受之者未必皆得其人至著於簡

櫝則假借文字不能皆得其義相近者故經傳之字多者乖異疎　詩借害爲曷之類是也後人妄有作文字附益之故令假借爲少假者不真也借者同門也若周禮使萬民一鄉一鄙共用祭器仕器樂器是也凡指事象形義一也物之實形有可象者則爲象形山川之類皆是物也指事者謂物事之虛无不可圖畫謂之指事形則有形可象事則有事可指故上下之義無形可象故以丨丨指事之有事可指也故曰象形指事大同而小異會意亦虛也無形可象故會合其意以序言之止戈則爲武止戈戢兵也人言必信故曰比類合義以見指撝形聲者實也形躰不相遠不可以別故以聲配之爲分異若江河同水也松柏同木也江之與河但有所在之別其形狀所異者幾何松之於柏相去何若故江河同從水松柏皆作木有此形也然後諧其聲以別之故散言之則曰形聲江河可以同謂

之水水不可同謂之江河松栢可以同謂之木木不可同
謂之松栢故曰散言之曰形聲總言之曰轉注謂耆耋耄
壽皆老也凡五字試依爾雅之類言之耆耄耋壽老也又
老壽耋耄耆可同謂之老老亦可同謂之耆往來皆通故
曰轉注總而言之也大凡六書之中象形指事相類象形
實而指事虛形聲會意相類形聲實而會意虛轉注則形
事之別然立字之始類於形聲而訓釋之義與假借爲對
假借則一字數用如行莖行杏行杭行沆轉注則一義數
文借如老者直訓老耳分注則爲耆爲耋爲耄爲壽焉凡
六書爲三耦也臣鍇以爲古者訓六書多矣自許慎已後
俗儒鄙說皆失其真至於通識亦然豈知之而不言將言
之而不悉乎後生傳習又憒瞶而不明臣故反覆論之而
令而後玉石
分矣時怏反

上 篆文丄臣鍇曰篆文屈曲象陽气

帝 諦也王天下之號從丄朿聲臣鍇曰通論備矣的例反

帝 古文帝古文諸丄字皆從一篆文皆從二二古文上字辛言示辰龍童音章皆從古文丄臣鍇曰萬物莫先於一故古文上皆爲一非謂古文以一爲上字也古上爲二字亦指事也似丄字但上畫微横書之則長上畫而短下畫二貳字則上下兩畫齊等也凡示字天垂象辰字象房星故皆從上辛懲字也懲者屰上獲懲故字從屰上屰干字也二上字也至於言童龍音章等皆從辛之聲所以云皆從上詳而察之皆出於辛字也

旁 溥也從二方聲闕臣按許慎解叙云於其所不知蓋闕如也此旁字雖知從上不知其所以從不得師授故云闕若言以俟知者也臣鍇試妄言之以爲自上而下旁達四方也李陽冰云ㄣ厂旁達之形此言得矣薄茫反

旁 古文

旁臣鍇以旁亦古文旁臣鍇按此則前所旁籀文臣鍇以爲

爲從下也旁謂古文上者皆爲一是也

此亦象旁丅底也從反上爲下臣鍇曰易曰窮上反下

達之形也謂王者上徹天道則天下謀民事也霞

假丅篆文下反

文四　重六

示天垂象見吉凶所以示人也從二三垂日月星也觀

乎天文以察時變示神事也凡示之屬皆從示臣鍇

曰二上字也左畫爲日右畫爲月中爲星也畫縱者但取

其光下垂示人也示亦神事也故凡宗廟社神祇皆從示

稷取其種植種植當勤之在人故直從禾而不從示

孟子所謂無罪歲左傳勤而不匱之義也時至反

示 古文示臣鍇曰義具帝字

祜 上諱臣鍇按此字後漢安帝名臣不可議君父之名故言上諱又按前漢諸廟諱皆議而不闕此蓋彼時之制臣所不能測知按爾雅祜福也臣以爲從示古聲胡故反

禮 履也所以事神致福也從示從豊豊亦聲臣鍇曰通論備矣力體反

礼 古文禮臣鍇以爲乙始也禮之始之又乙者所以記識也禮曰若在其上若在其下祭如神在明則禮樂幽則鬼神乙以記識之乙又表著也

禛 以眞受福也從示眞聲職隣反

禧 禮吉也從示喜聲許疑反

祿 福也從示彔聲臣鍇曰祿之言錄也若言省錄之也勒谷反

禠 福也從示虒聲辛茲反

禎 祥也從示貞聲臣鍇曰禎者貞也貞正也人有善天以符瑞正告之也周禮曰祈永貞徵清反

祥 福也從示羊聲臣鍇按禮說羊祥也從羊亦有取焉

祥之言詳也天欲降以禍福先以吉凶之兆詳審告悟之也故有吉祥禎則正吉貞兆而已若言善已正矣似良反

祉 福也從示止聲臣鍇曰祉之言止也福所止不移也敕里反

福 備也從示畐聲臣鍇曰五福皆備故洪範五行先述寒暘燠風雨五者來備則曰佳徵下總以考終命等五事相因而至也又西都賦曰仰福帝居福從衣非此字夫木反

祐 助也從示右聲延救反

祺 吉也從示其聲臣鍇按爾雅郭璞注祺吉之見也臣以爲祺之言期也天將與之福先見其兆與之爲期也詩曰受天之祺虔離反

禥 籒文從基臣鍇曰基聲也

祗 敬也從示氐聲旨移反

禔 安福也從示是聲易曰禔既平臣鍇按史記司馬相如云中外禔福是也禔既平易坎卦九五爻辭是則安之辰之反

神 天神引出萬物者也從示申聲臣鍇曰申

即引也疑多聲字天主降气以感萬物故言引出萬物也是隣反

祇 地祇提出萬物者也從示氏聲巨支切

祕 神也從示必聲臣鍇曰祕不可宣也祕之言閉也悲利反

齋 戒潔也從示齊聲臣鍇曰通論詳矣側皆反

𩰫 籀文齋從𩰫省

禋 潔祀也一曰精意以享為禋從示垔聲伊倫反

𡨕 籀文

從宀臣鍇曰亦宗廟之祭宀屋也伊隣反

祭 祭祀也從示以手持肉子例反

祀 祭無已也從示已聲臣鍇按老子曰子孫祭祀不輟是也祠此反

禩 祀或從異臣鍇曰異聲也

祡 燒柴燎以祭天神從示此聲虞書曰至于岱宗祡土佳反

𥛋 古文祡從隋省

禷 以事類祭天神從示類聲戀位反

祪 祔祪祖也從示危聲臣鍇曰祔祖也爾雅釋詁之文郭璞曰祪毀也附新廟毀舊廟也句委反

祖

後死者合食於先祖從示付聲臣鍇按郭璞爾雅義則此多聲字傳寫謬誤扶遇反

祖 始廟也從示且聲作覩切

鬃 門內祭先祖所以徬徨從示彭聲詩曰祝祭于鬃比行反

祊 鬃或從方臣鍇曰方旁也逋萌反

祰 告祭也從示告聲刻保反

祏 宗廟主也周禮有郊宗石室一曰大夫以石爲主從示石石亦聲臣鍇按左傳衛孔悝使許公爲反祏是也時即反

𥙒 以豚祠司命從示比聲漢律曰祠𥙒司命幷止反

祠 春祭曰祠品物少多文詞也從示司聲仲春之月祠不用犧牲用圭璧及皮幣臣鍇曰祠之言詞也多文詞也涎茲反

礿 夏祭也從示勺聲以灼反

禘 諦祭也從示帝聲周禮曰五歲一禘臣鍇按禮記禘祭所以審昭穆故曰禘也狄例反

祫 大合祭先祖親疏遠近也從示合聲周禮曰三歲一祫臣鍇詳

此義則誤多聲字也侯夾反

祼 灌祭也從示果聲臣鍇按周禮祼字多借果字則古祼果聲相近也古浣反

𥛱 數祭也從示毳聲讀若春麥爲毳之毳此芮反

祝 祭主贊詞者從示從人口一曰從兌省易曰兌爲口爲巫臣鍇按易兌悅也巫所以悅神也職六反

𥝋 祝𥝋也從示從留聲臣鍇按良秀

祓 除惡祭也從示友聲臣鍇按祓之爲言拂也甫勿反

祈 求福也從示斤聲臣鍇按斤析以今聲韻之家所以言傍細也近離反

禱 告事求福也從示壽聲得早反

𥜏 籀文禱臣鍇曰以爲壽省也真者精意也久者遲行也古之人重請也顛老反

𥛷 禱或省

禜 設綿蕝爲營以禳風雨雪霜水旱癘疫於日月星辰山川也從示從營省聲一曰禜衛使災不生臣鍇按禮記曰雩禜祭水旱爲命反

禳磔禳祀除癘殃也古者燧人禜子所造從示襄聲臣鍇曰禳之爲言攘也此襄字從𢀸從工己禜之禱從
壽壽從𠷎今人書褱多誤於此正之而章反　襘會福祭也從示會聲周禮襘之祝號古最反　禪
祭天也從示單聲時䄠反　禦祀也從示御聲疑舉反　祮祀也從示昏聲户幹反　禖祭也
從示某聲莫堆反　⿰示胥祭具也從示胥聲臣鍇按楚辭曰懷桂糈而要之糈祭神之精米也故或從米祭神
故從示臣又按史記日者傳司馬季主曰卜而不中不見奪糈則糈亦所以爲卜之資也詩曰握粟出卜是也色阻
反　祳社肉盛以蜃故謂之祳天子所以親遺同姓從示辰聲春秋傳曰石尚來歸祳臣鍇蜃則今水中之
蚌屬也小曰蜆禪軫反　祴宗廟奏祴樂從示戒聲古來反　禡師行所止恐有慢其神下而祀之曰

禡從示馬聲周禮禡於所征之地臣鍇曰禡之言罵也毋稼反

禂禱牲馬祭也從示周聲臣鍇按詩曰既禡既禂都老反

䮞或從馬壽省聲

社地主也從示土聲春秋傳曰共工之子句龍爲社神周禮二十五家爲社各樹其土所宜之木臣鍇曰周禮大司徒之職也食者反

𥙐古文社同臣鍇曰樹所宜之木故從木又木者木主也

禓道上祭從示易聲移章反

祲精氣感祥從示侵省聲春秋傳曰見赤黑之祲是臣鍇曰祲之言侵也又浸也浸浸然將作也子尋反

禍害也神不福也從示咼聲戶果反

祟神禍也從示出臣鍇曰禍者人之所召也神因而附之故決範起於三德五事五事不善則致六極祟者神自出之以警人者亦癘神無故而爲故鄭子產謂晉趙孟曰以君之靈子為大政安有癘也癘祟也以出示人故從出出又

音吹去聲故詩曰匪舌是出 𥜟 籀文祟 惟躬是悴故又出聲斯詳反 祟 從䰜省 祥 地反物為祥也從示芺聲於喬反 祘 明視以筭之從二示逸周書曰士分民之祘均分以祘之也讀若筭臣鍇曰示者視也故從示明視故從二示逸周書謂孔子所刪尚書百篇之外也以其散故漢與購得之故曰逸周書蘇乱反 禁 吉凶之忌也從示林聲居蔭反 禫 除服祭也從示覃聲特感反 禰 秋畋也從示爾聲臣鍇曰獮者所以為宗廟之事也左傳曰鳥獸之肉不登於組則君不射故從示又祖禰也息淺反 䄍 祝也從示虘聲側慮反 祧 從示從兆他彫切 祆 胡神也從示從天火千切 祚 從示從乍祖故切

文六十五　重十三

三 天地人之道也从三数凡三之属皆从三臣鍇曰通論備矣仙藍切

弎 古文三臣鍇曰義與弌同

文一　重一

王 天下所歸往也董仲舒曰古之造文者三畫而連其中謂之王三者天地人也而參通之者王也孔子曰一貫三爲王凡王之屬皆從王臣鍇曰通論備矣于光反

𠀓 古文王臣鍇曰地以承天易曰坤乃順承天故下畫上偃下畫地也

閏 餘分之月五歲再閏告朔之禮天子居宗廟閏月居門中從王在門中周禮曰閏月王居門中終月也臣鍇曰一歲本有三百六十六日天順

動而不止不止不能無小失故節減其六日又減小月六
日以順天象故曰曆象日月星辰敬授人時言爲曆者當
撙節其日上應日月五星然後敬授於人也明治曆不可
守株當取象天行爲曆以象之也故盈三歲足得一月傳
曰五年天道大備閏之言撋也（儒均反）若今俗縫衣一長一
短者則蹙其長以就短謂之撋周制明堂十有二室天子
每月聽政各居一室至閏月則闔門之左扉止其中月終
不制室者十二月之餘分耳明非正月也律曆家分一日
爲八十一分故曰餘分門者前月所居之
室闔其一扇當開一扇之中坐也耳甌反

皇

大也從自自始也始
皇者三皇大君也自讀若鼻今俗以作始生子爲鼻子是
臣鍇曰自從也故爲始說文皇字上直作自小篆以篆文
自省作白故皇字上亦作白書傳多
有臯子之言餘則通論備矣户光反

文三　重一

王　石之美有五德潤澤以温仁之方也䚡理自外可以知中義之方也其聲舒揚尃以遠聞智之方也不撓而折勇之方也鋭廉而不忮絜之方也象三玉之連丨其貫也凡玉之屬皆從玉臣鍇曰䚡音華自外可以知中則禮記所謂瑜不掩瑕也尃音敷布也撓曲也鋭耑細鋭也廉廉稜也忮害也謂玉雖廉而不可割是絜也君子執玉不趨執圭鞠躬如不勝故系之左傳蔔偃以朱絲係玉二瑴是也王中畫近上玉三畫均也虞局反

𤣪　古文玉臣鍇曰冂亦系也

璙　玉也從玉尞聲臣鍇按爾雅金美者謂之鐐然則璙亦美玉也黎彫反

瓘　玉也從玉雚聲春秋傳曰瓘斝臣鍇曰斝玉爵古㪿反

璥　玉也從玉敬聲居領反

琠 玉也從玉典聲臣鍇按符瑞圖有玉琠見的聾反 **𤩲** 玉也從玉夒聲讀若柔然尤反 **瓂** 玉也從玉毄聲讀若鬲連的反 **璠** 璵璠魯之寶玉從玉番聲孔子曰美哉璵璠遠而望之奐若也近而視之瑟若也一則理勝二則孚勝臣鍇曰按左傳陽虎將以璵璠歛之璵璠魯玉也奐文也瑟言瑟瑟然文細也理謂文理也孚音符謂玉之光采也令亦言符采也父蘭反 **璵** 璵璠也從玉與聲以諸切 **瑾** 瑾瑜美玉從玉堇聲臣鍇按左傳曰瑾瑜匿瑕謂美玉瑕不足以害之也又按山海經鍾山之陽瑾瑜之玉爲良堅栗積密潤澤而有光五色發作以和柔剛天德鬼神是食是饗君子食之以禦不祥淮南子曰鍾山之玉灼以爐炭三日三夜不變得天地之和氣然則瑾瑜也飢忍反 **瑜** 瑾瑜美玉也從玉俞聲臣鍇曰瑜亦玉之光采也勻俱反 **玒**

玉也從玉工聲戶工反

琜 瓄玉也從玉來聲婁才反

瓊 赤玉也從玉敻聲渠營反

璚 瓊或從矞

瓗 瓊或從巂

琁 瓊或從旋省臣鍇按荀卿賦曰旋玉瑤珠不知珮也然則旋玉赤玉也今音似緣反

珦 玉也從玉向聲許丈反

瓎 玉也從玉剌聲勒葛反

珣 醫無閭之珣玗琪周書所謂夷玉也從玉旬聲一曰玉器讀若宣臣鍇曰說尚書者云夷玉東夷所貢之玉醫無閭則幽州之鎮鄭玄曰在遼東當周時爲東夷也斯匀反

璐 玉也從玉路聲勒妬反

瓚 三玉二石也從玉贊聲禮天子用全純玉也上公用駹四玉一石侯用瓚伯用埒玉石半相埒也臣鍇曰瓚亦圭也圭之狀剡上邪銳之於其首爲杓形謂之瓚於其柄中爲注水道所以灌鬯酒三玉二石謂五分玉之中二分是石瓚之言贊也贊進也以進於神

也自禮天子字已下皆周 瑛 玉光也從玉英聲臣鍇按
禮王人之事也自限反 符瑞圖玉瑛仁寶不斲自
成光若白華漢文帝時謂陽玉瑛見今有 璑 三采玉也
白石紫石瑛者皆石之有光璧者衣京反 從玉無聲
臣鍇按鄭玄周禮注璑亦思 珛 朽玉也從玉有聲讀若
玉也三采有三色也武夫反 畜牧之畜臣鍇曰朽玉
謂惡玉朽敗也禮曰牛夜 璿 美玉也從玉睿聲春秋傳
鳴則庮庮朽木也許救反 曰璿冠玉纓臣鍇曰古以
璿爲旋故璿爲左傳 壡 籒文 璿 古文璿臣鍇曰𡿺古睿
瓊冠玉纓似緣反 睿 璿 宇也穆天子傳曰天子
之寶璿珠注曰玉類又曰采石之山重𨛃氏之 球 玉也
所守曰枝斯璿瑰琭瑤琅玕注曰石似玉也 從玉
求聲臣鍇曰尚書天球河圖在 球或從翏臣鍇曰今
東序詩曰受小球大球騎留反 璆 人音爲孔子見南子

佩玉聲璆然令人音爲切於古也爾
雅西北之美有崑崙虛之璆琳琅玕
璧
瑞玉圜也從玉
辟聲并激切

瑗
大孔璧人君上除陛以相引從玉爰聲爾雅曰好倍
肉謂之瑗肉倍好謂之璧臣鍇曰瑗之言援也故曰
以相引也肉璧之身
也好其孔也于眷反
環
璧也肉好若一從
玉睘聲戶關反
璜
半璧也
從玉黃
聲臣鍇按毛詩傳説佩上有雙衡下有二璜衝牙瑀以
納其閒然則璜上應於衡亦當横也謂二璜相連屬體併
而不鳴故作牙形於其上珠中以前衝之使關而相擊也
璜既爲佩下之飾必有穿孔胥繫之處故太公得而釣之
也璜亦所以
爲幣戶光反
琮
瑞玉大八寸似車釭從玉宗聲臣鍇曰
象車釭者謂其狀外八角而中圓也琮
之言宗也八方所宗故外八方中虛圓
以應無窮德象地故以祭地也粗宗反
琥
發兵瑞玉爲
虎文從玉虎

聲春秋傳曰賜子家子雙琥是臣鍇按周禮曰白
琥禮西方西方兵也故以發兵象琥形也荒苦反　瓏　禱旱
玉龍文從玉龍聲臣鍇按太玄曰古　琬　圭有琬者從玉
彼玲瓏玲瓏又玉之聲也魯東反　宛聲臣鍇曰琬
謂宛然宛也琬之言婉也　璋　剡上爲圭半圭爲璋從玉
宛然象柔婉也于卷反　章聲禮六幣圭以馬璋以
皮璧以帛琮以錦琥以繡璜以黼臣鍇　琰　璧上起美色
曰剡削之也皆周禮之文也之羊反　也從玉炎聲
臣鍇按郭璞注上玉賦引竹書云桀則有緡二美女刻其
名於苕華之玉苕是琬華是琰然則琰亦美色之玉也琰
之言炎也光炎　玠　大圭也從玉介聲周書曰稱奉介圭
起也延檢反　臣鍇曰介大也即周禮守鎭圭檜大
圭也石　瑒　圭尺二寸有瓚以祠宗廟者也從玉昜聲
賴反　臣鍇曰瓚亦杓也勑亮反今人音直更反

瓛桓圭三公所執從玉獻聲臣鍇按鄭玄注桓圭謂宮
室之雙柱爲桓此圭刻作之桓圭亦作瓛臣鍇按今
字書瓛又音钀钀則爲鑣俗也排沫此圭刻皆象珽大
之臣以爲鄭義後人多破之故耳户官反圭
長三從玉廷聲臣鍇曰行取謂削取其
上也齊終葵其上作椎形象無所屈撓也晉祖
諸侯執圭朝天子天子執玉以冒之
王似犂冠周禮曰天子執瑁四寸從玉
曰圭上有物冒之也犂冠既犂鏡也今
犂鍇音義同本取於上冒之故曰亦聲母報反
古文從目臣鍇曰目璬玉佩從玉敫瑞以玉爲
王瑁細也冒亦音墨聲堅鳥反信也從
玉耑臣鍇曰瑞訓信也耑音端端諦也故不言從玉耑聲
或有聲字誤也何以言之謂天以人君有德符將錫之歷

年錫之五福先出此以與之爲信也人君無德天雖錫之非所以爲瑞信故春秋末麟出非其應而傷鸑鷟鳴於岐山彼真瑞也麟出非時非瑞也故桑穀生朝太戊惕懼側身行道桑穀反死殷復興天以太戊當有惕懼而後終安禍若桑穀暴生速滅不能爲患此豈非瑞信乎及小鳥生大鳥桀無小至大之德終使小殷成大殷豈非妖乎天之於人君奚異君之於人臣禹治水功成而堯錫玄圭夷吾情於受瑞卒不能有晉國張武貪汚漢文帝賜百金以媿其心天亦因人之行隨其宜以與之爲符信且以警之豈有是哉或者定以慶星麟鳳爲嘉瑞以彗孛爲妖氣豈不守株而膠柱乎嗚呼學者不能曉此哀哉會意時惴反

珥 瑱也從玉耳耳亦聲臣鍇曰瑱之狀者真而耑銳以塞耳故曰

瑱 以玉充耳也從玉真聲詩曰玉之瑱兮臣鍇曰詩云充耳琇瑩左傳說錦

亦聲耳旣反

縳一如瑱謂之卷緊似充耳也國語左史之言吾懋寘之於耳對曰豈以規爲瑱乎規諫也然則瑱入耳也若西都賦玉瑱以居楹則音鎮謂爲玉鎮在柱下也趯練反

䪴 瑱或從耳臣鍇曰此以耳爲形真爲聲也

琫 佩刀上飾天子以玉諸侯以金從玉奉聲臣鍇曰刀削上飾也琫之言捧也若捧持之也上謂首也逋懵反

珌 佩刀下飾天子以玉從玉必聲臣鍇曰下飾謂末也珌之言毖也深之也彼媚反

璏 劒鼻玉也從玉彘聲臣鍇曰劒鼻則鐔也謂劍匣之旁穿韋革之處直季反

瑵 車蓋玉瑵從玉蚤聲臣鍇曰謂車蓋椽橑之首以玉爲飾若手爪也蓋二十八橑也子老反

瑑 圭璧上起兆瑑也從玉篆省聲周禮曰瑑圭璧臣鍇曰瑑謂起爲瓏若篆文之形直戀反

珇 琮玉之瑑從玉且聲臣鍇按周禮作駔杜子春云當作組作覩

璂 弁飾行行冒玉也從玉綦聲臣鍇曰謂綴玉於武冠若綦子之列布也左傳曰瓊冠玉纓是也虔離反

璂 璂或從基臣鍇曰基聲也

璪 書璪火粉米臣鍇曰藻則水中細艸今俗名瓜菜是也愼所引藻火粉米但言衣上之藻亦象此爪形不謂其藻火字當從玉也以許愼說尚書曰孔安國傳故之也子好反

瑬 垂玉也冕飾從玉流聲臣鍇曰天子十有二旒旒之言流也自上而下動則逶迤若水流也冕瑬當作今註作此瑬字今作旒假借也力周反

琡 玉器也從玉叔聲讀若淑臣鍇按爾雅璋謂之琡說文謂有琡無璹宜同也示祝反

瓃 玉器也從玉畾聲臣鍇按漢雋不疑瓃具劍飾也謂爲鹿盧也魯媿反

瑳 玉色鮮白從玉差聲七何切

玼 玉色鮮也從玉此聲詩曰新臺有玼臣鍇

按今詩新臺有泚其字從水與許愼説別許愼雖云詩引毛氏然毛氏言約不如孔安國之備學者説之多異若鄭玄本箋毛氏而其小義多與毛萇不同故許氏引詩多與毛萇不同不得如引安國尚書言盡合也此禮反

璱 玉英華相帶如瑟弦從玉瑟聲詩曰瑟彼玉瓚臣鍇曰英光中之實也華光之浮華也相帶相縈帶也今爲弓瑟弦皆生絲爲之以麥麵之而不練此玉文采通瑩似之唐朝舊制四夷書以沈香瑟瑟鈿函是也師櫛反

璪 玉英華羅列秩秩從玉㮚聲逸論語曰玉粲之璱兮其璪猛也臣鍇曰相帶縈帶羅列分散列之秩秩謂其分布稀疏等也逸論語謂今論語中詞古者口授有遺漏之句漢興購得有此言謂之逸論語諸言逸者皆如此也李室反

瑩 玉色從玉熒省聲一曰石之次玉者逸論語曰如玉之瑩臣鍇曰今人言光瑩是玉色也詩曰

充耳琇瑩是石之璊玉經色也從玉㒼聲禾之赤苗謂
次玉也淵徑反之虋言璊玉色如之臣鍇曰經與
頳字同詩曰毳玧璊或瑕玉小赤也從玉琢治玉
衣如璊謨奔反從允叚聲痕加反也從
玉豖聲琱治玉也一曰石似玉理治玉也從玉珍
輙角反從玉周聲覩挑反里聲六矣反
寶也從玉㐱玩弄也從玉元貦玩或從具臣鍇玲
聲陟陳反聲五汗反曰具亦戲也
玉聲從玉令瑲玉聲也從玉倉聲詩玎玉聲也從玉
聲連丁反曰肇革有瑲錆常反丁聲齊太子
伋謚曰玎公臣鍇按左傳盧蒲癸謂崔杼曰君出自丁臣
出自桓謚法述義不勉曰玎玎公太公子齊侯呂伋也的
靈琤玉聲也從玉瑣玉聲從玉貨聲臣鍇按書傳多
反爭聲測度反云玉聲瑣瑣左思詩曰嬌語若

連瑱是也先火反

瑝 玉聲從玉皇聲戶荒反

瑀 石之似玉者從玉禹聲臣鍇按毛詩傳佩玉琚瑀以納其間爰主反

玤 石之次玉者以爲系璧從玉丰聲讀若詩曰瓜瓞菶菶一曰若盒蚌臣鍇曰系璧謂飾玉系也當許慎時未有反字故言讀若也逋孔反又蒲講反

玪 玪⿱勒玉石之次玉者從玉今聲臣鍇按司馬相如上林賦曰玪⿱勒玉武夫也古林反

⿱勒玉 玪⿱勒玉也從玉勒聲郎忒反

琚 瓊琚從玉居聲詩曰報之以瓊琚堅踈反

璓 石之次玉者從玉莠聲詩曰充耳璓瑩息就反

玖 石之次玉黑色者從玉久聲詩曰貽我佩玖讀若芑或曰若人句脊之句幾柳反

⿰王㠯 石之似玉者從玉㠯聲讀若貽寅之反

珢 石之似玉者從玉艮聲言陳反

⿰王曳 石之似玉者從玉曳聲延世反

璅 石之似玉者從玉巢聲子草反

璡石之似玉者從玉進聲讀若津將親反

⿰玉朁石之似玉者從玉朁聲阻琴反

璁石之似玉者從玉悤聲讀若蔥臣鍇曰石色班駁蔥蘢龐中反

⿰玉號石之似玉者從玉號聲讀若鎬候到反

瑋石之似玉者從玉韋聲讀若曷閑刮反

⿰玉取石之似玉者從玉取聲都灌反

⿰玉燮石之玉言次玉者從玉燮聲相聶反

玽石之似玉者從玉句聲讀若苟講吼反

琂石之似玉者從玉言聲疑袁反

璶石之似玉者從玉盡聲久晉反

琟石之似玉者從玉隹聲讀若維與追反

瑦石之似玉者從玉烏聲宛古反

瑂石之似玉者從玉眉聲讀若眉闕悲反

璒石之似玉者從玉登聲冊增反

⿰玉厶石之似玉者從玉厶聲讀與私同先茲反

玗石之似玉者從玉于聲臣鍇按爾雅東方之美有醫

無閭之珣玗琪焉初朱反

⿰王叟 玉屬從玉叟聲讀若沒謀骨反

瑎 黑石似玉者從玉皆聲讀若諧痕皆反

碧 石之青美者從玉石白聲臣鍇按莊子萇弘死於蜀埋其血三年化爲碧臣以云道家云積精成青碧亦精氣之所爲也彼力反

琨 石之美者從玉昆聲虞書曰楊州貢瑤琨臣鍇按穆天子傳曰天子之寶玉琨注曰琨石似珠也古論反

瑻 琨或從貫臣鍇曰貫聲

珉 石之美者從玉民聲臣鍇按禮曰君子貴玉而賤珉珉似玉而非也眉邠反

瑤 玉之美者從玉䍃聲詩曰報之以瓊瑤延朝反

珠 蜯之陰精從玉朱聲春秋國語曰珠以禦火災是臣鍇按史記曰泉生珠而崖不枯左思吳都賦說珠玉曰林麓爲之潤瀆珠之在蚌腹與月虧全今人以美珠以繪帛色之恂之以火而帛不焦故王孫圉云以禦火災職蔞反

玓

玓瓅明珠色從玉勺聲臣鍇按上林賦曰明月珠子玓瓅江湄丁歷反

瓅 玓瓅從玉樂聲連的反

玭 珠也從玉比聲宋弘云淮水中出玭珠玭珠珠之有聲者臣鍇曰尚書淮夷玭珠毗眠反

蠙 夏書玭從虫賓

珕 蜃屬從玉劦聲禮佩刀士珕琫而珧珌臣鍇曰音如厲蓋今牡蠣之屬禮帝反

珧 蜃甲也所以飾物也從玉兆聲禮云佩刀天子玉琫而珧珌延朝反

玟 火齊玫瑰也一曰石之美者從玉文聲臣鍇按火齊象珠赤色起之曾層各異也符瑞圖曰孝經援神契曰神靈滋液百珍寶用玫瑰齊注曰玫瑰玉名齊謂契好也契刻也毋鑲反

瑰 玫瑰從玉鬼聲一曰圜好公恢反

璣 珠不圜也從玉幾聲臣鍇按符瑞圖曰神靈滋溱百寶用則宮璣鏡注曰大珠而理有光曜可爲鏡也凡離反

琅 琅玕似珠者從玉良聲臣鍇按

符瑞圖百珍寶用則琅玕景注曰玉而有光景也山海經
崑崙有文玉琅玕樹本草注曰流離之類也有五色火齊
瑠也以青者
入藥羅當反

玕 琅玕也從玉干聲禹貢
雍州璆琳琅玕骨安反

𤥚 古文玕
從玉旱

珊 珊瑚色赤生於海或於山從玉刪省聲臣鍇按今人
所謂珊瑚石也色或青或紅高一二尺褁之以繒帛
燒之亦不熱蓋生海島之根亦可刻琢以爲器爲
樹者乃交柯可變或只如今之太湖石斯蘭反

瑚 珊
瑚
也從玉胡
聲魂徒反

珋 石之有光璧珋也出西胡中從玉丣聲臣
鍇按有光璧言光處平側如牆壁也若今
之冊砂然
力舟反

琀 送死口中玉也從
玉含含亦聲侯勘反

𤪻 遺玉也從玉歔聲
臣鍇按山海經平
丘在三桑東爰有遺玉
注曰遺玉玉名羊求反

璗 金之美者與玉同色從玉湯
聲佩刀諸侯璗琫而璆珌臣

鍇按爾雅黃謂之璗其美者謂之鏐注曰鏐即紫磨金鍇按今紫磨金色深其上蔚然有紫色若雲氣然秋朗反

靈 靈巫以玉事神從玉霝聲連丁反

靈 靈或從巫

琳 美玉也從王林聲力尋反

珩 佩上玉也所以節行止也從玉行臣鍇按國語趙簡子問王孫圉曰楚之白珩猶在乎爲寶也幾何歲矣荅曰若夫囂謹之美楚雖蠻夷不能寶也限夷反

玦 玉佩也從玉夬聲臣鍇曰按白虎通君子能決斷則佩鈌玦環之不周者涓雪反

文一百二十六 臣次立曰今文一百二十四補遺璵璠二字共一百二十六

重十五

玨　二玉相合爲一玨凡玨之屬皆從玨臣鍇按爾雅雙玉曰玨穆天子傳曰天子於群玉之山載玉萬隻左傳曰賂晉侯玉二玨江學反

瑴　玨或從㱿臣鍇曰㱿聲

班　分瑞玉從玨刀臣鍇曰刀以割制之也尚書曰班瑞于群后補蠻反

𤤷　車笭間皮篋古者使奉玉以藏之從車玨讀與服同臣鍇按江總行李賦曰待𤤷玉而多士扶目反

文三　重一

气　雲氣也象形凡气之屬皆從气臣鍇曰象雲氣之皃古文又作盵気郤利反

氛　祥氣也從气分聲扶云反

雰　氛或從雨臣鍇按劉熈釋名曰潤氣著艸木遇寒而凍色白曰雺甫

文反

文二　重一

士 事也數始於一終於十從十從一孔子曰推十合一爲一凡士之屬皆從士臣鍇按今書之異於士者短其下畫其義大殊實史反

壻 夫也從士胥詩曰女也不爽士貳其行士者夫也讀與細同臣鍇曰通論備矣枲意反　婿 或從女

壯 大也從士爿聲臣鍇按周易大壯大者壯也爿則壯字之省說文則無別義惻浪反

壿 壿舞也從士尊聲詩壿壿舞我臣鍇按周禮舞者皆士也祖溷反

文四　重一

丨 上下通也引而上行讀若囟引而下行讀若退凡丨之屬皆从丨 鍇曰此二字同用一丈皆從所在而知之囟音信今人音進引而下行音退又音袞中字从丨音退於字少从丨音進孫損反

中 和也从口丨上下通臣鍇曰口以出令也丨以記其中也皇極之道自上而下自上而下然後上下通也皇極者大中也陟紅反

𠁧 籀文

𠁩 古中臣鍇曰曲而不失中也易繫曰其言曲而中

㫃 旌旗杠皃从丨从亦聲臣鍇曰㫃音偃象旌旗偃蹇飛揚之貌丨橦榦也杠即橦也恥展反

文三　重二　臣次立曰今重一補遺籀文𠁧一字共重二

説文解字通釋卷第一

說文解字通釋卷第二

繫傳二

文林郎守祕書省校書郎臣徐鍇傳釋

朝散大夫行祕書省校書郎臣朱翺反切

三部　文四百六十五　重二十二

屮　木初生也象丨出形有枝莖也古文或以爲艸字讀若徹凡屮之屬皆從屮尹彤說臣鍇曰屮從丨引而上行音進艸始脫莩甲未有岐根今班固漢書多用此爲艸字齊有輔國録事恭軍王中字簡棲作武昌頭陁寺碑

見𢬵於世也尹彤當時說文字
者所謂傳采通人也聰列反

屯　難也象艸木之初生屯然而難從屮貫一地也尾曲
易曰屯剛柔始交而難生臣鍇曰易屯卦彖辭也陟
倫反

每　艸盛上出也從屮母聲臣鍇
曰屮則象上出也梅襛反

毒　厚也害人之艸
往往而生從屮
毒聲臣鍇曰害人艸若江東荼莽冶葛之屬毒音毒

毒　
嫪毒字從士音仕下毋音無言其毒厚也特沃反
古文毒從刀葍臣鍇曰竹亦毒
有南方有竹傷人則死葍聲也

芬　艸初生其香分布
從屮分分亦聲臣
鍇曰初出孳甲又葉初生故香
苦今採荼皆初生者弗群反

芬　芬或
從艸

𡴀　菌𡴀地蕈
叢生田中
從屮六聲臣鍇曰從屮者象三菌叢生也易夬卦曰莧陸
夬夬陸即𡴀也與莧皆爲柔脆之物坴字從此粟菊反

𡴀 籀文𡴀從三𡴀 熏 火煙上出也從屮從黑屮黑熏象臣鍇曰物之受煙者唯艸爲甚無根故從屮

詩曰穹窒熏鼠以艸熏之也黑非白黑之黑字四象穴火

炎上出礙於艸故爲熏此言黑熏象故知非白黑字詡君

反

文七　重三

艸 百芔也從二屮凡艸之屬皆從艸臣鍇

曰總名也艸叢生故從二屮此討反

莊 上諱臣鍇曰後漢孝明帝諱故許慎不解說而最在

前也臣鍇以爲莊盛飾也故從艸壯聲壯亦盛也又

道路六達謂之莊亦道

路交會之盛也側羊反 𦻏 古文莊 蓏 在木曰果在地曰蓏從艸㼌聲臣鍇

曰在地若瓜瓠之屬今人或曰蔓生曰蓏亦同果在樹故田在木上瓜在蔓又故蓏在艸下在葉下也鄭玄注禮果之無殼曰蓏其理爲短此當言亦聲寫誤少亦字也盧破反

芝 神艸也從艸之聲臣鍇曰芝爲瑞服之神僊故曰神艸臣鍇以爲今人所見皆玄紫二色如鹿角或如織蓋皆堅實而芳香或叩之有聲本艸有青赤黃白黑紫六色真而反

萐 萐莆瑞草也堯時生於庖廚扇暑而凉從艸疌聲臣鍇按白虎通孝道至則萐莆生庖廚樹名也葉大於門扇不搖自扇於飲食凌清助供養也山睫反

虋 赤苗嘉穀從艸釁聲臣鍇按爾雅注今赤粱穀也此天所降以與后稷莫䰟反

荅 小尗也從艸合聲都鎝反

萁 豆莖也從艸其聲虔知反

藿 尗之少也從艸靃聲呼郭反

莥 鹿藿之實名也從艸狂聲臣鍇按郭璞曰鹿藿今鹿豆也葉似

大荳根黃而香蔓延生女有反

蓈　禾粟之采生而不成者謂之董蓈從艸郎聲臣鍇按爾雅稂董粱注云莠類也勤當反

稂　蓈或從禾

莠　禾粟下揚生莠從艸秀聲讀若酉臣鍇曰粟下揚謂禾粟實下播揚而生出於粟秕左傳曰其莠猶在乎史曰養莠敗禾夷酒反

萉　枲實也從艸肥聲臣鍇按儀禮苴麻之有子者然則萉麻子也扶云反

黂　萉或從麻賁

荏　桂荏蘇從艸任聲臣鍇按荏白蘇也桂荏紫蘇也而沘反

䒗　菜也從艸矢聲也匕反

荳　菜之美者雲夢之荳從艸豈聲臣鍇曰此呂氏春秋伊尹對湯之辭也其爲狀未聞立尾反

䔰　菜也從艸𢇁聲挨惟反

薑　御溼之菜也從艸彊聲臣鍇曰薑可以止腹病治腳下溼伊尹對湯曰陽樸之薑九商反

蓼　辛菜薔虞也從艸翏聲臣鍇按爾雅薔虞蓼注

曰澤蓼也呂曉反

蒩 菜也從艸祖聲臣鍇曰按崔豹古今注蒩一名蕺會稽有蕺山王羲之采蕺處作覩反

蘮 菜也似蘇者從艸罽聲臣居反

薇 菜也似藿從艸微聲臣鍇按薇一云似大萍或曰生山中按伯夷云登彼西山采其薇矣則當似藿尾希反

𦼮 籒文薇省

蓶 菜也從艸唯聲與水反

菦 菜類蒿從艸近聲周禮有菦菹是枝隱反

䕎 菜從艸釀聲女向反

莧 莧菜也從艸見聲閑旦反

芋 大葉實根駭人故謂之芋也從艸亏聲臣鍇曰芋猶言吁也吁驚詞故曰駭人謂之芋芋狀如蹲鴟故駭人云煦反

莒 齊謂芋爲莒從艸呂聲居呂反

蘧 蘧麥也從艸遽聲臣鍇曰今謂之瞿麥其小而華色深者俗謂石竹郭璞云麥句薑本艸云麥句薑地松也非此又名句麥豆居反

菊 大菊蘧麥從艸匊居

逐反

葷　臭菜也從艸軍聲臣鍇曰通謂芸臺椿韭蒜葱阿魏之屬方術家所禁謂氣不潔也許君反

蘘　蘘荷也一名蒚葙從艸襄聲臣鍇按崔豹古今注紫者曰蒚葙蒚音福白者曰蘘荷解毒用蘘荷今俗亦謂白者可爲藥也然莊反

菁　韭華也從艸青聲臣鍇曰韭菜之華也可爲菹周禮有菁菹尚書包匭菁茅亦通謂草木之英爲菁故曰尹喜服菁華又言精英亦菁華也津貞反

蘆　蘆菔也一曰薺根從艸盧聲論孤反

菔　蘆菔似蕪菁實如小尗者從艸服聲臣鍇曰即今之蘿蔔也後漢書更始亂宮人食蘿菔根朋北反

苹　蓱也無根浮水而生者從艸平聲備明反

茞　草也從艸臣聲石倫反

薲　大蓱也從艸賓聲臣鍇曰俗作蘋婢民反

藍　染青艸也從艸監聲龍三反

藼　令人忘憂艸也從艸憲聲詩曰安得

藼艸臣鍇按本草即今之鹿葱也吁袁反蕿或從煖萱或從宣营营藭香艸也從艸宮聲臣鍇按藭即江蘺根也又名蘼蕪又薇蕪其根名芎藭臣鍇按本艸療頭痛寒痺諸寒冷氣腹痛故司馬卬曰有山芎藭乎欲使逃泥水中故問有鞠寒及腹痛之藥也牵弓反芎司馬相如說营從弓臣鍇曰司馬相如續李斯倉頡篇作凡將一篇解說文字許愼所采故云司馬相如說也藭营藭也從艸藭聲渠中反蘭香艸也從艸闌聲臣鍇按本艸蘭葉皆似澤蘭方莖蘭員莖白華紫萼皆生澤畔八月華楚辭曰浴蘭湯兮沐芳華本艸蘭艸辟不祥故潔齋以事大神也臣又按本草蘭入藥四五月採謂采枝葉也春秋左氏傳鄭穆公曰蘭死吾其死乎吾所以生也刈蘭而卒按鄭穆公曰十月卒彼時十月今之八月非本草采用之時者蓋常人候其華實成

然後刈取之也勒浛反⿱艹姦艸出吳林山從艸姦聲臣鍇曰此山海經所云也箇山反葰薑屬可以香口從艸俊聲斯唯反芄芄蘭莞也從艸丸聲詩曰芄蘭之枝臣鍇按本艸芄蘭蘿藦也葉似女青味辛主虛勞戶寒反虈楚謂之蘺晉謂之虈齊謂之茝從艸嚻聲臣鍇按本艸白芷一名虈一名芳香一名茝一名莞一名符離一名澤芬葉一名蒚麻可作脂及爲浴湯故內則云遺之茝蘭則受而獻諸舅姑欣消反蘺江蘺蘼蕪從艸離聲鄰之反茝虈也從艸𦣞聲昌亥反蘪蘪蕪也從艸麋聲闢之反薰香艸也從艸熏聲臣鍇按薰草蘼蕪又博物志云東方君子國薰草華朝朝生華也許君反䕬水篇茿從水毒聲讀若督臣鍇按郭璞注爾雅竹篇蓄似小藜亦莖節生道旁可殺蟲此云水篇茿蓋別名也此即爾雅作竹

者得酷反

萹　篇茿也從艸扁聲比兗反

藒　芞輿也從艸楬聲臣鍇按離騷經畦留夷與藒車注藒車芞輿芳艸也去絕反

芞　芞輿也從艸气聲欺訖反

莓　馬莓也從艸母聲臣鍇按爾雅麃藨注曰藨即莓盆華紫俗名蘬莓可食即蓬纍殼王女所食又有地莓黃華子小異食之傷人爾雅又有葥一名山莓注云即木莓似藨莓而大亦可食今俗亦云虵藨蘬藨莫隊反

茖　艸也從艸各聲臣鍇按爾雅茖山蔥注曰茖蔥細莖大葉管子曰齊桓公伐山戎出其山蔥戎菽也勾索反

苷　甘艸也從艸甘聲臣鍇按爾雅蘦大苦注云即甘艸也蔓延生葉似荷青黃莖赤有節枝枝相植葉葉相當鉤諳反

芧　艸也從艸予聲可以為繩陳君反

藎　艸也從艸盡聲夕晉反

蒁　艸也從草述聲臣鍇按藥有蓬莪蒁常出反

葱　葱冬艸從

艸忍聲臣鍇按本草忍冬蔓生繞覆草水上莖赤紫色宿者有薄白皮幕之嫩莖有毛葉似胡豆上下有毛華白蘂凌冬不凋治寒熱耳引反

萇

萇楚銚弋一名羊桃從艸長聲臣鍇按爾雅萇楚銚弋注曰葉似桃華白子如小麥亦似桃臣按詩曰隰有萇楚也直良反

薊

芙也從艸㓢聲臣鍇按爾雅芙薊其實荂然則薊芙之屬即今刺薊是又朮一名山薊其形相似但華別似杜鵑而青紫耳又有楊枹薊一名馬薊似薊而肥大一名赤木也已惠反

荲

艸也從艸里聲讀若釐臣鍇字書朔藋草一名堇利之反

藋

釐艸也一曰拜商藋從艸翟聲臣鍇按爾雅商藋赤似藜臣以爲俗所謂灰藋也地料反

芨

堇艸也從艸及聲臣鍇按爾雅注即烏頭也飢泣反

葥

山莓也從艸歬聲臣鍇曰所謂大莓也子養反

蓩

毒艸也從艸婺聲臣鍇按周禮注瘍

醫以五毒攻之藥其一也莫透反

蓩　卷耳也從艸務聲亡考切

蓡　人蓡藥艸出上黨從艸浸聲臣鍇按本草作參字異者人形也師令反

䕡　鳧葵也從艸攣聲臣鍇按郎茆也詩所謂薄采其茆也本草注曰江南人名豬蓴堪食魯劉反

䓞　艸也可以染留黃從艸戾聲臣鍇按爾雅藐紫草注草可染紫一名茢臣以爲史儀制多言綠綟綬即此草所染也又按經䟽五方之間色有留黃其紫赤黃之間古詩所謂佳人贈我箇中綺何以報之流黃素是也婁患反

荍　蚍虾也從艸收聲臣鍇按荍令佳蜀葵也詩曰視爾如荍岐遙反

⿱艹毗　蒿也從艸毗聲鼻宜反

萭　艸也從艸禹聲臣鍇按漢書遊俠有萭章字子夏萭姓也于甫反

荑　艸從艸夷聲臣鍇按孟遲詩輕荑承玉韈荑初生草也敵圭反

薛　艸也從艸辥聲私列反

苦 大苦苓也從艸古聲臣鍇按爾雅蘦大苦甘草也口魯反

菩 艸也從艸音聲臣鍇按字書黃菩草又漢有菩陽天子更衣之別館也因地爲名菩山之陽也步乃反

䓪 薏苢從艸啻聲一曰蓍英臣鍇按今謂之薏苢是也堅者曰幹珠依色反

茅 菅也從艸矛聲夢梢反

菅 茅也從艸官聲臣鍇按詩曰雖有絲麻無棄菅蒯是也箇山反

蘄 艸也從艸斳聲江夏有蘄春亭臣鍇按爾雅書馬芹字或如此也巨希反

莞 艸也可以作席從艸完聲戶寒反

藺 莞屬也從艸閵聲臣鍇按劦也一名馬藺里刃反

蒢 董蒢職也從艸除聲直魚反

蒲 水艸也或以作席從艸浦聲盆乎反

蒻 蒲子可以爲平席從艸弱聲臣鍇曰按蒻蒲下入泥白處今俗呼蒲白尚書曰敷重蒻席注蒻苹是也臣鍇以爲蒻即根上初生萌

葉時殼也如約反

蓡　蒲蒻之類也從艸深聲臣鍇按周禮以作菹也式琴反

蓷　萑也從艸推聲詩曰中谷有蓷臣鍇按爾雅注益母草也一名充蔚土回反

茥　缺盆也從艸圭聲臣鍇按即覆盆也一名蓬藟窮圭反

莙　牛藻也從艸君聲讀若威臣鍇按爾雅注似藻葉大江東呼爲馬藻翟殞反

⿱艹睆　夫蘺也從艸睆聲臣鍇按爾雅睆夫蘺作莞符離即蒲屬也本草云白芷一名睆一名符離也戶寒反

蓠　夫蘺上也從艸离聲臣鍇按爾雅注蘺莞上之臺者也臣按草木將生華先抽莖臺今謂菜臺是也移㒧反

苢　芣苢一名馬舄其實如李令人宜子從艸㠯聲周禮書所說臣鍇本草芣苢一名車前服之令人有子爾雅注亦同韓詩云芣苡木名實似李則非也許慎但言李則其子之苞亦似李但微而小耳移里反

蕁　芫藩

也從艸尋聲臣鍇按本草即知母藥也形似昌蒲而柔潤葉至難死掘出隨生須枯燥乃止味苦寒一名堤母田南反

⿱艹⿰爻尋 蕁或從爻臣鍇按今本草作此蕁字

⿱艹毄 艸也從艸毄聲堅歷反

蓲 艸也從艸區聲臣鍇按爾雅注江東呼細蘿爲烏蓲音丘起秋反

⿱艹固 艸也從艸固聲骨度反

⿱艹榦 艸也從艸榦聲臣鍇按本草注書蘇珠字如此也根旱反

藷 藷蔗也從艸諸聲臣鍇按今之甘蔗也掌於反

蔗 藷蔗也從艸庶聲之射反

⿱艹毀 牂蘘可以作縻綆從艸毀聲臣鍇曰芑之屬可為汲綆也女庚反

藸 艸也從艸豬聲臣鍇按爾雅茱荎藸展魚反

⿱艹賜 艸也從艸賜聲先刺反

⿱艹中 艸也從艸中聲珍蒙反

萯 王萯也從艸負聲臣鍇按呂氏春秋殷王孔甲田于萯山之陽大風迷惑入于民室山海經萯山神泰逢

所居符九反

芺　艸也味苦江南食以下氣從艸夭聲臣鍇曰今苦芺也安浩反

⿱艹弦　艸也從艸弦聲形先反

[illegible]　艸也從艸[illegible]聲臣鍇曰[illegible]古閒字也延救反

莩　艸也從艸孚聲芳于反

⿱艹寅　兎瓜也從艸寅聲臣鍇按爾雅注似土瓜翼真反

荓　馬帚也從艸并聲臣鍇按爾雅注似著可爲帚也頻寧反

蕕　水邊艸也從艸猶聲臣鍇按爾雅似莤一名蔓于注一名軒于生水中臣鍇今按似細蘆蔓生水上隨水高下汎汎然也故曰猶也延秋反

荌　艸也從艸安聲思肝反

藄　綦月爾也從艸綦聲臣鍇按爾雅月爾似蕨可食即紫綦也虔知反

莃　兎葵也從艸希聲臣鍇按爾雅注似葵而小葉狀如藜有毛汋啖之滑本草注云苗似石龍芮華白似梅藥紫者堪啖忻祈反

⿱艹夢　灌渝從艸夢聲讀若萌臣鍇按爾雅蕍蔦

注云澤舄本草澤舄一名芒芋生池澤蘉即草莽之名名又近芒藿莽即澤也疑蘉即澤舄也木空反

蕧　盗庚也從艸復聲臣鍇按爾雅盗庚旋蕧蘖也戒六反

苓　卷耳也從艸令聲臣鍇按爾雅苓耳卷耳也形似鼠耳叢生如盤臣鍇曰菌屬生朽潤木根連丁反

蘔　艸也從艸贛聲一曰薏苡臣鍇按本草薏苡一名蘔米卷控反

藑　茅葍也一名蕣從艸夐聲臣鍇按爾雅葍華有赤者爲藑也葵名反

葍　蓄也從艸畐聲臣鍇按爾雅葍蓄注大葉白華根如指心白可啖詩曰言采其葍也分溜反

蓄　葍也從艸畐聲方菊反

蓨　苗也從艸脩聲徒聊切又湯雕切

苗　蓨也從艸由聲臣鍇曰苗音迪爾雅釋草有之注云未詳徒歷切又他六反

薚　艸枝枝相值葉葉相當從艸昜聲臣鍇按爾雅蓫薚馬尾又草枝枝相值葉葉相當

唯甘草耳呑臣反薁蘡薁從艸奧聲臣鍇按詩云食鬱及薁於目反葴馬藍也從艸咸聲臣鍇按

爾雅注今大葉冬藍也止沉反蓾艸也可以束從艸魯聲臣鍇按爾雅作履苴草也勒古反⿱艹鹵或

從鹵蔽艸也從艸敝聲臣鍇按詩曰雖有絲麻無棄菅蒯是也庫拜反蔞艸也可以亨魚從艸婁聲

臣鍇曰今人所食蔞蒿也力殊反藟艸也從艸畾聲詩曰莫莫葛藟一曰秬鬯臣鍇曰葛蔓也柳水反

蒬棘蒬也從艸冤聲臣鍇按爾雅本草遠志也葉名小草過言反茈茈艸也從艸此聲臣鍇曰即今

染紫草也司馬相如上林賦書茈薑字如此津矣反藐茈艸也從艸貌聲莫璞反萴烏喙也從艸則

聲臣鍇按本草即烏頭也有大毒故蘇秦云飢食烏喙與飢死同患齊石反蒐茅蒐茹藘人血所生可以

染絳從艸鬼臣鍇按今醫方家謂蒐爲茜茅蒐也從艸西聲七縣反
地血食之補血是也故從鬼色蒨反
蕼赤蕼也從艸薜牡贊也從艸辟聲臣鍇按爾芒
隸聲袁次反雅有之注云未詳避契反
杜榮也從艸忘聲臣鍇按爾苞艸也南陽以爲麤履從
雅注云爲繩索惹也勿強反艸包聲臣鍇按此草名
尚書包匭菁茅又草木漸包又詩方如艾冰臺也從艸
竹包矣皆當作包不從艸也此交反又聲臣鍇即
今灸艾也蔁艸也從艸章芹楚葵也從艸斤聲臣鍇
五蓋反聲周良反曰今水芹也伎殷反
蘔豕首也從艸甄聲臣鍇按爾蔦寄生也從艸鳥聲
雅注即今地菘草也止鄰反詩曰蔦與女羅臣
鍇按本草云蔓草木生黃綠爲赤綱色淺文爲兔虆又
一名兔縷一名蓎一名蒙一名王女一名兔絲得了反

樢蔦或從木臣鍇曰附子木故從木

芸艸也似目宿從艸云聲淮南說芸艸可以死復生臣鍇按芸草著於衣書辟蠹漢種之於蘭臺石室藏書之所羽文反

薉艸也從艸歲聲麁最反

葎艸也從艸律聲留肇反

茦莿也從艸朿聲臣鍇按爾雅注即草木之刺也測麥反

葀善婁果蓏也從艸昏聲古活反

葑蕦蓯也從艸封聲臣鍇按爾雅有之注云未聞敎容反

薺蒺蔾也從艸齊聲詩曰牆有薺臣鍇曰此今藥家所用蒺蔾也今人以此字爲薺菜疾咨反

莿茦也從艸刺聲臣鍇曰此爲草木之莿爲斫剌之刺七智反

董蘱董也從艸童聲杜林曰藕根臣鍇按爾雅蘱蕫也似蒲而細今人以織履符動反

蘻狗毒也從艸繫聲臣鍇按爾雅注樊光云俗語苦如蘩蓋非的識今藥有狼毒忌惠反

蓩 艸也從艸婺聲臣鍇曰今䋣縷草思討反

芐 地黃也從艸下聲禮曰鉶毛牛藿羊苄豕薇是臣鍇曰鉶羹器也其中菜謂之芼桓古反

蘞 白蘞也從艸僉聲臣鍇按本草白歛藥也一名兔荄作藤生根似天門冬一株下有十許爾雅云萰兔荄注乃云未詳也留琰反

薟 蘞或從斂

䓣 黃䓣也從艸金聲臣鍇按本草葉細長兩葉相對作叢生藥草也卻林反

芩 艸也從艸今聲詩曰食野之芩巨任反

藨 鹿藿也從艸麃聲讀若剽一曰蔽屬臣鍇按爾雅鹿藿鹿豆也一名菌爾雅藨麃注云即莓也與鹿豆相近疑說文注誤以藨麃爲鹿藿字也平表反

虉 綬也從艸鶪聲詩曰卬有旨鷊是臣鍇按爾雅注小草雜色似綬也許壁反

蔆 芰也從艸淩聲楚謂之芰秦曰薢茩臣鍇按爾雅蔆蕨攈注云今水中芰也齊民要術有種芰

法亦同一名蔆池中種之爾雅別有薢茩決光注云決光
明也葉銳黃赤華實如山茱萸或曰蔆關西謂之薢茩今
按決明藥菜也馬蹄者葉銳下而實與山茱萸亦良似華
深黃色爾雅注所云關西郎秦地其或曰蔆則謂決光水
中之蔆矣又按國語楚屈到嗜芰則許慎云楚謂之芰也
屈到死將以芰祭其子去之以爲芰非祭用也今按蔆遐
豆之實也則屈到嗜芰則決明之菜非水中芰審蔆矣祭
不用故去之今按決明菜治目故以光明爲名又以屈建
之言分之則愼所注全是菜也但菜一名決光薢茩又名
水中蔆同蔆凡三名菜有其二所異者嚴摟耳所以致惑
也力蔆司馬相如說蔆從遴臣鍇按漢書司馬相如續
膺反蔆倉頡篇作凡將一篇亦解說文字許愼采其異
者著於芰蔆也從艸支聲臣記反茤杜林說芰從多
比也薢薢茩也從艸解聲間蟹反

茩 蔛茩也從艸后聲講吼反 芡 鷄頭也從艸欠聲其閃反 蘜 日精也似秋華從艸𥷚聲臣鍇按本草蘜即九月黃華者也一名女精一名女華也居逐反 𦺶 蘜或省 蘥 爵麥也從艸龠聲臣鍇按即燕麥也漢魏以前雀字多作爵假借也徹畧反 藗 牡茅也從艸遬聲臣鍇按爾雅注曰茅屬也孫卜反 𦬸 茅秀也從艸私聲臣按此即今茅華未放者也今人食之謂之茅𦔳音軋詩所謂手如柔荑荑秀也先兹反 蒹 雚之未秀者從艸兼聲臣鍇按爾雅蒹薕也注云似雚音狄而細高數尺臣今見江之西岸多有之高如此今人以為篠薄疑因此名薕也未秀謂其小耳結添反 薍 菼也從艸亂聲八月薍為葦也臣鍇按爾雅菼薍也注云似葦而小實中江東呼為烏蓲音嫗臣今見海瀆有之葦即大蘆也八月薍亦長大也亦猶蒿有數種至秋

老皆名爲蒿也五晏反菼萑之初生一曰薍一曰鵻從艸剡聲忒敢反⿱艹炎剡或從炎臣鍇按爾雅釋言云菼鵻下注云菼草色如鵻在青白之間臣以爲此帛色名染之如生菼色染之如今人所染麥綠也蓋此菼亦名爲鵻非獨其色也薕薕也從艸廉聲連鹽反薠青薠似莎者從艸煩聲臣鍇按相如上林賦薛莎青薠復喧反茚昌蒲也從艸卬聲益州生臣鍇按本草昌蒲一寸九節生蜀郡又有葉無脊者名蓀即蘭蓀也顛當反⿱艹邪茆蕍也從艸邪聲臣鍇曰今人書蕍蒿字也延遮反芀葦華也從艸刀聲臣鍇按爾雅葦醜芀注其類皆芀秀醜即類也臣謂芀者抽條搖遠生華而無孳萼也今人取之以爲帚曰芀帚是也笛遠反茢芀也從艸列聲臣鍇以爲禮云桃茢常用此爲桃帚非徒黍穰也良舌反菡菡藺也從

艸函聲臣鍇曰菡猶含也未吐之意候坎反

蕳 菡蕳芙蓉華未發爲菡蕳已發爲芙蓉從艸閻聲臣鍇曰芙之言敷也蓉之言動容也特感反

蓮 芙蕖之實也從艸連聲落奸反

茄 芙蕖莖從艸加聲臣鍇曰夫渠即芙蓉此又藥五茄也間巴反

荷 芙蓉葉從艸何聲閑俄反

蔤 芙蕖本從艸密聲臣鍇謂藕節上初生莖時萌芽殼也在泥中者美蒻反

蕅 芙蕖根從艸水禺聲五斗反

蘢 天蘥也從艸龍聲臣鍇按爾雅有之注云未聞也來充反

蓍 蒿葉屬生千歲三百莖易以爲數天子蓍九尺諸侯七尺大夫五尺士三尺從艸耆聲臣鍇按白虎通蓍之言耆也陽之老也故其數奇言九尺七尺也申離反

菣 香蒿也從艸臤聲臣鍇按爾雅注今謂青蒿香餡者爲菣袪胤反

𦺍 菣或從堅臣鍇曰堅亦聲

莪 蘿莪蒿屬

也從艸我聲臣鍇曰爾雅注今呼爲莪蒿亦曰䕲蒿偶和反 蘿 莪也從艸羅聲婁何反 菻 蒿屬也從艸林聲臣鍇此即上䕲蒿字亦作此力甚反 蔚 牡蒿也從艸尉聲臣鍇按爾雅即䕲蒿之無子者也一名牡蔚迂胃反 蕭 艾蒿也從艸肅聲臣鍇按爾雅蕭萩注即蒿也古人言蕭斧則謂芟艾之斧也齊斧剪齊之斧也先幺反 萩 蕭也從艸秋聲臣鍇按春秋左氏傳或借此爲楸字七牛反 芍 鳧茈也從艸勺聲臣鍇曰令人所食皃茈也堅鳥反 葥 王彗也從艸前聲臣鍇曰令落帚草也自先反 蔿 艸也從艸爲聲于委反 ⿱艹允 艸也從艸允聲臣鍇曰按爾雅䔉芫藩是也池心反 蘜 治蘠也從艸鞠聲臣鍇按本草菊有十名不言治蘠爾雅注即今之秋華鞠居逐反 蘠 蘠蘼虋冬也從艸牆聲臣鍇按爾雅注虋

冬一名滿冬今本草有天門冬麥門冬並無滿冬之名賊忘反

茋 茋母也從艸氏聲臣鍇按本草茋母即知母之一名也是支反

菀 茈菀出漢中房陵從艸宛聲臣鍇按本草紫菀生陸山谷也鬱遠反

莔 貝母也從艸明省聲臣鍇按本草云貝母一名莔根彩如聚貝子安五藏治目眩項直不得返顧故許穆公夫人思歸衛不得而作詩曰言采其莔也沒彭反

苿 山薊也從艸朮聲臣鍇按今菜苿似薊也柱黜反

蓂 析蓂大薺也從艸冥臣鍇按爾雅注似薺葉細俗呼老薺莫歷反

菋 荎藸也從艸味聲臣鍇按爾雅五味子也勿貴反

荎 荎藸也從艸至聲直而反

葛 絺綌艸也從艸曷聲格曷反

蔓 葛屬也從艸曼聲臣鍇曰葛之總名也無飯反

𦸗 葛屬也白華從艸皋聲家豪反

莕 菨餘也從艸杏聲臣鍇按爾雅

注則今之若荇若或從行同臣鍇菨菨餘也從艸
菜也限猛反按詩參差荇菜也妾聲節攝反
□艸也從艸睪芫魚毒也從艸元聲臣鍇按本草芫
聲古論反華也可用毒魚一名杭魚毒爾雅
杭字從木注即云大木也不知爾雅别有本名杭又
名魚毒將誤書從艸因入木中注者詳之也言衰反蘦
大苦也從艸霝聲臣鍇按蕛蕛苵也從艸稊聲臣鍇按
本草即藥甘草也連丁反爾雅注似稗布地生穢草
敵圭苵蕛苵也從艸艼艼熒朐也從艸丁聲臣鍇按
反失聲亭結反爾雅有之注云未詳他寧反
蔣苽蔣也從艸將聲臣鍇曰苽草也青謂苽雕苽一
之苽蔣枯謂之芻茭子甫反又子良反名蔣從
艸瓜聲臣鍇曰雕苽西京雜記及古詩多作雕胡䔮艸
枚乘云雕胡之飯按即今所食茭苗米也古胡反也

從艸育聲融六反

藣　艸也從艸罷臣鍇按爾雅旄謂之藣注旄牛尾也蓋似此草也被移反

䕼　艸也從艸難聲仁還反

莨　艸也從艸良聲臣鍇按字書藏莨草名也勒當反

葽　艸也從艸要聲詩曰四月秀葽劉向說此味苦苦葽也於消反

薖　艸也從艸過聲苦何反

菌　地蕈從艸囷聲臣鍇按地蕈似釘蓋若名菌蘡殞反

蕈　桑萸從艸覃聲臣鍇按蕈多生桑楮之上也夕祍反

䓴　木耳也從艸耎聲一曰萮茈汝件反

葚　桑實也從艸甚聲食荏反

蒟　果也從艸竘聲臣鍇按本草似玉瓜蔓生子長大辛香茵爲留藤實似桑椹皮黑肉白食之辛香左思蜀都賦所謂蒟醬吳都賦所謂東風淳留也俱取反

芘　艸也一曰芘茮木從艸比聲臣鍇按莜蚍芣亦或作此魏史裴潛爲魏郡

不將妻子妻子貧乏織蔡芘以自給芘藩也鼻宜反

蕣　木堇朝華暮落者從艸舜聲省詩曰顏如舜華臣鍇曰蕣令又人言一瞬也失閏反

萸　茱萸也從艸臾聲羊朱反

茱　茱萸也從艸朱聲船區反

茮　茱萸從艸朮聲臣鍇按爾雅茱椒醜其實茱今說文無椒字豆菽字但作朮則此茱爲椒字也椒性叢生如薔薇之屬作木也故從艸煎昭反

莍　茱椒實裹如表者從艸求聲臣鍇按爾雅注茱子聚或房皃也虔柔反

荆　楚木也從艸刑聲臣鍇曰荊州因此爲名也故其國名楚己英反

荆　古文荊

菭　水衣從艸治聲臣鍇按周禮注菭字作落生水傍水土之濁氣所生故曰水衣故生牆曰垣衣田咍反

芽　萌牙也從艸牙聲五加反

萌　艸也從艸明聲臣鍇以爲萌生芽之兆沒彭反

茁　艸初生地貌從艸出聲詩

曰彼茁者葭鄒滑反

莖 枝柱從艸巠聲臣鍇曰枝主於莖故云枝柱候宏反

莛 莖也從艸廷聲臣鍇按東方朔曰以莛橦鍾莛枝莖也田丁反

葉 艸木之葉也從艸枼聲亦接反

蘮 艸之小者從艸㓹聲㓹古文銳字讀若芮居例反

䒞 華盛從艸不聲一曰芣苢臣鍇以爲愼意以此爲棠棣之華萼芣韡韡之芣也附柔反

葩 華也從艸皅聲臣鍇按葩草木華初坼也故木華海賦曰葩華踧[足丑]意同也浦爪反

芛 艸之皇榮也從艸尹聲臣鍇按爾雅蕍芛皇華榮注云華皇也今俗謂草木華初生者爲芛蕍猶敷蕍亦草木華之皃所未詳營跬反

蘳 華黃從艸黊聲讀若墮壞臣鍇按謂草木之黃華者也乎瓦反

蔈 苕之黃華也從艸㶾聲一曰末臣鍇按史記趙武靈王夢處女歌曰美人熒熒兮顏若苕之華注云苕紫華草也又

郭璞遊仙詩曰潛穎怨青陽陵苕哀素秋又爾雅注陵苕一名陵時故曰黃華蔈白華茇也今本草注證云陵霄也此耿反

英　艸榮而不實者一曰黃英從艸央聲臣鍇按爾雅釋木有權黃英注未詳也又平反

薾　華盛從艸爾聲詩曰彼薾惟何臣鍇曰薾猶彌漫意也而俾反

萋　艸盛從艸妻聲詩曰菶菶萋萋臣鍇按萋深切之意也言其色深切也七低反

菶　艸盛從艸奉聲臣鍇按菶菶散亂也補冗反

薿　茂也從艸疑聲詩曰黍稷薿薿臣鍇曰薿薿苗盛之皃牛以反

蕤　艸木華垂皃從艸甤聲臣鍇按嵇康琴賦曰飛英蕤於昊蒼儒佳反

葼　青齊兖冀謂木細枝曰葼從艸㚇聲子紅反

䔿　艸萎䔿從艸移聲以支反

蒝　艸木形從艸原聲言袁反

莢　艸實從艸夾聲臣鍇按周禮其植艸宜莢物是也尺俠反

芒

艸耑從艸亡聲臣鍇曰謂麥穀爲芒種是也勿強反

䕑藍蓼秀從艸隋聲臣鍇按藍蓼屬華作穗也爾雅注芛音循今字書以此字當之營跬反

蔕瓜當也從艸帶聲臣鍇按當底也故韓子云玉卮無當也的替反

荄艸根也從艸亥聲臣鍇曰荄草木枯莖也荀孩反

荺茇也茅根也從艸均聲臣鍇按爾雅注江東呼藕紹緒如指空中可啖者爲茇于忍反

茇艸根也從艸友聲春艸根枯引之而發土爲撥故謂之茇一曰艸之白華爲茇臣鍇按詩注土一撥是也爾雅苕曰白華者名茇北末反

芃艸盛也從艸凡聲詩曰芃芃黍苗臣鍇曰汎汎然若風之起也父忠反

蒪華葉布從艸傅聲讀若傅方聚反

蓻艸木不生也一曰茅牙從艸執聲姊入反

茤艸多貌從艸狋聲江夏平春有狋亭語殷反

茂艸豐盛從艸戊

聲莫透反

⿱艹暘　艸茂也從艸暘聲臣鍇按史記夏以木德青龍出於郊草木暢茂工向反

蔭　艸陰地從艸陰聲臣鍇曰草所庇也衣任反

⿱艹造　艸皃從艸造聲臣鍇曰草相次也初狩反

茲　艸木多益從艸絲省聲臣鍇曰此草木之茲盛也則私反

⿱艹俶　艸旱盡也從艸俶聲詩曰⿱艹俶⿱艹俶山川他狄反

藃　艸皃從艸敲聲周禮曰轂雖敝不藃臣鍇按周禮注謂藃暴陰柔後必撓減轉革暴起爲藃欣消反

蔇　艸多皃從艸既聲臣鍇曰蔇猶盛也訖示反

薋　艸多皃從艸資聲臣鍇曰薋猶積也疾茲反

蓁　艸盛皃從艸秦聲臣鍇曰蓁蓁相湊也側詵反

莦　惡艸皃從艸肖聲穰臯反

芮　芮芮艸生皃從艸內聲若汭臣鍇曰芮芮細皃若蚊蚋也汝歲反

茬　艸皃從艸在聲濟北有茬平縣仕淄反

薈　艸多皃從艸會

聲詩曰薈兮蔚兮臣鍇曰薈兮蔚兮雲也言草如雲之盛也烏會反

蓩　細艸叢生也從艸敄聲莫透反

芼　艸覆蔓從艸毛聲詩曰左右芼之臣鍇曰芼猶冐也門高反

蒼　艸覆也從艸倉聲切陽反

葻　艸得風皃從艸風風亦聲讀若婪臣鍇曰此會意婁參反

萃　艸皃從艸卒聲讀若瘁秦醉切

蒔　更別種從艸時聲臣鍇曰若秧稻也食志反

苗　艸生於田者從艸田臣鍇曰會意眉昭反

苛　小艸也從艸可聲臣鍇曰以細草喻細政猶言米鹽也閑俄反

蕪　薉也從艸無聲文區反

薉　蕪也從艸歲聲臣鍇曰田中雜草也迂廢反

荒　蕪也從艸巟聲一曰艸掩地也臣鍇曰謂草雜水掩地也

薴　艸亂也從艸寍聲杜林說艸䓕薴皃尼次反

䓕　䓕薴皃從艸爭聲側洪反

忽光反

落　凡艸曰零木曰落從艸洛聲臣鍇曰木曰落而從艸者也但葉落耳其枝榦勁與草零無異故從艸勒託反

蔽　蔽蔽小艸也從艸敝聲臣鍇按詩曰蔽芾甘棠比袂反

蘀　艸木皮葉落墮地爲蘀從艸擇聲詩曰十月隕蘀臣鍇曰此言草木而從艸者木蘀與草同也他作反

薀　積也從艸溫聲春秋傳曰薀利生孽臣鍇曰春秋左傳曰芟夷薀崇之但積之低爲薀堆之高爲崇迂吻反

蔫　菸也從艸焉聲爲焉反

菸　鬱也從艸於聲一曰矮也郁諸反

藀　艸旋皃也從艸榮聲詩曰葛藟縈之臣鍇曰謂縈繞也於反

蔡　艸也從艸祭聲蒼大反

茷　艸葉多從艸伐聲春秋傳曰晉羅茷臣鍇曰羅茷人名也符發反

菜　艸之可食者從艸采聲臣鍇曰采亦聲少亦字此載反

𦯶　艸多葉皃從艸而聲沛城父有

揚萷亭臣鍇曰古謂頰毛爲彡此草似之也然知反

[篆] 艸浮水中皃從艸乏声孚凡反

薄 林薄也一曰蠶薄從艸溥声臣鍇曰木曰林草曰薄故云叢薄盆各反

苑 所以養禽獸從艸夗聲臣鍇曰苑猶院也鬱遠反

藪 大澤從艸數声九州之藪揚州具區荊州雲夢豫州圃田青州孟諸兖州大野雍州弦蒲幽州奚養冀州揚紆并州昭余祁是也臣鍇按周禮注大澤曰藪具區五湖也雲夢夢澤也其地跨江圃田在中牟今鄭州孟諸在睢陽東北大野在鉅鹿東北弦蒲在汧奚養在長廣昭余祁在太原鄔揚紆爾雅注在扶風汧縣西蘇走反

菑 不耕田也從艸甾易曰不菑畬臣鍇曰此爲從艸從巛田凡三文合之舊解從艸甾傳寫誤以巛田合爲甾亦無声字何以言之若實從艸下甾則下不合別有甾字云或省艸省艸則與東楚名缶曰甾同声同體而

别出名䖝之甾在第二十四卷也臣以爲當言從巛音災從田田不耕則草塞之故從艸巛者川壅也但許慎約文後人不曉誤以巛田人成甾字因誤加聲字耳學者所宜詳之側持反
甾 甾或省艸臣鍇曰從田甾此會意此即甾水出太山梁父縣西北入海也
蘨 艸盛皃從艸繇聲夏書曰厥艸惟繇臣鍇曰草高大也延朝反
薙 除艸明堂月令曰季夏烧薙從艸雉聲他計反
⿱艹耒 耕名從艸耒耒亦聲魯内反
⿱艹致 艸大也從艸致聲陟利反
蔪 艸相蔪苞從艸斬聲書曰艸木蔪包臣鍇曰蔪相入也就冉反
⿱艹槧 蔪或從槧
茀 道多艸不可行從艸弗聲臣鍇按國語曰陳道茀不可行也分勿反
苾 馨香也從艸必聲臣鍇曰詩云苾苾芬芬是也頻术反
蔎 香艸也從艸設聲臣鍇按楚辭曰褭椒聊之蔎蔎施子反
芳 香艸

也從艸方声弗商反

蕡 雜香艸從艸賁聲臣鍇按詩有蕡其實扶云反

藥 治病艸從艸樂聲徿畧反

䕻 艸木相附麗土而生從艸麗聲易曰百穀艸木麗於土臣鍇按麗者相分布屬著也在草故從艸鄰之反

蓆 廣多也從艸席聲臣鍇按爾雅蓆大也尚書玉冒海隅蒼生蒼生草木也辞尺反

芟 刈艸也從艸殳聲所監反

荐 薦蓆也從艸存聲臣鍇曰與荐相似荐猶踐也在片反

藉 祭藉也一曰艸不編狼藉從艸耤聲臣鍇按易曰藉用白茅慈作反

蒩 茅藉也從艸租聲禮曰封諸侯以土蒩以白茅臣鍇曰此亦包葅字且渠反

蕝 朝會束茅表位曰蕝從艸絕聲春秋國語曰致茅蕝表坐子雪反

茨 以茅葦蓋屋從艸次聲臣鍇曰次第茅以蓋之也疾茲反

葺 茨也從艸咠聲臣鍇按春秋左傳葺其牆屋七十反

蓋 苫也從艸盍聲溝艾反　苫 蓋也從艸占聲臣鍇曰編茅也春秋左傳曰披苫蓋設炎反

⿱艹渴 蓋也從艸渴聲思大反　⿱艹屈 蔽也從艸屈聲臣鍇曰猶掘也瞿弗反　藩 屏也從艸潘聲

臣鍇按班固西都賦曰突荆藩分軒反　菹 酢菜也從艸沮聲臣鍇曰以米粒和酢以漬菜也周礼醢人掌

七菹韭菹菁菹茆菹葵菹芹菹箈菹筍菹齊民要術有酢漿煑菜爲菹也齊居反　⿱菹皿 或從皿　⿱菹缶 或從缶

荃 芥脃也從艸全聲臣鍇按荃亦香草也村沿反　⿱艹酤 韭鬱也從艸酤聲臣鍇曰治韭之名

也寬步反　蘫 瓜菹也從艸監聲籠三反臣次立按前已有藍注云染青艸也此文當從艸濫聲傳寫之誤也

⿱艹泜 菹也從艸泜聲樫伊反　⿱⿱艹泜皿 菹或從皿皿器　⿱艹橑 乾梅之屬從艸橑聲周礼曰饋食之籩其

實乾蘈後漢長沙王始煑艸爲蘈臣鍇曰今白梅也勒抱反

蘈 蘈或從潦

藙 煎茱萸從艸毅聲漢律會稽獻藙一斗臣鍇按齊民要術調食使茱萸也言沸反

蔱 蔱茱也從艸杀聲臣鍇按字書辛茱也莊里及阻史反

若 擇菜也從艸右右手也一曰杜若香艸臣鍇曰擇之順手也故訓左右手也一本草杜若苗似薑根似旋覆也此會意如約反

蒪 蒲叢也從艸專是倫反

𦯚 以艸補缺從艸西聲讀若俠或以爲綴一曰約空也臣鍇曰約空謂今木工以直木附於曲木並之有空不合處則以物附墨筆中以物亞開之隨曲木畫之使如曲木然後隨所畫斷之則附合謂此也直例反

蕁 叢艸也從艸尊聲臣鍇曰按張衡南都賦森蕁蕁而刺天祖本反

蓧 艸田器從艸條省聲論語曰以杖荷蓧地料反

萆 雨衣一曰蓑衣

從艸畢聲一曰蓽歷似烏韭臣鍇按春秋左傳齊師遇雨陳成子衣製杖戈注云製雨衣製與蓽聲相近烏韭即麥門冬頻役反

⿱艹是 艸也從艸是臣鍇按即今之知母是攴反

苴 履中艸從艸且聲臣鍇按履中屈也津於反

⿱艹麤 艸履也從艸麤聲村呼反

蕢 艸器也從艸貴聲求位反

臾 古文蕢象形論語曰有荷蕢而過孔氏之門

⿱艹⿱冖又 艸覆地從艸侵省聲七朕反

茵 車重席從艸因聲臣鍇按劉熙釋名茵因也因與下相連也伊倫反

鞇 司馬相如說茵從革

芻 刈艸也象包束艸之形臣鍇曰此雖從艸蓋是象形字阻虞反

茭 乾芻從艸交聲一曰薪艸臣鍇曰其草名曰茭刈取以用曰芻故曰生芻一束乾之曰茭故尚書曰峙乃芻茭加肴反

荹 亂艸從艸步聲臣鍇曰部斂之也盤怖反

莝 斬芻從艸

坐聲臣鍇按詩曰秣之剉之則此莝字此左反茹飤馬也從艸如聲臣鍇曰飤餧也而住反萎食牛也從艸委聲臣鍇曰餧也蘊瑞反𦳝以穀餧馬置莝中從艸教聲史迮反⿱艹曲蠶薄也從艸曲聲臣鍇曰漢書周勃織薄曲關欲反蔟行蠶蓐從艸族聲臣鍇曰即蠶蔟也千谷反苣束葦燒從艸巨聲求許反蕘薪也從艸堯聲耳焦反薪蕘也從艸新聲息隣反蒸折麻中榦也從艸烝聲臣鍇曰可以燒也潘岳西征賦注蔽并即長安賣麻蒸市也振承反𦺇蒸或省火蕉生枲也從艸焦聲臣鍇按左思吳都賦曰蕉葛升越也煎昭反⿱艹⿴囗米糞也從艸胃省臣鍇曰令作矢假借也式七反薶瘞也從艸貍聲臣鍇曰藏於草下也古之葬者厚衣之以薪閏皆反⿱艹侵喪藉也從艸侵聲設炎反

折 斷也從斤斷艸譚長說臣鍇曰此指事也時列反 𣂚 籒文折從艸在仌中仌寒故折臣鍇曰此會意

㪿 篆文折從手 艸 艸之揔名也從艸屮臣鍇曰此指事許鬼反 艽 遠荒也從艸九聲詩曰至于艽野虞柔反

蘇 桂荏也從艸穌聲孫呼反 芓 麻母也從艸子聲一曰芓即枲臣鍇按爾雅注麻盛子者也慈伺反

⿱艹異 芋也從艸異聲乙記反 ⿱艹稀 菫菜從艸稀聲臣鍇曰辛臭之名也蘇判反

芥 菜也從艸介聲茍瘵反 蔥 菜也從艸悤聲麤中反 ⿱艹隺 艸從艸隺聲融六反

䓤 葶藶也從艸單聲臣鍇按爾雅注實葉皆似芥西京雜記云葶藶死在於盛夏也顛腆反 苟 艸也從艸句聲講孔反

蕨 鼈也從艸厥聲臣鍇按爾雅蕨一名鼈也俱越反 莎 鎬侯也從艸沙聲臣

鍇按爾雅本草莎一名鎬一名侯莎宣訛反

蓱　苹也從艸洴聲頻寧反

蓳　艸也根如薺葉如細柳蒸食之甘從艸堇聲臣鍇按爾雅齧苦堇注今堇葵也葉似柳子如米勺食之滑詩所謂堇荼如飴然則此菜味也居隱反

菲　芴也從艸非聲臣鍇按爾雅注即土瓜也甫肥反

芴　菲也從艸勿聲無弗反

[艸+鶾]　艸也從艸鶾聲享罕反

萑　薍也從艸萑聲臣鍇按爾雅注騅類比大凡葭葦蘆也菼薍蘆中小者薕薕即萑中小者專唯反

葦　大葭也從艸韋聲于虺反

萊　蔓華也從艸來聲臣鍇按爾雅釐蔓華注未詳釐與萊音司婁才反

葭　葦之未秀者從艸叚聲閭巴反

荔　艸也似蒲而小根可作㕞從艸劦聲臣鍇按本草馬藺婁惠反

蒙　王女也從艸冡聲臣鍇曰即女蘿也毋東反

藻　水艸也從艸水

巢聲詩曰于以采藻子草反 藻 藻或從澡也 菉 王芻從艸录聲詩曰菉竹猗猗臣鍇按爾雅注云鴨脚莎也劣東反 蓸 艸也從艸曹聲殘高反 ⿱艸卣 艸也從艸卣聲延秋反 ⿱艸沼 艸也從艸沼聲前焦反 䓊 艸也從艸吾聲楚詞有菩蕭艸阮孤反 茿 篇茿也從艸筑省聲臣鍇按今人呼篇竹是也陟祝反 范 艸也從艸氾聲浮檻反 艿 艸也從艸乃聲臣鍇按字書芳草陳新相積也而冰反 ⿱艸血 艸也從艸血聲翾迭反 萄 艸也從艸匋聲特豪反 芑 白苗嘉穀從艸己聲气以反 藚 水舄也從艸賣聲詩曰言采其藚臣鍇按爾雅藚牛脣也似續斷寸寸有節拔之復生夕燭反 苳 艸也從艸冬聲都農反 蘠 薔蘪虋從艸嗇聲臣鍇按爾雅注澤虋也踈憶反 苕 艸也

從艸召聲臣鍇按爾雅注陵苕也古來亦通謂草木翹秀者爲苕故江淹云青苕日夜黄也留遼反

䔰 艸也從艸楙聲莫透反

萺 艸從艸冐聲莫号反

茆 鳧葵也從艸丣聲詩曰言采其茆連丑反

苖 蓨也從艸由聲臣鍇曰下從由即爾雅注云未詳也田溺反臣次立曰前已有此重出

莆 萐莆也從艸甫聲分武反

荼 苦荼也從艸余聲臣鍇按爾雅荼苦菜即今荼茗也又菜名今野苦苣也故詩曰誰謂荼苦又茅秀也詩曰出其闉闍有女如荼周禮有掌荼下士掌聚荼國語曰白羽之矰望之如荼荆楚歲時引㨗爲舍人曰苕華如荼可耕白沙則此字或音大加反或音度都反田吾反

蘩 白蒿也從艸緐聲臣鍇曰所謂蘋蘩蘊藻也復喧反

蒿 菣也從艸高聲治牢反

蓬 蒿也從艸逢聲賓容反

蓬 籀文逢省

藜

艸也從艸黎聲臣鍇按今落帚或謂落藜初生可食藜之類也里西反

蘬　薺食實也從艸歸聲臣鍇按爾雅紅蘢古其大者蘬下句云差薺實若非許愼時以差字連上句則是寫說文者相承羨字也驅歸反

葆　艸盛皃從艸保聲臣鍇按史記云掌葆旅事補老反

蕃　艸茂也從艸番聲臣鍇按春秋左傳云其必蕃昌也復喧反

茸　艸茸茸皃從艸聦省聲乳逢反

萑　艸多皃從艸隹聲專唯反

葏　艸皃從艸津聲自先反

叢　艸叢生皃從艸叢聲臣鍇曰常叢字不從艸全通反

草　草斗櫟實一曰橡斗從艸早聲臣鍇曰此則今人書草木字隨博士曹憲亦云也自保反

菆　麻蒸也從艸取聲一曰蓐臣鍇按潘岳西征賦感市闠之菆井也側丘反

蓄　積也從艸畜聲臣鍇曰蓄穀米芻茭蔬菜以為備也詩曰我有旨蓄蓄菜

也敕六反

萅 推也從艸從日艸春時生也屯聲臣鍇曰春陽也故從日屯草生之難也故云亦聲川匀反

𦳝 艸多皃從艸狐聲江夏平春有菰亭古孫反

菿 艸木倒從艸到聲臣鍇按莊子曰草木之倒殖者半謂已耕發遇雨後倒生也都告反

文四百四十 臣次立曰今文四百三十九文按說文曰文四百四十五補遺莒務蓧蘱蕕萃六字共文四百四十五

重三十一 臣次立曰今重三十補遺薞一字共重三十一

蓐 陳草復生從艸辱聲一曰蔟也凡蓐之屬皆從蓐臣鍇曰陳根更生繁縟也史記曰晨炊蓐食以茭蒲為

薦席也蓐猶蓺蓐也儒曲反

𦳝籀文蓐從茻同臣鍇曰言草繁多也

薅披田草也從蓐好省聲治牢反

蘋籀文薅省

茠薅或從休詩曰既茠荼蓼

文二　重三

茻衆艸也從四屮凡茻之屬皆從茻讀若與冈同臣鍇按春秋左氏傳曰莽之中不足以蓐從者假借莽字也謀晃反

莫日且冥也從日在茻中茻亦聲臣鍇曰平野中望日且莫將落如在草中也今俗作暮莫度反

莽

南昌謂犬善逐兎艸中爲莽從犬茻茻亦聲臣鍇曰會意謀晃反𦱤藏也從死在茻中一其中所以薦之易曰古之葬者厚衣之以薪茻亦聲臣鍇曰一狀其薦耳贊宕反

文四

說文解字通釋卷第二

說文解字通釋卷第三

繫傳三

文林郎守祕書省校書郎臣徐鍇傳釋

朝散大夫行祕書省校書郎臣朱翶反切

十六部　文六百九十二　重七十九

小　物之微也從八丨見而分之凡小之屬皆從小　臣鍇曰小始見也八分也始可分別也息沼反

少　不多也從小丿聲　臣鍇曰丿音夭失沼反

尐　少也從小乀聲讀若輟　臣鍇曰乀音弗丿音夭乀拂反

爲也姊
薛反

文三

八 別也象分別相背之形凡八之屬皆從八臣
鍇曰數之八兩兩相偶背之是別也比拔反
分 別也從八從刀刀以分別物臣鍇曰天地始
分高下相背若有刀刑以制之也翻文反
尒 必然也從八丨八八象气之分散臣鍇曰尒詞者言之助
也禮曰鼎鼎爾悠悠爾是必然凡令試言爾則數士脣收
下脣气向下而分 曾 辭之舒也從八從曰四聲臣鍇按
散也指事而俾反 詩曰曾是掊克緩气言之故曰舒
前增 尚 曾也庶幾也從八向聲臣鍇按春秋左傳曰尚
反 克知之庶幾知之也曾尚气皆分散也時快反

㒸從意也從八詹多言也從言從八從户臣鍇曰詹
豕聲夕醉反亦省也故為多言八分別也户音
牛毀反仰也故為介畫也從八從人人𠔁分也從重
詹此會意之炎反各有介尚差反八八別也
亦聲孝經說曰故上下有別臣鍇公平分也從八從厶
曰分之甚明也或本音兆鄙䡬反八猶背也韓非曰
背厶為公臣鍇曰厶音私必分極也從八弋聲臣鍇按孔
不公也會意君聰反子曰毋固毋必必分別之極
也畀余語之舒也從八舍省聲臣𠎳二余也讀
聿反鍇曰與尔意同以徐反與余同

文十二　重一

釆辨別也象獸指爪分別也凡釆之屬皆從釆讀若辨
臣鍇曰乎象獸五指其下八八此中畫曲也蒲莧反

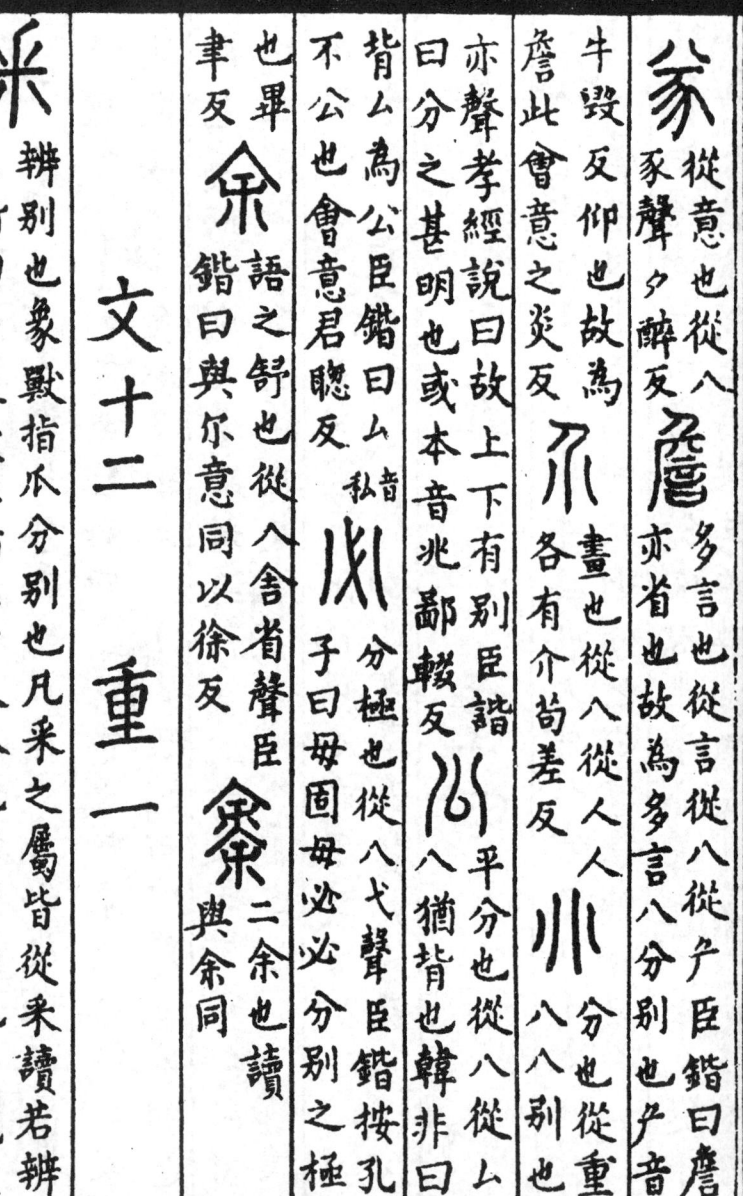

古文釆同

番 獸足謂之番從釆田象其掌臣鍇曰本造北字為獸足掌也象形復喧反

𨆌 番或從足從煩

𤳉 古文番臣鍇曰象獸掌形也

宷 悉也知宷諦也從宀釆臣鍇曰宀覆也釆別也能包覆而深別之釆悉者也已下數字皆同施甚反

審 篆文審從番臣鍇曰言從番字也

悉 詳盡也從心釆息逸反

悉 古文悉

釋 解也從釆釆取其分別物也從睪睪聲失易反

文五　重四

半 物中分也從八牛牛為物大可以分也凡半之屬皆從半臣鍇曰大則分之也會意晡慢反

胖 半體肉一曰廣肉從肉從半半亦聲臣鍇按周禮曰供其膴胖鋪換反

叛 半也從半反聲臣鍇

曰離叛也春秋曰欒盈入于曲沃
以叛使其邑於國分半也蒲脘反

文三

牛 大牲也牛件也件事理也象角頭三封尾之形也凡
牛之屬皆從牛臣鍇曰件若言物一件二件大則可
分也封高起
也逆求反

牡 畜父也從牛土聲臣鍇按解經傳者多言飛者曰雌
雄走者曰牝牡以字體言之則然然據爾雅釋鳥鷯
鶉其雄鵲牝庳春秋左傳云龍一雌死至於草木無足致
義則云牝麻牡荊未嘗言雌雄若春秋諸例諸侯當戰而
死曰滅大夫生死皆曰獲至於傳文未嘗拘於是由此而
論則自非國家著法寓事之名制通於萬民制可為國經

者其外亦各隨事分例不滯而拘執雌雄牝牡之類不可一槩而不分又不得偏滯而拘執君子所以貴夫通儒也莫厚反

犅　特牛也從牛岡聲臣鍇曰特一牛也一牲牛也格康反

特　特牛也從牛寺聲頭墨反

犢　牛子也從牛瀆省聲馳谷反

𤘽　二歲牛從牛市聲臣鍇按爾雅云𤘽犢體長也補會反

犙　三歲牛從牛參聲四參反

牭　四歲牛從牛四四亦聲素次反

⿰牛貳　籒文牭從貳仁至反

犗　騬牛也從牛害聲臣鍇曰犗健也苟著反

牻　白黑雜毛牛從牛尨聲免江反

㹁　牻牛也從牛京聲春秋傳曰牻掠臣鍇按春秋左傳曰牻掠冬殺然尨駮雜之稱也凉亦寒熱相半不純也柳昌反

犡　牛白脊也從牛厲聲郎蔡反

⿰牛余　黃牛虎文從牛余聲讀若塗田吾反

犖　駁牛也從牛勞省聲呂卓

反

㸹 牛白脊也從牛寽聲錄設反

𤙭 牛駁如星從牛平聲普鶯反

犥 牛黃白色從牛麃聲臣鍇按周禮曰鳥犥色也片妖反

犉 黃牛黑脣也從牛𦎫聲詩曰九十其犉然勻反

㹇 白牛也從牛隺聲臣鍇曰按詩曰白鳥義通於此逆捉反

𤛮 牛長脊從牛畺聲九商反

㹈 牛徐行也從牛攸聲讀若滔偷勞反

犨 牛息聲從牛雔聲一曰牛名赤周反

牟 牛鳴也從牛象其聲氣從口出臣鍇曰指事也莫浮反

𤚩 畜牲也從牛產聲所簡切

牲 牛完全從牛生聲所庚反

牷 牷牛純色從牛全聲旋延反

牽 引前也從牛象引牛之縻也玄聲臣鍇曰指事也棄妍反

牝 畜母也從牛匕聲易曰畜牝牛吉吡忍切

牿 牛馬牢也從牛告聲周書曰今惟滛牿牛馬骨僕反

牢 閑養牛馬圈也

從牛冬省聲取其四周帀臣鍇曰指事闌刀反**犓**以芻莖養牛也從牛芻芻亦聲春秋國語曰犓豢幾何阻

虞反**犪**牛柔謹也從牛夒聲爾小反**犕**易曰犕牛乘馬從牛葡聲辨利反**犂**耕也從牛

黎聲里西反**𤛛**兩壁耕也從牛非聲一曰覆耕種也讀若匪斧尾反**𤛫**牛羊無子也從牛𦣞聲讀

若糗糧之糗特豪反**牴**觸也從牛氏聲的米反**𤛴**牛踶衛也從牛衛聲于歲反**𤛘**牛很

不從引也從牛臤臤亦聲一曰大皃讀若賢喫善反**牼**牛厀下骨也從牛巠聲春秋傳曰宋司馬牼字牛懇

耕反**㸪**牛舌病也從牛今聲極朕反**犀**南徼外牛一角在鼻一角在頂似豕從牛尾聲斯低反

牣牣滿也從牛刃聲語曰於牣魚躍臣鍇曰牛入物也故為滿爾吝反**物**萬物也牛為大物天地之

數起於犛牛故從牛勿聲無弗反

犧 宗廟之牲也從牛羲聲賈侍中說此非古字許移反

文四十五　重一

臣次立曰今文四十四補遺牝一字共四十五

犛 西南夷長髦牛也從牛𠩺聲凡犛之屬皆從犛臣鍇曰犛火之反夢梢反

氂 犛牛尾也從犛省從毛臣鍇曰其牛曰犛其尾曰氂以飾物曰旄利之反

斄 彊曲毛可以著起衣從犛省來聲婁才反

庲 古文斄省

文三　重一

告 牛觸人角箸橫木所以告人也從口從牛易曰僮牛之告凡告之屬皆從告臣鍇按詩曰設其楅衡設木

横於牛角以防
抵觸也古奥反
嚳急告之甚也從告
學省聲閑毒反

文二

口人所以言食也象形凡
口之屬皆從口苦走反
噭吼也從口敫聲一曰噭呼也臣鍇噣喙也從口蜀
按漢書噭咷楚歌是也見弔反聲臣鍇按爾
雅味謂之柳味喙口也從口彖吻口邊也從口脗
噣也貞狩反聲詡乂反勿聲武粉反
吻或從嚨喉也從口龍喉咽也從口侯咽嗌也從
肉昏聲來充反聲何溝反口因聲

伊田反 嗌 咽也從口益聲臣鍇按爾雅麋鹿曰齸注云田江東呼咽曰嗌伊昔反 𦤃 籀文嗌字上象口下象頸脉理也 喗 大口也從口軍聲牛殞反 哆 張口也從口多聲臣鍇按詩曰哆兮侈兮兠褐反

呱 從口瓜聲詩曰后稷呱矣古呼反 啾 小兒聲也從口秋聲臣鍇按詩曰鳳凰啾啾即由反

喤 小兒聲從口皇聲詩曰其泣喤喤户荒反 咺 朝鮮謂兒泣不止曰咺從口宣省聲呼遠反

唴 秦晉謂兒泣下不止曰唴從口羌聲丘尚反 咷 楚謂兒泣不止曰噭咷從口兆聲持豪反

喑 宋齊謂兒泣下不止曰喑從口音聲郁吟反 嶷 小兒有知也從口疑聲詩曰克岐克嶷魚力反

咳 小兒笑也從口亥聲侯猜反 孩 古文咳從子 嗛 口有所銜也從口兼聲臣鍇按史記

書衙恨字如此候乡反

噲　咽也從口會聲或讀若快一曰嚵噲也苦夬反

咀　含味也從口且聲前呂反

嚵　小啐也從口毚聲一曰喙也士銜反

啜　嘗也從口叕聲一曰喙也昌啜反

噬　啗也喙也從口筮聲時制反

[口集]　噍也從口集聲讀若集姊入反

嚌　嘗也從口齊聲周書曰太保受同祭嚌寂帝反

噍　齧也從口焦聲寂要反

嚼　噍或從爵

吮　嗽也從口允聲自徧反

[口率]　小歠也從口率聲讀若刷師子反

啗　食也從口臽聲讀與含同稻槧反

嘰　小食也從口幾聲臣錯按相如大人賦曰嘰瓊華居希反

[口尃]　噍皃從口尃聲本垍反

吞　咽也從口天聲邊痕反

含　銜也從口今聲侯貪反

哺　哺咀也從口甫聲盤怖反

味　滋味也從口未聲勿貴反

嚛食辛嚛也從口樂聲火酷反

⿰口竅口滿食從口竅聲誅貀反

噫飽食息也從口意聲臣鍇按莊子曰大塊噫氣其名曰風烏怪反

嘽喘息也一曰喜也從口單聲詩曰嘽嘽駱馬通看反

唾口液也從口垂聲吐破反

涶唾或從水

咦南陽謂大呼曰咦從口夷聲寅之反

呬東夷謂息為呬從口四聲詩曰犬夷呬矣羊媚反

喘疾息也從口耑聲昌轉反

呼外息從口乎聲臣鍇曰气出為外虎烏反

吸內息也從口及聲希立反

嘘吹也從口虛聲忻余反

吹嘘也從口欠叱為反

喟大息從口胃聲區帥反

嘳喟或從貴臣鍇按韓詩外傳嘳然太息作此字

啍口气也從口𦎫聲詩曰大車啍啍他門反

嚏悟解气也從口疐聲詩曰願言則嚏臣鍇曰腦鼻中气壅塞噴嚏則

通故云悟解气的替反

⿰口質 野人之言從口質聲之日反

唫 口急也從口金聲臣鍇按東方朔曰唫噤却林反

噤 口閉也從口禁聲極鴆反

名 自命也從夕口夕者冥也冥不相見故以口自名臣鍇按古人云命世者名是是也此會意弥并反

吾 我自稱從口五聲阮孤反

哲 知也從口折聲知舌反

嚞 古文哲從三吉

悊 哲或從心

君 尊也從尹口發號故從口臣鍇曰通論備矣俱勳反

𠮮 古文象君坐形

命 使也從口令臣鍇曰會意眉慶反

咨 謀事曰咨從口次聲子思反

召 嘑也從口刀聲遲妙反

問 訊也從口門聲亡運反

唯 諾也從口隹聲與追反

唱 導也從口昌聲赤快反

和 相應也從口禾聲戶歌反

咥 大笑也從口至聲詩曰咥其笑

矣忻記反

啞　笑也從口亞聲易曰笑言啞啞鵶赫反

噱　大笑也從口豦聲其虐反

唏　笑也從口希聲一曰哀痛不泣曰唏虛斐反

听　笑皃從口斤聲臣鍇按相如上林賦無是公听然而笑宜引反

呭　多言也從口世聲詩曰無然呭呭延世反

嘄　聲嘄嘄也從口梟聲堅蕭反

咄　相謂也從口出聲都突反

唉　應也從口矣聲讀若塵埃遏開反

哉　言之間也從口𢦏聲臣鍇按春秋左傳曰遠哉遙遙孔子曰君子哉若人是哉爲閒隅之詞也走該反

噂　聚語也從口尊聲詩曰噂沓背憎祖本反

咠　聶語也從口從耳詩曰咠咠幡幡七入反

呷　吸呷皃從口甲聲呼甲反

嘒　小聲也從口彗聲詩嘒彼小星呼計反

嚖　嘒或從慧

嘫　語聲也從口然聲仁遷反

唪　大笑也從口奉聲讀

若詩曰瓜瓞 嗔 盛气也從口眞聲詩 嘌 疾也從口㬪聲
菶菶蒲蠓反 曰振旅嗔嗔笛前反 詩曰匪車嘌嘌
兮片 嘑 號也從口虖 喅 音聲喅喅然從 嘯 吹聲也
妖反 聲虎烏反 口昱聲融六反 從口肅
聲息 歗 籀文嘯 台 悅也從口㠯聲臣鍇按史記序傳
㕧反 從欠 曰諸吕不台作此字言不為人所
怡悅也偷咍反臣 嗂 喜也從口䍃聲臣鍇按禮記曰喜
次立曰又與之反 斯陶陶斯詠詠斯猶爾雅注云猶
即嗂也 启 開也從戶口臣鍇按詩曰東有启明爾雅明
延朝反 星為启明言晨見東方為開明之始也會意
溪禰 嗿 聲也從口貪聲詩曰 咸 皆也悉也從口戌聲
反 有嗿其饁他感反 臣鍇曰其口同也侯
彡 呈 平也從口壬 右 助也從口又聲臣鍇曰言不足
反 聲直成反 以佐又手助之詩曰匪面命之

言示之事匪口誨之言提其耳會意延九反

啻　語時不啻也從口帝聲一曰啻諟也讀若鞮吐智反

吉　善也從士口臣鍇曰口無擇言也會意經栗反

周　密也從用口臣鍇曰忠信為周詩曰嗟我懷人寘彼周行言用之也雙留反

𠀉　古文周字從古文反

唐　大言也從口庚聲臣鍇曰鼓聲盛為鼞與此意同時郎反

啺　古文唐從口昜

𠷎　誰也從口𢑚又聲臣鍇曰口問為誰也尚書曰𠷎咨若予采誰順我事者咨問之也陳㲻反

嘾　含深也從口覃聲特感反

噎　飯窒也從口壹聲伊結反

嗢　咽也從口昷聲烏骨反

哯　不歐而吐也從口見聲臣鍇曰醫方有小兒哯乳也易顯反

吐　瀉也從口土聲他魯反

噦　气悟也從口歲聲迂厥反

咈　違也從口弗聲周書曰咈其者長臣鍇曰見於

言也附勿反

嚘　語未定皃從口憂聲衣尤反

吃　言蹇難從口气聲臣鍇曰揚雄口吃也幾迄反

嗜　嗜欲喜之也從口耆聲食利反

啖　噍啖也從口炎聲一曰噉稻蘗反

哽　語為舌所介礙也從口更聲讀若井絞綆根杏反

嘐　誇語也從口翏聲加看反

啁　啁嘐也從口周聲摘抄反

哇　諂聲也從口圭聲讀若醫臣鍇曰古人言謠哇之聲也戶媧反

𠯂　語相訶相歫也從口辛辛惡聲也讀若櫱頗過反

吺　讘吺多言也從口殳聲臣鍇按古文尚書書驩兜字作吺單侯反

呧　苛也從口氐聲臣鍇曰今人謂詆難之爲呧呵的未反

呰　苛也從口此聲臣鍇按後漢書郭泰傳衛文生買物呰呵減價乃售是也將此反

嗻　遮也從口庶聲之射反

唊　妄語也從口夾聲讀若莢居俠反

嗑多言也從口盇聲讀若甲候臘反嗙譀聲嗙喻也從口旁聲司馬相如說淮南宋蔡舞嗙喻臣鍇
曰此相如上林賦之文也此行反噧高气多言也從口蠆省聲春秋傳曰噧言訶介反叴高气
也從口九聲臨淮有叴猶縣臣鍇曰呂氏春秋有叴猶國智伯欲代者也虞柔反呶讙聲也從口奴聲詩
曰載號載呶拏交反吒噴也叱怒也從口乇聲臣鍇曰蜀書諸葛亮奏彭羕舉頭視屋噴吒作聲是也陟駕
反噴吒也從口賁聲一曰鼓鼻鋪奔反叱訶也從口七聲瞋容反噊危也從口矞聲
臣鍇按爾雅噊殆危也注云未詳與必反嘮嘮呶讙也從口勞聲丑交反啐驚也從口卒聲此退
反唇驚也從口辰聲止鄰反吁驚也從口亏聲臣鍇曰亏語之舒也當言亏亦聲脫誤也又按

丂字部復有丂字云驚語也從口從丂丂亦聲臣鍇以為在丂部當言從丂從口今既與口部之丂同形同義而在兩處疑一處誤多之尚書群臣舉鯀帝曰吁咈哉鷩恠群臣舉此人也吁丂也況丂反

嘵 懼也從口堯聲詩曰唯予音之嘵嘵曉幺反

嘖 大呼也從口責聲臣鍇按春秋左傳曰嘖有繁言然則嘖又訓至也故太玄經探瞔索隱之瞔皆作嘖而說文無瞔字也鉏客反

謮 嘖或從言

嗷 衆口愁也從口敖聲詩曰哀鳴嗸嗸臣鍇按詩曰鴻鴈于飛哀鳴嗸嗸嗸鴈鳴聲象也頻叨反

唸 吚也從口念聲詩曰民之方唸吚丁念反

吚 唸吚呻也從口尸聲忻宜反

嚴 呻也從口嚴聲五乡反

呻 吟也從口申聲臣鍇曰聲引气也式人反

吟 呻也從口今聲臣鍇曰吟申氣之聲也銀欽反

䪩 吟或從音

訡 或從言

嗞 嗟也從口茲聲臣鍇曰嗟嗞字本如此咨訓問也則欺反

呝 喔也從口戹聲臣鍇按易曰笑言呝呝晏索反

哤 哤異之言從口尨聲一曰雜語讀若尨臣鍇按國語曰四民雜處則其言哤哤雜異也免江反

叫 呼也從口丩聲臣鍇曰直聲呼也見弔反

嘅 嘆也從口既聲詩曰嘅其嘆矣臣鍇曰意气有所欝嘅然也苦蓋反

唌 語唌嘆也從口延聲臣鍇曰按唌謾也夕連反

嘆 吞歎也從口歎省聲一曰太息臣鍇曰欲言不能吞恨而太息也但旦反

喝 渴也從口曷聲臣鍇按上林賦牓人歌聲流喝喝聲長而轉也殷介反

哨 不容也從口肖聲臣鍇按投壺禮曰枉矢哨壺謙言壺小不足容也且醮反

吪 動也從口化聲詩曰尚寐無吪鍇曰臥既覺必有聲气又曰或寢或吪五陁反

噆 嗛也從口潛省聲臣鍇按文子

曰蚕蚕嗜膚作雜反

吝　恨惜也從口文聲易曰以往吝臣鍇曰恨惜形於言故從口里刃反

㖁　古文吝從彣

各　異辭也從口夂夂者有行而止之不相聽意臣鍇曰夂音竹凡反象人足欲行從後躓之故各字從之也會意振莫反

否　不也從口不聲臣鍇曰不本音缶侯又反又府丑反

唁　弔生也從口言聲詩曰歸唁衛侯擬線反

哀　閔也從口衣聲遏閒反

嗁　號也從口虒聲臣鍇曰今借人作啼敵圭反

嗀　歐皃也從口殸聲春秋傳曰君將嗀之臣鍇曰心惡未至於歐因嗀出之也刻學反

咼　口戾不正也從口冎聲臣鍇曰咼音寡苦柴反

⿰口叔　嗼也從口叔聲臣鍇曰子虛賦曰⿰口叔寥無聲前狄反

嗼　⿰口叔嗼也從口莫聲闇落反

𠯑　塞口也從口氒省聲氒古文厥字臣鍇曰涾絡眰遝𦦓字從此古活反

旨 古文從甘臣鍇曰甘為口實也 嗾 使犬聲從口族聲春秋傳曰公嗾夫獒臣鍇曰獎使之進也食

候反 吠 犬鳴從口犬臣鍇曰會意或云從犬扶穢反 咆 嗥也從口包聲臣鍇按詩云咆哮于中國

也步交反 嗥 咆也從口臯聲行高反 獋 譚長說嗥從犬臣鍇按春秋左傳曰豺狼所獋材狼犬屬

獋其聲高大也 喈 鳥鳴聲也從口皆聲一曰鳳皇鳴聲喈喈臣鍇曰聲衆且和也古諧反 哮 豕驚

聲也從口孝聲亨茅反 喔 鷄鳴也從口屋聲江岳反 咮 鳥口也從口朱聲臣鍇按爾雅咮謂之柳

注云朱鳥之口也專扶反 嚶 鳥鳴也從口嬰聲臣鍇按詩曰鳥鳴嚶嚶恩行反 啄 鳥食也從口豕

聲輙角反 唬 唬聲也從口虎一曰虎聲讀若暠叽訏反 呦 鹿鳴聲也從口幼聲臣鍇按詩曰呦呦鹿

鳴伊虬反 𣢟 呦或從欠 噳 麌鹿群口相聚皃從口虞聲詩曰麀鹿噳噳元羽反 喁 魚口上見從口禺聲臣鍇按淮南子曰水濁則魚喁庚肩吾詩曰江鱓乍喻喁魚口出水上也元鍾反 局 促也從口在尺下復局之一曰博所以行棊象形臣鍇曰人之無涯者唯口耳故君子重無擇言故口在尺下則為局又人言幹局取象於博局外有垠堮周限可用故謂人材為幹局口在尺下則為會意象博局形廣異聞也瞿東反

㕣 山間陷泥地從口從水敗皃讀若兗州之兗九州之渥地也故以兗名焉臣鍇曰口以象山間也儿半水也象𠆢上有少水也尚書濟河惟兗州九河既道厥土黑墳又云十有三載乃同厥草惟繇厥木惟條是必肥美之地也渥者澤潤也與件反 㕣 古文沿

文一百八十二　重二十一臣次立曰今重二十

補遺許一字

共重二十一

凵

張口也象形凡凵之屬皆從凵

臣鍇曰口字無横畫也丘犯反

文一

吅

驚嘑也從二口凡吅之屬皆從吅

讀若讙臣鍇曰衆人並呼吁哀反

〓亂也從爻工交吅一曰窒〓讀若穰臣鍇曰二口嚀

嗜也爻物相交質也工人所作為也己象交構其間

也女〓籒文〓

嚴教命急從吅厰聲臣鍇曰〓右文嚴臣

𢂇急則從二口也語醃反

鍇曰從三口也

咢 譁訟也從吅屰亦聲臣鍇曰屰音逆五各反

單 大也從吅甲吅亦聲闕臣鍇曰言大則吅吅即諠也許慎闕義至今未有能知之者也待干反

喌 呼鷄重言之從吅從州聲讀若祝臣鍇曰重言之故從二口列僊傳有祝鷄翁後人或作喌隻逐反

文六　重二

哭 哀聲也從吅獄省聲凡哭之屬皆從哭臣鍇曰哭聲繁亂故從二口闊毒反

喪 亡也從哭亡聲臣鍇按淮南子曰羿妻恒娥竊不死藥開然有喪凡失物則為喪蘇湯反

文二

走趨也從夭止夭止者屈也凡走之屬皆從走臣鍇曰止則趾也趾是也春秋左傳曰君親舉玉趾走則足屈故從夭止會意則口反

趨走也從走芻聲切于反

赴趨也從走仆省聲臣鍇曰一心趨向之也弗孺反

趣疾也從走取聲臣鍇按史記曰欒布使趣湯七駐反

超跳也從走召聲臣鍇按漢書甘延壽超踰羽林亭樓耻朝反

趫善緣木走之才從走喬聲讀若王子蹻臣鍇曰趫足捷也起蹻反

赳輕勁有材力也從走丩聲臣鍇曰詩曰赳赳武夫也緊黝反

䞄緣大木一曰行皃從走支聲臣鍇按蟲行曰蚑行謂四足隨高下逶迤其背豸豸然人之緣木有似於此故曰趨走則足屈亦有類也翅移反

趮疾也從走喿聲則到反

趯 躍也從走翟聲臣鍇曰詩趯趯阜螽阜螽善跳躍躍流畧反 ⿺走厥 蹠也從走厥聲臣鍇曰謂足蹈地深也俱月反

越 度也從走戉聲于厥反 趁 邅也從走㐱聲讀若塵臣鍇曰自後及之也丑儐反

邅 趁也從走亶荼連反 趞 趬趞也從走昔聲一曰行皃七削反 趬 行輕皃從走堯聲一曰趬

舉足牽遙反 ⿺走弦 急走也從走弦聲形先反 趀 蒼卒也從走朿聲讀若資七迭反 ⿺走票 輕行

也從走票聲片妖反 ⿺走臤 行皃從走臤聲讀若菣棄忍反 趥 行皃從走酋聲千牛反 ⿺走蜀 行皃

從走蜀聲讀若燭臣鍇曰每步舉足之意也專王反 ⿺走匠 行皃從走匠聲讀若匠自幢反 ⿺走叡 走皃從走

叡聲讀若紃續倫反 ⿺走薊 走意從走薊聲讀若髻結之結經節反 ⿺走囷 走意從走囷聲丘忿反

趖 走意也從走坐聲宣訓反 ⿺走憲 走意也從走憲聲希建反 ⿺走[illegible] 走意從走嚣省聲辟消反

⿺走戴 走也從走戴聲讀若詩威儀秩秩遲匹反 ⿺走有 走也從走有聲讀若又延救反 ⿺走鳥 足輕也從走鳥聲讀若鄔宛古反 ⿺走瞿 走顧皃從走瞿聲讀若劬群計反 ⿺走蹇 走皃從走蹇省聲機善反

⿺走才 疑之等趑趄而去也從走才聲臣鍇曰謂疑其不齊使之並而往以察驗之也七開反 ⿺走此 淺渡也從走此聲七里反 赹 獨行也從走勻聲讀若煢臣鍇曰詩云獨行煢煢本作此趍字葵名反

⿺走與 安行也從走與聲尹汝反 起 能立也從走已聲气以反 ⿺辵巳 古文起從辵 ⿺走里 留意也從走里聲讀若小兒孩猴猜反 ⿺走臭 行也從走臭聲省夢反 ⿺走金 低頭疾行也從走金聲牛錦反 趌

趌𧾣怒走也從走吉聲臣鍇曰直去不低視也輕質反**𧾣**趌𧾣從走曷聲鳩歇反**趮**疾也從走

喿聲讀若譟呼表反**⿺走气**直行也從走气聲臣鍇曰去無回處也幾气反**⿺走翼**⿺走翼進⿺走翼如也從走翼聲臣

鍇曰⿺走翼進便駛優有儀容如鳥之翼也今論語作翼字假借也以即反**趹**踶也從走決省聲臣鍇曰踶猶

蹶也鴟究反**趆**趍從走氐聲的替反**趍**趍趙久也從走多聲陳知反**趙**趙趍也從走肖

聲他沼反**䞍**行難也從走斤聲讀若堇巳郡反**⿺走夐**走意也從走夐聲讀若繘洧出反**趠**

遠也從走卓聲臣鍇曰跨步遠也敕濯反**⿺走龠**趠⿺走龠也從走從龠龠亦聲臣鍇曰猶躍也徹灼反**⿺走瞿**

大步也從走瞿聲俱莫反**⿺走契**超特也從走契聲臣鍇按漢書天馬歌曰超踰蹀⿺走契猶蹀也恥滯反**⿺走幾**

走。從走幾聲。呼機反。

⿺走弗　走也。從走弗聲。防勿反。

⿺走矞　狂走也。從走矞聲。臣鍇曰：急疾之皃也。葵橘反。

⿺走曼　行遲也。從走曼聲。墨班反。

趉　從走出聲。讀若無尾之屈。瞿弗反。

趜　窮也。從走匊聲。臣鍇曰：步所窮也。堅祝反。

趑　趑趄，行不進也。從走次聲。臣鍇曰：易曰其行趑趄也。七咨反。

趄　趑趄也。從走且聲。七余反。

⿺走虔　蹇行⿺走虔⿺走虔也。從走虔聲。讀若愆。豈虔反。

⿺走雚　行⿺走雚⿺走雚也。從走雚聲。一曰行曲脊。衢員反。

趢　⿺走鹿趢也。從走彔聲。勞東反。

⿺走夋　行速⿺走夋⿺走夋。從走夋聲。七賔反。

趚　側行也。從走朿聲。詩曰：謂地蓋厚，不敢不趚。臣鍇曰：若行險，恐陷墜也。津易反。

⿺走圭　半步也。從走圭聲。讀若跬同。臣鍇曰：一舉足也。傾甯反。

⿺走虒　⿺走虒隲，輕薄也。從走虒聲。讀若地。陳知反。

⿺走音　僵也。從走音聲。朋北反。

⿺走𠂢　距也。

從走厈聲漢令曰𧺆張百人臣鍇曰𧺆張蓋謂以足蹋張弩也充舍反

⿺走樂 動也從走樂聲讀若春秋傳曰輔⿺走樂連的反

趡 動也從走佳聲春秋傳曰盟于趡趡地名取誅反

⿺走亘 ⿺走亘田易居也從走亘聲臣鍇按春秋左傳晉於是乎作爰田國語作轅田皆假借此乃正字也謂以田相換易也羽先反

⿺走真 走頓也從走真聲讀若顛臣鍇曰頓倒也的烟反

⿺走甬 喪擗⿺走甬從走甬聲臣鍇曰今借踊字與恐反

⿺走畢 止行也一曰竈上祭名也從走畢聲臣鍇曰周禮作此字春秋左傳曰不蹕漢出警入⿺走畢畢聿反

⿺走斬 進也從走斬聲爼㵴反

趧 趧婁四夷之舞各自有曲從走是聲的齊反

趒 雀行也從走兆聲臣鍇曰鳥雀跳行也笛遼反

赶 舉尾走也從走干聲巨言反

趩 行聲也從走異聲讀若敕一曰不行皃暢陟反

文八十五　重一

止　下基也象艸木出有址故以止爲足凡止之屬皆從止臣鍇曰草木初生根幹也只耳反

歱　跟也從止重聲臣鍇曰足踵也故從止即跟也之勇反

𣥪　距也從止尚聲臣鍇曰若草木之根枝直旁柱其上也周禮曰必𣥪其角緾行反

歭　踷也從止寺聲臣鍇曰猶躊躇也直里反

歫　止也從止巨聲一曰搶也一曰超距臣鍇按史記云拔距注謂兩人以手共據地爲力而能拔起之也又曰超距搶頭撞也求許反

歬　不行而進謂之歬從止在舟上臣鍇曰莊子曰坐而至越者舟也自先反

歷　過也傳也從止厤聲臣鍇曰止行也連的反

〔止叔〕　至也從止叔聲昌伏反

〔辟止〕　人不能行也從止辟聲臣鍇曰

不能行故止史記曰有
躄者盤跚行汲畢併反

歸 女嫁也從止婦省𠂤聲臣鍇
曰婦人謂嫁曰歸止者止於
此也舉
韋反

㱕 籀文歸
從止

疌 疾也從又又手也從止屮聲臣
鍇曰止足也又手也足共為之
故疾也徒定
從此疾接反

𡳾 機下足所履者疾從止從又入
聲臣鍇曰令人作纙也女儡反

𣥂 蹈也
從反止讀若撻臣鍇曰蹈
行也止為行也他刮反

歰 不滑也從四止臣鍇曰四
皆止故為歰也師及反

文十四　重一

癶 足剌癶也從止少凡癶之屬皆從癶讀若撥
臣鍇曰兩足相背不順故剌癶也北末反

登 上車也從癶豆象登車形臣鍇曰登車亦
剌癶難也豆非俎豆字象形耳冊增反

𤼷 籀文
登癶

臣鍇曰兩手捧登車之物也登車之物王謂之乘石

𣦼以足蹋夷艸從癶从殳春秋傳曰登夷蘊崇之臣鍇曰會意也

普末反

文三　重一

步行也從止少相背凡步之屬皆從步臣鍇曰尚書王朝步自宗周行自宗周也盤怖反

歲木星也越歷二十八宿宣徧陰陽十二月一次從步戌聲律曆書名五星爲五步臣鍇曰木星爲歲星亦曰龍星自子至巳爲陽午至亥爲陰一次三十度十二次凡三百六十度也夏曰歲取名於此也相芮反

文二

此 止也從止從匕匕相比次也凡此之屬皆從此臣鍇曰匕近也近在此也七里反

啙 窳也闕臣鍇曰將此反

𣓀 識也從此朿聲一曰藏也臣鍇曰或書禽觜作此于累反

文三

說文解字通釋卷第三

說文解字通釋卷第四

繫傳一

文林郎守祕書省校書郎臣徐鍇傳釋

朝散大夫行祕書省校書郎臣朱翺反切

十四部　文三百二十六　重五十

正 是也從一從止凡正之屬皆從正臣鍇曰守一以止也真性反

𤴓 古文正從二上二古上字 𤴔 古文正從一足足亦止也 乏 春秋傳曰反正爲乏臣鍇曰尚

書曰文王惟正之供反正
不供也故曰乏符法反

文二　重二

是　直也從日正凡是之屬皆從是臣鍇
曰日中爲正是一直不移也善紙反

是　籒文是從古文正

韙　是也從是韋聲春秋傳曰犯五不韙于鬼反

愇　籒文韙從心

尟　是少也尟俱存也從是少賈侍中說臣
鍇曰是亦正也正者少則尟也思典反

文三　重二

辵　乍行乍止也從彳從止凡辵之屬皆從辵讀若春秋
公羊傳曰辵階而走臣鍇曰辵行也故曰乍行乍止也

今公羊傳辵
作踏褚芍反
迹步處也從辵亦聲子壁反𨒪籀文迹從朿蹟或從足責[illegible]無違也從辵㚔聲讀
若害恒𨓦先道也從辵率聲踈密反邁遠行也從辵萬聲臣鉉曰
艾反 尚書日月逾邁是逾遠也
謀敗𨘢邁或從蠆巡延行皃從辵巛聲纘倫反[illegible]恭謹行也從辵殷聲讀芍九幾柳反
徒步行也從辵士聲田吾反䢊行䢊逕也從辵䌛聲臣鉉曰路有所由也延秋反征正行
也從辵正聲臣鉉曰謂从正道行也若王者巡狩正也狩
河陽非正行也作行作止偵也天子必五歲卜征詳習乃
行真征延或從彳臣鉉曰亂隨從也從辵隋聲似吹反述行
名反往征之正其罪也皃

也從辵市聲步將反

迋 往也從辵王聲春秋傳曰子無我迋臣鍇按春秋傳伯有迋勞於黃屋于況反

逝 往也從辵折聲讀若誓時制反

𨑡 往也從辵且聲退齊語全徒反

𨔈 籀文從虘

徂 退或從彳

述 循也從辵朮聲臣鍇按禮曰父作之子述之是也常出反

𨘥 籀文從秫

遵 循也從辵尊聲蹤民反

適 之也從辵啻聲適宋魯語失易反

過 度也從辵咼聲古多反

遦 習也從辵貫聲臣鍇按春秋左傳曰使盈其遺當作此字古患反

𧼒 媟遺也從辵賣聲臣鍇曰不以禮自近也馳谷反

進 登也從辵閵省聲子印反

造 就也從辵告聲譚長說造上士也臣鍇按禮有造士也雌報反

艁 古文造從舟臣鍇曰天子造舟

逾 越進也從辵俞聲周書曰無敢昏逾羊朱反

遝 迨也從辵眔聲臣鍇按史記曰魚鱗雜遝煙至風起謂迨遝並進也道合反 迨 遝也從辵合聲從閻反

迮 迮迮起也從辵作省聲滓白反 逪 迹道也從辵昔聲操各反 遄 往來數也從辵耑聲易曰以事遄往臣鍇曰遄猶揣也馳疑也市緣反

速 疾也從辵束聲孫卜反 𨘢 古文從敕言臣鍇曰言行速如言之易到也 遬 籒文從欶臣鍇按史記有魏遬其名如此 迅 疾也從辵卂聲思進反

适 疾也從辵𠯑聲讀與括同古活反 逆 迎也從辵屰聲關東曰逆關西曰迎臣鍇曰春秋左傳莒慶來逆叔姬言碧反

迎 逢也從辵卬聲疑卿反 䢒 會也從辵交聲臣鍇曰往來交會也如看反

遇 逢也從辵禺聲臣鍇曰遇之言相偶也又諸侯冬見天子曰遇疑豫反 遘 遇也從辵

曹聲一曰邐行臣鍇曰值也遭猶帀也若物帀相值也祖叨反

遘 遇也從辵冓聲臣鍇曰遘猶結構也理當相對也格漚反

逢 遇也從辵峯省聲臣鍇曰逢言若蟲飛奄忽相見附松反

遻 相遇驚也從辵咢咢亦聲臣鍇曰咢即遇也五各反

迪 道也從辵由聲臣鍇按尚書惠迪吉又爲引道之道也田溺反

遞 更易也從辵虒聲笛計反

通 達也從辵甬聲土蒙反

徙 迻也從辵止聲宵此反

屎 古文從

𨑒 從或從彳臣鍇曰從有所之也

迻 遷徙也從辵多聲臣鍇曰止土移居之迻當用此以支反

遷 登也從辵䙴聲臣鍇曰身隨遷移故從辵先

拪 古文遷從手西

運 迻徙也從辵軍聲臣鍇按莊子曰天其運乎地其處乎天道回轉迻易也于問反

返 還也從辵反反亦聲商書曰祖甲返臣鍇

曰人行還也府晚反 𢓍 春秋傳返從彳 還 復也從辵睘聲戶刪反 選 遣也從辵巽巽遣之巽亦聲一曰選擇也臣鍇曰亦選擇之意思篆反 送 遣也從辵倂省臣鍇曰倂即送也峻弄反 𨘥 籀文不省 遣 縱也從辵𠳋聲喫善反 邐 行邐邐從辵麗聲臣鍇曰漸迂邪也略迤反 逮 唐逮及也從辵隶聲臣鍇按爾雅逮及暨與也又過遝逮也又曰迨及也義皆相通也徒再反 遲 徐行也從辵犀聲詩曰行道遲遲纏伊反 遟 籀文遲從屖 𨒈 遲或從尸臣鍇曰尸音夷聲 邌 徐也從辵黎省聲臣鍇曰傳毅舞賦曰邌狀而拜謂徐狀其舞勢也里西反 遰 去也從辵帶聲笛計反 [illegible] 行皃從辵崩聲挾蓮反 [illegible] 馬不行也從辵䮙聲讀若住陟具反 逗 止也從辵豆聲臣鍇

按史記漢軍法有逗留笛奏反 迟 曲行也從辵只聲起逆反 逶 逶迤邪去之皃從辵委聲委為反

蟡 或從虫為 遹 回避也從辵矞聲臣鍇曰遹猶況也回沇之意滑律反 避 回也從辵辟聲

便詈反 違 離也從辵韋聲羽非反 遴 行難也從辵粦聲易曰以往遴里刃反 僯 或從

人 逡 復也從辵夋聲七賓反 䟺 怒不進也一曰鷙也從辵氏聲的昔反 達 行不相遇

從辵幸聲詩曰佻兮達兮騰剌反 达 達或從大或曰迭臣鍇按王褒洞簫賦云順叙卑迭 逯 行謹

逯逯也從辵彔聲盧木反 迵 迵迭也從辵同聲頭貢反 迭 更迭也從辵失聲一曰迭亭結反

迷 惑也從辵米聲莫泜反 迆 邪行也從辵也聲夏書曰東迆北會于匯以爾反 連 員連

也從辵車臣鍇曰若車之相連也會意鄰延反

逑 斂聚也從辵求聲虞書曰旁逑孱功又曰怨匹曰逑臣鍇曰怨偶曰逑令人作仇乂詩云君子好逑亦當此字處柔反

⿺辶具 斂也從辵具聲周書曰我興受其退臣鍇曰數壞而出也此檄子出奔之辭也令文作敗步介反

逭 逃也從辵官聲戶岸反

⿺辶雚 逭或從雚從兆

遯 逃也從辵豚聲徒寸反

遜 遁也從辵孫聲臣鍇曰公遜于邾遁於邾也蘇困反

逋 亡也從辵甫聲不吾反

⿺辶捕 籀文逋從捕

遺 忘也從辵貴聲與追反

遂 亡也從辵㒸聲夕醉反

⿺辶⿱八豕 古文遂

逃 亡也從辵兆聲特豪反

追 逐也從辵𠂤聲轉推反

逐 追也從辵豚省臣鍇曰遯者走也逐者追也豚走而豕追之此會意也陳六反

逎 迫也從辵酉聲

臣鍇按楚辭曰遒白露之為霜字由反 遒 迺或從酋 近 附也從辵斤聲渠遴反 㞫 古文

近臣鍇曰此 邋 搚也從辵巤聲律捷反 迫 近也從辵白聲不白反 𨗨 近也從辵臺聲臣鍇曰臺音日而吉反 與犇同意

邇 近也從辵爾聲而俾反 迩 古文 遏 微止也從辵曷聲讀若桑虫之蝎臣鍇曰繳繞使止也故悖物志曰響遏行雲厄渴反 遮 遏也從辵庶聲之巳反

𨘂 遮𨘂也從辵羨聲余羨反 迣 迾也晉趙曰迣從辵世聲讀若寘正曳反 迾 遮也從辵列聲

臣鍇按顏延之赭白馬賦曰進迫遮迾良舌反 迀 進也從辵干聲讀若干古寒反 𨔡 過也從辵侃聲豈虔反

遱 連遱也從辵婁聲臣鍇按淮南子有連遱之言猶參差零瓏若連若絕之意也勒兜反

⿺辶市 前頓也從辵市聲賈侍中說一曰讀若拾又若郅北末反

迦 迦互令不得行從辵枷聲臣鍇曰迦互猶曰太牙左右制也問巴反

⿺辶戉 踰也從辵戉聲易曰雜而不越臣鍇曰越度也若王褒聖主得賢臣頌云過都越國也此越與物相等相有踰也易越字文今攜越字王厥反

逞 通也從辵呈聲楚謂疾行為逞春秋傳曰何所不逞欲臣鍇曰君何所不逞欲不欲也田靜反

遼 遠也從辵尞聲梨挑反

遠 遼也從辵袁聲于阮反

𢔊 古文遠臣鍇曰日日步之故曰遠也

逖 遠也從辵狄聲臣鍇按尚書曰逖矣西土之人他歷反

逷 古文逖

迥 遠也從辵同聲余錆反

逴 遠也從辵卓聲一曰蹇也讀若掉苕之掉臣鍇按楚辭曰春秋逴逴其曰高教遲反

迂 避也從辵于聲宛孚反

⿺辶書 自進

極也從辵聿邍高平之野人所登從辵备彔闕原臣鍇
聲則先反　按水所出為原故即爾雅廣平曰邍今
周禮有邍師猶此邍字爾雅則變為原也許慎闕之義不
盡知臣鍇以為人所登故從辵登而上故從夊夊止也春
秋左傳曰原田每每詩曰周原膴膴道所行道也從辵
故從田未知何故從彔也言袁反　首一達謂之道
臣鍇曰所行道此道字當作今導古文道傳也
字之意餘則通論詳矣徒討反𨕥從首寸遽從辵
豦聲　一曰窘也臣鍇曰傳馹車也故禮曰大夫迒獸
稱傳遽之言傳車尚速故又為窘迫也伎絮反　迹
也從辵亢聲臣鍇按爾𨃗迒或從𨑥至也從辵弔聲
雅迒迹為迒也恒湯反　足更　臣鍇按尚書曰
惟弔茲不于我正人得罪惟至邊行垂崖也從辵□
茲也今文尚書借弔字顛遝反　臱聲碑涓反

遷也一曰逃也從辵盾聲臣鍇按尚書殷高宗曰既乃遁于
荒野是遷于荒野也當作此遁今文尚書借遯字徒寸反

文一百一十八　重三十

臣次立曰今
重二十七補
遺蝺僯二字
共重二十九

彳 小步也象人脛三屬相連凡彳之屬皆從
彳臣鍇曰微步也故相連屬也丑赤反

德 升也從彳悳聲臣鍇曰內得於心曰德升聞
曰德尚書曰玄德升聞通論詳矣多則反

徑 步道
也從彳巠聲臣鍇曰小道不容車故曰步道今之移路故
巠馬期行不由徑又趙襄以壺飡從徑又秦公曰欲為容
車之徑以窺三川謂徑
大時容車也居正反

復 往來也從彳复聲臣鍇曰往
來為復故從彳彳相連也伐

六反

𢓜復也從彳柔柔亦聲臣鍇曰猶蹂也往來蹂踐之也人紂反

徎徑行也從彳呈聲丑郢反

往之也從彳㞷聲臣鍇曰㞷音皇尢兩反

𨑝古文從辵

𢕤行皃從彳瞿聲舉紆反

彼往有所加也從彳皮聲臣鍇曰彼者據此而言故曰有所加郡是反

徼循也從彳敫聲臣鍇曰循猶繞也堅薾反

彶急行也從彳及聲飢泣反

循行順也從彳盾聲臣鍇曰史記云揗循其民續倫反

𢕌行皃從彳歰聲一曰此與馺同臣鍇曰今人言歰沓是也速沓反

微隱行也從彳散聲春秋傳曰白公其從徼之臣鍇曰隱於物而行也曹植洛神賦曰蘭之芳藹兮步躊躇於山隅又國語曰晉公子駢脅鄭伯設微薄觀之也尾希反

徥從徥行皃也從彳是聲爾雅曰徥尾則也臣鍇按爾雅曰是則也注云是事可

法則也今爾雅作是臣鍇曰
行事則可爲法則也是支反
徐 安行也從彳余聲臣鍇
按詩曰其虛其徐又古
國本從邑亦通作徐徐顓頊後其裔孫生大業大業生皋
陶皋陶生伯益皋陶之後爲士師爲李氏伯益之後分封
爲徐在東海郤東方仁方也有君子國故孔子欲居九夷
至偃王一曰隱王王仁諸侯歸之王不能距遂君之周穆
王聞而自西荒逃歸王不忍閗以太王之義而去之使周
禖不失國隱王之力也乃東之海中潢池得地千里而居
之以化其民爲仁義故徐氏有四望高平北海彭城東海
而以東海爲上望也徐者舒緩之名也故其後雖爲武未
嘗無君子之風徐宣立盆子是也然則古
徐字雖作郐其義出於此字也似虛反
使 行平易也從彳夷聲
臣鍇曰老子曰大道
甚夷此字也寅之反
𢕌 使也從彳諤聲臣鍇
曰㑥猶拜也篇丁反
𢔶 使也從彳

夆聲讀若蠭臣鍇曰猶夆也夆掣曳使之也甫蚩反

⿰彳戔 跡也從彳戔聲寂衍反

徬 附行也從彳旁聲臣鍇按周禮牛有牽徬以載牽向前引之也徬自旁徹驅之也盤浪反

徯 待也從彳奚聲臣鍇按尚書曰徯予后是也亦啓反

蹊 徯或從足

待 竢也從彳寺聲投在反

⿰彳由 行⿰彳由⿰彳由也從彳由聲臣鍇曰行平易不止也田溺反

徧 帀也從彳扁聲臣鍇曰帀行之也比薦反

徦 至也從彳叚聲臣鍇曰易曰王假有廟格雅反

⿰彳⿱日夊 却也從彳曰夊一曰行遲臣鍇曰日日見夊是過也土妹反

⿰辵內 復或從內

⿰辵⿱日夊 古文從辵

後 遲也從彳幺夊者後也臣鍇曰幺猶纍躓之也此會意與遈同旱斗反

⿰辵後 古文後從辵

⿰彳犀 久也從彳犀聲讀若遲敵圭反

很 不聽從也一曰行難也從彳艮聲一曰盭臣鍇

曰盭戾也宋義曰很如羊羊之性愈牽愈不進遲懇反

㣫 相迹也從彳重聲臣鍇按莊子曰踵門而詭篇慶予是也

得 行有所得從彳㝵聲多則反

㝵 古文省彳

徛 舉脛有渡也從彳奇聲臣鍇曰爾雅石杠謂之徛注聚石水中為步渡彴也臣鍇按即溪澗夏有水冬無水處橫木為之至冬則去今曰水彴橋牽其反

徇 行示也從彳勻聲司馬法斬以徇臣鍇曰且斬且行以令於衆也令人作徇詢順反

律 均布也從彳聿聲臣鍇曰十二律均布節氣故有六律六均留筆反

御 使馬也從彳卸臣鍇曰卸解車馬也彳行也或行或卸皆御者之職也會意牛慮反

馭 古文馭從又馬臣鍇曰會意

亍 步止也從反彳讀若畜臣鍇曰左思魏都賦曰澤馬亍阜丑錄反

文三十七　重七

廴　長行也從彳引之凡廴之屬皆從廴　臣鍇曰彳而引之故曰長行以矧反

廷　朝中也從廴壬聲　臣鍇曰朝中　延　行也從廴正聲　臣鍇曰長行眞其道長遠也故從廴由丁反

建　立朝律也從聿從廴　臣鍇曰聿律也定法也周禮曰惟王建國建長世之法惟曰欲至于萬年惟王子子孫孫永保民也機獻反

文四

延　安步延延也從廴止凡延之屬皆從延　臣鍇曰既引而止相節調之故曰安行戴孚廣異記曰嵩陽觀西

有居人張延也敕連反

延長行也從㢟丿聲臣鍇曰安步㢟然後知千里之行也一音怡以然反

文二

行人之步趨也從彳亍凡行之屬皆從行臣鍇曰行者安行兩足相待為行也閑撗反

術邑中道也從行木聲臣鍇曰通論詳矣常出反

街四通道也從行圭聲臣鍇曰街猶階也並出之意古諧反

衢四達謂之衢從行瞿聲臣鍇曰古謂四出矛為戵義出於此羣訏反

衝通道也從行童聲春秋傳曰反衝以戈擊之臣鍇曰謂南北東西各有道相衝赤重反

衕通街也從行同聲臣鍇按西都

賦門閭洞ㄥ達頭貢反䘙ㄥ跡也從行戔聲臣鍇按論語曰不踐迹亦不入於室也寂衍反衙ㄥ行皃從行

吾聲臣鍇按楚辭曰導飛廉之衙ㄥ衙令謂列儀衛衙義同疑擧反衎ㄥ行喜皃從行干聲竇罕反衒ㄥ

行且賣也從行言臣鍇按雀騆曰叫呼衒鬻廻茜反衒ㄥ衒或從玄䢦ㄥ將衛也從行率聲踈律反

衛ㄥ宿衛也從韋帀行行列衛也臣鍇曰韋周圍也此會意于歲反

文十二　重一

齒口齗骨也象口齒之形止聲凡齒之屬皆從齒臣鍇曰口齗骨從齒也赤里反

𠮛古文齒字臣鍇曰鼠字從此齗ㄥ齒本也從齒斤聲語斤反齔ㄥ毀齒也男八月生齒八歲

而齔女七月生齒七歲而齔從齒七聲楚近反䶖齒相值也從齒責聲一曰齧也春秋傳曰晳幘臣鍇曰春秋左傳謂東郭晳幘而衣貍製謂齒縫上下相對也爰測反齜齒相斷也一曰開口見齒之皃從齒柴省聲讀若柴臣鍇曰齒不齊也測皆反齘齒相切也從齒介聲揩夬反齞口張齒見從齒只聲擬件反䶢齒差也從齒兼聲臣鍇曰齒左右出也五鹹反齺齒擠也一曰馬口中糜也從齒芻聲一曰齰也側丘反齵齒不正也從齒禺聲臣鍇曰齒偏也五溝反齇齬齒也從齒虘聲臣鍇曰亦齒參差聲側己反齱齵也從齒取聲臣鍇曰齱齵是也側立反齹齒參差從齒差聲楚宜反䶵齒差跌皃從齒佐聲春秋傳曰鄭有子䶵殘他反齤缺齒也一曰曲齒從齒类聲讀又若權衢貟反

齳無齒也從齒軍聲愚蘊反齾鈌齒也從齒獻聲臣鍇曰令人言鈌齾也五獺反𪘏齗腫也從齒巨聲俱取反齯老人齒從齒兒聲臣鍇按詩曰黃髮齯齒擬西反齮齧也從齒奇聲臣鍇按春秋傳有卜齮魚倚反𪗉齚齒也從齒出聲仕乙反齰齧也從齒昔聲鉏客反齚齰或從作⿰齒咸齧也從齒咸聲工咸切齦齧也從齒艮聲起簡反⿰齒干齒見皃從齒干聲五版反⿰齒卒齚齚也從齒卒聲昨猝反⿰齒列齒分骨聲從齒列聲讀若剌勒遏反齩齧骨也從齒交聲五爪反⿰齒屑齒差也從齒屑聲讀若切七屑反⿰齒吉齒堅聲從齒吉聲赫鎋反⿰齒豈⿰骨齒牙也從齒豈聲偶來反齝吐而噍也從齒台聲爾雅曰牛曰齝臣鍇曰齝將咽復吐出嚼之式其反齕齧也從齒

气聲臣鍇按禮曰食爪廢人齕之胡兀反

齴 齒見皃從齒聯聲鄰延反

齧 噬也從齒扨聲語挈反

齭 齒傷酢也從齒所聲讀若楚櫬許反

齨 老人齒如臼從齒臼聲馬八歲齒臼也臣鍇曰今人謂馬齒為齨伎酒反

齬 齒不相值從齒吾聲疑舉反

齛 羊粻也從齒世聲臣鍇曰粻糧食也爾雅注江東呼齝曰齛臣鍇以為貯食於頰漸泄咽之私列反

齸 鹿麋粻從齒益聲臣鍇按爾雅注江東名咽為齸齸者齝食之所在臣以為近於咽也伊昔反

[齒至] 齒堅從齒至聲知疾反

[齒骨] 齧骨聲從齒骨聲胡刮反

[齒昏] 噍聲從齒昏聲舌訪反

[齒尃] 噍堅也從齒博省聲臣鍇按爾雅注或謂[齒焦]為[齒尃]本泊反

文四十四　重二

牙 牡齒也象上下相錯之形凡牙之屬皆從牙臣鍇曰比於齒爲牡也

𤘗 古文牙

犄 武牙也從牙從奇奇亦聲牽宜反

𤘅 齒蠹也從牙禹聲臣鍇按後漢書孫壽能𤘅齒笑

齲 𤘅或從齒曲矩反

文三　重二

足 人之足也在下從止口凡足之屬皆從足臣鍇曰口象股脛也節粟反

蹏 足也從足虒聲臣鍇按爾雅書蹏字如此俗作蹄敵圭反

跟 足踵也從足艮聲苟痕反

𧿍 跟或從止

踝 足踝也從足果聲户把反

跖 足下也從足石聲臣鍇曰足底也真石反

踦 一足

踦 也從足奇聲臣鍇按春秋穀梁傳曰轂之役匹馬踦輪無反者墟宜反

跪 拜也從足危聲馳委反

跽 長跪也從足忌聲臣鍇曰伸兩足而跽也史記范睢傳秦王跽曰暨几反

踧 行平易也從足叔聲詩曰踧踧周道有竹反

踄 蹈也從足步聲盆鄂反

躩 行皃從足矍聲犖許反

踖 長脛行也從足昔聲一曰踧踖臣鍇曰踧踖若不自容也津易反

踽 疏行皃從足禹聲詩曰獨行踽踽臣鍇曰踽稀疏也曲矩反

蹡 行皃從足將聲詩曰磬管蹡蹡臣鍇按西京雜記漢宣帝歌曰黃鵠飛兮下建章羽肅肅兮行蹡蹡猜常反

躖 踐處也從足斷省聲吐叩反

𧿒 趨越皃從足從卜聲弗孺反

踰 越也從足俞聲羊朱反

蹻 舉足行高也從足喬聲詩曰小子蹻蹻臣鍇曰小人得志驕矜之皃

春秋左傳曰舉趾高心不固矣其雀反

跾　疾也長也從足攸聲臣鍇曰此亦倏忽字尺竹反

蹌　動也從足倉聲臣鍇曰詩曰巧趨蹌兮猜常反

踊　跳也從足甬聲與恐反

躋　登也從足齊聲商書曰若予顛躋臣鍇按尚書曰由賔階躋子泥反

躍　迅也從足翟聲徹畧反

跧　蹴也從足全聲一曰卑也蔡也臣鍇按魯靈光殿賦曰狡兔跧伏於柎側鄒拴反

蹴　躡也從足就聲臣鍇按張衡南都賦曰排揵陷局蹴踢威陽音竹反

蹋　踐也從足𦐇聲徒盍反

躡　蹈也從足聶聲安懾反

跨　渡也從足夸聲苦夜反

蹈　踐也從足舀聲徒號反

躔　踐也從足廛聲臣鍇曰星之躔次星所履行也慈連反

踐　履也從足戔聲臣鍇按尚書序成王旣伐東夷遂踐奄奄中國天子無所不賔亦無所剪滅故

言踐若履行之而已寂衍反

踵　追也從足重聲一曰往来皃臣鍇曰猶言繼踵也之甬反

踔　踶也從足卓聲臣鍇曰踶亦當踢意也莊子曰夔踸踔一足踢地重也知教反

蹛　踶也從足帶聲當柰反

蹩　踶也從足敝聲一曰跛也臣鍇曰莊子曰蹩躠為仁小行也脾迭反

躠　蹩足也從足埶聲臣鍇曰足蹩躠然連蹋也顏延之赭白馬賦曰望朔雲而蹩足今俗作蹀田俠反

䟗　封也從足氏聲善紙反

蹢　住足也從足商聲或曰蹢躅賈侍中說足垢臣鍇按易曰羸豕蹢躅遲夕反

躅　蹢躅也從足蜀聲據曲反

踶　躛也從足是聲臣鍇按左思魏都賦曰雲雀踶甍笛計反

躛　衛也從足衛聲于歲切

踤　觸也從足卒聲一曰駭也一曰蒼踤昨沒反

蹶　僵也從足厥聲一曰跳也讀亦若橜臣鍇按呂

氏春秋曰蹷痿之機此仆也又曰抓玃闕而蹶往遇之則跳也俱越反蹶蹷或從闕䠇蹷也從足兆聲一曰躍也笛遼反⿰足辰動也從足辰聲止鄰反躇跱躇不前也從足箸聲臣鍇曰詩云愛而不見搔首跱躇也陳諸反⿰足弗跳也從足弗聲附勿反蹠楚人謂跳躍曰蹠從足庶聲臣鍇曰淮南子曰蹠蹠實而走貞石反踏趿也從足沓聲他合反⿰足䍃跳也從足䍃聲延朝反趿進足有所擷取也從足及聲爾雅曰趿謂之擷臣鍇曰擷摘也速沓反⿰足貝步行躐跋也從足貝聲臣鍇曰躐礙也跋草行也補會反躓跲也從足質聲詩曰載躓其尾臣鍇曰謂還則揩礙其尾也陟利反跲躓也從足合聲跇述也從足世聲臣鍇按漢書天馬歌曰超容與跇萬里此行也或從辵音逝丑世反居怯反

蹎 跋也從足真聲的烟反 𨀛 輕足也從足戉聲臣鍇曰趈越也于厥反 蹳 蹎蹳也從足發

聲北末反 蹐 小步也從足脊聲詩曰不敢不蹐臣鍇曰步小而輕也蹐猶蹴踏也澤易反 跌 踼也

從足失聲一曰越臣鍇曰跌踼過越不拘也亭結反 踼 跌踼也從足易聲一曰搶也持即反 蹲 踞也

從足尊聲在坤反 踞 蹲也從足居聲飢御反 跨 踞也從足夸聲苦夜反 躩 足躩如也從足矍聲

臣鍇曰足驚將逞也俱縛反 踣 僵也從足咅聲春秋傳曰晉人踣之用北反 跛 行不正也從足

皮聲讀若罷一曰足排之讀若彼晡頗反 蹇 跛也從足寒省聲機善反 蹁 足不正也從足扁聲一曰

拖後足馬讀若萆或曰偏臣鍇曰古賦說舞云蹁蹮言足不正也婢蕭反 [illegible] 脛肉也從足弁聲一曰曲脛也

讀若逵臣鍇曰斜音逵權雖反

踒 足跌也從足委聲烏過反

跣 足親地從足先聲思典反

跔 天寒足跔也從足句聲臣鍇曰筋遇寒不舒也卷于反

⿰足困 瘃足也從足困聲臣鍇曰足遇寒裂曰瘃故漢書曰天寒士卒皸瘃墮指者什二三苦衮反

距 雞距也從足巨聲求許反

躧 舞履也從足麗聲臣鍇躧履謂足根不正納履也長門賦曰躧履起而彷徨史記曰邯鄲女子跕躧履舞者足騰不正納也踈比反

䩥 躧或從革

⿰足叚 足所履也從足叚聲痕加反

䠊 跀也從足非聲讀若匪臣鍇曰剕也斧尾反

跀 斷足也從足月聲臣鍇曰足見斷為跀其刑名則刖也兀伐反

𧿹 跀或從兀

⿰足方 曲脛馬也從足方聲讀與彭同白亨反

趹 馬行皃從足決省聲臣鍇按班固西都賦曰要趹追蹤也橘穴反

䟓獸足企也從足开聲臣鍇按爾雅騉蹏趼善升甗注云騉蹏似牛臣以爲指蹏騈而足跟企舉故能升甗從山形上大下小也魚見反

路道也從足各聲臣鍇曰通論詳矣勤姤反

跋蹎跋也從足犮聲步捋反

蹸轢也從足粦聲力淮反

跂足多指也從足支聲臣鍇曰莊子所謂枝指也翹移反

文八十六　重四

疋足也上象腓腸下從止弟子職曰問疋何止古文以爲詩大疋字亦以爲足字或曰胥字一曰疋記也凡疋之屬皆從疋臣鍇曰腓脛中腸也弟子職禮篇也詩大疋即音雅疋記也則音疏師阻反

𤴔門戶疏窓也從疋囪囪象𤴔形讀若跙臣鍇曰古言綺疏也指事色居反

𤕟通也從爻疋亦聲臣

鍇按禮記曰疏通
特達是也色居反

文三

品衆庶也從三口凡品之屬皆從品臣
鍇按國語曰天子千品萬官披甚反

喦多言也從品山相連春秋傳曰次于喦北讀與聶同
臣鍇按春秋左傳齊桓公救邢次于聶北今作聶杜
預闕之也

喿鳥羣鳴也從品在木上
臣鍇曰指事也斯與反
女攝反

文三

龠樂之竹管三孔以和衆聲也從品侖侖理也凡龠之
屬皆從龠臣鍇按詩左手執龠傳云三孔笛也詩曰

於論鼓鐘是樂有倫理也亂暑反

龡 籥音律管壎之樂也從龠炊 臣鍇按爾雅注壎燒土為之大如鵝子銳上平底形如稱錘六孔故從火吹之故從欠從龠吹為反

𪛉 管樂也七孔從龠虒聲 臣鍇按爾雅竹為之大者長尺四寸圍三寸一孔上出寸三分名翹橫吹之陳知反

篪 𪛉或從竹

龢 調也從龠禾聲讀和同 臣鍇曰春秋左傳曰如樂之龢戶歌反

龤 樂和諧從龠皆聲虞書曰八音克諧 臣鍇曰今尚書作諧假借痕皆反

文五　重一

冊 符命也諸侯進受於王也象其札一長一短中有二編之形凡冊之屬皆從冊 臣鍇按蔡邕獨斷曰冊書兩編

又褚少孫讀史記三王世家曰其册或長或短皆有意義符信也與之爲信也測麥反

笧古文册 嗣諸侯嗣國也從册口司聲臣鍇按尚書從竹 祝册謂册必於廟史讀其册也故從口

此會意 孠古文嗣從子 扁署也從戶册戶册者署門戶之文也臣鍇曰門戶封署也故何晏景辯筍反

福殿賦曰爰有禁扁必撚反

文三　重二

說文解字繫傳卷第四

説文解字通釋卷第五

繫傳五

文林郎守祕書省校書郎臣徐鍇傳釋

朝散大夫行祕書省校書郎臣朱翺反切

二十二部　文六百三十三　重百三十八

㗊　衆口也從四口凡㗊之屬皆從㗊讀若戢一曰呶臣鍇曰呶讙也臻邑反

嚚　語聲也從㗊臣聲言陳反　𡃬古文嚚

囂　聲也气出頭上從㗊頁頁亦首也臣鍇按春秋

左傳楚望晉師曰甚嚻且塵上矣欣消反［囂］囂或省

［嘂］高聲也從㗊丩聲一曰大呼春秋公羊傳曰魯昭公叫然而哭臣鍇按周禮雞人掌夜謼旦嘂百官叫然忽發聲也此昭公出奔齊也見弔反［𠯷］嘂或呼也

［囂］從㗊莧聲讀若讙臣鍇曰今俗作喧字呼寬反

［㗊］皿也象器之口犬所以守之乞至反

文六　重二

［舌］在口所以言也別味也從干口干亦聲凡舌之屬皆從舌臣鍇曰凡物入口必干於舌也時哲反

［㖲］歠也從舌沓聲臣鍇曰謂若犬以口取食也他合反

［舓］以舌取食從舌易聲臣鍇曰易音難易之易神爾反［䑛］舓或從也

文三　重一

干　犯也從反入從一凡干之屬皆從干臣鍇曰一者守一也入干之也骨安反

羊　撖也從干倒入一為干入二為羊讀若飪言稍甚也臣鍇曰撖剌也入一一守一故為干入二二不一也故謂之羊猶荏也傳曰任惡是也故曰稍甚而沈反

屰　屰不順也從干下屮屰之也臣鍇曰入一一下有屮上逆之不相容順也言碧反

文三

谷　口上阿也從口上象其理凡谷之屬皆從谷臣鍇曰阿猶曲文理曲也卻綌字從此其雀反

卻谷或从如此臄谷或从豦肉西舌貌象形从谷省聲臣鍇曰西谷省也人舌出西西然靈光殿賦曰玄熊西談也他嗜反

𠧸古文西讀若三年導服之導一曰竹上皮讀若沾一曰讀若誓弼字从此臣鍇曰古文从𠧸即谷之省三年禫服古借導字弼字中西即此字也

文二　重三

只語已詞也从口象气下引之形凡只之屬皆从只臣鍇按詩曰母也天只不諒人只是只為語已詞也

𠮡气下引也今試言只則气下引也真彼反

𠷎聲也从只甹聲讀若馨顯丁反

文二

㕯 言之訥也从口内聲凡㕯之屬皆从㕯臣鉉曰論語云其言㕯㕯然如不出諸其口也女滑反

矞 以錐有所穿也从矛㕯聲一曰滿有所出臣鉉曰滿有所出名汲井之綆為繘義近於此與必反

商 从外知内也从㕯章省聲臣鉉曰商略之也以内知外言不出也式陽反　商 古文商　商 亦古文同　商 籒文商

文三　重三

句 曲也从口丩聲凡句之屬皆从句梗尤反

拘　止也從句手句亦聲臣鍇曰物去手能止之也巻于反

笱　曲竹捕魚笱從竹句句亦聲臣鍇曰爾雅嫠婦之笱謂之罶注謂以簿為魚笱毛詩傳曰曲梁也臣鍇以為為隄入水遏魚為梁此以竹為梁曲之也講吼反

鉤　曲也從金句句亦聲臣鍇曰古兵有鉤有鑲引来曰鉤推去曰鑲故晏嬰曰曲兵將鉤之吳鉤也梗尤反

文四

丩　相糾繚也一曰瓜瓠結丩起象形凡丩之屬皆從丩臣鍇曰瓜蔓接續生為糾也朻木字從此飢酬反

茻　艸之相丩者從茻丩丩亦聲臣鍇曰藥有秦艽今古本作艽本當作此茻字飢酬反

糾　繩三合也

從糸丩聲臣鍇曰謂三股繩
史曰禍福若糾纆也緊黝反

文三

古

故也從十口識前言者也凡古之屬皆從
古臣鍇曰古者無文字口相傳也昆覩反

𠈉

古文𠫑大遠也從古叚聲臣鍇按詩曰
古　錫爾純嘏大遠之福也格雅反

文二　重一

十

數之具也一為東西丨為南北則四方
中央備矣凡十之屬皆從十常入反

支

十尺也從手持十臣鍇曰孔子云禹聲為律身為
度故從手漢書律曆志竹為引一引一丈置敲反

千 十百也從十人聲七先反

肸 響布也從十㕧聲臣鍇按揚雄甘泉賦曰肸響豐融懿懿芬芬又吳都賦曰肸響布寫十者散於四方也八者分也希乞反

卙 卙卙盛也從十甚聲汝南名蠶盛曰卙臣鍇按詩曰宜爾子孫蟄蟄兮蟄衆也此卙義近之也姊入反

博 大通也從十尃尃布也亦聲臣鍇曰十者成數本泊反

㔹 材十人也從十力聲郎式反

廿 二十并也古文省多臣鍇曰自古未書二十字從省多併為此

𠦜 詞之𠦜矣從十咠聲臣鍇曰此詩云詞之𠦜矣民之繹矣今詩緝字詩和字也而集反集也故從十牆揖反

文九

卅 三十并也古文省凡卅之屬皆從卅臣鍇曰義與廿同逮沓反

世 三十年爲一世從卅而曳長之亦取其聲臣鍇曰大率三十世道一草尚書曰既歷三紀世變風移欲其相續故引長之詩袂反

文二

言 直言曰言論難曰語從口䇂聲凡言之屬皆從言臣鍇曰爾雅釋言注云直言也詩曰于時言言凡言者謂直言無所指引借譬也疑袁反

謦 聲也從言殸聲臣鍇按張衡思玄賦曰鳴玉鑾之謦謦思行反

欬也從言殸聲臣鍇按莊子曰

闇謦欬之聲去梃反

語　論也從言語聲臣鍇按詩曰于時語語論難曰語也疑舉反

談　語也從言炎聲臣鍇曰談者和懌而悅言之故公羊傳曰以為美談杜南反

謂　報也從言胃聲臣鍇曰謂之是報之也于貴反

諒　信也從言京聲力狀反

詵　致言也從言先先亦聲詩曰螽斯羽詵詵兮臣鍇曰先致其言也所臻反

請　謁也從言青聲臣鍇曰梁陳前官有奉朝請謂徒奉朝謁也士并反

謁　謁白也從言曷聲臣鍇按春秋左傳曰謁諸王是白於王也憂歇反

許　聽言從言午聲欣巨反

諾　譍也從言若聲臣鍇按爾雅注引禮男唯女俞是古者應對之辭有節文按古者大夫多言唯而衞出公及諸侯應其臣下皆曰諾又南朝有鳳尾諾為尊者之言也能作反

譍　以言對也從言雁聲於證切

諸　辯也從言者聲

臣鍇曰別與之辭也故曰能悅諸心又爾雅前弇諸果後弇諸獵掌於反

詩 志也從言寺聲式其反

𧥄 古文詩省

讖 驗也從言韱聲臣鍇曰凡讖緯皆言將来之驗也測浸反

諷 誦也從言風聲臣鍇按諸經注皆文曰諷付宋反

誦 諷也從言甬聲臣鍇以為臨文為誦誦從也以口從其文也似共反

讀 誦書也從言賣聲臣鍇曰讀猶瀆也若四瀆之引水也馳谷反

䛺 快也從言中聲臣鍇曰營懀從此言貫中故為快會意休色反

訓 說教也從言川聲臣鍇曰訓者順其意以訓之也故太宗皇帝敎誡諸王見其立於木則謂之曰汝知之乎此木雖曲從繩則正是也吁問反

誨 曉教也從言每聲臣鍇曰丁寧誨之若決晦昧也詩曰誨爾諄諄虎配反

譔 專教也從言巽聲此沄反

譬 諭也從言辟聲臣鍇曰譬猶匹

也匹而諭之也匹寄反 謜 徐語也從言原聲孟子曰故謜謜而來臣鍇曰謜謜愿也魚怨反 詇

早知也從言央聲隱餉反 諭 告也從言俞聲臣鍇曰及其未悟告之使曉若先諭之也玄遇反 詖

辨論也古文以為頗字從言皮聲臣鍇按詩序詖詖私謁之心孟子曰詖辭知其所蔽筆詈反 諄 告曉之熟

也從言𦎫聲讀若庉臣鍇按詩曰誨爾諄諄主均反 詻 論訟也傳曰詻詻孔子容從言各聲臣鍇按周禮注

曰軍旅之容儼儼詻詻顏各反 誾 和悅而諍也從言門聲臣鍇按論語曰冉有誾誾如也春秋左傳曰齊師

伐魯季孫謂冉有曰若之何有曰一子守二子從公又曰當子之身齊人伐魯而不能戰子之恥也又對叔孫曰君

子有遠慮小人何知皆和悅之諍也言陳反 謀 慮難曰謀從言某聲莫浮反 𢘌 古文謀

𧦝亦古文臣鍇曰咎古文言字也

謨議謀也從言莫聲虞書曰各繇謨臣鍇曰慮一事畫一計為謀汎議將定其謀曰謨大禹臯陶皆汎謨也門胡反

𧦝古文謨從口

訪汎謀曰訪從言方聲臣鍇曰此言汎謀謂廣問於人也故春秋左傳曰王使訪申叔夫妄反

諏聚謀也從言取聲臣鍇按詩曰周爰諮諏臣又按國語胥臣曰文王詢於八虞而咨于二號度於閎夭而謀於南宮諏於蔡原而訪於辛尹雖一時之文辭有所互出然大略亦盡如前解煎吁反

論議也從言侖聲臣鍇曰通論詳矣盧屯反

議語也從言義聲臣鍇曰定事之宜也魚智反

訂平議也從言丁聲他頂反

詳審議也從言羊聲似羊反

諟理也從言是聲善紙反

諦審也從言帝聲的替反

識常也一曰知也從言戠聲申力

反

訊　問也從言卂聲思震反　[古文]　古文訊從鹵

詧　言微親詧也從言祭省聲臣鍇曰論語云察言而觀色是也又黃帝每問事先問馬次及牛以徵言詧其情也測憂反

謹　慎也從言堇聲臣鍇按論語曰言惟謹爾已忍反

訒　頓也從言刃聲而振反

諶　誠諦也從言甚聲詩曰天難諶斯臣鍇曰其言審必然也是任反

信　誠也從人言思震反　𠆣　古文信省也　[古文]　古文信臣鍇曰三字皆會意也

訦　燕代東齊謂信訦也從言冘聲臣鍇曰言可信也是吟反

誠　信也從言成聲示征反

誡　敕也從言戒聲苟差反

誥　告也從言告聲臣鍇曰以文言告曉之也故曰有文告之辭古到反　[古文]　古文誥

詔　告也從言從召召亦聲之紹切

誓　約束也從言折聲臣鍇曰與之為約

誓也泰誓曰予克受非予武惟朕文考無罪受克予
非朕文考有罪惟予小子無良是為約誓也時制反　譣
問也周書曰勿以譣人從言僉
聲臣鍇曰譣猶險也先廉反　詁　訓故言也從言古聲
謂言有古今也　藹　詩詁訓臣鍇按爾雅
會意昆靚反　臣盡力之美詩曰藹藹王多吉士從
言葛聲臣鍇按爾雅注梧桐茂實賢
士衆地極化臣　誎　餔旋促也從言束聲臣鍇
竭忠也思桼反　曰言周旋促速也孫卜反　諝　知也從言
胥聲臣鍇按周禮注有　証　諫也從言正聲讀若正月臣
才智之稱也仙呂反　鍇按孔子曰諫有五然則証
為直諫也　諗　深諫也從言念聲春秋傳曰辛伯諗周桓
真性反　公臣鍇曰據辛伯之言簡而深故知為深
諫也施　試　用也從言式聲虞書曰明試以功臣鍇
甚反　曰論語孔子云吾不試故藝也失吏反　諴

和也從言咸聲周書曰丕諴于小民侯彡反 **諫** 証也從言柬聲溝鴈反 **課** 試也從言果聲臣鍇按漢書云考課是也苦和反 **䚻** 徒歌從言肉臣鍇按今說文本皆言徒也當言徒歌必脫誤也下云從言肉亦誤也延朝反 **詮** 具也從言全聲臣鍇曰其記言也七沿反 **訢** 喜也從言斤聲臣鍇曰善形於言也希斤反 **說** 說釋也一曰談說從言兌聲臣鍇曰說之亦使悅懌也通論詳矣失雪反 **計** 會也筭也從言十臣鍇曰十者總成數會意己惠反 **諧** 詥也從言皆聲痕皆反 **詥** 諧也從言合聲臣鍇按詥故肆說佞多合之言故陸機文賦曰務諧詥與妖冶此少亦字後閤反 **調** 和也從言周聲笛遼反 **話** 合會善言也從言𠯑聲傳曰告之話言户敗反 **譮** 籀文話從言會臣鍇曰會意也 **諈** 諉累也從言

垂聲臣鍇曰謂不能自決而以屬累於人也竹至反諉累也從言委聲臣鍇按漢胡建擅誅監軍從史云執事不諉上是也女至反警戒也從言敬敬亦聲臣鍇按禮曰先鼓以敬戒已皿反謐靜語也從言盜聲一曰無聲臣鍇曰謐猶宓也美珌反謙敬也從言兼聲臣鍇曰謙猶嗛也輕嫌反誼人所宜也從言宜亦聲也臣鍇按史記仁義字亦或作此魚智反詡大言也從言羽聲臣鍇按揚雄曰奢麗誇詡是也訓柱反諓善言從言戔聲一曰謔也臣鍇按國語范蠡曰吾安知是諓諓者乎寂衍反誐嘉善也從言我聲詩曰誐以謐我偶和反詷共也周書曰在后之詷一曰譀從言同聲臣鍇曰按今尚書作在後之侗也田風反設施陳也從言殳使人也臣鍇曰殳所以驅遣指使人也此會意施子反護救視

也從言婁聲渾素反譞譞慧也從言睘聲臣鍇曰譞察慧也虛全反誧大也從言甫聲一曰

人相助也讀若逋臣鍇曰爾雅溥大也近此不吾反諰思之意從言思聲辛子反讃中止也從言貴

聲司馬法曰師多則人讃讃止也胡愧反託寄也從言乇聲他作反記疏也從言己聲臣鍇曰疏

謂一一分別記之也居意反譽稱也從言與聲羊遇反譒敷也從言番聲商書曰王譒告之臣

鍇曰布言之也補貨反謝辭去也從言䠶聲似下反謳齊歌也從言區聲臣鍇曰齊衆也殷婁反

詠歌也從言永聲臣鍇曰尚書歌永言于柄反咏詠或從口訖止也從言气聲臣鍇曰言

所止也幾迄反諍止也從言爭聲臣鍇按孝經曰君有諍臣不失其天下謂能止其失也側迸反[illegible]

召許也從言

謼　評謼也從言虖聲臣鍇曰山海經云乎聲虖鳥反鳥其鳴自謼謂自言其名也荒故反

諺　傳言也從言彥聲擬線反

訝　相迎也周禮曰諸侯有卿訝也從言牙聲臣鍇曰周禮使將至使卿訝謂以言辭迎而勞之也顏吒反

迓　訝或從辵

詣　候至也從言旨聲臣鍇曰徑候而詣之也逆桂反

講　和解也從言冓聲臣鍇曰古人言講解猶和解也乎項反

謄　迻書也從言朕聲臣鍇曰謂移寫之也徒朋反

訒　頓也從言刃聲論語曰其言也訒臣鍇曰頓者多頓躓也爾吝反

訥　言難也從言内聲奴嗢反

讎　猶譍也從言雔聲臣鍇按詩曰無言不讎通論詳矣市柔反

謯　謯娽也從言虘聲側巴反

𧦝　待也從言伿聲讀若餐臣鍇曰此亦與傒字義相通也亦啓反

譥　痛呼也從言敫聲臣

鍇曰顛之推家訓引此見弔反

譊恚呼也從言堯聲臣鍇曰聲高噪狰也女交反

謍小聲也從言熒省聲詩曰營營青蠅臣鍇曰譻譻以鸎聲言之營營以蠅聲言之其異可察矣玄經反

諎大聲從言昔聲讀若笮臣鍇按史記褚少孫曰漢武帝云諸夫姊何藏之深也此義也其文如下字滓白反

唶諎或從口臣鍇按史記曰晉鄙嚄唶宿將是也

譟擾也從言喿聲臣鍇曰前史云師鼓譟是也斯與反

諛諂也從言臾聲臣鍇曰此下三字通論詳矣羊朱反

讇諛也從言閻聲敕奄反

諂讇或從臽

諼詐也從言爰聲臣鍇按詩曰有斐君子終不可諼兮吁袁反

謷不肖人也從言敖聲一曰哭不止悲聲謷謷臣鍇曰不肖人其言煩苛也顏叨反

訹誘也從言术聲臣鍇按賈誼鵩賦曰怵迫之徒兮或趨西東本

當作此訹宇教密反

詑 兖州謂欺曰詑從言它聲臣鍇曰謾欺之意也㦰羅反

謘 語諄謘也從言犀聲讀若行道遲遲纏离反

謾 欺也從言曼聲没團反

譇 譇拏羞窮也從言奢聲臣鍇曰繁詞曰蓋㪉也陟茶反

䛢 慹語也從言作聲臣鍇曰在心曰怍在言曰詐慹亞反

讋 讋讘也從言執聲臣鍇按史記灌夫曰生平毀程不識不直一錢今日長者行酒乃効兒女子呫囁耳語當此作讋讘字也三接反

謰 謰謱也從言連聲臣鍇曰義如前連遱注鄰延反

謱 謰謱也從言婁聲勒兜反

詒 相欺詒也一曰遺也從言台聲臣鍇曰今史記欺紿作紿音待一曰遺乃與貽同音無貽字寅之反

謵 言謂讋也從言習聲臣鍇曰言辭懼也牆揖反

謲 相怒使也從言參聲七南反

誑 欺也從言狂聲句唱反

譺 騃也從言疑聲臣鍇曰言多凝也今人作儗五介反

䛠 相誤也從言𦊰聲臣鍇曰相陷誤也俱化反

譖 愬也從言朁聲側賃反

訕 謗也從言山聲史患反

譏 誹也從言幾聲居希反

誣 加也從言巫聲臣鍇曰以無爲有也文區反

誹 謗也從言非聲斧尾反

譸 詶也從言壽聲讀若醻周書曰無或譸張幻臣鍇曰此言語獻譸也譸張誑也則音輈陟求反

詶 譸也從言州聲市柔反

詛 詶也從言且聲即趣反

䛆 詶也從言由聲長又反

誃 離別也從言多聲讀若論語路予之足周景王作洛陽誃臺臣鍇按誃臺陸雲與兄書曰曹公所爲屋拆其誃塘不可壞直以斧斫之而已又劉孝綽上虞鄉亭觀濤詩曰秋江凍甫絕反影照誃塘爾雅注云堂樓邊小屋爲誃今云誃廚連觀臣鍇以爲誃臺

猶別館也陸雲所言即謂屋木相連接處也孝緯所言即別館也爾雅所言即連屋也此盎小屋連接大屋觀其来則連於大屋體其實則別自為一區處也尺婢反

誖 亂也從言孛聲臣鍇曰辭气敎也步咄反

𧦝 籀文誖從二或臣鍇曰太玄曰天違人違而天下之事誖矣上下反覆皆或相成故為誖也

悖 誖或從心

䜌 亂也一曰治也一曰不絕從言絲形臣鍇按春秋左傳祝鮀曰會同難嘖有繁言莫之治也繁亂也呂貞反

𡅅 古文䜌臣鍇曰象絲亂而爪治之爪手反也

誤 謬也從言吴聲頑故反

詿 誤也從言圭聲臣鍇曰桂也古賣反

誒 可惡之辭從言矣聲一曰誒然春秋傳言誒誒出出臣鍇曰可畏惡矣今春秋左傳作譆假借軒其反

譆 痛也從言喜聲臣鍇曰痛而呼之言也軒其反

詯 膽气滿聲在人

上從言自聲讀若反目相睞臣鍇曰瞻气滿自然气息聲也虎配反

謧 謧詍也多言也從言离聲鄰之反

詍 多言也從言世聲詩曰無然詍詍延世反

訿 不思稱意也從言此聲詩曰翕翕訿訿臣鍇曰言不思稱事之意也爾雅曰翕翕訿訿莫供職也注曰賢者陵替姦黨熾盛背公恤私曠職事也將此反

䛬 往來言也一曰小兒未能正言也一曰祝也從言匋聲待豪反

䛌 䛬或從包

䛁 䛁䛁多語也從言冄聲樂浪有䛁邯縣而淹反

譅 語相反譅也從言遝聲他合反

誻 譅誻也從言沓聲道合反

詽 諍語詽詽從言幵聲湯箋反

讗 言壯皃從言巂聲一曰數相怒也讀若畫臣鍇曰謂言堅壯不可回也今按前史多從言㦎不可如此多作㦎麾獲反

訇 駭言聲從言勻省聲漢中西域有訇鄉讀若玄臣鍇曰今又音

火宏反駍訇也昏耕反 訇 籀文不省 諞 便巧言也從言扁聲周書曰截截善諞言論語曰友諞佞臣鍇曰今論語作便婢篇反

⿰言頻 匠也從言頻聲婢民反

⿰言口 扣也如求婦先訂叕之從言口口亦聲臣鍇曰頻繁哀求之意也此當引當時俗語為証也訂叕猶言扣嗑之也懇走反

諰 言相諰司也從言兒聲臣鍇曰楚辭曰能喔咿嚅諰以事婦人乎司伺也謂以言伺人之意旨也奴佳反

誂 相呼誘從言兆聲臣鍇曰項籍欲與漢高祖誂戰是也徒了反

譄 加也從言曾聲臣鍇曰以言增加之也走稜反

詄 忘也從言失聲臣鍇曰言失忘也亭結反

諅 忌也從言其聲周書曰爾尚不諅于凶德臣鍇曰畏忌之也健待反

譀 誕也從言敢聲臣鍇曰誕大言也詩曰進厥虎臣闞如哮虎近此義也下暫反

⿰言忘 俗譀從忘

誇譀也從言夸聲坤瓜反

誕詞誕也從言延聲臣鍇曰又妄為大言也又大也特坦反

𧦝籀文誕省正

䜕譀也從言萬聲臣鍇曰言過也謀敗反

謔戲也從言虐聲詩曰善戲謔兮虐約反

詪狠戾也從言艮聲臣鍇曰書狠戾也侯懇反

訌讀也從言工聲詩曰蟊賊內訌臣鍇按爾雅注云潰散也貢聰反

𧬄聲也從言歲聲詩曰有譏其聲虎外反

讙譁也從言雚聲臣鍇曰今人多作喧呼官反

諣疾也從言咼聲呼恠反

𧮐譟也從言魋聲徒崔反

訆大呼也從言斗聲春秋傳曰或訓于宋太廟臣鍇按山海經說鳥其鳴其訓字如此見弔反

諕號也從言虎臣鍇曰今人通作號遂無作此字者也行高反

譁讙也從言華聲忽奢反

謣妄言也從言雩聲臣鍇曰

猶虐夸也貟須反譁謣或從荂譌譌言也從言爲聲詩曰民之譌言臣鍇曰今詩作吪假借也王他反

謬狂者之妄言也從言翏聲明幼反詤夢言也從言巟聲臣鍇曰言恍忽也忽光反

謈大呼自勉從言暴省聲臣鍇按漢書武帝榜郭舍人痛呼謈是也別卓反訬訬擾也一曰訬獪從

言少聲讀若毚臣鍇曰獪狡也測嘲反諆欺也從言其聲臣鍇曰謾書也漢書枚皐有詆諆東方朔又有

自詆諆居而反譎權詐也益梁曰謬欺天下曰譎從言矞聲鴂穴反詐欺也從言乍聲章乍反

訏詭譌也從言于聲一曰訏差齊楚謂信曰訏臣鍇按爾雅又大也此又吁字況于反⿰言差咨也從言

差聲一曰痛惜臣鍇曰今俗從口作嗟走嗟反讋失气言一曰不止也從言龖省聲傅毅讀若慴臣鍇曰中

自服也龖音沓之接反讋籒文讋不省誋誡也從言忌聲臣鍇曰今人言誡諰是也健待反

⿰言亞相毀也從言亞聲一曰畏亞臣鍇曰猶惡音汙相毀惡也宛古反⿰言隋相毀也從言隋聲臣鍇曰嶞猶隋墮也夕醉反⿰言盡嗑也從言盡聲徒盡反訩說也從言匈聲臣鍇曰詩云不告于訩吁封反

訩或省詾訩或從兇訟爭也從言公聲一曰歌訟臣鍇曰古本毛詩雅頌字多作訟似共反

𧥤古文訟謓恚也從言真聲賈侍中說謓笑一曰讀若振臣鍇曰今人作嗔齒真反讘多言也從言聶聲河東有狐讘縣臣鍇曰義具讋字注之接反

訶大言而怒也從言可聲獻他反⿰言臣訏也從言臣聲讀若指只耳反訐面相斥罪相告訐也從言干聲鳩歇反訴告也從言斥聲論語曰

訴子路於季孫桑故反　𧦅 訴或從言朔　愬 訴或從朔心　譴 謫問也從言遣聲喫綃反

謫 罰也從言啻聲臣鍇曰謫猶摘也張伯反　諯 數也一曰相讓也從言耑聲讀若專赤戀反

讓 相責讓從言襄聲爾亮反　譙 嬈譊也從言焦聲讀若嚼菽要反　誚 古文譙從言肖周書

曰王亦未敢誚公　誎 數諫也從言朿聲臣鍇曰諷刺也七智反　誶 讓也從言卒聲國語曰誶申胥

臣鍇按國語曰吳王還自伐齊乃誶申胥胥自殺也星醉反　詰 問也從言吉聲輕質反　謹 責望

也從言望聲臣鍇按史記張耳傳曰陳餘固望耳本此謹字也聞誑反　詭 責也從言危聲句委反

證 告也從言登聲酌應反　詘 詰詘也一曰屈襞從言出聲臣鍇按周易曰失其守者其辭屈當作

此詘字也區欸反䛐詘或從屈⿰言夗尉也從言夗聲迂勸反詗知處告言之從言同聲臣鍇按史記淮南王安使其女為中詗長安注詗詗候也即此義翾併反讂流言也從言敻聲古縣反詆荷也從言氐聲一曰訶的未反誰何也從言隹聲臣鍇按史記賈誼過秦曰陳利兵而誰何苛細也謂細詰問之市佳反諽飾也從言革聲讀若戒一曰更溝厄反讕詆讕也從言闌聲臣鍇曰以語防闌之也勒湌反譋讕或從閒診視也從言㐱聲臣鍇按史記倉公傳曰診脉言視脉也遲鎮反⿰言斯悲聲也從言斯省聲臣鍇曰今謂馬悲鳴為嘶也欺低反訧罪也從言尤聲周書曰報以庶訧臣鍇曰怨言扵言也焉秋反誅討也從言朱聲輟須反討治也從言寸臣鍇曰寸法也奉辭伐

罪故從言此會意他老反諳悉也從言音聲恩甘反讄禱也累功德以求福論語云讄曰禱爾于
上下神祇從言畾聲臣鍇按尚書金縢之辭是也栁水反讄讄或從纍謚行之迹也從言兮皿闕臣
鍇曰以行易其名也臣以為皿非聲子聲也疑脫誤常利反誄謚也從言耒聲栁水反諱誋也
從言韋聲詡尉反謑恥也從言奚聲亦啓反謑謑或從隽詬謑詬恥也從言后聲臣鍇
曰春秋傳曰吾不忍其詬是也呵透反詢詬或從句諜軍中反閒也從言枼聲田扶反該
軍中約讀若心中滿該從言亥聲臣鍇按字書又備也荷孩反譯傳譯四夷之言者從言睪聲移尺反
譶疾言也讀若沓從三言臣鍇曰吴都賦颯遝伋譶是也遺合反謗毀也從言旁聲補盎反

讒 譖也從言毚聲岑嵒反

訄 迫也從言九聲讀又若丘虔柔反

謚 笑皃從言益聲臣鍇曰猶笑言呝呝也伊昔反

文二百四十六　重三十四

誩 競言也從二言凡誩之屬皆從誩讀若競臣鍇曰會意渠命反

譱 言也從誩從羊此義與美同意臣鍇曰通論詳矣石遣反

善 篆文善從言

競 彊語也從誩二人一曰逐也臣鍇按詩曰無競惟烈競彊也春秋傳曰晉師驅衛競逐也又曰二惠競爽二人偶爽也渠命反

讟 痛怨也從誩賣聲春秋傳曰民無怨讟臣鍇曰象衆怨也故從二言馳谷反

文四　重一

音　聲也生於心有節於外謂之音宮商角徵羽聲也絲竹金石匏土革木音也從言含一凡音之屬皆從音臣鍇曰通論詳矣郁吟反

響　聲也從音鄉聲臣鍇曰通論詳矣忻罔反

韽　下徹聲從音酓聲臣鍇按周禮樂有韽聲謂聲不能越揚也思甘反

韶　虞舜樂也書曰簫韶九成鳳凰來儀從音召聲臣鍇曰漢書禮樂志韶紹也言能紹堯之道也士遥反

章　樂竟為一章從音十十數之終也臣鍇曰通論詳矣周良反

竟　樂曲盡竟從音從人臣鍇曰樂人曲所終也居競反

文六

辛　辠也從干二二古文上字凡辛之屬皆從辛讀若愆張林說臣鍇曰干者不以其道干也故為立豈虔反

童　男有罪曰奴奴曰童女曰妾從辛重省聲臣鍇曰義見僮字注田風反

童　籒文童中與竊中同從廿廿以為古文疾字

妾　有罪女子給事之得接於君者從辛從女春秋云女為人妾妾不娉也臣鍇曰通論詳矣七接反

文三　重一

丵　叢生艸也象丵嶽相竝出也凡丵之屬皆從丵讀若浞臣鍇曰此字下半雖非干字以其形似即次於干

所謂攑形聯系引
而申之也士角反
業大版也所以飾縣鍾鼓捷業如鋸齒以白畫之象其
鉏鋙相承也從丵從巾巾象版詩曰巨業維樅臣鍇
曰謂筍虡上橫板鋸齒刻之鎛鍾凡一厲齒
縫桂八鍾兩層故云相承巾下版也疑怯反𤎽古文業
叢聚也從丵取聲臣鍇曰此凡物叢叢
丵也草木之叢在艸部全通反
對譍無方也從丵口寸臣鍇
曰有問則對非一方也張釋之曰嗇對對或從士漢文
夫喋喋是也寸法度也會意得悔反帝以為責對而
為言多非誠對故去其口以從士也臣鍇曰漢文帝韋虎
圈問守尉禽獸薄守尉不能對嗇夫從旁代對甚悉文帝
悅張釋之曰秦以利口而亡周勃張相如似不能言者帝
感悟責對者見責問而對故云非誠易曰尚口乃窮故去

口士事也
取事實也

文四　重二

𦍿瀆業也從丵從廾廾亦聲凡業之屬皆從業臣
鍇曰瀆業瀆也兩手捧持丵叢雜也蒲速反

僕給事者從人從業業亦聲臣鍇按春秋左傳曰王臣
公公臣大夫大夫臣士士臣皁皁臣隸隸臣僕僕臣
與與臣臺馬有圉牛有牧臣鍇以為此士天子元士周禮
一命者也皁猶造也秦漢十井爵有上造顏師古曰造成
也言有成命於上也譚長所謂造上士則秦之大上造也
周禮有隸僕給勞辱之役者也又戎僕掌馭車尚書有左
右攜僕今在隸下知是攜挈之役者也輿衆人也春秋左
傳晉食輿人之城杞者絳縣老人為輿尉遷為複陶又子

產使與三十人遷里祈之樞知與又彌賤也臺猶跆在人下之稱也若所跆踐又益細也牧牛又畀於馬也盤沃反

僕 古文從臣 𦍎 賦事也從丵從八八分之也八亦聲讀若頒一曰讀若非臣鍇曰此古頒字布山反

文三　重一

廾 竦手也從𠂇又凡廾之屬皆從廾臣鍇曰併舉之也短竦反

𢪙 揚雄說廾從兩手

奉 承也從手從廾丯聲臣鍇曰丯音封附恐反

丞 翊也從廾從卩從山山高奉承之義臣鍇曰山高之狀也故為山高隅為山卩視登反

奐 取奐也一曰大也從廾敻省聲臣鍇曰美哉奐焉奐大也呼筭反

弇 蓋也從合廾聲更堪反 弇 古文弇

[篆] 引給也一從廾

畀聲移𢍰舉也從廾由聲春秋傳曰晉人或以廣墜楚
尺反　人𢍰之黃顥說廣車陷楚人為𢍰之杜林以
為騏驎字臣鍇曰由音菑今春秋左傳异舉也從廾巳
楚人惎之作惎杜預注惎教也健侍反　聲虞書曰嶽
曰异哉弄玩也從廾王臣鍇曰詩曰載弄
余吏反　之璋璋玉也此會意魯棟反𢍓兩手盛也從廾
𡭽聲融𢍏摶飯也從廾釆聲釆古文辨字讀
六反　若書卷臣鍇曰卷眷從此俱辦反𢍕持弩拊從
廾肉讀若逵臣鍇曰肉非聲疑脫誤春秋左戒警也從
傳曰王孫燕奔穎黃氏穎字從此攤雖反　廾戈持
以戒不虞臣鍇曰尚書曰兵械也從廾持斤并力之
儆戒無虞會意苟差反　貌臣鍇曰會意彼平反
古文兵從人廾干　籀文兵　龔慤也從廾龍聲臣鍇曰左
傳鄭子產曰苟有位於朝

無有不龔㦛當弈圍棊也從𠬞亦聲論語曰不有博弈
作此龔矩重反者手臣鍇曰春秋左氏傳云弈者舉
棊不定不勝具共置也從𠬞具省古以貝
其偶移尺反為貨臣鍇曰會意健芋反

文十七　重四

𠬜引也從反廾凡𠬜之屬皆從𠬜臣鍇曰引
者自外引入也故反手向外引之潘攀反
攀𠬜或從手樊臣鍇
曰此令人書攀字樊鷙不行也從𠬜棥亦聲臣鍇
曰鷙猶縶也鷹隼之屬見籠
不得出以左右攀攣樊也從𠬜䜌聲臣鍇
引外也復喧反曰義同上呂員反

文三　重

共 同也从廿廾凡共之屬皆从共臣鍇曰廿音入二十共也此會意具縱反

𢀜 古文共臣鍇曰兩手共也

龔 給也从共龍聲臣鍇按春秋左傳曰其或不龔邦有常刑短重反

文二　重一

異 分也从廾畀畀予也凡異之屬皆从異臣鍇曰畀音俾將散予物先分異之也禮曰賜君子小人不同日也會意余吏反

戴 分物得增益曰戴从異𢦏聲臣鍇曰是分物得益也史陳平分社肉曰使平宰天下如分此肉矣衆喜而戴之也會意都愛反

𢦔 籀文戴

文二　重一

舁共舉也从曰廾凡舁之屬皆从舁讀若余臣鍇曰舁用力也兩手及爪皆用也以虛反

䢅升高也从舁囟聲臣鍇曰囟音信親延反　𨑖舁或从卩臣鍇曰卩亦高反　䢅古文與

與黨與也从舁与臣鍇曰春秋左傳曰伯有鬪子皮之甲不豫攻已也喜曰子皮與我矣會意尹汝反　與古文與

興起也从舁同同力也臣鍇曰周武王曰予有亂臣十人同心同德周所以興也會意香澄反

文四　重三

說文解字通釋卷第五

說文解字通釋卷第六

繫傳六

文林郎守祕書省校書郎臣徐鍇傳釋

朝散大夫行祕書省校書郎臣朱翺反切

三十部　文三百　重七十八

𦥑　叉手也從𦥑𦥑凡𦥑之屬皆從𦥑臣鍇曰兩手相叉也俱燭反

要　身中也象人要自𦥑之形從𦥑交省聲臣鍇曰要猶要也腰爲中關所以自𦥑持也於消反

古文要

文二　重一

晨　早昧爽也從臼辰辰時也亦聲丮夕為𠨘臼辰為晨皆同意凡晨之屬皆從晨臣鍇曰凡自夜半子以後為晝昧爽為寅於歲為正月夏正之始也二陽初生和气之始美莫甚焉君子以行事春秋左傳曰昧旦丕顯後世猶怠人君未明求衣孟子曰鷄鳴而起孜孜為善者舜之徒歟臼者自臼持也石綸反

農　耕也從晨囟聲臣鍇曰晨耕也囟當為凶字乃得聲疑非聲奴聰反　𨐌　籀文農從林　𦦙　古文農　𧇗　亦古文農

文二　重三

爨齊謂之炊爨臼象持甑冂為竈口廾推林内火凡爨之屬皆從爨臣鍇曰取其進火謂之爨取其气上謂之炊七亂反

𤇾籀文爨省䰞所以枝鬲者從爨省鬲省臣鍇曰會意其從反

釁血祭也象祭竈也從爨省酉酉所以祭也從分分亦聲臣鍇曰酉酒也分分牲也許僅反

文三　重一

革獸皮治去其毛革更之象古文革之形凡革之屬皆從革臣鍇曰此從古文革省之也溝戹反

革 古文革從卅卅年爲一世而道更也臼聲臣鍇曰皮去其毛染而瑩之曰革

鞹 去毛皮也論語曰虎豹之鞹從革郭聲臣鍇曰皮去其毛染而瑩之曰革鞹空廓之意也困博反

靬 靬乾革也武威有麗靬鄉從革干聲肯旰反

䩐 生革可以爲縷束也從革各聲臣鍇曰絡也勸託反

鞄 柔革工也從革包聲讀若朴周禮曰柔皮之工鮑氏鞄郎鮑也臣鍇按周禮鮑氏爲甲攻皮之工也注云或作鞄別卓反

韗 攻皮治鼓工也從革軍聲讀若運臣鍇按周禮曰韗人爲皐陶皐陶鼓匡于問反

韗 韗或從韋臣鍇曰今周禮作此字

鞣 耎也從革柔聲臣鍇曰皮革之柔耎也然尤反

靼 柔革也從革旦聲之列反

𩏩 古文靼從亶

鞼 革繡也從革貴聲臣鍇按國語齊罰輕罪者鞼盾一戟謂繡革為盾唐史戎狄

婦人或能刺韋爲繡也求位反
鞶 大帶也易曰或錫之鞶帶男子帶鞶婦人帶絲從革般聲臣鍇曰以革爲之也別安反
鞏 以韋束也易曰鞏用黃牛之革故從革巩聲矩竦反
鞔 履空也從革免聲臣鍇曰履空猶言履慤也呂氏春秋曰宋子罕之南家爲鞔者強也沒團反
靸 小兒履也讀若沓從革及聲速沓反
䩕 䩕角鞮屬也從革卬聲臣鍇曰鞮亦履今胡人履連脛謂之絡鞮顏當反
鞮 革履也從革是聲臣鍇曰周禮有鞮鞻氏的齊反
鞅 鞮鞅沙也從革從夾夾亦聲苟掐反
𩌐 鞮屬也從革徙聲臣鍇曰延徙字也此字今俗作屣蔡邕倒屣所習反
鞵 革生鞮也從革奚聲臣鍇曰今俗作鞋候釵反
靪 補履下從革丁聲臣鍇曰今履底下以綫爲結謂之釘底是也的冥反
鞠 蹋鞠也從革匊聲臣鍇按蹋鞠

以革為圜囊實以毛蹵蹋
為戲亦曰蹋鞠堅祝反

鞠

鞠或
從蓺

鞀

鞀遼也從革召
聲臣鍇按淮南

子曰武王有戒慎之鞀高誘注曰欲戒君令
慎疑者鞀操鼓臣以為鼓有柄也特豪反

鞉

鞀或從
兆聲臣

鍇按論語
曰播鼗武

鼗

鞀或從
兆鼓

𪔛

籀文鞀
從殸召

鞔

量物之鞔從革
冤聲一曰抒井

鞔古以革臣鍇曰猶宛也量物之圜也
抒井今言陶井也鞔取泥之器迂言反

𩊒

鞔或
從宛

鞞

刀
室

也從革卑聲臣鍇按春秋左傳藻
率鞞琫注云刀削鞞也邊弭反

鞎

車革前曰鞎從革
艮聲臣鍇按爾雅

注以革鞎與前也臣以為鞎猶垠以
革緣之為垠堮也與車底也佷恩反

鞃

車軾也從革弘
聲詩曰鞹鞃淺

幭讀若穹臣鍇曰鞹鞃
以革鞃車軾也古弘反

鞪

車軸束也從革敄聲臣鍇曰
以革束車軸製其裂也門遂

反

⿰革必　車束也從革必聲臣鍇曰車上凡束之處頻述反

⿰革爨　車衡三束也曲轅⿰革贊縛直轅𨏔縛從革爨聲讀若論語鑽燧之鑽臣鍇曰乘車當中為一曲轅木為衡又縛軛於上乘車別鑽孔縛之大車雙直轅衡執都縛之而已不鑽也祖端反

⿰革贊　⿰革爨或從革贊

⿰革旨　蓋杠絲也從革旨聲臣鍇曰蓋車蓋也杠柄也絲其繫系也戰媚反

鞁　車駕具也從革皮聲臣鍇曰猶今人言鞁馬也平義反

⿰革僉　轡鞥從革弇聲讀若譍一曰龍頭繞者臣鍇曰猶今人言轡鞥結也梁史云元帝乘車夾膝頭上有蛇是也烏合反

靶　轡革也從革巴聲臣鍇曰御人所把處也左思吳都賦曰回靶平行睨奔化反

⿱顯革　著腋鞥也從革顯聲臣鍇按劉熙釋名韅經也經其腹下也閻峴反

靳　當膺也從革斤聲臣鍇曰靳固也靳制其行也春秋左傳曰如驂之

有靳居郡反⿰革蚩驂具也從革蚩聲讀若騁蠭丑靜反靷引軸也從革引聲臣鍇曰所以前引也天引反⿰革𡿪籀文靷⿰革官車鞁具也從革官聲臣鍇曰猶今鐍頭色也吉杭反⿰革豆車鞁具也從革豆聲臣鍇曰鐍中舌也笛奏反靬輨內環⿰車旦也從革于聲臣鍇曰鐍上攀也貢須反⿰革尃車下索也從革尃聲臣鍇曰以革為索終縛與底也本泊反⿰革奄車具也從革奄聲臣鍇曰有所掩覆處也烏合反⿰革叕車具也從革叕聲誅劣反鞌馬鞁具也從革安聲恩干反⿰革茸鞌毳飾也從革茸聲臣鍇曰西京雜記曰馬或以罽為飾而用反鞊鞌飾也從革占聲遏輒反鞈防汗也從革合聲臣鍇曰猶今胡人扞腰也苟搯反勒馬頭絡銜也從革力聲郎忒反鞙大車縛軛靼從革肙聲臣鍇按釋名

曰鞙縣音玄也從以縣縛軛也作鞙字非也徼犬反

䩄 勒靼也從革面聲臣鍇曰其鐵曰勒其革曰䩄彌善反

靲 鞮也從革今聲臣鍇曰鞮屨也巨任反

鞬 所以戢弓矢從革建聲臣鍇曰所謂櫜鞬也機元反

韇 弓矢韇也從革賣聲臣鍇曰韇所以盛弓矢也馳谷反

⿰革巂 綏也從革巂聲臣鍇按禮注綏纓之飾也式垂反

⿰革亟 急也從革亟聲臣鍇曰束物之急莫若革也己力反

鞭 驅也從革便聲賓延反

⿰全攴 古文鞭

鞅 頸靼也從革央聲隱唱反

韄 佩刀絲也從革蒦聲臣鍇曰莊子曰外內韄者鳥白反

鞑 馬尾鞑從革它聲今之般緧臣鍇曰謂今馬後鍬連絡馬尾後者也般者槃謂屈槃繞之也緧今鍬字豆料反

⿰革見 繫牛脛也從革見聲馨甸反

文五十九　重十一

鬲 鼎屬也實五觳斗二升曰觳象腹交文三足凡鬲之屬皆從鬲臣鍇曰上頸也腹交文謂其刻飾也五觳六斗也連的反

歷 漢令鬲從瓦麻聲臣鍇曰漢中蜀地以瓦為之也

䰛 鬲或從瓦

䰝 三足鍑也一曰滫米器也從鬲支聲臣鍇曰釜大口曰鍑魚倚反

鬹 三足釜也有柄喙讀如嫗從鬲規聲臣鍇曰今見有古銅器如此觜爲鳥喙墮隨反

鬷 釜屬也從鬲嵏聲子紅反

䰙 秦名曰土釜䰙從鬲干聲讀若過臣鍇曰土釜瓦為之又交阯之南或用土為鍋古多反

鬵 大釜也一曰鼎大上小下若甑曰鬵從鬲兓聲讀若岑臣

鍇按詩曰誰能亨魚溉之釜鬵似侵反

鬵 古文鬵

䰝 鬵屬也從鬲曾聲臣鍇曰今俗作甑甗無底曰䰝子孕反

鬴 鍑屬也從鬲甫聲臣鍇曰量六斗四升曰鬴分武反

釜 鬴或從金父聲

鬳 鬲屬從鬲虍聲臣鍇曰虍音呼於獻為孝細也俱願反

融 炊气上出也從鬲虫省聲臣鍇曰鎔也气上融散也春秋左傳曰明而未融孫緯曰融而為川瀆以弓反

䖢 籀文融不省

䰜 炊气貌也從鬲嚻聲臣鍇曰气盛也欣消反

鬺 煑也從鬲羊聲式陽反

鬻 涫也從鬲沸聲臣鍇曰沸也相如上林賦湁潗鼎沸鬻如此作也方未反

文十三　重五

䰜 䰜也古文亦鬲字象孰飪五味气上出凡䰜之屬皆從䰜臣鍇曰言此古書鬲字今則別也弜气之狀也

連的反

鬻 鬻也從䰜侃聲臣鍇曰此今饘字春秋左傳曰饘於是鬻於是遮延反 𩞯 鬻或從食衍聲

飦 鬻或從食干聲 𩟵 鬻或從食建聲 鬻 鍵也從䰜米臣鍇曰今俗作粥古或借此為賣鬻字

閟六反 䰞 鍵也從䰜古聲臣鍇曰春秋左傳曰以餬其口本當作此鬻䰞䰞徒反 䰝 五味和羹從䰜

從羔詩曰亦有和羹臣鍇曰羔羊會意根橫反 羹 鬻或省 𦎫 鬻或省鬲 羹 小篆從羔從美

𩱧 鼎實惟葦及蒲陳留謂鍵為鬻從䰜速聲臣鍇曰謂菜為𦼫義同此葦初生其筍可食孫卜反 餗

鬻或從食束 餗 鬻也從䰜毓聲臣鍇曰糜即鬻也融六反 粥 鬻或省從米 䊵 京州謂糜為䉶鬻從䰜機聲彌悅反 粖 鬻省或從末 䰞 粉餅也從䰜耳聲臣鍇按周禮羞籩之實有糗餌粉餈注云粉稻米餅之曰餈又劉熙釋名云蒸燥屑餅之曰餈臣鍇以為皆非也夫粉米蒸屑皆餌也非餈也許慎曰餈稻餅也臣謂炊稻米爛乃擣之如黏然後蒸之不為粉也粉餈以豆為粉以糝餈上也餌則先屑米為粉然後溲之故許慎云餌餅也餈之言滋也熙也欲其柔釋其大也餌之言珥也欲其堅潔而淨若玉珥然也諸家之說莫精於說文也然侍反 餌 鬻或從食耳 𩱓 熬也從䰜芻聲臣鍇曰謂熬米麥也今俗作𤎅為炒齒沼反 𩱺 內肉及菜湯中薄出之從䰜翟聲臣鍇曰今諸書多作瀹禮注云新春菜可瀹故謂春祭曰禴鬻渫

也䰞略反【鬻】烹也從䰜者聲諸與反【煮】鬻或從火【𩰾】鬻或從水【䰦】吹釜溢也從䰜孛聲臣鍇曰謂釜沸涌以口气吹使低也步𡀓反

文十三　重十二

【爪】丮也覆手曰爪象形凡爪之屬皆從爪臣鍇曰覆手曰爪謂以予抓爲物爪也側狡反

【孚】卵孚也從爪子一曰信也臣鍇曰孚信也鳥之乳卵皆如其期不失信也鳥抱恒以爪反覆其卵也會意甫役反【𤔎】古文孚從古文保保亦聲補老反【爲】母猴也其爲禽好爪爪母猴象也下腹爲母猴形王育曰爪象形也臣鍇曰好爪謂好用爪也雨隨反【𤔔】古文爲象母猴相對

【𠬪】亦丮也從反爪

闕
職想反

文四　重二

丮　持也象手有所丮據也凡丮之屬皆從丮讀若戟也臣鍇曰出象手也已逆反

埶　種也從坴丮持種之詩曰我埶黍稷臣鍇曰坴土也今俗作藝魚祭反

孰　食飪也從丮𦎫聲易曰孰飪臣鍇曰𦎫音純孰也從手凡取是孰也會意成育反

𩰫　設飪也從丮食才聲讀若載則代反

巩　抱也從丮工聲臣鍇曰恐巩筑字從此矩悚反

𢀜　巩或從手

𧮫　相踦𧮫也從丮谷聲臣鍇曰按相如上林賦曰徼𧮫受屈謂以力柏踦角徼要極而受屈也其虐反

𢦒　擊踝也從丮戈讀若踝臣鍇曰

亦謂相鬬也踝脚脛下骨也春秋左傳

傳以戈刜林雍斷足此會意户把反

𠃨 亦持也從反丮闕臣鍇曰

凡刄鞛掌㕸皆手用力相佐使之許慎

傳其義不憭諳故闕疑也倶燭反

文八　重一

鬥 兩士相對兵仗在後象鬥之形凡鬥之屬皆從鬥臣鍇曰乙為兵也當豆反

鬭 遇也從鬥斲聲臣鍇按孟子曰鬭小也當豆反

鬨 鬭也從鬥共聲孟子曰鄒與魯鬨恨絳反

⿵鬥翏 經繆殺也從鬥翏聲臣鍇曰經繆縊也里由反

鬮 鬭取也從鬥龜聲讀若三合繩糾臣鍇按荊楚

歲時記曰俗有藏鉤戲起鉤弋夫人

⿵鬥爾 智少力劣也從鬥爾聲臣鍇按

劇此字義則不引鉤弋之捷尤反

彌慢意也　寧洗反

𩰲　𩰲連結𩰲紛相牽也從門燹聲臣鍇曰一作𦆫音紛此今俗書紛字弗羣反

𩰳　鬭也從門賓省聲讀若繽臣鍇曰今俗作繽字匹人反

鬩　恒訟也詩云兄弟鬩于牆從門兒兒善訟者也臣鍇曰兒小兒也許壁反

𩰿　試力士錘也從門從戈或從戰省讀若縣臣鍇曰謂為錘以試力士舉之較其彊弱故從門豫犬反

文十

又　手也象形三指者手之列多略不過三也凡又之屬皆從又臣鍇曰凡手掬指頭指力之率其後二指佐佑之不動故略為三也延救反

手口相助也從又口臣鍇曰　以謀以力也會意延救反　臂上也從又從古文厶臣鍇曰臂上
一節也指　古文厷象形臣鍇曰此既象形直學人曲肱而寫之乃得其實不爾即多相亂也
事吉弘反
厷或從肉　手指相錯也從又象叉之形　臣鍇曰所叉也指事初牙反　手足甲也從又
象叉形臣鍇曰　矩也家長率教者從又舉杖臣　鍇曰指事通論詳矣浮甫反
指事側狡反
老也從又灾　籀文　从寸　容或從人臣鍇按春秋左
灾蘇走反　傳曰趙傁在後字作此
和也從言又炎聲籀文燮從羊音飪字讀若溼臣鍇曰又
手也任力也雍雍喈喈心和形於言也子入也相聶反
引也從又冒聲臣鍇曰古士樂　引也從又申聲
有曼聲是長之聲也舞飯反　䀼古文申臣鍇

日引而申之

夬　分決也從又ㄐ象決形臣鍇曰ㄐ物也所以決之器也易曰夫決也此指事也式人反

尹　治也從又丿握事者也臣鍇曰周公右賁尹天下治天下也此指事與準反

𠑹　古文尹

𠭥　又取也從又虘聲臣鍇按任昉彈劉整文曰𠭥手查范臂當作此𠭥字側巴反

𢼸　引也從又𡋟聲臣鍇曰楚音僖利之反

㕞　拭也從又持巾在尸下臣鍇按左思魏都賦曰㕞馬江洲所子反

及　逮也從又人臣鍇曰及前人也會意其急反

乀　古文及秦刻石及如此臣鍇曰此字以甲乙之乙字頭曲下叙甲乙下屈也秦嶧山會稽山碑也

乁　古文及臣鍇曰似已字但少曲身

𨘢　亦古文及

秉　禾束也從又持禾臣鍇按春秋左傳曰或取一秉秆爲詩曰彼有遺秉鄙永反

反　覆也從又丁反

形臣鍇曰又反手也丁象物之反覆此指事府晚反

反 古文反

𠬝 治也從又卩卩事之節臣鍇曰服字從此伐六反

叏 滑也詩云叏兮達兮從又屮一曰取也臣鍇曰屮枝也順也順則滑也指事偷勞反

𣪠 楚人謂卜問吉凶曰𣪠從又持祟讀若贅臣鍇曰祟神禍也此會意振稅反

叔 拾也從又尗聲汝南名收芌為叔臣鍇曰収拾之也尸竹反

村 叔或從寸

𠬛 入水有所取也從又在回下回古文回回淵水也讀若沫臣鍇曰入水底取也孔子曰呂梁之水回流九十里曰狀之為難入也會意謀骨反

取 捕取也從又耳周禮獲者取左耳司馬法曰載獻聝聝者耳臣鍇曰會意此矩反

彗 埽竹也從又持甡臣鍇曰指事也似祙反

𥱿 古文彗從竹習臣鍇曰埽於尊加帚於箕上以袂拘而退其塵不及長者子夏之門

人當灑掃應對可也當習之也 篲 彗或從竹 叚 借也闕臣鍇曰遐駕從此格雅反 叚 古文

段 段譚長說段如此 友 同志為友從二又相交臣鍇曰二手相順延九反 𠬪 古文友

𦒱 亦古文友 度 法制從又庶省聲臣鍇曰布指知尺舒肱知尋故從手特路反

文二十八　重十六

ナ 左手也象形凡ナ之屬皆從ナ臣鍇曰ナ佐也右手之佐也則可反

卑 賤也執事者從ナ甲臣鍇曰右重而左卑也在甲之下會意賓而反

文二

史 記事者也從又持中中正也凡史之屬皆從史臣鍇曰記事當主於中正也會意琹耳反

事 職也從史之省聲臣鍇曰亦取於正也側字反 𠭁 古文事臣鍇曰此則之字不省也

文二 重一

支 去竹之枝也從手持半竹凡支之屬皆從支臣鍇曰竹葉下垂也章移反

攱 持去也從支奇聲章奇反 𢻫 古文支

文二 重一

聿 手之疌巧從又持巾凡聿之屬皆從聿臣鍇曰巾所持也指事女𢑴反

肄習也從聿希聲臣鍇按春秋左傳甯俞曰臣以為肄業及之也羊媚反 肄籀文隸 肄篆文隸臣鍇曰

肅持事振敬也從聿在𣶒上戰戰兢兢臣鍇曰通論詳矣息六反 矣疑字之左也 𢘽古文肅從心卪

文三 重三

聿所以書也楚謂之聿吳謂之不律燕謂之弗從聿一聲凡聿之屬皆從聿臣鍇曰筆尚便捷故王羲之筆經曰筆尚輕重則躓矣會意與必反

筆秦謂之筆從聿竹臣鍇曰會意碑乙反

𦘼聿飾也從聿從彡俗語以書好為𦘼讀若津也臣鍇

曰筆經曰世人多以流離象牙為筆管麗飾則著也有之然筆尚輕也凡飾物通用彡字也將親反

書　從聿者聲臣鍇曰著於竹帛曰書也式魚反

文四

畫　界也象田四界聿所以畫之凡畫之屬皆從畫臣鍇曰若筆畫之也月其界也指事戶麥反

畫　古文畫

劃　亦古文畫臣鍇曰刀所以劃制之也

晝　日之出入與夜為界從畫省從日臣鍇曰會意論語曰今汝畫畫止也若夜至畫而止也貞狩反

晝　籀文晝

文二　重三

隶 及也從又尾省又特尾者從後及之也凡隶之屬皆從隶徒耐反

𨽸 及也從隶枲聲詩曰𨽸天之未陰雨徒耐反

隸 附著也從隶柰聲郎計反

隷 篆文隸從古文之體臣鍇曰今人書用此字

文三　重一

臤 堅也從又臣聲凡臤之屬皆從臤讀若鏗鏘古文以爲賢字臣鍇按白虎通曰臣者繵堅也屬志自堅固會意苦閑反

緊 纏絲急也從臤絲省聲糺忍反

堅 剛也從臤從土臣鍇曰剛土也會意激賢反

豎 堅立

也從臤豆聲臣鍇曰豆器也故為堅立韶乳反

豎 籒文豎從殳

文四　重一

臣 牽也事君也象屈服之形凡臣之屬皆從臣臣鍇曰通論詳夷石眞反

臦 乖也從二臣相違讀若誑臣鍇曰臣不叶力爭於事乖也句唱反

臧 善也從臣戕聲走張反

𦣞 籒文

文三　重一

殳 以杸殊人也禮殳以積竹八觚長丈二尺建於兵車旅賁以先驅從又几聲凡殳之屬皆從殳臣鍇曰斷

絶分析為殊積竹謂削去白取其青處合為之取其有力
也漢邑王買積竹杖是也詩云伯也執殳為王前驅觚
稜也殳音
殊觚區反

祋 殳也从殳示聲或說城郭市里高縣羊皮有不當入
而欲入者暫下以驚牛馬曰祋故从示殳詩曰何戈
與祋臣鍇按馮翊
有祋詡縣丁最反

杸 軍中士所持殳也从木从殳司馬
法曰執羽以杸臣鍇曰以木為之
質賤也

毄 相擊中也如車相擊故从殳从軎也
舡區反 臣鍇曰厶車軸也此指事堅歷反

㱿 从上
擊下也从殳青聲一曰素也 下擊上也从殳
臣按青音口江反又刻學反

𣪊 冘聲竹甚反

𣪘 繇
擊也从殳豆聲古文投如此

𣪍 縣物毆擊也从殳𠙴聲
臣鍇曰繇遥也持婁反 臣鍇曰𠙴音儔市柔反

豛　推毄物也從殳豕聲臣鍇曰推音丈追反丁燭反

毆　捶毄物也從殳區聲臣鍇曰以杖擊也恩斗反

毃　擊頭也從殳高聲臣鍇按春秋左傳曰奪其杖以敲之也口卓反

殿　擊聲也從殳𡱂聲庭硯反

殹　擊中聲也從殳医聲臣鍇曰醫𣪠從此於計反

段　推物也從殳耑省聲臣鍇曰推音直推反徒亂反

𣪘　擊空聲也從殳宮聲臣鍇曰謂器外無隙內空擊之其聲㲉然杜紅反

殽　相雜錯也從殳肴聲臣鍇曰殳所以表物令則雜錯故爲殽也侯交反

毅　妄怒也一曰毅有決也從殳豙聲臣鍇曰春秋左傳殺敵爲果致果爲毅辛豕毅怒也言旣反

𣪏　揉屈也從殳𠀉𠀉古叀字廏字從此臣鍇曰叀順也見岫反

役　戍邊也從殳從彳臣鍇曰彳行也會意與辟反

𠈌　古文役從人

毅　毅改大剛

卯也以逐精鬼從殳亥聲臣鍇曰攺音茍核反

文二十　重一

殺　戮也從殳杀聲凡殺之屬皆從殺臣鍇曰杀從乂朮聲色軋反

古文殺　古文殺　古文殺　古文殺　籀文殺

弒　臣殺君也易曰臣弒其君從殺省式聲失忠反

文二　重四　多說文籀文一字

几　鳥之短羽飛几几也象形凡几之屬皆從几讀若殊臣鍇曰殳從此象短羽形舡區反

㐱新生羽而飛從彡從几臣鍇曰几短羽故云新生羽又彡部㐱字從彡人人物之人也與此相似但几音殊字左畫上出几音殊字右畫上出也支允反

鳧舒鳧鶩從鳥几聲臣鍇曰鳧短羽也名舒鳧凡無反

文三

寸十分也人手卻一寸動脈謂之寸口從又一凡寸之屬皆從寸臣鍇曰一者記手腕下一寸此指事也麤巽反

寺廷也有法度者也從寸之聲臣鍇曰守寺也寸法度也辭伺反

將帥也從寸牆省聲子長反

尋澤理也從二口從又寸二口亂也又寸分理之彡聲此與𤕟同意度人之兩臂為尋八尺也臣鍇曰口言

也工為器也詩曰如彼築室于道謀是用不潰于成謀夫孔多是用不集故云亂也又手也寸法度理之也彡音芟似侵反

專 六寸簿也從寸叀聲一曰專紡專臣鍇曰簿文簿也詩曰乃生女子載弄之瓦注云紡塼也臣以為令絡絲之塼也準旋反

尃 布也從寸甫聲臣鍇曰布以法度也相如子虛賦曰專結縷法云布也專字如此甫殳反

導 導引也從寸道聲臣鍇曰以寸引之也徒號反

文七

皮 剝取獸革者謂之皮從又為省聲凡皮之屬皆從皮臣鍇曰又手也生曰皮理之曰革柔之曰韋貧知反

 古文皮臣鍇曰禮如竹箭之有筠筠從皮也

 籒文皮

皰 面生氣也從皮包聲臣鍇

曰面皰也皯面黑气也從皮干聲臣鍇曰
皮豹反　今醫方云皯黯也根旱反

文三　重二

㼱柔韋也從北皮省夐省凡㼱之屬皆從㼱讀若耎一
曰若儁臣鍇按周禮考工記注云攻皮之工蒼頡篇
有鞄㼱也此解
脫誤爾件反

㼱古文㼱　㼱籀文㼱從夐省　䪥羽獵韋絝從㼱弁聲乳恐反　䙙虞書曰鳥獸䙙
毛從䑣從衣臣鍇曰此亦䙙字鳥以柔
毳為衣故從衣當言從衣從䑣皆脫誤

文二　重三

攴 小擊也從又卜聲凡攴之屬皆從攴潘伏反

啟 教也從攴启聲論語曰不憤不啓臣鍇曰啓發教道之也溪禰反

徹 通也從彳從攴育聲一曰相臣鍇曰育亦烘也遲別反

徹 古文徹

肇 擊也從攴肇省聲池沼反

敏 疾也從攴每聲眉殞反

敃 強也從攴民聲臣鍇按尚書弗敃作勞也眉引反

敄 強也從攴矛聲臣鍇曰務婺霧晉蕤字從此勿赴反

敀 迮也從攴白聲周書曰常敀常任臣鍇曰迮猶切近也今尚書常伯作伯不曰反

整 齊也從攴從束正正亦聲臣鍇曰束之又小擊之使正會意之靜反

效 為也從攴交聲臣鍇曰易曰爻效也侯敎反

故 使為之也從攴古聲臣鍇曰故使之也骨渡反

政 正也從攴正聲臣鍇曰政

正也子帥以正孰敢不正周官司馬掌邦政謂九伐之法也攴擊也真性反 𢻫 敷也從攴也聲讀與施同

臣鍇按尚書曰翕受敷施令作施申而反 敷 𢻫也從攴尃聲周書曰用敷遺後人甫丈反 敟 主也

從攴典聲臣鍇曰令作典顛腆反 ⿰麗攴 數也從攴麗聲臣鍇按詩曰商之孫子其麗不億令詩借麗字蓮弟

反 數 計也從攴婁聲率武反 ⿰湅攴 辟漱鐵也從攴湅臣鍇曰湅鍊字也攴椎鍛之也會意郎電反

孜 汲汲也從攴子聲周書曰孜孜無怠則欺反 攽 分也從攴分聲周書曰乃惟孺子攽讀與頒同

臣鍇曰令尚書曰乃惟孺子頒朕不暇當作攽也令借頒不攀反 ⿰旱攴 止也從攴旱聲周書曰⿰旱攴我于艱臣

鍇曰令尚書借扞字侯玩反 敳 有所治也從攴豈聲讀若墾臣鍇按春秋左傳十六族有隤敳又晉有庾

數偶來反

敞平治高土可以遠望也從攴尚聲臣鍇按史記韓信行營高敞地會意赤攴反

敒理也從攴伸聲式人反

改更也從攴己聲李陽冰曰己有過攴之即改臣鍇曰從戊己之己古亥反

變更也從攴䜌聲臣鍇曰攴有為也秘䜌反

更改也從攴丙聲干諍反

敕誡也臿地曰敕從攴束聲臣鍇按春秋左傳注曰執鞭以出敕令也暢仂反

[illegible]使也從攴取省聲而攝反

斂收也從攴僉聲留琰反

敹擇也從攴𡩁聲周書曰敹乃甲胄梨挑反

敿繫連也從文喬聲周書曰敿乃干讀若矯臣鍇曰干盾也尚書注曰連盾縧也臣鍇以為紛小組帶所以繫盾鼻已少反

敆合會也從攴合聲肖合反

敶列也從攴陳聲臣鍇曰古書軍陳多如此遲慎反

敵仇也從攴啻聲臣鍇曰啻式豉反田溺反

救止也從攴求聲見岫反

敓強取也周書曰敓攘矯虔從攴兌聲徒活反

斁解也從攴睪聲詩云服之無斁斁厭也一曰終也臣鍇按尚書彝倫攸斁斁斁解散也移尺反

赦置也從攴赤聲臣鍇曰放置之也詩夜反

𢻃赦或從亦

攸行水也從攴人水省臣鍇曰支入水所杖也會意延秋反

㳅秦刻石嶧山石文攸如此

𢼂撫也從攴亡聲讀與撫同臣鍇按尚書古文撫或如此芳武反

敉撫也從攴米聲周書曰亦未克敉公功讀若弭名洗反

侎敉或從人

敡侮也從攴從易易亦聲臣鍇曰輕易之也列義反

𢾾戾也從攴韋聲宇歸反

敦怒也詆也一曰䭫也從攴䭫

𢿱朋侵也從攴羣聲臣鍇曰史記云羣盜此意也其分反

敗毀也從攴貝賊敗皆從貝臣鍇

曰多藏必厚亡貝貨也故從貝會意步拜反 敗 籀文敗從賏臣鍇曰積貝也 ⿰𤔔攴 煩也從攴𤔔聲魯彖反 寇 暴也從攴完臣鍇曰當其完聚而欲寇之也可候反 ⿰蚩攴 剌也從攴蚩聲眠雉反 ⿰度攴 閉也從攴度聲讀若杜臣鍇曰今借杜字徒土反 ⿰度刀 ⿰度攴或從刀 敜 塞也從攴念聲周書曰敜乃穽奴輒反 ⿰畢攴 ⿰畢攴盡也從攴畢聲畢聿反 收 捕也從攴丩聲申立反 鼔 擊鼓也從攴壴壴亦聲讀若屬臣鍇曰鼓擊之鼓也壴陣樂也故云亦聲此會意昆槻反 攷 敂也從攴丂聲臣鍇曰今周禮考功字如此刻保反 敂 擊也從攴句聲讀若扣臣鍇曰周禮敂關字如此可候反 攻 擊也從攴工聲昆戎反 敲 橫擿從攴高聲臣鍇曰從旁橫擊也口交反 ⿰豙攴 擊也從攴豙聲轂角反

⿰兒攴 戾也從攴兒聲逆計反 ⿰坐攴 放也從攴坐聲迂往反 ⿰厂攴 坼也從攴從厂厂之性坼果熟有味亦坼故謂之⿰厂攴從未聲臣鍇曰攴擊取也厂厓岸也未草重葉有滋味也軒其反 斀 去陰之刑也從攴蜀聲周書曰刖劓斀黥斀角反 敯 冒也從攴昏聲周書曰敯不畏死眉引反 敔 禁也一曰樂器控揭也形如木虎從攴吾聲臣鍇曰控口江反揭口八反如虎背有鉏鋙也疑舉反 敤 研治也從攴果聲舜女弟名敤首臣鍇按漢書古今人表云敤手若墮 ⿰金攴 持也從攴金聲讀若琴巨任反 𢿊 棄也從攴𠷎聲周書以為討詩云無我𢿊兮市柔反 畋 平田也從攴田周書曰畋爾田笛前反 改 毅改大剛卯以逐鬼魅也從攴巳聲讀若巳古亥反 敘 次弟也從攴余聲夕與反 ⿰褱攴 毀也從攴褱聲臣鍇曰人

毀之也孔安國曰壞孔子宅當作此字古賣反

〔篆〕毀也從攴卑聲辟米反

〔篆〕牧　養牛人也從攴牛詩曰牧人乃夢臣鍇曰會意莫叔反

〔篆〕擊馬也從攴朿聲測麥反

〔篆〕小舂也從攴算聲臣鍇曰敹去又萬反

〔篆〕小麥皮也

〔篆〕礊田也從攴堯聲牽聊反

文七十八　重六

〔篆〕教　上所施下所效也從攴孝凡教之屬皆從教臣鍇曰攴所執以教道人也孝音教效也會意角效反

〔篆〕古文教臣鍇曰古言字以言教之

〔篆〕古文教

〔篆〕斆　覺悟也從教從冂冂尚朦也臼聲遐嶽反

〔篆〕篆文斆省

文二　重三

卜 灼剥龜也象炙龜之形一曰象龜兆之從横也凡卜之屬皆從卜巳伏反

𠁽 古文卜臣鍇曰兆有如此者

卦 筮也從卜圭聲古賣反

卟 卜以問疑也從口卜讀與稽同臣鍇曰尚書曰明用稽疑今文借稽字古兮反

貞 卜問也從卜貝以爲贄一曰鼎省聲京房所説臣鍇曰周禮有大貞之禮謂卜大事也齋以卜詩曰握粟出卜會意㑭情反

𠧩 易卦之上體商書曰貞曰𠧩臣鍇曰尚書曰曰貞曰𠧩今借悔字虎配反

占 視兆問也從卜口臣鍇曰會意之廉反

𠧪 卜問也從卜召聲食犬反

𠧞 灼龜坼也從卜兆象形臣鍇曰𠧞兆有如此者指事池沼反

兆 古文兆省

文八　重二

用　可施行也從卜中衛宏說凡用之屬皆從用臣鍇曰尚書龜筮共違于人用靜吉用作凶又曰先人不違卜卜者所以卟之於先君考之於神明余訟反

用　古文用

甫　男子美稱從用父父亦聲臣鍇曰男子之美稱言用也父者老也會意分武反

庸　用也從用庚庚更事也易曰先庚三日臣鍇曰尚書有能奮庸奮庸起用也會意與封反

葡　具也從用苟省臣鍇曰苟音亟急則備也會意辨利反

甯　所願也從用寧省聲臣鍇曰甯猶寧也今俗人言寧可如此為甯可如此年徑反

文五　重一

爻 交也象易六爻頭交也凡爻之屬皆從爻臣鍇曰六爻六位皆爻也侯交反

棥 藩也從爻林詩曰營營青繩止于棥臣鍇曰藩籬落也二木中歧交也會意復翻反

文二

㸚 二爻也凡㸚之屬皆從㸚臣鍇曰若網交綴也略遮反

爾 麗爾猶靡麗也從冂㸚其孔㸚尒聲此與爽同意臣鍇曰麗爾歷歷然希疏點綴見明也冂象也而俾反

爽 明也從㸚大臣鍇曰㸚孔歷歷然大其中隙縫光也尚書曰昧爽昧爽微明也色敞反

爽

爽篆文

文三　重一

說文解字通釋卷第六

說文解字通釋卷第七

繫傳七

文林郎守祕書省校書郎臣徐鍇傳釋

朝散大夫行祕書省校書郎臣朱翺反切

三十五部　文六百四十　重百十二

旻

舉目使人也從攴目凡旻之屬皆從旻讀若颰臣鍇曰攴止也蘼悅反

夐

營求也從旻人在穴中商書高宗夢得說使百工營求得之傳巖巖穴也臣鍇曰人與目隔穴與人字也

目經營而見之然後指使人求之也攴所以指畫也營經營也臣以爲高宗見湯得伊尹於鼎又見朝士無可類此者乃使百工處處營求果得之於傅巖也尚書作營翾正反

閺　低目視也從旻門聲弘農胡縣有閺鄉汝南西平有閺亭無云反

𡘋　大視也從大旻聲讀若齤衢貞反

文四

目　人目也象形重童子也凡目之屬皆從目莫叔反

回　古文目

眼　目也從目皀聲儒盞反

目睘　兒初生瞥者從目瞏聲讀若告之謂調臣鍇曰請轉目視人也靈光殿賦曰目睞轉而意迭邪見反

眩　目無常主也從目玄聲臣鍇曰目眩眩也迴萬反

眥 目厓也從目此聲寂帝反 睫 目旁毛也從目夾聲臣鍇曰史云離婁不見目睫者也節攝反

[目縣] 盧童子也從目縣聲臣鍇曰盧黑也眼中黑子也揚雄甘泉賦曰玉女無所眺其清盧是也預犬反

瞦 目童子精瞦也從目喜聲讀若爾雅禧福軒其反 矏 目旁薄緻從宀宀也從目臱聲臣鍇按楚辭曰靡顏膩理遺視矊矊令人云眼臉單也名連反 [非目] 大目也從目非聲甫肥反 [臤目] 大目也從目臤聲侯產反

睅 大目也從目旱聲臣鍇按春秋左傳曰睅其目注云睅出目也戶版反 睆 睅或從完

[目爰] 大目也從目爰聲呼遠反 瞞 平目也從目㒼聲臣鍇曰目瞼低也魏武小名瞞沒團反 睴 大目出也從目軍聲工鈍反 矕 目矕矕也從目䜌聲武版反 睔 目大也從目侖聲春秋傳有鄭

伯睔孤盼詩曰美目盼兮從目分聲臣盰多白也從
損反鍇曰目好流視也鋪幻反目干聲臣
鍇曰張目眅多白眼也從目反聲春秋傳曰鄭游眅字
也根旱反子明臣鍇按周易曰巽為多白眼潘鑾反
睍出目也從目見聲臣鍇曰矔目多精也從目雚聲
詩云睍睆黃鳥易顯反益州謂瞋目曰矔古
翰䁥目精也從目粦聲臣鍇曰左思窅深目也從穴
反吳都賦曰鷹瞵鶚視里神反中目臣鍇曰
會意也眊目少精也從目毛聲虞書字從此矘目
倚了反臣鍇曰古書耄字多作此手抱反無
精直視也從目黨聲臣睒暫視貌從目炎聲若白蓋謂
鍇曰莽黨然也他朗反之苦相似臣鍇按郭璞江賦
獱獺睒瞲于眮吳楚謂瞋目顧視曰䀣直視也從目
㕯空收㵴反眮從目同聲頭貢反必聲讀若詩

云䀹彼泉水箪媚反 瞴 瞴婁微視也從目無聲臣鍇曰瞴微視媚也莫浮反 䀐 蔽人視也從目幵聲讀若携手一曰直視也臣鍇曰映人而視也起迷反 [目干] 䀐目或在下 睌 睌腎目視貌也從目免聲武限反 眂 視貌也從目氏聲臣鍇曰此又古文視字凡文有古今異者若視古為神祗今則直為示字麼古為禹字今別為字其類多矣善旨反 睨 邪視也從目兒聲逆桂反 䁁 低目視也從目冒聲周書曰武王惟䁁莫號反 眓 視高貌也從目戉聲讀若詩曰施罛歲歲臣鍇曰戉音越歡括反 眈 視近而志遠從目冘聲易曰虎視眈眈之貪反 [目延] 相顧視而行從目從延延亦聲余羨反 盱 張目也從目于聲一曰朝鮮謂盧童子曰盱臣鍇曰古云盱衡是也況于反 睘 目驚視也從目袁聲詩曰獨行睘睘

癸名反

䁴 視而止也從目亶聲旨闌反

䀛 目冥遠視也從目勿聲一曰久也一曰旦明也莫隊反

眕 目有所恨而止也從目㐱聲臣鍇按爾雅云眕重也目厚意也支允反

䁤 睬也從目興聲臣鍇曰微視之也匹妙反

䁦 察也從目祭聲臣鍇曰左思魏都賦曰有睬呂梁言下視呂梁也刺細反

睹 見也從目者聲得古反

覩 古文睹從見

眔 目相及也從目隶省聲讀若與隶同也道合反

睽 目不相聽也從目癸聲臣鍇按易睽卦曰二女同居其志不相得苦圭反

睎 望也從目希聲海岱之間謂眄曰睎臣鍇曰班固西都賦曰睎秦嶺大凡睎望字皆當如此忻祈反

眜 目不明從目末聲門撥反

䀿 轉目視也從目般聲別安反

䁹 小兒白眼也從目辟聲鋪患反

䀐 目則視也從目

𠂢聲臣鍇曰謂目略視之也古詩曰盈盈一水閒脈脈不得語也莫獲反

睩　目睞謹也從目录聲讀若鹿盧木反

⿰目各　眄也從目各聲勤託反

⿰目脩　失意視也從目脩聲臣鍇曰左思魏都賦曰⿰目脩焉失所他狄反

⿰目𦎫　謹鈍目也從目𦎫聲朱順反

瞤　目動也從目閏聲然勻反

矉　恨張目也從目賓聲詩曰國步斯矉婢民反

眢　目無明也從目夗聲讀若委臣鍇按春秋左傳曰目於眢井盍為隱語也言井無水若目無精也眢之九反

睢　仰目也從目隹聲臣鍇曰睢眄也又梁宋水名許惟反

旬　目搖也從目勻省聲廻茜反

眴　旬或從目旬臣鍇按史記項梁眴籍曰可行矣謂動目私視之也

矆　大視也從目蒦聲臣鍇曰驚視也吁醵反

睦　目順也從目坴聲一曰敬和也臣鍇曰通論詳矣莫叔反

⿱尗囚

古文睦　瞻臨視也從目詹聲之炎反　瞀低目謹視也從目敄聲臣鍇按莊子曰牧馬童子曰余適有瞀病瞀亦目睛也莫透反　䁗小視也從目買聲脉牌反　⿰目監視也從目監聲也姦嵒反　⿸户目省視也從目啓省聲溪計反　相省視也從目木易曰地可觀者莫可觀於木詩曰相鼠有皮臣按所引易曰令易無此文疑易得及易緯有之也會意脩祥反　瞋張目也從目真聲齒真反　⿰目戌秘書瞋從戌　瞗目熟視也從目鳥聲讀若雕觀挑反　睗目熟視也從目易聲臣鍇按庾信賦曰木魅睗睒六易反　睊視貌也從目肙聲臣鍇曰目睊睊也於旋反　⿰目窅目深貌也從目窅讀若易曰勿卹之卹幽決反　睼迎視也從目是聲讀若珥瑱之瑱他計反　⿰目晏目相戲也從目晏聲詩曰暥婉之求臣鍇曰今詩作

嬿殼典反

䁍 短深目貌也從目取聲烏未反

眷 顧也從目𡨄聲詩曰乃眷西顧便俱反

督 察也從目叔聲一曰目病也得酷反

看 睎也從手下目臣鍇曰以手翳目而望也宋玉賦曰若姣姬揚袂鄣目而望所思此會意刻干反

𥄎 看或從倝臣鍇曰倝聲也

瞫 深視也一曰下視也又竊見也從目覃聲臣鍇按春秋左傳晉有狼瞫施甚反

眝 長眙也從目宁聲一曰張眼臣鍇曰長久也楚辭曰思美人兮擥涕而眝陟臣反

睡 坐寐也從目垂聲時位反

瞑 翕目也從目冥冥亦聲臣鍇按尚書曰若藥弗瞑眩謂藥若毒使人目閉而瞑眩之也民甹反

眚 目病生翳也從目生聲臣鍇按春秋左傳曰日月之青謂日月有蝕若月有翳也息永反

瞥 過目也又目翳也從目敝聲一曰財見也臣鍇曰瞥然暫見也

僻列反

眵　目傷眦也從目多聲一曰曹兜臣鍇曰曹兜目汁疑也今人言眼兜眵𥉮離反

䁾　目眵也從目蔑省聲臣鍇按宋玉風賦曰中脣為眵得目為蔑名噎反

⿰目夬　睸也從目夬聲臣鍇曰目美也鵙穴反

⿰目良　目病也從目良聲力上反

眛　目不明也從目未聲臣鍇按春秋左傳吳子夷眛亡貝反

瞯　戴目也從目閒聲江淮之間謂眡曰瞯臣鍇曰戴目目望陽也眡古視字候間反

眯　艸入目中也從目米聲臣鍇按呂氏春秋瞽師之愛子也不免抌之以糠眯之也名洗反

眺　目不正從目兆聲臣鍇曰潘岳射雉賦曰目不步體袤眺旁剔惕弔反

睞　目童子不正也從目來聲臣鍇曰眄睞睞者目光聲也勤萊反

⿰目攸　眣也從目攸聲臣鍇曰脩自失也尹修反

⿰目斗　脩或從斗臣鍇曰斗聲

眣　目不從正

也從目失聲臣鍇曰其視矇童蒙也從目蒙聲一曰不
散若有所失也睗七反　明也臣鍇按周禮樂師有
瞽矇目不明若於眇一目小也從目少亦聲眄目偏
聽聲審也毋東反　臣鍇曰會意彌少反　合也
從目丏聲一曰衺視也秦語臣鍇曰楚辭　目無眸子
曰滿堂兮美人忽獨與余兮目成弭鈿反盲從目亡聲
泛彭䁍目陷也從目　目但有朕也從目鼓聲臣鍇
反　咸聲刻洽反瞽按說尚書者言目漫若鼓反
也朕但有黑子外微瞍無目也從目䁝惑也從目熒
黑影而已昆覷反　叜聲蘇后切　省聲臣鍇按
史記曰朝營睉目小也從目⿰目叉指目也從目叉聲
或天子玄經反　坐聲泉和反　臣鍇曰指搯也又
音眺字睇目小衺視也從目弟聲南楚謂眄睇臣鍇
烏未反　按班固幽通賦曰養流睇而猨號苗計反

瞚　開闔目數搖也從目寅聲　臣鍇曰目也失閏反

眙　直視也從目台聲　臣鍇曰視不移也靈光殿賦序曰覩斯而眙敕餌反

盻　恨視也從目兮聲　臣鍇曰漢西京有盻胃殿異契反

[目弗]　目不明也從目弗聲普未反

文一百十三　重九

䀠　左右視也從二目凡䀠之屬皆從䀠讀若拘又若良士瞿瞿九遇反

[䀠丿]　目圍也從䀠丿讀若書卷之卷古文以為醜字　臣鍇曰丿䀠目也𡰪字從此俱便反

[䀠大]　目衺也從䀠從大大人也　臣鍇曰剌字從此卷子反

文三

眉 目上毛也從目象眉之形上象頟理也凡眉之屬皆從眉臣鍇曰仌 頟理也指事闇之反

省 視也從眉省從屮臣鍇曰屮徹也會意息永反

𡈅 古文省從少冏

文二 重一

盾 瞂也所以扞身蔽目象形𠂆聲凡盾之屬皆從盾臣鍇曰斤象盾形樹忍反

瞂 盾也從盾犮聲臣鍇按山海經曰有獸戴瞂左思吳都賦云瞂自闟扶月反

䩓 盾握也從盾圭聲臣鍇曰盾鼻涓兮反

文三

自 鼻也象鼻形凡自之屬皆從自臣鍇曰自又鼻之聲然慈四反

𦣻 古文自

臱 宀宀不見也闕臣鍇曰下益象重覆也宀音綿慎無聞於師故遠之邊字從此米田反

文二　重一

白 此亦自字也省目者詞言之气從鼻出與口相助凡白之屬皆從白臣鍇曰言此自字之省別為一體也凡詞助字皆從此慈四反

皆 俱詞也從比從白臣鍇曰比皆也會意古諧反

魯 鈍詞也從白魚省聲論語曰參也魯臣鍇曰劉熙釋名曰魯國多山水民性樸鈍勤古反

者 別事詞也從白𣥇聲𣥇古文旅臣鍇曰凡文有者字者所以為分別隔異也章也反

[illegible] 詞也從白𠃬聲虞書帝曰𠃬咨陳狀反

智 識詞也從白亏知臣鍇曰亏亦气也此會意展避反 [illegible] 古文𥏼

百 十十也從一白數十百為一貫相章也臣鍇曰百亦成數故云一貫以詩言之為一章也會意慱陌反 [illegible] 古文百

文七　重三

鼻 引气自畀也從自畀凡鼻之屬皆從鼻臣鍇曰畀與也助也會意頻至反

齅 以鼻就臭也從鼻臭臭亦聲讀若畜牲之畜臣鍇曰此會意香秀反

鼾 卧息也從鼻干聲讀若汗侯玩反

鼽 病寒鼻窒也從鼻九聲臣鍇曰禮月令曰民多鼽嚏虔柔反

齂 卧息也從鼻隶聲讀若虺臣鍇按尔雅齂息也虚致反

文五

皕 二百也凡皕之屬皆從皕讀若祕彼後反

奭 盛也從大從皕皕亦聲此燕召公名讀若郝史篇名醜臣鍇曰史篇謂史籀所作蒼頡十五篇也希式反

𡘋 古文奭

文二 重一

習 數飛也從羽白聲凡習之屬皆從習臣鍇曰易曰君子以朋友講習似入反

翫 習猒也從習元聲春秋傳曰翫歲而愒日臣鍇曰白猒之也五翰反

文二

羽 鳥長毛也象形凡羽之屬皆從羽于甫反

翨 鳥之彊羽猛者從羽是聲臣鍇按周禮有翨氏掌取鳥羽叱智反

翰 天雞赤羽也從羽倝聲逸周書曰文翰若翬雉一名鷐風周成王時蜀人獻之臣鍇按謝靈運詩曰天雞弄和風侯玩反

翟 山雉

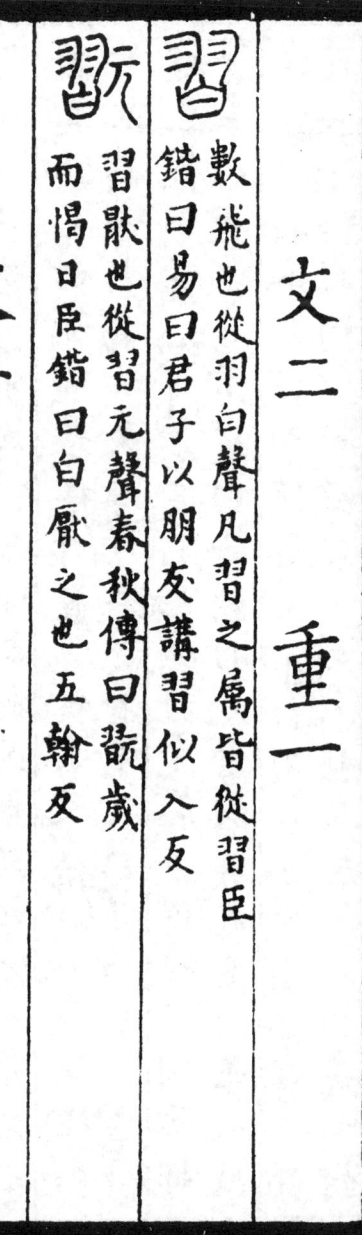

也尾長從羽從隹臣鍇曰古謂雉爲翟故尚書曰羽畎夏
翟注漢書有言翟方進姓本音狄後人姓乃音澤也田溺
反 翡 赤羽雀也從羽非聲出鬱林臣鍇按左
思吴都賦翡翠列巢以重行符旣反 翠 青羽雀也
出鬱林從羽卒聲臣鍇按爾雅翠鷸也 翦 羽生也一曰
注似燕漢書南越王獻翠爲干此醉反 矢羽從羽前
聲子 翁 頸毛也從羽公聲臣鍇曰爾雅多謂草華埜細
善反 葉叢出爲翁臺取名於此也又謂老人爲老翁
言其頸毛白而彊短 翄 翼也從羽支 𦐅 翄或從
若此鳥頸也烏公反 聲吒智反 羽氏 [illegible]
趐也從羽華 翹 尾長毛也從羽尧聲臣鍇按班固西都
聲溝厄反 賦曰發皓羽兮奮翹英尾毛光華也岐
遥 翭 羽本也從羽侯聲一 翮 羽莖也從羽鬲聲臣鍇
反 曰羽初生河溝反 按史晉舩人曰鳥所恃

者六翮也翑羽曲也從羽羿羽之羿風亦古諸侯也
閑隔反句聲犀吁反一曰射師從羽开臣鍇
曰羿猶翳也古有窮之君名翥飛舉也從羽
羿一曰帝嚳射官五計反者聲只庶反翕起也從羽
合聲臣鍇曰相翾小飛也從羽睘聲臣鍇曰文子
合起也希立反云翾飛蠉動或作蛸虛全反翬
大飛也從羽軍聲一曰伊雒而南雉五翏高飛也從羽
采皆備曰翬詩曰有翬斯飛大韋反㐱臣鍇曰㐱
新生羽而飛也長羽短羽相副翩疾飛也從羽扁聲臣
然後能高飛也會意良秀反鍇曰魏文帝書云元
瑜書記翩翩言翜捷也飛之疾從羽夾聲讀翊飛皃
疾連也僻連反若澀一曰使也山洽反也從
羽立聲臣鍇曰今言輔𦐔飛盛貌也從羽曰聲臣鍇曰
翊猶翼戴也以即反盛也會意蹋從此他榼反

[illegible]羽盛貌也從羽之聲嗔離反翱翱翔也從羽臯聲顔叨反翔迴飛也從羽羊聲臣鍇曰論語曰翔而後集翔視也爾雅曰鳶鳥醜其飛也翔注云布翅翱翔也似羊反翽飛聲也從羽歲聲詩曰鳳皇于飛翽翽其羽虎外反翯鳥白肥澤皃從羽高聲詩曰白鳥翯翯遐岳反𦏲樂舞以羽䎊自翳其首以祀星辰也從羽王聲讀若皇臣鍇曰見周禮也户荒反翇樂舞執全羽以祀社稷從羽友聲讀若紱臣鍇曰翇猶拂也古樂府有拂舞歌分勿反翿翳也所以舞也從羽殹聲詩曰左執翿臣鍇曰詩又曰無冬無夏值其鷺翳今俗作翿從號反翳華蓋也從羽殹聲臣鍇曰按張衡西京賦曰棨輿乃登鳳皇兮翳華芝山海經曰有五采之鳥名曰翳伊開反翣棺羽飾也天子八諸侯六大夫四士二下垂從

羽妾聲臣鍇曰翣夾卓也色呷反

文三十四　重一

隹 鳥之短尾總名也象形凡隹之屬皆從隹臣鍇曰隹鳥名也詩曰翩翩者隹隹爲鳥短尾亦總名也當脁亦字或者以爲許慎言鳥之短尾總名爲隹中有鷄雉字以此爲譏豈不疏哉豈不疏哉專惟反

雅 楚烏也一名鸒一名卑居秦謂之雅從隹牙聲臣鍇曰卑音匹爾雅注云小而多羣腹下白者江東呼匹卑烏梁簡文帝詩曰林暝雅烏飛牙賈反

隻 鳥一枚曰隻也從又持隹持一隹曰隻二隹曰雙臣鍇曰會意眞石反

雒 鵋鵙也從隹各聲臣鍇按爾雅注云江東呼爲鵋也勒託反

閵 今閵似鴝鵒而黄從

隹冏省聲臣鍇曰冏音之敷里刄反【𨾴】籀文閵不省【巂】周燕也從隹屮象其冠也冏聲一曰蜀王望帝婬其相妻慙亡去化為子巂鳥故蜀人聞子巂鳴皆起云望帝乎臣鍇按尔雅云巂周注云子巂鳥故也按書傳云蜀之王先代有蠶叢魚鳧杜宇鼈令望帝杜宇也勻迷反【䧿】鳥也從隹方聲讀若方府昌反【雀】依人小鳥也從小隹讀與爵同臣鍇按崔豹古今注曰一名家賓也即約反【𨾊】鳥也從隹犬聲睢陽有𨾊水彥思反【雗】雗鷽也從隹倝聲臣鍇按爾雅雗雉也侯玩反【雉】有十四種盧諸雉喬雉鳪雉鷩雉秩秩海雉翟山雉雗雉卓雉伊洛而南曰翬江淮而南曰搖南方曰𠷎東方曰甾北方曰稀西方曰蹲從隹矢聲臣鍇按爾雅注諸雉即今雉鷂雉長尾翰走且鳴鳪雉黃色鳴自呼者鷩雉似山雞而小冠背毛黃腹下赤頸綠鮮明秩

秩海雉如雉而黑在海中山上翟山雉長尾鵗雉鷂雉鳪雉倂之臣以為翰雉今白雉鵫白翬雉鷂白質五采皆備成章毛色光鮮搖青質五采皆備成章也鳪音傳已下皆四方雉名臣鍇以為雉豸豸然介直貌也陳匕反

𨾊古文雉從弟

雊雊雄雉鳴也雷始動雉鳴而雊其頸從隹句句亦聲臣鍇曰禮月令曰雉始雊格漚反

雞知時畜也從隹奚聲臣鍇曰以為雞稽也能考時也古兮反

鷄籀文雞從鳥

雛鷄子也從隹芻聲臣鍇曰雛猶云初也善于反

鶵籀文雛從鳥

雡天鸙也從隹翏聲一曰雉之莫子爲雡臣鍇按爾雅注鷚天鸙雀色似鷚好高飛作聲雉之莫子晚生者也良秀反

離黃蒼庚也鳴則蠶生從隹离聲臣鍇按爾雅注即楚雀又名商庚古有九雇官夏雇其一蔡邕曰夏雇趣民蠶麥爾雅雇竊玄此云黧累而黃疑之此即夏

雇鄭之反 雕 鷻也從隹周聲臣鍇按詩曰匪鷻匪鷻翰飛戾天注云鷻之雕也覩姚反 鵰 籀文雕從鳥 𤸰 鳥也從隹瘖省聲或從人人亦聲臣鍇曰鷹隨人所指蹤故從人倚氷反 鷹 籀文𤸰從鳥

雖 雖也從隹氐聲臣鍇曰今俗猶呼為鵄嗔肌反 鴟 籀文鴟從鳥 𨿽 鴟也從隹垂聲時位反 雃 石鳥一名雝渠一曰精列從隹幵聲春秋傳秦有士雅臣鍇曰爾雅即雝渠雀屬飛則鳴行則搖士雅人姓名也弃妍反 雝 雝渠也從隹邕聲宛封反 雓 鳥也從隹今聲春秋傳有公子若鴒臣鍇曰若鴒宋人也勤潛反 雁 鳥也從隹從人厂聲讀若鴈臣鍇按春秋後語楚有昭雁迎諫反 雞 雞黃也從隹黎聲一曰楚雀也其色黎黑而黃臣鍇曰即離黃也里西反 雇 鳥也從隹戶聲臣鍇曰虧字從此虎

鳥反雓牟母也從隹奴聲臣鍇按爾雅鶉也青州呼鴾母熱除反鴽鴽或從鳥雇九雇農桑

候鳥民不婬者也從隹戶聲春雇鳻盾夏雇竊玄秋雇竊藍冬雇竊黃棘雇竊丹行雇唶唶宵雇嘖嘖桑雇竊脂

老雇鷃鷃臣鍇按春秋左傳帝少昊以鳥名官故有九雇雇扈也扈止也故云雇民不婬婬過時也蔡邕獨斷春扈

氏趣民耕種夏扈氏趣民芸除秋扈氏趣民收斂冬扈氏趣民盖藏棘扈氏掌民百果行扈氏晝為民驅鳥宵扈氏

夜為民驅獸桑扈氏趣民養蠶老扈氏趣民收麥唶音借嘖音仕策反臣鍇以為竊猶淺也桓土反鳸籀文

雇從鳥雽雇或從雩𩀱鶉屬也從隹𦎧聲是倫反䧻雜屬也從隹酓聲思甘反䳺

籀文䧻從鳥𨾊鳥也從隹支聲一曰𨾊度臣鍇按漢西京有𨾊離觀𨾊度猶今言度支也章移反隹工

鳥肥大堆堆從隹工聲貞聰反

鳿 堆或從鳥

雡 繳檄也從隹檄聲一曰飛檄也臣鍇曰繒繳以取鳥也檄音散四旦反

隿 繳射飛鳥也從隹弋聲臣鍇曰管子曰田獵罼弋今作弋以郎反

雄 鳥父也從隹厷聲于戎反

雌 鳥母也從隹此聲千思反

罩 覆鳥令不飛走也從网隹讀若到臣鍇曰罩猶罩也咤孝反

雋 肥內也從弓所以射隹長沙有下雋縣臣鍇按楚辭鵠酸臇鳧煎鴻鶬𦎧通著書號雋永言其說有味而長也下雋縣今鄂州唐年縣也自褊反

䧢 飛也從隹隓聲式垂反

文三十九　重十二

奞 鳥張毛羽自奮從大隹凡奞之屬皆從奞讀若睢臣鍇曰大張大貌也指事思損反

奪 手持隹失之也從又奞臣鍇曰言見奪也隹毛將飛也從活反

奮 翬也從奞在田上詩曰不能奮飛臣鍇按爾雅鷹隼醜其飛也翬注鼓翅軽疾也田有穀鳥所集會意方慢反

文三

萑 鴟屬也從隹從𠂇有毛角所鳴其民有旤凡萑之屬皆從萑讀若和臣鍇曰旤禍字也按爾雅萑老鵵注木兔也似鴟鵂頭而小頭有角毛夜飛好食雞又曰怪鴟今江東通呼此屬為怪鳥張華博物志曰夜至人家取人所弃爪甲分別視之則知吉凶凶者輒鳴鳴則其家有禍所以人弃爪甲於門内也户寒反

蒦 規蒦商也從又将萑一曰視遽貌也一曰蒦度也臣鍇曰商商度也萑善度人禍福也會意俱縛反

彠蒦或從尋尋亦度也楚辭曰求矩彠之所同

雚小爵也從萑吅聲詩曰雚鳴于垤臣鍇曰今俗作鸛古翰反

舊鴟舊留也從萑臼聲臣鍇曰郎怪鴟也今借為新舊字其救反

鵂舊或從鳥休聲

文四　重二

𦫳羊角也象形凡𦫳之屬皆從𦫳讀若乖友買反

乖戾也從𦫳而兆兆古文別臣鍇曰兆重八也骨排反

芇相當也闕讀若宀臣鍇曰蔑字從此沒國反

文三

苜 目不正也從𦫳從目凡苜之屬皆從苜莧從此讀若不臣鍇曰𦫳角戾也此會意名嘖反

瞢 目不明也從苜從旬旬目數搖也臣鍇曰會意木空反

𥄕 大不明也從苜火苜亦聲周書曰布重𥄕席織蒻席也讀與蔑同臣鍇曰會意今尚書作蔑名嘖反

蔑 勞目無精也從苜人勞則蔑然從戍臣鍇曰會意名嘖反

文四

羊 祥也從𦫳象四足尾之形孔子曰牛羊之字以形舉也凡羊之屬皆從羊臣鍇曰說禮者云羊吉祥也猶

臭反

羋　羊鳴也從羊象气上出與牟同意臣鍇曰牟羊半气上出也故云同意此古楚姓也面侈反

羔　羊子也從羊照省聲家亯豪反

羜　五月生羔也從羊宁聲讀若煑臣鍇曰詩曰既有肥羜直與反

䍮　六月生羔也從羊敹聲讀若霧勿赴反

羍　小羊也從羊大聲讀若達同臣鍇按詩曰誕彌厥月先生如達羍羊小羔也末反他

羍　羍或省

䍦　羊未卒歲也從羊兆聲或曰夷羊百斤左右爲䍦讀若春秋盟于洮聲臣鍇按夷羊怪獸史記曰殷之衰夷羊在牧他沼反

羝　牡羊也從羊氐聲臣鍇按易曰羝羊觸藩的齊反

羒　牂羊也從羊分聲臣鍇按爾雅羊牡羒注曰吳羊白羝也扶云反

牂　牡羊也從羊爿聲臣鍇曰當言羊牂省聲詩曰牂羊墳首走張反

羭　夏羊牡曰羭從羊俞聲臣鍇按爾雅注夏羊黑羖羠也羭

黑羝羊朱反

羖 夏羊牡曰羖從羊殳聲昆覩反 羯 羊羖犗也從羊曷聲臣鍇曰羊形也鴂歇反

羠 騬羊也從羊夷聲徐姊切 羳 黃腹羊也從羊從番聲臣鍇按爾雅曰羳羊黃腹也復喧反

羥 羊名也從羊巠聲怨耕反 𦍩 羊名也從羊執聲汝南與有𦍩亭讀若晉子印反 羸 瘦也

從羊羸聲臣鍇曰六畜之中駿馬多瘦牛亦瘦狗亦細形鷄之瘦不至於劣唯羊瘦則羸也達垂反 ⿰羊委 羊相

積也從羊委聲臣鍇曰羊性好⿰羊委積也蘊瑞反 羵 ⿰羊委積也從羊責聲楷寄反 羣 輩也從羊君聲臣鍇

曰羊性好羣居也具分反 ⿰羊垔 羣羊相積也一曰黑羊也從羊垔聲烏閑反 ⿱此羊 羊名蹏皮可以割黍

從羊此聲臣鍇曰言皮利也千思反 美 甘也從羊大羊在六畜主給膳也美與善同臣鍇曰羊取大者也羊

美物也故以為羌西戎從羊人也從人從羊羊亦聲南方蠻閩從虫北方狄從犬東方貉從
摯會意免鄙反
豸西方羌從羊此六種也西南僰人僬僥從人蓋在坤地
頗有順理之性惟東夷從大大人也夷俗仁仁者壽有君
子不死之國孔子曰道不行欲之九夷乘桴浮
於海以也臣鍇曰東方行方也會意立香反
𦍋古文羌如
此

羑追善也從羊久聲文王拘羑里在湯陰臣鍇曰若言誘善也博物志曰殷名獄曰羑里湯陰在亳州
夷酒反

文二十六　重二

羴羊臭也從三羊也凡羴之屬皆從羴相
羶則臭禮月令曰其臭羶會意賒延反

羶羴或从亶

羼羊相厠也從羴在尸下尸屋也一曰相出前也臣鍇曰俗言相爭出前爲相羼羴會意 初簡反

文二　重一

瞿鷹隼之視也從隹䀠亦聲凡瞿之屬皆從瞿讀若章句之句又音衢臣鍇曰驚視也禮曰見似目瞿會意 九遇反

矍隹欲逸走也從又持之矍矍也讀若詩云穬彼淮夷之穬一曰視遽皃也臣鍇曰左右驚顧俱縛反

文二

雔 雙鳥也從二隹凡雔之屬皆從雔讀若醻臣鍇曰禮曰乘禽七十雙市柔反

靃 飛聲也雨而雙飛者其聲靃然臣鍇曰其飛霍忽疾也會意呼郭反

雙 隹二枚也從雔又持之臣鍇曰會意所江反

文三

雥 羣鳥也從三隹凡雥之屬皆從雥臣鍇按國語曰獸三為羣人三為友女三為粲然則鳥三爲雥自合反

𩁹 鳥羣也從雥則聲挾蓮反

雧 鳥在木上從雥從木臣鍇曰衆集也會意牆揖反

集 雧或省

文三　重一

鳥　長尾禽總名也象形鳥之足似匕從匕凡鳥之屬皆從鳥臣鍇曰足曲似匕也都了反

鳳　神鳥也天老曰鳳之象也鴻前麐後蛇頸魚尾鸛顙鴛思龍文龜背燕頷雞喙五色備舉出於東方君子之國翱翔四海之外過崐崘飲砥柱濯羽弱水莫宿風穴見則天下大安寧從鳥凡聲臣鍇按韓詩外傳黃帝即位天下和平未見鳳凰召天老問鳳象天老曰夫鳳皆如此詁文曰首戴德項倡義背負仁心抱忠翼挾信足履正尾聲擊武小音金大音鼓延首奮翼五光備舉昏鳴曰固常晨鳴曰發明晝鳴曰保長舉鳴曰上翔集鳴曰歸昌見則有福仁聖皆眼得鳳象之一則鳳過之二則鳳翔之三則鳳集之四則鳳春秋下之五則鳳沒身居之慎言出於此臣鍇

以為孔子曰居九夷東方也䳄者云孔子從鳳凰遇亂居
九夷山海經海內東都廣莫之野鸞鳥自歌鳳鳥自舞前
䳄自翺翔已下出 朋 古文鳳象形鳳飛羣鳥從萬數故
淮南子也符貢反　以為朋黨字臣鍇曰象奮飛之形
鵬 古文鳳 鸞 亦神靈之精也赤色五采鷄形鳴中五音
頌聲作則至從鳥䜌聲周成王時氏羌獻
鸞鳥臣鍇曰按鸞似鳳多青春秋公 鸑 鸑鷟鳳屬神
羊注曰太平然後頌聲作也嚳劉反　鳥也從鳥獄
聲春秋國語曰周之興也鸑鷟鳴於岐 鷟 鸑鷟也從鳥
山江中有鸑鷟似鳧而大赤目逆捉反　族聲色角反
鷫 鷫鷞也從鳥肅聲五方神鳥也東方發明南方焦明
西方鷫鷞北方幽昌中央鳳皇臣鍇曰史云鷫鷞裘
又相如賦曰掩焦明經 ⿰叜鳥 司馬相如說 鷞 鷫鷞也從
緯五方之精也息竹反　鷫從鳥叜聲　鳥爽聲也

方反

鳩 鶻鵃也從鳥九聲飢酬反

鶌 鶌鳩也從鳥屈聲臣鍇按爾雅注似山鵲而小短尾多聲居屈反

鵻 祝鳩也從鳥隹聲古滑反

隼 鵻或從隹一一曰鶉字臣鍇曰執之也

鶻 鶻鵃也從鳥骨聲古忽反

鵃 鶻鵃也從鳥舟聲陟牛反

鵴 桔鵴尸鳩從鳥𥷚聲臣鍇按爾雅注布穀也堅祝反

鴿 鳩屬也從鳥合聲苟合反

鴠 渴鴠也從鳥旦聲臣鍇按詩曰相彼鳱鴠尚或惡之夜鳴急旦也兜散反

鵙 伯勞也從鳥狊聲臣鍇按鵙伯趙氏司至者也涓寂反

䴗 鵙或從隹

鷚 天鸙也從鳥翏聲良秀反

鸒 卑居也從鳥與聲臣鍇按爾雅曰鸒斯也玄遇反

鷽 雗鷽山鵲知來事鳥也從鳥學省聲臣鍇按爾雅注曰似鵲有文采尾長觜短赤西京雜記陸賈曰干鵲噪行人至即此也臣鍇以為亦猶猩猩知

人往事也禮射鵃鷹或鳥黑色多子師曠曰南
鵃即此也了卓反䧹從隹鷲方有鳥名曰羌鵜黃頭
赤目五色皆備從鴞鴟鴞寧鴂也從鳥号聲臣鍇按爾
鳥就聲絶儆反雅注鴟屬詩曰占彼飛鴞集于泮
林食我桑椹懷我好音然鴂寧鴂也從鳥鷸鳥也從
則鴞惡聲鳥也尤嬌反夬聲古穴切鳥崇聲
相聿鴋澤虞也從鳥方聲臣鍇按爾雅注洄澤鳥也似
反水鷄倉黑常在澤中有象主守之官故名澤虞
分散䳛鳥也從鳥截⿰尗鳥鳥也從鳥尗鴃鋪豉也從
反聲姊薛反聲秋日反鳥失聲臣
鍇按爾雅鳪鋪豉鶤鶤鷄也從鳥軍聲讀若運臣鍇按楚
注未詳亭結反辭曰鶤鷄啁哳而悲鳴爾雅鶤五尺
為鶤古⿰芺鳥鳥也從鳥芺⿰臼鳥鳥也從鳥臼鷦鷦鷯桃
論反聲晏考反聲俱燭反虫也從

從鳥焦聲臣鍇按爾雅桃虫鷦其雌䳏注云鷦䳿雀俗呼為巧婦詩云肇允彼桃虫拚飛維鳥注云始小終大之鳥也煎昭反

䳏 鷦䳏也從鳥眇聲彌小反

鶹 鳥少美長醜為鶹離從鳥畱聲臣鍇按爾雅少美長醜為鶹鷅詩曰瑣兮尾兮留離之子里求反

鷬 鳥也從鳥堇聲能闌反

難 鷬或從隹臣鍇曰借為難易之難

𪂹 古文鷬

𪂹 古文鷬

𪂹 古文鷬

鶨 欺老也從鳥彖聲臣鍇按爾雅鶨老鴾鷀俗呼為癡鳥丑絹反

鴃 鳥也從鳥夬聲與鈌反

鴸 鳥也從鳥主聲土偶反

鴖 鳥也從鳥昏聲眉匀反

鷏 刀鷯剖葦食其中蟲從鳥奠聲臣鍇按爾雅一名剖葦食其中虫江東呼蘆虎虎綺虫衣也分昭反

鶠 鳥也其雌皇從鳥匽聲一曰鳳皇也臣鍇按爾雅注即鳳一名依遠反

鴲

暝鴰也從鳥鵅鳥㬥也從鳥各聲臣鍇按爾雅注水鳥
旨聲眞夷反似鶂而短頸腹翅紫白背上綠色勸記
反鸔鳥鸔也從鳥鶴鳴九皋聲聞于天從鳥隺聲臣鍇
暴聲巳伏反按爾雅鶴鳴九皋聲聞于天皋澤
也自外數之有九鷺白鷺也從鳥鵠鴻鵠也從鳥
言幽遠也開博反路聲勤姑反告聲胡僕反
鴻鴻鵠也從鳥鶖禿鶖也從鳥尗聲七牛反臣次立
江聲貢聰反按說文徐鉉曰尗非聲又按尗行
反豆也字義不通疑從秋省乃得聲尗傳鶖鶖或
寫禾之誤也下文鶖即不省於義可見從秋鴛
鴛鴦也從鳥鴦鴛鴦也從鳥鵽鵽鳩也從鳥叕聲臣
夗聲迂言反央聲殷光反鍇按爾雅鵽鳩冠雉
注大如鴿似鶉雉鼠腳無後趾岐尾鴚鴚鵝也從鳥可
為鳥憨急羣飛出北方沙漠誅黜反聲臣鍇按子虛

賦弋白鵠連鳩鵝多借駕字更和反

鵝 鴚鵝也從鳥我聲偶和反

鴈 鵝也從鳥人厂聲臣鍇曰或云鴈足似人也迎諫反

鶩 舒鳧也從鳥敄聲臣鍇曰今按爾雅舒鴈鵝舒鳧鶩門逐反

鷖 鳧屬也從鳥殹聲詩曰鳧鷖在梁臣鍇曰水鳥也幽雞反

⿰契鳥 ⿰契鳥鸊也從鳥契聲臣鍇曰按字書鳧屬也經節反

⿰辥鳥 ⿰契鳥鸊也從鳥辥聲魚滅反

鸏 水鳥也從鳥蒙聲母東反

鷸 知天將雨鳥也從鳥矞聲禮記曰知天文者冠鷸臣鍇按爾雅云翠鷸與必反

⿰遹鳥 鷸或從遹

鸊 鸊鷉也從鳥辟聲臣鍇按爾雅鷉須蠃注云鸊鷉也似鳧而小膏中瑩刀四錫反

鷉 鸊鷉也從鳥虒聲他啼反

鸕 鸕鷀也從鳥盧聲論孤反

鷀 鸕鷀也從鳥兹聲秦思反

鴮 鴮鸅也從鳥亏聲臣鍇按爾雅

鴟鴞戴鵀注云郎戴勝也其輙反

鵖 鵖鴔也從鳥皀聲皮及反

鴇 鳥也肉出尺菆從鳥𠧪聲臣鍇按鴇虎文無後趾大如鴈詩云肅肅鴇羽菆鸞也言大也補老反

𩿎 鴇或從包

鸈 鶌鸈也從鳥渠聲巨居反

鷗 水鴞也從鳥區聲毆婁反

䳊 鳥也從鳥友聲讀若撥臣鍇按郭璞江賦鴛鶄鷗䳊注曰䳊似梟蒲特反

鷛 鳥也從鳥庸聲臣鍇按字書鷛渠似梟一名水鷄與封反

鶂 鳥也從鳥兒聲春秋傳曰鶂退飛臣鍇按字書鶂水鳥一曰鶂一身九頭倪激反

鷊 鶂或從鬲

⿰赤隹 司馬相如說鶂從赤

鵜 鵜胡汚澤也從鳥夷聲敵反

鷀 鵜或從弟

鴗 天狗也從鳥立聲臣鍇按爾雅注小鳥色青似翠食魚江東呼為水狗里汲反

鶬 麋鴰也從鳥倉聲臣鍇按爾雅注今呼鶬鴰切陽反

⿰倉隹 鶬或

從隹 **鴰** 麋鴰也從鳥昏聲古活反 **鵁** 鵁鶄也從鳥交聲一曰鵁鸕也加肴反 **鶄** 鵁鶄也從

鳥青聲津貞反 **鳽** 鵁鶄也從鳥幵聲臣鍇按爾雅鳽鸗也激賢反 **鷧** 鷀也從鳥壹聲臣鍇曰盧鷀也

即⿰歲鳥鴜乙器反 **⿰鳥歲** ⿰歲鳥鴜也從鳥歲聲止沆反 **鴜** ⿰歲鳥鴜也從鳥此聲即宜反 **鷻** 鵰也從鳥敦聲

詩曰匪鷻匪鳶杜酸反 **鳶** 鷙鳥也從鳥屰聲與川反 **鷳** 鴟也從鳥閒聲侯艱反 **鷂** 鷙鳥

也從鳥䍃聲異召反 **鷢** 白鷢王鴡也從鳥厥聲臣鍇按崔豹古今注似鷹尾上白瞿月反 **鴡** 王鴡

也從鳥且聲且渠反 **鸛** 鸛專畐蹂如鵲短尾射之銜矢射人從鳥雚聲臣鍇按爾雅一名瞋嬰羿呼寬反

鸇 鷐風也從鳥亶聲臣鍇按爾雅注曰鷂屬也遮延反 **⿰廛鳥** 籀文鸇從廛 **鷐** 鷐風也從鳥晨

聲石倫反鷙擊殺鳥也從鳥執聲戰媚反鴥鸇飛皃從鳥穴聲詩曰鴥彼鷐風與必反鶯鳥也從鳥榮省聲詩曰有鶯其羽臣鍇文按詩傳鳥羽文也恩行反鴝鴝鵒也從鳥句聲羣吁反鵒鴝鵒也從鳥谷聲古者鴝鵒不踰泲臣鍇曰泲子禮反水名此周禮文也余足反雓鵒或從臾隹

鷩赤雉也從鳥敝聲周禮曰孤服鷩冕辟舌反鵔鵔鸃鷩也從鳥夋聲蘇狗反鸃鵔鸃也從鳥義聲秦漢之初侍中冠鵔鸃冠研之反鸐雉屬戇鳥也從鳥啻聲顛狄反鶡似雉出上黨從鳥曷聲臣鍇按顏之推家訓曰鶡上黨數曾見之黃黑無駮雜色衡割反鴧鳥似鶡而青出羌中從鳥介聲臣鍇曰家訓又云竇如同自河州得鴧來也苟差反鸚鸚䳇也從鳥嬰聲思行反䳇鸚䳇也從鳥母

聲能言鳥也勿撫反

鷮　走鳴長尾雉也乘輿以為防釳著馬頭上從鳥喬聲臣鍇按蔡邕獨斷釳方數寸以插羽也佊昭反

鷕　雌雉鳴也從鳥唯聲詩曰有鷕雉鳴以沼反

鸓　鼠形飛走且乳之鳥也從鳥畾聲臣鍇曰飛生鼠也柳水反

䴎　籀文鸓

鶾　雉肥鶾音者也從鳥倝聲魯郊以丹雞祝曰以斯鶾音赤羽去魯侯之咎臣鍇按禮雞曰翰音侯玩反

鴳　雇也從鳥安聲臣鍇按爾雅今鴳雀殼訕反

鴆　毒鳥也從鳥冘聲一名運目臣鍇按鴆食蝮狀如鶡紫黑色一名運日也直賃反

鷇　鳥子生哺者從鳥殼聲格漚反

鳴　鳥聲也從鳥口聲臣鍇曰令會意眉平反

鶱　飛皃也從鳥寒省聲臣鍇按班固西都賦曰鳳騫翥於甍棟忻元反

鳻　鳥聚皃也一曰飛皃也從鳥分聲扶云反

鵱　蔞鵝也從鳥坴

聲力竹反

文百十六　重十九

烏　孝烏也象形孔子曰烏盱呼也取其助气故以爲烏呼凡烏之屬皆從烏臣鍇曰烏反哺也曾参有孝德三足烏巢其冠言此字本象烏形假借以為烏呼也究都反

於　古文烏象形

於　象古文烏省

舄　雒也象形臣鍇曰盖借為履舄字也七削反

䧿　篆文舄從隹昔

焉　焉鳥黄色出於江淮象形凡字朋者羽蟲之長烏者日中之禽舄者知太歲之所在燕者請子之候作巢避戊己所貴者故皆象形焉亦是也臣鍇曰借為詞助也比二字雖各象形文體皆出於

烏字也
有連反

文三　重三

說文解字通釋卷第七

説文解字通釋卷第八

繫傳八

文林郎守秘書省校書郎臣徐鍇傳釋

朝散大夫行秘書省校書郎臣朱翺反切

二十一部　文　重

華 箕屬所以推弃之器也象形凡華之屬皆從華官溥説臣鍇曰下象柄補安反

畢 田罔也從華象畢形微也或曰由聲臣鍇曰有柄网所以掩兎張衡西京賦曰華蓋承辰天畢前驅此也

亦象形字

糞 棄除也從廾推華棄釆也官溥說佀米而非米者矢字臣鍇曰此佀米糞除也收豆卑聿反

棄 捐也從廾推華棄也從𠫓𠫓逆子也臣鍇曰逆故推之也棄利反

𠔾 古文 弃

𣫏 古文 棄

文四　重二

冓部

冓 交積材也象對交之形凡冓之屬皆從冓 臣鍇曰有構造也對謂二冓相對交也格漚反

再 一舉而二也從冓省臣鍇曰一言舉二也則代反

爯 并舉也從爪冓省臣鍇曰一言舉二也

文二　重一

幺 小也象子初生之形凡幺之屬皆從幺臣鍇曰象財有形質也爾雅曰幺幼也於堯反

幼 少也從幺從力臣鍇曰會意也伊謬反

文二

𢆶 微也從二幺凡𢆶之屬皆從𢆶臣鍇曰再幺故為幽也伊虯反

幽 隱也從山中𢆶𢆶亦聲臣鍇曰山中隱處伊虯反

幾 微殆也從𢆶從戍戍兵守也𢆶而兵守者危也臣鍇曰戍戍兵曰見幾見微也兵守為危殆也會意居希反

文三

叀　專小謹也從幺省中財見也屮亦聲凡叀之屬皆從叀臣鍇曰叀專也幺小子也言人之專謹若小子也幺中財有所為也准旋反

叀　古文叀　叀　亦古文叀

惠　仁也從心叀臣鍇曰為惠者心專也會意迴桂反

𦻏　古文惠從芔

疐　礙不行也從叀引而止之也叀者如叀馬之鼻從此與牽同意臣鍇曰同所引也詩載疐其尾陟利反

文三　重三

玄　幽遠也黑而有赤色者為玄象幽而入覆之也凡玄之屬皆從玄臣鍇曰玄之又玄彌遠也周禮三入為

纁絳也五入為緅緅紅也七入為緇注云爾雅一染謂之縓再染謂之赬赬玄色緅緇之間其六入者是黑而有赤色也班婕妤賦曰潛玄宮兮幽以清玄宮深宮也古文也螢先反

玄　古文玄

玆　黑也從二玄春秋傳曰何故使吾水玆臣鍇曰借為玆此也則欺反

文二　重一

予　推予也象相予之形凡予之屬皆從予臣鍇曰予上下相予也裒多益寡損上益下百姓足君孰與不足故終下引也尹汝反

舒　伸也從舍予聲一曰舒緩也臣鍇曰會意式魚反

幻　相詐惑也從反予周書曰無或譸張為幻

臣鍇曰反道相與爲幻惑也戶袒反

文三

放 逐也從攴方聲凡放之屬皆從放臣鍇曰古者臣有罪宥之於遠也當言方亦聲弗旺反

敖 出游也從出放臣鍇曰詩云以敖以遊遊有所詣敖猶翱翔會意顏叨反

敫 光景流也從曰從放讀若龠臣鍇曰流放也儱略反

文三

𠬪 物落上下相付也從爪又凡𠬪之屬皆從𠬪讀若詩摽有梅臣鍇曰爪覆手也又仰手也手小反

爰 引也從𠬪于籀文以為車轅字臣鍇曰爾雅爰粤于也會意羽元反

𤔔 治也幺子相亂𠬪治之也讀若亂同一曰理也臣鍇曰冂坰界也吕無識也於外為姦於内為宄並生所謂亂亂必當理故𠬪為亂亦訓理文王亂臣十人是也會意也魯彖反

𤔔（古文）古文亂

受 相付也從𠬪舟省聲臣鍇曰敢上下相受也常弔反

𤔕 撮也從𠬪己聲臣鍇曰乙音甲乙之乙録設反

爭 引也從𠬪丿臣鍇曰丿所爭也指事側泓反

𤔣 所依據也從𠬪工讀與隱同臣鍇曰工正也會意㥯從此依謹反

寽 五指持也從𠬪一聲讀若律臣鍇曰埒鋝脟從此留筆反

敢 進取也從𠬪古聲臣鍇曰尚書曰敢用玄牡敢執壤莫進也古敢旁細也構䉶反

敢（籀文）籀文敢

敢（古文）古文敢

文九　重三

奴　殘穿也從又從歺歺亦聲凡奴之屬皆從奴讀若殘臣鍇曰又所以穿也自蘭反

𣦾　溝也從奴從谷讀若郝臣鍇曰殘穿地為叡也孔作反

壑　叡或從土

𣦸　堅意從奴從貝貝堅實也讀若槩

𡨄　坑地從奴井井亦聲臣鍇曰陷穽也會意從性反

叡　深明也從奴從目從谷省臣鍇曰叡從此苟代反

睿　古文叡

壡　籒文叡從土

文五　重三

歺　列骨之殘也從半冎凡歺之屬皆從歺讀若櫱岸之櫱臣鍇曰冎剔肉置骨也歺殘骨故從半冎顏過反

𣦼 古文歺臣鍇曰殘骨形也

𣨙 病也從歺委聲臣鍇曰痿也委為反

殙 瞀也從歺民聲臣鍇曰扎瘥天殙喧盆反

殰 胎敗也從歺賣聲臣鍇曰禮胎生不殰陁谷反

歾 終也從歺勿聲讀骨反

殁 歾或從殳

𣨛 大夫死曰𣨛從歺卒聲臣鍇按白虎通曰𣨛終也遵聿反

殊 死也從歺朱聲漢令曰蠻夷長有罪當殊之市臣鍇曰殊又異也故史云自刺不殊殊者定死也船區反

殟 胎敗也從歺昷聲烏骨反

殤 不成人也年十九至十六死為長殤十五至十二死為中殤十一至八歲死為下殤從歺傷省聲式陽反

殂 往死也從歺且聲虞書曰勛乃徂臣鍇曰若言所有往也勛堯也全徒反

𣦸 古文殂從歺作

殛 殊也從歺亟聲虞書曰殛鯀于羽山己力反

殪 死也從歺壹聲一戾反

殪古文𣦸

[歺莫]死宋蓦也從歺莫聲沒各反

殯死在棺將遷葬柩賓遇之從歺賓賓亦聲夏后殯於阼階殷人殯於兩楹之間周人殯於賓階臣鍇曰夏后氏質居於主位殷人敬疑於賓主兩楹之閒賓主夾而敬之周人文所以即遠賓於主位比刃反

肂瘞也從歺隶聲羊媚反

殣道中死人人所覆也從歺堇聲詩曰行有死人尚或殣之臣鍇曰僅能掩之也其櫬反

殠腐氣也從歺臭聲臣鍇曰禹之葬也下不及泉上無泄殠亦狩反

殨爛也從歺貴聲胡塊反

𣦾腐也從歺丂聲臣鍇曰春秋左傳曰死且不𣦾𣦾或腐也希首反

朽從木

殆危也從歺台聲投在反

殃咎也從歺央聲殷強反

殘賊也從歺戔聲自闌反

殄盡也從歺㐱聲臣鍇按春秋左傳曰俾殄其師徒顯反

歺 古文歺如此

殲 微盡也從歺韱聲春秋曰齊人殲于遂 臣鍇按春秋左傳曰師殲焉精廉反

殫 極盡也從歺單聲得干反

殬 敗也從歺睪聲商書曰彝倫攸殬得兎反

⿰歺羸 畜產疫病也從歺羸聲魯坐反

⿰歺豈 殺羊出其胎也從歺豈聲偶來反

⿰歺肉 禽獸所食餘也從歺從肉自蘭反

殖 脂膏久殖也從歺直聲臣鍇曰脂膏久則浸潤也神身反

⿰歺古 枯也從歺古聲困乎反

⿰歺奇 弃也從歺奇聲俗語謂死曰大⿰歺奇去其反

文三十二　重六

死 澌也人所離也從歺人凡死之屬皆從死臣鍇曰澌水盡也息似反

死古文死如此臣鍇按薨公侯𤸯也從死瞢省聲臣鍇按

鍇曰兔古歺字白虎通曰薨國失陽也薨之言

奄也奄然亡薧死人里也從死𣧈戰見血曰傷亂或為

也呼能反薧蒿省聲呼牢反𣧈惛死而復生為𣧈從

死忺聲

則四反

文四　重一

冎剔人肉置其骨也象形頭隆骨

也凡冎之屬皆從冎古且反

別分解也從冎從刀臣鍇曰冎別也從冎畀聲讀若

刀所以解也會意𨙸𩐁反罷臣鍇曰若骨肉之

分也賔

而反

文三

骨　肉之覈也从冎有肉凡骨之屬皆从骨臣鍇曰覈核也古沒反

髑　髑髏頂也从骨蜀聲徒谷反　髏　髑髏也从骨婁聲勒兜反　髆　肩甲也从骨尃聲本薄反

髃　肩前也从骨禺聲臣鍇曰詩傳上殺中髃五斗反　骿　并脅也从骨并聲晉文公骿脅臣鍇曰謂肋骨連合為一也屏堅反

髀　股也从骨卑聲邊弭反　踝　古文髀　髁　髀骨也从骨果聲苦禍反

𩪃　臋骨也从骨厥聲瞿月反　髖　髀上也从骨寬聲臣鍇按莊子曰庖丁解牛髖髀之間非斤則斧也苦端反

髕　膝耑也从骨賓聲臣鍇曰古髕刑去膝也脾閔反　䯏　骨耑也从骨昏聲古活反

䯊膝脛間骨也從骨賁聲區帥反

骹脛也從骨交聲臣鍇曰周禮曰去其一以為骹圍以人脛喻專輻之稍也希交反

骭骹也從骨干聲古旱反

骸脛骨也從骨亥聲痕皆反

髓骨中脂也從骨隓聲相累反

𩩓骨間黃汁也從骨易聲易曰夕惕若厲臣鍇曰當言讀若易曰也尹歷反

體總十二屬也從骨豊聲他禮反

髍㾱病也從骨麻聲臣鍇曰㾱謂气偏有所不至也沒訛反

骾食骨留咽中也從骨㬮聲臣鍇曰古有骨骾之臣遇事敢刺骾不從俗也根杏反

骼禽獸之骨曰骼從骨各聲溝白反

骴鳥獸殘骨曰骴骴可惡也從骨此聲明堂月令曰掩骼埋骴贊寄反

骫骨耑骫奊也從骨九臣鍇曰凡屈也又韓詩傳委作此又楚辭林木茂骫謂木槃曲也樞累反

䯤骨擿之可

會髮者從骨會聲詩曰髓弁如星臣鍇曰可掠髮也古最反

文二十五　重一

肉　胾肉象形凡肉之屬皆從肉臣鍇曰肉無可取象故象其為胾而叔反

腜　婦胎孕腜兆也從肉某聲臣鍇按腜猶謀也始謀也莫堆反

胎　婦孕三月也從肉台聲臣鍇按李暹文子注曰胎如水中蝦蟆胎偷咍反

肌　肉也從肉几聲毋斤離反

臚　皮也從肉盧省臣鍇按此字亦音閭故漢書用鴻臚字令人亦言皮臚也連於反

膚　籀文臚

肧　婦孕一月也從肉不聲臣鍇按文子注肧肧也聲如木中泡臣以為肧肧即如衃衃凝血普栝反

肫　面頯也從肉屯聲主均反

䐈頰肉也從肉幾聲讀若畿臣希反
脣口耑也從肉辰聲是倫反
𦝤古文脣從頁
脰頂也從肉豆聲臣鍇按春秋左傳曰兩矢夾脰笛奏反
肓心上鬲下也從肉亡聲春秋傳曰病在肓之下忽光反
腎水藏也從肉從臤聲臣鍇按腎主智藏精皆水之為也文子曰腎為雨食忍反
肺金藏也從肉市聲臣鍇按肺主義藏䰟義尚斷割主於金文子曰肺為氣弗乂反
肝木藏也從肉干聲臣鍇按肝主仁藏䰟仁生於木文子曰肝為雷骨安反
脾土藏也從肉卑聲臣鍇按脾主信藏志信生於土也文子曰脾為風頻移反
膽連肝之府也從肉詹臣鍇按白虎通府者六府也肝仁不忍故膽斷思仁者必有勇人怒無不色青是其效也𡸁涉反
胃穀府也從肉圂象形臣鍇按白虎通脾之府穀之委

故脾稟氣于**脬**旁光也從肉孚聲臣鍇按白虎通膀胱
胃云貴反　肺之府肺斷決膽膀光亦常張有勢涌
包**腸**大小腸也從肉昜聲臣鍇按白虎通心之府也
反　腸爲胃紀也心爲支體心故有兩府宙良反
膏肥也從肉高**肪**肥也從肉方聲臣鍇按本草有鴈
聲家毫反　肪鴈脂也玉書曰白如截肪府昌
反**膺**胷也從肉雁聲臣鍇按詩謂**肊**胷肉也從肉乙
馬當胷爲鉤膺也倚氷反　聲臣鍇按乙音
乾依**臆**肊或從意**背**脊也從肉北**脅**兩膀也從肉劦聲
色反　聲輔配反　臣鍇按晉文公駢
脅謂脅骨連若**膀**脅也從肉旁**髈**膀或從骨**脟**脅肉也
敗也虛業反　聲薄荒反　肉寽聲
一曰脟腸間肥也一曰膫也臣鍇按相如子虛賦曰脟
割輪淬注云脟臠也臣以爲當是借爲臠字錄設反

肋 脅骨也從肉力聲郎成反 胂 夾脊肉也從肉申聲臣鍇曰易云艮其限裂其夤夤郎當此胂字式人反 脢 背肉也從肉每聲易曰咸其脢莫堆反 肩 髆也從肉象形臣鍇曰象肩形指事也激賢反 肩 俗肩從戶 胳 腋下也從肉各聲臣鍇曰按禮或作骼莫反 胠 腋下也從肉去聲臣鍇按春秋左傳說聲師列敝之法有胠即取人兩腋之義又莊子有胠篋於腋下也羌脅反 臂 手上從肉辟聲卑寘反 臑 臂羊矢也從肉需聲讀若襦臣鍇按史記龜前臑骨帶之入山林不迷蓋骨形象羊矢因名之也那到反 肘 臂節也從肉寸寸手寸口臣鍇曰寸口手腕動脈處也會意知有反 臍 朏齊也從肉齊聲自兮反 腹 厚也從肉复聲方菊反 腴 腹下肥也從肉臾聲臣鍇按正克論衡桀紂腴是也羊朱

反 脽 尻也從肉隹聲臣鍇按史記漢祭后土汾陰脽上注云脽者河之東岸特堆掘長四五里廣一里餘高十餘丈汾陰縣在堆之上后土祠在縣西汾在脽之北西流與河合臣以特堆象此為名也市隹反 胅 孔也從肉決省聲讀若決水之決鴟穴反 股 髀也從肉殳聲昆覩反 腳 脛也從肉却聲己藥反

脛 胻也從肉巠聲戶定反 胻 脛耑從肉行聲臣鍇曰按史記龜策傳曰壯士斬其胻之闌橫反

腓 脛腨也從肉非聲臣鍇按易曰咸其腓符飛反 腨 腓腸也從肉耑聲臣鍇曰腳脛後腹也昌輭反

胑 體四胑也從肉只聲臣鍇曰胑支也文子曰天有四時五行九解三百六十六日人有四胑五臟九竅三百六十六鄭章移反 肢 胑或從支 胲 足大指毛也從肉亥聲苟孩反 肖 骨肉相似也從肉小

聲不似其先故曰肖子孫相承續也從肉從八象其長不肖也思妙反

胤子孫相承續也從肉從八象其長也幺亦象重累也臣鍇曰會意異印反

𦙍古文胤

胄胤也從肉由聲臣鍇曰尚書曰教胄子分肙字從冃長宥反

肸振肸也從肉八聲臣鍇曰佾從此希气反

𦢅益州鄙言人盛諱其肥謂之𦢅從肉襄聲如往反

膻肉膻也從肉亶聲詩曰膻裼暴虎臣鍇曰謂袒衣見肉也特坦反

臞也從肉皆聲古諧切

脙齊人謂臞脙也從肉求聲讀若休止虔柔反

臠臞也從肉䜌聲一曰切肉臠也詩曰棘人臠臠婁遣反

膌瘦也從肉脊聲疾辟反

𤺊古文膌從疒從朿朿亦聲

臞少肉也從肉瞿聲臣鍇按史記曰形容甚臞臣鍇曰臞者見之可驚瞿也從膌者脊骨皃也膌者小兒也脙者急皃不寬皃裕也腊者若草枯見核荄

也羣忏反**脫**消肉臞也從肉兌聲臣鍇按爾雅肉曰脫之徒活反**脀**騃也從肉丞聲讀若丞臣鍇按

儀禮曰脯醢無脀實也俎振丞反**胗**脣瘍也從肉㐱聲臣鍇曰脣瘡則緊急也支尤反**疹**籀文

胗從广**脞**踈胝也從肉坐聲臣鍇曰謂腳跟行多生胝皮也乜皆反**胝**腄也從肉氏聲臣鍇按史

記禹手足胼胝陟尼反**肬**贅也從肉尤聲焉秋反**⿰黑尤**籀文肬從黑**肒**搔生創也從肉

丸聲臣鍇曰若言體痒瘡也户岸反**腫**癰也從肉重聲之勇反**胅**骨差也從肉失聲讀若跌同亭

結反**脪**創肉反出也從肉希聲許靳反**⿰月引**瘢也從肉引聲曰遽也異印反**臘**冬至後三

成臘祭百神從肉巤臣鍇按蔡邕獨斷殷曰清祀周曰蜡秦曰嘉平漢曰臘臣以為臘合也合祭祀諸神也盧合反

膢 楚俗以二月祭飲食也從肉婁聲一曰祈穀食新曰膢臣鍇按鹽鐵論曰非膢臘祭祀無酒肉也力珠反

脁 祭也從肉先聲曰兆反

胙 祭福肉也從肉乍聲臣鍇按春秋左傳王使賜齊侯胙言為神所饗為福所被也昨怒反

隋 裂肉也從肉隓省臣鍇按衍左祭禮或作妥隋文帝以為國號隋字特妥反

膳 具食也從肉善聲臣鍇曰具食者言具備此食也周禮掌王世子后之膳春秋左傳曰公膳日雙鷄言其食用兩鷄也時絹反

腬 嘉善肉也從肉柔聲臣鍇按國語舅犯曰毋亦柔嘉是食犯肉胜腬之也安可食然允反

肴 啖也從肉爻聲臣鍇曰謂已修庖之可入口也所謂享有體薦謂全取一體若膊若臂以進大享也宴有折俎謂解其骨肉使可食也嘉宴也又曰有蒸蒸升也攸交反

腆 設膳腆多也從肉典聲臣鍇曰不腆

之田謂不多𦟂腆古文腯牛羊曰肥豕曰腯從肉盾聲
也聽銑反　臣鍇按春秋左傳曰博碩肥
腯是也䏟肥肉也從肉胡牛頷垂也從肉古聲臣鍇
徒忽反　必聲脾迭反　曰牛頷下垂皮也言宛曲
也又人言漫胡者謂漫𧝝其宛曲無稜胘牛百葉也從
利也又謂北狄為胡亦然也䰟徒反　肉弦省聲臣
鍇曰今俗言肚膍牛百葉也從肉毘聲一曰鳥膍胵臣
胘也形先反　鍇曰毘即毗字但囟在上耳百葉牛
肚也周禮謂之脾析借脾字析者言其肶膍或
狀分析也膍肚鳥之腸胃也皐宜反　從比膘牛脅
後髀前合革肉也從肉𤼽聲讀若繇臣鍇按詩傳下殺射
中膘今謂馬肥為膘肥也言最薄處故言合革肉言皮肉
相合也𦢊血祭肉從肉膟帥或膫牛腸脂也從肉
頻小反　帥聲畱筆反　從率　尞聲詩曰取其

血膫梨膋膫或從脯乾肉也從肉甫膊薄脯膊
桃反　勞省聲　聲分武反　之屋上
從肉尃聲臣鍇曰今謂脩脯也從肉攸聲臣鍇按春秋
作脯為膊脯也普惡反　左傳女贄不過榛栗棗脩息
抽脘胃脯也從肉完聲讀若患臣鍇曰謂以胃作脯
反　也史記貨殖傳曰濁氏以胃脯致富戶慣反
朐脯挺也從肉句聲臣鍇曰挺猶言遐也公羊傳曰高
子執四脡脯注云申曰脡臣以為然則曲曰朐也羣
吁膴無骨腊也楊雄說鳥腊從肉無聲周禮有膴
反　判讀若謨臣鍇按周禮供膴胖之事虎烏反胥
蟹醢也從肉疋聲臣鍇按釋腒北方謂鳥腊腒從肉居
名言其肉胥胥解也先居反　聲傳曰堯如腊舜如腒
臣鍇按王充論衡曰世人言堯舜憂勞肍熟肉醬也從
天下故尒充非之以為不然也堅踈反　肉九聲讀若

舊慶䐹乾魚尾䐹䐹也從肉肅聲周禮有腒䐹臣鍇曰
柔反言其尾乾宜掺掺猶歷歷也詩曰束矢其掺色
酉反腝有骨醢也從肉耎聲臣鍇臡腝或
反曰肉無骨即醢年伍反從難脠生肉醬也從肉
延聲臣鍇按齊民要術有作生脡法羊肉一斤豬白四
兩豆醬漬之縷切生薑雞子和之春用蘇蓼也敕連反
䏬豕肉醬也從肉否聲蒲升反膹臛也從肉賁聲房忿反臇臛也從肉雋聲讀若纂臣
鍇按楚辭曰鵠酸臇鳧鴻鶬醉雋反熼臇或從火巽胹爛也從肉而聲臣鍇按春秋左傳宰夫胹
熊蹯忍伊反䏰切熟肉內於血中和也從肉員聲讀若還思忻反胜犬膏臭也從肉生聲一曰
不熟也臣鍇按禮記曰飪胜而苴熟之息形反膮豕肉羹也從肉堯聲臣鍇曰禮曰膮醢膮幺反腥

星見食豕令肉中生小息肉也從肉星星亦聲臣鍇按禮曰豕望視而交腹腥今人云腥肉堅也仙聽反

臊　豕膏臭也從肉喿聲素叨反

脂　戴肉者脂無角者膏從肉旨聲臣鍇按周禮大獸朋者膏者真夷反

䐧　骨也從肉貨聲臣鍇曰理角也舍人謂解關猪羊頭為䐧也先卧反

膩　上肥也從肉貳聲尼利反

膜　肉間胲膜也從肉莫聲阿落反

䐞　肉表革裏也從肉弱聲臣鍇曰如蒲荷之蒻深且白也如約反

臛　肉羹也從肉隺聲臣鍇按顏師古臣繆丕俗云王逸注楚辭有菜曰羹無菜曰臛引禮云羹之有菜用挾其無菜不用挾又鉶羹有蘋藻但羹之與臛烹煮異齊調和不同非關有菜無菜也臣鍇以為臛以肉為主羹以菜為主肉為汁也吼作反

胵　鳥胃也從肉至聲一曰胵五藏總也處飢反

胾　大臠也從肉𢦏聲側

字反䐑薄切肉也從肉枼聲直輒反膾細切肉也從肉會聲古最反腌漬肉也從肉奄

聲臣鍇曰五味漬之不曬也殷葉反脃小耎易斷也從肉絕省聲此芮反膬耎易破從肉毳聲餘

絕反散雜肉也從肉𢻸聲臣鍇曰今俗言散肉四旦反膞切肉也從肉專聲臣鍇按子虛賦脟割輪

焠應作此字借脟字也殊剸反膎脯也從肉奚聲臣鍇曰古謂脯之屬為膎因通謂儲蓄食味為膎故南史

孔靖飲宋高祖無膎取伏鷄卵為肴又王儉云庾郎食膎有二十七種是也今俗言人家無儲蓄為無膎活佚鈙反

𦝫膎肉也從肉兩聲里敞反腏挑取骨間肉也從肉叕聲讀若詩曰啜其泣矣諒劣反𦙶

食所遺也從肉仕聲易曰噬乾𦙶止阻史反胏楊雄說𦙶從朿䐄食肉不取也從肉臽聲讀若陷

寒蘸肰犬肉也從犬肉讀若然𦝺古文然𤋳亦古
反　臣鍇曰會意仁迁反　文然
䐜起也從肉真𦙶肉汁滓也從肉冘聲臣膠昵也
聲齒真反　鍇曰盬字從此他感反　作之
以皮從肉翏聲臣鍇曰𦞠或曰嘼名象形闕臣鍇曰從
昵近也黏也加肴反　肉此外許氏闕義也嬴贏嬴從
此魯胆蠅乳肉中也從肉且聲臣肙小蟲也從肉口
生反　鍇曰令俗作蛆且渠反　聲一曰空也臣
鍇曰消從腐爛也從肉府肎骨間肉肎肎箸也從肉
此烏縣反　聲浮甫反　冎省一說骨無肉也臣
鍇按莊子庖丁云肎肎古肥多肉也從肉卩聲臣鍇
綮之閒也看等反　文　曰疑當從巳或從日不
得去聲皆誤胯股也以肉夸
也符非反　聲苦故切

文一百四十　重二十

筋　肉之力也從力肉竹竹物之多筋者從力象筋也凡筋之屬皆從筋臣鍇曰會意毅忻反

䈥　筋之本也從筋夗省聲臣鍇曰筋之根結也其獻反

腱　筋或從肉建

𥮘　手足指節之鳴者也從筋省勺聲臣鍇曰手指節連綴之筋可屈伸者也曳之則鳴也通朔反

肑　筋或省

文三　重二

刀　兵也象形凡刀之屬皆從刀臣鍇曰刀皆與刀也得高反

𠛋　刀握也從刀缶聲臣鍇曰刀把付丑反

𠝤　刀劒刃也從刀咢聲臣鍇曰今俗作鍔五各反

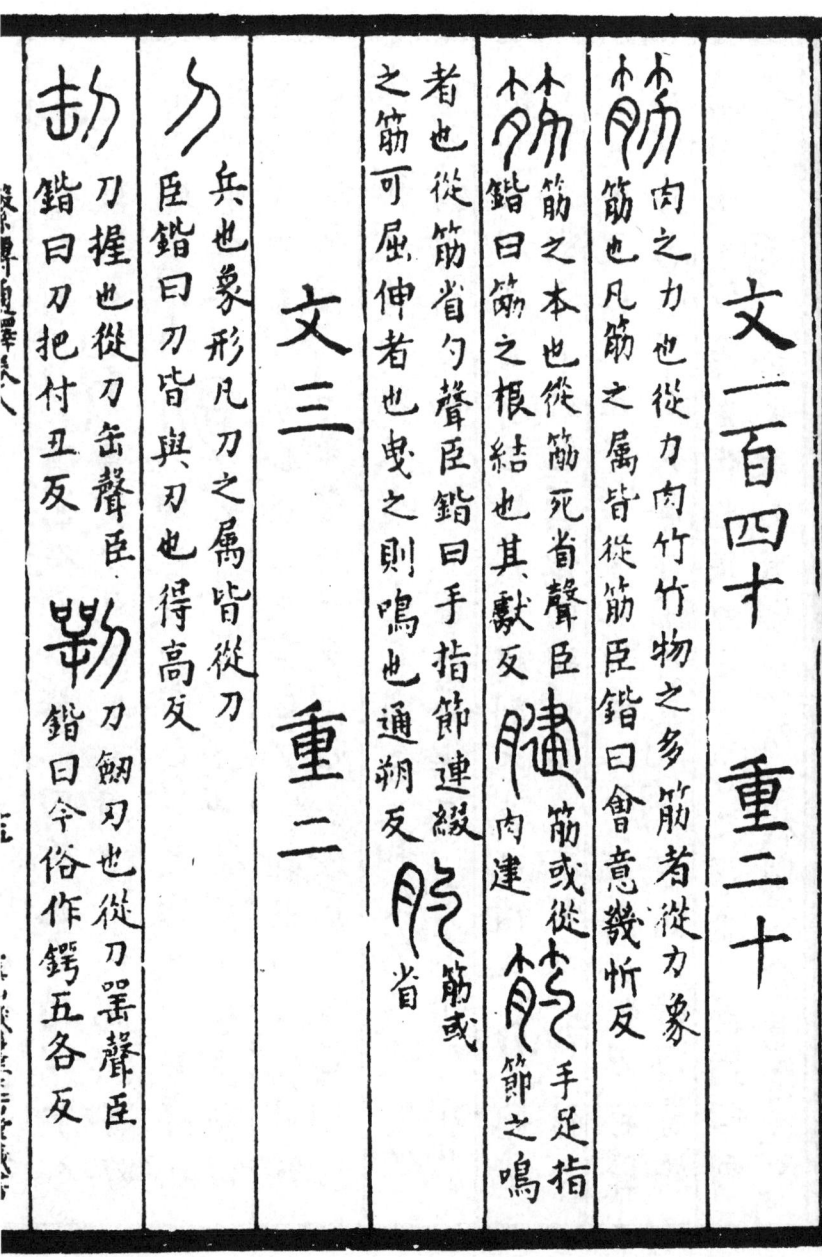

𠞏籀文劉從㓞各

削 鞞也從刀肖聲一曰析也臣鍇曰今人音笑刀之匣也又周禮築氏為削書刀削簡牘者偃月形也息雀反

𠛎 鎌也從刀句聲梗尤反

剴 大鎌也一曰摩也從刀豈聲臣鍇曰摩謂摩刀也狗孩反

剞 剞剧曲刀也從刀奇聲居綺反

剧 剞剧也從刀屈聲居屈反

利 銛也從刀和然後利從禾省易曰利者義之和也臣鍇據曰義和即和也會意抑嗜反

𥝢 古文利

剡 銳利也從刀炎聲臣鍇按周禮剡木為矢禮矢圭剡上削令上銳也爾雅曰剡絜利也有斂反

初 始也從刀從衣裁衣之始也臣鍇曰禮之初拖衣以蔽形以刀裁衣會意測居反

前 齊斷也從刀歬聲臣鍇曰詩曰實始剪商子善反

則 等畫物也從刀貝貝古之物貨也臣鍇曰則節也取用有節刀所以裁製之也會意遭德反

則古文則 𠟭籀文則從鼎 𠟱亦古文則字 剛強也從刀岡聲格康反

㓻古文剛如此 剬斷齊也從刀耑聲顛懽反 劊斷也從刀會聲古最反 切切也從刀七聲七屑反 刌切也從刀寸聲臣鍇按儀禮云刌茅也麤損反 ⿰辥刀斷也從刀辥聲思列反

刉劃傷也從刀气聲一曰斷也讀若殪一曰刀不利於瓦石上刉之臣鍇曰猶摩扢也古最反 劌利傷也從刀歲聲俱稅反 副判也從刀畐聲周禮曰副事祭臣鍇按顏師古匡謬正俗云副貳之副本作福字從衣後人借副字為福因不復作福字也披式反 疈籀文副從畐畐臣鍇曰今周禮作此字山海經云副以吳刀則作副

刻鏤也從刀亥聲慳黑反 剖判也從刀咅聲浦吼反 辨判也從刀辡聲

蒲覓反 判 分也從刀半聲鋪喚反 剟 判也從刀叕聲臣鍇按荀子曰有敢剟定法命者死吳越

春秋曰削剟之利剟持有所刊也誅劣反 列 分解也從刀𡿪聲良舌反 刊 剟也從刀干聲刻千反

剫 判也從刀度聲騰莫反 劈 破也從刀辟聲匹鍚反 刪 剟也從刀冊冊書也臣鍇曰古

以簡牘故曰孔子刪詩書言有取捨也會意師閑反 剝 裂也從刀彔聲一曰彔刻割也逼溯反 剝

剝或從卜 割 剝也從刀害聲格曷反 剺 剝也劃也從刀𠩺聲臣鍇按史勹奴聲而不衰利之反

劑 齊也從刀齊聲臣鍇按字書曰剪刀劑也寂帝反 刷 刮也從刀㕞省聲禮布刷巾師子反

刮 掊把也從刀𠯑聲臣鍇曰掊音庖古獺反 劃 錐刀也從刀畫畫亦聲麾獲反 剈 挑取也從

刀肙聲一曰窒也於旋反

劀 刮去惡創肉從刀矞聲周禮曰劀殺之齊古獺反

剽 砭刺也從刀票聲一曰剽劫人也臣鍇曰砭以石鍼病也匹妙反

刲 刺也從刀圭聲易曰刲羊穹圭反

剉 折傷也從刀坐聲此左反

劋 絕也從刀喿聲周書曰天用劋絕其命郎沼反

刖 絕也從刀月聲元伐反

刜 擊也從刀弗聲臣鍇按春秋左傳曰刜林雍附勿反

㓹 傷也從刀桼聲秋月反

劖 斷也從刀毚聲一曰剽也釗臣鍇曰劖鑿也士銜反

刓 剸也從刀元聲一曰齊也臣鍇曰印刓弊五桓反

制 裁也從刀從未未物成有滋味可裁斷一曰止也臣鍇曰論語既冨矣教之故曰物成而裁斷也會意正曳反

𠛐 古文制如此

㓷 缺也從刀占聲詩曰白圭之㓷臣鍇曰今詩作玷假借丁念反

釗

刓也從刀金聲周康王名真遥反

罰　辠之小者從刀詈未以刀有所賊但持刀罵詈則應罰臣鍇曰會意扶月反

刵　斷耳也從刀耳臣鍇曰尚書無或劓刵人仁至反

劓　刖劓也從刀臬聲易曰天且劓魚致反

劓　臬或從鼻

刑　到也從刀幵聲臣鍇曰以刀有所剄如人謂自剌為自刑也國之刑罰之刑在井部賢星反

刳　判也從刀夸聲臣鍇曰易曰刳木為舟困手反

剄　刑也從刀巠聲堅丁反

𠟭　減也從刀尊聲祖本反

魝　楚人謂治魚也從刀魚讀若鍥經節反

券　契也從刀𢍏聲券別之書以刀判契其旁故曰契臣鍇曰以木牘為要約之書以刀剖之屈曲大牙相入故韓子曰宋人得遺契而數其齒是也區怨反

刺　君殺大夫曰刺刺直傷也從刀從朿朿亦聲七賜反

剔　解骨也從刀易聲他

壓切

文六十四 重七

刃 刀堅也象刀有刃之形凡刃之屬皆從刃臣鍇曰若合刀刃皆别鑄剛鐵也故從一 尒吝反

刅 傷也從刃從一臣鍇曰一刃所傷指事也楚覇反 創 刃或從倉臣鍇按史此正刀創字也

劒 人所帶兵也從刃僉聲居欠反 劒 籀文劒從刀

文三 重二

㓞 巧㓞也從刀丯聲凡㓞之屬皆從㓞 起八反

[illegible] 斷契刮也從㓞夬聲一曰契畫堅也臣鍇曰畫堅物難之意也格八反

栔 刻也從㓞從木溪細反

文三

丯 艸蔡也象艸生之散亂也凡丯之屬皆從丯讀若介苟差反

[illegible] 枝辂也從丯各聲臣鍇按庾信賦曰枝格相交今作格溝百反

文二

耒 手耕曲木也從木推丯古者垂作耒相吕振民也凡耒之屬皆從耒臣鍇曰振猶起發之也魯内反

耕 犂也從耒井聲一曰古者井田根横反 耦 耒廣五寸為伐二伐為耦從耒禺聲臣鍇曰古二人共一伐坒故曰長沮桀溺耦而耕五斗反 耤 帝耤千畝也古者使民如借故謂之耤從耒昔聲臣鍇曰謂天子親耕耤田以供祭祀國語曰宣王不耤千畝春秋左傳曰千畝之戰即周王所耕也名禮月令曰藏帝耤於禪倉疾辟反 𦓤 冊又可以劃麥河內用之從耒圭聲涓兮反 䎣 除苗間穢也從木員聲羽文反 䒳 䎣或從芸 耡 殷人七十而耡耡耤稅也從耒助聲周禮曰己與耡利萌牀詛反

文七　重一

角 獸角也象形角與刀魚相侣凡角之屬皆從角臣鍇曰言侣者其實非也古捉反

䚭揮角皃從角雚聲梁隝縣有䚭亭又讀若讙呼袁反觻角也從角樂聲張掖有觻得縣盧木反

䚡角中骨也從角思聲臣鍇曰玉部云䚡理自外可以知中是也先臺反觠曲角也從角𢍏聲臣鍇按爾雅注觠卷也衢眞反

觬角觬也從角兒聲西河有觬氏縣臣鍇曰觬猶邪倪也施米反

觢一角仰也從角㓞聲易曰其牛觢臣鍇按爾雅牛角一俯一仰觭皆踊觢注云豎角也疑此注誤唱曳反

䚩角傾也從角虒聲臣鍇按太玄曰角觟䚩終以直之也池倚反觭角一俯一仰也從角奇聲牽宜反

觓角皃也從角丩聲詩曰兕觵其觓臣鍇按詩傳觓斛弛皃今詩作觩臣鍇曰若弓之弛也其幽反

䚘角曲中也從角畏聲臣鍇按周禮考工記曰當弓之畏塢拔反𧢼角長皃也從角爿聲讀若粗䚹

士岳反 ⿰角厥 角有所觸發也從角厥聲瞿月反 觸 牴也從角蜀聲以欲反 觲 用角低仰
便也從羊牛角讀若詩 ⿰角公 舉角也從角 觷 治角也從
曰觲觲角弓火玄反 公聲溝凡反 角學省聲
胡角 衡 牛觸橫大木其角從角大行聲詩曰設其福衡
切 臣鍇曰謂牛好牴觸以木闌制之也關橫反
奧 古文衡 觿 角觿獸也狀佀豕角善為弓出 觰 觰
如此 胡休多國從角嶲聲顛歡反 拏
獸也從角者聲一曰 觤 羊角不齊也從角危聲臣鍇按
下大者也陟茶反 爾雅注云一角長一角短也溝
委 觟 牝牂羊生角者也從角圭聲臣鍇按淮南子曰楚
反 文王服觟冠高誘注觟冠秀冠也如今御史臣以
為冠奚冠有角故 觡 骨角之名也從角各聲臣 觜 鴟
曰秀冠戶把反 鍇曰禮角觟生溝曰反 舊

頭上角觜也一曰觜觿也從角此聲臣鍇按爾雅注觜蠵靈龜也即宜反

解　判也從刀判牛角一曰解豸獸也臣鍇曰莊子庖丁解牛也會意加買反

觿　佩角銳耑可以解結從角巂聲詩曰童子佩觿匀迷反

觛　小觶也從角旦聲特坦反

觵　兕牛角可以飲者也從角黃聲其狀觵觵故謂之觵臣鍇曰觥曲起之皃骨庚反

觥　俗觵從光

觶　鄉飲酒觶從角單聲禮曰一人洗舉觶觶受四升臣鍇按禮公閉之裘揚觶虛觶也真避反

⿰角辰　觶或從辰

觗　禮經觶

觴　觶實曰觴虛曰觶從角昜聲式陽反

觴　籀文觴或從爵省

觚　鄉飲之爵也一曰觴受三升者曰觚從角瓜聲臣鍇按論語說所以節酉古乎反

⿰角亘　角匕也從角亘聲讀若讙欣袁反

⿰角敫　杖耑角也從角敫聲臣鍇曰杖耑柱地㲉羊狄反

觼 環之有舌者從角夐聲臣鍇曰言其環形玦詩曰觼軜今俗呼觼舌鵰穴反

鐍 觼或從金矞臣鍇曰莊子曰胠篋者唯恐扃鐍緘縢之不固鐍篋箱前𨱇處

⿰角弱 調弓也從角弱省聲乙卓反

⿰角發 隿射收繁具也從角發聲臣鍇曰隿獵也繁生絲線以繁矢而射列仙傳有繳父賣繳也方喙反

⿰角酋 隿射收繁具從角酋聲讀若鰌字由反

觳 盛觵巵也一曰射具也從角殸聲讀若斛臣鍇曰又按觳實二斗也胡獨反

觱 羌人所吹角屠觱以驚馬也從角觱古文詩臣鍇曰今之觱篥觱栗其聲然也畢聿反

文三十九　重六

說文解字通釋卷第八

說文解字通釋卷第九

繫傳九

文林郎守秘書省校書郎臣徐鍇傳釋

朝散大夫行秘書省校書郎臣朱翶反切

三十一部　八百一十六文　重百八

竹 冬生艸也象形下垂者箁箬也凡竹之屬皆從竹臣鍇曰冬生者冬不死箁箬竹皮籜之屬也陟祝反

箭 矢也從竹前聲臣鍇曰爾雅有會稽之竹箭即合箭幹也子眷反

箘 箘簬也從竹囷聲一曰傳

綦也臣鍇曰尚書揚州貢箘簬楛瞿隕反　簬　箘簬也從竹路聲夏書曰惟箘簬楛勒姤反　簵　古文簬從輅　筱　箭屬小竹也從竹攸聲臣鍇按尚書筱簜既敷今人作篠爾雅曰筱箭息了反　簜　大竹也從竹湯聲夏書曰瑤琨筱簜簜可為幹筱可為矢徒廣反　䉠　竹也從竹微聲尾非反　⿱竹⿳山一微　籒文䉠省　筍　竹胎也從竹旬聲臣鍇曰言未放也息允反　箈　竹萌也從竹怠聲臣鍇曰周禮有箈菹以為竹筍謂竹牙未成筍者若令人取旦筍也田咍反　箁　竹箬也從竹音聲步矛反　箬　楚謂竹皮曰箬從竹若聲臣鍇曰即籜也如約反　節　竹約也從竹即聲臣鍇曰楚辭曰土伯九約謂身有九節也即血反　筡　折竹笢也從竹余聲讀若絮田吾反　⿱竹臱　筡也從竹臱聲眠伊反　笢　竹膚也從竹民聲笢

臣鍇曰竹青也迷牝反笨竹裹也從竹本聲臣鍇曰竹白也補忖反䈵竹皃也從竹翁聲臣鍇曰翁然

並出也烏公反篸差也從竹參聲臣鍇曰今無復用此字師今反篆引書也從竹彖聲臣鍇曰篆書著於

竹竹箋簡也直選反籀讀書也從竹擂聲春秋傳曰卜籀云臣鍇曰諷誦書也卜籀謂讀卦爻詞也顏氏匡

謬正俗曰詩不可抽也注抽讀也司馬遷曰細文記長宥反篇書也一曰關西謂榜篇從竹扁聲臣鍇按

詩書之義一篇一義聯也榜笞掠也僻連反籍簿書也從竹耤聲臣鍇曰史記云尺籍伍符然則籍簡長

天也疾辟反篁竹田也從竹皇聲臣鍇按漢書皇竹之匾戶荒反⿱竹將剖竹未去節謂之蔣從竹將聲

手兩反⿱竹枼籥也從竹枼聲亦接反籥書僮竹笘也從竹龠聲臣鍇曰謂編竹以習書尚書云啓

籥見書即令鑰字㵟略反⿱竹劉竹聲也從竹劉聲臣鍇曰猶言瀏然聲清也里由反簡牒也從竹
閒聲艮限反笐竹列也從竹亢聲臣鍇按爾雅說仲無笐注云未詳格康反篰蕭爰也從竹部
聲臣鍇按字書蕭爰簡牘也盆帚反等齊簡也從竹寺寺官曹之等平也臣鍇曰簡簡牘也官曹之書也會
意都肯反笵法也從竹氾聲竹簡書也古法有竹刑浮檻反箋表識書也從竹戔聲臣鍇曰今作牋
於書中有所表記之也故張華博物志鄭玄郎毛萇之郡人謙敬不敢言注是也言但表識其不明者耳則千反
符信也漢制以竹長六寸分而相合從竹付聲臣鍇按史記漢文帝三年始與郡國守相為銅虎符竹使符
注云銅虎符一至五國家當發兵遣使至都合符符合乃聽受之竹使符皆以竹箭五枚長五寸旁鐫篆書第一

至第五以代古之珪璋從簡易也凡無反

筮 易卦用蓍也從竹𢍰𢍰古文巫字楚辭曰帝告巫陽有人在下我欲輔之䰟魄離散汝筮與之巫主筮也會意時制反

笄 簪也從竹幵聲臣鍇曰女子十五而笄許嫁而笄也其端刻雞形古兮反

𥫍 取蟣比也從竹匠聲居而反

篗 收絲者也從竹蒦聲王若反

䦱 篗或從角閒

筳 維絲筦也從竹廷聲臣鍇曰竹片挺也故東方朔曰以筳撞鐘曰丁反

筦 筟也從竹完聲古梡反

筟 筳也從竹孚聲讀若春秋魯公子彄逋吳反

篝 客也可熏衣從竹冓聲宋楚謂竹篝牆以居也臣鍇曰竹籠也覆之可熏衣史記陳涉世家曰夜篝火以籠覆火也龜策傳亦然梗尨反

笮 迫也在瓦之下棼上從竹乍聲臣鍇曰爾雅注屋上薄謂之屋笮也滓白反

簾 堂簾

也從竹廉聲臣鍇按尚書注陀堂簾曲隅也即謂兩階欲
下隅曲處今此從竹即簾惟據此書刀襌名簾惟皆作慊
疑慊或與簾別或者此簾字後人
所加之乎所不能決也連閻反簀牀棧也從竹責聲側冊反笫
牀簀也從竹𠂔聲臣鍇曰春秋
左傳曰牀笫聲言是阻史反筵竹席也從竹延聲周
禮度堂以筵一丈挪
然簟竹席也從竹
覃聲定嗛反籧籧篨粗竹席也從
竹遽聲臣居反篨籧篨也從
竹除聲除
諸籭竹器也可以取粗去
反細從竹麗聲色離反籓大箕也從竹潘聲一曰
蔽也臣鍇曰古亦謂車
兩壁為藩作轓籅漉米籔也從竹
義同分軒反與聲於目反籔炊籅也從竹數
聲臣鍇曰木耳
圜生似盤類此揚惲云鼠箅蔽也所以蔽甑底𥷜飯
不容穴銜窶數也蘇走反從竹畀聲必至反筥

也受五升從竹稍聲秦謂筥曰𥳓數鷄反

𥳓 陳留謂飯帚曰𥳓從竹捎聲一曰飯器容五升宋魏謂箸筩為𥳓臣鍇曰今言𥳓箕箸匕箸也穳巢反

筥 𥳓也從竹呂聲臣鍇按韓詩外傳楚王使者獻鵠中塗攫竹籠而潰出也巳呂反

笥 飯及衣之器也從竹司聲臣鍇按尚書曰惟衣裳在笥漢書曰餅一笥息寺反

簁 簁箄竹器也從竹徙聲踈比反

箄 簁箄也從竹卑聲邊彌反

簞 笥也從竹單聲漢律令簞小筐也傳曰簞食壺漿得干反

笿 桮笿也從竹各聲臣鍇曰笿亦籠笿終也猶今人言蘿郎鐸反

[竹夅] 桮笿也從竹夅聲或盛箸籠卷控反

篿 圜竹器也從竹專聲杜酸反

箸 飯攲也從竹者聲臣鍇曰令俗記作筯也其助反

簍 竹籠也從竹婁聲勒兕反

筤 籃也從竹良聲勒莽反

籃 大篝

也從竹監聲籠三反

𥫣 古文籃如此

籢 鏡籢也從竹斂聲臣鉉曰斂也所以收斂也今俗作匳

籫 竹器也從竹贊聲讀若纂一曰叢連監反

籯 笭也從竹贏聲臣鉉曰按漢書黄金滿籯以征反

箹 竹器也從竹則聲四旦反

簋 黍稷方器也從竹從皿從皀臣鉉曰皀皮逼反米粒也會意居水反

匭 古文簋從匚飢

匦 古文簋從匚軌

朹 亦古文簋臣鉉曰飢軌九皆聲

簠 黍稷圜器也從竹皿甫聲分武反

医 古文簠從匚夫

籩 竹豆也從竹邊聲辟涓反

𨘢 籒文籩從匚

笸 篅也從竹屯聲臣鉉曰今俗言倉笸

篅 吕判竹圜吕盛穀也從竹耑聲臣鉉曰令俗作圌市緣反

簏 竹高篋也從竹從本反

鹿聲盧木反 簏 簏或從彔 簜 大竹筩也從竹昜聲徒廣反 筩 斷竹也從竹甬聲曰風反

箯 竹輿也從竹便聲臣鍇曰史記張耳傳曰貫高以箯輿前婢篇反 笯 鳥籠也從竹奴聲臣鍇曰

楚辭曰鳳皇在笯乃布反 竿 竹梃也從竹干聲骨安反 籗 罩魚者也從竹靃聲𣪊角反 籱

籗或省 篧 籗或從隺 箇 竹枚也從竹固聲讀若箇臣鍇曰人言一箇一枚依竹木而言之也竹璞

曰竿曰梃曰撞古賢反 筊 竹索也從竹交聲臣鍇按史記河渠書漢武帝歌曰搴長筊兮沈美玉侯交反

筰 筊也從竹作聲自莫反 笘 蔽絮簣也從竹沾聲讀若錢余苫反 箑 扇也從竹疌聲

臣鍇曰箑名以此山峰反 篓 箑或從妾 籠 舉土器也一曰笭也從竹龍聲宋充反 篾 抱也

從竹襄聲尔往反 **䇘** 可吕收繩也從竹象形中象人手所推握也渾素反 **互** 䇘或省臣鍇曰此直象形周禮百㩦拒盖以木作之交互以為遮闌也 **簝** 宗廟盛肉竹器也從竹賫聲周禮供盆簝以待事梨挑反 **𥳎** 飲牛筐也從竹豦聲方言曰筐圜曰𥳎巨呂反 **篼** 飲馬器也從竹兜聲臣鍇曰藥有馬兜苓此也單頭反 **籚** 積竹矛戟矜也從竹盧聲春秋國語朱儒扶盧論孤反 **箝** 籋也從竹拑聲臣鍇按漢書曰箝語燒書勸潛反 **籋** 箝也從竹爾聲臣鍇曰今俗作鑷女攝反 **簦** 笠蓋也從竹登聲臣鍇按史記虞卿躡屩擔簦冊增反 **笠** 簦無柄也從竹立聲里泣反 **箱** 大車牝服也從竹相聲臣鍇按詩皖彼牽牛不以服箱修翔反 **篚** 車笭也從竹匪聲臣鍇按尚書曰惟厥士女篚厥玄黃昭我周王言

殷之士女遠行載玄黃於車籠以迎武王也斧尾反

笭 車笭也從竹令聲一曰笭籯臣鍇曰車闌下竹織孔聆聆也連下反

⿱竹剡 搔馬也從竹剡聲臣鍇曰竹有齒以搔馬垢汙敕淹反

策 馬箠也從竹朿聲測革反

箠 擊馬也從竹垂聲職累反

笍 羊車騶箠也箸箴其耑長半分從竹內聲徵衛反

籣 所以盛弩矢人所負也從竹闌聲臣鍇曰史記平原君負籣矢勒滄反

箙 弩矢箙也從竹服聲周禮仲秋獻矢箙臣鍇曰詩國語借服字檿弧箕服伐六反

⿱竹朱 搒雙也從竹朱聲臣鍇按字書篝篗帆也轂須反

笘 折竹箠也從竹占聲穎川人名小記所書爲笘所多反

⿱竹杂 箠也從竹杂聲滴必反

笪 竹也從竹旦聲常割反

笞 擊也從竹台聲五之反

籤 驗也從竹韱聲一曰銳也貫也臣鍇曰籤

出其廏爲驗也七占反

⿱竹殿　搒也從竹殿聲徒論反

箴　綴衣箴也從竹咸聲止沉反

箾　呂竽擊人也從竹削聲虞舜樂曰箾韶色捉反

竽　管三十六簧也從竹亏聲員須反

笙　十三簧象鳳之身也笙正月之音物生故謂之笙大者謂之巢小者謂之和從竹生聲古者隨作笙臣鍇按爾雅注大笙十九簧小者十三簧色行反

簧　笙中簧也從竹黄聲古者女媧作簧臣鍇按穆天子傳曰吹笙皷簧葛洪神僊傳僊人王遥篋中取竹簧與人對皷之也戶往反

⿱竹是　簧屬也從竹是聲是支反

簫　參差管樂象鳳之翼從竹肅聲臣鍇按爾雅注大者長尺四寸編二十三管小者十六管楚辭曰吹參差兮誰思參差簫也先么反

筒　通簫也從竹同聲臣鍇曰通洞無底也漢書成帝能吹洞簫頭貢反

籟　三孔籥也大者謂之

笙其中謂之籟小者謂之箹從竹賴聲臣鍇按莊子
汝不聞天籟乎言風吹萬竅有聲皆簫管也即蔡反

箹

小籟也從竹
約聲也卓反

管

如篪六孔十二月之音物開地牙故謂
之管從竹官聲臣鍇按爾雅大管謂之
簥十二月二陽生出地散
故曰殷為地正也土短反

琯

古者玉琯以玉舜之時西
王母來獻其白琯前零陵
文學姓奚於伶道舜祠下得笙玉琯夫以玉作音故神人
以和鳳皇來儀也從玉官聲臣鍇曰零陵文學蓋後漢時
人也古
挑反

篎

小管謂之篎從
竹眇聲彌小反

笛

七孔筩也從竹由聲羌
笛三孔臣鍇按馬融笛
賦曰漢武帝時丘仲曰近代長笛從羌起又曰易京君明
識音律故本四孔加以一然四孔亦從人所加也又周禮
作遂相承是古
管字田潮反

筑

以竹曲五絃之樂也從竹巩從巩持
之也從竹亦聲臣鍇按史記高漸離擊

筑陟祝反

箏　鼓弦竹身樂也從竹爭聲臣鍇曰古以竹為之秦樂也側泓反

箛　吹鞭也從竹孤聲臣鍇曰盖於鞭王作孔馬上吹之哌哌然古乎反

篍　吹箭也從竹秋聲七肖反

籌　壺矢也從竹壽聲臣鍇曰投壺之矢也其制似箸人以之筭數也踈淑反

簺　行棊相塞謂之簺從竹塞塞亦聲臣鍇曰今博蒲馬箸其采有簺也四載反

簙　局戲也六箸十二棊也從竹博聲古者烏胄作簙臣鍇按韓子秦昭王使人以鉤梯上華山以松栢之心為博箭刻曰昭王與天神博於此箭即心箸也本泊反

篳　藩落也從竹畢聲春秋傳曰篳門圭窬卑聿反

⿱竹愛　蔽不見也從竹愛聲晏再反

⿱竹嚴　雉射所蔽者也從竹嚴聲臣鍇曰射雉之蹵所以自鄣也語淹反

籞　禁苑也從竹御聲春秋傳曰澤之自籞御臣鍇按漢書注池籞謂於水

邊作小屋落鄣魚鳥臣以為篽禁苑之遮篽或作魰
衛故張衡曰禁禦不若篽禦也疑舉反魰从又魚聲

筭長六寸計歷數者从竹弄言常筭乃不誤也臣鍇口會意蘇判反

算數也从竹具讀若筭臣鍇按春秋左傳不可算也蘇纂反

笑此字本闕臣鉉等案孫愐唐韻引說文云喜也从竹从大而不述其義今俗皆从犬又按李陽冰刊定說文从竹从夭義云竹得風其體夭屈如人之笑未知其審私妙切

文百四十五　重十五

箕簸也从竹甘象形下其丌也凡箕之屬皆从箕臣鍇曰丌其下也居而反

古文箕臣鍇曰此直象形亦古文臣鍇曰象舌刑𠦃乎持之亦古文箕籀文

古文箕臣鍇曰已上皆象形𠥱籀文箕簸揚米去糠也從箕從皮聲臣鍇按詩曰維南有箕不可以簸揚布火切

文二　重五

丌下基也薦物之丌象形凡丌之屬皆從丌讀若箕臣鍇曰薦下籍以進之也居而反

𨑻古之遒人以木鐸記詩言從辵從丌丌亦聲讀與記同臣鍇按尚書春秋左傳皆曰每歲仲春遒人以木鐸徇于路以求詩言行而求之故從辵辵行也丌也丌薦而進之也進之於上也會意故曰亦聲居意反

典五帝之書也從冊在丌上尊閣之也莊都說典大冊也臣鍇按五帝經傳之說不同諸儒多引易繫所云

作者然易通論古者聖人之制作未必盡舉五帝據孔子家語黃帝顓頊堯舜禹爲五帝尚書序少昊顓頊高辛唐虞爲五帝史記與家語同國語次序黃帝以下凡五黃帝顓頊帝嚳堯舜也典言常道也言百也常行之道也尚書所謂大訓在東序司馬遷所謂金匱石室之書顛腆反

𥮥 古文典從竹

顨 巽也從丌顛此易顨卦爲長女爲風者蘇困反

畀 相付與之約在閣上也從丌田聲臣鍇曰閣所以承物禮曰天子之閣左達五右達五春秋左傳曰執曹伯畀宋人𠀚毗之字左音信必至反

巺 具也從丌𠀚聲臣鍇曰具謂僎具而進之也𠀚音蘇困反

巺 古文巽

巽 篆文巽

奠 置祭也從酋酋酒也下其丌也禮有奠祭者臣鍇曰祭進也奠置也置物而進之故尚書曰敢執壤奠尚書奠高山大川奠置定也庭硯反

文七　重三

左　手左相佐也從𠂇工凡左之屬皆從左　臣鍇曰工所作爲也會意則箇反

差　貳也差不相值也從左𠂌　臣鍇曰左於事是不當值也差錯之義貳猶輔也初加反　[篆]　籒文𢀩从二

文二　重一

工　巧飾也象人有規榘也與巫同意凡工之屬皆從工　臣鍇曰爲巧必遵規榘法度然後爲工否則目巧也巫事無形失在於詭亦當遵規榘故曰與巫同意明巫字暗與工同意字不從工也君聦反

𢒅古文工從彡臣鍇曰彡音影餅反

式法也從工弋聲臣鍇曰尚書百官承式規榘也申力反

巧巧技也從工丂聲苦飽反

巨規巨也從工象手持之臣鍇曰今獨音炬指事水許反

㠪古文巨

榘巨或從木矢矢者其中正也

文四　重三

㠭極巧視之也從四工凡㠭之屬皆從㠭臣鍇按周禮考工云展角之道展察視也四㠭同視也陟衍反

𡨄窒也從㠭從廾窒宀中㠭猶齊也臣鍇曰𡨄從此叟或反

文二

巫 祝也女能事無形㠯舞降神也象人兩褎舞形與工同意古者巫咸初作巫凡巫之屬皆從巫臣鍇曰與工同有規榘也國語曰民之精爽不携貳者則明神降之在男曰覡在女曰巫巫猶無也𥴞鉡枰巫咸使占夢文區反

𢓊 古文巫臣鍇曰口以歌舛以舞也

覡 能齋肅事神明在男曰覡在女曰巫從巫見臣鍇曰能見神也會意

羊狄反

文二　重一

甘 美也從口含一一道也凡甘之屬皆從甘臣鍇曰班固曰宋道之腴物之甘美也指事溝堪反

𤯍 美也從甘從舌舌知甘者臣鍇曰會意亭嫌反

曆 和也從甘麻麻調也甘亦聲讀若函臣鍇曰麻

音歷稀疏勻調也會意

晉書有郭磨庾堪反

猒 飽也從甘肰臣鍇曰肰音然犬肉也會意於潛反

猒 猒或從𠮛

甚 尤安樂也從甘甘匹耦也臣鍇曰禮曰子甚宜其妻會意神朕反

甚 古文甚

文五　重二

曰 詞也從口乙聲亦象口气出也凡曰之屬皆從曰臣鍇曰今試言曰則口開而气出也凡稱詞者虛也語气之助也予厥反

𣍝 告也從冊曰臣鍇曰曰吉之也會意側麥反

曷 何也從曰匃聲臣鍇曰詩曰曷不肅雝曷詞助

也衛 曶 出气詞也從曰象气出形春秋傳曰鄭太子曶臣鍇曰指事今左傳作忽呼凡反 曶 籀文曶一曰佩也象形

葛反

朁 曾也從曰兓聲詩曰朁不畏明臣鍇曰朁不畏明又曾不畏明又論語曰曾謂泰山亦同也語助也此貪反

沓 語多沓沓也從水從曰遼東有沓縣道合反

曹 獄之兩曹也在廷東以棘治事者從曰臣鍇曰棘音曹曰言詞理獄也會意殘高反

文七　重一

乃 曳詞之難也象气之出難凡乃之屬皆從乃年亥反

乃 古文乃臣鍇曰義見春秋公羊傳

乃 籀文乃

𠧟 驚聲也從乃西省聲籀文𠧟不省或

曰隨徃也讀若仍臣鍇按泰刻石文書乃字類此而冰反

卤 古文卣

逌 气行皃從乃卣聲讀若攸

臣鍇曰卣音條尚書曰秬鬯一卣爾雅曰卣中尊也延秋反

文三　重三

丂 气欲舒出勹上礙於一也丂古文以為亏字又以為巧字凡丂之屬皆從丂臣鍇曰丂猶稽丂之意也刻保反

粤 亟詞也從丂從由或曰粤俠也三輔謂輕財者為粤臣鍇曰俠任俠也俠者便捷任气自由之為也會意篇丁反

寧 願詞也從丂寍聲臣鍇曰令人言寧可如此是願如此也古人云寧飲建業水是也彌丁反

丂　反丂也讀若呵　獻他反

文四

可　肎也從口丂丂亦聲也凡可之屬皆從可臣鍇曰可是肎也丂气蹟閡可則不復疑閒故反丂反丂不閡也會意　肯我反

奇　異也一曰不偶從大從可臣鍇曰大可是異也　巨離反

哿　可也從可加聲詩曰哿矣富人　閑果反

哥　聲也從二可古文𠤎為謌字臣鍇曰可亦气道也故二可為聲哥猶歌也或借此為歌字　更和反

文四

兮 語所稽也从丂八象气越亏也凡兮之屬皆从兮臣鍇曰舜歌曰南風之薰兮是也爲有所稽考未便言之也言兮則語當駐駐則气越亏也賢逵反

⿱旬兮 驚辭也从兮旬聲臣鍇曰兮亦气也息允反

⿰忄⿱旬兮 ⿱旬兮或从心

羲 气也从兮義聲許移反

乎 語之餘也从兮象聲上越揚之形也臣鍇曰凡言乎皆上句之餘聲也故曰从我者子乎去我者鄙乎皆聲之餘也了餘聲气已乎上出而盡也指事魂徒反

文四　重一

号 痛聲也从口在丂上凡号之屬皆从号臣鍇曰丂者痛聲不舒揚也指事候到反

號 呼也從号虎聲臣鍇按詩曰誰之永號行高反

文二

亏 於也象气之舒亏從丂從一一者其气平之也凡亏之屬皆從亏臣鍇曰試言予則口气直平出也員須反

虧 气損也從亏雐聲臣鍇曰气闕則其出舒遲故從亏起為反

虧 虧或從兮

粵 亏也審慎之辭者從宷從亏周書曰粵三日丁亥臣鍇曰凡言粵皆在事端句首未便言之駐其言以審思之也粵三日是也心中暗數其日數然后言之宷審字也其聲气舒久故從亏會意予厥反

吁 驚語也從口從亏亏亦聲臣鍇

曰口部已有疑　兮　語平舒也從丂從八八分也爰禮說
誤重也況于反　臣鍇曰指事爰禮即序所謂沛人印
爰禮也古爰　乎　古文
袁通備明反　平字

文五　重二

旨　美也從甘匕聲凡旨之屬皆從旨臣
鍇曰禮曰調以滑甘旨甘也職美反
古文
旨　嘗　口味之也從旨尚聲臣鍇
曰口試其味也射强反

文二　重一

喜　樂也從壴從口凡喜之屬皆從喜臣鍇按春秋
左傳曰公喜而後可知也形於言色虛已反

歖古文喜從欠與歡同

憙悅也從心喜喜亦聲臣鍇曰喜在心喜見為此事是悅為此事也會意忻記反

嚭大也從喜否聲春秋傳吳有太宰嚭披鄙反

文三　重一

壴陳樂立而上見也從屮豆凡壴之屬皆從壴臣鍇曰豆樹鼓之象屮其上羽葆也象形陟具反

尌立也從壴從寸持之也讀若駐臣鍇曰此樹鼓字樹木字從木時遇反

鼜夜戒守鼓也從壴蚤聲禮昏鼓四通為大鼓夜半三通為戒晨旦五通為發明讀若戚臣鍇曰周禮曰凡軍旅夜鼓鼜一歇為一通千益反

彭鼓聲也從壴彡聲白亨反

嘉美也從壴加聲閒牙反

文五

鼓　郭也春秋之音萬物郭皮甲而出故謂之鼓從壴支象其手擊之也周禮六鼓靁鼓八面靈鼓六面路鼓四面鼖鼓皐鼓晉鼓皆兩面凡鼓之屬皆從鼓臣鍇曰郭者覆冒之意又鼓木也故為春周禮鼓人掌教六鼓以雷鼓鼓神祀以靈鼓鼓社祭以路鼓鼓鬼享以鼖鼓鼓軍事以鼛鼓鼓役事昆覩反

鼓　籀文鼓從古臣鍇曰古聲

鼛　大鼓也從鼓咎聲詩曰鼛鼓不勝家豪反

鼖　大鼓謂之鼖鼖八尺而兩面以鼓軍事從鼓卉聲扶云反臣次立曰當從說文云鼓賁聲

鞼　鼖或從革賁聲

鼙　騎鼓也從鼓卑聲頻奚反

⿰隆鼓　鼓聲也從鼓隆聲杜冬反

鼘　鼓聲也從鼓淵聲詩曰鼗鼓鼘鼘扶蓮反

鼞鼓聲也從鼓堂聲詩曰擊鼓其鏜吞臣反鼛鼓聲也從鼓合聲臣鍇按相如賦曰鏗鎗鼞鼛洞心
駭耳道鞈古文鼛䶃鼓無聲也從鼓𪔵鼓鼙聲從
合反鞈從革咠聲湯𨊠反鼓缶聲他
合反

文十　重三

豈還師振旅樂也一曰欲也登也從豆微省聲凡豈
之屬皆從豈臣鍇曰周禮師大捷獻愷作愷令借此
為詞也
丘里反

愷康也從心豈豈亦聲刻海反𧯷幾也訖事之樂也從豈幾聲臣
鍇按爾雅饑汔也故為訖巨希

反

文三

豆　古食肉器也從口象形凡豆之屬皆從豆臣鍇曰周禮旊人爲簋實一觳崇尺厚半寸豆實三而成觳又曰豆中縣（音玄）鍇注縣繩以正豆之柄觳三斗也人曰食一豆肉飲一豆酒中人之食也注云一豆酒當一升酒也笛奏反

𣒽　古文豆臣鍇曰象形

梪　木豆謂之梪從木豆

䕻　蠡也從豆蒸省聲臣鍇曰今婚禮合巹用匏謂之巹已隱反

𧯠　豆屬也從豆𢍏聲俱卷反

𧯷　豆飴也從豆夗聲臣鍇曰飴餳也今豆名豌桓

反

䝴 禮器也從廾持肉在豆上讀若鐙同臣鍇曰會意也冊增反

文六　重一

豊 行禮之器也從豆象形凡豊之屬皆從豊讀與禮同臣鍇曰禮體澧醴音禮字從此蓮弟反

豑 爵之次第也從豊弟虞書曰平豑東作臣鍇曰令尚書作秩蓮匹反

文二

豐 豆之豐滿者也從豆象形一曰鄉飲酒有豐侯者凡豐之屬皆從豐臣鍇曰丰象豆中所盛也𧯷豐灃音豐從此孚弓反

豐 古文豐

豔 好而長也從豐豐大也盇聲春秋傳曰美而豔臣鍇曰容色豐滿也羊染反

文二　重一

𧯼 古陶器也從豆虍聲凡𧯼之屬皆從𧯼臣鍇曰戲亦從此許移反

𧯸 土鍪也從𧯼号聲讀若鎬臣鍇曰鍪金屬土瓦也候袍反

𧰀 器也從𧯼盇盇亦聲闕真與反

文三

虍 虎文也象形凡虍之屬皆從虍讀若春秋傳曰虍有餘臣鍇曰象文章屈曲也虎烏反

虞 騶虞也白虎黑文尾長於身仁獸食自死之肉從虍吳聲詩曰于嗟乎騶虞臣鍇按六韜博物志林氏國

之珎獸也元無反 **虙** 虎皃也從虍必聲臣鍇曰古者或用為伏羲之伏字又洛水之神曰虙妃一云虙羲氏之女也今人音為虙妃誤矣伐六反 **虔** 虎行皃也從虍文聲讀若矜臣鍇曰虎之行兢兢然有威故謂敬為皮其延反 **虘** 虎不柔不信也從虍且聲讀若鄺縣臣鍇曰鄺從此音殘他反 **虖** 哮呼也從虍乎聲臣鍇曰哮虖從此虎烏反 **虐** 殘也從虎足反爪人也臣鍇曰言虎反足以爪人也漢書寧成為政虐人謂之乳虎也魚約反 **虐** 古文虐如此 **虨** 虎文彪也從虍彬聲不攀反 **虡** 鍾鼓之柎也飾爲猛獸從虍異象形其下足臣鍇曰柎足周禮梓人為簨虡矢下之大獸五羸者羽者鱗者以為簨虡注羸虎豹淺毛之屬羽鳥屬鱗龍蛇屬求許反 **鐻** 虡或從金豦臣鍇按賈誼過秦篇曰銷鍾鐻以為金人十二又山海

經曰以鐻貫耳則耳環屬也𧇭篆文虡

文九　重三

虎山獸之君從虍虎足象人足象形凡虎之屬皆從虎忽五反

𧆞古文虎　𧆟亦古文虎　𧇖虎聲也從虎毄讀若隔溝厄反　𧇗白虎也從虎昔省聲讀若鼏臣鍇按今人多音酣准隋曹憲作爾雅音云音見又云梁有顧彪費彪不知其名音爲酣民的反

䖑彪屬也從虎去聲詞暫反　虪黑虎也從虎儵聲臣鍇按爾雅注漢宣帝南郡獲白虎獻其皮骨爪牙晉永嘉四年建平秭歸縣檻得黑虎如小虎而黑毛深為班尸竹尺

虦虎竊毛謂之虦貓從虎戔聲竊淺也臣鍇按爾

雅注引詩有貓有虎也昨閑反

彪 虎文也從虎彡象其文也彼虯反

虠 虎皃也從虎乂聲偶蝎反

⿸虎气 虎皃也從虎气聲疑迄反

虓 虎鳴也一曰師子從虎九聲臣鍇曰詩曰闞如虓虎享茅反

⿸虎斤 虎聲也從虎斤聲語殷反

虩 易履虎尾虩虩恐懼一曰蠅虎也從虎㝬聲臣鍇曰易曰震來虩虩

虢 虎所攫畫明文也從虎寽聲古獲反

虒 委虒虎之有角者也從虎厂聲臣鍇曰春秋時晉有虒祁之官褫篪褫從此辛茲反

⿸虎騰 黑虎也從虎騰聲徒朋反

文十五　重二

虤 虎怒也從二虎凡虤之屬皆從虤眼閑反

䖒 兩虎爭聲也從虤從曰讀若憖臣鍇曰曰音越會意言陳反

贙 分別也從虤對爭貝讀若回臣鍇按左思魏都賦曰薰蕕贙會意預顯反

文三

皿 飲食之用器也象形與豆同凡皿之屬皆從皿讀若猛美而反

盂 飲器也從皿亏聲臣鍇按史記田蚡學孔甲盤盂諸書謂盤盂之刻銘也貟須反

盌 小盂也從皿夗聲烏管反

盛 黍稷在器中也從皿成臣鍇曰春秋左傳奉盛以告曰潔齋豐盛示征反

齍 黍稷在器以祀者從皿齊聲子思反

䀁 小甌也從皿有聲讀若灰或曰若賄延救反

𥁮 䀁或從右

盧　飯器也從皿𠧪聲論孤反　盧　籀文盧　𥁕　器也從缶皿古聲昆靚反　盄　器也從皿弔聲眞遥反　盎　盆也從皿央聲臣鍇曰漢長安城有覆盎門晏亢反　㼜　盎或從瓦　盆　盎也從皿分聲步門反　𥁰　器也從皿宁聲臣鍇曰盧從此貞與反　盨　檳盨負戴器也從皿須聲臣鍇按顔師古漢書注謂盨狀如盤如今賣食物者所戴揚惲傳作窶數率武反　𥂖　器也從皿漻聲根卯反　𥁑　械器從皿必聲臣鍇曰謐從此彌畢反　醯　酸也作醯以鬻目酒從鬻酒並省從皿皿器也臣鍇曰會意顯繫反　盉　調味也從皿禾聲臣鍇曰詩曰亦有盉羹今詩作和借也戶歌反　益　饒也從水皿皿益之意也臣鍇曰會意伊昔反　盈　滿器也從皿夃臣鍇等曰夃古乎切益多之義也古者以買物多得

為𠃬故從𠃬以成反　盡　器中空也從皿𦘔聲臣鍇曰𦘔音盡寂泯反　盅　器虛也從皿中聲老子曰

道盅而用之臣鍇曰盅而用之虛而用之也今作冲假借直東反　盦　覆蓋也從皿酓聲思甘反　昷

仁也從皿昌食囚也官溥說臣鍇曰䍃從此會意烏門反　盥　滌也從臼水臨皿春秋傳曰奉匜沃盥臣鍇曰

會意古翰反　盪　滌器也從皿湯聲臣鍇曰易云八卦相盪從廣反

文二十五　重三

凵　凵盧飯器目柳條之象形凡凵之屬皆從凵遣如反

⿱竹去　凵或從竹去聲

文一　重一

去　人相違也從大凵聲凡去之屬皆從去臣鍇曰凵即飯器也大象人也論語曰違之之一邦違之去也氣恕反

朅　去也從去曷聲臣鍇曰張衡賦曰回至朅來朅來去來也丘絶反

□　去也從去夌聲讀若棘陵力膺反

文三

血　祭所薦牲血也從皿一象血形也凡血之屬皆從血臣鍇曰祭薦毛血也翾迭反

衁　血也從血亡聲春秋傳曰士刲羊亦無衁也臣鍇曰心上血也忽光反

衃　凝血也從血不聲臣鍇曰衃猶肧也普杯反

𧖴　气液也從血𦘒亦聲臣鍇曰今作津借也將親反

䘓　定息也從血甹省聲讀若亭臣鍇曰春秋左傳曰不敢寧居今作寧借也寧從此田丁反

衄　鼻出血也從血丑聲而叔反

𧗑　腫血也從血農省聲奴聦反

膿　俗𧗑從肉農聲

𧗼　血醢從血耽聲禮記有𧗼醢吕牛乾脯梁麴鹽酒也臣鍇曰周禮加豆之實醓醢他感反

䖣　醢也從血菹聲齋居反

𧖻　䖣或從缶

𧗘　吕血有所刏涂祭也從血幾聲臣鍇按周禮肆師掌祈或為鐖成廟則釁之雍人舉羊升屋自中屋南面刲羊血流于前乃降是鐖為羊血也夾室則用鷄為衈士師職則云刏珥明當刏也作祈假借本作鐖也臣希反

卹 憂也從血卪聲一曰鮮少也臣鍇按春秋傳曰君命寡君同卹社稷卹者言憂之切至也相室反

衋 傷痛也從血聿皕聲周書曰民罔不衋傷心讀若憘希式反

𧖴 羊凝血也從血臽聲臣鍇案陶氏本草注云宋時大官作𧖴削藕皮落其中血不凝知藕之散血然則𧖴血羹也慳闇反

𧗀 𧖴或從贛

盇 覆也從血大聲侯臘反

衊 污血也從血蔑聲彌悅反

文十五　重三

說文解字繫傳第九

說文解字通釋卷第十

繫傳十

文林郎守祕書省校書郎臣徐鍇傳釋

朝散大夫行祕書省校書郎臣朱翺反切

三十二部 二百二十四文 重六十八

丨

有所絕止丨而識之也凡丨之屬皆從丨臣鍇曰丨猶點柱之柱若漢武讀書止輒乙其處也𣪊乳反

𡳾

鐙中火主也從𡳾象形從丨丨亦聲臣鍇曰即脂燭也鐙尾豆也郭璞曰即膏鐙古初以人執燭後易之

以鐙物為主令人作炷

藺膏明燭華燈拙庾反

咅 相與語唾而不受也從否從丨否亦聲臣鍇曰唾而不受止其言也丨柱止也故從丨音或從

棓部倍陪菩箁從此他豆反

𣢾 豆欠

文三　重一

丹 巴越之赤石也象采丹井　丹形也凡丹之屬皆從丹臣鍇曰史記曰寡婦清其先得丹穴而富也穴即井也荀卿曰南有曾青丹于山海經有曰丹黑丹丹以赤為主黑白皆丹之類非正丹也得干反

𠬪 古文丹

彬 亦古文丹

雘 善丹也從丹蒦聲周書曰惟其敷丹雘讀若　同臣鍇案山海經衡山出丹雘烏郭反

彤 丹飾也從丹彡彡其畫彡亦聲臣鍇曰尚書有彤几杜紅反

文三　重二

青　東方色也木生火從生丹丹青之信言必然凡青之屬皆從青臣鍇曰凡遠視之明莫若丹與青黑則昧矣阮籍詠懷詩曰丹青著盟誓言若丹青之分明也猶詩云有如皎日倉經反

𡕝　古文青

靜　審也從青爭聲臣鍇曰丹青明審也又音清寂逞反

文二　重一

井　八家一井象構韓形罋象也古者伯益初作井凡井之屬皆從井臣鍇曰韓井垣也周禮謂之井樹古者以瓶甕汲故易曰繘井羸其瓶莊子漢陰文人抱甕而出淮南子曰益作井而龍登天言知鑿之不已也即頃反

[𤇾井] 深池也從井瑩省臣鍇曰𤇾猶迴深意也烏迴反

阱 陷也從𨸏井井亦聲臣鍇曰𨸏其岸會意也從性反

穽 阱或從穴

汬 阱或從水

荆 罰辠也從刀井易曰井法也井聲臣鍇曰通論備矣賢星反

刱 造法刱業也從井刅聲讀若創臣鍇曰刅音瘡井法也又向反

文五　重二

皀 穀之馨香也象嘉穀在裹中之形匕所㠯扱之也或說皀一粒也凡皀之屬皆從皀讀若香臣鍇曰扱載也白象穀顆之推家訓云有蜀豎調豆粒為豆皀則此也食鵖亦從此皮及反

卽 卽食也從皀卩聲臣鍇曰卽猶就也就食也煎弋反

既 小食也從皀旡聲論語曰不使勝食旣臣

鍇曰春秋傳曰日有食之既盡食之也居意反

冟 飯剛柔不調相著從皀冂聲讀若適失易反

文四

鬯 以秬釀鬱艸芬芳攸服以降神也從凵凵器也中象米匕所以扱之易曰不喪匕鬯凡鬯之屬皆從鬯臣鍇曰秬黑黍也服服事也周人尚臭灌用鬱鬯又⺀象中秬反鬱形丑向反

鬱 芳艸也十葉為貫百廾貫築以煑之為鬱從臼冂缶鬯彡其飾也一曰鬱鬯百艸之華遠方鬱人所貢芳艸合釀之以降神鬱今鬱林郡臣鍇曰築春也周禮宗伯屬鬱人掌和鬱以實彝注鬱為草若蘭也彡彝之飾也古或飾以羽故逸詩曰羽觴隨波迂拂反

爵 禮器也象爵之形中有鬯酒又持之也所以飲器象爵者取其

鳴節節足足也臣鍇曰小象爵頭凵其盛酒鬯丿其尾柄也即約反 𩰲 古文爵如此象形臣鍇曰爵正居形冊其後尾冂其翅也

𩰪 黑黍也一秠二米以釀從鬯矩聲臣鍇曰春秋左傳黑壯秬黍以享司寒分但作秬求許反

秬 𩰪或從禾

䰕 列也從鬯吏聲讀若迅臣鍇曰䰕猶纚也羅列意色扇反

文五　重二

食 一米也從皀亼或說亼皀也凡食之屬皆從食讀若粒臣鍇曰亼音集食食也下食字音飯神隻反

饙 滫飯也從食𠦒聲臣鍇曰𠦒音　詩曰泂酌彼行潦挹彼注茲可以饙饎水滫之也翻云反臣次立按說文徐鉉云𠦒非聲疑奔字之悞

𩜃 餴或從賁

餴 餴或從奔

餾 飯气蒸也從食畱聲良秀反

飪　大孰也從食壬聲臣鍇曰論語曰失飪不食而沈反

𦩎　古文飪

恁　亦古文飪臣鍇曰恁心所齋卑下也而沈反說文如甚切又按李舟切韻不收此亦古文飪字惟於侵韻作人心切寢韻作人甸切並注云說文下齋也疑此重出

饔　熟食也從食雝聲臣鍇曰詩曰有母之尸饔宛封反

飴　米櫱煎也從食台聲臣鍇曰櫱牙櫱也寅之反

𩛎　籀文飴從異省

餳　飴和饊者也從食易聲似傾反

饊　熬稻粻程也從食散聲臣鍇曰楚辭粔籹蜜餌有粻餭些思但反

餅　麪餈也從食并聲臣鍇曰麥曰餅比郢反

餈　稻餅也從食次聲疾咨反

𩟄　餈或從齊

粢　餈或從米臣鍇曰或借為齍盛之齍也

饘　糜也從食亶聲周謂之饘宋謂之餬臣鍇曰春秋左傳饘於是也遮延反

餱　乾食也從食矦聲周

書峙乃餱粻臣鍇曰乾餱以愆餥餱也從食非聲陳楚
今人謂飯乾為餱何溝反之閒相謁而食麥飯
曰餥斧饎酒食也從食喜聲詩𩚬饎或從巸臣鍇曰
尾反曰可以饙饎昌意反周禮有饎人字作
此糦饎或從米臣鍇曰商頌籑具食也從食算聲臣
曰大糦是承作此字鍇按漢書饌堂或如
此助箭饌籑或養供養也從食羧古文飯食也
反從巽羊聲以像反養從食
反聲服𩚵雜飯也從食飤糧也從食饡㠯羹澆飯
萬反丑聲女有反人慈例反也從食贊
聲臣鍇曰令人云餯晝食也從食𩞁餯或飧餔也
饡飯也箭鴈反象聲式文反從𥏻從夕
食素餔日加申時食也從䀁籀文餔從皿浦聲臣
昆反食甫聲不吾反鍇曰皿所以食也

餐 吞也從食奴聲倩冊反 湌 餐或從水 䭠 嗛也從食兼讀若風溓溓一曰廉潔也臣鍇曰鎌猶嗛也又火也連鹽反 饁 餉田也從食盍聲詩曰饁彼南畝尤帖反 饟 周人謂餉曰饟從食襄聲爾悵反 餉 饟也從食向聲式亮切 饋 餉也從食貴聲求位反 饗 鄉人飲酒也從鄉從食鄉亦聲臣鍇曰會意忻罔反 饛 盛器滿皃也從食蒙聲詩曰有饛簋飧母東反 飵 楚人相謁食麥曰飵從食乍聲臣鍇曰人相謁相見後設麥飯以為常禮如今人之相見飯茶也自莫反 䭇 相謁食麥也從食占年兼反 䭂 秦人謂相謁而食麥曰䭂饐從食㥯聲烏悶反 饐 䭂饐也從食豈聲五寸反 餬 寄食也從食胡聲臣鍇曰春秋左傳曰餬其口於四方魂孫反 飶 食之香也從食必聲詩曰有飶

其香臣鍇曰飶猶苾苾頻必反
飫燕食也從食芺聲詩曰飲酒之飫臣鍇曰詩曰如食宜飫於據反
飽猒也從食包聲補巧反
𩚁古文飽從采聲臣鍇曰采音保
䬳亦古文飽從卯聲
⿰食肙猒也從食肙聲烏縣反
饒飽也從食堯聲耳焦反
餘饒也從食余聲臣鍇曰老子曰餘食贅行以虛反
餀食臭也從食艾聲爾雅曰饅請之喙海艾反
餞送去也從食戔聲詩曰顯父餞之臣鍇曰以酒食送也餞猶羨也引也寂羨反
餫野饋曰餫從食軍聲臣鍇曰春秋左傳宣伯餫諸穀于問反
館客舍也從食官聲周禮五十里有市有館館有積目待朝聘之客古翰反
饕貪也從食號聲偷勞反
⿱號食籒文饕從號省
叨俗饕從口刀聲
飻貪也從食㐱聲春秋傳是謂饕

餯聽切反 ⿰飠歲 飯傷熱也從食歲聲迂廢反 饐 飯傷溼也從食壹聲乙罽反 餲 飯餲也從食曷聲論語曰食饐而餲厄介反

饑 穀不熟為饑從食幾聲居希反 饉 蔬不熟為饉從食堇聲其吝反 ⿰飠戹 飢也從食戹聲讀若楚人言恚人晏華反 餧 飢也從食委聲一曰魚敗曰餧也那淮反

飢 餓也從食几聲居希反 餓 飢也從食我聲岸播反 餽 吳人謂祭曰餽從食鬼鬼亦聲矩遂反 餟 祭酹也從食叕聲誅稅反 ⿰飠兌 小餟也從食兌聲輸袂反 ⿰飠夌 馬食穀多气流四下也從食夌聲葦孕反 ⿰飠末 食馬穀也從食末聲臣鍇按詩曰芻之⿰飠末之借秣字門撥反

文六十二　重十九

亼 三合也從入一象三合之形凡亼之屬皆從亼讀若集牆揖反

合 合口也從亼從口臣鍇曰亼口合口也會意後閤反

僉 皆也從亼從吅從从虞書曰僉曰伯夷臣鍇曰僉曰衆共言之也亼集也從相從也會意七占反

侖 思也從亼從冊臣鍇曰思思理也冊冊書也亼集冊書也 䳬 籀文侖會意呂辰反

今 是時也從亼從乛乛古文及臣鍇曰亼乛皆今也會意居斟反

舍 市居曰舍從亼屮象屋也口象築也臣鍇曰亼衆集也屮立柱桷梲之形口音圍會意詩夜反

文六　重一

會 合也從亼從曾省曾益也凡會之屬皆從會戶兌反

㣛 古文會如此

朇 益也從會卑聲臣鍇曰會益之也春秋左傳諸侯會于澶淵謀歸宋財頻移反

𠩄 日月合宿為辰從會辰辰亦聲臣鍇曰春秋左傳曰日月所會謂之辰今借辰字會意石倫反

文三　重一

倉 穀藏也倉黃取而藏之故謂之倉從食省口象倉形凡倉之屬皆從倉臣鍇曰穀熟色蒼黃也口音韋切

陽反

全 奇字倉

牄 鳥獸來食聲也從倉爿聲虞書曰鳥獸牄牄臣鍇曰當言狀省今尚書作蹌清常反

文二　重一

入 内也象從上俱下也凡入之屬皆從入臣鍇曰從土俱下入而散也陰陽气入地則流散而集反

内 入也從冂自外而入也臣鍇曰冂音坰會意能未反 ⿱山入 入山之深也從山從入闕臣鍇曰會意助吟反

糴 市穀也從入糴臣鍇曰春秋左傳請糴於宋衛陳鄭田溺反

仝 完也從入工臣鍇曰工所為也會意疾延反

全 篆文仝從玉臣鍇按周禮玉人之事圭天子用全注純用玉也會意

𠓝 古文仝

从 二入也兩從此闕里養反

文六　重二

缶 瓦器所以盛酒漿秦人鼓之以節謌象形凡缶之屬皆從缶臣鍇曰史記黽池之會藺相如進盆缶曰竊

聞秦人善擊
缶付丑反

㲉未燒瓦器也從缶㱿聲讀若筩莩同苦遘反
匋瓦器也從缶包省聲臣鍇曰古者昆吾作匋昆吾夏桀諸侯後漢書南山有漢武𢗠曰陶燒瓦處也陶蜀字從此史篇讀與缶同史篇史籀所作蒼頡篇也特豪反

罌缶也從缶賏聲恩行反
𦈢小口罌也從缶乑臣鍇於周禮注鑑如𦈢大口是𦈢小口也池瑞反
䍂小缶也從缶音聲蒲仆反
缾罋也從缶幷聲頻寧反
瓶缾或從瓦
罋汲缾也從缶雝聲臣鍇曰漢陰丈人抱甕出汲彎洞反
䍇下平缶也從缶乏聲讀若薄引易徒盍反
罃備火長頸缾也從缶熒省聲臣鍇曰貯水備火長頸利執持以趣火所也恩行反
缸瓨也從缶工聲臣鍇曰今

謂鐙為缸本作此字候邦反 䍼 瓦器也從缶或聲于逼反 䍸 瓦器也從缶爲聲失見反 䍃 瓦器也從缶肉聲臣鍇曰䍃䍃從此延秋反 䍡 瓦器也從缶霝聲連丁反 䍄 缺也從缶占聲丁念反 缺 器破也從缶決省聲傾穴反 罅 裂也從缶虖聲缶燒善裂也臣鍇曰爾雅蓊醜罅注罅剖背而生虖音呼吼迓反 罄 器中空也從缶殸聲詩云缾之罄矣苦定反 罊 器中盡也從缶毄聲溪細反 缿 受錢器也從缶后聲古呂瓦今以竹臣鍇曰漢書趙廣漢傳曰投缿謂入而不能出之器也限蚌反

文二十一　重一

矢 弓弩矢也從入象鏑栝羽之形古者夷牟初作矢凡矢之屬皆從矢臣鍇按呂氏春秋夷羿作弓弓矢當同時川象栝羽周禮矢人謂枉矢絜矢利矢鍭矢矰矢茀矢恒矢庳矢失止反

䠶 弓弩發於身而中於遠從矢身臣鍇曰䠶者身平躰正然后能中也神夜反 射 篆文䠶從寸寸法度也

矯 揉箭箝也從矢喬聲臣鍇曰矯以矢之曲也亦手也故曰矯枉梁庾肩吾詩曰騰猨疑矯箭巳少反

矰 隿䠶矢也從矢曾聲臣鍇曰矰矢亦曰田矢也前增反

侯 春饗所䠶侯也從人從厂象張矢在其下天子䠶熊虎豹服猛也諸侯䠶熊豕虎大夫䠶麋惑也士䠶鹿豕為田除害也其祝曰毋若不寧侯不朝于王所故抗而䠶汝也臣鍇曰周禮梓人為侯張皮侯而棲鵠則春以功張五采之侯則遠國屬張獸侯則王以燕息

注天子以九為節侯九十弓弓二寸侯以布為之鵠以皮又曰王大䠶則供虎侯熊侯豹侯諸侯供熊侯豹侯卿大夫供麋侯麋示討迷惑也儀禮曰天子熊侯白質諸侯麋侯赤質大夫布畫虎豹士布畫鹿豕祭侯之禮以酒脯醢其辭曰惟若寧侯毋或若不寧侯不屬于王所故抗而䠶汝強飲強食詒爾曾孫諸侯百福若汝也寧安也或有也屬朝會也抗舉也河溝反

厌 古文矦

𥏻 傷也從矢昜聲式陽反

短 有所長短以矢為正從矢豆聲臣鍇曰若以弓為度也都款反

矤 況也詞也從矢引省聲從矢取詞之所之如矢也臣鍇按尚書曰矧乃外庶子訓人諸侯族乃況如矢之疾也矢引反

知 詞也從口矢臣鍇曰凡知理之速如矢之疾也會意珍移反

矣 語已詞也從矢㠯聲臣鍇曰矢气直疾今試言矣則口出气直而疾也會意逦耳反

文十　重二

高 崇也象臺觀高之形從冂口與倉舍同意凡高之屬皆從高臣鍇按易曰崇效天卑法地崇高口音韋與倉舍同意謂皆室屋垣墻周帀之意家豪反

𩫖 小堂也從高省同聲去挺反

廎 高或從广頃

亭 民所安定也亭有樓從高省丁聲臣鍇按漢書百官表曰大率十里一亭十亭一鄉天子亭凡二萬九千六百三十五也曰丁反

亳 京兆杜陵亭也從高省毛聲臣鍇曰按湯都亳杜預釋例在梁國蒙澤縣北薄城中有湯冢凡三亳也盆鄂反

文四　重一

冂 邑外謂之郊郊外謂之野野外謂之林林外謂之冂象遠界也凡冂之屬皆從冂臣鍇曰此皆爾雅之言也注云假令百里之國五十里之界界各十里之界禮注王者近郊五十里遠郊百里又引司馬法王國百里為郊二百里州三百里野四百里縣五百里都明爾雅所言諸侯之國也又周禮載師職國地無征則地諸侯之邑也圜壘二十而稅一則近郊也近郊十一則野也遠郊二十而三則林也稍甸縣都皆無過十二則冂也居屏反

冋 古文冂象國邑從口也臣鍇曰從此

坰 冋或從土

市 買賣所之也市有垣從冂了象物相及也之省聲了古文及也臣鍇曰會意辰止反

冘 淫淫行貌也從人出冂臣鍇曰九奇字人也會意也沈姚羌耽抌從此移令反

央 中央也從大在冂之內大人也與旁同意一曰久臣鍇曰凡大字皆象人之正立也

故央字從大取其正中也旁字象四出故曰與旁同會意䠢強反

隺 高至也從隹上欲出冂易曰夫乾隺然臣鍇曰隹鳥也出外也隺然高簡故也胡僕反

文五　重二

𩫏 度也民所度居也從回象城𩫏之重兩亭相對也或但從口音韋凡𩫏之屬皆從𩫏臣鍇曰重城也𩫏城外亭也昆霍反

𩫖 缺也古者城闕其南方謂之𩫖從𩫏史聲讀若拔物為决引也傾雪反

文二

京 人所為絕高丘也从高省丨象高形凡京之屬皆从京臣鍇按爾雅絕高為京丘詩曰如坻如京已英反

就 就高也从尤京尤異於凡也臣鍇曰尤異也尤高人所就之處也語曰就之如日日高人就之會意絕僦反

𡰪 籀文就

文二　重一

亯 獻也从高省曰象進孰物形孝經曰祭則鬼亯之凡亯之屬皆从亯臣鍇曰尚書曰亯多儀儀不及物惟曰弗亯言獻也獻於上也故从高軒庚反

亯 篆文亯

𦎫 孰也从亯羊讀若純一曰鬻也臣鍇曰𦎫諄鶉惇敦从此會意是倫反

𦏧

篆文臺 𥫱 厚也從亯竹聲讀若篤得酷反 𩫏 用也從亯從自自知臭香所食也讀若庸同臣鍇曰以㫗饛之知臭香可用食否也與封反

文四　重二

畗 滿也從高省象高厚之形凡畗之屬皆從畗讀若伏臣鍇曰福富從此披式反

良 善也從畗省亡聲臣鍇曰良甚也故從畗呂張反 㠩 亦古文良 𥃩 亦古文良 𡆏 亦古文良

文四　重三

㫗 厚也從反亯凡㫗之屬皆從㫗臣鍇曰亯者進上也以進上之具反之於下則厚也厚下易博厚配地君

子以厚下安
宅旱斗反
覃長味也從㫗鹹省聲詩曰實覃實吁田南反　𡊁古文覃　𣆪篆文覃省　厚山陵之厚也從厂從㫗臣鍇曰謂地蓋厚旱斗反　垕古文厚從后土

文二　重三

㐭穀所振入宗廟粢盛倉黃㐭而取之故謂之㐭從入從回象屋形中有戶牖凡㐭之屬皆從㐭臣鍇曰振舉也倉廩有戶牖以防蒸熱也力甚反
廩㐭或從广禾　稟賜穀也從㐭從禾臣鍇曰公稟賜之也氷飲反　亶多穀也從㐭旦

聲臣鍇曰又厚也多但反

啚　嗇也從口亩亩受也臣鍇曰口音韋周韋周于也入皆受之亩而復口之為嗇吝積而不散也兵几反

啚　古文啚如此

文四　重二

嗇　愛濇也從來亩聲來者亩而藏之故田夫謂之嗇夫一曰棘省聲凡嗇之屬皆從嗇臣鍇曰歰音澀漢百官表卿有秩嗇夫職聽訟收賦稅也會意踈憶反

嗇　古文嗇從田

牆　垣蔽也從嗇爿聲臣鍇曰亦當言牀省牆取愛嗇自護也賤忘反

牆　籀文牆從二禾

牆　籀文亦從二來

文二　重三

來　周所受瑞麥來麰一來二縫象其芒朿之形天所來
也故為行來之來詩曰貽我來麰凡來之屬皆從來
臣鍇曰今小
麥也婁才反

䅘　詩曰不䅘不來從來矣聲臣鍇曰此爾𢓊䅘或
雅之言也不可俟是不復來也鉏耳反從彳

文二　重一

麥　芒穀秋種厚薶故謂之麥麥金也金王而生火王而
死從來有穗者從夊凡麥之屬皆從麥臣鍇曰麥之
言幕也理之意夂若穗
自後躧之也莫獲反

麰 來麰麥也從麥牟聲臣鍇曰今大麥也莫浮反

⿰麥⿱艸牟 麰或從艸

麧 堅麥也從麥气聲臣鍇曰麥之磨不碎者舂磨之父而堅老也很沒反

麱 小麥屑之覈從麥肙聲臣鍇曰覈亦屑中滓不細者猶果核也先火反

⿰麥差 䃺麥也從麥差聲一曰擣也殘阤反

麩 小麥屑皮也從麥夫聲甫殳反

⿰麥甫 麩或從甫

麪 麥末也從麥丏聲彌釧反

⿰麥啻 麥覈屑也十斤為三斗從麥啻聲遲夕反

麷 煑麥也從麥豐聲讀若馮臣鍇按周禮籩豆之實有麷蕡注曰熬麥曰麷麻曰蕡稻曰白黍曰黑臣鍇以為麷糗類也糗磨之麷不磨也鄭玄云河間以此蕡麥蕡之名曰麷乎空反

麮 麥甘鬻從麥去聲臣鍇按劉熹釋名曰蕡麥曰麮麮之言齲也蕡熟壞遺舉反

⿰麥殼 餅籟也從麥殼聲讀若庫穆祿反

⿰麥穴 餅麴也從麥穴

聲呼丰餅麴也從夆聲呼八反

𡕩才聲錢來反

文十三　重三

夊行遲曳夊夊象人兩脛有所躧也凡夊之屬皆從夊斯唯反

夋行夋夋也從夊允聲一曰倨也臣鍇曰夋夋舒遲也故從夊俊浚從此七賓反

复行故道也從夊畐省聲臣鍇曰易曰七曰來復之義復複從此伐六反

夌越也從夊從圥圥高大也一曰夌偆也臣鍇曰越超越也圥音陸偆音遲夌偆漸卑迆也史記曰泰山之高跛牂牧其上偆夌故也今作陵遲功膺反

致送詣也從夊從至臣鍇曰春秋左傳叔孫如宋致女夊齊使來致郈皆送致之也會意陟利反

憂和之行也從夊

息聲詩曰布政優優臣鍇曰夊行也和布也古憂心字作息故以憂為和息憂心也不尤反

愛　行皃也從夊悉聲臣鍇曰古以悉為慈愛故以此為行皃晏再反

夃　行夃夃也從夊闕讀若僕臣鍇曰不知元之義也又卜反

竷　繇也舞也樂有章從夅從章從夊詩曰竷竷舞我臣鍇曰夅猶降也今作坎坎假借此會意口糁反

𡕥　𦥑蓋也象皮包覆𦥑下有兩臂而夊在下讀若范臣鍇曰漢制乘輿馬金𡕥在馬頭上如金華義出此此亦象形明范反

夏　中國之人也從夊從頁從臼臼兩手夊兩足也臣鍇曰象有威儀文飾備具行絝遲也會意恨具反

𩓏　古文夏

畟　治稼畟畟進也從田人從夊詩曰畟畟良耜臣鍇按爾雅畟畟耜也稷從此察色反

㚇　斂足也鵲鵙醜其飛也㚇從夊兇聲臣鍇曰夊其手足臣鍇曰爾雅之言也稷㚇從

此子紅反

夒　貪獸也一曰母猴似人從頁巳止夊其手足臣鍇曰止手也夊足也今作猱同優從此會意能曹反

夔　即魖也如龍一足從夊象有角手人面之形臣鍇按國語木石之恠夔罔張衡西京賦捎夔魖而抶獝狂權雖反

文十五　重一

舛　對臥也從夊𡕩相背凡舛之屬皆從舛昌輭反

踳　楊雄作舛從足春臣鍇按莊子曰惠施書其理踳駮與理背也駮雜不淳也

舞　樂也用足相背從舛無聲臣鍇曰通論備矣勿撫反

翇　古文舞從羽亡聲

舝　車軸耑鍵也兩穿相背從舛萬省聲

臣鍇按詩閒關車之舝兮所
以礙車轂之出也閑刮反

文三　重二

舜　艸也楚謂之葍秦謂之藑蔓地連華象形從舛舛亦聲凡舜之屬皆從舜臣鍇曰藑茅也詩曰顏如蕣華在艸部失閏反

舜古文舜

䑞　華榮也從舜生聲讀若皇爾雅曰䑞華也户荒反

葟　䑞或從艸皇

文二　重二

韋　相背也從舛口聲獸皮之韋可以束枉戾相韋背故借以為皮韋氏韋之屬皆從韋臣鍇曰皮柔孰為韋

口音韋
字歸反

䩡 古文韋 **韠** 韍也所吕蔽前吕韋下廣二尺上廣一尺
其頸五寸一命縕韠再命赤韠從韋畢聲

卑聿反 **韎** 茅蒐染韋也一入曰韎從韋末聲臣鍇曰春秋
左傳曰有韎韋之跗注屬也至於足也莫隊反

韢 櫜紐也從韋惠聲一曰盛虜頭櫜也臣鍇曰紐
所以關櫜盛虜頭謂戰伐以盛首級迴挂反 **韜**

劒衣也從韋 **韝** 射臂決也從韋冓聲臣鍇曰蔡邕獨斷
舀聲偷勞反　曰董偃青韝綠幘崔豹古今注曰韜㩹

衣厮從之服取其便於用乘輿進食者服之臣以
爲㩹揎衣袖蓋以韋韜其袖恐汙食飲梗尤反 **韘** 䠶決

也所目拘弦吕象骨韋系著右巨指從韋枼聲詩曰童子
佩韘臣鍇曰所以助鉤弦若今皮韘決猶引開也相聶反

弽韘或從弓 韣弓衣也從韋蜀聲臣鍇按禮月令曰帶以弓韣專玉反 韔弓衣也從韋長

聲詩曰交韔二弓丑向反 𩏂履也從韋叚聲臣鍇曰帖後跟也痕加反 𩎟履後帖也從韋段聲都伴

反 緞𩎟或從糸 韤足衣也從韋蔑聲臣鉉等曰今俗作韈非是勿發反 𩎿軶裹也從韋尃

聲普惡反 韏韋中辨謂之韏從韋𢍏聲臣鍇曰爾雅之言也韋中絕謂之辨中斷皮也韏者後半分也𢍏音

眷區怨反 𩏄收束也從韋𥼶聲讀若酋臣鍇按漢書律曆志秋𩏄也即由反 𩏄𩏄或從要 揫

𩏄或從秋手 韓井垣也從韋取其帀也倝聲痕安反

文十六　重五

[弟] 韋束之次第也從古字之象凡弟之屬皆從弟臣鍇曰積之而順不相戾者莫近於韋故取名於韋束之次弟笛計反

[𢎨] 古文弟從韋省古文韋聲臣鍇曰丿音曳

[罤] 周人謂兄曰罤從弟眔臣鍇曰眔音沓沓弟為罤會意古論反

文二　重一

[夂] 從後王也象人兩脛後有致之者凡夂之屬皆從夂讀若黹脂雉反

[𡕢] 相遮要害也從夂丰聲南陽新野有𡕢亭臣鍇曰丰音㧿手蓋反

[夆] 啎也從夂丰聲讀若縫臣

鍇曰悟相逆悟也
逢峯從此甬蛩反

夅

服也從夂午相承不敢竝也臣
鍇曰夅服文也會意侯邦反

夃

秦以市買多得為夃從乃從夂益至也詩曰我夃
酌彼金罍臣鍇曰今詩作姑盈字從此古乎反

𡕒

跨步也從反夂䟢從此臣鍇曰步闊步
也反也是不致闊故反夂為跨口瓦反

文六

久

從後灸之象人兩脛後有距也周禮曰久諸牆以觀
其橈凡久之屬皆從久臣鍇曰今言灸以艾注之也
周禮廬人試廬灸諸牆以視其橈之均廬笲戟柄也謂柱
於兩牆輓而內之本末勝負可知言初本貫未勁也灸爰
疢從此
幾柳反

文一

桀　磔也從舛在木上也凡桀之屬皆從桀臣鍇曰周禮謂磔爲疈辜古人言桀黠若謂其凶暴若磔也其熱反

磔　辜也從桀石聲臣鍇曰爾雅祭風曰磔注今俗當大道中磔狗云以止風禮月令曰四門磔禳張格反

椉　覆也從入桀桀黠也軍法曰乘臣鍇曰乘者從上覆之也易曰負且乘會意時興反　[illegible]　古文乘從几

文三　重一

說文解字通釋卷第十一

繫傳十一

文林郎守秘書省校書郎臣徐　鍇傳釋

朝散大夫行秘書省校書郎臣朱　翱反切

二十五部　文七百五十三　重五十九

木 冒也冒地而生東方之行從屮下象其根凡木之皆從木臣鍇曰木之於屮彌高大故從屮下有根屮者木始甲拆也萬物皆始於微合抱之木生於毫末故木從屮木之性上枝旁引一尺下根亦引一尺故於文木上

下均也東方陽氣所起主生木亦漸生東方主仁仁者柔
木亦柔故詩曰荏苒柔木木盛於東成於西故藥用木多
取東引枝根
也門遂反

橘 果出江南從木矞聲居律反 橙 橘屬從木登聲澄庚反 柚 條也似橙而酢從木由聲
夏書曰厥包橘柚臣鍇按爾雅柚一名條又
詩云杼柚其空此亦用為杼柚字羊狩反 樝 果似棃而酢從
木虘聲 棃 果名從木杒 梬 棗也似梬從木甹聲臣鍇
側巴反 聲連脂反 曰此亦出上林賦即今之
輭棗也 柹 赤實果從木 枏 梅也從木冄聲臣鍇按爾
以屏反 𠂔聲鉏里反 雅梅一名枏又上林賦楩
枏豫章此又 梅 枏也可食從木 楳 或從 杏 果也從
音南而淹反 每聲莫堆反 某 木可省

聲臣鍇按今旁細可㬵為細㬵若曠反

柰 果也從木示聲臣鍇曰亦近杏古之聲韻為疎多此類根猛反假借為奈何

李 果也從木子聲臣鍇按顓頊之後有逃難於伊侯之虛得李實而食遂以為姓也能大反又皋陶為堯大理後以為姓今按管子大理皆作李字皐陶複姓也六美反

杍 古文

桃 果也從木兆聲特豪反

楙 冬桃從木敄聲莫候反

亲 實如小栗從木辛聲春秋傳曰女不過亲栗臣鍇按今五經皆作榛也側詵反

楷 木也孔子冢蓋樹之者從木皆聲臣鍇按史記注孔子卒弟子各持其鄉土之樹來種魯人世世無能名其樹者又曰孔子冢上時多楷樹其域中不生荊棘刺人艸肯解反

梫 桂也從木侵省聲臣鍇曰書記多言梫桂爾雅云梫木桂注曰南方呼桂厚皮者為木桂七朕反

桂 江南木百

藥之長從木圭聲臣鍇按桂林郡以此為名又按本草桂心主通血脉利肺肝气能宣導百藥無畏菌桂為諸藥先聘通使是為江南百藥之長也郭璞作桂讚曰桂生南裔拔華岑嶺廣莫熙葩淩霜津穎气王百藥森然雲挺也古惠反

棠　牡曰棠牝曰杜從木尚聲臣鍇按爾雅杜甘棠木之性有牡壯者華而不實林中伐去其牡則牝者亦不實今楊梅為然棠即邵伯所聽男女之訟處必於野樹之下者其言隱不可宣慮有耳屬于垣者也特郎反

杜　甘棠也從木土聲從土反

槢　木也從木習聲臣鍇按字書槢堅木也似集反

樿　木也可以為櫛從木單聲臣鍇按樿木似櫝亦見於禮也旨闌反

椲　木也可屈為杅者從木韋聲臣鍇按椲柔木也杅即孟子所謂杯棬也若今屈柳器然于毀反

楢　柔木也工官以為耎輪從木酋聲讀若糗臣鍇曰工官即

今周禮考工記所載是也耎輪謂車輪外固抱之才梠
也傳曰冬取柞楢之火據此即木色黑也延秋反
樓椐木也從木卭聲臣鍇按爾雅樓柜柳棆毋杶也從
注曰未詳或曰似栁反可煑飲具從反木侖聲謂
若易卦屯是也臣鍇按爾雅棆無疵梗屬似豫楈木也
章又周禮曰民入山林掄材則又音倫陟倫反從木
胥聲讀若芟刈之芟臣鍇按左思吳都賦曰楈榔栟
閭疑榔木亦名楈榔又按字書楈亦犂柄也仙呂反柍
梅也從木央聲一曰江南橦材其實謂之柍臣鍇按爾雅
時英梅注曰今之雀梅又按古謂木材之實者為章故曰
豫章之材史記貨殖傳曰木千章漢書百官表有章曹椽
近代變章言橦義亦同橦音鍾故舊長安有司農木橦渠
即引木渠也今亦謂舡拖幹為抱橦楑木也從木癸聲
自古棟梁之木多出江南乙平反又度也臣鍇按

書字楑木名也尚書曰納于百
揆揆度也尺度用木虬癸反
⿰木咎木也從木咎聲讀若
皓臣鍇按字書音與
杲同姦
皓反
椆木也從木周聲
讀若丩雙留反
樕樸樕木從木欶聲臣鍇
按爾雅樕樸心注曰樕
別名槃臣鍇按即今小
槲樹栗之類也孫卜反
⿰木彝木也從木彝
聲羊支切
梣青皮木從
木岑聲臣
鍇按淮南子曰梣木色青治翳目之藥也高誘注曰梣木
苦歷木也生於山剥取其皮以水浸之正青用洗眼愈久
目中膚翳也本草所
謂秦皮也子林反
⿰木寑或從寑
省籀文
⿰木癹木也從木癹聲益
州有椵縣臣鍇按
字書音與拙同
木名也燭說反
枵木也從木號
省聲行高反
棪遫其也從木炎聲
讀若三年導服臣
鍇按爾雅注棪實
似柰可食有斂反
⿰木遄木也從木遄
聲市緣切
椋即來也從木
京聲呂張切

楀木也從木禹声臣鍇按詩楀惟師氏注云楀氏褒似之族黨也于甫反

櫐木也從木畾声臣鍇按爾雅有山櫐有虎櫐注云江東呼櫐為藤似葛而大草謂嬰奥為千歲櫐即今人言萬歲藤大者如盆又冬不凋故從木其形蔓似草故從艸在草木之間也柳水反

畾籀文臣鍇曰木也象其屈盤畾声

梀赤梀也從木朿声詩曰隰有杔梀臣鍇按爾雅梀赤梀白者梀注云赤梀樹細而岐鋭皮理錯戾好叢生山中中為車輞白梀葉員而岐為大木也

栟栟櫚也從木幷声臣鍇曰輞郎車輪外圜也寅之反曰拼櫚椶櫚也比令反

椶椶櫚也可作萆也從木㚇声臣鍇曰萆音鬪子紅反

檟楸也從木賈声春秋傳曰樹六檟於蒲圃臣鍇按爾雅楸小而散曰檟伍貟曰樹吾墓檟檟可材也格雅反

梓梓也從木宰省声臣鍇按爾雅椅椅

注云楸曰其桐其椅其實離離臣鍇按榟或不省
今人名脃理曰梓質白曰楸津矣反
楸楸也從木秋声臣鍇按春秋左傳
曰斬雍門之楸作萩同七牛反樀梓屬大者可為棺椁小者
可為弓材從木啻声臣鍇按爾雅杻檍注似棣細葉葉新
生可飼牛材中車輞關西呼杻子一名土橿姜又音吴今
陸機作毛詩草木疏云此木枝葉可愛二月華華正白子
似杏今宫園種之取億萬之義改名萬歲故何晏景福殿
賦曰或以嘉名取寵或以美材見珍結實商秋敷華素春
鶮鶮蔞蔞馥馥芬芬齊謝眺直中書省詩云風動萬年枝
是也周禮弓人職取榦之柀檆也從木皮声臣鍇按爾
道拓為上檍次之依色反柀雅柀檆注曰生江南可作
舡又耐埋枮木也從木沾声臣鍇曰榛木也從木秦
卯是反即今書杉字所銜切声一曰也

側詵反**杘**山樗也從木凥声臣鍇按爾雅栲山樗色小白生山中因名云杘即樗也苦浩切**杶**

木也從木屯声夏書曰杶幹栝栢也臣鍇按字書杶木似樗中車轅實不堪食田巡反**櫄**或從熏臣鍇曰

熏声**杻**古文臣鍇曰杶田旁細也**橁**杶也從木筍声臣鍇按春秋左傳范獻子斬雍門之橁以為公

琴今字書或云即桐也息寅反**桵**白桵棫從木妥声臣鍇按爾雅棫白桵云山中木也藂生有刺實如耳璫

紫赤可啖儒佳反**棫**白桵也從木或声于憶反**⿰木息**木也從木息声臣鍇按字書息木名也消式反

椐樻也從木居声臣鍇按爾雅椐樻注曰木腫節可為杖遺如反**樻**椐也從木貴声求位反

栩杼也從木羽声其實皁一曰樣臣鍇按爾雅栩杼注曰杼樹也皁赤曰皁斗俗謂之橡可染皁故曰皁杼

赤栗之屬莊子曰狃公賦杼是也訓柱反

柔 栩也從木予声讀若杼直序反古文柔字

樣 栩實從木羕声臣鍇曰今俗書作橡莊子徐无鬼居于深山拾橡栗而食似獎反

杙 劉劉杙從木弋声臣鍇按爾雅劉劉杙注曰劉子生山中實如梨酢甜核堅出交趾以即反

枇 枇杷從木比声皐宜反

桔 桔梗藥名從木吉声臣鍇按本草桔梗主匈脅痛補血氣除寒熱一莖直上三四葉相對似人參故曰直木經節反

柞 木也從木乍声增絡反

枰 木出橐山從木乎声臣鍇按山海經云橐山多構木不言杼吐都反

榗 木也從木晉声詩曰榛楛濟濟臣鍇按說文無榛字此即榛字也子賤反

橪 酸小棗從木然声一曰柔也臣鍇按上林賦枇杷然柿橪之言柔也人善反

檖 欐也從木㒸声詩曰隰有樹檖臣鍇按爾雅檖

赤羅注曰今楊檖實似**椵**木可作牀几從木叚聲讀若
棃而小酢可食夕醉反賈臣鍇按椵亦楸梓之屬古
謂生搨亦為几故言伏几伏几即人**槵**木也從木惠
手所凭者也伏膺之几也格雅反聲迴桂反
楛木也從木苦聲詩曰榛楛濟濟臣鍇按周禮楛可
為矢周武王克商肅慎氏來獻楛矢石砮桓土反
杒木也從木乃聲**櫇**木也從木頻**樲**酸棗也從木
讀若仍而冰反聲婢民反貳聲臣鍇按
爾雅樲酸棗注**梢**木也從木肖聲臣鍇按梢樹枝末也
實小味酢仁至反爾雅梢梢櫂注曰謂木無枝柯擢長
而殺楚辭蔛構櫹**⿰木隸**木也從木隸**⿰木乎**木也從木乎
楙之可傷鐘巢反聲婁惠反聲錄設反
梭木也從木夋**⿰木畢**木也從木畢**楋**木也從木剌
聲蘇徊反聲卑聿反聲動過反

枸　木也可為醬出蜀從木句声臣鍇按史記注説枸木義多唯顏師古曰子形如桑葚緣木而生味尤辛宕渠有之俱取反

樜　木出發鳩山從木庶声臣鍇按山海經注發鳩山在上黨郡長子縣西今潞州山海經云山多柘木作柘字音同之射反

枋　木可作車從木方声臣鍇按字書枋檀木也又蜀人以木偃為枋晋有地名枋頭周禮以為柄字府昌反

橿　枋也從木畺声一曰鉏柄名臣鍇按橿一名土橿此名橿則類堅緻之木也今俗人尚謂鉏柄為鉏橿九商反

樗　木也以其皮裹松脂從木雩声讀若華臣鍇按此即今人書樺字今人以其皮卷之然以為燭裹松脂亦所以為燭也戶化反

檴　或從蒦臣鍇曰獲蒦声

檗　黄木也從木辟声臣鍇曰即今藥家用黄檗也出金州人麥反

梤　木也從木芬声臣鍇按字書云香木也文皇時有中

書舍人令狐德芬弗羣反

榝 似茱萸出淮南從木殺声臣鍇按爾雅注榝似茱萸而小赤色踈快反

槭 木可作大車輮從木戚声臣鍇按字書又木殖落皃臣按潘岳秋興賦曰庭樹槭以灑落是也即肉反

楊 木也從木昜声猶良反

檉 河柳也從木聖声敕貞反

柳 小楊也從木丣声丣古文酉力九反

𣝣 大木可為鉏柄從木𡨄声詳遵反

欒 木似欄從木䜌声禮天子樹松諸侯柏大夫欒士楊臣鍇曰欄木蘭也樹皆謂家樹也蕀䓊反

移 棠棣木從木多声臣鍇按爾雅棠棣移注曰移似白楊江東呼夫移以支反

棣 白棣也從木隶声臣鍇按爾雅唐棣注曰山中棣樹子似櫻桃可食笛帝反

枳 木似橘從木只声臣鍇按即藥家枳殼也古云枳棘非鸞鳳所棲潘岳作閑居賦曰芬枳樹離真彼反

檹

梓也從木奇楓木厚葉弱枝善搖一名欇從木風声臣
声於离反鍇按爾雅楓欇欇山海經黄帝殺蚩尤
棄其桎梏為楓木今人謂其上瘤為欇欇遇
風雨則長或長三四尺亦曰楓人府通反權黄華木從木雚
声臣鍇按爾雅權黄英柜木也從木巨声臣鍇按爾雅
郭璞云未詳衢負反楥柜柜柳注未詳俱取反
槐木也從木鬼穀楮也從木㱿楮穀也從木者
声户隈反声孤速反声抽暑反
檵或從𢇍枸杞也從木繼省声一曰監木也杞枸
宁作檵臣鍇按爾雅杞枸檵也巳惠反杞
也從木巳声臣鍇按枸杞多生荒域坂岸之上故春枒
秋左傳曰我有圃生之杞兮言非其宜也乞以反
木也從木牙声一曰車軸會也臣鍇曰枒即枒木左思吳
都賦所謂枒葉無陰又車軸會記車輪外輞也謂之牙以

其穹隆相接若牙齒之相入也五加反 檀 木也從木亶声特冊反 櫟 木也從木樂声連的反

梂 櫟實一曰鑿首從木求声臣鍇按爾雅櫟實曰梂注云有梂彙自裹也鑿柄也虔柔反 棟 木也

從木東声郎雹反 檿 山桑也從木厭声詩曰其檿其柘臣鍇按爾雅檿桑山桑中弓車轅國語檿弧箕服

是也令人以為彈炯嗛反 柘 柘桑也從木石声之射反 㮝 木可為杖從木厀声臣鍇曰即㮝栗之屬

息逸反 檈 檈味稔棗從木還声臣鍇按爾雅注檈味短味也爾雅不從木邪沿反 梧 梧桐木從

木吾声一曰櫬阮狐反 榮 桐木從木熒省声一曰屋梠之兩頭起者為榮子兵反 桐 榮也從木

同声田風反 橎 木也從木番声讀若樊複喧反 榆 木白枌從木俞声羊朱反 枌 榆也從木

分声臣鍇按爾雅榆白枌注曰枌榆先生葉却着莢皮色
白西京雜記曰漢太上皇祭枌榆之杜也謂樹以枌榆扶
云梗山枌榆有朿莢可為蕪荑也從木更声臣
反鍇曰東音剌蕪荑即榆莢所為也根杏反樵散木
也從木焦声臣鍇曰散木不入于
用也莊子曰樗散材也自起反松木也從木公
声似逢反㮤
松或從容臣鍇曰從容声樠松心木從木㒼声臣鍇曰一名松
心春秋左傳曰樠木之下沒圜反檜
栢葉松身從木會声古最反樅松葉栢身從木從声臣鍇按文子曰
老子師常從子李暹注曰言如樅之
常不凋思峯反柏鞠也從木白声臣鍇按爾雅柏椈
注曰禮記鬯曰以椈也不白反机木也從木
几声臣鍇按山海經單狐山多机木注曰
似榆可燒以糞稻田出蜀中音飢謹羨反枯木也從木
占声先廉

反
梇木也從木弄声益州有梇棟縣臣鍇曰益縣蓋因
此木為名也許慎所稱縣名皆謂與字義相涉則
引之皆後漢之制後代改易蓋
非臣末學所能盡詳也曾棟反
楰鼠梓木從木臾声詩
曰北山有楰臣鍇按
爾雅注楸屬
也羊朱反
桅黄木可染者也從木危声臣鍇按史記
貨殖傳卮茜子又書記多言鮮支皆此
旬委
反
杒杒也從木刃声臣鍇按
字書桎杒木名爾吝反
𣝗榙𣝗木也從木
遝声臣鍇按字
書榙𣝗木黑
似李道合反
榙榙𣝗木從木荅声
讀若遝他合反
某酸果從甘闕臣
鍇按尚書唯爾
元孫某禮記曰孝王某某某者未定之位宅也酸果故從木
甘非声蓋亦果之酸甘也許慎不聞于師故闕之也莫厚
反
槑古文某
從口
櫾崐崘河隅之長木也從木繇声臣鍇
按穆天子傳曰天子乃釣于河水觀

姑繇之木注曰大木也在崐崘哀淑人之丘齊謝莊宣貴
妃誄曰涉姑繇而環回望樂池而顧墓或疑莊認木為水
臣鍇按潘岳射雉賦涉青林以游覽是亦木也又尚書厥
草惟繇又國語曰拱木不生危又山海經顓項太子長琴
居搖山尺言𣛙皆木 樹 木生植之揔名從木尌声臣鍇
高大之名延秋反 曰樹之言豎也故詩傳曰夏后
樹誠周禮有井樹謂 尌 籀文 本 木下曰本從木一在其
井之周幹也時遇反 下臣鍇曰一記其處也
與末同義指 古文臣鍇曰 木根從木氐声臣鍇
事也補忖反 本 㗊固其本也 柢 曰華葉之根曰蔕樹
之根曰柢音 朱 赤心木松栢屬從木一在其中臣鍇曰
同也的替反 赤心木之總也一者記其心棗木亦然
此亦與本末同義 根 木株也從木 株 木根也從木朱
指事也專扶反 艮声狗痕反 声臣鍇曰入土

曰根在土上者曰株劉向列女傳曰智伯之園
多株不便于馬范氏之子謂代之也輟須反
末　木上曰末從本一其上也臣鍇曰指事也門撥反
㮨　細理木也從木畟声臣鍇按字書㮨木似松張衡南都賦亦言之也煎弋反
果　木實也從木象果形在木之上臣鍇曰樹生曰果故在上也指事骨朶反
橾　木實也從木喿声臣鍇按橾即果之一名也此鄭玄云無皮殼曰橾也喿力箠反
杈　杈枝也從木叉声臣鍇曰岐枝木亦可以覺舡亦以刺魚潘岳西征賦曰垂餌出入挺杈來往是也莊子曰杈挐逆立挐亦杈也初牙反
枝　木別生條從木支声臣鍇曰自本而分也故曰別生會意章移反
朴　木皮從木卜声臣鍇曰今藥有厚朴一名厚皮是木之皮也古質朴字多作樸坡岳反
條　小枝也從木攸声臣鍇曰自枝而出也笛

遾反

枚 榦也從木攴可為杖詩曰施于條枚臣鍇曰自條而出也故尚書曰枚卜功臣言一一卜之也今人言一枚二枚春秋傳曰以枚數闔枚馬鞭也言以馬鞭數門扇之版也此字會意莫惟反

栞 槎識也從木𢀜声夏書曰隨山栞木讀若刊臣鍇曰木識謂隨所行林木斫其枝為道記識也𢀜蓋其斫木低折狀許慎言闕無聞于師也隨其行山路栞之也史記述黄帝披山通道是也指事刻二反

栞 篆文臣鍇曰亦指事也

欇 木葉搖白也從木聶声臣鍇曰謂木遇風而翻見葉背背多白故曰搖白也楓木一名欇欇義出于此也真聶反

栠 弱皃從木任声臣鍇按詩曰荏苒柔木又今人謂根長竹褭竹為栠音近拈字上声是栠者橈弱之意也而沈反

枖 木少盛皃從木夭声詩曰桃之枖枖詩曰愷風自南吹彼棘心棘心夭夭毋氏劬勞言棘

心所以扶扶臣鍇曰謂草木始生未幾得地力而先長大故詩曰愷風自南吹彼棘心棘心夭夭毋氏劬勞言棘心所以遠長者以得愷風也子所以速大者以母劬勞而養之也尚書曰厥草唯夭又詩曰挑之夭夭亦喻女子在家形体曰盛長也夫物禁越衆而速大故亦謂短折者為夭也殷喬反

槇　木也從木眞声一曰仆木也臣鍇按槇樹杪也按尚書若顛木之有白枿本作此作顛假借也仆顛仆也的烟反

梃　一枝也從木廷声臣鍇曰梃者獨也梃梃然勁直之皃也留頂反

驫木　衆盛也從木驫声逸周書曰疑沮事闕所猻反

標　木標末也從木票声臣鍇曰又平声人多言標置言若樹杪之高置也標之言表也春秋左傳謂路旁樹為道表謂遠望其標以知其道也畢抄反

杪　木標末也從木少声臣鍇曰杪之言抄小也彌小反

朵　樹木垂朵朵也從木

象形此與𥝌同意而下垂臣鍇曰今謂花為一朶亦取其下垂也此下從木其上几無音但象其垂形無声非全象形權而言之則指事也𥝌字亦下從木上從人手爪𥝌顛之言𥝌字則木上實手爪字有声此朶則木上直象下垂耳无声故曰與𥝌同意而下垂明下畫同也指事㒸果反

梎高木也從木皀声臣鍇曰按嶺南有桄榔為木高又檳榔无柯實生其巔其名皆取高木之義高猶巖廊亦高屋也勤當反

橺大木皃從木閒声臣鍇按春秋左傳晉人謂鄭曰執事橺然授兵登陴將以誰罪橺者勁𢧵之皃與此字同者然則此亦木之高勁也苟限反

枵木皃從木号声春秋傳曰歲在枵玄枵虛也臣鍇按爾雅玄枵虛星也子位之次始于女八度終危九度凡三十二度枵虛耗之名也北方主冬木皆虛盡故曰枵故從木色黑故曰玄至丑而陽著木生也尤嬌反

柖 樹搖皃從木召声臣鍇曰亦樹動皃真遥反 **榣** 樹動從木䍃声臣鍇曰物之易搖無易于木故

木之動搖目為一字也延朝反 **樛** 下句曰樛從木翏声臣鍇按詩南有樛木傳曰木下曲也爾雅作朻今松

栢及桑隱崖岸者性多縶飢酬反 **朻** 高木也從木丩丩亦声臣鍇按爾雅木下句曰朻上句曰喬詩樛木

則作樛字按此則爾雅借朻為樛依詩為正也飢酬反 **枉** 衺曲從木𡉚声臣鍇按荀卿子曰良醫之門多

病人隱栝之側多曲木也隱栝即矯枉矯揉也謂揉曲使直也迂賞反 **橈** 曲也從木堯声臣鍇按周易曰

大過棟橈也棟橈棟曲也獰教反 **枎** 枎四布也從木夫声臣鍇曰謂樹枝葉四布也凡無反 **檹**

木檹施從木旖声賈侍中說檹即椅木可作琴于离反 **⿰木小** 相高也從木小声私兆反 **⿰木囟** 高皃從木

曶声呼兀反 槮 木長皃從木參声詩曰槮差荇菜是也臣鍇按楚辭曰蒯構橚槮之可哀參差荇菜不齊

之皃非此槮字之義當言讀若詩曰無讀若字寫失之師今反 橚 長木皃從木肅声吏卯反 杕 樹皃

從木人声臣鍇按詩傳樹特生皃故曰有杕之杜生于道左是也笛計反 □ 木葉陊從木𠂢声讀若薄臣鍇

按詩曰十月殞籜古當用此□字但古今字異此亦字今之所難行也他作反 格 木長皃從木各声臣鍇曰

亦謂樹高長枝為格故庾信小園賦曰草樹混淆枝格相交又信詩長藤連格從鉤索反 槷 木相摩從木埶

声臣鍇按爾雅木相磨曰槸注曰謂樹皮相切磨也魚世反 槸 或從蓺作 枯 槀也從木古声夏書

曰唯箘輅枯木名也臣鍇曰槀音考困手反 槀 木枯也從木高声刻保反 樸 木素也從木菐声臣

鍇曰按土曰坏木曰樸尚書曰若作梓材既勤樸斲惟其塗丹雘于岳反

楨 剛木也從木貞声上郡有楨林縣臣鍇曰亦築墻兩頭橫木也尚書曰峙乃楨幹陟倩反

柔 木曲直也從木矛声然尤反

柝 判也從木𣂷声易曰重門擊㯻臣鍇曰㯻亦柝也故云判春秋左傳曰魯擊柝聞于邾謂判兩木夾于門為機相擊以警夜也今荒戍多叩故以持更蓋其遺象他作反

朸 木之理也從木力声平原有朸縣臣鍇按石之理解為泐與此義同郎忒反

材 木梃也從木才声臣鍇曰木之勁直堪入于用者故曰入山掄可為材者人之有才義出于此錢來反

柴 小木散材從木此声臣鍇曰散材謂不入屋及器用也故春秋左傳曰輿曳柴又禮燔柴又勝國之社柴其上故曰散無所樸斲也士佳反

榑 榑桑神木日所出也從木尃声臣鍇按呂氏春

秋淮南子山海經漢武內傳東方朔十洲記皆曰榑主海東日所出山海經曰九日出下枝一日生上枝十洲記曰以其樹兩相扶故曰扶桑葚如中國桑葚而金色作扶字吕氏曰東至榑木臣鍇按淮南子曰鄉則作此榑字凡無反

杲 明也從日在木上讀若槀臣鍇按淮南子曰日拂于扶桑是謂晨明故東字日在木中登于扶桑是謂朏明匪故杲字日在木上詩曰杲杲出日也史記天官書曰日晡則反景上照于桑榆間故杳字日在木下杳冥也會意烏皓反

杳 冥也從日在木下倚了反

[木卻] 角械也從木卻声一曰木下白也臣鍇曰以角為器

栽 築牆長板從木𢦏声春秋傳曰楚圍蔡里而栽臣鍇按春秋左傳曰土功之事水昏正而栽謂始立楨榦及版築之也其逆反也又栽植也耶莱反

築 擣也從木筑声陟祝反

[古文築] 古文臣鍇曰畐愊竹声

榦築牆耑木也從木倝声臣鍇曰築牆兩旁木也從以制版者根岸反

檥幹也從木義声臣鍇按許慎音為乂史記注曰整船向岸曰檥古謂馬口旁鐵為轙義與此整舡之檥同也研之反

構蓋也從木冓声杜林以為椽桷之字臣鍇曰蓋凡蓋皆名也杜林說文字者杜業之子也椽屋椽也格漚反

模法也從木莫声讀若嫫母之嫫臣鍇曰以木為規模也門胡反

桴眉棟名從木孚声臣鍇按爾雅棟謂之桴注曰屋檼臣鍇按隱音殷字云声令人亦呼為檼謂屋前後檐橫棟也眉楣同也附柔反

棟極也從木東声得貢反

極棟也從木亟声臣鍇按極屋脊之棟也今人謂高及甚為極義出于此亦謂之危春秋後語魏人將殺范痤范痤登危而謊是也其息反

柱楹也從木主声直主反

楹柱也從木盈声春秋傳曰丹桓宮楹

臣鍇曰盈之言盈盈無對立之狀古詩曰迢迢牽牛星皎皎河漢女盈盈一水間脉脉不得語也亦征反

樘　邪柱也從木堂声臣鍇曰樘之言牚也王延壽靈光殿賦曰枝牚杈牙而斜據是也澄庚反

榰　柱砥古用木今以石從木耆声易榰恒凶是臣鍇曰即柱下根也按周易恒卦上六振恒凶王弼云振動也今許慎言榰則孟氏所注易文故不同章移反

楶　欂櫨也從木咨声臣鍇按爾雅栭謂之楶謂梁上短柱上承屋脊者管仲山楶藻梲蓋刻此柱為山形畫兩旁枝梧木為水藻之又今尚謂此短柱為屋山也楶者直立之意即血反

楯　闌檻也從木盾声樹忍反

櫨　柱上柎也從木盧声伊尹曰果之美者箕山之東青鳧之所有甘櫨焉夏熟也一曰宅櫨木出弘農山也臣鍇曰今謂草木枝耑華房之蔕為樹此櫨象之即今之斗也自伊尹下出

吕氏春秋一曰以下山枅屋櫨也從木幵声臣鍇曰斗
海經所載也論孤反　上横木承棟者横之似笄也
古兮栵栭也從木𠛱声詩曰栭屋枅上標從木而声
反　其灌其栵良薛反　爾雅曰栭謂之䈂臣
鍇按爾雅栭即楮也又字檼棼也從木㥯橑椽也從
書小栗為栭栗恐伊反　声于靳反　木尞声
臣鍇按史記褚少孫東方朔傳曰後重橑中有物出謂大
屋廡下椽自上峻下則自其中棟假裝其一旁為椽使若
合掌然故曰重橑有老寮二桷榱也從木角声春秋傳
音在車蓋上亦同也勒抱反　曰桓宮之桷椽方曰桷
臣鍇按劉熙釋名曰桷椽椽也從木彖榱秦名為屋
确堅而直也江岳反　声纏專反　椽周謂之
榱齊謂之桷從木衰声臣鍇按春秋刻桓宮桷又在左傳
曰齊子尾抽桷擊扉三慶封將死猶援廟桷動于甍至宋

伐鄭則曰取桓宮之椽歸為盧門之椽桓宮鄭廟也以此知齊魯謂之桷也所追反

楣　秦名屋檐也齊謂之檐楚謂之梠從木眉声臣鍇按爾雅楣謂之梁謂門上橫梁也眉猶際也閭之反

梠　楣也從木呂声力舉反

[illegible]　梠也從木㿝声讀若枇杷之枇臣鍇曰按梍即連檐木也在椽之耑際班固西都賦曰鏤檻文梍是也皁宜反

櫋　屋櫋聯也從木邊省臣鍇曰櫋亦梍也楚辝九歌曰擘蕙櫋兮既張是也茉田反

檐　梍也從木詹声臣鍇按爾雅檐謂之樀今俗書作簷羊廉反

橝　屋梠前也從木覃声一曰蠶槌田南反

樀　樀也從木啻声爾雅曰檐謂之樀樀朝門讀與滴同臣鍇曰據許慎指曰朝門之檐也顛狄反

植　戶植也從木直声臣鍇按爾雅植謂之傳傳謂之挾注謂戶持鎖植也植即門戶之橫鍵所穿木也鏁所捫焉故謂

之挾挾者為横杠所唐突也神息反植或從置臣鍇曰植置亦声樞戶樞也從木區声尺夫反

槏戶也從木兼声若減反樓重屋從木婁声勤兜反櫳房室之疏也從木龍声臣鍇曰疏即窻也櫳者言若禽獸之籠然臣以為小曰窻闊遠曰櫳來充反櫺楯閒子也從木霝声臣鍇曰即今人闌楯下為横櫺也故班固西都賦曰伏櫺檻而俯聽以版為之曰軒通名曰檻今人言窻櫺亦是也連丁反

杗棟也從木亡声爾雅曰杗廇謂之梁臣鍇按爾雅注屋大梁也勿強反棟短椽也從木東声臣鍇曰今大屋重撩下四隅多為短椽即此也田錄反杇所以塗也秦謂之杇關東謂之鏝從木亏声臣鍇按春秋左傳鄭子産說晋文公為政杇人以時填館宮室春晋鄭接也今江淮間杇為鏝即關東也宛都反槾

杇也從木曼声臣鍇按今人猶謂為泥槾也没團反

椳門樞謂之椳從木畏声烏恢反

楣門樞之横梁從木眉声臣鍇曰門楣横木門上樞臯所附或亦連兩臯為之以眉門楣也莫另反

欂壁柱從木薄省声臣鍇曰即壁中小柱西京雜記謂之壁帶班固西都賦謂之落帶所謂落帶金釭也今人謂之破間柱平碧反

梱門橛也從木困声臣鍇曰謂門兩旁挾門短限今人亦謂門限可以施其兩旁謂之檐限古者多乘車故門限必去之也古者君命將出師曰梱以外者將軍制之是也梱猶款也款如也謂人物出入多觸扣之也孟子曰陳仲子梱屨而食謂織屨畢必以木椎叩之使平易也苦衮反

榍限也從木屑声臣鍇曰榍所以為限閡也息切反

柤木閑從木且声臣鍇曰閑閑也柤之言阻也側巴反

槍歫也從木倉声一曰槍攘也臣

鍇按司馬遷書曰見獄楗限門也從木建声臣鍇曰門
吏而頭槍地楮常反關也所以限門之關也老子
曰善閉无關櫼楔也從木韱声臣鍇曰謂簪也楔也此
楗其獻反即今俗從小上大下為櫼字精廉反
楔櫼也從木契声臣鍇按此即櫼也爾雅棖謂之楔注
曰門兩旁木柣即今府署大門脫張者兩旁斜柱兩
木于橛之耑是也蓋振亦呼為栅編樹木從木
楔與許慎所言櫼別也息切反冊声叉側反杝落也
從木也声讀又若他臣鍇按詩曰伐木椅矣析薪欜夜
杝矣箋云杝謂觀其理不欲妄挫之也池倚反行
所擊者從木槖声易曰重門擊欜臣鍇按桓亭郵表從
今周易作柝唯周禮作此欜字他作反木亘声臣
鍇曰亭郵立木為表交木于其耑則謂之華表言若也華
古者十里一長亭五里一短亭郵過也所以止過客也表

雙立為桓周禮云執桓圭鄭玄以為若宮室象則謂若雙立之柱也桓又作瓛瓛則馬口吻旁雙鐵此珪文亦似雙鐵也戶寒反

楃　木帳也從木屋声臣鍇曰木為帳匡也乙卓反

橦　帳柱也從木童声臣鍇曰亦謂旌旗之幹也宅邪反

杠　牀前横木也從木工声臣鍇曰即今人謂之牀桯也又對舉也溝尨反

桯　牀前几從木呈声臣鍇曰几所凭也今言牀桯義出于此他寧反

桱　桱桯也東方謂之蕩從木巠声臣鍇曰桯即横木也桱勁梃之皃也今東方關東江淮謂杉木長而直為杉桱是也古零反

牀　安身之几座也從木爿臣鍇曰牀即以安身也春秋左傳曰遂子馮僞病掘地下冰而牀焉至今恭坐則搨也故從木爿則牀女章反字所從疾字之旁象人之斜身有所倚著實不成字至于牆牂牀並從牀字之省形並在右其左並曰声李陽冰妄言木

字右旁為片云爿音牆且說文並无爿字又爿從爿與字
殊異又片字直而爿字斜歆則陽氷之謬妄不言可悉也
會意乍
莊反

枕
臥所薦首者從
木冘声之枉反

椷
椷窬褻器也從木咸声
臣鍇按史記注椷窬即
廁中行清器也窬音竇臣又按釋名行清即糞槽謂之清
者言其穢汙當常清除之也一曰椷竇即虎子溲器也人
君謂之虎子西京雜記李廣與兄射獵冥山之北見伏虎
一矢中之以其頭為溲器今人鑄銅象之為溲器示服猛
也又史記張騫傳匈奴破月支取其虜
頭為飲器亦溲器也椷言穢也迂歸反

櫝
匵也從木賣
声一曰木名
又曰櫝木枕也臣鍇按論語曰有美玉於斯韞櫝而
藏諸又韓子曰鄭人賣珠為薰之桂櫝是也駝谷反

櫛
梳比之總名也從木節声臣鍇按
周禮節作櫛櫛之言積也阻瑟反

梳
理髮也從木疏省
声臣鍇曰當言從

木疏省疏亦声傳寫脱腜梳之言導也色居反

㭘劍押也從木合声臣鍇曰押匣字也亦謂之鋏楚辭曰帶長鋏之崔嵬是也芴搯反

槈薅器也從木辱声臣鍇曰薅音蒿即耘田也槈其器也以意作奴姤反

鎒或作從金

欋臿也從木入象形䀠声也臣鍇曰䀠音懼也卷于反

芣兩刄臿也從木丫象形宋魏曰芣也臣鍇曰臿即鍬鍤字也兩刄形不成字此字難以象形又近于指事牙瓜反

釫或從金于臣鍇曰于声

耜臿也從木㠯声一曰從土輂齊人語臣鍇曰㠯即以字也詳紀反

梩或從里臣鍇曰里声周禮曰周人輂加載一梩是也

枱耒耑從木台声臣鍇曰即耜双也弋之反

鈶或從金台声

辝籀文從辝臣鍇曰從木辝声

楎六叉犂一曰犂上曲木犂轅從木軍声讀若緯或如

渾天之渾臣鍇曰今開荒之犂又有歧刃也輚即犂柄也戶昆反

櫌摩田器從木憂声論語曰櫌而不輟臣鍇曰謂布種後以此器摩之使土開發處復合以覆種也衣尤反

欘斫也齊謂之鎡錤一曰斤柄性自曲者從木屬声臣鍇按爾雅注掘钁也孟子雖有鎡錤不如待時趙岐注云鎡錤田器也孟子齊梁之人也周禮曰一宣有半謂之欘注云欘斵斤也柄長二尺輟續反

櫡斫謂之櫡從木著声竹勺反

杷收麥器從木巴声臣鍇按杷者所以聚也字書曰一名渠拏蒲牙反

椴種椴也一曰燒麥柃椴從木役声臣鍇按字書又小矛也與辟反

柃木也從木令声連丁反

柫擊禾連枷也從木弗声臣鍇按國語管仲說農曰權節其用耒耜芟枷注曰枷拂也所以擊草附弗反

枷拂也從木加声淮南謂之柍間巴反

杵

舂杵也從木午声臣鍇按舂字注午杵也臣以為午者
直舂之意此當從言午午亦声無亦字脫誤也嗔仲反
槩杚斗斛從木既声臣鍇曰杚憂摩杚平也從木气
之也此即斗斛量槩也苟代反声臣鍇曰杚
即槩也摩之使平也杚之楷木參交以枝炊䈞者也從
為槩杚其器名也古沒反木省声臣鍇按字書䈞所
漉米也柶禮有柶柶匕也從木四声臣鍇桮䀇也從
息朿反曰禮柶所以楔齒也棗次反木否声
臣鍇按䀇音貢小桮𠥻籀文槃承槃也從木般声臣鍇
之別名也脯隈反文按西京雜記中山王文
木賦曰製為槃杅釆鎜古文臣鍇按春秋左傳季孫宿
既踟蹰也別安反伐齊取其鍾以為公盤是盤亦
以金為盤籀文榹槃也從木虒声臣鍇按爾案几
之也從皿雅榹亦挑名也則欺反屬

從木安声臣鍇曰案所凭也烏旰反

檈 圜案從木瞏声臣鍇曰圜案謂案曲抱者邪沿反

椷 篋也從木咸声臣鍇曰木篋也函屬于咸反

枓 勺也從木斗声臣鍇按字書枓斗有柄所以斟水拙庚反

杓 枓柄從木勺声臣鍇曰北斗之柄第一星取此為名杓猶標也片幺反

櫑 龜目酒樽刻木作雲雷象施不窮也從木畾畾亦声臣鍇曰龜目所以節畫也若今禮尊有黃目是也史記梁孝王有櫑尊誡後也菩保之櫑者圜轉之義故曰不窮畾者本象其畫文故曰畾亦声指事來堆反

罍 櫑或從缶臣鍇按爾雅盎謂之缶注曰盆也畾器之大者故又象作缶也春秋左傳曰瓶之罄矣惟罍之恥瓶常稟受于畾也

櫑 櫑或從皿畾臣鍇曰皿其器也

罍 籀文櫑從缶回臣鍇曰回雷之象也

椑 圜榼也從木卑声頻奚反

榼酒器也從木盍声臣鍇曰榼之為言盍也枯蹋反　橢車笭中橢橢器也從木隋声臣鍇曰笭車底簣也隋者器長狹中廣而未殺也此器似之禿頗反　槌關東謂之槌關西謂之持從木追声臣鍇曰今江淮謂之槌此則架蠶薄之木也池瑞反　㭙槌也從木特省声臣鍇曰特特近今之旁紐古者質也知白反　栚槌之橫者也關西謂之撰從木灷声臣鍇曰其立者謂之槌橫者謂之栚陳柱反　槤瑚槤也從木連声臣鍇按書傳夏之四璉殷之六瑚周之八簋周禮考工記夏人上匠殷人上梓周人上輿注曰上尊也湯放桀疾禮樂之壞而尊梓里典反　櫎所以几器從木廣声一曰帷屏風之屬是也臣鍇曰櫎之言橫也几者閣也齊謝惠連雪賦曰月承幌而通輝幌即此櫎字胡晃反　椇舉食者從木具声臣鍇曰如食牀兩頭有柄二

人對舉之若檕繘耑木也從木毄声臣鍇曰繘井索
今沭俱燭反也繘耑木所以關汲桶也巳惠反
檷絡絲檷從木爾声讀若柅臣鍇按機主發謂之機
字書絡絲柎也指足也名洗反從木幾声臣
鍇曰尚書曰若虞機張往省栝于度栝箭受弦處也機弩
牙戾也古或以木易曰知機其神乎機事之先見也理之
微也一往而不可庶幾乎顏子改過為善不俟終日改也
時乎時乎時不再來難得而易失者也故曰顏氏之子殆
庶幾乎顏子改過為善不俟終日也故取象于弩牙子
貢謂漢陰丈人曰有機于此一日灌百畦是也居希反
縢機持經者也從木朕声臣鍇曰杼機之持緯者從
此云縢機杼之機也詩澄反木予声直與反
椱機持繒者從木复声臣楥履法也從木爰声讀若
鍇曰椱即軸符秀反楦臣鍇曰織履中模範

也故曰注又籬援多作臣以為援即籬落之柱也所以助
籬故謂之援從手作援木因呼樹木株為援又從木作此
楥字故謝靈運云石門所居激湍植楥又 蠻夷以木
梁簡文帝詩曰風吹梅楥香是也于劵反 核 皮為篋狀
如籢樽之形也從木亥声臣鍇曰籢即鏡匣也今俗作匳
臣鍇按此字又音覈周禮曰其植物宜覈物當作此核字
謂桃梅之屬也又詩曰 棚 棧也從木朋声臣鍇曰棧
肴核惟旅也筲孩反 即棚也棚今俗謂部行反
棧 棚也竹木之車曰棧從木戔声臣鍇曰按周禮士乘
棧車注棧車不革不漆也春秋左傳逢丑父寢于轏
中丑父士也同 栫 以柴木壅也從木存声臣鍇按春秋
此字助眼反 左傳曰秦穆公因晉侯以歸其夫人
穆姬與其太子罃弘女簡璧登臺而履薪焉按謂登臺而
擁以薪自抗絕也蓋以簡璧則列僊傳所謂弄玉也又齊

侯執邾子因諸門臺梓槶筐當也從木國声臣鍇曰當
之以棘是也徂寸反　者底也韓子曰王巵無當天
下足以水無當無底也今俗猶有臣當之言蜀史記諸葛
亮與晉宣帝對壘亮欲挑戰遺之巾槶以激辱之洪則槶
妝匳筐篋之梯木階也從木弟声臣鍇按史記曰無為
屬也古悔反　楇梯梯即階也又山海經曰西王母梯
几而戴勝注曰梯凭也臣以為杖也從木長声一曰
凭則若梯之斜倚著也他帝反棖法也臣鍇按爾雅棖
謂之楔今說文以撥字當桊牛鼻中環也從木𠔉声臣
之故以此棖為杖宅争反　鍇曰以柔木為環以穿牛
鼻也俱便反椯箠也從木耑声一曰揣度也一曰橜弋也
剡也臣鍇曰剡刊削也揣丸果反　從木
厥声一曰門梱也臣鍇按爾雅樴謂之杙注橜也蓋直一
段之木也其初謂之橜弋樴及其入用各因隨所在為名

故曰在地謂之臬臬門限也大者謂之拱長者謂之閤説
文無杙字杙只作弋以此推之則其前所釋名古文式字
注彌復有驗［樴］弋也從木戠［杖］持也從木丈［柭］棓
也瞿月反　声章直反　声直向反　也
從木犮声臣鍇以為此限詩所謂枝葉［棓］梲也從木咅
未有害本實先撥撥字如此北末反　声步項反
［椎］擊也齊謂之終葵從木隹声臣鍇曰終葵椎［柯］斧
之別名也故王珽終葵首作椎形也直誰反　柄
也從木可声臣鍇按周禮注伐木之柯柄［梲］木杖也從
長三尺又太公六韜有大柯斧也更和反　木兌声他
活切又［柄］柯也從木丙［棅］或從秉臣鍇按史記天官
之説切　声鄙命反　書斗柄字多作此或作秉
［柲］欑也從木必声臣鍇按欑即矛戟柄亦謂之廬亦曰
矜周禮考工記秦無廬非無廬也夫人人皆作也臣

謂積竹木謂合竹木為之
也若今之杖多然筆媚反
欑
積竹杖從木贊声一曰穿
一曰藂木臣鍇曰訓穿即

鑽字也藂即音
欑也全丸反
杘
籆柄也從木尸声臣鍇曰籆即
今絡絲籆也杘其柄也敕稚反
柅

杘或從木尼声臣鍇
按周易繫于金柅是也
榜
所以輔弓弩從木旁声臣鍇
曰正弓弩之躰也補事反

檠
榜也從木敬声臣鍇按禮曰操弓不反檠韓
詩外傳曰道可以為人之輔檠是也虔迎反
檃
栝
也

從木隱省声臣鍇按尚書有隱栝之也隱審也栝檢栝也
此即正邪曲之器也荀卿子曰隱栝之側多曲木是也古

今皆借隱字
為之于靳反
栝
檃也從木昏声一曰矢栝築弦處臣鍇
按尚書曰往省栝于度是也古活反

棊
博棊從木其声臣鍇曰棊者方正之名也古通謂博
弈之字為棊故樗蒲之子用木為之也按楚辭菎蔽

象棊有六傳注謂以崑玉作蔽著也即今樗蒲馬也象棊以象牙飾棊今樗蒲矢亦四棊也故曰以六著行立棊為六傳韓子秦昭王使人以鉤梯上華山以松栢為慱箭長八寸是也春秋左傳曰弈者舉棊不定不勝其偶山海經曰帝臺之棊五色而文大如鶉卵是也度知反

椄 續木也從木妾声即攝反

栙 栙雙也從木夅声臣鍇按字書栙雙帆上木也俟邦反

栝 炊竈木從木舌声臣鍇曰添竈木也他念反

槽 畜獸之食器從木曹声殘高反

臬 射準的也從木自声臣鍇曰射之高下準的也魚滅反

桶 木方受六升從木甬声他奉反

櫓 大盾也從木魯声臣鍇按許慎所言櫓即盾也古說尚書武成篇者亦曰血流漂櫓也又城上白露屋亦名為櫓一曰戰敶高巢車亦為櫓也勒古反

樐 或從鹵臣鍇曰鹵声

[illegible] 闌足也從

木付声甫無反

枹　擊鼓杖也從木包声甫無反

樂　五声八音揔名象鼓鞞木虡也臣鍇曰通論備矣逆捉反

椌　柷樂也從木空声臣鍇曰古亦謂之椌揭也苦杠反

柷　樂木工用柷声音為亨從木祝省声臣鍇按字書柷之言始也隻逐反

槧　牘樸也從木斬声臣鍇曰牘樸謂始削麤樸也自淡反

札　牒也從木乙声臣鍇曰牒亦木牘也側滑反

檢　書署也從木僉声臣鍇曰書函之蓋也三刻其上繩緘之然後填以泥題書而印之也大唐開元封禪禮為石函以盛玉牒用石檢也其閃反

檄　二尺書從木敫声臣鍇按檄徵兵之書也漢高祖曰吾以羽檄徵天下兵有急則插以羽也又爾雅木無枝為檄注檄擢直上也顛狄反

棨　傳書也從木啓省声臣鍇按宋書王曇首曰臣不見白虎幡銀字棨是也然則棨幡也崔豹古今注有信

旛以傳詔命一曰棨戟衣也溪稱反

楘　車歷録束交也從木敄声詩曰五楘梁輈臣鍇曰謂車輈上木也門逐反

枑　行馬也從木互声周禮曰設梐枑再重臣鍇按周禮掌舍之職也注曰若今之行馬也臣鍇謂此所以為衛也漢魏三公門施行馬枑者交互其木也渾素反

梐　梐枑從木陛省声比晃反

极　驢上負也從木及声讀若急臣鍇按今人為木牀以跨驢首以負載物即古之极也古人多言負笈謂自負之也极即笈字极之言篋也其輒反

⿰木去　极也從木去声遣如反

槅　大車枙從木鬲声臣鍇按張衡西京賦曰商旅連槅是也溝厄反

橾　車轂中空也從木喿声讀若藪臣鍇曰車轂中貫軸處也周禮作藪假借也數鵝反

楇　盛膏器從木咼声讀若過臣鍇按古者車行其軸當常滑易故常載脂膏以塗軸也此即其器也故春秋

後語淳于髡說鄒忌曰豨膏棘軸所以爲滑棘即棗亦堅緻滑易之木也周禮牛羊屬爲脂豕屬爲膏又齊人謂淳于髡爲炙輠謂其言長而有味如炙輠器雖久而膏不盡也骨朶反

柳　馬柱從木卬声一曰堅也臣鍇按陳壽蜀書督郵以公事詣蜀先主縣主謂之不見解綬縛督郵柳又晉王謐縛宋武帝于馬柳今京師有馬柳洲也謂之柳者旁有一栈卬起也我亢反

椢　椢斗可射鼠從木固聲臣鍇按此即今人鑿木爲斗上施柄安弓爲機以射鼠是也椢之言錮也護也骨度反

欙　山行所乘者從木纍声虞書曰予乘四載水行乘舟陸行乘車山行乘欙澤行乘軕臣鍇按經傳說四載甚多紛紜不定史記曰陸行乘車水行乘船泥行乘橇山行乘檋孟康注橇形如箕擿行泥上如淳曰橇音茅蕝之蕝謂以版置泥上以通行路徐廣曰檋一作橋音丘遙反如淳曰檋謂以

鐵如錐頭長半寸施于屐則不如跌此其昭顯也臣鍇按
字書橇音蹻蹻蹻行臣以為今優戲有踏蹻為木脚以行
禹既為司空則不當如此屐危苦版置泥上以通行器泥
少則車能涉之泥長則運其版者不亦勞乎版上又當乘
車孰若乘軌以行泥之易乎若如淳所言屐下施鐵錐
即今之木屐耳何謂乘乎以行山土猶可以行山石鐵錐
復何以安之謝靈運古之巧性者世間器用多所改易以
從簡人好山行但作去齒之屐耳若橇為便易靈運便應
為之而不作乎則孔安國所說許慎同山行乘樏臣謂以
纍索系木以自固而行晉鄧艾伐蜀以氈自裹縣繩以墜
是也輴即輴也若下棺車而無旁壁及蓋凡行深泥有輻
即礙故此輴全木為輪而無輻利以行泥若今曳木石拖
車然故周禮曰凡為輪行澤者欲杼注杼謂削薄其踐地
曰杼以行澤則是刀以割塗也是故塗不附是也塗泥也

是古有泥之車也故後漢馬少游云下澤車臣鍇以為史
記所言檋音枸即近周禮所言輂車謂以索木自周固使
人輂之以行也則是安國所言欙也橇字從毳亦應不可
音毳也此形声言之亦音當近輴安國所言軓也如此則
史記所說四載與安國同但師說口傳而文字異故致孟
康如淳妄解之也臣又按仙書有乘毛車以度弱水毛毳
也又抱樸子有步蹻法故僊書有龍蹻經謂近天有剛氣
可以勝人為術以步之也如此之說雖近終未可通于傳
書曰臣鍇不敢述也司馬遷在漢武帝時舊周之史氏其
為學也最傳其游行也最周又考以方國之語故老之記
而孔安國親承聖人之後其為學也詳慎其為尚書傳曰
與史遷異處而暗同其為說合今古之情理至唐太宗文
武皇帝詔儒臣為孔氏尚書正義列于學官百家不能易
臣以為許慎居後漢之末抑諸家之雜說從安國之雅言

居七百年之前而暗合後聖自非沮誦降靈命世其孰與此乎力龜反

榷　水上横木所以渡者也從木隺声臣鍇曰此即今所謂水彴橋也榷之言罩也人謂粗略而舉之謂之揚榷也江岳反

橋　水梁也從木喬声臣鍇曰橋之言趫也矯然也又象人之趫捷能跨越也佉昭反

梁　水橋也從木從水刄声臣鍇曰刄音創或曰石渡水為梁詩曰弊笱在梁此皆謂長岸入水或以之渡或以遏水取魚又詩造舟為梁即今浮橋也三者雖異其横為梁之義則同古蓋未有跨水之橋故六韜有飛杠以越大水即今之橋可以施可以設者張衡思玄賦曰豆驪龍之飛梁是也又星梁釋名曰梁者屋梁也其絶水之梁義同栁昌反

㳻　古文臣鍇曰從兩木一梁之中横象從水指事

[木叜]　舡揔名從木変声臣鍇曰今俗言舡一梭也素叨反

橃　海中大舡從木撥省

聲扶月反

楫舟櫂也從木咠聲臣鍇曰櫂音棖效反即橈也節攝反

欚江中大舡名從木蠡聲蓮弟反

校木囚也從木交聲臣鍇按校者連木也易曰荷校滅耳此桎也荷校滅趾梏也又漢書校獵謂連接木以闌禽獸又軍中有校隊亦是也木缶者謂以木爲缶形相連接也韓信以木罌渡軍義亦相類也角効反

樔澤中守艸樓從木巢聲臣鍇曰謂其高若鳥巢也今田中守稻屋然春秋左傳楚子登樔車以望是也事交反

采捋取也從木爪臣鍇曰會意七海反

柿削木札樸也從木朩聲陳楚謂之札柿臣鍇曰札即木牘也後漢書方術楊方傳云風吹札柿是也弗乂反

橫闌木也從木黃聲戶更反

梜檢柙也從木夾聲臣鍇曰謂書封函之上恐磨滅文字更以一版於上柙護之今人作柙之封禪玉檢上用柙也今人言文書

押署是也苟搯反桄充也從木光聲臣鍇曰取木充滿之義今言桄桄是也工曠反檇以木有所擣也從木雋聲春秋傳曰越敗吳於檇李臣鍇按杜預春秋釋例曰今吳郡嘉興醉李城也子堆反椓擊也從木豕聲臣鍇按春秋左傳曰太子又使椓之楚辭曰謠椓謂余之善淫古皆用此字也輟角反朾撞也從木丁聲宅耕反柧棱也從木瓜聲又柧棱殿堂上最高之處也臣鍇按史記曰漢興破觚為圜字書曰三棱為柧柧本此字假借觚字又班固西都賦曰設璧門之鳳闕上柧棱而棲金雀臣鍇以為最高轉角處也古呼反棱柧也從木夌聲妻登反櫱伐木餘也從木獻聲商書曰若顛木之有餘櫱顏過反㔎古文櫱從木無頭枿亦古文櫱㰒櫱或從木辥聲枰平也從木平聲臣鍇曰指事也

曰今謂棊局為枰亦言上平也韋昭博弈論曰思不出乎一枰是也又枰仲木名左思吴都賦曰枰仲君迁是也彌兵反

柆 折木從木立声臣鍇曰楬折之殺也魯公使公子彭生拉而殺之是也勒沓反

槎 邪斫也從木差声春秋傳曰山木不槎臣鍇按此公羊傳之言傳寫脫兩字也仕鲊反

柮 斷也從木出声讀若爾雅貀無前足之貀臣鍇曰柮之言兀也女滑反

檮 斷木也從木𠷎声春秋傳曰檮柮臣鍇按孟子曰楚謂之檮杌晉謂之乘魯謂之春秋乘者無所不載也檮杌惡木也王子記惡以為戒也杌柮同檮特豪反

析 破木從木斤声一曰折也臣鍇按詩曰析薪杝矣是也星激反

棷 木薪也從木取声臣鍇按禮記鳳皇騏麟皆在郊棷郊者薪米之所也側丘反

梡 棞木薪也從木完声臣鍇曰棞混也不破之木也禮記說有虞氏謂之梡

注曰斷木為之也臣鍇為棞梡木未析也從
亦混成而為之也胡本反木圂声胡昆反楄方木
也從木扁声春秋傳曰楄部薦榦臣鍇按春秋左傳作楄
柎足也又按周禮考工記謂車蓋上斗為部為方之名也
屏堅楅以木有所逼束從木畐声詩曰夏而楅衡臣鍇
反按楅衡以防牛觸人故以一木横于角耑也衡
横也彼枼編也葉薄也從木世声臣鍇曰編者閣
即反也枼之言葉也如木葉之薄也亦接反槱
積火燎之也從木從火酉声詩曰薪之槱之周禮禉柴
以槱燎祠司中司命臣鍇曰槱燎祭名也羊狩反祭
天神或休息止也從人庥休或極竟也從木恒声
從示依木喜彪反從广臣鍇曰竟者竟
極之也横亘亙古文極臣鍇曰舟竟兩岸也桱桯桔
之也都亘反詩曰造舟為梁梁横亘也也從

木戒声一曰器之惣名一曰持一曰有盛為械無盛為器恒夫反

杽 械也從木手手亦声臣鍇曰義取木在手手會意殺細反

桎 足械也從木至声臣鍇曰桎之言躓也躓礙之也之日反

梏 手械也所以告天也從木告声臣鍇曰械之以告天也尚書曰天討有罪五刑五用哉骨僕反

櫪 櫪撕椑指也從木歷声臣鍇曰以木椑十指而縛之也連的反

撕 櫪撕也從木斯声斯低反

閑 止也從木門臣鍇曰閑猶闌也易曰閑有家陶潛有閑情賦謂自閑止其情欲也俟艱反

檻 櫳也從木監声一曰圈臣鍇曰古謂檻車又舟檻又軒櫺之下為櫺曰闌以版曰軒曰檻以檻禽獸故曰圈寒犯反

櫳 檻也從木龍声來克反

柙 檻也以藏虎兕從木甲声臣鍇按論語曰虎兕出于柙又穆天子傳曰七萃之士高奔戎捕虎生獻之天子命為柙

養之于東虞謂其地曰柙古文柙從口臣鍇曰口棺
虎牢今鄭州也篙甲反匣之象也中其物也
闗也所以掩尸從櫬棺也從木親声春秋傳曰士輿櫬
木官声古安反是臣鍇按爾雅又木槿也初僅反
槥棺櫝也從木槨葬有木郭也從楬揭櫫也從木
彗声相衛反木𩫏声昆霍反曷声春秋傳
曰楬而書之臣鍇曰揭舉也周禮遺物者
揭而書之此言春秋傳寫之誤其熱反梟日至捕磔
梟之從鳥在木上臣鍇按漢儀以夏至為梟羹以賜百官
欲絕其類也夏至微陰始起育萬物梟害其母故以此曰
殺之也棐輔也從木非声臣鍇按棐輔也輔即弓檠也
堅蕭反故輔從木又木名按羊欣筆法云王羲之見
其門生棐桃滑浄即書之臣鍇梴木長也從木延声詩
按棐木似杉而細白也斧尾反曰松桷有梴敕連反

櫅木也可以為車軸材從木齊聲臣鍇按爾雅櫅白棗注曰白棗白熟者也子涅反

樸棗也從木僕聲臣鍇按爾雅樸抱者注以詩棫樸言抱樸也按爾雅釋木方說諸棗而連屬云樸抱者則注解者自然以此樸為棗也許慎所引爾雅注在張揖以前而今學官所列及臣鍇所引是晉郭璞注所以有與許慎不同也　伏反

文四百二十三　重三十八

東動也從日在木中凡東之屬皆從東臣鍇曰東方萬物所甲坼萌動平秩東作故為動也其字釋注論之詳矣得紅反

𣝊二東曹從此闕臣鍇按說文舊本無音今字書音糟云闕者無聞焉爾祖叨反

文二

林 平土有叢木曰林從二木凡林之屬皆從林臣
鍇曰叢木故從二木平土故二木齊力尋反
森 豐也從林𣎳或說規模字從大卌數之積也林者木
之多也卌與庶同意也商書曰庶草繁無臣鍇曰或
說𣎳爲規模之模字諸部無之者不審信也庶從廿廿亦
衆意今人書繁無作蕪說文以蕪爲繁蕪穢也音武夫反
庶草繁蕪蕪盛
也音武文區反
鬱 木叢生者從林鬱省聲臣鍇曰
此森鬱字鬱鬯字迂拂反
楚 叢木一名荊也從林疋聲臣鍇曰荊性亦叢生聲
謝朓詩曰平楚正蒼然平楚叢木廣遠也襯許反
棽 木枝
條棽儷皃從林今聲臣鍇曰繁蔚之皃
班固西都賦曰鳳蓋棽纚義同敕林反
楙 木盛也從林
矛聲臣鍇曰

故從林麓守山林吏也從林鹿聲一曰林屬於山為麓
莫透反春秋左傳曰沙麓崩臣鍇按周禮虞衡掌山
澤林麓士若干人春秋左傳曰山禁古文臣鍇棼複
林之木衡鹿守之是也盧木反曰彔聲屋
棟也從林分聲臣鍇曰複屋皆重梁也林木讀森木多
若曾參之參臣鍇曰木多故上出也師今反皃從
林從木讀若曾
參之參所今反

文九　重一

說文解字通釋卷第十一

[illegible]通[illegible]卷十一 [illegible]

[illegible]

說文解字通釋卷十二

繫傳十二

文林郎守祕書省校書郎臣徐鍇傳釋

朝散大夫行祕書省校書郎臣朱翱反切

二十二部　文三百二十四　重二十一

才　草木之初也從丨上貫一將生枝葉一地也凡才之屬皆從才臣鍇曰丨草木也上一初生歧枝也下一地也古亦用此為纔始字又引古文尚書者亦用此為𢦏生魄字此一部內無字而云凡才之屬者為有材字及哉

從才在他部
也錢來反

文一

叒日初出東方　谷所登榑桑叒木也象形凡叒之屬者
皆從叒臣鍇曰叒木即榑桑十洲記說榑桑兩兩相
扶故從三又象桑之婀娜也爾雅曰桑柳醜條注曰桑柳
類婀娜垂條也此又不音右直象形耳東方木德故有神
桑耳
略反

桑籀文桑蠶所食葉木從木叒聲臣鍇曰此蠶所食異
於東方自然之神木加木以別之自然桑字
象形而簡
也斯郎反

文二　重一

之　出也象草過屮枝莖益大有所之一者地也凡之之屬皆從之臣鍇曰按春秋傳將之晉將之齊是之為出也之者枝也象草木之枝東西旁出而常連於根本也孔子在齊曰歸歟孔曰奈何去墳墓也象形真而反

㞷　草木妄生從之在土上讀若皇臣鍇曰妄生謂非所生而生史曰芳蘭當門又莠生門上故從之在土上土上益高非其宜也會意戶荒反　𡉚　古文臣鍇曰王者孛也與土義同

文二　重一

帀　周也從反之而帀也凡帀之屬皆從帀周盛說臣鍇曰日一日行一度一歲往反而周帀也周盛當時之

說文字者指
事子荅反

師　二千五百人爲師從𠂤帀四帀衆意臣鍇曰周制也
帀者圜帀也𠂤音堆春秋傳曰如山如陵有夫出征
王祭從軍詩曰消搖河隄上左右　𢀳　古
望我軍易曰師左次會意申之反　文

文二　重一

出　進也象草木益滋上出達也凡出之屬皆從出臣鍇
曰易曰或出或處出爲進也根盛則能上出下根亦
跳出也象
形穴律反

敖　游也從出從放声臣鍇曰詩曰微我無酒
以敖以遊出放爲敖也會意言高反　賣　出物貨
也從出

買声臣鍇曰布帛不中度木不中伐魚鼈不中䵶槷䵶不安
殺不粥於市貨精故出則買之也會意毋戒反
也從出臬声易曰劓䵶困于赤芾臣鍇曰物不安則出不
在也易曰困于葛藟于䠛䡰注云出則為所擊歸則不能
自安故困糶出穀也從出從糶
也五結反糶亦聲他弔切

文五

𣎵草木盛𣎵𣎵然象形八声凡𣎵之屬皆從𣎵讀
若輩臣鍇曰當言八亦声傳寫誤少亦傳末反
𣎴草木𣎴孛之皃也從𣎵畀声臣鍇曰𣎴孛索草有
𣎴盛四散之見故彗𣎴声相近穌各反莖葉
可作繩索從𣎵糸声杜林說𣎵亦朱木字臣鍇孛𣎴也
曰𣎵韋繿也麻芒蒲是皆草為繩索也思落反從𣎵

人色也從子論語色孛如也是此臣鍇曰言人色勃然壯盛似草木之茂也子人也從子者小子不能言以色知之也會意

𣎵 止也從朩盛而從一橫止之皃也蒲妹反 臣鍇曰按字書𣎵𠂔小皃即似反

南 草木至南方有枝任也從𣎵羊聲臣鍇曰南方主化育故曰有枝任也毛詩或用南為任音也羊音荏叔甘反

𡴀 古文

文六　重一

生 進也象草木生出土上凡生之屬皆從生也臣鍇曰土者吐出萬物尚書曰丕冒海隅蒼生春秋傳曰食土之毛故生從全土色　反

丰 草盛丰丰也從生上下達也臣鍇曰察草之生上盛者其下必深根也敷蛩反

產 生也從生彥省

聲所限反

𠩈豐大也從生降聲臣鍇曰生而不已必豐大也故詩曰旣生旣育春秋傳引詩曰文王陟降亦或音為降

甤草木實甤甤也從生豕聲豨字讀若綏臣鍇曰豕豕甤声相近生子之多莫若豕也字椰重反

甡衆生竝立之皃從二生詩曰甡甡其鹿臣鍇曰並生而齊盛也若鹿角然會意色鄰反耳佳反

文六

乇草葉也穗上貫下有根象形字凡乇之屬皆從乇臣鍇曰上葉垂也一枝也宅託亳字從此也竹隔反

文一

𠂹草木葉華𠂹象形凡𠂹之屬皆從𠂹臣鍇曰從人人入入皆葉之低垂也非出入之字是佳反

古文臣鍇曰羽象垂也

文一　重一

𠌶 草木華也從𠂹亐聲凡𠌶之屬皆從𠌶況于反

荂 𠌶或從艸夸臣鍇按爾雅荂蕍其實荂蕍莖頭皆有臺名荂荂即其實臣鍇曰以為草木之將生葉先生細葉蕍然如偽頭也臺若今人言菜臺也郭璞又言江東呼華為荂音敷

韡 𠌶盛也從𠌶韋聲詩曰𠌶不韡韡臣鍇曰華葉之盛也故曰棠棣之華鄂不韡韡于鬼反

文二　重二

華　榮也從艸從𠌶凡華之屬皆從華臣鍇按爾雅華荂也木謂之華呼華反

皣　草木白華也從華從白臣鍇按漢書禮樂志曰華爗皣固靈根是也此會意炎䟗反

文二

禾　木之曲頭止不能上也凡禾之屬皆從禾臣鍇曰木方長上礙於物而曲也堅兮反

𥝢　多小意而止也從禾只支声一曰木也臣鍇曰求即止也按字書曲枝果也之巳反

𥝤　積椒也從禾又句声又者從丑一曰木名關臣鍇曰丑者束縛也故從丑省積椒詘曲不伸之意也積椒之果其狀詰屈亦取此為名按本草枳椇樹徑尺葉似桑柘子作房似珊瑚核在其耑人噉之即積椒也又曰此亦奇物故自別為字

也俱呂反

文三

稽　留止也從禾從尤旨声凡稽之屬皆從稽臣鍇曰禾木之曲止也尤者異也有所異處必稽考之考之即遲留也尚書曰曰若稽古帝尭居迷反

𥠻　特止也從稽省卓声臣鍇曰特止者卓立也稽止也誅角反

𥡴　穃椒而止也從稽省咎声讀若皓賈侍中說稽穃稦三字皆木名也臣鍇曰詘曲而後止也咎古亦音為皋陶字按書細綴也工皓反

文三

巢 鳥在木上曰巢在穴曰窠從木象形凡巢之屬皆從巢臣鍇曰臼巢形也巛三鳥也左思吳都賦曰巢宿異禽士拋反

𦥯 傾覆也從寸臼覆之寸人手也從巢省杜林說以為貶損之貶臣鍇曰臼與丨即巢之省也巢高則易傾覆也韓詩曰　託於葦苕折而巢覆也會意碧歛反

文二

桼 木汁可以髹桼物象木形漆如水滴而下凡桼之屬皆從桼臣鍇按周禮曰桼林之征是也髹桼即以桼物之名也六點皆象水而非水也象形親逸反

髤 桼也從桼髟声火牛反

䰍 桼垸已復桼之從桼包声臣鍇曰垸謂以骨灰和桼而為桼之骨也普劾反

文三

束 縛也從口木凡束之屬皆從束臣鍇曰束薪也口音圍象纏㙞南子荷纏束薪者曰九方堙會意施録反

柬 分别簡之從束八八分别也臣鍇曰開其束而束之也會意巳限反

[illegible] 小束者也從束幵声讀之若繭臣鍇曰今俗以鐙娃為一菓也堅犛反

剌 戾也從束刀刀者刺之也臣鍇曰刺乖違也束而相乖害若莫若束刀易注曰近而不相得則争魚跳蹳刺亦不順之名也會意勒割反

文四

𣝋橐也從束圂声凡橐之屬皆從橐臣鍇曰束縛囊橐之名春秋國語曰侯使於齊者橐載而歸作㮯梱假借也𣝋之言圂也物雜厠其中也戶本反

橐囊也從橐省石声臣鍇曰按字書有底曰囊無底曰橐然則橐今纆胥下者春秋公羊傳舉大橐而至視之闞然公子揚生也他各反

囊橐也從橐襄省声那當反

櫜車上大橐從橐省咎声詩曰載櫜弓矢臣鍇曰今弓胡麓也古勞反

㯱橐張大皃從橐省匋省声符宵反

文五

回也象回帀之形凡口
之屬皆從口于歸反

天躰也從口睘声臣鍇
曰此方員字兩專反

圜也從口專
声杜酸反

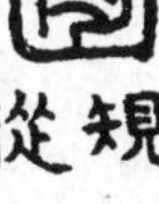
規也
從口
肙声臣鍇曰小圜也今人
言用娟娟義出此似緣反

回也從口云
声羽文反

圜全也
從口員
声讀若員臣鍇曰此音
運幅員字也于問反

轉也從口中象回轉形臣鍇
曰渾天之气天地相成天周
地外陰陽日月五星
回薄其中也戶壞反

古文臣鍇曰直
象回轉之形

畫計難也
從口啚声
難意也臣鍇曰口其規畫也圖畫必先規畫之圖者啚嗇
難之義也莊子曰魯公為圖畫有一人舐筆和墨公使視
之方解衣盤旋公曰真畫
者也此難意也田廬反

回行也從口睪声尚書曰
圛圛升雲半有半無讀若

驛臣鍇按洪範稽疑卜五曰圛曰霽說曰圛者象气絡繹不連屬也是半有半無也今卜者以兆䠶蒙晦不分為水兆亦其義也以陟反

邦也從口或声臣鍇曰口其疆境也或亦域字古或反

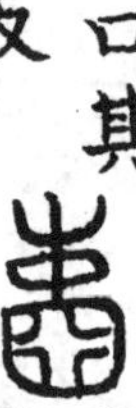

宫中道從口象宫垣道上之形詩曰室家之壼臣鍇曰山象岐道入宫也口其外闕也若渾反

㐭之園者從禾在口中圜謂之囷方謂之京臣鍇曰詩曰如京如抵也京高丘也囷取象焉羣輪反

養畜之閑也從口卷声群宛反

苑有垣也從口有声又禽獸有囿臣鍇曰苑其周垣名也園樹果菜也周禮有囿游之禁亦樹以果菜也延救反

籀文從二林

所以樹果也從口袁声羽先反

種菜曰圃從口甫聲臣鍇曰不如老圃是也不兩反

就也從口大徐鍇曰春秋左傳曰楨有禮因重固能大者衆圍就之也史記曰

就之如日言近則大也又大字人之象也天因就人之為也尚書曰天視自我民視天聽自我民聽伊申反

下取物縮藏之從又從口讀若籋字臣鍇曰人謂禽獸就地銽物為因女洽反

獄也從口令声

臣鍇曰圅者嚅也攏攎之名里丁反

守之也從口吾声臣鍇曰守禦之意也研許反

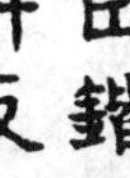擊也從口入在口似求反

四塞也從口古声臣鍇曰周禮曰負固不服守天下之要塞也淮南子謂九州之險為九州之塞大汾也黽阸也荊阮也方城也殽阪也井陘也令庇也句注也居庸也古路反

守也從口韋声于歸反

故廬也從木在口中臣鍇曰舊所居廬故其木久而困弊也苦悶反

古文困臣鍇曰止即廬舍

廁也從口象豕在其口中也會意臣鍇曰豕食不潔也戶本反

譯也從口化声率鳥

鳥者繫生鳥以來之名曰囮讀若訛臣鍇曰譯謂傳四夷及鳥獸之語也化者誘禽鳥也即今之鳥媒也延禾反

𡇈 囮或從繇

文二十六　重四

員 物數也從貝口声凡員之屬皆從員臣鍇曰古以貝為貨故員數之字從貝若言一錢二錢也于專反

鼎 籀文從鼎臣鍇按周禮行人之職掌賓客之饔餼牢禮三鼎五鼎七鼎皆約鼎為數反

䞓 物數紛䞓乱也從員云声讀若春秋傳曰宋皇䞓臣鍇曰即今紛紜字當言傳曰隕子辱矣傳寫說誤禮記曰不隕穫於貧賤當作此䞓假借隕字貟分反

文二　重一

貝　海介蟲也居陸名猋在水名蜬象形也古者貨貝而寶龜周而有泉到秦廢貝行錢也凡貝之屬皆從貝臣鍇曰下象其垂足尾形龜可决疑故寶之泉即錢也謂之泉者欲其貿易流行不壅積也若水之壅則為害矣補每反

𧴪　貝声從小貝也臣鍇曰象連貫小貝相叩之声也會意斯果反

賄　財也從貝有声臣鍇曰國上所有也若吴貴縞鄭貴紵也虎每反

財　人所寶從貝才声臣鍇曰可以入用也自來反

貨　財也從具化声臣鍇曰可以交易曰貨貨化也尚書曰貿遷有無化居毀過反

䝧　資也從貝為声臣鍇按字書云古貨

字矩利反

資 貨也從貝次声臣鍇曰人所齎持也易曰喪其資斧津司反

贎 貨也從貝萬声臣鍇曰人所賴也魯械反

賑 富也從貝辰声也臣鍇曰振也振起之也止忍反

賢 多才也從貝臤声臣鍇曰臤者臣執事也欲其用之如具之行也如貝之積聚也詩曰思皇多士生此王國由堅反

賁 飾也從貝卉声又逼媚反臣鍇曰尚書賁若草木卉草也傳寫多声字房文反又鄙媚反

賀 以禮物相奉慶也從貝加声臣鍇曰按史記漢高帝曰賀錢萬是也侯箇反

貢 獻也從貝工声獻納總稱尊嚴臣鍇按貢公獻之也周禮太宰以九貢致邦國之用一曰祀貢二曰嬪貢三曰器貢四曰幣貢五曰材貢六曰貨貢七曰服貢八曰游貢九曰物貢古弄反

贊 見也從貝從兟臣鍇曰進見也貝為禮也尚書曰贊贊襄哉子旦反

賮 會禮

也從貝盡声臣鍇曰孟子歸賮是也似忍反

賷 持遺也從貝齊声臣鍇曰持以遺人也春秋傳曰自賷其一子西反

貸 施也從貝代声借也臣鍇曰春秋傳曰陳氏厚貸爲是也他代反

貣 從人求物也從貝弋声借也臣鍇曰史記曰漢武帝時縣官無錢從人貣馬是也他得反

賂 遺也從貝各声勒故反臣次立按徐鉉曰從路省乃得声

賸 物相增加也從貝朕声一曰送也副也臣鍇曰今鄙俗謂物餘為賸古者一國嫁女二國往媵之媵之言送也副貳也義出于此也以證反

贈 玩好相送也從貝曾声臣鍇曰贈增也既許又以此增益之也春秋傳曰郊勞至于贈賄是也昨鄧反

貱 移予也從貝皮声臣鍇曰春秋傳楚薳啓彊言曰齊與晉貱此久矣寡君無適與也而傳諸君慱媚反

贛 賜也從貝竷省声臣鍇曰故端木賜字子

贛也古弄反 贛 籀文省作 賚 賜也從貝來声周書曰賚爾秬鬯臣鍇曰天下罔不欣賴也詩頌曰

徂賚孝孫尚書曰大賚于四海勤戒反 賞 賜有功從貝尚声臣鍇曰賞之言尚也尚其功也賞以償之也

式掌反 賜 予也從貝易声臣鍇曰從難易之易賜之言易也有故而與之也禮記曰慶賜遂行無有不當

緣義反 貤 重次弟物也從貝也声臣鍇曰路之邪次弟為地物之重次弟為貤也弋示反 贏 有餘

賈利也從貝𣎆声臣鍇曰春秋傳曰賈欲贏而惡囂乎是也夷嬰反 賴 贏也從貝剌声臣鍇按晉灼注史

記無賴曰江湖間謂小兒無利入於家曰無賴利即贏也上同 負 恃也從人守貝有所恃也臣鍇曰春秋傳

魯申豐曰貨以藩身又史記貨殖傳巴寡婦者以財自衛不見侵也會意得缶反 貯 積也從貝宁声臣鍇

曰當言宁亦声少亦貳副益也從貝弍声弍古文二字
字也會意竹呂反　耳臣鍇曰副貳者相裨益也春
秋傳曰齊侯器貳賓所敬也從貝宓声臣鍇曰貝者贈
不匱會意曰至反　賄好貨忠臣嘉賔得盡其心也宓
音眠必賓古文賖貰賣也從貝余声臣鍇曰今貰貸也
人反　文　人謂遲緩為賖也式車反
從貝世声贅以物質錢也從敖貝敖者猶放貝當復取
時御反　之一曰最臣鍇曰史記注謂男無娉財以
身自質于妻家為贅壻敖者放也最者出也附贅
之義老子曰餘食贅行贅獨出也會意之芮反質以物
相贅從貝所声臣鍇曰質實也貿易財也從貝丣声臣
事凝慮以人物實之也之日反　鍇曰貿猶乱也交至
之義門費散財用也從貝弗声臣鍇曰財散出如湯
豆反　沸然高士傳子夏曰憚為子費扶味反

責求也從貝朿声臣鍇曰責者迫迮而取之也賈賈市史記李斯殺二世為督責之政也側革反

也從貝西声一曰坐賣售也臣鍇曰漢書胡建傳監軍為賈區尚書曰肇牽車牛遠服賈謂遠就事于坐賈而買之也公雅反

𧶠行賈也從貝商省声臣鍇曰易商旅不行春秋傳曰鄭商人弦高將貨于周行賣也諸家書傳並假商字

販買賤賣貴者從貝反声臣鍇曰善販者早則資舟水則聚車人棄我取與當情反也升羊反

買市也從网貝声孟子曰登壟斷而网市利臣鍇按孟子曰古之為市以其所有易其所無有賤丈夫登壟斷網市利然則征商自賤丈夫始也壟斷高地也故列子曰無登壟斷高謂登高望見利則取之也忙戒反

賤賈少也從貝戔声臣鍇曰賤之言踐輕也目見反

賦斂也從貝武声臣鍇曰賦者分也分

取之分也方布反

貪　欲物也從貝今声臣鍇曰貪惏也春秋傳縉雲氏不才子聚歛積實不知紀極吐含反

貶　損也從貝從乏乏声臣鍇曰當言從乏乏亦声脫誤也會意悲儉反

貧　財分少也從貝分声臣鍇曰按原憲曰無財謂之貧見分則少也當言分亦声脫誤也會意嘝巾反

𡧍　古文從山分声臣鍇曰家貧也原憲甕牖桑樞是室屋之貧也上同

賃　庸也從貝任声臣鍇曰庸功也自賃自為功庸以求食也春秋傳曰申解虞僕賃于野任者負荷也此脫亦声字會意女心反

賕　以財枉法相謝從貝求声一曰戴質也臣鍇曰非理而求之也巨牛反

購　以財有所求從貝冓声臣鍇曰購遺遇也求遇之人也漢法購書也工豆反

䝿　齎財卜問為䝿從貝疋声讀若所臣鍇曰詩曰握粟出卜是也楚辭曰懷桂糈而要之史記曰司馬

季主曰卜而不中不見奪糈借糈字也山呂反

貲 小罰以財自贖從貝此声漢律民不傜貲錢二十二臣鍇按史記張釋之以貲為郎即今州縣吏以身應役是也貲錢即今庸直也子司反

賨 南蠻賦也從貝宗声臣鍇曰賨者總率其所有而已不切責之也才冬反

𧶠 衒也從貝𡕥声𡕥古文睦字讀若育臣鍇按彭羕曰自衒賣羆統是也寅六反

貴 物不賤從貝臾声臣鍇曰臾音匱短位反

贖 從貝賣声臣鍇曰以財贖罪賓燭反

賏 頸飾也從二貝臣鍇曰蠻夷連貝為嬰絡是也嬰字從此史成反又一盈反

文五十九　重三

邑 國也從口先王之制尊卑有小大從卪凡邑之屬皆從邑臣鍇曰有宗廟先君之主曰都無曰邑邑曰築

築曰城口其城郭也應執反

邦　國也從邑丰声臣鍇曰古謂封諸侯為邦故尚書曰乃命諸王而邦之蔡漢諱邦故兩漢無稱張華博物志曰東夷有國謂國為邦行酒為行觴秦之遺也北江反

邦　古文臣鍇按春秋傳曰分之土田陪敦命之伯禽封於少昊之虛

郡　周制天子地方千里分為百縣縣有四郡故春秋傳曰上大夫受郡是也至秦初天下置三十六郡焉以監其郡縣從邑君声臣鍇按高誘淮南子注曰周制天子地千里分為百縣縣有四郡郡有四鄙瞿運反

都　有先君之舊宗廟也都從邑者声周禮制國五百里為都臣鍇曰按周禮四縣為都丁沽反

鄰　五家為鄰從邑粦声里神反

酇　百家為酇酇四里也從邑贊声南陽有酇縣臣鍇曰按周禮五

家為鄰五鄰為里二十五家也四里為酇百家也五酇為鄙五百家也五鄙為縣二千五百家也五縣為遂一萬二千五百家也祖滿反

鄙　五酇為鄙從邑啚声傳美反

郊　距國百里為郊從邑交声臣鍇按爾雅邑外謂之郊古看反

邸　屬國舍從邑氐声臣鍇曰諸侯來朝所舍為邸邸有根柢也根本所在也丁禮反

郛　郭也從邑孚声臣鍇曰春秋傳曰伐宋入其郛郛郭也郛猶柎也草木華房為柎在外苞裹之也弗扶反

郵　境上行書舍從邑垂垂邊也臣鍇曰郵之言過也使所過也宇牛反

⿰肖阝　國甸大夫稍稍所食邑從邑肖声周禮曰任⿰肖阝地在天子三百里之内臣鍇曰謂天子之曰稍稍以封大夫也山召反

鄯　鄯善西胡國也從邑善善亦声臣鍇曰按後漢書西域鄯善班超所護也時扇反

竆　夏后時諸侯夷羿國也從邑窮

省声臣鍇曰后羿之國也臣弓反**⿰契阝**周封黃帝之後于⿰契阝也從邑契声讀若薊上谷有⿰契阝縣臣鍇按今諸書多作薊字古諸反**邰**炎帝之後姜姓所封周棄外家國從邑台声古扶風斄縣是也臣鍇曰詩曰即有邰家室他來反**郊**周文王所封在右扶風美陽中外鄉從邑支声臣鍇按顏之推家部本音奇後人始音抵也臣伊反**岐**郊或從山支因岐山以名之也**⿰枝山**古文郊從枝從山作臣鍇曰按字書以岐為山名郊為邑名按孟子太王即就岐山之下而居指山之名更別無邑名故許慎三字並同也**邠**周王國在古扶風美陽從邑分声布巾反**豳**美陽亭即豳也民俗以夜市有豳山從山從豩闕臣鍇按漢書百官表大率十里為亭亭有長**郿**古扶風縣名也從邑眉声閭之反**郁**古扶風郁夷也從邑有声臣鍇按漢書北

郁郅縣於六反

鄠 古扶風縣名也從邑雩声下古反

扈 夏后同姓所封戰于甘者在鄠有扈國也有甘亭從邑戶声臣鍇曰春秋傳曰屈蕩扈之杜預注曰扈止也楚辞曰扈江蘺與辟芷王逸注曰扈披也同上

⿰山弓 古文扈從山弓臣鍇曰從辰巳之巳毛詩陟彼屺兮則從戊巳之巳

⿰崩阝 右扶風鄠鄉從邑崩声沛城父有⿰崩阝鄉讀若陪臣鍇按史記漢有⿰崩阝成侯周緤部梅反

⿰且阝 右扶風鄠鄉從邑且声且渠反

郝 右扶風鄠鄉盩屋縣從邑赤声叱作反

酆 周文王所都在京邑桂陵西南從邑豐声臣鍇按春秋傳康有酆宮之朝杜預曰始平鄠縣東酆邑臺也臣鍇曰為許慎地名多見春秋左傳地名精考莫精于杜預比于今又近故春秋地名一取于杜預又艸木鳥獸之名莫近于爾雅及新修本草終古不刊故臣鍇曰一切以為準的孚洪反

鄭　京兆縣周厲王子友所封從邑奠声宗周之滅鄭徙潧洧之上今新鄭是也臣鍇按鄭初封在今華州杜預云後從棻陽宛陵縣西南新鄭城劉熙釋名曰鄭町也其地町然平也直敬反

郃　左馮翊郃陽縣從邑合声詩曰在郃之陽侯帀反

⿰口阝　京兆藍田鄉也從邑口声懇走反

⿰樊阝　京兆杜陵鄉從邑樊声臣鍇曰此即樊川漢曰御宿在長安城南終南山北連芙蓉園曲江也父闌反

鄜　左馮翊縣從邑麃声臣鍇按秦穆公作鄜時以祭也拂扶反

⿰屠阝　左馮翊有鄜陽亭從邑屠声田吾反

邮　左馮翊高陵從邑由声田溺反

⿰年阝　左馮翊谷口也從邑年声讀若寧泥賢反

邽　隴西上邽也從邑圭声涓芍反

部　天水秋部從邑音声臣鍇曰部屬也部之言薄也分薄之也故呂氏春秋曰黎丘北部大玄曰方州部分部諸縣或

為四或為二也盤五反 郖 弘農縣庾地從邑豆声單頭反 鄏 河南縣直城門官陌地也從邑辱声

春秋傳曰成王定鼎于郟鄏儒曲反 鄻 周邑也從邑輦声里典反 ⿰祭阝 周邑從邑祭声臣鍇按春秋鄒

公周公之子所封又春秋釋例鄭地祭在陳留長垣縣北祭城側戒反 邙 河南洛陽北亡山上邑從邑亡

声蒙匡反 鄩 周之邑從邑尋声臣鍇按杜預曰河南鞏縣西南有地名鄩徐林反 郗 周邑也在河內

從邑希声臣鍇曰按杜預曰河內野王縣西南絺城是丑脂反 鄆 河南沁水鄉從邑軍声魯有鄆地臣鍇按

鄆古嬴姓國又杜預曰魯叔孫帥師疆鄆田此東鄆莒魯所争者在城陽姑幕縣西南員亭又昭公居于鄆即西鄆

東郡廩丘縣東有故商邑自河內朝歌以北是也從鄆城是也于蘊反 邶 邑北声臣鍇按字書紂都城北曰

邶南曰鄘東邘周武王子所封在河内野王是也從邑
曰衞補妹反邘于声讀又若區字是臣鍇曰杜預曰扶
風雍縣東南𨞖殷諸侯國在上黨東北從邑㓞声㓞
邗亭火于反古文利字商書西伯戡𨞖里西反

邵晉邑也從邑鄍晉邑食也從邑冥声春秋傳曰伐鄍
召声食要反三門是也臣鍇按杜預闕之也民
丁鄐晉邢侯邑從邑畜声臣鍇按杜郹晉之溫地從
反預春秋釋例闕之也許六反邑矣声春秋
傳曰爭郹邲晉邑也從邑必声臣鍇按郤晉大夫叔
田胡遘反春秋晉楚戰于邲脾必反虎之邑也
從邑谷声⿰非⻏河東聞喜縣從⿰虔⻏河東聞喜邑從
丘逆反邑非声步靁反邑虔声其延反邼
仲郎河東聞喜鄉鄈河東臨汾地也從邑癸声即漢之
從邑匡声區王反所祭后土處臣鍇按杜預曰濟桓

公會于葵丘葵丘宋地陳留外黃縣有葵丘九月乃盟晉為地主無緣欲會而不盟臣鍇按許慎直言鄈是河東臨汾鄈耳不言鄈是葵丘與杜預之言同也巨覬反

邢 周公子所封地近河內懷從邑幵声臣鍇按杜預曰今廣平襄國縣賢經反

鄔 太原縣從邑烏声臣鍇曰今太原鄔縣烏古反

祁 太原縣從邑示声臣鍇按杜預曰太原祁縣巨夷反

鄴 魏郡縣也從邑業声魚刦反

郱 鄭地有郱亭也從邑井声賢經反

邯 趙邯鄲縣從邑甘声胡安反

鄲 邯鄲縣從邑單声得干反

郇 周武王子所封國從邑旬声讀若泓在晉地臣鍇曰文王弟所封伯爵詩所謂四國有王郇伯勞之也息倫反

鄃 清河縣從邑俞声臣鍇曰史記欒布清河俞人是也式于反

鄗 常山縣也從邑高声世祖所即位今為高邑臣鍇按字書

常山鄗縣火屋反又大各反
鄡 鉅鹿縣也從邑梟声臣鍇按史記孔子弟子有鄡單字子家呂幺反
鄚 涿郡縣從邑莫声臣鍇按字書河間鄚縣北齊邢峙北河間鄚人也磨各反
郅 北地郁郅縣從邑至声臣鍇按裴駰漢書音義云郅至也司馬相如封禪書曰爰周郅隆之日反
鄋 北方長狄國也在夏為防風氏殷為汪茫氏從邑叜声春秋傳曰鄋瞞侵齊是也臣鍇按張華博物志鄋瞞長二丈也山尤反
鄦 炎帝太岳之胤甫侯所封在潁川從邑無声讀若許臣鍇按史記鄭世家云許公惡鄭伯于楚許字作此無邑蓋諸書假借許字忻巨反
邟 潁川縣從邑亢声看浪反
郾 潁川縣從邑匽声于建反
郟 潁川縣從邑夾声臣鍇按杜預曰今鄭域襄城郟縣古洽反
郪 新郪汝南縣從邑妻声臣鍇曰今廣漢有郪縣千私

反鄎姬姓之國在淮北從邑息声今汝南新息是也臣鍇曰即春秋息侯也司弋反郋汝南邵陵里從邑自声讀若奚臣鍇曰李陽冰云即許慎所居之里移雞反⿰旁阝汝南鮦陽亭從邑旁声薄皇反郹蔡邑也從邑狊声春秋傳曰郹陽人女奔之臣鍇曰杜預衛地郹氏又名垂葭髙平鉅野西南郹亭又蔡地郹陽杜預闕之也古役反鄧曼姓之國今屬南陽也從邑登声徒亘反鄾鄧國地也從邑憂声春秋傳曰鄧南鄙鄾人攻之也臣鍇按杜預曰鄧縣南河水之北有鄾城乙求反⿰号阝南陽清陽鄉從邑号声臣鍇按字書鄂鄉在南陽戸髙反鄛南陽棗陽鄉從邑巢声助交反⿰襄阝今南陽穰縣是從邑襄声臣鍇曰即秦穰侯魏冉所封假借穰字耳張反⿰婁阝南陽穰鄉從邑婁声里于反⿰里阝南陽西鄂亭從

邑里声臣鍇按字書又邑名連子反

⿰羽阝　南陽舞陰亭從邑羽声臣鍇按漢書藝文志有別栩陽亭賦邪假借于詡反

郢　故楚都在南郡江陵北十里從邑呈声臣鍇按杜預楚國都於郢南郡江陵縣北紀南城東小城名郢以井反

⿰𡈼阝　郢或省

鄳　江夏縣從邑黽声毋耿反

⿰葛阝　南陽陰鄉從邑葛声古昌反

鄂　江夏縣也從邑咢声五各反

邔　襄陽縣從邑巳声臣鍇按習鑿齒襄陽耆舊記曰襄陽有邔縣去里反

邾　江夏縣從邑朱声　曰魯有小邾國臣鍇按杜預曰魯國鄒縣也知輸反

鄖　漢南之國從邑員声漢中有鄖關臣鍇按杜預江夏雲杜縣東南有鄖城雨奔反

鄘　南夷國從邑庸声與恭反

郫　蜀縣也從邑卑声臣鍇按杜預晉地不知所在也頻弭反又步脾反

⿰壽阝　蜀江原地從邑壽声是留

反

⿰耤阝 蜀地也從邑耤声臣鍇按字書鄉在臨卭自卽反

鄤 蜀廣漢鄉從邑蔓声讀若蔓武澗反

邡 什加廣漢縣書從邑方声臣鍇曰今漢州府芒反

⿰馬阝 在邱犍為縣從邑馬声母夏反

鄨 拌柯縣從邑敝声讀若驚雉之驚鄨迷反

⿰包阝 城名也從邑包声伯茅反

郱 西夷國從邑井声安定有朝那縣臣鍇按春秋左傳楚人遷權于那處漢制祠湫源于朝那乃多反

鄱 鄱陽縣從邑番声部何反

酃 長沙縣也從邑從霝声臣鍇按字書相東地名又有綠酃酒名歷丁反

郴 桂陽縣從邑林声臣鍇曰按衡陽郴縣郴水之側耻林反

⿰耒阝 今桂陽⿰耒阝陽從邑耒声臣鍇按字書縣有⿰耒阝水下入郴也魯會反

鄮 會稽縣從邑貿声母遺反

鄞 會稽縣從邑堇声擬斤反

⿰巿阝 沛國郡從邑巿声臣鍇曰沛本

作此沛假借也博梅反

邴　宋下邑從邑丙声臣鍇曰按齊有邴意兹公羊傳以魯祊田作邴字郭璞注穆天子傳亦同許慎所不取也布定反

䣜　沛國縣從邑虘声今酇縣臣鍇曰即蕭何所封也粗何反

𨚗　地名也從邑少声升沼反

𨙶　地名也從邑臣声之忍反

𨛭　宋地從邑㲋声讀若讒臣鍇曰按春秋左傳宋有𨛭般士咸反

鄑　宋魯間地從邑晉声臣鍇曰按杜預北海都縣西北有訾城子而反

郜　周文王子所封國從邑告声臣鍇按杜預云文王子郜季之弟所封子爵又鄭師取郜宋邑濟陰城武縣東南有南郜城工督反又工到反

鄄　衛地今濟陰鄄城從邑亜声臣鍇按杜預曰陳郡鄄城也鄭史記曰晉伐阿鄄當七國時屬齊也擊箭反

邛　邛地在濟陰縣從邑工声臣曰又蜀臨邛縣俱重反

鄶　祝融之後妘姓

所封潧洧之間鄭滅之從邑會声臣鍇
按杜預曰滎陽密縣東鄶城是古會反

邧
鄭邑也從邑
從元声臣鍇
按春秋左傳圍祁新城杜預闕之也杜
預云秦地此云鄭地傳寫誤擬遠反

郔
鄭地從邑延
声臣鍇按春
秋傳鄭地杜預闕之不可知也臣鍇曰以為杜預之沒身
于春秋而其地名有不知而闕者則後代雖有獨得者亦
未可以取憑
烏弋然反

郠
琅邪莒邑從邑更声春秋傳曰取
郠臣鍇曰按杜預闕之也古橫反

鄅
妘姓之國從邑禹声春秋傳曰鄅人籍稻讀若規
矩臣鍇按杜預鄅琅邪開陽縣子爵風姓于甫反

鄒
魯
縣
也古邾國帝顓頊之後所封從邑芻声臣鍇按
趙岐孟子題辞邾國至孟子時改曰鄒側留反

郐
邾下
邑地
從邑余声魯東有郐城讀若塗
臣鍇曰古音涂今音徐大都反

邿
附庸國在東平亢父
邿亭從邑寺声春秋

傳曰取郣下臣鍇按杜預又齊地郣平陰城西有郣山申之反

郰 魯下邑孔子之鄉從邑取声臣鍇按春秋左傳郰人紇是也側侯反

郕 魯孟氏邑也從邑成声臣鍇按杜預云姬姓國周公弟郕叔處之後在東平剛縣西南郕亭又魯縣邑於郕春秋及杜預但作郕在泰山鉅平縣東南郕是征反

𨛬 周公所誅奄國在魯從邑奄声臣鍇按尚書春秋左傳皆作奄歐揜反

酄 下邑也從邑雚声春秋曰齊人來歸酄是臣鍇按春秋左傳作讙字假借也杜預曰濟北地丘縣西有下讙亭火桓反

郎 魯亭也從邑良声臣鍇按春秋桓公及齊人戰于郎又莊公築臺于郎杜預曰高平郡高平縣東有郁郎亭臣以為此字本因邑名而立故從邑他放此魯當反

邳 奚仲之後湯左相仲虺所封國在魯薛縣是也從邑丕声臣鍇按仲虺所封在魯薛縣部

冒鄣紀邑也從邑章声臣鍇按杜預又名紀邗國也今屬
反鄣東海贛揄縣東北有紀城之良反
臨淮從邑干声一曰邗本屬吳臣鍇按杜預在廣陵東南
自邗穿溝自謝陽湖至邗口入海今謂之謡江口臣鍇按
今邗溝也鄬臨淮徐地從邑義声春秋傳曰徐鄬楚臣
侯干反鍇按預但言徐大夫名儀楚不言鄬是地
名據許慎所言則以楚是大夫之名鄬是所食之邑若晉
欲克魯叔孫之比然則當後漢之時春秋儀楚當作此鄬
字但杜預在許慎後故郈東平無鹽鄉是從邑后声臣
詳略不同也銀之反鍇按杜預言與慎同下遺反
郯東海縣帝少昊之後所封從邑炎郚東海縣故紀
声臣鍇按杜預嬴姓國也從監反侯之邑也從
邑從吾声臣鍇按杜預東莞酅東海之邑從邑巂声臣
朱虛縣東南郚城吾俱反鍇按杜預紀地也齊國

東萊安縣鄫姒姓國在東海從邑曾声臣鍇按杜預鄫
匀低反
姬姓與説文同或寫作姒誤琅邪鄫縣又
名鄫行邪琅邪郡名也從邑牙声臣鍇曰今邪琅邪
自陵反邞沂州也又語未定之詞寅遮反邞縣一
名純德從邑郲齊地也從邑
夫声弗無反郲來声此誤反郭齊之郭氏虛善善不
能進惡惡不能退是
以亡國從邑享声臣鍇按孔子家語云中行氏善善不能
進惡惡不能退賢者知其不進已疎之不肖者知其惡已
怨之怨讎並在於已鄰國講兵于郊中行氏不亡何待唯
太公六韜周志三十六國云郭氏此云齊郭氏當是靖郭
之後乎又按杜預號一名郭都于上陽郳齊地從邑兒
在弘農陝縣東南虢或作郭古落反兒声春秋傳曰
齊高厚定郳田臣鍇按杜預即小邾一郣郭地從邑孛
名也東海昌盧縣東北有郳城擬低反孛声一曰地之

起者曰郭臣鍇曰疑勃海近此字又周禮土有郭壤當作此假借勃字也步勿反

鄿 國也齊桓公之所滅從邑覃声臣鍇按杜預東海襄賁是也子爵魯莊十年滅杜播反

邭 地名也從邑句声群許反

郂 陳留鄉從邑亥声荀孩反

⿰𢦏阝 故國在陳留從邑𢦏声臣鍇按春秋傳宋以伐載召蔡人即載國子戴反

酀 地名從邑燕声一遷反

邱 地名也從邑丘声起秋反

邚 地名從邑如声熱除反

⿰丑阝 地名也從邑丑声女有反

邔 地名也從邑几声謹美反

⿰翕阝 地名從邑翕声臣鍇曰今作歙縣也忻急反

⿰求阝 地名從邑求声叓柔反

⿰嬰阝 地名從邑嬰声伊請反

⿰尚阝 地名從邑尚声澄流反

郱 地名從邑幷声臣鍇按杜預紀地東莞臨朐縣東南郱城脾并反

⿰虛阝 地名也從邑虛

声忽五反

邩　地名從邑火声呼朶反

鄝　地名從邑翏声臣鍇疑此則春秋蓼國字里皎反

鄬　地名也從邑為声居危反

邨　地名也從邑屯声鹿孫反

[illegible]　地名也從邑舍声申車反

[illegible]　地名從邑盍声侯臘反

[illegible]　地名從邑乾声骨安反

[illegible]　地名從邑㐭声讀若淫力甚反

邖　地名從邑山声色閑反

[illegible]　地名從邑興声香應反

[illegible]　地名從邑臺声臺古堂字特郎反

[illegible]　姬姓之國從邑馮声臣鍇曰今作馮也父重反

鄨　汝南安陽鄉從邑敝省声庫拜反

郙　汝南上蔡亭從邑甫声分武反

酈　南陽縣從邑麗声臣鍇曰今為鄧州縣里摯反

[illegible]　地名從邑褰声親延反

鄢　南郡縣孝惠三年改名宜城从邑焉声于乾切

[illegible]　从反邑𨛜字从此闕

文二百八十二　重六

䣈鄰道也從邑從𨸏凡䣈之屬皆從䣈
臣鍇曰二邑為鄰也會意下降反

鄉國離邑民所封鄉也嗇夫別治從䣈皀声封圻之内
六鄉治之也臣鍇曰當許慎其時皀音香臣按周禮
淮南子云甸有鄰有里有酇有鄙有郡有縣有遂故曰國
離邑離邑別邑也大夫所封周禮有鄉大夫嗇夫秦漢已
來官也鄭玄為鄉嗇夫也漢書百官表云大率十里一亭
亭有長十亭一鄉鄉有三老有秩嗇夫游徼三老掌教化
嗇夫職聽訟收賦稅游徼主盜賊軒良反

𨞰邑中道從䣈共言在邑中所共恨絳反　巷篆文從䣈省

文三　重一

說文解字通釋第十二

說文解字通釋卷第十三

繫傳十三

文林郎守祕書省校書郎臣徐鍇傳釋

朝散大夫行祕書省校書郎臣朱翺反切

三十部　七百三文　重百一十一

日　實也太陽之精不虧從口一凡日之屬皆從日臣鍇曰通論備矣而吉反

㘉　古文象形

旻　秋天也從日文声虞書曰仁閔覆下則稱旻臣鍇曰當言虞書說在眉均反

時四時也從日旹古文從日之作臣早晨也從日
寺声神持反鍇曰之声日之在甲上古
文甲字臣鍇曰甲十干尚冥也從日勿声臣鍇曰
之首又象人頭子草反曶今史記作昒同呼兀反
昧昧爽旦明也從日未睹旦明也從日晢昭晰明
声一曰闇也莫隊反者声得古反也從日
折声禮曰晰明行事臣鍇曰曉明也從日堯昕旦也
今禮記作質明假借之列反声呼皎反明也
日將出也從日斤声讀若忻臣鍇曰昕猶欣也昭日明
日炙物之皃禮曰大昕之朝讀若希所斤反也從
日召声晤明也從日吾声詩曰晤辟有摽臣鍇按詩曰
真遥反可與晤言傳云晤對也考之説文則當作捂
字捂相當也蓋詩假借晤字宋謝惠連詩曠明也從日
曰晤對無厭倦今相承皆作晤字頑于反廣声臣鍇

按漢光武帝詔曰庶僚久曠廢也故此曠為明也困盎反

旳　明也從日勺声易為的顙臣鍇曰光的然也的音滴臣鍇曰水之一滴不廣顛歷反

晄　明也從日光光亦声胡莽反

旭　日旦出皃從日九声讀若勗臣鍇按詩旭日始旦一也喧玉反

晉　進也日出而萬物進從日臸声易曰明出地上晉會意子印反

暘　日出也從日易声虞書曰至于暘谷臣鍇按尚書洪範乂時暘若暘曰暴之也猶良反

晵　雨而晝姓也從日啓省声臣鍇曰啓開也令人言開姓也溪禰反

晹　日覆雲暫見從日易声臣鍇曰日暫見為暘與此義同移尺反

昫　日出溫也從日句声北地有昫衍縣況于反

晛　日見也從日見見亦声詩曰見晛曰消年電反

晏　天清也從日安声臣鍇按史記封禪書曰色晏溫是也殷訕反

曣　星無雲暫

見也從日燕声于霓反

景 光也從日京声巳皿反

晧 日出皃從日告声臣鍇曰初見其光白也宋玉賦曰白日初出照屋梁候抱反

暤 暤旰也從日皋声臣鍇曰日轉高暤旰盛也候抱反

曅 光也從日𠌶声臣鍇曰𠌶音許草木葉也臣鍇以為𠌶然象草木之盛不得云声或者詩脅為旁細脅與𠌶声相近亦非臣所能盡詳之然自許氏沒傳寫者不曉本意多妄加声字也元帖反

暉 光也從日軍声詡歸反

旰 日晚也從日干声春秋傳曰日旰君勞根岸反

暆 日行暆暆從日施声樂浪有東暆縣讀若酏臣鍇按詩曰彼留子嗟將其來施施施施施逶迤漸進之皃行纒次歷亦其義也漢書東施令延年以支反

晷 日景也從日咎声臣鍇曰晷之義與晃同皆其景象耳不可得而執持之也俱水反

昃 日在西方時側也從

日仄聲易曰日昃之離齋食反 晚 暮也從日免聲武反反 昏 日冥也從日氐省氐者下也一曰民
聲臣鍇曰會意也喧盆反 ⿱䜌日 日旦昏時也從日䜌聲讀若新城䜌中魯竊反 晻 不明也從日奄聲臣
鍇按漢書以晻致明烏感反 暗 日無光也從日音声歐淦反 晦 月盡也從日每声臣鍇曰晦昧
也虎配反 ⿱能日 埃⿱能日日無光從日能声臣鍇曰埃⿱能日猶今人言愛遠此古語今所不行也奴代反 曀
陰而風也從日壹声詩曰終風且曀臣鍇曰按爾雅注暗曀之謂伊閑反 旱 不雨也從日干声遐緩反
𣅀 望遠合也從日匕匕合也讀若窈窕之窈臣鍇曰匕相比近也故曰匕合也此惟宣音窅字從此至鄉字
食字皆從皀音香此字上從日月之日皀音香字上象包米形上隆起而中注作　其下皆從匕學者所宜討論倚

了反昴白虎宿星從日卯声莫狡反曏不久也從日鄉声春秋傳曰曏役之三月臣鍇曰不久猶言未久也若今人言適來也若曩曏也從日襄声臣鍇今人言已過之言也許仗反曩曰曩猶攘也相攘却成故舊也莊子罔兩責影曰曩子行今子止也能朗反昨累日也從日乍省声自莫反暇閑也從日叚聲限乍反暫不久也從日斬声祖濫反昪喜樂皃從日弁声皮變反昌美言也從日從曰曰亦声昌亦曰日光也又詩曰東方昌矣臣鍇按詩曰猗嗟揚兮美目昌兮昌美也尚書曰禹拜昌言昌言即當言也曰亦言也此會意字言亦声後人妄加之非許慎本言也昌即明也東方昌也即東方明矣故晉孝武帝以東方明時生名昌曰昌明也醜將反昌籀文省作臣鍇曰從口義與從曰同暀美光也從日往声臣

鍇按爾雅曰睢睢皇皇美也于相反

昄　大也從日反声臣鍇按詩曰爾土宇昄章注昄大也昄訓大當作昄作昄亦假借補綰反

昱　明日也從日立声融六反

㬈　温溼也從日赧省声讀若赧尼綰反

暍　傷熱暑從日曷声臣鍇按莊子曰暍者反冬乎泠風憂歇反

暑　熱從日者声叔吕反

㬮　安㬮温也從日難声那旦反

㬎　衆微杪也從日中視絲古文以為顯字或以為衆口皃讀若唫唫或以為繭繭者絮中往往有小繭是也臣鍇曰衆而微眇者日中視絲也今謂精者曰綿繭内衣護蛹者與其外膜縮雜為之曰絮小繭肋蛹衣乃蠶口也五沓反

㬥　晞也從日從出從廾從米臣鍇按南史宋時嘗議廢錢尚書孔琳議曰姦偽之人競涇轂以要利然則將糶必先曰暴之也廾者以手搉聚反覆之意也盆操反

暴　古文從日　声

曬色介反暴也從
日麗声所智反
暵乾也耕暴田曰暵從日堇声易
曰燥萬物者莫暵乎火火離也
臣鍇按周禮曰旱暵
之事是也喝散反
晞乾也從日希声臣鍇按古詩曰
青青園中葵朝露待日晞希亦
少也物朝則
少也忻沂反
昔乾肉也從殘肉日以晞之與俎同誼臣
鍇曰㕣者肉開析之象俎左旁亦象切
肉也指事
思益反
𦠆籀文從肉臣鍇曰下更象肉
[illegible]也今人作腊即此也上同
暱日近也
從日匿
声春秋傳曰私降暱燕臣
鍇曰日月相近也女室反
昵或從尼作臣
鍇曰尼亦声
暬日狎習
相嫚也
從日執声臣鍇按詩曰左
右暬御義與媟同私列反
[illegible]不見也從日否
省声美弼反
昆同也
從日
比声臣鍇曰蚰音昆蟲衆蚰也故如
此昆亦訓同曰比之是同也古論反
晐兼晐也從日亥
声臣鍇曰日之

光兼霞也苟孩反

㬈 日無色從日竝声臣鍇曰日無光則近遠皆同故從竝有声字傳寫誤多之也會意

拍戸反

文七十　重六

旦 明也從日見一上一地也凡旦之屬皆從旦臣鍇曰日出于地也兜散反

暨 日頗見從日既声其兾反

文二

倝 日始出光倝倝也從旦㫃声凡倝之屬皆從倝臣鍇曰翰幹榦乾皆從此也根炭反

闕且從三日在㫃中臣鍇按李陽氷云從三日㬋在於中蓋籒文許慎闕義且字下後人加同上反

旦也從倝舟声臣鍇曰此朝旦字知潮反

文二　重一

旌旗之游㫃蹇之皃從屮曲而下垂㫃相出入也讀若偃古人名偃字子游凡㫃之屬皆從㫃臣鍇曰旌旗之斿綴屬㫃旌旗故有九斿士斿象其兩斿皆下垂從風偃蹇逶迤之狀屮其綴屬處也依遠反

古文㫃字如此象旌旗之游及㫃之形臣鍇曰兩耑下垂中相連也上同一

熊旗五斿以象伐星士卒以為期從㫃其声周禮曰率都建旗臣鍇按天文參星旁有伐星五將有征伐士卒期於其下也熊勇士

之象尚書牧誓曰如熊如羆何晏景福殿賦曰參旗九斿從風飄揚參星旁又有九斿星非參旗有九斿也師都六鄉六遂民所聚也虔知反

旐龜蛇四斿以象營室悠悠而長也從㫃兆声周書曰縣鄙建旐臣鍇按周禮注龜蛇象其扞難辟害也營室北方七宿也其星象龜形池沼反

旆繼旐之旗沛然而垂也從㫃朩声臣鍇按爾雅繼旐曰旆蒲會反

旌游車載旌析羽注旄者也所以精進士卒也從㫃生声臣鍇按春秋壽子載其旌是也析羽謂分析鳥羽連屬為之故曰王斿旌王㫃軫其竿頭則綴以旄牛尾也春秋所謂茷宣子假羽旌于齊者也漢書有鸞旗注謂以鳳羽為旌也津貞反

旟錯革畫鳥其上所以進士旟衆也從㫃與声周禮曰州里建旟臣鍇按爾雅鳥隼曰旟革鳥隼之皮革也錯雜也詩曰衆惟魚矣旐惟旟矣室家臻臻旟衆也周禮注則州

里之官平約信也鳥隼猛健之象也以虘反旂有鈴曰旂以令衆從㫃斤声臣鍇按爾雅注縣鈴於竿頭畫交龍于旂上巨希反旞導車所以載全羽以為允允進也進也從㫃遂声臣鍇按全羽全剝鳥羽也道車象路也夕位反⿸㫃遺或從遺作臣鍇曰從遺声旝建大木置石其上發其機以磓敵從㫃會声春秋傳曰旝動而鼓詩曰其旝如林臣鍇按諸書旝旌旗也唯許慎言潘岳閑居賦謂之駁古最反旃旗曲柄也以所旃表士衆從㫃丹声周禮曰通帛為旃臣鍇曰旃猶言氈也周禮通帛為旃爾雅因章為旃注謂以練為旃因其文章不復畫也遮延反旜或從亶臣鍇曰亶旜声⿸㫃攸旌旗之斿也從㫃攸声臣鍇曰今俗或作斿延秋反⿸㫃要旗屬從㫃要声倚了反施旗皃從㫃也声齊欒施字子旗知施者旗臣鍇

曰旗之逶迤也臣鍇按白虎通古人為字使人聞其字則知其名率皆如此許慎言欒施知施字訓旗所以字子旗亦字子旗申而反

旖 旗之旖施從㫃奇声臣鍇曰猶言旖旎也於奇反

旚 旌旗㯹搖也從㫃𤋲声臣鍇曰㯹搖也片妖反

𣄴 旌旗飛揚皃從㫃猋声必搖反

旇 旌旗披靡皃從㫃皮声臣鍇曰披靡四散皃也坏畀反

游 旌旗旒也從㫃汓声汓古文泅臣鍇曰旌旗邊所綴也爾雅曰練旒九春秋公羊曰若贅旒又敖旒也逌秋反

逰 古文臣鍇曰𡥧古文子字蓋從古文汓省此正敖游字

旋 周旋旌旗之指麾從㫃疋疋足也臣鍇按尚書曰王秉白旄以麾以進之也疋者足也故㫃疋為旋人足隨旌旗也推沿反

旄 幢也從㫃毛声臣鍇按爾雅注旄首曰旌注謂載旄竿頭如今之幢以旄牛尾結為

之也亦謂之旄注綴屬也幢即令道家之幢節象也門高反

旛　幅胡也從㫃番声臣鍇按魏晉已來有旛所以為信晉制東方以青龍旛西方白武旛南方朱雀旛北方玄武旛中央黃龍旛齊竟陵王子良五十二體書曰信旛以鳥書

旅　軍之五百人從㫃從从从俱也故從从也分軒反　臣鍇曰周制一鄙之衆也旅者衆也師克以和故必相順從也衆出則旅寓故謂在外為旅也鄰語反

旅　古文旅古文以為魯衛之魯臣鍇按說春秋左傳者謂魯仲子有文在手曰為魯夫人魯字當作此𣳾也

族　矢鋒也束之族族也從㫃從矢昨木切

文二十四　重五

冥　幽也從日六冂声日數十十六日而月數始虧幽也冂声凡冥之屬皆從冥臣鍇曰當言冂亦声傳寫脫

民誤
粤反

黽從冥黽声臣鍇曰又春秋時魯地名
左傳曰一人門于句黽是也没彭反

文二

晶精光也從三日凡晶之屬皆從晶臣鍇曰以山海經
注言之以為天常有十日迭送一日為番次出之也

天無二日不並

出耳津貞反

曐萬物之精上列為星從晶從生声一曰星象形從
古〇復注中故與日同臣鍇曰據今地上生于天一

說品本象星形注其中偶與晶曑古文臣鍇曰星或
字同記此者廣異聞也息形反星以此證之也省

曑商星也從晶㐱声臣鍇曰其
說上晶亘與星同義也師今反參或省曟房星為民田時
者從晶辰声臣鍇按爾雅房心尾為大辰其中心星亦獨
為大辰注龍星明以為時候故曰大辰臣以為人言不辰
者不時也是訓辰晨或省疊楊雄說以為古理官決罪
為時也石倫反三日得其宜乃行之從晶
宜亡新以為疊字從三日太盛而改之為三田臣鍇曰理
官刑獄之官也周禮有三宥三刺之法故曰三日也此會
意字亡新即王莽也莽疑圖讖漢有再受之象惡重疊字
有三日太盛也為田則失六書之義所謂忌則多怨又安
能克也
田狹反

文五　重四

月 闕也十五稍減故曰闕也太陰之精象形凡
月之屬皆從月臣鍇曰通論備矣元伐反
朔 月一日始蘇也從月屰声臣鍇曰按
釋名曰朔蘇也月始蘇也色捉反 朏 月未盛之
明也從月
出声周書曰丙午朏臣鍇曰 霸本無声字有者誤也刻海反月始生魄然也承大月二日承小月三日從月
𩅿声周書曰哉生霸也臣鍇按漢書載尚書之文魄皆作
此霸字諸侯之盟主為伯伯者長也是以周禮九命作伯
大王為西伯齊桓晉文之類雖音
霸猶作伯字爾後人作字奔化反 𩂣 古文或作此臣
鍇或此古審字
朗 明也從月良声臣鍇曰月之明為
朗故古樂府有朗月行勒浪反 朓 晦而月見西
方謂之朓從
月兆声臣鍇曰此亦日月行 朒 朔見東方謂之縮朒從
度之失也行太遲也土了反 月內声臣鍇曰行太疾

也按陰陽家説月人臣之象也行疾人臣迫急之徵行遲人臣怠政之應尼六反

期會也從月其声臣鍇曰日行遲月行疾似與日期會也虔之反

古文從日臣鍇曰丌古其字

文八　重二

有不宜有也春秋傳曰日月有食之從月又声凡有之屬皆從有臣鍇曰月能掩日掩而有之之象也故從月又声不宜有之言出春秋公羊傳言日月有食之所不宜有故言有許慎引以為證又亦象手掩也有難者曰春秋傳言有𪔳唐氏有虞氏豈是不宜有乎臣荅之言此自仲尼立例取此一言為文不通於常詞也若春秋例以悪入曰復入之類至左傳散言皆不拘之此其證也或者無以對也延九反

戫有文章也從有彧声臣鍇按論語郁郁乎文哉本作此戫假借郁字或者川流也宋王彧字景文又假借或字皆非本文要須作戫爾

龓兼有也從有龍声讀若龓有蔚也文章之意于目反

龓臣鍇按字書云又馬攏頭也

來充反

文三

朙昭也從囧月声凡朙之屬皆從朙臣鍇曰當言囧亦声眉平反

明古文從日臣鍇曰通論備矣

朚翌也從明亡声臣鍇曰尚書言翌日者朙日也忽強反

文二　重一

窻牖麗廔闓明也象形凡囧之屬皆從囧讀若獷賈侍中讀與明同臣鍇曰麗廔猶離婁也闓與開同俱永反

周禮曰國有疑則盟諸侯再相與會十二歲一盟也北面詔天之司慎司命盟殺牲啑血珠盤玉敦以立牛殺其耳也從囧血声臣鍇按春秋左傳曰聞朝而會不協而盟司慎司盟天之二神故魯襄公傳曰敢告天之司慎司盟名山大川先王先公七姓十二國之祖有違此盟明神殛之俾隊其師無克祚國是其辭也謂之載書既詛而割牲以玉敦承其流血諸侯共歃其血主盟者執其牛耳立於槃中然後掘坎埋其牲加載書而埋之也故仲孫羯曰諸侯盟誰執牛耳又曰坎用牲加書焉此言使背盟者如此牛也敦器似甌也囧者明也從囧皿声字傳寫妄

加之也會盟古文從朙臣鍇曰此足盟籀
意眉平反以盟盟字從血非声也文

文二　重二

夕暮也從月半見凡夕之屬皆從夕臣鍇曰月字之
半也月初生則暮見西方故半月為夕辥易反

𡖋寂也從夕莫声臣鍇曰夜舍也天下休舍從
此則寂寞之募沒白反夕亦省羊舍反夢

不明也從夕瞢省声臣鍇曰當夗轉卧也從夕卧有卪
言瞢亦声寫少亦字木空反臣鍇曰卪訓節也蔚

遠夤敬惕也從夕寅声易曰夕惕若夤臣鍇曰夕者人
反意懈怠也故孫武曰晝氣歸國語魯公文伯之母

曰事多而計過無憾而夤籀夝雨而夜除星見也從
後即安是也翼眞反文夕生声臣鍇曰此即

今日作晴外遠也卜尚平旦也今若夕卜于事外矣臣字自成反鍇曰古者君子重卜者決疑于神明當尚早今夕卜是於事踈外也五會反

𡖋古文

夙早敬也從丮持事雖夕不休早敬者也臣鍇曰言夕者持明日之事也息竹反

㐰古文

𠈇亦古文從人丙声宿字從此

文九　重四

多重也從重夕夕者相繹也故為多重夕為多重日為疊凡多之屬皆從多臣鍇曰周禮又謂戰功曰多尚書文侯之命曰汝多脩是也繹之言尋也不絕之意也又夏謂癸之明日又癸為繹謂尋前日之事也今夕復尋前夕之事是為多者事之過多也疊者重積前日之事以成公也不為過多也故重日則為疊重夕則為多夕者萬物息

焉君子之所以安身小人之所以息力故宴樂之事猶曰
臣卜其晝未卜其夜況於力役而可夕為之乎故重夕為
多也㙈
戈反
㚇古文並多夥齊謂多也從多果声臣鍇按史記陳涉
客曰夥乎涉之為王黙黙者也胡妥反
𡖐大也從多圣声臣鍇曰
此或音為恢也庫推反𡖍厚脣皃也從多尚声臣
鍇曰多即厚也多尚為
𡖍會意也春秋左氏傳曰君子不欲多尚人
尚陵也今人謂小兒無禮教為𡖍跌敕茶反

文四　重一

毌穿物持之也從一横貫象寶貨之形凡毌之屬皆從
毌讀若冠穿臣鍇曰古貝穿之又珠亦穿之謂之非

古安

反

貫錢貝之貫從毌貝声臣鍇曰毌貝會意古翰反

虜獲也從毌從力從虍声臣鍇按春秋左傳原軫曰武夫力而拘諸原故從力毌穿之也獲者以索拘之故齊國書曰人尋約吳髮短謂將以繩系之也勒古反

文三

𢎘嘾也草木之華未發凡𢎘之屬皆從𢎘臣鍇曰嘾者含也草木華未吐若人之含物也口則華苞形象其華初其莖尚屈也氾范並從此侯坎反

圅舌也象形舌體𢎘𢎘亦声臣鍇曰涵菡函從此按李陽冰云許氏作圅非也當依篆作函臣詳許慎所說及

其字形亦與陽冰所説同但傳寫浸訛以下曰字兩齒相連與中竪畫相合自然其中成图今正書之則與此同但是輔頰之象非正牙齒之字也舌体弓弓

肣 俗從肉今

謂舌之出口如華之出柎韡也胡甘反

𢎘 木生條也從弓由声商書曰若顛木之有𢎘枿臣鍇曰謂之已倒之木更生孫枝也𢎘者猶可也止之言也枿者餘也延秋反

甬 草木華甬甬然也從弓用声臣鍇曰甬之言涌也若水涌出也又周禮鐘柄為甬通勇湧踊誦從此與恐反

𢎛 草木弓盛也從二弓闕臣鍇曰華盛重累也詩曰鄂不韡韡韡韡照也熒先反

文五　重一

𣐺 木垂華實也從木弓弓亦聲𣐺凡之屬皆從𣐺闕臣鍇曰弓即弓字也𣐺字亦從此候坎反

𩏂束也從東韋声臣鍇曰言束之華實之相累也于歸反

文二

卤草木實垂卤卤然象形凡卤之屬皆從卤讀若調臣鍇曰卤與苕同謂草木之秀實也實形也卜上華芒也笛遼反

𠧪籀文從三卤作臣鍇曰籀文繁者小篆省之也

栗木也從卤木其實下垂也臣鍇曰栗實彙亦有芒潁與栗相類也刀必反

𣡌籀文栗從西二卤徐巡説木至西方戰栗也臣鍇曰西方木凋落之時也會意

粟嘉穀實也從卤從米孔子曰粟之為言續相玉反

𥻆籀文臣鍇曰續者謂相續不已取嘉名也

亝 禾麥吐穗上平也象形凡齊之屬皆從齊臣鍇曰生而齊者莫若禾麥也二地也兩旁在低處也淮南子曰居高不可以為脩脩長也居下不可以為短也以二節其地形以高卑則之形下齊而實齊也故善為國者使士世其職農安其畝工樂其業商便其肆其地勢不同而其志樂同也莊子曰蟪蛄不知春秋冥靈以八千歲為春此年壽不同而其生齊也大鵬摶扶搖而上者九萬里鸒斯搶榆枋而不至此大小不同而其行止齊也此莊周齊物之意也自兮反

𪗋 等也從齊妻声臣鍇按妻者齊也故等齊之字從妻也自兮反

文三　重三

文二

朿 木芒也象形凡朿之屬皆從朿讀若刺臣鍇曰從木形左右象刺生之形也士智反

棗 羊棗也從重朿声臣鍇曰羊棗之名也孟子曰曾晳嗜羊棗也子草反

棘 小棗叢生者從並棗也臣鍇曰小棗故從並朿低小也巳力反

文二

片 判木也從半木凡片之屬皆從片臣鍇曰木字之半也譬硯反

版 判也從片反声補綰反

𤗪 判也從片畐声披式反

牘 書版也從片賣声臣鍇曰古者

為公案也牒禮也從片枼声臣鍇按劉勰文心雕龍曰議政未定短牒諮謀曰牒牒簡也葉在枝也陁谷反

牑木版也從片扁声讀若邊婢篇反

牖穿壁以木為交窓也從片戶甫声譚長以為甫上日也非戶也牖所以見日也臣鍇曰窓但穿明則為窓牖者更以木為交櫺故老子曰鑿戶牖以為室先言戶後言牖牖文飾也古音甫蓋與父同声故云甫声也古有一室一窓一戶也譚長亦當時說文字者記其言廣異聞也其言以為戶字當作日字也叓酒反

牏築牆短版也從片俞声讀若俞一曰紐也臣鍇曰牆兩頭版也史記萬石君傳曰取親裠廁牏浣滌注謂于築牆短版而浣滌也特婁反

文八

鼎三足兩耳和五味之寶器也昔禹收九牧之金鑄鼎荆山之下入山林川澤螭魅蝄蜽莫能逢之以協承天休易卦巽木于下者為鼎象析木以炊鼎也從貞省声古文以貞為鼎籀文以鼎為貞凡鼎之屬皆從鼎臣鍇按周易巽下離上為鼎巽木也彖曰鼎以木巽大亨飪也春秋左傳曰鑄鼎使民知神姦然後不逢不若也顛茗反

鼒鼎之圓掩上者從鼎才声詩曰鼐鼎及鼒　鎡俗鼒從金臣鍇按爾雅注云弇上小上也則欺反

弦　鼐鼎之絶大者從鼎乃声魯詩說鼐小鼎也臣鍇按声　爾雅鼎絶大者為鼐注曰最大圜者也自孔子刪詩為三百篇以授子夏自後分散傳授其說不同故有魯詩齊詩燕詩毛詩也都孩切

鼏以木横貫鼎耳舉之從鼎冂声周禮廟門容大鼏七箇即易玉鉉大吉臣鍇曰按周禮亦謂之鬲也民的反

文四　重一

彔 刻木彔彔象形也凡彔之屬皆從彔臣鍇曰彔彔猶歷歷也一一可數之皃通論詳矣禄渌盝録菉從此盧木反

文一

克 肩也象屋下刻木之形凡克之屬皆從克臣鍇曰肩者任也尚書曰朕不肩好貨不委任好貨也任者又負荷之名也與人肩髆之肩義通故此字下亦微象肩字之上也能勝此物謂之克故亦象刻木也慳黑反

克 古文臣鍇曰亦象彔字之下也 克 亦古文

文一　重二

禾　嘉穀也從二月始生八月而熟得時之中和故謂之禾也禾木王而生金王而死從木從乑省乑象其木也凡禾之屬皆從禾臣鍇曰禾垂穗顧本也故張衡思玄賦曰發昔夢于木禾既垂穎而顧本淮南子曰金勝木故禾春生秋死高誘云禾木也菽火也菽故夏生冬死水王而死也麥金也故麥秋生夏死火王而死也薺水也故薺冬生夏死土王而死也戶哥反

秀　上諱臣鍇曰禾實也有實之象下垂也漢光武帝諱故許愼闕而不書也息就反

稼　禾之秀實為稼莖節為禾從禾家声稼家也一曰禾在野為稼也臣鍇按一曰種之為稼稼反乍反

穡　穀可收曰穡從

禾嗇声臣鍇曰嗇收也故田夫為嗇吝嗇之意也當言嗇亦声誤脫亦字踈億反

穜埶也從禾童声臣鍇曰布之也之用反

稙早種也從禾直声詩曰稙稺尗麥珍食反

種先種後孰也從禾重声直容切

稑疾孰也從禾坴声詩曰黍稷種稑臣鍇曰古者繆穆稑陸声相亂故秦繆公亦呼秦穆公從翏声也栗菊反

穋或從翏声

稺幼禾從禾屖声晩種後孰者臣鍇按爾雅長婦謂稺婦為弟婦故後漢豫章處士字孺子直致反

稹穊也從禾眞声周禮曰稹理而堅也臣鍇曰穊密也周禮考工記相木之言稹亦微密也友尤反

稠多也從禾周声陳収反

穆禾也從禾㣎声臣鍇曰㣎音穆莫叔反

私禾也從禾厶声北道名禾主人曰私主人臣鍇曰厶私漢制縣有蠻夷北道先益反

𥢶稻紫莖不黏也從禾糞声

讀若靡臣鍇曰即齊也五穀之長也從禾畟声臣鍇今紫華稻符飢反

稷 按本草梁貞白先生八穀黍稷稻梁禾麻菽麥俗人尚不能分况芝英乎臣今按本草新注黍有數種有黑有黄此今人所易知爾雅秬黑黍秠一稃二米詩曰天降嘉穀維秬維秠注曰皆赤黑黍但其中米異耳稷即穄一名粢字亦作齋楚人謂之稷關中謂之糜呼其米為黄米稻即常食有粳有稬梁即粟之麤者有青梁穗有毛粒青米亦微青細於白梁黄梁出蜀漢南閩浙間亦種之穗大毛長穀米俱麤於白梁而叔少子不耐水旱食之香美逾于諸梁人號為竹根黄梁陶隱居所謂襄陽竹根梁白梁爾雅謂之芑白苗穗大多毛且長諸梁多相似而白梁穀麤扁長不似粟圓也米白且大食之香美黄梁之亞爾雅云虋赤苗今人赤穀粟有數種皆細于諸梁北土常食與梁有别禾即麻即苴芓二種也菽荳也麥

有二麩大麥也來小麥也又有穬麥陶云穬麥馬食若楚辭曰獷麥擊黃粱煎弋反稷古文穊稠也

從禾既声臣鍇曰稠密也古人云深耕概種故從禾訖示反稀疏也從禾希声臣鍇曰穊既以禾為準稀

亦同也當言從禾爻巾無声字後人加之爻者稀疏之義與爽同意巾亦足其希象至莃與睎皆從稀省何以知之

說文巾部爻部並無希字以是知之忻析反𥢔禾也從禾蔑声名噎反齋稷從禾齊声臣鍇曰

此即齋盛字其米為齋在器曰盛今典亦通借齊字為之稷字注已詳子思反秶或從次作臣鍇曰次

声秫稷之黏者從禾朮声臣鍇曰黏者柔懦也朮者象其体柔撓八其米也言声傳寫誤加之下有八字不

當言声若許慎不知則當言闕常出反朮或不從禾作臣鍇曰但象其禾体柔弱也茉術怵述從此

穄糜也從禾祭
声子歲反
稻稌也從禾舀声臣鍇按爾雅
稌注曰今沛國呼稌徒討反
稌
稌稻也從禾余声周禮曰牛宜稌臣鍇曰宜謂体性相宜
也按本草牛肉甘平安中益氣主消渴稻米亦煖中稻令
人熱牛肉性平相
和為宜也他魯反
稬沛國謂稻為稬從禾耎声臣鍇曰
稬懦也許慎謂稷為秫稻為糯今
則同之
奴贊反
稴稻不黏者也從禾兼声讀若風
廉臣鍇曰即今稻也賢兼反
秔稻也從
禾亢声
臣鍇曰亢
声根橫反
稉俗秔臣鍇
曰更声
秏稻屬從禾毛声伊尹曰飯
之美者玄山之禾南海之
秏臣鍇曰此呂氏春秋載
伊尹說湯之辭也吼號反
穬芒粟也從禾
廣声古猛反
秜稻今年
落來年
自生謂之秜從禾尼声臣鍇
曰即今云穭生稻也利之反
稗禾別也從禾卑声琅琊
有稗鄉臣鍇曰似禾而

別也孔子曰是用枇稗也稗生水田中移禾相倚移也
故謝靈運詩曰蒲稗相因依旁賣反從禾多声一
曰移禾名故相倚穎禾末也從禾頃声詩曰禾穎穟臣
則移也以支反鍇曰謂禾穗之端也非謂芒為穎
故尚書曰唐叔得禾異畝同穎白虎通曰唐叔之禾大
幾盈車長幾充箱穎者銳也故謂錐之末為穎余郢反
𥞥齊謂麥為𥞥從禾來声臣鍇按詩采禾成秀從禾
曰貽我來牟來即𥞥也婁才反瓜声臣鍇曰
瓜禾為采會穗俗從禾穟或從艸穟或從禾遂声
意也夕位反惠声遂作詩曰禾穎穟
穟𥝩禾危穗也從禾勺声臣鍇曰危謂𥟐禾垂皃也
也獨出之穗也今言了𥝩也得了反從禾耑声
讀若端臣鍇曰禾之𥢔禾舉出苗也從禾曷声臣
垂者即耑也兜果反鍇曰𥢔字從此鳩歇反

禾芒也從禾少声臣鍇曰抄穖禾穖也從禾幾聲臣鍇
之言妙也微妙也彌小反　曰按呂氏春秋曰得時
之禾疏穖而惠大　一稃二米從禾丕声詩曰誕降嘉
也穖莖也訖耳反秠穀惟秬惟秠天賜后稷之嘉穀也
臣鍇曰后稷勤于稼穡天降此稃穭也從禾孚声臣鍇
稷尚書曰稷降播種浦宜反　曰稃即米殼也草木
華房為柎麥之皮為麩粰或從秨禾䌛皃從禾乍声
音義皆同也芳于反　米附　讀若昨臣鍇曰䌛
動揺也穮耕禾間從禾麃声春秋傳曰是穮是蔉臣鍇
自莫反　曰若今人種以長大復鉏其間草也彼消反
䅁䅘禾也從禾安声臣鍇秄壅禾本從禾子声臣鍇
曰車行禾上也思肝反　曰古人言耘耔是也以
土壅根也耔之言字穧穫刈也一曰撮也從禾齊声臣
也養之也津矣反　鍇曰古文齊声臣鍇按爾雅穖

穧穫也烓今以穫禾為穧寂帝反穫刈穀也從禾蒦声胡郭切𥢭積禾也從禾資声詩曰稹之秩

秩臣鍇曰堆積已刈之禾也疾茲反積聚也從禾責声臣鍇曰今人言稍積是也津亦反秩積也

從禾失声詩曰稹之秩秩臣鍇曰秩秩有叙之皃也遲匹反稛豢束也從禾困声臣鍇曰豢繩也今束禾

也國語曰諸侯之使于齊捆載而歸是也若衮反稞穀之善者從禾果声臣鍇曰今人言稞會声若裹者

會反秳舂粟不潰也從禾昏声户斡反[禾气]秳也從禾气声居气反[禾會]穅也從禾會声讀若

裹若檜反[禾羔]禾皮從禾從羔声臣鍇按呂氏春秋得時之禾圜粒而薄糕是也眞若反穅穀之皮也

從禾康声臣鍇曰爾雅云康空也從禾米米皮去其內以空之意也彄莊反康或省作臣鍇曰唯從禾康

声稭禾稾去其皮祭天以為席從禾皆声臣鍇曰謂禾
華蒂之穀取其静莖祭天視天下之物無足以稱
之尚儉而貴稈禾莖也從禾旱声春秋傳曰或投一秉
質也根祭反稈臣鍇曰即稭之和皮者投稈謂楚爨
尾焚卻宛時秆或從
也根旱反千作稾稈又彌麤亂古之時罪者廣
稈也從禾高声臣鍇曰比于
稾飲水令人言稾草謂書之不謹若禾秕不成粟從禾
稾之亂然又文章之未修治也姦皓反秕比声並止反
稍麥莖也從禾從肙声臣鍇按潘岳𥟇黍穰也從
射雉賦曰窺覘稍葉是也弓玄反禾剡声臣
鍇曰巫祝桃茢謂以黍穰為帚穰黍𥟇已治者從禾襄
治灑桃湯以除不祥也良舌反声臣鍇曰已經擇治
也詩曰降福穰穰降秧禾若秧穰也從䅭䅭程穀名
福穰穰多也然莊反禾央声殷強反從禾旁声

臣鍇曰稻亦有名如鳴蟬之類是也白良反

䅣 榜䅣也從禾皇声户荒反

秊 穀熟也從禾千声春秋傳曰大有年臣鍇曰周禮曰年取禾一熟也泥賢反

穀 續也百穀之總名也從禾殸声臣鍇按前注云粟之言續也義與此同春秋傳曰年穀和熟禮曰祈穀于上帝是㳄實之總名也孤速反

稔 穀熟也從禾念声春秋傳曰不五稔是臣鍇按春秋傳曰五稔惡之日也言其積惡成熟也而沈反

租 田賦也從禾且声臣鍇曰史記趙奢至田租之吏也尊吾反

稅 租也從禾兌臣鍇按春秋公羊傳曰稅畝者何履畝而稅也古者什而稅天下之中正也注履踐案行之擇其善畝穀最好者稅取之度不足故履擇苗之善者計其一畝之收數孟子曰夏人百畝而百徹殷人七十而助周人什一而稅莫善于稅莫不善于徹轍袂反

䆃 禾也從禾

道声司馬相如云蕖一莖六穗也臣鍇曰禾之名也徒號反⿰禾荒虛無食從禾荒声臣鍇曰此饑荒字古多借荒字忽光反穌把取禾若也從禾魚声臣鍇曰把音把若即竹若也穌猶部斂之也孫呼反稍出物有漸也從禾肖声臣鍇曰周禮謂群臣之祿食為稍食稍稍給之也史掉反秋禾穀熟也從禾龜省声臣鍇曰龜音焦七牛反龝籀文臣鍇曰不省也秦伯益之後所封國也地宜禾從禾舂省一曰秦禾名也臣鍇曰伯益禹之臣也為舜虞按史記秦本紀顓頊之裔孫曰女脩吞玄鳥之卵生子大業大業娶少典之子曰女華生大費大費與禹平水土已成舜曰咨爾費贊禹功賜女皁游後嗣將大出乃妻之姚姓之玉女大費佐舜調馴鳥獸鳥獸多馴服是為柏翳賜姓嬴氏費生二子曰大廉實鳥俗氏二曰若木實費氏玄孫曰費昌昌去桀

歸湯為御以敗桀于鳴條大廉玄孫曰中衍大戊御而妻
之遂世佐殷為諸侯玄孫曰中潏保西垂生蜚廉蜚廉生
惡來俱事紂蜚廉與紂俱死惡來在外歸無所報葬霍太
山蜚廉子曰季勝勝生孟增幸于周成王是為宅皋狼皋
狼生衡父衡父生造父以御幸於穆王封於趙趙襄其後
也蜚廉子曰惡來革早死有子曰女防女防生旁皋旁皋
生太几太几生大駱大駱生非子皆姓趙氏非子居犬丘
為孝王主馬汧渭之間孝王分之上為附庸又邑之秦徐
廣云天水隴西秦亭也續嬴氏後號曰秦嬴生秦侯秦侯
生公伯公伯生秦仲見於詩與杜預春秋釋例同大唐天
潢玉諜云伯翳即伯益也故云是為伯翳春禾為秦會意
字也少昊即黃帝之子玄囂青陽也初為己姓後為嬴姓
顓頊昌意之子即少昊弟之子同姓故史記秦承顓頊伯
翳之後為嬴姓春秋郯莒皆少昊後嬴姓按淮南子洛水

輕利宜禾洛水即秦籀文從秝臣鍇科程也從禾斗
出秦地自人反曰從二禾也斗者量也臣
鍇曰會意稱銓也從禾爯声春分而禾生夏至晷景可
也若何反度即禾有秒秋分而秒定律數十二秒而
當一分十分而寸其以為重十二粟為一分十二分為一銖故謂
程品皆從禾臣鍇曰此又去声即權衡之稱故曰銓也戛
至日極北故曰晷景可度禾有秀實則芒生芒秒也秋萬
物成定之時物皆摯緒故曰秒定律皆以分寸數十二秒
為一分長短程程品也十髮為程一程為分十分為寸
也齒仍反從禾呈声臣鍇曰程權衡斗斛律曆也
故史記曰漢興張蒼定章稯布之八十縷從禾㚇声臣
程謂歷數之屬也莫成反鍇曰此即十莒稯也子紅
反秭籀五稯也從禾市声一曰億數至萬曰秭臣
文秭鍇曰二萬四千斤也又按爾雅秭數也注

曰令已十億為秭津矣反

秅 秭也從禾乇声周書曰二百四十斤為秉四秉為筥十筥為稯十稯曰秅四百秉謂之一秅臣鍇曰周禮行人之職也論語曰與之粟五秉筥竹器也或從米著巳反

䄷 百二十斤也一䄷為粟二十斤禾黍一䄷者為粟十六斤太半升也從禾石声臣鍇曰二十斗其量一百二十斤也黍穄麤而輕也神隻反

稘 復其時也從禾其声唐書曰稘三百有六旬臣鍇曰從禾其則朞年之朞亦當從禾復其時謂之一周時也居知切

文八十七　重十三

秝 稀疏適也從二禾凡秝之屬皆從秝讀若歷臣鍇曰適者宜也禾人手種之故其稀疏等也連約反

兼 兼持二禾秉持一禾臣鍇曰可兼持者莫若禾也會意結添反又曰兼幷也從又手也秝二禾也

文二

黍 禾屬而黏也以大暑而種故謂之黍從禾雨省声孔子曰黍可以為酒禾入水也凡黍之屬皆從黍臣鍇曰此秫黍也叔呂反

䵚 摖也從黍麻声美皮反

䵑 黍屬也從黍卑声邊弭反

黏 相著也從黍占声聶炎反

[黍古] 黏也從黍古声户吳反 [米古] 或從米作

䵒 黏也從黍日声春秋傳曰不義不䵒臣鍇曰當言續少兩字而吉反

[黍刃] 䵒或從刃

黎 履黏從黍杒省声杒古以為利字作履黏以黍米也臣鍇曰履

以餬黏之也黍
䵒治粟麥禾豆下潰葉也從黍畐声臣
黏也里西反
鍇曰謂禾豆上長則下葉漸黃爛也
治謂除埽之
䵑從黍尼声臣鍇按梨有樹出之如漆
也朋北反
黐可以黏蟬雀黍亦黏物也勑其反

文九　重二

香芳也從黍從甘春秋傳曰黍稷馨香凡香之屬皆從
香臣鍇按尚書洪範稼穡作甘黍甘為香會意也軒
良
反

馨香之遠聞也從香殸声臣鍇曰殸籒文磬
字声之遠聞香殸為馨亦會意也顯青反

文二

米 穬實也象禾黍之形凡米之屬皆從米臣鍇曰穬穎粒也十其稃彙開而米見也八八米之形也粟有秕者故北齊擇盧思道之詩得八首人言八米以稻喻之若言十稻之中淂八粒米也象形名洗反

粱 米名從米梁省声柳昌反

䊪 早収穀也從米焦声一曰小也臣鍇按張衡南都賦曰冬稌夏䊪隨時代熟是䊪為早也鱣岳反

粲 稻重一柘為粟二十斗為米十斗曰毇為米六斗太半升曰粲從米𣦼声臣鍇曰漢刑法志有罪者白粲謂舂也倉贊反

糲 粟重一柘為十六斗太半斗舂為粟一斛曰糲從米萬声臣鍇按史記曰糲粱之食粱粟也粱葬反

精 精擇也從米青声臣鍇以為君子之養身修之于本故孔子曰食不厭精故精粹皆從米曹植七啓曰芳菰精稗也津貞反

粺 毇也從米卑声旁賣反

粗 疏也從米

且声臣鍇曰疏即麤也故爾雅注多謂麤為粗金魯反

粊 惡米從米北声周書曰有粊誓臣鍇按古文尚書費誓如此春秋作費魯地名今沂州費縣筆媚反

糱 牙米也從米辥声臣鍇曰麥蘖麥牙也魚泒反

粒 糂也從米立声臣鍇曰尚書烝民乃粒里汲反

𩚵 古文從食

釋 漬米也從米睪声臣鍇曰釋猶散也漢書曰振兵釋旅振整也失易反

糂 以米和羹也從米甚声一曰粒也臣鍇曰孔子厄于陳蔡藜羹不糂也息感反

糝 古文糂從參

䊉 籒文從朁

糪 炊米者謂之糪從米辟声臣鍇按爾雅飯中有胜米曰糪胜先定反米胜定不變也今謂豆不爛為糪豆也羆麥反

糜 糝也從米麻声臣鍇曰糜即粥也羹反反

䊤 糜和也從米覃声讀若譚持感反

𥻧 潰米從米尼声交趾有卷冷縣臣鍇曰潰

漫也眠𥻆酒母從米匊省声臣鍇曰麴糱或從麥
伊反𥻆也酒主于麴故曰酒母牽六反䴭鞠省声
曰俗作鞠臣鍇糟酒滓也從米籀文𩞄乾也從
曰令鞠字也曹声作曹切從酉糒米葡声
平祕糗熬米麥也從米臭声臣鍇臼舂糗也從米
切曰煼乾米麥也去酒反臼声伎酒反
糈糧也從米胥声臣鍇曰今或糧穀食也從米
借為祭神之糈也仙呂反量声柳昌反粈
雜飯也從米丑声臣鍇按史糴穀也從米翟声臣鍇曰
多言漢粈之霸道也女就反糴糴字皆從此地料反
𥽠麩也從米蔑粹不雜也從米氣饋客之芻米從
声門撥反辛声雖遂切米气声春秋傳
曰齊人來氣諸侯臣鍇曰古槩氣或從旣餼氣或從食
云乞字直乞而已許意反工陳米臭

米從米工声臣鍇按漢史曰太倉之粟紅腐而不可食多借紅字為之米久則紅也户聰反

粉 傳面者從米分声臣鍇按周禮饋食有粉餈米粉也古傳面亦用米粉故齊民要術有傳面英粉漬粉為之也又紅染之為紅粉燒鉛為粉始自夏桀也弗吻反

𥼚 或從米卷作

𥽃 䊆也從米悉声私列反

𥻦 𥽃𥻦散之也從米殺声臣鍇按春秋左傳曰殺管叔而蔡蔡叔言放之若散米尚書曰因蔡叔于郭鄰也桑恒反

䊳 碎也從米靡声臣鍇曰謂䊳米麥也䃺米謂之䊳其石謂之䃺莫播反

竊 盜自中出曰竊從穴米卨廿皆声也廿古文疾字卨偰字也臣鍇按春秋左傳曰在外為姦在內為宄宄從宄竊從宄彌小所謂鼠竊狗盜也此形声字七屑反

文三十五　重八

毇 糲米一斛舂為八斗也從臬從殳凡毇之屬皆從毇毇糙米臣鍇曰此會意也毀字從毇呼委反

糳 糲米一斛舂為九斗曰糳從毇丵者声臣鍇曰糲米從毇也舂秋左傳粢食不鑿字當作此丵音仕朔反

子落反

自莫反

文二

臼 舂也古者掘地為臼其後穿木石象形中象米也凡臼之屬皆從臼臣鍇按易繫曰刳木為杵掘地為臼臼杵之利萬民以濟也舊眀字皆從此函字下鼠字上皆偶相似非從杵臼之臼又古文齒字作臼亦復相似亦非

此字杵臼字中四注古文
齒左右三注也伎酒反
舂擣米也從廾持杵以臨臼杵省古者雝父初
作舂臣鍇曰雍父黃帝臣也會意輸容反𦥯齊謂
舂𦥯從臼屰声讀之若膊舂去麥皮從臼干声臣鍇
字臣鍇曰屰音屰惡曆反臿曰會意也插字從此楚箑
反舀抒臼從爪臼声詩曰或簸或舀臣鍇曰會意也抒
向下取之也滔韜稻之類音近舀者皆從如此以
紹抭或從手宂臣鍇按周言有𦥽或從臽小阱也
反女舂抌謂抌臼中米也反𦥽臼宂從人在
臼上舂地坎可臽又臣鍇曰若今人作阬以臽虎
也會意陷萏焰閻之類声近臽者從此寒醮反

文六　重二

凶 惡也象地穿交陷其中凡凶之屬皆從凶臣鍇曰惡不可居象地之塹也惡可以陷人也易曰入坎窞凶也吁封反

兇 擾恐也從人在凶下春秋傳曰曹人兇懼臣鍇曰象亂而懼也會意勗恐反

文二

朩 分枲莖皮也從屮八象枲皮凡朩之屬皆從朩讀若髕臣鍇曰剥麻之剥也剥之則莖經手故一求也列子曰鄉人有甘枲莖是匹儐反

枲 麻子也從朩台者從辝省声臣鍇曰枲麻有子若周官有典絲枲淮南子曰位賤尚枲辛子反

籀文臣鍇曰從辝声

林 萉之總各也林之為言微也微纖為功象形凡林之屬皆從林臣鍇曰萉即麻也猶言派也派亦水分微也匹賣反

檾 枲屬從林熒省声詩曰衣錦檾衣臣鍇曰按周禮注亦作䔛即䔛麻也犬屏反

㪔 分離也從攴從林分散意也臣鍇曰此分散字象麻之分散也此會意散歡字從此四反

文三

麻 枲也與林同人所治在屋下從林從广凡麻之屬皆從麻臣鍇曰在田野曰萉實曰賨加功曰广廡屋也與山異广兩夏深屋也此广蓋廡敞之形于其下治麻凡禾麥黍麻赤豆皆所貴者故曰造字無所因也詩曰中田有廬疆埸有瓜瓜亦果貴者亦別為字大略如此也門車反

⿸麻俞綀屬也從麻從俞声臣鍇按字書綀屬一曰麻索特妻反⿸麻後未練治纑也從麻後声臣鍇曰纑即繩一股也為總則練治之也誇禄反𪎊麻蒸也從麻取声臣鍇曰蒸音憂禾莖潘岳西征賦曰感市閭之菆井當作此𪎊字謂賣麻秸之市井也側豆反

文四

說文解字通釋卷第十三

說文解字繫傳卷第十四

繫傳十四

文林郎守秘書省校書郎臣徐鍇傳釋

朝散大夫行祕書省校書郎臣朱翺反切

十九部　文　重

尗　豆也象尗豆生形凡尗之屬皆從尗臣鍇曰尗也故春秋穀梁傳曰齊桓公伐山戎出其山菽叔菽是也豆性引蔓故從丨有歧枝非從上下之上也故曰從尗生形小象根也式六反

䵫 配鹽幽尗也從尗支声臣鍇曰幽謂造之幽暗也暗趐反 豉 俗豉

文二　重一

耑 物初生之題也上象生形下象根也凡耑之屬皆從耑臣鍇曰題猶額也端也古發端之耑直如此而已一地也端湍顓遄

從此象形下桓反

文二

韭 菜名也一種而久生者也象形在一之上此與耑同意凡韭之屬皆從韭臣鍇曰一地也故曰與耑同意

韭刈之復生也異于常草皆故自為字也象形勾有反

䪢 韲也從韭隊声臣鍇曰古謂今膾酢合和者韲故有受辛之言古人言金韲五膾韲以粟黃蕫為韲故黃今人多謂葅為

𩐁 隧韭也從韭次𠂢皆声臣鍇曰膾酢也韲也大妹反

莊子曰韲萬物而不以為黃謂視萬物韲之細

齏 或從齊

䪥 菜也其葉似韭從韭㪚声臣鍇曰按爾雅一名鴻薈也遐戒反

韱 山韭也從韭𢦏声臣鍇按爾雅注山中有之如人家種者纖鑯纖韱如此息鹽反

䪤 小菻也從韭番声臣鍇曰中國菻也今之大菻胡菻也扶袁反

文六　重一

瓜 㼌也象形凡瓜之屬皆從瓜臣鍇曰厶瓜實也外蔓也古華反

瓝　小瓜也從瓜交声臣鍇曰今有馬瓝如小瓜也部卓反

瓞　瓞也從瓜失声詩曰緜緜瓜瓞臣鍇按毛詩傳曰小瓜在枝間連大瓜也以喻子孫承嗣也大節反

𤓯　瓞或從弗

𤬏　小瓜也從瓜熒省声玄經反

䌛　瓜也從瓜繇省声延朝反

瓣　瓜中實也從瓜辡声臣鍇曰瓜也一名瓠犀詩曰齒如瓠犀是也爾雅作瓠棲部莧反

㼌　本不勝末微弱也從二瓜讀若庾臣鍇曰瓜根弱而實奇大故二瓜為㼌會意也戈主反

文七　重一

瓠　匏也從瓜夸声凡瓠之屬皆從瓠臣鍇曰瓜根柢柔弱楚辭曰斡棄周鼎而寶康瓠康空也康瓠空瓠

也爾雅康瓠謂之甈瓦為之得名于此也下故反

蠡　蠡也從䖵瓠省声臣鍇曰半破瓢以酌水為蠡故東方朔曰以蠡酌海也部遙反

文二

宀　交覆深屋也象形凡宀之屬皆從宀臣鍇曰象屋兩下垂覆也減仙反

家　居也從宀豭省声臣鍇按爾雅戶牖之間謂之扆其內謂之家古者為堂自半已前虛之謂之堂半已後實之為室東為戶西為牖中為壁尊者在室常居牖下謂之㜪故論語曰與其媚於奧寧媚於竈春秋左傳趙鞅曰畢萬有百乘死于牖下言安樂也東南隅謂之宧開宧戶声也在室外則人君當陽而生在戶牖之間故曰負

豭省也　古文　所託居也從宀　古文臣
古牙反　家　乇声直摘反　鍇曰宅

必相其土　亦古　實也從宀至声室屋皆從至所止
故從土　文　也臣鍇曰堂之內人所安止也

尸質　天子宣室也從宀亘声臣鍇按漢書音　北
反　義未央前正室也又有宣室殿息鈆反　出

牖也從口從宀詩曰塞向墐戶臣鍇按豳七月詩也塞
向避北風也窻所以通人气故從口會意也詩文反

養也室之東北隅食所居也從宀㔾臣鍇曰　戶
東北陽气初起養萬物也立春之候戈伊反　樞

声室之東南隅也從宀㞋声臣　宛也室之西南隅從
鍇曰㞋音杳從白下匕乙皛反　宀夭声臣鍇曰宛深

也故從宷古審字也人所居故從宀會意也乙告反屋宇也從宀辰臣鍇按班固西都賦曰日月

繞經于袂宸宸高下 之中事也寶申反 **宇** 屋邊從宀于声易曰上棟下宇 臣鍇按春秋傳曰況衛在君之

宇下是為邊 垂也于矩反 **寓** 籀文 從禹 **寷** 大屋也從宀豐声易 曰豐其屋甫馮反 **寏** 周 垣

也從宀奐 声故官反 **院** 寏或從𨸏完声臣鍇曰今 言院即取名于周垣也 **宏** 屋深響也 從宀厷声

臣鍇按靈光殿賦曰宖弘 寥寂以崢嶸下泓反 **宖** 屋響從宀弘声臣鍇曰 釋加上宇也乎萌反

寪 屋皃從宀為 声于彼反 **㝩** 屋㝩㝗也從宀康声臣鍇按長門 賦曰委參差以㝩㝗㝗屋虛大也

㝗與梁義 同可郎反 **㝗** 康也從宀良声臣鍇曰左思吳 都賦所謂聊㝗之野字力畫反 **宬** 屋所 容受

也從宀成 声食征反 **寍** 安也從宀心在皿上皿人之食飲器所以 安人也臣鍇曰風雨有時飲食無虞人所

以安也史記曰未嘗寍居乃丁反

定　安也從宀正声臣鍇按孝經曰昏定而晨省定在床下也徒甯反

寔　止也從宀是声臣鍇曰寔如此止如此也市職反

安　止也從女在宀中臣鍇曰女子非有大故不踰閾也詩曰之子于歸遠送于野不安居也遏寒反

宓　安也從宀必声臣鍇曰古書虙字多從作此盖訛踣所致非假借也怭一反

㝣　靜也從宀契声臣鍇曰深靜也一戾反

宴　安也从宀晏声臣鍇曰齊桓公不肯救邢管仲曰宴安酖毒不可懷也乙現反

宋　無人声也從宀從尗声臣鍇曰宋寞字才狄反

䛢　或從言作

察　覆審也從宀祭声臣鍇曰宀覆也從此會意又扎反

親　至也從宀親声千刃反

完　全也從宀元声也古文以為寬字臣鍇按春秋傳曰繕完也胡官反

富　備也從宀畐声臣鍇

曰富潤屋也福務反

實　富也從宀貫為貨物臣鍇按春秋左傳曰遷其內貫遷其家也市日反

宲　藏也從宀保省声周易曰陳宲赤刀也臣鍇曰所寶藏摶抱反

容　盛也從宀谷声臣鍇曰此但為容受字容皃字古作頌也弋雍反

⿱宀公　古文容從公

⿱宀臱　⿱宀臱⿱宀臱不見也從宀臱声一曰⿱宀臱不看人臣鍇曰室中無人也忙千反

寶　珎也從宀玉貝缶声臣鍇曰人所保也𤿎抱反

⿱宀⿰王缶　古文寶省貝

宭　羣居也從宀君声臣鍇曰古亦借麋字為之也九羣反

宂　散也從宀人在屋下無田事也周書曰宮中之宂人食也臣鍇曰無定所執也秦漢有宂從僕射散從也人勇反

宦　仕也從宀臣臣鍇曰執事于中也春秋左傳曰為宦女戶慣反

宰　辠人在屋下執事者從宀從辛辛亦辠也臣鍇曰老子曰為而不宰

謂為之務于利天下無所定執也執則失之也宰制之則辛苦故從辛與從恣意同子待反

守　守官也從宀從寸寺府之事也從寸寸法度臣鍇曰宀官府也莊子曰謂之刑法以守之是也戶受反

寵　尊居也從宀龍声臣鍇按詩曰為龍為光龍寵也丑壟反

宥　寬也從宀有声臣鍇曰寬之而已未全放也尤舊反

宜　所安也從宀之下一之上多省声臣鍇曰一地也既得其地上蔭深屋為宜也擬機反

宜　古文

宜　亦古文

寫　置物也從宀舄声悉也切

宵　夜也從宀宀下冥也肖声相邀切

宿　止也從宀佰声佰古文夙息逐切

寑　卧也從宀侵声七荏切

寑　籀文寑省

𡧊　冥合也從宀丏声讀若書曰藥不瞑眩臣鍇曰與宵同義也名片反

寬　屋寬大從宀莧声苦桓反

𡪢　寤也從宀吾声臣鍇

曰寤寐也故從宀頑亙反

寁居之速也從宀疌声臣鍇曰詩曰不寁故也疌敢反

寡少也從宀頒頒分也從宀頒故為少也臣鍇曰不患寡而患不均不患貧而患不安蓋和無寡安無傾也會意古旦反

宛屈草自覆也從宀夗声蔚遠反

惌或從怨

客寄也從宀從各声慳革反

寄記也從宀奇声堅芰反

寓寄也從宀禺声疑豫反

㝢或從广作臣鍇曰广者依巖為室

疚貧病也從宀久声詩曰煢煢在疚見岫反

寒凍也從人在宀下從茻上下為覆下有仌也臣鍇曰按尹令曰寒气總至人力不堪其皆入室寒也痕安反

害傷也從宀口言從家起也丰声臣鍇曰周廟金人銘曰口是傷禍之門言行君子樞機樞機之發榮辱之主尚口乃窮有攸往主人有言必譊也家人嗃嗃未失也婦子嘻嘻失家節也䰻

姬之占曰齒牙為禍孟姬之讒晉亦以亂文王刑于寡妻至于兄弟以御于家邦君子正家而天下定矣嘗起于家而生于忽微也故

𡩋 入家搜索之皃從宀索声臣鍇曰此探賾索隱之字也史迮反害從宀桓艾反

𥨊 窮也從宀𥨊声臣鍇曰窮則反本故從宀宀家也居逐反

𥨊 𥨊或從宄

宄 姦也外為盜內為宄從宀九声俱水反

𡨦 古文臣鍇曰寸法度也春秋左傳曰禦姦以德禦宄以刑

㝅 亦古文

𡨦 塞也從宀𣪠声讀若虞書𣪠三苗之𣪠臣鍇曰今尚書作竄鼠三苗麤最反

宕 過也一曰洞屋從宀碭省声汝南有項宕鄉臣鍇曰今言故宕也他浪反

宋 居也從宀木声臣鍇曰室居也蘇綜反

𡫳 屋傾下也從宀執声臣鍇曰人言其𡫳墊也昏墊即土之傾下也丁念反

宗 尊祖廟也從宀示臣鍇曰宗廟

宔 宗廟主石也從宀主声臣鍇曰以石
祗字也子冬反 為藏主之櫝也春秋左傳曰許公為
反祏主本作此假

宙 舟輿所極覆从宀由声臣鍇按淮
借主字職庾反 南子往古來今曰宙凡天地之居
萬物猶室居之遷貿而不覺故

寠 無禮居也從宀婁声
二義詞異而音旨同也直宥反 臣鍇曰階阼升降所
以行禮故貧無禮先見于屋室故原憲
甕牖桑樞陳平席門負郭也其禹反

文七十二　重十六

宮 室也從宀躳省声凡宮之屬皆從宮臣鍇曰爾雅曰
宮謂之室室謂之宮呂氏春秋元高作宮室居窮反

營 帀居也從宮熒省声臣鍇按尚書曰達觀于新邑
營詩曰經之營之東西為經周回為營也余并反

文二

呂 背肉也象形昔太嶽為禹心呂之臣故封呂侯凡呂之屬皆從呂臣鍇曰若伯益之後非子養馬嬴息因賜姓嬴此其比也齊太公子呂侯之後力女反

膂 篆文從肉旅声

躳 身也從呂從身臣鍇曰背呂也此會意鞠窮反

躬 俗或從弓身臣鍇曰弓声

文二　重二

穴 土室也從宀八声凡穴之屬皆從穴臣鍇曰當言入亦声乎決反

𥧔北方謂地空因以為土穴為𥧔戶從穴皿声讀與猛同年丙反

窨地室也從穴音声臣鍇曰今書京謂地窖臧酒為窨乙沁反

𥦗地室也從穴復声臣鍇曰詩古公亶父𥦗避狄于岐下陶𥦗陶穴謂于地旁巖築下為室若陶

竈炮竈也從穴鼀省鼀黽也象竈之形臣鍇曰穿地為竈也到反

竈或不省作臣鍇曰竈子兵反

窯燒瓦窯竈也從穴羔声弋堯反

窐空也從穴圭声臣鍇曰甑下孔也一奎反

𥧥深也一曰竈突從穴火求省声讀若禮三年導服之導臣鍇曰深字從此古無禫字借導字為之故必以年導服明反

穿通也從牙在穴中臣鍇曰詩曰誰謂鼠無牙何以穿我墉啜鉛反

寮穿也從穴尞声也論語有公伯寮臣鍇曰西都賦晓日龍光于綺寮寮寮窗牖之名也力凋反

⿱穴夬穿也從穴夬声一穴反 ⿱穴抉深抉從穴抉声一決反 竇空也從穴賣声臣鍇曰水溝口也周禮曰宮中之竇其祟三尺直漏反 竅空也從穴敫声挈叫反 空竅也從穴工声臣鍇曰周禮曰鑽其空欲其窸也口紅反 窒空也從穴巠声詩曰瓶之窒矣臣鍇曰今左氏傳作罄字也詰徑反 穵空也從穴乙声鬱八反 ⿱穴裔穴皃從穴裔声臣鍇曰窬之言缺也火穴反 窠空也從穴果声一曰鳥巢也一曰在穴曰窠在樹曰巢臣鍇曰按吴都賦曰巢宿異禽苦和反 窻通孔也從穴悤声乂江反 窊汙邪下也從穴瓜声臣鍇曰汙猶迂杜預春秋傳序盡而不汙則此字同魏都賦曰窊隆異等窊隆猶凹高也乙瓜反 窳汙窬也從穴㼌声朔方有窳渾縣也臣鍇曰汙音迂也史曰舜陶于河濱器不苦窳窳缺

也苦薄也又嚜窳病也弋主反

窞 坎中小坎也從穴從臽臽亦声易曰入于坎窞一曰旁入也臣鍇曰坎中復有坎也火坎反

窌 窖從穴卯声臣鍇按周禮書地窖字從此正孝反

窖 地藏從穴告声工孝反

窵 窵窅也從穴鳥声臣鍇曰深邃皃也的揭反

窬 穿木戶也從穴俞声一曰空中之皃臣鍇曰鑿版以為戶也醫家有五臟俞穴也弋紆反

窺 小視從穴規声曰視之于隙穴也東方朔曰以管窺天丘規反

䆛 正視也從穴中正見正亦声臣鍇曰深意也丑生丑鄭二反

窡 穴中見也從穴叕声臣鍇按魯靈光殿賦曰緣房紫的窋吒垂珠也竹刮反

窋 物在穴中皃從穴出声臣鍇曰穴出會意也竹滑反

窴 塞也從穴眞声臣鍇曰塞穴也大千反

窒 塞也從穴至声臣鍇按解嘲曰室隙蹈瑕也丁乙反

突犬從穴中暫出也從犬在穴中也一曰滑也匪突也臣鍇曰犬匿于穴中伺人人不意之突然而出也他兀反

竄匿也從鼠在穴中臣鍇曰會意也千斷反

窣從穴中卒出從穴卒声千元反

窘追也從穴君声臣鍇曰入于穴窮迫也臣殞反

穹窮也從穴弓声臣鍇曰穹隆然上高也草根名穹窮象之也丘弓反

窕深肆極也從穴兆声臣鍇按詩曰窈窕淑女謂其德深厚沉密不輕薄也大了反

窅冥也從穴皀声一了反

窔窅窔深篠皃從穴交声臣鍇按上林賦曰巖窔洞出是也吉了反

邃深遠也從穴遂声小遂反

窮極也從穴躬声臣鍇曰入于穴是極也巨弓反

窈深遠也從穴幼声一了反

窱杳窱也從穴條声臣鍇曰靈光殿賦曰旋室便娟以杳窱是也他弔反

竁穿地也從穴毳声一

曰小鼠声周禮曰大喪甫竁臣鍇按周禮注甫竁始為穴也尤芮反

窆 葬下棺也從穴乏声周禮曰及窆執斧方驗反

窀 葬之厚夕也從穴屯声春秋傳曰窀穸從先君于地下臣鍇按杜預春秋左傳注窀厚也巨倫反

穸 窀穸夜也從穴夕声臣鍇按春秋左傳唯是窀穸之事言其夜深厚也詞亦反

窜 入衇刺穴謂之窜從穴甲声臣鍇曰衇脈字也苦今人言五藏窬穴有肝窬脼窬是也一甲反

究 窮也從穴九声臣鍇曰九亦究竟之意當言九亦声巳又反

文五十一　重一

㝱 寐而覺者也從疒從夢周禮曰以日月星辰占六夢之吉凶一曰正夢二曰咢寢三曰觭寢四曰寤寢五曰

喜寢六曰懼寢凡寢之屬皆從寢臣鍇曰寢之言蒙也不明之皃疒者倚著也宀屋也卧安則夢多也宣王考室之詩曰上莞下簟乃安斯寢其寢維何六夢之解具于禮注前識之言寢多矣臣以為人晝之所為陽也性及䰟精气之所為也夜寐所覺陰也情及魄气之所為也人之情常侵于性故禮曰生而有欲性之害也文子曰日月欲明浮雲蔽之人性欲平嗜性害之中庸以上能節其情欲以成其性愚者反是六情恒侵于五常魄气奪其精粹故人晝能自攝于禮義者其夢想亦嘗不欺于貪惏然其夢中懈于平晝也禍福嘗起于忽微始于陰微至于陽顯故吉凶多先見于寢也王符曰夢寐徵恠所以警人也晉文公寢楚子伏已而盬其腦以其有文德之教能自警戒所以敗楚秦始皇嘗寢與海神戰不勝豈眞海神哉海陰也人民之象也不勝者敗也不能自勉狠戾治兵求報其神所以

喪天下而無念之也可不懼哉忙弄反

【寢】病卧也從㝱省㝭省声臣鍇曰春秋左傳曰公寑疾當作此寑假借寑字為之也遷荏反

【寐】從㝱省未声臣鍇曰寐之言迷也不明之意也忙庇反

【寤】寐覺而省信曰寤從㝱省吾声一曰晝見而夜㝱也五故切

【□】籒文寤

【□】楚人謂寐曰㝱從㝱省女声人與反

【𥧌】寐而猒也從㝱省米声臣鍇曰厭也寐則神遊神為陰气所厭不得出也若鬼神其實非也寐故人卧手佳心胃上則多厭也莊子曰今夫巳陳之芻狗復取之遊居寢卧其下不得㝱必且寐焉是也又山海經有食之不寐假借眯字為之也忙弟反

【□】熟寐也從㝱省水声臣癸反

【寎】卧驚病也從㝱省丙声部命反

【寱】瞑言也從㝱省臬声臣鍇曰今人謂寐中有

言為寱語寱[寣]臥驚也一曰小兒號寣
語也寸世反　寣從寱省從言火滑反

文十一　重一

[疒]㾊也人有疾痛象倚著之形凡疒之屬皆從疒臣鍇曰
今日謂人勉強不得已曰厄疒則此字㾊者病气有
所倚也疒象人乘四体也
一所倚之物也女戹反

[疾]病也從疒矢[籀]籀文疾臣鍇曰病来[古]古
声慈悉反　急故從矢矢急疾也　文[病]
疾加也從疒丙　曰春
秋左傳曰公疾病也疲柄反[痡]病也從疒甫声詩曰
我僕痡矣普胡切

[㾓]病也從疒甬声臣鍇曰自
此以下多見爾雅他弄反[瘣]病也從疒鬼声詩曰
譬彼瘣木一曰腫旁

出也臣鍇按爾雅抱遒木魁瘣注謂樹木叢生根枝節目盤結磈磊石隈反

痾病也從疒可声五行傳曰即有口痾臣鍇曰阿猶倚也因人之釁以生五行傳劉向所作演尚書洪範之意也五行有失則有痾恙從之也一佐反

瘽病也從疒堇声也巨巾反

瘵病劣也從疒祭声臣鍇按郭璞曰江東呼病曰瘵側介反

瘨病也從疒眞声一曰腹脹也臣鍇按揚雄曰臣有瘨胘病瘨倒也丁年反

瘼病也從疒莫声臣鍇按詩曰求民之瘼郭璞曰病東齊曰瘼摩慱反

疞腹中急痛也從疒丩声臣鍇曰令人多言腹中絞結痛也姑咬反

㾓病也從疒員声子問反

癇病也從疒閒声侯難反

㾖病也從疒出声吾忽反

疵病也從疒此声臣鍇曰莊子曰物不疵癘才資反

癈痼疾也從疒發声臣鍇按律有癈疾

方吠反

瘏　病也從疒者声詩曰我馬瘏矣達胡反

瘲　病也從疒從声子容反

𤺄　寒病從疒辛声臣鍇按字書寒噤也所伈反

⿸疒或　頭痛也從疒或声讀若洫吁域反

疕　酸痟也從疒匕声臣鍇按周禮曰有疾疕瘍者匹鄙反

痒　瘍也從疒羊声似箱反

瘍　頭痛也從疒易声臣鍇按禮身有瘍則浴瘍頭瘡而在身也以箱反

⿸疒馬　目病也一曰惡氣着身也從疒馬声一曰蝕瘡忙霸反

⿸疒斯　散声也從疒斯声臣鍇曰若今謂馬鳴声為⿸疒斯也先迷反

⿸疒爲　口咼也從疒為声子彼反

疦　瘍也從疒決省声古血反

瘖　不能言病從疒音声臣鍇按淮南子曰皋陶瘖有貴乎能言者也乙禽反

癭　頸瘤從疒嬰声臣鍇按張華傳物志山居多癭飲泉水之不流者也又泉水之滷水癭一井反

瘻

頭腫也從疒妻声律豆反

⿸疒又 顫也從疒又声臣鍇按字書尢舊反

瘀 積血病從疒於声了遽反

疝 腸痛從疒山声所閒反

疛 小腹病也從疒肘省声讀若紂丁友反

⿸疒㬎 滿也從疒㬎声平媚反

⿸疒付 俛病也從疒付声臣鍇按爾雅注戚施之疾俯而不能仰也弗父反

瘚 逆气也從疒欮声臣鍇按韓詩外傳曰人主之疾有二十其一曰瘚無使小民飢寒則瘚不作百姓不足君孰與足故以逆气喻之屰逆也欠氣也會意字九越反

欮 或省疒

痟 酸痟頭痛從疒肖声周禮曰春時有痟首疾相邀切

痀 曲脊也從疒句声具俱切

痵 气不定從疒季声臣鍇按靈光殿賦曰心猲猲而發痵也蔡季反

痱 風病也從疒非声臣鍇按史記曰田蚡病痱步禮反

痤 小腫也一曰族累病從疒㘸声臣鍇曰瘯

蟸也春秋左傳曰奉牲以告曰博碩肥腯謂其不疾瘯蟸　蟸疥癬之屬也慈戈反

疽 久癰也從疒且声臣鍇按管子曰無赦者痤疽之礦石無赦亦瘡也七余反

⿸疒麗 癰也從疒麗声一曰黑瘦讀若隸力計反

癰 腫也從疒雝声乙顒反

瘜 寄肉也從疒息声臣鍇曰息者身外生之也故古謂賒債生舉錢為息錢旋生土為息壤也悉翼反

癬 乾瘍也從疒鮮声息淺切

疥 搔也從疒介声古拜切

痂 乾瘍也從疒加声臣鍇曰今謂瘡生肉所蛻乾為痂南史彭城劉邕嗜瘡痂為太守人吏百餘人不問有罪無罪鞭取創痂也古牙反

瘕 女病也從疒段声乎加反

瘤 腫也從疒畱声力輈反

瘧 寒熱休作病從疒虐虐亦声臣鍇按禮熱不作人多虐疾釋名曰凡疾或寒或熱此一疾有寒有熱焙虐也

魚諳反

痁 有熱瘧從疒占声春秋傳曰齊侯疥遂痁臣鍇按春秋左傳曰痁作而伏式占反

痎 二日一發瘧也從疒亥声臣鍇按顔之推家訓以為左氏傳齊侯疥遂痁疥字當是此字借疥字耳引此為證言初二日一發漸加至一日一發也豈有疥癬小疾諸侯問之乎二柴反

痳 疝病從疒林声臣鍇曰小便不快濕痹治瀝也力禽反

痔 後病也從疒寺声直豈反

痿 痹疾從疒委声臣鍇按呂氏春秋曰出與入輦命曰痿蹷之機韓王信曰如痿人之不忘起人隹反

痹 濕病從疒畀声臣鍇曰溼則營衞气不至而頑痹也彼二反

𤻫 足气不至也從疒畢声臣鍇按曰今人言久坐則足痹也高士傳曰晉侯與亥唐坐痹不敢壞坐也毗辟反

瘃 中寒腫覈從疒豕声臣鍇按漢書曰士卒皸瘃墮指者什百陟録反

㾌 半枯也從

疒扁声臣鍇曰呂氏春秋公孫綽有偏瘇脛气腫從疒
枯之藥將倍之以起死者是也匹綿反童声詩曰既
微且瘇臣鍇按下溼地則生此疾故詩曰彼何人尰籀
斯居河之湄既微且尰爾故伊何是也時踊反文
臣鍇曰尢尪字㿉跛病從疒盍声也讀若疻毆傷也
童籀文童字▢又讀若掩一盍反從疒只
声臣鍇按漢書音義以杖毆人青黑痏疻痏也從疒有
腫起而無創瘢者律謂疻手友反声臣鍇按沈
約瘡痏構于牀▢創裂也一曰疾▢▢皮剥從疒冄
之曲于救反從疒雋声讙唯反声讀若枏又
讀若檜▢籀▢痛也從疒農痍傷也從疒夷声臣
赤古反▢文声乃統反鍇按春秋左氏傳
曰命軍吏察夷傷後漢書瘢痍也從疒般声臣鍇曰痍處
謂金瘡曰金夷以之反瘢謂已愈有痕曰瘢步安反

痕 胝瘢也從疒艮声戶根反

痙 強急也從疒巠声臣鍇按字書中寒体強急也臣井反

痋 動病也從疒蟲省声大冬反

瘦 臞也從疒叜声山溜反

疢 熱病也從火從疒鍇按春秋左傳曰則有疢疾會意丑刃反

癉 勞病也從疒單声臣鍇按詩曰哀我癉人丁佐反

疸 黃病也從疒旦声臣鍇曰勞熱而黃也怛漢反

[疒夾] 病小息也從疒夾声丘輙反

痞 痛也從疒否声讀若鄙臣鍇曰又病結也傳几反

瘍 脈瘍也從疒易声臣鍇曰脈跳動也夷益反

[疒术] 狂走從疒术声讀若欻火物反

疲 勞力也從疒皮声郯悲反

[疒冊] 瘕病也從疒朿壯九反

疧 病不翅從疒氏声臣鍇曰見詩也上支反

[疒及] 病劣也從疒及声臣鍇曰本草云苟杞療虛疲病謂疲疲無气力也火币反

[疒…]

病也從疒殳声臣鍇曰今謂甚劇曰瘕一賣反

癃　罷病也從疒隆声臣鍇曰按史記平原君躄者曰臣不幸有疲癃病謂形穹隆然也力中反

𤸇　籀文癃省

疫　民皆病曰疫從疒役省声臣鍇曰亦鬼神在其間若皆應役然也晉時嘗疫有人通鬼者問之曰今年何為多疫對曰劉孔才為太山將軍將反召人作兵耳俞具反

瘛　小兒瘛瘲病也從疒恝声元制反

痑　馬病從疒多声詩曰痑痑駱馬臣鍇曰馬疲之也吐佐反

痥　馬脛瘍從疒兊声一曰持傷也臣鍇持傷謂駱馬為持馬所傷也大活反

𤵸　久病從疒古声臣鍇曰劉楨詩曰反嬰沈痼疾竄身清漳濵自夏反徂秋曠爾十餘旬是也古語反

𤻲　治也從疒樂声讀若勞臣鍇按詩曰多將熇熇不可救藥是也戈勺反

療　或從尞

瘌　楚人謂藥毒痛瘌從疒剌声臣鍇曰日中

人生瘡爛癆朝鮮謂飲藥毒曰癆瘥瘉也從疒差声
力帶反從疒勞声力到反臣鍇曰今人
病差字⿸疒衰減也從疒衰声一曰衰耗瘉病瘳也從疒俞
才他反臣鍇曰病将愈也常反声臣鍇曰今作
愈字瘳疾病瘉也從疒翏声臣鍇曰忽愈若抽去之也
弋主反尚書金縢王有疾不豫周公乃卜翌日乃瘳是
愈遬也癡不慧也從疒疑声臣鍇曰癡者癘惡瘡疾
勑尤反神思不足故亦病也丑遲反也從疒
蠆省声臣鍇按史記曰豫讓漆身
為厲人体著漆多生瘡也大力反

文一百二　重七

冖覆也從一下垂也凡冖之屬皆從冖　臣鍇曰尚書
云丕冒海隅此其義也此與俎几字相亂几俎字狹

而高兩足外向冂冒字低

廣兩垂直下也眠狄反

冠 絭也所以絭髮弁冕之總名從冂元元亦声冠有法制從寸臣鍇曰取其在首故從元故謂冠為元服絭音卷

卷束也

古寬反

冣 積也從冂取取亦声臣鍇曰古之人以聚物之聚為冣冣上必有覆冒之也才句反

託 奠酒爵也從冂託声周書曰三宿三祭三託是也臣鍇曰奠置也言三進三祭三酸置爵于地也爵有冪冒之也丁故反

文四

冃 重覆也從冂一凡冃之屬皆從冃讀若每之每臣鍇曰每今音亡莫保反

同 合會也從冃口臣鍇曰從口者言化同而後心同然後不謀同辭也尚書曰同寅協恭直東反

㒼

幬帳之象也從冃㞢其飾也臣鍇曰幬音稠單帳也㞢象其幄上飾形非之適之字口江反

冡覆也從冃從豕臣鍇曰蒙懞字從此莫公反

文四

冃小兒及蠻夷頭衣也從冂二二其飾也凡冃之屬皆從冃臣鍇曰史記云薄太后以冒絮提文帝是也今作帽張衡東京賦曰戴翠冒羽蓋也周禮考工記曰良蓋不冒不紘冒之義也忙報反

冕大夫以上冠也邃延垂瑬紞纊從冃免声后者黃帝初作冕臣鍇曰冕冠上加之也長六寸前狹圓後廣方朱緣塗之前後邃延旒其前垂珠也俯仰逶迤如水之流也纊紞黃色也以黃緜綴冕兩旁下係玉瑱又謂之珥

細長而鋭若筆頭以屬耳中無作聰明亂舊章虛巳以待
人之意也史記曰黃帝始作軒冕故曰軒轅靈光殿賦曰
炳煥可觀黃帝唐虞軒轅以
庸衣裳有殊是也羙選反
絻 或從糸作臣鍇按論語曰麻冕禮也今也純儉
純謂以絲衣冕也故從糸韓詩外傳曰黃
帝純以拜鳳皇及管子皆作此絻字也
冑 兜鍪也從月由声臣
鍇曰冑胤之冑別
從肉作冑長宥反
䩜 司馬法冑從革
冒 冡而前也從月目声臣鍇曰以物自蒙而
前也謂貪冒若目
無所見也莫號反
[古文] 古文
最 犯取又曰會從月取声臣鍇曰犯而取也故軍
切上曰最下
曰殿則外反
𠔼 犯而見也從月從見也臣鍇曰義同于冒沒黒反

文六 重三

㒳 再也從冂闕易曰參天兩地凡㒳之屬皆從㒳臣鍇曰此本為兩再之兩里養反

兩 二十四銖為一兩從一從㒳㒳平分也㒳亦声臣鍇曰兩者積雙㒳而成為一故從一此會意里養反

㒼 平也從廿十五行之數二十分為一辰㒼平也讀若蠻没團反

文三

网 庖犧所結繩以漁也從冂下象网交文也凡网之屬皆從网臣鍇按周易曰始作网罟以畋以漁冂者蒙覆取之也文奭反

罔 网或加亡臣鍇曰云声 𦉪 或從糸 㓁 古文网字從冂亡声臣鍇曰冂與冂義同

网籀文從冂臣鍇曰冂與冂亦同

⿵网繯网也從网繯繯亦声也一曰綰也臣鍇曰今人多作罥字迴茜反

⿵网每网也從网每声莫推反

罕网也從网干声臣鍇曰天子出有罕車网也又雲罕大旗為网今俗謂網旗也享佩反

罨罕也從网奄声臣鍇曰網從上掩之也殷業反

䍐网也從网巽声臣鍇曰亦免网也思篆反

⿰足巽䍐或從足巽逸也周書曰不卯不蹼以成鳥獸䍐者罥獸足故從足臣鍇曰䍐獸之足也

⿵网米周也從网米声詩曰⿱罒米入其阻也臣鍇曰网即周布之意眠伊反

⿱卜⿵网米或從貞省臣鍇曰敹字從此

罪捕魚從网非秦以罪為辠字臣鍇按詩曰豈不懷歸畏此罪罟造濯反

罽魚网從网㓹声臣鍇曰今謂織皮為罽居例反

罩捕魚器從网卓声臣鍇曰爾雅篧謂之罩网捕魚籠也咤孝反

罾 魚网從网曾声走棱反

罛 魚罔從网瓜声詩曰施罛濊濊臣鍇按爾雅曰魚罟謂之罛注曰緫最大者也古呼反

罶 曲梁寡婦之笱魚所留也從网留声臣鍇按爾雅凡曲者為罶注曰凡以簿為魚笱者為罶又曰嫠婦之笱謂之罶嫠婦即寡婦也當言留脫亦字連丑反

羀 罶或從婁春秋國語曰講罜罶

罧 積柴本水中以聚魚從网林声臣鍇按爾雅罧謂之涔注今作罧者積柴水中魚得寒入其裏藏隱因以簿圍取之師今反

罜 罜麗小魚罟從网主声友處反

䍡 罜麗從网鹿声盧木反

罠 釣也從网民声臣鍇按左思吳都賦曰罠蹄連綱綱网中維絡大繩也眉均反

羅 以絲罟鳥從网從維古者芒氏初作羅臣鍇按爾雅鳥謂之羅婁何反

罬 捕魚覆車也從网叕声臣鍇按爾雅罟謂之罿罿罬也罬謂

之罦罬覆車也注謂兩轅中施罥以捕鳥也誅劣反

輟或從車作

罿罬也從网童声亦重反

罦覆車网也從网包声詩曰雉罹于罦附柔反

罦或從孚反

罻捕魚网從网尉声臣鍇按禮曰鷹祭鳥然後設罻羅迂胃反

罘兔罟也從网否声附柔反

⿱罒互罟也從网互声渾素反

罝兔网也從网且声臣鍇按爾雅注罝猶遮也走雅反

䍜籀文從虘

䍇或從糸作

䍢牖中网從网舞声臣鍇曰所謂网軒也易撫反

署部署也各有所也网屬也從网者声臣鍇曰署置之言羅絡之若罘网也是恕反

置赦也從网直声從直與罷同意非声臣鍇曰亦會意置之則去之也竹記反

罷遣有罪也從网能言有賢能而入网即貰遣之周禮曰議能之辟是也步買反

䍌覆也從网音声

鳥敢罵詈也從网馬声也臣鍇曰謂羈䩭絡頭者也
反以惡言加网之也悶亞反從网馬䩭䩭馬
絆斤罟网也從网古声臣鍇曰羈羈或從詈罵也
離反網之惣名也昆覩反革作從网
言臣鍇曰會
意力豉反

文三十四　重十二

襾覆也從冂上下覆之凡襾之屬皆從襾讀若晋臣鍇曰
表裏反覆之也晋音火下反賈字亦如此吼迓反
覂覆也從襾乏声臣鍇曰漢武帝詔曰跅弛之士覂駕
之馬亦在御之而已宋顔延之赭白馬賦曰馬無覂
駕之軼覆覂也從襾復声一曰盖也覈笮邀遮其辭
方勇反臣鍇曰盖覆也芳富反得實曰覈也

從襾敫声臣鍇曰實謂考之使實也襾者人覆之也笮迫也邀者要其情也遮者止其詭遁也所以得實覆也下革反

覈 或從雨作

文四　重一

巾 佩巾也從冂丨象糸也凡巾之屬皆從巾臣鍇按禮左佩帉帨帉帨即佩之故有糸巳申反

帉 楚謂大巾曰帉從巾分声翻文反

帥 佩巾也從巾𠂤声臣鍇曰𠂤即推字借為將帥字踈密反

帨 或从兌声臣鍇曰禮帉帨反詩曰無感我帨兮皆此字

𢄼 禮巾也從巾从執声輸袂反

帗 一幅巾也從巾犮声讀若撥字臣鍇曰周禮有帗舞步將反

㠰 枕巾從巾刃声爾客反

幋 覆衣

大巾也從巾般声或以為首幋臣鍇曰幋幣囊也別安反

帤 巾帤也從巾如声也一曰幣布是臣鍇按易曰濡有衣帤又道家黄庭經曰人間紛紛臭如帤皆寒漏孔之故帛也故以喻煩臭女徐反

幣 帛也從巾敝声臣鍇曰禮傳云幣帛是也避制反

幘 幘也髮有巾曰幘從巾責声臣鍇按蔡邕獨斷曰漢元帝額有壯髮不欲人見故加幘以布包之也至王莽內加巾故時人云王莽禿幘施屋側冊反

幅 布帛廣從巾畐声臣鍇曰春秋左傳曰為之幅度便之無遷方菊反

㡆 設色之工治絲練者從巾巟声一曰㡆隔也臣鍇曰周禮冬官之屬有㡆氏忽光反

帶 紳也男鞶革婦人鞶絲象繫佩之形帶必有巾從重巾臣鍇曰帶其帶上連屬結固處當柰反

㡄 領耑也從巾旬声相倫切

帔 弘農謂帬帔也從巾皮声披義切

常 下帬

也從巾尚声臣鍇曰裳下直而垂象巾故從巾射強反　常俗常從衣　帬下裳也從巾君声具分反

裠俗從衣作　幓帬也一曰帗也一曰婦人脅巾也從巾參声讀若椒檄之檄帗也臣鍇曰今謂之袜亦相禝之屬也所八反

幝惣也從巾軍声古論反　褌幝或從衣　幒幝也從巾忽声一曰帙之松反　𢃅或從松作

𢄼楚謂無緣衣從巾監声臣鍇按春秋左氏傳曰篳路𢄼縷是籠三反

幎幔也從巾冥声周禮有幎人臣鍇按周禮冢宰之屬有幎人掌巾幎民的反　幔幕也從巾曼声閟半反

幬禪帳也從巾𠷎声臣鍇按曹植詩曰何必用衾幬然後展殷勤爾雅曰幬謂之帳注曰江東呼單帳也禪單字陳收反

㡘帷也從巾兼声臣鍇按釋名曰㡘廉也所以鄣為廉恥也因作此字今俗作簾連鹽

反　帷　在旁曰帷也從巾隹声位逵反　匱　古文帷臣鍇曰從匚象周帀　帳　張也從巾長声

臣鍇曰史籍或借張字如餉反　幕　帷在上曰幕按爾雅從巾莫声門落反　⿰巾匕　㡜裂也從巾匕

声并止反　㡜　殘帛也從巾祭声師例反　帙　書衣也從巾失声遲匹反　⿰巾俞　正耑裂從巾俞

声臣鍇曰謂隨幅而裂之也數鷄反　帖　帛書署從巾占声署謂撿署名也遏輒反　袠　帙或從衣

⿱前巾　幡幟也從巾前声臣鍇按國語曰戎車待遊車之⿱前巾則千反　幑　幟也以絳徽帛著于背從巾徽

省声春秋傳曰揚徽者公徒若今救火衣然也火韋反　幖　幟也從巾票声片妖反　幡　書兒拭觚

布也從巾番声臣鍇曰觚八稜木于其上學書已以布拭之晉人云不見酒家幡布乎用久則爛分軒反

⿰刺巾 制也從巾刺声臣鍇曰謂拂之也勸遏反 幟 拭也從巾戠声楚乡反 幝 車敝皃從巾單声詩曰檀車幝幝也臣鍇曰車弊則木連及常草金鐏飾皆起若敗巾然故從巾昌善反 幏 蓋衣也從巾冢声也臣鍇曰象形古有罪著黑幏是也毋東反 幭 蓋幭也從巾蔑声一曰禪被名咽反 幠 覆也從巾無声臣鍇按爾雅幠大也又有也覆有之也儀禮曰幠用斂衾虎為反 飾 㕞也從巾從人從食声讀若式一曰襐飾臣鍇曰爾雅㕞即飾也尋力反 幃 囊也從巾韋声臣鍇曰爾雅曰㕞即飾也又帯也火常反 帣 囊也今鹽官三斛為一帣從巾從类声臣鍇曰亦囊也俱便反 帚 糞也從又持巾埽门内也古者少康初作箕帚秫酒少康杜康也葬長垣臣鍇曰埽除曰糞除也古白紵歌詞曰白紵色如銀袍以光軀巾拂塵制以為袍餘

作巾巾可以拂也故帚從巾取象也冂門内也 帑 幡也從巾少康殺王也或曰少康一號杜康也職受反 死声臣鍇曰莊子云孔子繙六經以說老子疏曰繙帑亂取之也迂言反 席 籍也禮天子諸侯席有黼黻純飾從巾庶省声臣鍇曰巾即純也辭尺反 囧 古文從石省曰言其安如石也 幐 囊也從巾朕声徒刪反 𢅻 以囊盛穀大滿而裂也從巾奮声臣鍇曰囊穀滿涅即漲而幘也房粉反 𢄼 載米𢄼也從巾肴声讀若易屯卦之屯臣鍇曰𢄼音宁亦囊也文倫反 𢃄 蒲席𢄼也從巾及声讀若洽苟合反 幩 馬纏鑣扇汗也從巾賁詩曰朱幩鑣鑣是也曰謂以帛纏馬口旁鐵扇汗使不汗也扶云反 𢅍 墀地以巾撋之也從巾憂声也讀若水溫𩞄一曰著也臣鍇曰漢制以形漆塗地曰丹墀以黑漆塗地曰玄墀撋拭故汗則以

巾拭之也奴昆反

帑　金幣所藏從巾奴声臣鍇曰春秋左傳曰荀伯送其帑是也內都反

布　枲織曰布從巾父声臣鍇曰枲麻也古衣帛助之以狐豹熊虎之皮故為巾帷布為宜也奔汙反

幏　枲幕蠻夷賨布也從巾家声臣鍇曰此亦漢制名賦臭布為幏幏猶中國言稅也千乍反

⿰巾弦　布也出東萊從巾弦声⿰巾弦縣在東萊形先反

幦　髤布從巾辟声周禮曰駹車大幦民的反

⿰巾取　領耑也從巾取声臣鍇曰⿰巾取猶摺也領耑多摺故名陟聶反

⿰巾敄　髤布也一曰車衡上衣從巾敄声門逐反

文六十四　重八

巿　韠也上古衣蔽前而已巿以象之天子朱巿諸侯赤巿卿大夫蔥衡從巾象其連帶之形凡巿之屬皆從

市臣鍇曰以韋為之也詩曰三百赤市
易曰朱市方來多用此字也分勿反

韍 篆文市從韋犮 **帢** 士無市有帢制如榼缺四角爵弁
從犮俗作紱　服其色韎賤不得與裳同司農曰
裳纁色從市合声臣鍇曰榼也酒榼腹圜上小 **韐** 帢或
下大象之也裳皆玄韎赤色韎昌然也苟韜反　從韋

文二　重二

帛 繒也從巾白声凡帛之屬皆從帛臣
鍇曰當言白亦声脫亦字也陪陌反

錦 襄色織文也從帛金声臣鍇曰襄雜色也漢
魏郡有縣能織錦綺因名襄色也九沈反

文二

白　西方色陰用事物色白皆入之從入合二二陰數也
凡白之屬皆從白臣鍇曰物入陰色剥為白陪陌反
古文白

皢　日之白也從白堯声臣鍇曰日未出光生白日也宋玉神女賦曰若白日初出照屋梁火杳反

皎　月之白也從白交声詩曰月出皎兮堅鳥反

皙　人色白從白析声臣鍇按古樂府曰為人頎白皙也思益反

皤　老人白也從白番声易曰賁如皤如臣鍇按班固詩曰皤皤國老步佗反

䪻　或從頁作

皠　鳥之白從白隺声臣鍇按詩曰白鳥皠皠胡僕反

皚　霜雪之白也從白豈声臣鍇按張衡思玄賦曰行積水之皚皚偶來反

皅　草華白從白巴声臣鍇曰今謂草華房為葩也鋪爪反

皦　玉石之白從白敫声堅鳥反

㿟　際見之皃從白上下小見之臣鍇曰徐見若門壁之隙縫繳徹

上下見之但皆小爾起逆反 皛 顯也從三白讀若皎易香反

文十一　重三

㡀 敗衣也从巾象衣敗之形凡㡀之屬皆從㡀臣鍇曰衣敗零落也中畫當上下通徹今人或上為小皆非是毗制反

敝 帗也一曰敗衣也㡀從攴㡀㡀亦声毗制反

文二

黹 箴縷所紩衣從㡀丵省象刺文也凡黹之屬皆從黹臣鍇曰紩刺繡也其象刺文也眠雉反

黻黑與青相次文也從黹犮声臣鍇曰黼白與黑相
其畫形作斧取其威斷也分勿反次文也從
黹甫声臣鍇曰其畫形作䵚會五采鮮皃從黹虘声詩曰
斧取其威斷也分武反衣裳䵚䵚臣鍇曰今詩作楚
假借也䵺會五采繒從黹綷省声臣鍇曰郭黺衮衣
襯許反璞爾雅序會粹舊說是也子內反山龍
華蟲黺米也畫粉也從黹粉省声衛宏說臣鍇曰
畫聚粉也衛宏曾傳古文尚書予杜林也弗吻反

文六

說文解字通釋卷第十四

説文解字通釋卷第十五

繫傳十五

文林郎守祕書省校書郎臣徐鍇傳釋

朝散大夫行祕書省校書郎臣朱翺反切

三十七部　六百九十文　重六十一

人　天地之性最貴者也此籀文人象臂脛形也凡人之屬皆從人臼配天地爲三才萬物之最靈字象人立形臣鍇曰通論備矣爾申反

僮 未冠也從人童声臣鍇曰禮十五成僮僮子也而童
即罪人之子没官供給使者也僮子字從罪人之童
者古者質但取其幼小爾 保 養也從人𤓽省声曰夫赤
美惡不嫌同辭曰風反 子有保保其身之動静飲
食衣服也孚字與孚保反之字為旁紐古者反音為䟦
故得與保為声然疑多声字孚信也義與保同補老反
保 古文保不省 𤓽 古文 仁 親也從人二声 曰并下
二字通論詳矣爾申反
忎 古文從千心作 𡰥 古文仁從尸二 企 舉踵也從人止声臣鍇曰
止即踵也當言亦声會意
字山海經有企踵國其 𧻷 古文從足臣鍇 仞 伸臂一
人足跟不著地去寄反 曰足義與止同 尋八尺
從人刃声 仕 學也從人士声曰 佼 交也從人交聲
爾吝反 會意字鉏里反 臣鍇按詩曰佼

人憭兮

僎 具也從人巺声臣鍇曰與撰義相近士下巧反

俅 冠飾皃從人求声詩曰戴弁俅俅也虔柔反

佩 大帶也從人凡巾佩必有巾從巾巾謂之飾臣鍇曰人凡巾為佩會意也蒲妹反

儒 柔也術士之稱者也從人需声臣鍇曰柔弱也又儒之言愞也禮曰君子難進而易退老子曰知其雄守其雌似於愞也而攻堅強莫之能勝夾谷之會是也荀況謂周公為大儒張華曰有通儒碩儒愚儒竪儒鄙儒臣鍇以為通儒道無不通則聖人也仲尼之謂也碩儒其學廣大孟軻之儔也腐儒講誦其說至于熟腐而道則不類此莊周所謂糟粕也愚儒守一不移孔子所謂古之愚也直能肆而不能訕也竪儒猶章句之學儒家之役使也竪役使之名也子夏之門人灑掃應對進退可矣本之則無如之何鄙儒所見僻狹所謂窮鄉多異曲學多論諸子之中有

不至于大道者皆鄙也鄙者邊鄙也不得中也倍也輭區反

俊　材過千人也從人夋声子峻反

傑　執也才過萬人也從人桀声臣鍇按傑謂傑出也其埶反

⿰亻軍　人姓也從人軍声五昆反

伋　人名也從人及声臣鍇按齊太公子丁公名伋又孔子孫子思名伋飢泣反

伉　人名從人亢声論語曰陳伉臣鍇按伉高亢壯大之皃故陳伉字子禽解黨反

伯　長也從人白声九命作伯諸侯之長也臣鍇按周禮不白反

仲　中也從人中中亦声直控反

倩　人字也從人青声東齊人謂壻為倩也臣鍇曰倩益美言也若草木之葱倩蕭望之字長倩東方朔字曼倩亦美也七縣反

偰　高辛氏之子堯之司徒殷之先也從人契声臣鍇曰偰詩所謂玄王也作契及禼皆假借私列反

伊　殷聖人阿衡也尹治天下者從人尹　臣鍇

按尚書曰湯聿求元聖與之戮力元聖謂伊尹也阿倚也
衡平也依倚而取平也尹正也所倚正人也俗本有声字
誤也因古文伊從死死亦声婦官也從人子
之反　臣鍇曰古文死字　声　臣鍇曰婦官
謂倢伃也伀志及衆也從儇慧也從人睘声臣鍇
以虛反　人公声之松反　曰諸輕薄察慧小才
也故荀卿子曰鄉曲之儇子張衡南倓安也從人炎声
都賦曰儇才齊敏授爵傳觴虛全反讀若談臣鍇曰
倓猶憯然平安倓或侚疾也從人旬声臣鍇按史
之意杜南反從剡記曰黃帝幼而侚齊猶疾
也蘇僷宋衛之間謂華僷僷從人葉声臣鍇曰亦
侚反輕薄之皃也華音驊僷猶估佔也亦接反佳
善也從人圭侅奇侅非常也從人亥声臣鍇偉也
声古膎反按史記荀孩反傀從人

鬼声周禮曰大傀異災臣鍇按周禮大傀異災謂日月食山川崩壅也公恢反

瓌　傀或從玉褱声臣鍇曰謂瓌寶也

偉　奇也從人韋声臣鍇曰人材傀偉也于毀反

份　文質備也從人分声論語曰文質份份臣鍇曰文質相半也彼囷反

彬　古文份從彡林林从焚省声

僚　好皃從人尞声臣鍇曰詩曰佼人僚兮力反

佖　威儀也從人必声詩曰威儀佖佖頻必反

僝　具也從人孨声讀若汝南潺水虞書曰方鳩僝功也臣鍇曰此已具之具非方将具之之具也助服反

儠　長壯儠儠也從人巤声春秋傳曰長儠者相之是也臣鍇按杜預左傳注長鬣多須也所引則左氏春秋但許慎在杜預左傳注長鬣前故義或與今注有異也力涉反

儦　行皃從人麃声詩曰行人儦儦臣鍇曰行動之皃彼消反

儺　行有節也從人

難声詩曰佩玉之儺臣鍇曰佩玉所以節步奴何反

倭 順皃從人委声詩曰周道倭遲也於隹反

僓 嫺皃從人貴声臣鍇曰嫺閑雅也僓順也簡易也通猥反

僑 高也從人喬声伎昭反

俟 大也從人矣声詩曰伾伾俟俟曰此直訓大也竝俟字牀史反

侗 大皃從人同声詩曰神罔時恫臣鍇按字書長大也又未成器之名又痛也土蒙反

佶 正也從人吉声詩曰既佶且閑臣鍇曰方正也臣乙反

俁 大也從人吳声詩曰碩人俁俁　元羽反

仜 大腹也從人工声讀若紅臣鍇曰人言禮身体仜大也負聰反

僤 病也從人單声周禮曰句兵欲無僤　臣鍇曰速疾也徒岸反

健 伉也從人建声其獻反

倞 強也從人京声渠命反

傲 倨也從人敖声五號反

仡 勇壯也從人气声也周書曰仡

佤勇夫是也臣鍇曰高亢
不可推之皃也希气反
倨
不遜也從人居声臣
鍇曰不順也飢御反
儼
昂頭也從人嚴声一云好皃
臣鍇曰論語儼若思牛儉反
傪
好也從人參
声七南反
俚
聊也從人里声臣鍇曰
今又謂俚俗也六矣反
伴
大皃從人半声臣鍇按張衡
西京賦曰天馬半漢伴義同
此言強大自肆
之意蒲晥反
俺
大也從人奄声臣鍇按詩俺
有龜蒙是大有之也殷業反
僩
武
皃
從人間詩曰瑟兮僩兮臣鍇按春秋左氏傳晉人謂鄭曰
執事僩然授兵登陴將以誰罪僩當作此僩字苟限反
伾
有力也從人丕声詩曰以車伾伾臣鍇曰魯有力
人曰秦堇父好勇名其子曰丕茲取此義浦宜反
偲
強力也從人思声詩曰其人美且偲臣
鍇曰偲之言材也有材力也七開反
倬
著大也
從人卓

声詩曰倬彼雲漢也臣鍇曰卓然高明也著音竹䖟反𨍏角反

侹長皃一曰著地一曰代也從人廷声臣鍇曰著亦竹䖟反笛𩔗反

倗輔也從人朋声讀若陪位之陪臣鍇曰義取于明輔寫誤多声字又人姓漢書有南山羣盜倗宗薄弘反

傓熾盛也從人扇声詩曰傓方熾臣鍇曰人權力相成若火之相扇也當言扇亦声詩掾反

儆戒也從人敬声春秋傳曰儆宮臣鍇按尚書儆戒無虞巳皿反

俶善也從人叔声詩曰令終有俶一曰始也臣鍇按爾雅曰俶落權輿始也昌伏反

傭均直也從人庸声臣鍇按詩曰昊天不傭教容反

僾仿佛也從人愛声臣鍇曰見之不明也禮曰僾然有見乎其位晏肙反

仿相似皃從人方声臣鍇曰不明也分敝反

㑂籀文從丙

佛見不諟也從人弗声臣鍇曰諟

諦也分**僁**声也從人悉声讀若屑臣**僟**精謹也從人
勿反　鍇曰僁屑有声也先列反　幾声明堂月
令曰數將僟終　臣鍇曰幾近月也功也故為精詳數將
僟終此僟即切也近也明堂月令即今禮記月令未刪定
前也古天子居明堂布政每月告朔班**佗**負何也從人
一月之政令故曰明堂月令居希反　它声臣鉉等
按史記匈奴奇畜有橐佗今俗**儋**何也從人詹声臣鍇
譌誤謂之駱駝非是徒何切　曰此即儋何字齊田
儋是也**何**儋也從人可声一曰誰也臣鍇曰商頌百祿是
兇貪反　何又爾雅河鼓謂之牽牛注云謂之儋鼓儋
是何為負何也今俗多上**供**設也從人共聲一曰供給
去声音不必爾也閑俄反　也臣鍇曰春秋左傳曰君
謂許不供是**偫**待也從人待声　臣鍇曰漢書張忠為
也矩重反　孫寶設儲偫物以待須索也直里反

儲　侍也從人諸声臣鍇曰積聚以為副貳也陳諸反

備　慎也從人葡声辨和反

𠈌　古文

位　列中庭之左右謂之位從人立　臣鍇按周禮注云古文春秋書公即位為即立此會意于醉反

儐　道也從人賓声臣鍇曰道賓也當言賓亦声比刃反

擯　或從手作臣鍇曰今周禮皆作此擯字

偓　偓佺古仙人名也從人屋声臣鍇按劉向列僊傳偓佺堯時人也服松實得仙以松實與堯堯不服也服之者皆千歲已卓反

佺　偓佺也從人全声七沿反

𠐍　心服也從人聶声臣鍇曰此與慴同齒慴反

仢　約也從人勺声田溺反

儕　等輩也從人齊声春秋傳曰吾儕小人蟬差反

倫　輩也從人侖声以辰反

侙　惕也從人式声春秋國語曰於其心侙然是也臣鍇曰侙然矜惕之皃也暢涉反

偕強也從人皆皆亦声也詩曰偕偕士子一曰俱也臣
鍇曰強力也能皆同于人是強也春秋左氏傳曰衛
北宫括不書於向書於伐秦攝儕齊等也從人
言能自攝以從衆也古諧反侔牟声莫浮反俱偕也
從人具声儹也從人贊併並也從人幷傅相也
卷于反声作管切声必反從人
專声弗依倚也從人衣俌輔也從人甫声讀若撫也
孺反声于幾反臣鍇曰爾雅比俌也甫佐
也分倚倚也從人奇仍因也從人乃声臣鍇曰尚書
武反声乙彼反云仍凡因用之也而冰反
佽便利也從人次声詩曰決拾既佽一曰遞也臣鍇按
昔荆佽飛入水斬蛟便捷之士故漢有期門佽飛射
獵官也佴次也從人耳声臣鍇倢次也從人疌声
則四反曰義見爾雅信至反曰倢伃次于皇

后義取此侍承也從人從寺臣鍇曰承其不及也故傳
也節攝反曰孔子有云侍言語不修子貢侍節小夫
公西華侍是傾仄也從人從頃側旁也從人則
也食志反頃亦声去營切声齋食反
宴也從人安侐靜也從人血声詩曰付予也從寸持
声思干反閟宮有侐況色反物以對人曰
付子也會俜俠也從人甹声臣鍇俠俜也從人夾声
意方娶反曰也篇丁反臣鍇曰史記郭
解為俠自喜自俜儃何也從人亶侁行皃從人先
之意也羊帖反声持冊反声所臻反
仰舉也從人從侸立也從人豆声讀若樹臣儽垂
卬魚兩切鍇曰人相樹立也韶乳反皃
從人纍声一曰嬾懈臣鍇按孔子家語白虎通鄭人謂孔
子儽儽若喪家之狗謂家人方喪意在不于畜養則儽垂

然也落猥反　侳　安也從人坐声祖卧反　偁　揚也從人爯声臣鍇按稱字權衡稱量也此即相偁舉也尺興反　伍　相參伍從人五声臣鍇曰二相副謂之貳三人相雜謂之參五人相雜謂之伍十人相雜謂之什百人相雜謂之伯義同此也會意偶古反　什　相什保也從人十臣鍇曰保相保任也詩以十篇為一什會意也常人反　佰　相什佰從人百声臣鍇曰亦相保也老子曰有什伯之器每什伯共用器謂兵革之屬不白反　佸　會也從人昏声詩曰曷其有佸古活反　佮　合也從人合声曰人相合也苟合反　𢼸　妙也從人文豈省声臣鍇按尚書曰人心惟危道心惟微物精則少也人能弘道故必從人攴所操也猶器用也才亦人之器用也故能入於微此精微也尾希反　傆　黠也從人原声臣鍇曰黠姦智也魚怨反

作起也從人乍声臣鍇按周禮假非眞也從人叚声
曰坐作進退是也憎記反　一曰至也虞書曰
假于上下臣鍇曰訓至亦同音借假也從人昔　漸
賈而已無煩音格也格雅反　声資昔切　侵進
也從人又持帚若埽之進也會意按史記儥見也從人
封禪書曰稍侵尋漸進之意也七林反　賣声臣鍇
曰周禮借為貨賣候伺望也從人侯声臣鍇曰候守封
字賣音育融六反　疆吏也周禮郊有候館國語候不
在疆塞償還也從人賞声臣鍇按史記僅才能也從
豆反　曰伐王償債是也庶張反　人堇声臣
鍇曰僅能如此是財能如此則纔才裁皆財借為　始字
才始詞也本借無正字推覆象義用才則義皆可纔最為
跡也其代更也從人弋声臣鍇曰迭代也弋儀度也
櫬反　音近特故得以弋為声也徒再反　從人

義義亦声威儀之形臣鍇曰度法度也孔子曰禹聲為律身為度布指知尺舒肱知尋周旋中規折旋中矩頭圜象天足方象地寢方枕繩趨中釆齊行中陔夏声中黄鍾會朝言知聞于表著上天之載無声無臭儀刑文王萬邦作孚人者天地之靈聖人之靈也唯人可為法度義者事之宜也故言從人義義亦声研之反

傍 近也從人旁声曰近之也薄荒反

佀 象肖也從人吕声臣鍇曰肖即似也今人於其右加人也詳紀反

便 安也人有不便更之故從人更臣鍇曰此會意婢篇反

任 保也從人任声曰相保任也爾音反

俔 譬論也一曰聞見從人見声詩曰俔天之妹臣鍇按詩篇譬猶天有姊也此會意苦硯反

優 饒也從人憂声一曰倡也又俳優者臣鍇曰饒寬裕也衣尤反

僖 樂從人喜声臣鍇曰至于從女即為嬉戲也軒其反

傛

完也逸周書曰不明以俒伯父從人完臣鍇曰逸周書在三百篇之外也胡頓反偆富也從人春声
此準反儉約也從人僉声其悶反价善也從人介声詩曰价人維藩尚癖反俗習也
從人谷声臣鍇曰俗之言續也傳相習也夕燭反仔克也從人子声臣鍇按詩曰佛時仔肩則欺反
億安也從人意声臣鍇曰億猶抑也安也依色反偭鄉也從人面声禮少儀曰尊壺者偭其鼻
臣鍇曰鄉謂微向非正向也故史記本紀曰項籍謂司馬童曰鄉非我故人乎馬童面之注云面謂微背之也弭劍
反使令也從人吏声瑟耳反⿰亻癸⿰亻癸左右兩視從人人癸声帔季反⿰亻灷送也從人灷声呂不
韋曰有侁氏以伊尹⿰亻灷女古文以此為訓字以證反俆緩也從人余声曰與徐字義同僊遷也從人

尊声臣鍇按古謂奉使傳驛車為傳遽故大夫稱傳遽之臣周禮謂道路有遽廬纏專反

俾益也從人卑声一曰俾門侍人臣鍇按春秋左傳曰俾屏余一人遂弭反

倌小臣也從人官声詩曰命彼倌人　臣鍇曰猶官也古患反

伶弄也從人令声益州建伶縣伶倫人名也臣鍇曰伶人者弄臣也連丁反

儷棽儷也從人麗声臣鍇棽儷參差繁茂皃也儔儷作麗鄰之反

偋僻宴也從人屏声　臣鍇曰偋處是僻處也必倩反

伸屈伸從人申声臣鍇按周易屈伸作信假借也式人反

伹拙也從人且声以虛反

㒄意膬也從人從然声爾件反

偄弱也從人從耎奴亂切

倍反也從人音聲薄亥切

傿引為賈也從人焉声於建切

僭假也從人朁声臣鍇按春秋左傳曰唯器與名不可以假人是

僭也子念反

偏　頗也從人扁声僻連反

倀　狂也從人長声一曰仆臣鍇曰狂妄也韓詩外傳曰老而不學者如無燭而夜行倀倀然是也褚良反

儚　惽也從人夢声呼能反

儔　翳也從人壽声臣鍇曰儔古與翿同義隱翳也今人音稠四儷也陳収反

侜　有壅蔽也從人舟声詩曰誰侜子美陵求反

俴　淺也從人戔声臣鍇按詩曰小戎俴收也寂衍反

佃　中也從人田声春秋傳曰乘中佃一轅車臣鍇曰佃訓中也古載物大車雙轅乘車一轅當中也庭硯反

佌　小皃從人囟声詩曰佌佌彼有屋七紫反

侊　小皃從人光聲春秋國語曰侊飯不及一食是侊侊然小也骨庚反

佻　愉也從人兆声詩曰視民不佻臣鍇曰輕佻苟且也土彫反

僻　辟也從人辟声詩曰宛然左僻一曰從旁牵也臣鍇曰辟避也

又曰僻避拜篇石反

伭很也從人弦省声形先反

儗僭也從人疑声一曰相疑臣鍇按史記僭儗字多如此牛以反

伎與也從人支声詩曰鞫人伎忒強倚反

倪俾也從人兒声臣鍇按爾雅曰左視不頵右倪不若作此字擬西反

侈掩脅也從人多声一曰奢侈昌婢反

佁癡皃從人台声讀若騃臣鍇按書傳或言佁儗也東采反

⿰亻蚤驕也從人蚤声素叨反

僞詐也從人為声魚醉反

伿情也從人只声引義反

佝覆也從人句声可候反

僄輕也從人㶾声片妖反

倡樂也從人昌声曰倡樂也赤　反

俳戲也從人非声臣鍇曰今言俳優是也步乖反

僐作姿態也從人善声石遣反

儳儳互不齊也從人毚声臣鍇按春秋左傳曰金華之事鼓儳可也乍湛反

佚 佚民從人失声一曰佚忽
按忽者猶倏忽也秋七反
儋 善也從人詹声自關
以西物大小不同謂
之儋 臣鍇曰物大小不
同則遼遠也延朝反
御 傲御受屈也從人卻声臣鍇
曰御困劇也言見傲遮困劇
則受屈也此許慎全引司馬
相如上林賦之文其雀反
俄 行頃也從人我声詩曰
側弁之俄 臣鍇按張
衡曰矐靈俄景則
是斜景也偶和反
僛 醉舞皃從人欺声詩曰屢舞僛僛
臣鍇曰僛攲傾也遣之反
傞 醉舞皃從人差声詩曰屢舞傞
臣鍇曰傞猶參差也先多反
侮 傷也從人每声
臣鍇曰侮慢易
字也勿
甫反
㑄 古文從母 臣鍇
曰從母声也
傷 輕也從人易声一曰交
傷 臣鍇曰人所為輕
易也引
義反
㑵 妎也從人疾声一曰毒也
臣鍇曰㑵害也秦室反
嫉 或從女作 臣
鍇曰女無美

惡入宮見妬士無賢不肖入朝見嫉

傒 訟面相是也從人希声臣鍇曰面從相質正也疑當言從稀省声䏍豈反

僵 偃也從人畺声九商反

僨 僵也從人賁声臣鍇曰春秋左傳曰鄭伯也車僨子濟也符訓反

仆 頓也從人卜声弗儒反

偃 僵也從人匽声衣遠反

倄 刺也從人肴声一曰毒之臣鍇曰疾害也秦交反

傷 創也從人煬省声式陽反

侉 備詞從人夸声坤瓜反

催 相擣也從人崔声詩曰室人交徧催我臣鍇曰擣相迫蹙也此灰反

俑 痛也從人甬声土蒙反

伏 伺也從人犬伺人也臣鍇曰會意也伐六反

促 迫也從人足声超欲反

例 比也從人列声里曳反

係 絜束也從人系声已恵反

伐 擊也從人持戈一曰敗也亦斫也扶月反

但

裼也從人旦声一曰徒臣鍇曰古此為袒字袒為今之綻字持坦反

俘 軍所獲也從人孚声春秋傳曰以為俘馘是甫殳反

傴 僂也從人區声宛撫反

僂 尫也從人婁声周公韈僂也或言背僂臣鍇按白虎通周公背僂也律乳反

僇 癡行僇僇也從人翏声讀若鷚一曰且臣鍇曰僇蹇也良秀反

仇 讐也從人九声虔柔反

儡 相敗也從人畾声讀若雷臣鍇按潘岳西征賦曰寮位儡其隆者是也來推反

咎 災也從人各声人各者相違臣鍇按太玄曰天違人違天下之事乖矣各者不同也不同違也洪範曰汝則逆庶民逆亟逆凶違也會意也伎酒反

倃 毀也從人咎声臣鍇曰怨咎而毀之也伎酒反

仳 別也從人比声詩曰有女仳離曰分別也并止反

倠 仳倠醜面也從人隹声臣鍇按楚辭曰仳倠倚於彌楹是

也詩傛不安也從人容聲一曰華值措也從人直声
惟反曰動也與溶同義與恐反一曰逢遇直志
反侘寄也從人庑聲臣鍇曰託僔聚也從人尊声詩
寄字庑古宅字他作反曰傳沓背憎臣鍇
曰與尊同像象也從人象讀若養字之養臣鍇按尚書
義祖本反曰崇德象賢乃審厥像本皆作此像字此
像字假借也楚辭曰像設君室靜閑安似而設之也又
韓子曰象南方之大獸中國人不識但見其畫故言圖
寫似之為倦罷也從人卷声臣鍇傮終也從人曹
象似奬反曰罷瘦字也與選反声祖叨反
偶桐人也從人弔問終也古人葬者厚衣之以薪從
禺声五斗反人持弓歐禽也弓蓋往
復吊問之義　臣鍇曰弔巷佋廟佋穆也父為佋南
有助故從人持弓也的糴反南子為穆北面也從

人召聲臣鍇曰說者多言晉已前言昭自晉文帝名昭故改昭穆為佋穆據說文則為佋文作韶則非晉已後改明矣士逶反

[亻身] 神也從人身聲式人反

僊 長生者僊去也從人䙴声息遷反

仚 人在山上皃從人山許延反

僰 犍為蠻夷也從人棘声臣鍇按周禮北方曰僰也朋北反

僥 南方焦僥人長三尺短之極也從人堯声臣鍇曰夫子之言也研梟反

儯 帀也從人對聲得悔反

俇 遠行也從人狂聲臣鍇曰此與迋義同也溝唱反

件 分也從人從牛牛大物故可分其輦切

文二百四十五　重十四

匕 變也從到人凡匕之屬皆從匕臣鍇曰通論備矣呼跨反

𠤕 未定也從匕吴声吴古矢字臣鍇曰多聞闕疑也銀眉反

眞 仙人變形而登天也從匕目乚乚隱字也八所以乘載之臣鍇曰通論備矣止鄰反

𥄕 古文眞聲臣鍇曰亦所乘載也

化 教行也從人從匕匕亦聲臣鍇曰匕變匕也化敎化也匕之在人也呼跨反

文四　重一

匕 相與比敘也从反人匕亦所以用比取飯一名柶凡匕之屬皆从匕卑履切

匙 匕也從匕是声是支反

𠤏 相次也從匕十鴇字從此一曰十臣早五家為𠤏也使之相次比也十其𢭷率也此會意補老反

頃 傾也從匕支声詩曰歧彼織女臣鍇曰傾

側其首而望也若言有頍者冠則㩉者頭不正也從頭不正言織女常傾首以冠也去寄反

頃　匕從頁臣鉉等曰匕者有所比附不正也去營切

匘　頭髓也從匕匕相著也巛以象髮囟象匘形奴道反

卬　望也欲有所庶及也從匕卩詩曰高山卬止曰此匕亦傾首望也卩亦㢊也會意顛當反

卓　高也早匕為卓匕卩為卬皆同義竹角切

𠦝　古文卓

艮　很也從匕目匕目猶目相匕不相下也易曰艮其限匕目為艮為真臣鍇按周易艮止也很戾不進之意也以目匕相齊不相下也此會意奸恨反

文九　重一

从　相聽也從二人凡从之屬皆從从臣鍇曰言計相聽也許謂從諫也自邑反

從 隨行也從辵从从亦聲臣鍇曰古但為相隨行之从松用反

并 相從也從从幵聲一曰从持二為并臣鍇按尚書曰啓籥見書乃并是吉相从皆吉也一曰所云声兼字意也此會意比令反

文三

比 密也二人為从反从為比凡比之屬皆從比臣鍇曰相與周密也國語司馬侯曰周與比而事吾君矣又曰君子亦比平并止反

古文比

毖 慎也從比必聲周書曰無毖于卹臣鍇曰慎密也筆媚反

文二　重一

北 乖也从二人相背凡北之屬皆从北臣鍇曰乖者
相背違也古人云追奔逐北逐其亡者補或反

冀 北方也从北異声臣鍇曰
冀州北方之州也訖示反

文二

丘 土之高非人所為也从北从一一地也人居在丘南
从北中邦之居在崑崙之東南一曰四方高中央下
為丘象形凡丘之屬皆从丘
臣鍇曰天地自然也起秋反

㘴 古文从土臣鍇
曰土亦地也

虛 大丘也崑崙丘謂之崑崙虛古
者九夫為井四井為邑四邑為
丘丘為之虛

屔 反頂受水丘也从丘从泥省泥亦声臣
丘声忻余反
鍇曰反頂謂凡地人頂當高今反下故

曰反頂白虎通曰孔子反宇象尼丘山謂
四方高中央下也尼即泥也禰倪反

文三　重一

乑 衆立也從三人凡乑之屬皆從乑臣
鍇曰今謂衆立不動為乑也銀欽反

眾 多也從乑從目目衆意 臣鍇按國
語曰人三為衆衆數成於三止宋反

聚 會也從乑取聲
一曰邑落曰聚臣鍇按漢
地理有鄉有聚也寂煦反

臮 衆辭與也從乑自
聲虞書曰臮咎繇也其冀
反

臮 古文

文四　重一

𡈼　善也從人士士事也一曰象物出地挺而生也凡𡈼之屬皆從𡈼臣鍇曰人士　一曰所言則從士他挺反

徵　召也從𡈼微省𡈼為徵於微而文達者即徵也其按尚書序虞舜側微堯聞之聰明有之也莊周曰士有九徵而不變則君子也彼徵徵驗也知水反　𢼸　古文

朢　月滿也與日相望以朝吾從臣從月從𡈼𡈼朝廷也　臣鍇曰日君也月臣也作望假借也此會意聞誑反　𦣠　古文

㸒　求也從爪從𡈼徼幸也臣鍇曰㸒求過求也爪爪以求物也𡈼又訓徼幸也會意移今反

文四　重二

重　厚也从壬東声凡重之屬皆从重臣鍇曰壬者人在土上故為厚也柱用切

量　稱輕重也从重省曏省声　𠀁　古文　臣鍇曰曏音向枝昌反

文二　重一

臥　休也从人臣取其伏也凡臥之屬皆从臥臣鍇曰人臣之事君俯僂也所謂策名委質禮曰寢不尸展四體避不祥也　會意吴貨反

監　臨下也从臥䘓省声臣鍇曰安居以臨下監之也文帝謂汲黯曰誠得君臥而治之姦巖反　𥃘　古文監从言

臨　監臨也从臥品声臣鍇曰與監同意力尋反

𦦙　楚謂小兒嬾𦦙从臥食臣鍇曰謂不樂於

食也今俗人謂嬾為
餐此會意女筆反

文四　重一

身　躬也象人之身從人厂聲
凡身之屬皆從身式人反

軀　體也從身區聲臣鍇曰泛言曰身
舉四體曰軀軀猶區域也器于反

文二

㐆　歸也從反身凡㐆之屬皆從㐆臣鍇曰人之身有
為常外向趣外事故反身為歸也古人多反身修道
會意於
機反

殷 臣鍇曰樂由中出人心和然後樂和故從㐆從殳意斤反

文二

說文解字通釋卷第十五

説文解字繫傳

下

【漢】許　慎　撰
【南唐】徐　鍇　傳釋

上海古籍出版社

裁 制衣也從衣𢦏声臣鍇按易曰后以裁成天下言若裁衣之為也錢來反

衮 天子享先王卷龍繡于下裳幅一龍蟠阿上鄉從衣公声臣鍇按周禮司服職王享先王則衮冕注衮卷龍衣也衣五章裳四章凡九也皆絺繡而畫以為卷　阿曲也謂繡龍蟠曲也王之鄉六命周禮公自衮冕而下如王之服侯伯自鷩冕而下如公之服春秋左傳諸侯死于王事加二等于是以衮歛謂以上公禮也然則慎所謂上鄉即周禮公也孤損反

襢 丹縠衣從衣㠭声臣鍇按詩瑳兮瑳兮其之展也傳云禮有展衣者以丹縠為衣箋云后妃服之次展衣宜白縐絺冬則衣展衣夏則裏衣縐絺比以禮見于君及賓客之盛服展字禮誤作襢臣鍇以為詩作展假借也陟輾反

褕 翟羽飾衣從衣俞声一曰直裾謂之襜褕臣鍇按周禮王后六服褘衣褕狄闕狄鞠衣展衣緣衣素

沙注褘衣玄畫翬也褕青狄畫搖狄皆刻而畫闕狄赤刻
而不畫鞠衣黄象桑葉麴塵色展衣白緣衣字或作褖褖

衣黑六服皆以素沙為
裏使張顯也羊朱反
袗
袨服從衣㐱声臣鍇曰袗重
衣也鄒陽書曰趙人袨服叢

臺之下袨服盛
服也支引反
裖
袗或
從辰
表
上衣從衣毛古者衣裘故
以毛為表臣鍇曰古以皮

為裘毛皆在外故衣
毛為會意彼眇反
䙈
古文表
從麃
裏
衣内從衣里声臣
鍇按詩不離于裏

六矣
反
襁
負兒衣從衣
強声巳賞反
襋
衣領從衣棘声詩曰
要之襋之巳力反
襮
黼
領

從衣暴声詩曰素衣朱襮臣
鍇曰黼領刺為斧盤沃反
褗
䙕領從衣匽声臣鍇曰
謂衣領偃曲依遠反

裺
䙕謂之裺從衣
奄声依漸反
衽
衣衿從衣壬
声而沈反
褸
衽也從衣婁
声臣鍇曰春

秋左傳曰單輅⿰衤疌裣緣從衣疌声臣鍇曰㨗鍬緶裣交
藍褸律乳反之也禮備緝字為此七十反社
從衣金声臣鍇曰袟襲袟從衣失声臣鍇曰衣袟褘
衽之交處居斟反即裣也今俗猶言之甫殳反
蔽膝從衣韋声周禮曰王襲左衽袍從衣龖省声臣鍇
后之服褘衣謂畫袍火韋反曰衣一襲謂單複襺具也
以集襲籀文襲袍襺從衣包声論語曰衣敝緼袍臣
反不省鍇曰蠶絲曰絮枲曰緼盆毛反
襺袍衣從衣繭声以絮曰襺以緼曰褋南楚謂襌衣
袍春秋傳曰盛夏重襺堅殄反曰褋從衣枼
声臣鍇按楚辭曰襸余褋于澧浦四俠反袤衣帶以上從衣矛声一曰南
北曰袤東西曰廣莫透反
⿱楙衣籀文袤從楙襘帶所結從衣會声春秋傳曰衣有襘古最反褧䌌也詩曰衣錦褧衣反

古從衣耿声臣鍇曰糓枲衹裯短衣從衣裯衣
屬糓在外故曰反古茗反衹氏声的齊反袟
裯衹從衣周声臣鍇按楚辭被襤裯謂之襤褸無緣從
荷裯之旻裯今俗語襯挑反 衣監声臣鍇曰襤猶
濫濫薄也無緣𧝝無袂衣謂之𧝝故從䙲衣躬縫從
故濫薄籠三反衣憒省声徒臥反衣毒声讀
若督下袪衣袂從衣去声一曰袪褱也褱者也袪尺
毒反 二寸春秋傳曰披斬其袪臣鍇曰袂即今衣
之袖口俚言褎袂從衣采俗褎從衣由袂從衣夬
袖繳遺如反 声仍又反 從由 声弭例反
褢褢一曰藏從衣袌褱也從衣包声臣鍇曰褱俠
鬼声戶乖反 俗言褱袌也薄保反 也
從衣眔声一曰橐臣鉉等襜衣蔽前從衣詹声臣鍇曰
曰眔非声未詳戶乖切 又襜褕謂帷襜以蔽前後

也亦占反袥衣衸從衣石声臣鍇按字書袥張衣令大也他作反衸袥從衣介声臣鍇按字書衸補

鄰裙怕夬反襗絝從衣睪声騰莫反袉裙也從衣它声一曰論語曰朝服袉紳圖坐反衧

諸衧從衣亐声臣鍇按諸亐袍也員須反褰絝從衣寒省声春秋傳曰徵褰與襦豈虔反裾衣袍

從衣居声讀與居同堅踈反襱絝踦從衣龍声臣鍇曰踦足也勤動反𧝓襱或從賣袑

絝上從衣召声臣鍇按漢書朱博傳齊官屬褒衣大袑食夭反襑衣博大從衣尋声他感反襃博裾

從衣保声臣鍇曰博廣也漢書云褒衣也補袍反褍衣正幅從衣耑声臣鍇曰正幅幅不衺殺也春秋左

傳及禮所謂端委之衣顛歡反䙡重衣皃從衣圍声爾雅曰䙡䙡[衤齎][衤齎]臣鍇按爾雅無此言唯釋言云虹潰

也疑古今文字或誤也于歸反

複　重衣從衣复声一曰褚衣芳郁反

褆　衣厚褆褆從衣是声臣鍇按詩曰好人褆褆敵圭反

襛　衣厚皃從衣農声詩曰何彼襛矣臣鍇按詩傳襛猶戎戎臣以為戎戎象也女重反

裻　新衣声一曰背縫從衣叔声臣鍇按春秋左傳及國語曰衣之偏裻史記佞幸傳亦云作督假借也得酷反

袳　衣裾從衣多声春秋傳曰公會齊侯于袳臣鍇曰禮言大夫袳袂謂其袂張大公會齊侯于袳地名昌婢反

裔　衣裾從衣冏声臣鍇曰裾衣邊也故謂四裔春秋左傳曰衛流而彷徉裔焉延世反

𧘝　古文裔

衯　長衣皃從衣分声翻文反

袁　長衣皃從衣叀省声臣鍇曰音專羽元反

䙅　短衣從衣鳥声春秋傳曰有空䙅臣鍇曰今春秋傳無此言疑注誤也䙅挑丁了二反

褺　重衣

從衣埶声巴郡有褻江縣田俠反 裴 長衣皃從衣非声步雷反 襡 短衣從衣蜀声讀若蜀殊燭反

𧝓 衣至地從衣斲声斀角反 襦 短衣從衣需声一曰㬈衣臣鍇按古詩曰紫綿為上襦輭區反

褅 緥也從衣啻声詩曰載衣之褅他計反 褊 衣小從衣扁声臣鍇曰春秋左傳曰帶其褊矣比兖

反 袷 衣無絮從衣合声臣鍇曰夾衣也史記匈奴傳賜單衣袷溝呷反 襌 衣不重從衣單声臣

鍇曰漢書蓋寬饒斷其襌衣今俗皆借單字得于反 襄 漢令解衣耕謂之襄從衣𤕦声臣鍇曰詩曰兩服上

襄𤕦音寧修翔反 𡿺 古文襄 被 寢衣長一身有半從衣皮声平義反 褖 飾從衣彖声似

奨反 衵 日日所常衣從衣從日亦日声臣鍇曰會意而吉反 褻 私服從衣埶声詩曰是褻袢也臣鍇

曰執音午世衷裏褻衣從衣中声春秋袾好佳從衣
反私列反傳曰衷其衵服珎蒙反朱声詩曰
靜女其袾臣鍇曰今袓事好從衣且裨接益從衣卑
詩作姝姝尺夫反声前呂反声臣鍇曰若
衣之接益襍五彩相合從衣⿱殹衣社從衣殹臣鍇曰春
也實而反集声自合反秋左傳曰⿱殹衣之以立
緟迂裕衣物饒從衣谷声易曰有孚裕無咎臣襞韏衣
胃反鍇曰謙德之裕也謙受益也與襦反衣
從衣辟声臣鍇曰猶卷也襞褶疊衣衦摩展衣從衣干
也故禮注謂裙褶為襞積也頻役反声臣鍇曰若今
熨衣使展裂繒餘從衣列声臣鍇曰⿱奴衣弊衣從衣奴
也根岸反裁剪之餘也良舌反声臣鍇曰⿱奴衣
猶言帛臭袒衣縫解從衣旦声臣鍇補完衣從衣甫
也女如反曰今俗作綻字宅莧反声臣鍇曰詩

衮職有闕仲山甫補之伯普反

⿰衣黹　紩衣從衣黹黹亦声臣鍇按爾雅黹紩也臣以為即今刺繡胝雉反

褫　奪衣從衣虒声讀若池臣鍇按易曰終朝三褫之陳知反

臝　袒從衣𣎆声盧跛反

裸　或從果作

裎　袒從衣呈声臣鍇按孟子曰裸裎于我側丑靜反

裼　袒從衣易声臣鍇曰禮有裼襲裼裎衣見內也星激反

衺　紕也從衣牙声臣鍇曰紕謂帛文疏紕衺戾也周禮歆邪作奇衺也辭牙反

襭　以衣衽扱物謂之襭從衣頡声臣鍇按爾雅曰扱衣上衽于帶謂之襭羊截反

擷　襭或從手

袺　執衽謂之袺也從衣吉声臣鍇按爾雅持衣上衽也根祭反

褿　帴從衣曹声殘高反

裝　裹從衣壯声側良反

裹　纏從衣果声骨朶反

裛　書囊從衣邑声殷業反

齌　緶從衣齊声臣

鍇曰禮齋縗字謂鍬衣下也子思反裋豎使布長襦從衣豆声臣鍇曰豎通内外者禮曰内豎部乳反

褔編枲衣從衣區声一曰頭褔一曰次裹衣臣鍇曰編麻為衣也次音疾延反今小兒次衣宛撫反

褐編枲韤一曰粗衣從衣曷声臣鍇曰粗猶麤詩曰無衣無褐衛曷反衰艸雨衣秦謂之萆從衣象

形臣鍇曰萆音闢宣靴反𢀿古文衰卒隷人給事者衣為卒卒衣有題識者臣鍇按呂氏春秋鄧

析教鄭人訟一襦火獄卒題題識若今救火衣滅敎反褚卒也從衣者声一曰制衣臣鍇曰又衣之褱也

春秋左傳曰取我衣冠而褚之抽暑反製裁從衣制声正曳反袚蠻夷衣從衣友声一曰蔽膝北

末反衾大被從衣今声却林反襚衣死人從衣遂声春秋傳曰楚使公親襚夕位反[illegible]

棺中縑裏從衣弔　裞　贈終者衣被曰裞　褮　鬼衣從衣

声讀若雕覩挑反　從衣兑声輸抰反　熒省声讀

若詩曰葛藟縈之一曰若　䘰　車溫從衣延　袢　無色從衣

靜女其袾之袾玄經反　声賒延反　半一曰詩

曰是紲袢也讀若普臣鍇按詩傳縐絺當暑袢　褭　以組

紲之服臣以為袢煩溽也近身衣也復喧反　帶馬

從衣馬声臣鍇按秦衣馬簪褭

漢書注謂以組帶馬也彌了反

文一百十四　重十

裘　皮衣也從衣求声一曰象形與衰同凡裘之屬皆從

裘臣鍇曰裘以獸皮毛作之以助女工也虔柔反

求　古文求此與裘意同臣鍇曰　𧝹　裘裏也從裘鬲声

古象衣求形後則加衣也　讀若擊揩革切

文二　重一

老 考也七十曰老從人毛匕言須髮變白凡老之屬皆從老臣鍇曰會意也勤抱反

耋 年八十曰耋從老省至声臣鍇按易曰大耋之嗟春秋傳曰以伯舅耋老亭結反

𦒱 年九十曰薹從老蒿省声臣鍇曰亦作耄莫號反

耆 老從老省旨声臣鍇按禮八十曰耆臣支反

𦒿 老人行才相逮從老易省行象讀若樹臣鍇曰行遲多駐也易象析易行也上句反

耇 人老面凍黎若垢從老省句声臣鍇曰尚書曰耇造德不降也講吼反

⿱耂占 老人面如點處從老省占声讀若耿介之耿丁念反

壽 久也從老省𠷎声常帚反

考 老也從老省丂声刻保反

孝 善事父母者從老省從子子承

老老省亦声臣鍇曰
通論備矣獻罕反

文十

毛 眉髮之屬及獸毛也象形凡毛之屬皆從
毛臣鍇曰二象毛乙其中後高也門高反

𣭥 毛盛從毛隼声虞書曰鳥獸毨毛臣鍇按
說尚書者曰鳥獸生細毛自煖也而尹反

𣯍 獸豪從毛
幹声臣鍇曰翰林皆當作𣯍羽
翰則作翰古多假借侯玩反

毨 仲秋鳥獸毛盛可選
取以為器從毛先声
讀若選臣鍇詳許慎之意毨訓選也孔安國云毨少也
毛至秋皆成而少也則可選慎與安國義通也息典反

𣮌 以毳為罽色如虋禾之赤苗故謂之𣮌從毛㒼声詩
曰毳衣如𣮌臣鍇按外國織皮毛為罽璊玉色赤與

此毳義相似也莫䰟反

氈　撚毛從亶声遮延反

文六

毳　獸細毛也從三毛凡毳之屬皆從毳此芮反

𣯽　毛紛紛從毳非声甫肥反

文二

尸　陳也象臥之形凡尸之屬皆從尸臣鍇按李陽水云尸展是也申離反

𡳐　侍從尸奠声臣鍇按太玄經曰天地位注云定也義雖近不若言侍具設也庭視反

居　蹲從

尸古者居從古臣鍇按文子曰聖人泉黙而雷声尸居而龍興也踈堅反

踞 俗居從足一本從居

屓 臥息從尸自声臣鍇曰臥中喘息也喜介反

屑 動作切切從尸㑋声臣鍇曰居既從尸動亦從尸也屑屑屑屢動作也故言不以屑是不以動意也私列反

展 轉從尸㚘省声陟衍反

屆 行不便一曰極從尸甴声臣鍇曰極即至也甴塊字也苟瘵反

尻 脾從尸九声苦劳反

𡱂 髀從尸下丌居几臣鍇曰几所生几也徒論反

脽 𡱂或從肉隼

臀 𡱂或從骨殿声

𡲹 尻從尸旨声起 反

尼 從後近之從尸匕声臣鍇曰尼猶昵也女咨反

𡰥 從後相臿從尸臿声楚甲反

𡰪 屝足從尸乏声長立反

𡰤 柔皮從尸申尸之後也或從 女展反

屒 伏皃從尸展声一曰屋宇珎忍反

屖 屖遟從尸辛声臣鍇曰漢書傳云器不屖利
屖堅也又屖遟不進也屖墀字從此先迷反

屝 履屬
從尸非声臣鍇按春秋左傳曰
屝屨資糧注屝草屨也扶沸反

屍 終主從尸死声臣
鍇曰主于身也申
離
反

屠 刳從尸者
声田吾反

屟 屧中薦從尸葉声臣鍇
曰屧中替也相聶反

屋 居也
從尸
尸所主一曰尸象屋形從至至所止屋室皆從至臣
鍇曰經傳皆訓尸為主也屋人居所主也烏谷反

𡲎 籀
文
屋從
厂

𡱁 古文
屋

屏 屏蔽從尸并
声比郢反

層 重屋從尸曾
声前增反

文二十三　重五

尺 十寸也人手卻十分動脈為寸口十寸為尺尺所以
指尺規矩事也從尸從乙乙所識也周制寸尺咫尋

常仞諸度量皆以人之体為法凡尺之属皆從尺臣鍇曰十分一寸也人所診脈處五藏脈所會也家語曰布指知尺舒肱知尋漢書武帝常讀東方朔上書輒乙其處是以乙為記識也昌夕反

咫 中婦人手長八寸謂之咫周尺也從尺只声臣鍇曰國語楛砮矢實之其長尺有咫長短適中眞彼反

文二

尾 微也從倒毛在尸後古人或飾系尾西南夷皆然凡尾之屬皆從尾臣鍇曰微者書在後時將末漸微也倒毛謂尾毛生倒屬也飾系尾若以雉尾飾纛或從豹尾亡斐反

屬 連從尾蜀声臣鍇曰屬相連續若尾之在体故從尾專玉反

屈 無尾從尾出声臣鍇曰堀字從

此居屈反

尿人小便從尸水年銚反

文四

履定所依也從尸從彳夊舟象履形一曰尸声凡履之屬皆從履臣鍇曰履行故從彳六矣反

古文履從頁從足

屨履從履省婁声一曰鞮臣鍇曰鞮革履也九遇反

𡳶履下從履省歷声臣鍇按周禮注繶者以采絲礫履之下臣以為履牆下連底處采絲編剌之曆曆然作礫假借當作此𡳶字連的反

𡳐履從履省予声夕與反

屩履從履省喬声臣鍇曰史記虞卿躡屩屩見趙王屩猶蹻足高也己藥反

屐屩從履省支声其戟反

文六　重一

舟　船也古者共鼓貨狄刳木為舟剡木為楫以濟不通象形凡舟之屬皆從舟臣鍇按共鼓貨狄二人黃帝臣也隻留反

俞　空中木為舟亼從舟從巜巜水也臣鍇曰亼者取二合之義巜音俞猶窬穿之義會意羊朱反

船　舟從舟鉛省声市緣反

彤　船行從舟彡声敕林反

舳　艫從舟由声漢律名船方長為舳艫一曰尾臣鍇曰尾船尾陳六反

艫　舳艫從舟盧声一曰船頭論孤反

𦨴　船行不安從舟刖省讀若兀吾忽反

艐　船著不從行舟㚇声讀若辜臣鍇按爾雅艐至也不行即至也子紅反

朕　我也

闕直賃反

舫　船師明堂月令曰舫人習水者從舟方声夫妄反

般　辟也象舟之旋從舟從殳殳令舟旋臣鍇曰殳檝之屬會意別安反

𣪘　古文般從支

服　用也一曰車右騑所以舟旋從舟𠬝声臣鍇曰車左右騑左曰騑右曰服伐六反

𦨈　古文服從人

文十二　重二

方　併船也象兩舟省總頭形也凡方之屬皆從方府昌反

汸　方或從水

斻　方舟從方亢声禮天子造舟諸侯維舟大夫方舟士待舟臣鍇曰方並也方舟今之舫並兩船也造至也連舟至他岸維舟維連四船特舟單舟爾雅作方胡郎也

文二　重一

儿　仁人也古文奇字人象形孔子曰在人下故詰屈凡儿之屬皆從儿臣鍇按山海經非人羿莫能上亦申反

兀　高而上平也從一在人上讀若敻茂陵有兀桑里吾忽反

兒　孩子也從儿象小兒頭囟未合然知反

允　信也從儿㠯声臣鍇曰儿仁人也故為信與準反

兌　說也從儿㕣声臣鍇曰說音悅易曰兌悅也谷音六兌杜會反

充　長也高也從儿育省声臣鍇曰云在及上也赤風反

文六

兄 長也從儿從口凡兄之屬皆從兄臣鍇曰通論詳矣喧京反

競 競也從二兄二兄競意從丰声若讀矜一曰競敬臣鍇曰競強也二兄争長也機仍反

文二

兂 首笄也從人匕象簪形凡先之屬皆從先臣鍇曰匕笄也阻琴反

簪 俗先從竹朁

兓 朁朁銳意也從二先臣鍇曰先銳利也故二先為銳意朁從此子林反

文二　重一

皃 頌儀從人白象人面形凡皃之屬皆從皃臣鍇曰頌古容字白非黑白字直象人面没教反

貌 籀文皃從豸臣鍇曰豸獸豸豸然皃之嚴毅 䫉 或從頁豹省声 覍 冕也周曰覍殷曰冔夏曰收從皃象形皮變反 𥀑 籀文覍或從廾上象形 弁 或覍字

文二　重四

兜 廱蔽也從人象左右皆蔽形凡兜之屬皆從兜讀若瞽 公戶反

兜 兜鍪首鎧也從兜從皃省皃象人頭形也單頭反

文二

先 前進也從儿之凡先之屬皆從先臣鍇曰之在人上也鬼前反

兟 進也從二先贊从此闕所臻反

文二

禿 無髮也從人上象禾粟之形取其声凡禿之屬皆從禿王育說蒼頡出見禿人伏禾中因以制字未知其審臣鍇曰言禿人髮不纖長若禾稼也他哭反

穨 禿皃　從禿貴声徒催反

文二

見 視也從目儿凡見之屬皆從見臣鍇曰目儿為見會意經硯反

視瞻也從見示声善旨反眎古文視眡亦古文視臣鍇曰此一字古文以為視字今則自為一字盇古今之変亦猶示古為祇字今自音視

覼求也從見麗声讀若池臣鍇曰鮑昭曰南覼炎國妻恵反

覣好視從見委声臣鍇曰低们而視也委為反

⿰兒見内視從見兒声臣鍇曰今為晲内視自視也疑

覹好視從見𢼸声魯戈反

⿰彔見笑視也從見彔声劣東反

⿰爰見大視也從見爰声呼遠反

覝察視也從見炎声讀若鐮臣鍇曰漢書多言廉得其情廉察視也當作此規灾火火廉反連盐反

⿰員見外傳衆多視也從見員声讀若運臣鍇曰俗名目䙷亂也于問反

觀諦視也從見雚声古翰反

⿱雚囧古文觀從囧

㝵取也從見寸寸度之亦手也臣鍇曰得從此會意多則反

覽觀也從見

監亦声臣鍇曰監臨也會意婁坎反

䚂 內視也從見來声臣鍇曰猶睞也勒菜反

𧡊 顯也從見是声敵圭反

𧢄 目有察省從見票声臣鍇曰微察之也此眇反

覰 拘覰未致密也從見虘声臣鍇曰致亦密也親去反

覭 小見也從見冥声爾雅曰覭髳弗離臣鍇按爾雅注覭髳謂草木之蘩攢翳薈者弗離猶彌離猶蒙蘢民専反

𧡬 內視也從見甚声丁舍切

覯 遇見也從見冓声臣鍇曰詩曰亦既覯止格漚反

𧢦 注目視也從見歸声臣鍇曰覺然視不移也權錐反

覘 窺視從見占声春秋傳曰公使覘之信敕染反

覹 司從見微声臣鍇曰司伺視也尾希反

䙷 突前從見冃声臣鍇曰冃音蒙止空反

覢 暫見從見炎声春秋公羊傳曰覢然公子陽生收儼反

覕 暫見從見賓声匹賓反

[illegible]

覶欆從見樊声讀若幡復宣反

𧡊病人視從見氐声讀若迷民泯反

𧡛下視深從見卣声讀若攸延秋反

𧡲私出頭視從見彤声讀若郴欽林反

𧡬覰覤闚觀從見朿声七恣反

覬𨑨㚔從見豈声訖示反

覦欲從見俞声羊朱反

𧢈視不明從見舂声一曰直視丑尨反

𧢱視誤從見龠声異召反

覺寤從見學省声一曰發也江岳反

覩目亦從見智声他秋反

靚召從見青声臣鍇曰亦用為淨甘泉賦曰稍暗而靚深也從姓反

親至從見亲声臣鍇曰密至也亲音榛之鄰反

覲諸侯秋朝曰覲勞王事從見堇声其覲反

覜諸侯三年大相聘曰覜覜視從見兆声惕弔反

覒從見毛声讀若苗臣鍇按詩曰參差行菜左右芼之芼擇菜也其餘簡擇為覒門高反

覕蔽不

相見從見必声名噎反䚇司人從見它声讀若馳臣鍇曰伺候也詩曰彼留子嗟将其來施施當作此視字

申䙲目蔽垢從見𢀀声讀若兜臣鍇曰䙲眵目汁凝也單頭反而反

文四十五　重三

覞並視也從二見凡覞之屬皆從覞臣鍇曰會意異召反

覾很視從覞肩声齊景公之勇有成覾者臣鍇曰很戾而視也成覾孟子所云也覾其名苦閑反

䙿見雨而止息從覞從雨臣鍇曰雨雨也周普故並視皆見此會意虛致反

文三

欠 張口气悟也象气從人上出之形凡欠之屬皆從欠臣鍇曰人欠去也悟解也气擁滯欠去而解也三气形丘劒反

欽 欠皃從欠金聲臣鍇曰欠去而見却林反

⿰䜌欠 欠皃從欠䜌聲魯刓反

欯 喜也從欠吉聲臣鍇曰此今俚俗言也馨逺反

欨 吹也一曰笑意從欠句聲臣鍇按老子曰或欨或吹况于反

歑 温吹從欠虖聲虎烏反

⿰或欠 吹气從欠或聲于目反

歟 安气從欠與聲臣鍇曰孔子曰歸歟歸歟今試言之則气緩而安也以虛反

⿰脅欠 翕气從欠脅聲虛業反

歕 吹气從欠賁聲臣鍇曰班固西都賦曰欱野歕山鋪奔反

歇 息一曰气越泄從欠曷聲讀若香臭盡歇臣鍇按鮑昭曰薰歇𦘔滅軒謁反

歡 喜樂從欠雚聲臣鍇曰喜動聲气故從欠呼寬反

欣 笑喜從欠斤聲臣鍇曰禮笑不

至欣作矧假借希斤反 **弞** 笑不壞顏曰弞從欠引省声矢引反 **款** 意有所欲從欠款省声臣鍇曰今人言識款也苦暖反 **款** 款或從柰 **𣢟** 𣢟從欠气声一曰口不便言臣鍇曰楊雄口吃吃與欵相類幾迄反 **欲** 貪欲從欠谷声臣鍇曰欲人六情之所生也余足反 **歌** 詠從欠哥声臣鍇曰歌者長引其声以誦之也更和反 **謌** 歌或從言 **歂** 口气引從欠耑声讀若車輇以蟬反 **𪛉** 歔[illegible]從欠龜声臣鍇曰口相就也即肉反 **噈** 俗歔從口從就 **𣢛** 愁然也從欠尗声孟子曰曾西𣢛然才六切 **欦** 含笑從欠今声丘嚴反 **歋** 人相笑歋瘉從欠虒声臣鍇曰晉羅友曰鬼見歋瘉是也以支反 **歊** 歊气出皃從欠高高亦声欣消反 **欻** 有所吹起從欠炎声讀若忽飛詡屈反 **欥** 出气

從欠從口臣鍇曰會意叱為反

𣢟 扻𣢟戲笑皃從欠之声臣鍇曰今訛俗作咍字軒其反

⿰䍃欠 ⿰䍃欠⿰䍃欠气出皃從欠䍃声延朝反

歗 吟從欠肅声詩曰其歗也謌臣鍇曰歗者吹气出声也息叫反

歎 吟從欠鸛省声臣鍇曰此悲歎也古詩曰一彈再三歎從口作嘆嘆息也他旦反

歎 籀文歎不省

歖 卒喜從欠喜声軒其反

欸 訾從欠矣声遏開反

⿰此欠 歐從欠此声贊寄反

歔 欷從欠虛声一曰出气臣鍇曰歔欷者悲泣气咽而抽息也忻余反

欷 歔從欠希声忻祈反

歜 盛气怒從欠蜀声臣鍇曰春秋左傳齊有邴歜川欲反

㰶 言意從欠從鹵鹵亦声讀若酉東酒反

⿰渴欠 欲飲從欠渴声臣鍇曰今俗用渴字刻葛反

⿰⿱白方欠 所謌從欠噭省声讀若噭呼見弔反

⿰嗇欠 悲意從欠嗇声

踈億反

𣤊　盡酒從欠糕声臣鍇按史記郭解姊子與人飲使之𣤊作醮字假借也子妙反

㰹　監持意口閉從欠緘声上咸反

㰮　指而笑從欠辰声讀若蜃食忍反

𣤜　昆于不可知從欠鰥声臣鍇曰禹父號鯀義當此字古論反

歃　歠從欠臿声春秋傳曰歃而忘山呷反

欶　吮從欠束声臣鍇曰漱遬從此色捉反

歁　食不滿從欠甚声讀若坎呂糝反

欿　欲得從欠臽声讀若貪臣鍇曰楚辭曰僸而沈藏脫甘反

欱　歠從欠合声呼合反

歉　歉食不滿從欠兼声丘黚反

⿰骨欠　咽中息不利從欠骨声烏滑反

欭　嚘從欠因声乙器反

歐　吐從欠區声恩⺻反

歍　心有所惡若吐從欠烏声一曰　相就臣鍇按山海經曰相抑之所以歍為澤宛都反

欬　逆气從欠亥声苦嘅反

⿰毄欠

且唾一曰小笑從
歙 縮鼻也從欠翕声丹陽有歙縣臣
欠殸声許壁反
鍇按老子曰将欲歙之也希立反
𣢈 蹴鼻從欠咎声讀若爾
㰲 愁皃從欠幼
欪 咄欪
雅曰磬瘕短脰思斗反
声伊虬反
無慙
一曰無腸意從欠出声臣鍇曰慼
欥 詮詞從欠曰曰亦
鼻為欲猶今俗人之言軟窒反
声詩曰欥求厥寧
臣鍇曰詮理也理其事之詞也百
次 不前不精從欠二
發声今詩假借聿字會意與必反
二
声臣鍇曰不前是
次于上也不精是
𣄬 古文次
㱂 飢虛從欠康声臣鍇曰
其次也七恣反
㱂猶康空也彊莊反
欺 詐欺從欠其
歆 神食气從欠音声臣鍇曰禮周人
声遣之反
上臭灌用鬱鬯又曰有飶其香神
靈先享其气
也忻吟反

文六十五　重四

㱃　歠也從欠酓声凡㱃之屬皆從㱃臣鍇曰酓一音甘九沈反

𣱛　古文㱃從今水

飲　古文㱃從今食

歠　歠從㱃省叕声昌說切

吷　歠或從口夬

文二　重三

次　慕欲口液從欠水凡次之屬皆從次臣鍇曰今誂俗作涎夕遠反

㵪　次或從侃

㳄　次籀文

羨　貪欲從次羑省羑呼之羑文王所拘羑里臣鍇曰無然歆羨欲也羑訓誘也會意之彥反

㳄　歠從次厂声讀若移臣鍇曰厂音移以支反

盜　私利物從次次

欲血者臣鍇曰
會意徒號反

文四　重二

旡　歓食气逆不得息曰旡從反欠凡旡之屬皆從旡臣鍇曰欠息也故反欠為不得息居志反

旡　古文先

𣄞　逆悪驚詞從旡咼声讀若是人名多夥胡顆反

琼　事有不善琼爾雅琼薄從先京声臣鍇按春秋左傳號多琼德令爾雅左傳作凉假借力狀反

文三　重一

通釋繫傳卷第十六

說文解字通釋卷第十七

繫傳十七

文林郎守祕書省校書郎臣徐鍇傳釋

朝散大夫行祕書省校書郎臣朱翺反切

二十六部　文五百二十三　重六十三

頁 頭也從𦣻從儿古文䭫首如此凡頁之屬皆從頁𦣻者䭫首字也臣鍇曰古文以為首字也羊截反

頭 首也從頁豆聲時婁反

顏 眉目之間也從頁彥聲臣鍇按史記漢高祖龍顏是也言闌反

⿰彥頁籀文頌皃也從頁公声臣鍇曰此容儀字歌頌者美盛德之形容頌故通作頌後人因爾亂之定以此為歌頌字然今世間詩本周頌亦或作訟與封反䫋籀文⿰乇頁顱也從頁乇聲臣鍇曰今併作髑字陁谷反顱⿰乇頁顱首骨也從頁盧聲論孤反⿰㬎頁顛頂也從頁㬎声魚怨反顛頂也從頁眞声臣鍇蹎倒字作蹎的烟反頂顛也從頁丁声顛茗反⿰亻⿱巛頁或從⿱巛頁作⿰鼎頁籀文從鼎

顙額也從頁桑聲蘇朗反題額也從頁是聲臣鍇曰義見爾雅敵圭反額顙也從頁各聲顔客反頞鼻莖也從頁安声臣鍇按史記曰蔡澤蹙頞戹渴反齃或從鼻曷頯權也從頁𠃬声臣鍇按莊子曰其顙頯頯塊然也權雖反頰面旁也從頁夾声居俠反⿰夾⿱巛頁籀文從⿱巛頁⿰目頁

頰也從頁𠯑声古狠反頜顄也從頁合声候坎反顄頤也從頁𠚕声候貪反頸頭莖
也從頁巠声居頛反領項也從頁令声里井反項頭後也從頁工声臣鍇按詩曰四牡項領馬領
宜細領大而難制故舉項領非訓項為大也限蚌反𩕊項枕也從頁冘声臣鍇曰謂頂後承枕骨也之衽反
顀出額也從頁隹声臣鍇曰言額如推也直誰反𩓡曲頤也從頁不声步雷反顩𪙮皃從頁
僉声失檢反䪼面目不正皃從頁尹声臣鍇曰頭大也主閔反頵頭頵也從頁君声臣鍇曰頭大
也宛句反䪻面色顛皃從頁員声讀若隕臣鍇按詩云芸其黃矣古詩云黃華葉衰芸亦或音運與此義近
也兩牝反䭑頭頰長也從頁兼声五緘反碩頭大也從頁石声臣鍇曰詩曰碩大且儼神隻反

⿰羔頁大頭也從羔頁声臣鍇按詩曰牂羊羵首作墳　扶云反又口幺反

頒大頭也從頁分声一曰鬢也詩曰有頒其首布還反

顝大頭也從頁骨声讀若魁臣鍇按張衡思玄賦顝羇旅而無友顝猶塊大而獨立皃誇訥反

願大頭也從頁原声魚怨反

顤高長頭從頁堯声臣鍇按靈光殿賦曰顤顡顟而睢睽胡人皃也五叫反

頎頭佳也從頁斤声讀又若鬢臣鍇曰詩曰碩人其頎巨希反

⿰敖頁贅顡高也從頁敖声五號反

⿰岳頁前面岳岳也從頁岳声逆捉反

⿰泉頁昧前也從頁泉声莫隊反

⿰霝頁面瘦淺⿰霝頁⿰霝頁也從頁霝声連丁反

顡頭蔽顡也從頁豙声臣鍇按字書書蔽作顡頭惡也五夬反

頑棞頭也從頁元声臣鍇曰棞椽也五還反

⿰頁枝小頭⿰頁枝⿰頁枝也從頁枝声臣鍇曰⿰頁枝猶規小皃堅隨反

顆

小頭也從頁果声臣鍇曰今
言物一顆猶一頭也苦墮反
頢 短面也從頁
昏声戶刮反
頲 狹頭
頲也
從頁廷声
他挺反
頠 頭閑習也從頁危声臣鍇曰
閑習謂低仰便也語委反
頷 面黃也
從頁含
声候
坎反
[illegible] 面不正也從頁
爰声魚怨反
頍 舉頭也從頁支声詩
曰有頍者弁傾蓋反
[illegible]
内頭水中從頁𠬶𠬶亦声臣
鍇曰𠬶音没會意烏骨反
顧 還視也從頁
雇声骨度反
順 理也
從頁
川声殊
問反
[illegible] 顏色[illegible]鄰慎事也從頁㐱声臣鍇曰[illegible]鄰猶
隱磷難分皃不見于色故曰慎事支允反
[illegible] [illegible]鄰也從頁粦声一
曰頭少髮力準反
顓 頭顓顓謹皃從頁耑声臣
鍇按淮南子曰以害顓民
顓謹也
準旋反
頊 頭頊頊謹皃從
頁王声喧玉反
顉 低頭也從頁金声春秋
傳曰迎于門顉之而已

臣鍇曰點頭以應也今
左傳作頷假借五感反
頓
下首也從頁屯声臣鍇
曰頓首下首也都巽反
頫
低頭也從頁逃省声太史卜書頫
仰字如此揚雄曰人面頫分武反
俛
俗頫字
從人免
頣
舉目
視人
皃從頁臣
声矢引反
䫜
倨視人也從頁
善声旨闌反
頡
直項也從頁
吉声羊截反
𩑶
頭
頡
頡也從頁出声讀
又若骨之出反
顥
白皃從景頁楚詞曰天白顥顥南
山四顥白首人也臣鍇按班固西
都賦曰鮮顥气之清英
顥气白气也候抱反
⿰樊頁
大醜皃從頁
樊声復喧反
⿰爭頁
好皃從頁
爭声詩所
謂顏首臣鍇曰詩言螓首此
引詩以解誤作從爭疾性反
⿰羽頁
顈妍也從頁翩省声讀
若翩臣鍇曰書傳多言
孔子反字作此顈字云頭頂
四崖峻起象危丘山干甫反
顗
謹莊皃從頁
豈声魚豈反
顅
頭鬢
少髮

也從頁肩声周禮數目顅脰臣鍇曰顅脰少髮也苦閑反

顐無髮也一曰耳門也從頁囷声臣鍇曰顐猶髮也苦敦反

䫗秃也從頁气声誇訥反

頛頭不正從頁耒耒頭傾亦声讀又若春秋陳夏齧之齧魯內反

䫌傾首也從頁卑声匹米反

䫔伺人一曰恐也從頁契声讀若楔異契反

䫥頭不正也從頁鬼声臣鍇曰䫥猶畾嵬也口猥反

頗頭偏也從頁皮声滂阿反

䫉顫也從頁尤声延救反

疣或從疒作

顫頭不正也從頁亶声臣鍇曰俗言顫掉不正定彥反

顑飯不飽面黃起行也從頁咸声讀若贛臣鍇按楚詞長顑頷兮可傷口糝反

顲面顑顲皃從頁㐭声臣鍇曰㐭音力甚反勒敢反

煩熱頭痛也從頁從火一曰從焚省声臣鍇按宋玉風賦鬱勃煩冤煩熱冤亂復喧反

顡癡不

聰明從頁豪声臣鍇曰癡之狀見于頭面也五臨反

頪 難曉也從頁米一曰鮮白皃從粉省臣鍇曰類頪從此勤會反

顇 顦顇也從頁卒声臣鍇按楚詞曰形容顦顇芳苦見于見夕位反

⿰昏頁 繫頭殟也從頁昏声臣鍇曰殟屈頭死之也莫魂反

頦 醜也從頁亥声候猜反

䫏 頭也從頁其声今逐疫有䫏頭臣鍇按靈光殿賦曰仡䫏猥以鵰頄䫏頭方相四目也遣之反

籲 呼也從頁籥声尚書曰率籲衆戚云遇反

顯 頭明飾也從頁㬎声臣鍇曰頁頭也若具列物數一頭二頭也會意呼衍反

䪿 選具也從二頁士戀反

顒 大頭也從頁禺声詩曰其大有顒魚容反

顦 顦顇也从頁焦声昨焦切

文九十三　重八

𦣻 頭也象形凡百之屬皆從百臣鍇曰尸髮鬊也式九反

脜 面和也從百從肉讀若柔臣鍇曰爾雅戚施面柔也肉物之柔者會意然尤反

文二

面 顔前也從百象人面形凡面之屬皆從面臣鍇曰顔額也彌釧反

靦 面見也從面見亦声詩曰有靦面目臣鍇曰凡人所視瞻心實見之故有別識無耻之人面見之而已心實否也國語范蠡曰雖靦然人面實禽獸也會意聽銑反

䩄 或從旦

䩉 頰也從面甫声臣鍇按易曰咸其輔頰䩉與輔義相近浮甫反

[illegible] 面焦枯小也從面焦声前昭反

文四　重一

丏 不見也象壅蔽之形凡丏之屬皆从丏臣鍇曰左右擁蔽面不分也沔眄麪字从此彌件反

文一

𦣻 百同古文百也巛象髮謂之鬊鬊即巛也凡𦣻之屬皆从𦣻臣鍇曰禮謂亂髮為鬊式九反

䭫 下首也从𦣻旨声臣鍇曰今書傳猶有作此者大約多作稽也溪稱反

𩠐 截也从𦣻从斷臣鍇曰凡人有剸制若人首一斷不可復續也會意職件反

剸 或从刀專声

文三　重一

県 倒首也賈侍中說此斷首倒縣県字凡県之屬皆從県臣鍇曰漢律有県首多借梟字堅籥反

縣 繫也從系持県臣鍇按顏師古匡謬正俗云古書縣邑皆作寰此直縣挂字引說文為證此懸今人加心

文二

須 面毛也從頁彡凡須之屬皆從須臣鍇曰會意四于反

頿 口上須也從須此声即宜反

𩔇 頰須也從須冄冄亦声臣鍇曰今俗作髯而淹反

顊 須髮半白也從須卑声賓而反

頞短須髮皃從須否声甫友反

文五

彡 毛飾畫之文也象形凡彡之屬皆從彡臣鍇曰古多以羽旄為飾象彡彡然所咸反

形 象形也從彡幵声臣鍇曰彡以其幷弱委曲象之也賢星反

㐱 稠髮從彡人声詩曰㐱髮如雲臣鍇曰從人物之人今詩作鬒又一㐱鳥

鬒 或從髟真声

羽也從几㐱音殊音同而體小異也支允反

修 飾也從彡攸声臣鍇曰尚書曰簡厥修息抽反

彰 文章也從彡章声臣鍇曰文章飾也周良反

彫 琢文也從彡周声覞挑反

𢒏 飾也從彡青声寂逞反

㣎 細文也從彡㣎省声臣鍇曰㣎音郤穆從此莫叔反

弱 撓也上象撓曲彡象毛氂撓弱也弱物幷故從二㢭臣鍇曰指事如約反

文九 重一

彣 䰄也從彡文凡彣之屬皆從彣臣鍇曰論語曰䰄䰄乎文哉無去反

彥 美士有文人所言也從彣厂声臣鍇曰爾雅美士為彥人所唁詠春秋左傳曰子太叔美秀而文孔子言之無文行之不遠人所唁詠若詩曰叔于田又曰彼留子嗟又曰張仲孝友之類擬線反

文二

文 畫也象交文凡文之屬皆從文臣鍇曰通論詳矣無云反

斐 分別文也從文非声易曰君子豹變其文斐也臣鍇曰論語曰斐然成章成章分別之也斧尾反

辬　駮文也從文辡声臣鍇曰今作班也不攀反　斐　微畫也從文從非声利之反

文四

髟　長髮猋猋也從長從彡凡髟之屬皆從髟所咸反

髮　根也從髟犮声飛伐反　⿰犮首　或從首　⿰犮頁　古文　鬢　頰髮也從髟賓声比刃反

鬗　髮長也從髟㒼声讀若蔓没團反　䰅　髮長也從髟監声讀若春秋黑肱以濫來籠三反

⿱髟差　髮好也從髟差声千可反　鬈　髮好也從髟卷声詩曰其人美且鬈臣鍇曰髮柔好也衞貟反

髦　髮也從髟毛声門高反　⿱髟臱　髮皃從髟臱声米田反　⿱髟周　髮多也從髟周声臣鍇曰詩曰綢直

如髮陳⿱髟爾髮皃從髟爾声讀若江南謂酢母⿱髟咅髮皃
汊反　爲⿱髟爾臣鍇曰酢母酢糟寧洗反　從髟
音声步鬏髮至眉也從髟敄声詩曰紞彼髳或從敄
矛反　兩鬏臣鍇曰今詩作髦莫浮反　省漢令
有髳長臣鍇曰髳羌鬋女鬢垂皃從髟前声臣鍇按
地名髳地之長也　楚辭曰盛鬋不同即連反
鬑鬋也一曰長皃從髟⿱髟㦰束髮少也從髟㦰声臣鍇
兼声讀若慊連盬反　按張衡西京賦曰朱鬕⿱髟㦰
即血鬄髮也從髟易声臣鍇按周禮追師掌王后之首
反　服為副編次注云副覆首以為飾其遺象若今
步摇服之從王祭祀編列髮為之若今假紒服之以桑也
次次第髮長短為之若今髮鬄服以見王燕居則纚笄總
而已詩所謂鬒髮如雲不屑鬄也臣以為副若今三釵先
為髮髮覆首上釵為鳳雉形口銜步揺者也編若今編梳

次第卷髮編列為之次即今髮也劉熙釋名鬄剔
刑人為之髮則以續鬄則全假為之也思益反髲或
從彡也声臣鍇曰春秋左傳衛公髲鬄也從髟皮
出見吕氏之妻髮美以為吕姜髢髲声平義反
用梳比也從髟次声臣鍇曰此即髻潔髮也從髟昏声
周禮所謂次今作次假借七恣反臣鍇曰禮所云組
括髻作括假借儀禮鬠髮臥髻也從髟般声讀若槃臣
用組注古作括古括反髽鍇曰古今注所謂槃桓髻別
安髺髻也從髟付鬄帶髻飾從髟鬢屈髮也從髟
反髴声方娶反髮莫声悶亞反鬢貴声區師反
鬠簪髻也從髟介声臣鍇曰鬜髮鬛鬛也從髟
髻簪髻即假髻也荀差反鬛巤声律捷反鬣
或從巤或從鬛鬣也從髟盧鬑鬑也從髟並鬅
毛豩豕鬣声論孤反鬑声盤浪反

髴若似也從髟弗声臣鍇曰毛髮髴髴然似之分勿反

髶亂髮也從髟茸省声乳逢反

鬌髮墮從髟墮省声直垂反

鬊髻髮也從髟春声失閏反

鬜髮禿也從髟間声苦閒反

鬀鬄髮也從髟剔声他狄反

髡鬄髮也從髟兀声苦敦反

髨或從元

鬀鬄髮也從髟弟声大人曰髡小人曰鬀盡及身毛曰鬄他計反

⿰髟彔鬣也忽見從髟彔声籀文魅亦忽見意芳未反

髽喪髻禮女子髽衰男則不髽魯臧武仲與齊戰于狐鮐魯人迎喪者始髽從髟坐声鄒茶反

文三十八　重七

后　繼體君也象人之形施令以告四方故厂之從一口發號者君后也凡后之屬皆從后臣鍇曰通論詳矣

旱斗反

㖃（篆）

厚怒声从口后后亦声臣鍇曰東方朔十洲記扶木声若牛㖃蒿厚反

文二

司（篆）

臣司事于外者从反后凡司之屬皆从司息兹反

詞（篆）

意内而言外也从言司声臣鍇曰通論詳矣夕兹反

文二

卮（篆）

圜器一名觛所以節飲食象人卪在其下也易曰君子節飲食凡卮之屬皆从卮臣鍇曰厂象人卪節也

一專言也

章移反

⿰危專 小危有耳蓋者從危專聲殊剸反

⿰危𡵂 小危也從危𡵂声讀若㮶擊之㮶職仲反

文三

卪 瑞信也守國者用玉卪守都鄙者用角卪使山邦者用虎節土邦者用人卪澤邦者用龍卪門關者用符卪貨賄用璽卪道路用旌 卪象相合之形凡卪之屬皆從卪臣鍇曰周禮掌守邦節而別其用以輔王命注邦節鎮圭方璋穀圭琰圭也玉節之制如王以命數為大小角卪犀角為之山多虎平地多人澤多龍符卪如今宮中官詔符璽卪今之印章旌卪令使者所擁卪今皆作節字卪象半分之形守國者其卪半在內半在外即血反

令 發號也從亼卩臣鍇曰號令者集而為之卩制會意力聘反

𠨘 輔信也從卩比聲虞書曰𠨘成五服臣鍇曰今尚書作弼皮審反

卶 有大度也從卩多声讀若移真避反

𠨗 宰之也從卩必声彼至反

卲 高也從卩召声食要反

厄 科厄木節也從卩厂声賈侍中說以為厄裹也一曰厄蓋也臣鍇曰厂音移厄從此五果反

𠨬 脛頭也從卩桼声臣鍇曰今俗作膝膝人之節也息一反

卷 膝曲也從卩类声臣鍇曰詩有卷阿曲阿也俱究反

卻 節欲也從卩谷声期灼反

𠨍 二卩也巽從此闕助前反

卸 舍車解馬也從卩止午声讀若汝南人寫書之寫臣鍇曰御從此蘇夜反

𠨎 卩也闕則湊反

文十三

印 執政所持信也從爪從卩凡印之屬皆從印臣鍇曰爪手爪以持印也會意伊鎮反

𠭥 按也從反印臣鍇曰𠨍者外向而印之反印為内自抑也會意憂仄反 抑 俗從手作

文二　重一

色 顔气也從人從卩凡色之屬皆從色臣鍇曰顔色人之儀卩也會意踈憶反

𢒉 古文

艴 色艴如也從色弗声論語曰色艴如也臣鍇曰盛气色也孟子曰曾西艴然其字如此步咄反

艵 縹色也從色并声臣鍇按宋玉神女賦艵薄怒自以持曾不可乎犯干匹迥反

文三　重一

卯　事之制也从卩卪凡卯之屬皆从卯闕臣鍇曰反覆卩之也起明反

卿　章也六卿天官冢宰地官司徒春官宗伯夏官司馬秋官司寇冬官司空从卯皀声臣鍇按白虎通曰卿章也章善明理也反覆節其事也皀又音香起明反

文二

辟　法也从卩辛節制其辠也从口用法者也凡辟之屬皆从辟臣鍇曰口以理之會意卑僻反

𨐨　治也从辟井周書曰我之不𨐨臣鍇曰并法也與荆同意今尚書作辟卑僻反

𨐬　治也从辟乂声虞書曰有能俾𨐬臣鍇曰今尚書作乂偶喙反

文三

勹裹也象人曲身形有所包裹凡勹之屬皆從
勹臣鍇曰此文起于人字曲包也北交反
[篆]曲脊也從勹籟省声牽六反
匍裹也手裹行也從勹甫声盆手反
匐伏地也從勹畐声明北反
匊在手曰匊從勹米臣鍇曰手掬米會意菊掬從此居逐反
勻少也從勹二臣鍇曰二數之少也會意與因反
勼聚也從勹九声讀若鳩臣鍇曰今爾雅有此字飦酬反
旬徧十日為旬從勹日臣鍇曰周帀十日而言之也會意續倫反
㫷古文
[篆]覆也從勹覆人薄皓切
匈膺也從勹凶声許容切
胷或從肉作
𠣔帀徧也從勹舟声隻留反
匌帀也從勹合声後閤反

匓飽也從勹𣪘祭祀曰厭匓臣鍇曰禮有陰厭陽厭厭匓也今禮作飫于據反𠣞重也從勹復声伐六反𠣞或省彳冢高墳也從勹豕声臣鍇曰地高起若有所包也知悚反

文十六　重三

包象人裹妊巳在中象子未成形也元气起于子子所生也男左行三十女右行二十俱立于巳為大婦裹妊于巳巳為子十月而生男起巳至寅女起巳至申故男年始寅女年始申也凡包之屬皆從包臣鍇曰任懷任也巳為四月萬物含實故象人懷子也子在北方冬至夜半一陽所起故曰子人所生男自子左數次寅次卯為左行凡三十得巳女自子右數次亥次戌次酉凡二十亦得巳至此會合夫婦懷任之義巳為子謂所生子也巳初懷子

男左行午次未凡十二月得寅女右行自巳次辰次卯凡十月得申寅在東北為夏正月物徹子甲而出陽初出故為男年之始甲在西南為夏七月陰气至此始出故為女年之始也北交反

胞　兒生裹也從肉包蒲包反

匏　瓠也從夸包声取其可包藏物也步交反

文三

苟　自急敕也從羊省從包省從口口猶慎言也從羊羊與義善美同意凡苟之屬皆從苟臣鍇按羊美物也人自美其身故目儆敕云與善同意包者自東歛春秋左傳張骼輔躒曰公孫之亟當也作此苟作亟假借已力反

敬　肅也從攴苟臣鍇曰會意居竟反

古文不省

文二　重一

鬼人所歸為鬼從人象鬼頭鬼陰气賊害從厶凡鬼之屬皆從鬼臣鍇按爾雅曰鬼之言歸也韓詩外傳曰人死肉歸于土血歸于水骨歸于石也魂气升于天具陰气薄然獨存無所依也凡陽魂气使人與行強梁發越陰气制人使人止息深缺瘞既死魂气歸于天無陽故純陰底滯之气著人為害賊者有所傷也厶音私矩毀反

𩲡古文從示臣鍇曰周禮享大鬼之神者故從示

䰠神也從鬼申声臣鍇按山海經有䰠武羅示申反

魂陽气也從鬼云声戶昆反

魄陰神也從鬼白声潘客反

䰡厲鬼也從鬼失声敕稺反

魖耗鬼也從鬼虛声臣鍇曰張衡西京賦曰捎蘷魖而抶獝狂忻余反

魃旱鬼也從鬼友声周禮有

赤魃除牆屋之物也詩曰旱魃為虐臣鍇按周禮友氏掌
除牆屋謂除自理之物若鼃及蝎之屬今周禮作友步將
反鬽老精物也從鬼彡彡古籀文魅從彖
彡鬼毛密至反文首從尾省声
或從鬾鬼服也一曰小兒鬼從鬼從支韓詩鬼兒
未傳曰鄭交甫逢二女魃服臣奇反從鬼
虎声虎鬼俗也從鬼幾声淮鬼魁
烏反南傳曰吴人鬼越人𩴾也居希反声𩴾
醜不止也從鬼鬼變也從鬼見鬼驚詞從鬼難
需声奴詁反化声呼吟反省声讀若詩受福
不儺臣鍇按歲終大儺娠鬼皃從鬼賓可惡也
子口呼魓魓也如何反声婢民反從鬼酉
声稱神獸也從鬼
肘反隹声杜回切

文十七　重四

甶　鬼頭也象形凡甶之屬皆從甶
臣鍇曰面髣髴之皃分勿反

畏　惡也從甶虎省臣鍇曰會意迂胃反　畏　古文省

禺　母猴屬頭似鬼從甶從内臣鍇曰内
禽獸迹也
疑頑反

文三　重一

厶　姦邪也韓非曰蒼頡作字自營為厶凡厶之屬皆從厶臣鍇曰此公厶字今皆作私先茲反

篡　逆而奪取曰篡從厶算声臣鍇曰漢書曰篡取之測慣反

𠫘　相訹呼也從厶羑臣鍇曰訹誘也夷

酒反 䛐 䛐或如此 𦍍古文

文三　重三

嵬 高不平也从山鬼凡嵬之屬皆从嵬五枚反

巍 高也从嵬委声臣鍇曰又音愚衛反古謂闕為象魏象者縣法象之書也魏者言高巍巍然也故譙周巍為當塗高也元歸反

文二

說文解字通釋卷第十七

說文解字通釋卷第十八

繫傳十八

文林郎守祕書省校書郎臣徐鍇傳釋

朝散大夫行祕書省校書郎臣朱翱反切

二十部　文　重

宣也宣气散生萬物有石而高象形凡山之屬皆從山臣鍇曰山出雲雨所以宣地气山海經曰積石之山萬物無不有張華博物志曰山有水有石石金木生火故名山舍魄五行具也象山峯並起之形色開反

嶽　東岱南霍西華北恒中泰室王者之所以巡狩至從山獄声臣鍇曰白虎通嶽确也王者巡守确切德也尚書曰王乃時巡守考制度子四嶽逆捉反

岳　古文象高形

岱　太山也從山代声臣鍇按白虎通東山萬物更代之處也徒再反

島　海中往往有山可依止曰島從山鳥声讀若擣詩曰蔦與女蘿臣鍇曰釋名曰島到也人所奔到也得早反

峱　山在齊地從山狃声詩曰遭我于峱之間兮能刀反

嶧　葛嶧山東海下邳從山睪声夏書曰嶧陽孤桐臣鍇曰即秦刻石處也在魯山積石絡繹而成也移尺反

嵎　封嵎之山在吴楚之間從山禺声臣鍇按國語孔子曰防風氏守封嵎之山者也元無反

嶷　九嶷山舜所葬在零陵營道從山疑声臣鍇曰言山九峯相似可疑也銀眉反

㟭　山在蜀湔氐西徼外從山㬋声臣鍇曰徼

在西南所以徼隔蠻夷湔水名今俗作岷眉均反 ⿰山凡 山也或曰弱水之所出從山凡声臣鍇曰山海經曰

女几山謹美反 巀 巀嶭山在馮翊池陽從山截声臣鍇曰巀嶭亦山短而峻形才葛反 嶭 巀嶭山也

從山辥声遏反 崋 山在弘農華陰從山華省声户化反 崞 山在鴈門從山𩫏声昆霍反

嵎 嵎山在遼西從山禺声一曰嵎鐵嵎谷也臣鍇曰漢高祖所隱亦曰嵎山尚書曰宅嵎夷嵎谷古文尚書

夷作鐵古文鐵金旁作夷作夷故與夷相亂後人訛作鐵猶良反 岵 山有草木也從山古声詩曰陟彼岵

兮桓土反 屺 山無草木也從山已声詩曰陟彼屺兮乞以反 嶨 山多大石也從山學省声遐岳反

嶅 山多小石從山敖声偶也反 岨 石戴土從山且声詩曰陟彼岨矣且渠反 岡 山脊也從

山网声格康反岑山小而高從山今声臣鍇曰張協七命曰陵黃岑助吟反崒崒崔高也從山卒声津宜反巒山小而銳從山䜌声魯宛反密山如堂者從山宓声美弼反岫山穴也從山由声臣鍇曰自岵已下皆見爾雅解又反𡶴籀文從穴𡾏高也從山陖声臣鍇曰峻陖音浚子閏反峻或從陖省嶞山之嶞者從山憜省声讀若相推落之嶞臣鍇曰爾雅注山形狹長曰嶞詩曰嶞山喬嶽持妥反崟山之岑崟從山金声臣鍇曰張協詩曰周文走岑崟銀欽反嶘尤高也從山棧声助眼反崛山短高也從山屈声臣鍇曰靈光殿賦曰隆崛崛物乎青雲崛音九物反瞿弗反巁巍高也從山蠆声讀若厲里曳反峯山耑也從山夆声敷容反巖岸也從山嚴声臣鍇曰古言巖

廊者殿旁高廡也語醃反

嵒 山巖也從山品声讀若吟五監反

巒 巖也從山䜌声落涣反

[illegible] 山皃從山皋声造礶反

峼 山皃一曰山名從山告声古奥反

嵯 山皃從山差声時妥反

峨 嵯峨也從山我声偶和反

崝 嶸也從山青声臣鍇曰今俗作崢測亨反

嶸 崝嶸皃從山榮声戶庚反

[illegible] 谷也從山巠声臣鍇按驪山下谷秦阬儒處賢星反

崩 山壞也從山朋声補弘反

𡹼 古文從皀

岪 山脅道也從山弗声臣鍇曰山半腹旁山而行也分勿反

嵍 山名從山敄声臣鍇按顔之推家訓魏郡有小山名嵍山名權古碑云土有權嵍王喬所僊也勿赴反

嶕 焦嶢山高皃從山堯声研梟反

[illegible] 山陵也從山戕声賊志反

嵏 九嵏山在馮翊谷從山㚇声子紅反

岊

㟝隅高山之節從山卩讀若隅臣鍇曰按山之㟝隅高處田㕣即血反

崇 嵬高也從山宗声助弓反

嶞 山皃從山隓声徒果反

崔 大高也從山佳声昨回反

文五十五　重四

屾 二山也凡屾之屬皆從屾闕所臻反

嵞 會稽山一曰九江當塗也民以辛壬癸甲之日嫁娶也從屾余声虞書曰予娶嵞山臣鍇按尚書傳禹方治水以辛日娶甲日復往治水在家三日耳嵞山民其先俗以辛日嫁娶亦或後人見禹之聖其後有天下因以成俗也若巫之禹步然田吾反

文二

屵 岸高也從山厂厂亦声凡屵之屬皆從屵 臣鍇曰厂音罕會意顏遏反

岸 水涯而高者從屵干声 臣鍇按爾雅重厓岸注兩崖累者也偶旰反

崖 高邊也從屵圭声 臣鍇曰水邊地有垠堮也無垠堮而平曰汀五佳反

崔 高也從屵隹声 臣鍇曰崔嵬高也今俗作崔省厂也都魁反

嶏 崩也從屵肥声匹鄙反

𡸖 崩也從屵配声讀若費步咄反

文六

广 因广為屋象對刺高屋之形凡广之屬皆從广讀若儼然之儼 臣鍇曰因厂為屋故但一邉不也今字書

有廊字按漢書董仲舒云游巖廊之上借字不從广也牛儉反

府 文書藏也從广付声臣鍇曰周禮曰府若于人史若于人注曰府治藏史掌書也芳武反

廱 天子饗飲辟廱從广雝声臣鍇按白虎通四面如壁以水雝之也宛封反

庠 禮官養老夏曰校殷曰庠周曰序從广羊声似陽反

廬 寄也秋冬去春夏居從广盧声臣鍇曰周禮注廬賓客行道所舍也連於反

庭 宮中也從广廷声田丁反

廇 中庭也從广畱声臣鍇曰屋簷滴雨為霤其地謂之廇春秋左傳三進及廇禮其祀中廇今皆借霤字良秀反

庉 樓牆也從广屯声徒本反

庌 廡也從广牙声周禮曰夏庌馬臣鍇曰周禮注廡以涼馬牛貫反

廡 堂下周廡屋從广無声臣鍇曰大屋四邊無簷春秋左傳曰君之廡下勿

撫反 廡 籀文從舞 庖 廚也從广包声步交反 廚 庖屋也從广尌声纏區反 庫 兵車藏也從車在广下寬步反 廄 馬舍從广𣪘声周禮曰馬有二百十四匹為廄有僕夫臣鍇按周禮馬四匹為乘乘馬一師四圉三乘為皁皁一趣馬三皁為繫繫一馭夫六繫為廄廄一僕夫凡二百十六應乾之筴此二百十四傳寫誤見

𢊓 古文從九 序 東西牆也從广予声臣鍇按書傳所以序別內外夕與反 岨反

廦 牆也從广辟声臣鍇曰所謂辟廱卑僻反 廣 殿之大屋也從广黃姑沆反 廬 廡也從广虜声讀若鹵勒古反 廥 芻藁之藏從广會声臣鍇按史記趙孝成王時邯鄲廥燒古最反 庾 水槽倉從广臾声一曰倉無屋者臣鍇按詩傳露積曰庾勻取反 屏 蔽也從广并声臣鍇曰蔽屏也呂氏春秋趙簡子立

於屏蔽之下比郢反廁清也從广則声臣鍇曰此溷廁也古多謂之清者以其不潔常當清除之也今俗

字書或作圊測吏反廛一畝半一家之居從广里八土臣鍇曰古百步為畝三畝為里一畝半半里也故從

里里八土八半分也會意荼連反㡾屋牝瓦下一曰維綱也從广閔省声讀若環臣鍇曰牝瓦仰瓦戶闕

反廇屋階中會也從广畱声臣鍇曰階東四階也會者其中階相向處廲廲中反㢋廣也從广侈声

春秋國語曰俠溝而㢋我臣鍇曰㢋我牽曳之使勢分廣也昌妓反廉仄也從广兼声臣鍇曰廉稜也連兼

反㡿開張屋也從广秅声濟陰有㡿縣臣鍇曰秅音文加反濟陰㡿縣金日磾所封今音丁故反又著巴

反龐高屋也從广龍声貧雙反底山居一旦下也從广氐声的米反庢礙止也從广至

声知疾反**廮**安止也從广嬰声鉅鹿有廮陶縣伊請反**废**舍也從广犮声詩曰召伯所废臣鍇按周禮仲夏治兵為茇舍草止也詩周禮皆借茇字步將反**庘**中伏舍從广甲声一曰屋庳或讀若逋臣鍇曰低小屋也頻旨反**庇**蔭也從广比声必至反**庶**屋下衆也從广芡芡古文光字臣鍇曰通論詳矣失著反**廙**行屋也從广異声臣鍇曰晉有王廙以即反**廔**屋麗廔也從广婁声臣鍇曰窻疏之屬麗廔猶玲瓏也漏明之象勒兜反**𢈈**屋從上傾下從广隹声都魁反**廢**屋傾也從广發声方喙反**庮**久屋朽木從广酉声周禮曰牛夜鳴則庮臭如朽木夷酒反**廑**少劣之居從广堇声臣鍇曰僅能居也春秋傳衛有治廑漢書董仲舒傳作僅字用伎殷反**廟**尊先祖皃也從广朝声臣鍇按古今注廟

皃也所以彷佛先人之容皃美少反

庿　古文臣鍇曰苗声

㡯　人相依㡯也從广且声津于反

廅　屋迫也從广曷声臣鍇曰猶言擁遏也憂歇反

㡿　卻屋也從广屰声臣鍇按史記曰漢武時西夷邊闢益㡿至洙若水也昌夕反

廞　陳輿服于庭也從广欽声讀若歆臣鍇曰周禮曰廞大裘若尚書先輅在左塾之前之類却林反

廫　空虛也從广膠声梨桃反

庤　儲置屋下也從广寺声直里切

文四十九　重三

厂　山石之厓巖人可居象形凡厂之屬皆從厂臣鍇曰入音儼其上隆起如有所因附此厂則直象山厓也享

厈籀文從干

厓山邊也從厂圭声臣鍇按班固西都賦曰仍曽厓而為闕此厓字五佳反

厜厜㕒山顛也從厂垂声臣鍇按爾雅崒者厜㕒注謂山峯頭巉巖津冝反

㕒厜㕒也從厂義声虞為反

厰崟也一曰地名從厂敢声臣鍇曰嚴字從此銀欽反

厬仄出泉也從厂晷声讀若軌臣鍇按爾雅氿泉穴出反出注從旁出也作氿水醮曰厬如此俱水反

厎柔石也從厂氐声臣鍇曰可以為礪故詩曰周道如砥砥平也謂見磨之砥也職美反

砥或從石

厥發石也從厂欮声臣鍇曰欮音厥俱越反

厲旱石也從厂蠆声臣鍇曰旱石麤悍石也詩曰取厲取碫里曳反

𠪚或不省

厱厱諸治玉石從厂僉声讀若藍臣鍇曰亦見淮南子作監諸石可以切玉也籠三反

厤治也從厂秝声臣鍇曰歷

從此連𠪚石利也從厂異声讀若枲辛子反𠩵美石也從厂古声得古反厗唐厗石也從厂屖省声敵圭反𠪂石声也從厂立声勤沓反𠩷石地惡也從厂兒声臣鍇曰𠩷不煩易意倪激反𠪊石地也從厂金声讀若紟巨金反𠪗石間見從厂甫声讀若敷甫攴反厝厲石也從厂昔声詩曰他山之石可以為厝臣鍇曰今詩借錯孝經借此為措字操各反厖石大也從厂尨声臣鍇按詩曰為下國駿厖兔江反𡵂岸上見也從厂從之省声讀若躍臣鍇曰滑從此嵒略反仄側傾也從厂人在厂下臣鍇曰人在厓石之下不得安處也會意齋食反𠨩籀文從厂大大亦声𠪴反也從厂辟声臣鍇曰春秋左傳曰辟陋在夷當此廦字篇石反厞隱也從厂非声臣鍇按楚辭曰隱忠

君子厞側儀禮曰厞用席符既反

厭　笮也從厂猒声一曰合也臣鍇曰笮鎮也伊葉反

厃　仰也從人在厂上臣鍇曰危字從此會意語委反

⿸厂夾　辟也從厂夾声胡甲反

文二十七　重四

丸　圜傾側而轉者從反仄凡丸之屬皆從丸臣鍇曰反仄一向欹而不可回也是故仄而可反為丸丸可左可右也戶寒反

⿰丸咼　鷙鳥食也吐其皮毛如丸也從丸咼声讀若骫臣鍇曰言鷹隼之屬既食鳥雀必吐其皮毛醞累反

⿰丸而　丸之孰也從丸而声奴戈反

⿰丸夗　闕從丸女声烏萬反

文四

危　在高而懼也從产自卪止之凡危之屬皆從危臣鍇曰孝經曰在上不驕高而不危制節謹度滿而不溢故從卪　虞為反

敧　敧嶇也從危支声　牽宜反

文二

石　山石也在厂之下口象形凡石之屬皆從石臣鍇曰口音圍神隻反

礦　銅鐵朴石也從石黃声讀若穬臣鍇曰銅鐵之生者多連石也周禮作卝古猛反

卝　古文礦周

禮有卝人
碭文石也從石易声度浪反
碝石次玉者從石耎声臣鍇按相如上林賦碝石武夫爾件
反砮石可以為矢鏃從石奴声夏書曰梁州貢砮
冊春秋國語曰肅慎氏貢楛矢石砮内都反礜
毒石也出漢中從石與声臣鍇按本草生漢中及少室
有毒不鍊殺人及鳥獸注云漢川有礜石谷羊洳反
碣特立之石東海有碣石山從石曷[illegible]古文磏礪石
声臣鍇曰碣碣高舉之皃且熱反文也赤
色從石兼声讀若鎌臣鍇按管子碫礪石也從石段声
曰不赦者瘞疽之磏石連鹽反碫春秋曰鄭公孫碫
字子石臣鍇按木華海賦碫石詭光是碫石文也礫小
今春秋左傳書公孫碫作公孫段誤也痕加反石
也從石樂声䂬水邊石從石巩声春秋傳曰闕䂬之甲臣
声連的反䂬鍇按闕鞏古國名今作鞏假借矩竦反

磧 水陼有石者從石責声千僻反 碑 豎石紀功德從石卑声臣鍇按古宗廟立碑以繫牲耳非石也
後人因于其上紀功德則此石從卑字泰以來製也或難
臣曰古七十二家封禪勒石便應有碑何以言泰以來有
碑臣應之曰古雖七十二家封禪勒石不言碑七十二家
之言起于管仲不言碑稱天子傳曰天子乃爲名迹于弇
茲石上亦不言碑又難曰劉熙釋名何以言起于縣棺之
碑臣對曰起于縣棺者蓋今之神道碑而銘勒功德當始
于宗廟麗牲之䃍 憜也從石㒸声臣鍇
碑也披移反 曰今作墜徒佩反 磒 落也從石員声春秋
傳曰磒石于 䂨 碎石隕声從石 硞 石声從石告
宋五兩北反 炙声史伯反 声刻學反 䃺
石声從石良声臣鍇按相如上林 石声也從石學
賦塊石相擊硠硠礚礚勒當反 礐 省声遐岳反

硈 石堅也從石吉声一曰突也起八反 磕 石声從石盍省声苦盍反 硻 餘堅者從石堅省声鏗耕反 磿 磊砢也從石厤声臣鍇按吴都賦玉石磊砢勤娜反 磛 礹石也從石斬声臣鍇按詩曰磛磛之石當此字士銜反 礹 石山也從石嚴声五盬反 礊 堅也從石毄声指革反 确 石也從石角声臣鍇曰所謂磽确之地遐岳反 㱿 或從殻作 磽 礊石也從石堯声口交切 硪 石巖也從石我声偶和反 嵒 礹嵒也從石品声周書曰畏于民嵒讀與巖同臣鍇按尚書傳礹嵒不齊也五盬反 䃗 䃺也從石卒声蘇内反 破 石碎也從石皮声鋪卧反 磬 樂石也從石殸声象縣虛之形殳擊之古者毋句氏作声幸甯反 殸 籀文 硜 古文從巠 礙 止也從石疑声偶代反

硩上摘山巖空青珊瑚墮之從石折声周禮有曰有硩蔟氏臣鍇曰吳都賦曰縹碧素玉硩陁山谷周禮硩蔟氏掌覆夭鳥之巢耻列反

礱䃺也從石龍声天子之桷椽而礱之來充反

硟以石扞繒也從石延声臣鍇曰今俗所謂碾也尺戰反

研䃺也從石幵声御堅反

磑䃺也從石豈声古者公輸班作磑臣鍇按晉書王戎有水磑五對反

碓舂也從石隹声得悔反

䃎舂已復擣之曰䃎從石沓声道合反

磻以石著隿繳也從石番声臣鍇曰亦見吳都賦又磻冢山名補陁反

䃴斫也從石著声臣鍇曰爾雅作鐇張略反

硯石滑也從石見声臣鍇按吳都賦綠苔蔘沙于硯上魚見反

砭以石剌病也從石乏声臣鍇按南史所謂石鍼逼廉反

𥕥石地惡也從石鬲声開隔反

磊衆石也從

三百臣鍇曰會意落逸反

䃺 石磑也從石靡声模卧反

砢 磊砢也從石可声來可切

文四十九　重五

長 久遠也從兀從匕兀者高遠意也久則變化亾声𠂤者倒亾也凡長之屬皆從長臣鍇曰兀高遠也亾音化寅良反

𠑿 古文長

𠀋 亦古文長

肆 極陳也從長隶声臣鍇按春秋左傳斯肆其罔極素水反

𩑛 或從髟

镾 久長也從長爾声臣鍇曰猶彌爾声眼伊反

𨱿 蛇惡毒長也從長失声臣鍇按爾雅𨱿蝁蝮屬大眼最有毒亭結反

州里所建旗象其柄有三游雜帛幅半異所以趣民故遽稱勿勿凡勿之屬皆從勿臣鍇曰今周禮作物

文四　重三

𠑹

假借無弗反

㫃或從㫃作臣鍇曰㫃旌旗故從㫃音偃

昜開也從日一勿一曰飛揚一曰長一曰強者衆皃臣鍇曰日所以開明勿旌旗得風開展一所以開也會意猶良反

文二　重一

冄毛冄冄也象形凡冄之屬皆從冄臣鍇曰冄弱也象毛細而下垂柔撿反

文一

而 頰毛也象毛之形假借為語助周禮曰作其鱗之而凡而之屬皆從而臣鍇曰象頰毛連屬而下也忍伊反

耏 罪不至髡也從彡從而亦声臣鍇曰但鬀其頰毛而已彡猶芟也會意奴代反 耐 或從寸諸法度字從寸

文二　重一

豕 彘也竭其尾故謂之豕象毛足而後有尾讀與豨同按今世字誤以豕為彘以彘為豕何以明之為啄琢從豕蠡以彘為取其声以是明之凡豕之屬皆從豕臣鍇曰竭舉也書爾反

豕古文　豬豕而三毛叢居者從豕者声展魚反　豰小豚也從豕殸声臣鍇按爾雅曰狐之子

也丁毒反　豯生三月豚腹豯豯皃也從豕奚声臣鍇曰奚腹大賢迷反　豵生六月豚從豕從声一曰

一歲豵尚藂聚也臣鍇按爾雅又豕生三子為豵子紅反　豝牝豕從豕巴声一曰二歲能相把拏詩曰一發

五豝不奢反　豜三歲豕肩相及者從豕幵声詩曰並驅從兩豜兮激賢反　豶䝔豕也從豕賁声扶

云反　豭牡豕也從豕叚声臣鍇按春秋左傳曰興豭從巳間巴反　豛上谷名豬豛從豕役省声與扶

云辟反　豴豬也從豕隋声隋觜反　豤齧也從豕皀声臣鍇曰懇字從此可很反　豷豕息

也從豕壹声春秋傳曰生敖及豷臣鍇曰息喘息也許位反　豧豕息從豕甫声甫叟反　豩以穀

圈養豕也從豕𢍏声戶慣反 **豶** 羠豕也從豕賁声扶云反 **豭** 牡豕也從豕段声臣鍇按春秋左傳曰與豭從已間巴反 **豠** 豕屬從豕且声似虘反 **豲** 逸也從豕原声周書曰豲有爪而下敢以撅讀若桓戶寒反 **豨** 豕走豨豨從豕希声臣鍇曰豨走且戲皃虛豈反 **豖** 豕絆足行豕豕從豕繫二足臣鍇曰冢琢從此指事田錄反 **豦** 鬭相丮不解從豕虍豕虎之鬭不相捨讀若蘮蒘草之蘮司馬相如說豦封豕之屬一曰虎兩足舉臣鍇曰遽從此臣居反 **𧰨** 豕怒毛豎一曰殘艾也從豕辛臣鍇等曰從辛未詳魚既切 **豩** 二豕也豳從此闕呼關反

文二十二　重一

㣇 脩毫獸一曰河內名豕也從彑下象毛足凡㣇之屬皆從㣇讀若弟臣鍇按爾雅作肆注㣇毫毛長也羊媚反

㣇 古文 㣇 籀文 𧰲 豕屬從彖声臣鍇曰圖音忽呼骨反 豪 豕鬣如筆管者出兩郡從㣇高声臣鍇曰所謂豪豬行高反 豪 籀文從豕臣鍇等曰今俗別作毫非是 彙 蟲似豪豬從㣇胃省声于貴反 蝟 或從虫作 𦍒 㣇屬從㣇素次反 𦍒 古文𦍒虞書曰𦍒類于上帝臣鍇曰今尚書作肆

文五　重五

彑 豕之頭象其銳而上見也凡彑之屬皆從彑讀若罽居例反

彘 豕也後蹏廢謂之彘從彑矢声從二匕彘足與鹿足同臣鍇曰後蹏頓廢直例反

㣇 豕也從彑從豕讀若弛書爾反

𢑚 豕也從彑下象足讀若瑕臣鍇曰指事痕加反

彖 豕走也從彑從豕聲吐半反

文五

豚 小豕也從彖省象形從又持肉以給祠祀也豚之屬皆從豚臣鍇曰禮豚曰腯肥徒昆

豚 篆文從肉豕

䝐 豚屬從豚衛声讀若罽于歲反

文二　重一

豸 獸長脊行豸豸然欲有所伺殺形凡豸之屬皆從豸　臣鍇曰豸豸背隆長皃欲有所伺殺謂其行綴也池倚反

豹 似虎圜文從豸勺声晡效反

貙 貙獌似貍者從豸區声丑殊反

貚 貙屬也從豸單声特冊反

貔 豹屬出貉國從豸毘声詩曰獻其貔皮周書曰如虎如貔貔猛獸臣鍇按爾雅貔白狐皃毗字鼻宜反

豼 或從比作

豺 狼屬狗声從豸才声臣鍇按爾雅豺狗足脚似狗蟬齋反

貐 貗貐似貙虎爪食人迅走從豸俞声臣鍇按山海經貗貐虵身人面為二負臣所殺淮南子曰堯之時貗貐鑿齒皆為民害乃使羿上射十日下殺貗貐注云狀若龍首一曰似貍善走食人匀取反

貘 似熊而黃黑色出蜀中從豸莫

声臣鍇按爾雅貘白豹注似熊而小頭
庳脚黑白駁能嗜食鐵銅及竹没白反𧳜猛獸也從豸庸声與封反
貜毅貜也從豸矍声臣鍇按爾雅貜父善顧注似彌猴而大蒼黑能攫持人王若反貀獸無前足
從豸出声漢律能捕豺貀購百錢臣鍇按
爾雅注似狗豹文或云似虎而黑胡訥反貈以狐善睡獸從豸舟
声論語曰狐貈之厚以居臣鍇按此音下各
反而云從舟声此古音當有異也闕縛反豻胡地野狗從豸
干声臣鍇按爾雅注
貙之大者也偶肝反犴豻或從犬詩曰宜犴宜獄貂鼠屬大而黃黑出胡丁零
國從豸召声臣鍇按古今注侍中冠
以貂為飾取其和潤而有文覩挑反貉北方豸種從豸各声孔子曰貉
之為言惡也臣鍇曰
古音鶴也没白反貆貉之類從豸亘声臣鍇按爾雅貉子也戶寒反貍伏獸

似貙從豸里声臣鍇曰

貒 獸也從豸耑声讀若湍臣鍇

貍善藏伏也利之反

按爾雅注貒豚一名貛士鑾

反

貛 野豕也從豸雚声呼寬反

貁 鼠屬善旋從豸穴声臣鍇

按所謂蝯犺也羊狩反

文二十　重三

𤉡 如野牛而青象形與禽离頭同凡𤉡之屬皆從𤉡

臣鍇按爾雅𤉡似牛注一角青色重千斤徐美反

兕 古文從几

文一　重一

易 蜥易蝘蜓守宫也象形祕書說曰日月為易象陰陽

也一曰從勿凡易之屬皆從易臣鍇曰祕書謂下

為月字日月為易言陰陽晝夜相變易也惕從此移尺反

文一

象 長鼻牙南越大獸三年一乳象耳牙四足之形凡象之屬皆从象似獎反

豫 象之大者賈侍中說不害于物从象予声[illegible]古文　臣鍇曰以其不害于物故言豫養遇反

文二　重一

說文解字通釋卷第十八

說文解字通釋卷第十九

繫傳十九

文林郎守祕書省校書郎臣徐鍇傳釋

朝散大夫行祕書省校書郎臣朱翱反切

十八部　文八百二十　重九十三

馬 怒也武也象馬頭髦尾四足之形凡馬之屬皆從馬臣鍇按劉熙釋名馬武也韋昭曰以其健行莫者反

影 古文 影 籀文馬與影同有髦

𩡧 壯馬也從馬𤗪声臣鍇曰按爾雅壯曰𩡧又借訓定也之

曰　反

𩡧 馬一歲也從馬一絆其足讀若紘一曰環臣鍇曰指事户刪反

駒 馬二歲曰駒三歲曰駣從馬句声卷于反

𩡩 馬八歲也從馬八声北拔反

䮰 馬一目白曰䮰二目白曰魚從馬間声臣鍇按詩曰有驔有魚注曰似魚目臣鍇曰爲今馬環目候艱反

騏 馬青驪文如博棊也從馬其声臣鍇曰博棊子也相如賦曰射遊綦麌知反

驪 馬深黑色從馬麗声臣鍇按爾雅小領盜驪臣以為盜驪淺黑鄰之反

駽 青驪馬從馬肙声詩曰駜彼乘駽大玄反

騩 馬淺黑色從馬鬼声臣鍇按漢儀丞相見免乘騩馬自府歸也炬遂反

騮 赤馬黑毛尾從馬留声里求反

騢 馬赤白雜毛從馬段声謂色似鰕魚臣鍇曰駁馬痕加反

騅 馬蒼黑雜毛從馬隹声臣鍇曰蘆雖色專雖反

駱 馬白色黑鬣尾也從馬各声臣

鍇曰詩曰嘽嘽駱馬勒託反驄馬青白雜毛也從馬悤声倉紅反駰馬陰黑喙從馬因声伊倫

反驈驪馬白跨也從馬矞声詩曰有驈有騜常出反駹馬面顙皆白從馬尨声臣鍇按史記曰匈

奴東方皆青駹馬餘馬名多見詩頌江反騧黃馬黑喙從馬咼声古加反𩣬籀文騧驃

黃馬發白色一曰白髦尾也從馬㶾声匹妙反駓黃馬白毛也從馬丕声浦宜反驖馬赤黑色從馬

戴声詩曰四驖孔阜汀切反駻馬頭有白發色從馬岸声臣鍇曰所謂白發言色有淺處若將起然隅肝

反馰馬白額也從馬的省声一曰駿也易曰馬馰顙顛狄反駁馬色不純從馬爻声逼朔反

馵馬後左足白從馬二其足讀若注易曰為馵足指事支處反驔驪馬黃脊從馬覃声讀若簟定

嗛驠白馬州也從馬燕声臣鍇　騽馬豪骭也從馬習
反　按爾雅州竅也於釧反　声臣鍇曰豪骭馬
膝脛多長毛若　[illegible]馬毛長也從馬幹声臣　騛馬逸足
今胡馬似集反　鍇曰軟音肝侯玩反　也從馬
飛声司馬法曰飛衛斯與臣　[illegible]駿馬以壬申日死乘馬
鍇按史記曰騁六飛甫肥反　忌之從馬敫声臣　皆曰
避不祥也　驥千里馬也孫陽所相者從馬冀声天水有
五號反　驥縣臣鍇曰孫陽即伯樂也亦曰五良國
語謂之鄭無恤善御馬者舊多云驥長　駿馬之良材者
鳴于灡坂伯樂見而識之也訖示反　從馬夋声子
閏　驍良馬也從馬　[illegible]馬小皃從馬垂声　[illegible]籀文
反　堯声堅蕭反　讀若箠職累反　從𠂹
驕馬高六赤為驕從馬喬声詩曰　騋馬八赤為龍七
我馬維驕一曰野馬斤消反　赤為騋從馬來

声詩曰騋牝驪牡婁才反 驩 馬名從馬雚声呼寬反 驗 馬名從馬僉声臣鍇曰今亦云效也魚窆反 䮂 馬名從馬此声七里反 䮌 馬名從馬休声喜彪反 媽 馬赤鬣縞身目若黃金名曰媽吉皇之乘周文王時犬戎獻之從馬文文亦声春秋傳曰媽馬百駟畫馬也西伯獻紂以全其身臣鍇按山海經一名吉量乘之壽千歲淮南子謂之飛黃亦曰乘黃太公六韜紂拘文王牖里散宜生之徒求吉黃以獻紂以免無外反 馶 馬彊也從馬支声章移反 駜 馬飽也從馬必声臣鍇曰駜彼乘黃頻必反 駫 馬盛肥也從馬光声詩曰四牡駫駫臣鍇曰今詩作彭居屏反 騯 馬盛也從馬旁声詩曰四牡騯騯白亨反 䭾 䭾䭾馬怒皃從馬卬声我亢反 驤 馬之低仰也從馬襄声臣鍇按潘岳籍田賦龍驥騰驤脩翔反

驀 上馬也從馬莫声臣鍇曰左思賦曰驀六駮沒白反 騎 跨馬也從馬奇声臣離反 駕

軶中從馬加声臣鍇曰博物志黄帝臣相土作乗馬千乍反 [illegible] 籀文 騑 驂旁馬從馬非声甫肥反

駢 駕二馬從馬并声臣鍇曰顔延之赭白馬賦紫燕駢衡屏堅反 驂 駕三馬也從馬參声七南反

駟 一乘也從馬四声臣鍇曰四馬也素次反 駙 副馬也從馬付声一曰近也一曰疾也符注反

[illegible] 馬和也從馬皆声臣鍇曰詩曰六轡如組兩驂如舞和也痕皆反 騀 馬搖頭也從馬我声頗左

反 駊 駊騀也從馬皮声鋪妥反 [illegible] 馬行皃從馬舀声臣鍇曰猶滔滔也詩曰滔滔不歸倫劳反

篤 馬行遟從馬竹声臣鍇曰詩曰篤公劉論語曰行篤敬皆當作竺假借此篤字得酷反 騤 馬行

三

威儀也從馬癸声詩曰四牡騤騤臣鍇曰傳毅舞賦曰馬材不同矜容愛儀洋洋習習權雖反

𩦢 馬行徐而疾從馬學省声乙卓反

駸 馬行疾也從馬侵省声詩曰載驟駸駸子林反

馺 馬行相及也從馬及声讀若爾雅曰小山馺臣鍇曰漢有馺娑殿馺娑參差逶遲皃速沓反

馮 馬行疾也從馬仌声臣鍇曰又皮冰反又房忠反

䮍 馬步疾也從馬耴声女懾反

騃 馬行仡仡也從馬矣声偶指反

馬疾步也從馬聚声臣鍇按白虎通曰三皇步五帝驟三王馳鉏犹反

𩢾 馬疾走從馬匃声格曷反

颿 馬疾步也從馬風声臣鍇等曰舟船之颿本用此字今別作帆非是符嚴切

驅 馬馳也從馬區声器于反

敺 古文從攴

馳 大驅也從馬也声陳知反

騖 亂馳也從馬務省声勿赴反

䮾次第馳也從馬列声臣鍇曰次第就行列也里曳反騁直馳也從馬甹声丑静反駾馬行

疾來皃從馬兌声詩曰昆夷駾矣吐外反䮱馬有疾足從馬失声移七反駻馬突也從馬旱声臣

鍇曰馳突也漢書刑法志曰以羈鞿御駻馬侯玩反駧馳馬洞去也從馬同声頭貢反驚馬駭也從

馬敬声已英反駭驚也從馬亥声侯楷反䮷馬奔也從馬㐬声忽光反騫馬腹熱也從馬

寒省声臣鍇曰腹病騫損詩曰不騫不虧古人名損字騫豈虔反駐馬立也從馬主声陟具反馴

馬順也從馬川声臣鍇曰易曰馴致其道續倫反駗馬載重難也從馬㐱声章引反驙駗驙也從

馬亶声易曰乘馬驙如曰今易作邅陟連反騺馬重皃從馬執声陟利反驧馬曲脊也從馬鞠声

堅柷反

馻 馬尾也從馬介声苟差反

騷 擾也一曰摩馬從馬蚤声臣鍇曰詩曰徐方驛騷素叨反

馵 絆馬也從馬口其足春秋傳曰韓厥執馵前讀若輒臣鍇曰指事知習反

騺 或從執糸

駘 馬銜脫也從馬台声臣鍇曰銜脫即放散故古謂春色舒放為駘蕩曰台反

騬 犗馬也從馬乘声食陵反

駔 壯馬也從馬且声一曰馬蹲駔也臣鍇曰駔駿子廣反

騶 厩御也從馬芻声側丘反

驛 置騎也從馬睪声移尺反

馹 驛傳也從馬日声臣鍇曰春秋左傳楚子乘馹而質反

騰 傳也從馬朕声一曰騰犗馬也從朋反

䮳 苑名一曰馬白額從馬隺声閑慱反

駉 牧馬苑也從馬同声詩曰在駉之野居屏反

駪 馬衆多皃從馬先声所臻反

駮 獸如馬鋸牙食虎豹從馬交声臣鍇曰詩

云隰有六駮六駮亦木名皮斑駮也見陸璣詩草木疏逼朔反　駃　駃騠馬父驘子也從馬決省声臣鍇按史曰燕王食蘇秦以駃騠鵠穴反　騠　駃騠也從馬是声敵圭反　驘　驘父馬毋從馬羸省声魯戈反

驘　或不省　驢　似馬長耳從馬盧声連於反　䮧　驢子也從馬冡声毋東反　驒　驒騱野馬屬從馬單声一曰青驪白鱗文如鼉魚臣鍇按史記曰匈奴之奇畜也的煙反　騱　驒騱馬也從馬奚声賢迷反

騊　騊駼北野之良馬也從馬匋声臣鍇按史亦匈奴之畜相如賦曰轉騊駼特豪反　駼　騊駼也從馬余声田吾反　驫　衆馬也從三馬彼虬反

文一百十五　重八

廌 解廌獸也似山牛一角古者決訟令觸不直象形從豸省凡廌之屬皆從廌 宅買反

𢊁 解廌屬也從廌孝声 角鼓反

薦 獸之所食艸從廌艸古者神人以廌遺黃帝帝曰何食何處曰食薦夏處水澤冬處松栢臣鍇按薦草之深厚者莊子曰麋鹿食薦子徧反

灋 刑也平之如水廌從水所以觸不直者去之臣鍇曰會意方乏反

法 今文灋字

佱 古文

文四　重二

鹿 獸也象角四足之形鳥鹿足相似從匕凡鹿之屬皆從鹿 盧木反

麚 牡鹿從鹿叚声以夏至解其角臣鍇按楚辭白鹿麏麚或騰或倚 閭巴反

麟 大牡鹿也從鹿粦声

臣鍇按書傳多以為麒麐字訛變古或假借也里神反

䴥 鹿麛也從鹿耎声讀若耎弱之偄奴贊反

䴟 鹿迹也從鹿速声臣鍇曰今爾雅作速孫卜反

麛 鹿子也從鹿弭声民泥反

麉 鹿之絕有力者從鹿幵声激賢反

麒 仁獸也麐身牛尾一角從鹿其声虔之反

麐 牝麒也從鹿吝声臣鍇曰今爾雅作此麐字里神反

麋 鹿屬也從鹿米声麋冬至解其角闓之反

麎 牡麋也從鹿辰声植鄰切

𪊨 大麋也狗足從鹿旨声臣鍇按爾雅𪊨大麋旄毛狗足注旄毛𩮞長也謹美反

麂 或從几

麇 麞也從鹿囷省声短貧反

䴚 籒文不省

麞 麇屬也從鹿章声周良反

麔 麋牝者從鹿咎声短貧反

麠 大鹿也牛尾一角從鹿畺声巳京反

麖 或從京

麃 麠屬從鹿麃省声薄交切

麈 麋屬也從鹿主声拙庾反

麑 狻猊獸從鹿兒声臣鍇曰即今獅子國語曰獸長麑麑應作麛擬西反

麙 山羊而大者細角從鹿咸声按山海經出月氏國顏咸反

麢 大羊而細角從鹿霝声連丁反

[鹿圭] 鹿屬也從鹿圭声有兮反

麝 如小麋臍有香從鹿射声臣鍇按爾雅麝父麋足秡康論曰麝食栢而香時卸反

䴥 似鹿而大也從鹿與声玄怒反

麗 旅行也鹿之性見食急則必旅行從鹿丽声禮麗皮納聘蓋鹿皮也臣鍇曰所謂儷偶妻惠反

丽 古文

祘 篆文

麀 牝鹿也從鹿牝省声臣鍇曰詩曰麀鹿攸伏伊虬反

䚡 或從幽

文二十六　重六

麤 行超遠也從三鹿凡麤之屬皆從麤 村呼反

塵 鹿行揚土也從麤從土 臣鍇曰會意 直辰反 塵 籀文

文二　重一

㲋 獸也似兔青色而大象形頭與兔同足與鹿同凡㲋之屬皆從㲋 臣鍇曰象形 丑略反 㲋 籀文

毚 狡兔也兔之駿者從㲋兔 臣鍇曰詩曰躍躍毚兔 會意 本岊反

⿱㲋吾 獸名從㲋吾声 息夜反

⿰㲋夬 獸也似狌狌從㲋夬声 賜穴反

文四　重一

兔 獸名象踞後其尾形兔頭與㲋頭同凡兔之屬皆從兔土路反

逸 失也從辵兔兔謾訑善逃失也臣鍇曰會意移七反

冤 屈也從冂兔兔不得走益屈折臣鍇曰獸善屈折會意迂言反

娩 兔子也娩疾也從女兔臣鍇曰會意符萬反

㲜 疾也從三兔兔弗孺反

文五

萈 山羊細角者從兔足苜声凡萈之屬皆從萈讀若丸寬字從此臣鍇按本草注萈羊似麢羊角有文俗作羱户寒反

文一

犬 狗之有縣蹏者也象形孔子曰視犬之字如畫狗也凡犬之屬皆從犬臣鍇曰蹏足趾高象犬之長體垂

耳也聧吠反

狗 孔子曰狗叩也叩氣吠以守從犬句声臣鍇曰叩者声有節若扣物論語曰仲尼之玄狗講吼反

獿 南越人名犬獿獀從犬夒声色酉反 尨 犬之多毛者從犬彡詩曰無使尨也吠或曰尨狗也臣鍇曰彡毛長也會意兔江反 狡 少狗也從犬交声匈奴地有狡犬巨口而黑身臣鍇曰淮南子曰狡狗之死也刻之若濡言血脈潤也根卯反 ⿰犭農 犬惡毛也從犬農声臣鍇曰濃而亂也奴聡反 猲 短喙犬也從犬曷声詩曰載獫猲獢爾雅曰短喙犬謂之猲軒謁反 獫 長喙犬一曰黑犬黃頭從犬僉声香貶反 獢 猲獢也從犬喬声許嬌反 ⿰犭主 黃犬黑頭從犬主声讀若注反處反 猈 短脛狗從犬畀声臣鍇曰春秋

左傳人名史狎鬩解反猗猗犬也從犬奇声臣鍇曰猗形之也借為美也于奇反狊犬視皃從

犬目声臣鍇曰會意消寂反㹞竇中犬声從犬從音音亦声臣鍇曰犬吠穴中鼠歐彡反默犬暫

逐人也從犬黑声讀若墨臣鍇曰犬默無声逐人沒墨反猝犬從艸暴出逐人也從犬卒声臣鍇曰今人言

猝暴村訥反猩猩猩犬吠声從犬星声臣鍇曰又爾雅猩猩小而好啼太玄曰交于鸜猩息形反

㺌犬吠不正也從犬兼声讀若檻一曰兩犬爭也臣鍇曰謂小犬學吠声未正也下斬反㺂小犬

吠從犬敢声南陽新亭有獥鄉臣鍇曰小犬声米暢也荒檻反猥犬吠声從犬畏声塢賄反獿獶㺒

也從犬夒声臣鍇曰擾雜也獰交反㺑犬容頭進也從犬參声一曰賊疾也臣鍇曰言犬進狹處山檻反

㹭嗾犬厲之也從犬將省声臣鍇曰勸勵之也子兩反㹮齧也從犬戔声初簡反㹽惡健犬也從刪省声史患反⿰犭艮吠鬬声從犬艮声言闢反⿰犭番犬鬬声也從犬番声復喧反⿰犭示犬怒皃從犬示声一曰犬難得代郡有⿰犭示氏縣讀若銀臣鍇按魯靈光殿賦曰徒脉脉而⿰犭示⿰犭示銀眉反⿰犭斤犬吠声從犬斤声臣鍇曰吠不止也語殷反⿰犭舄犬⿰犭舄⿰犭舄不附人也從犬舄声讀若南楚相驚曰⿰犭舄臣鍇曰犬畏人也七削反獷犬獷獷不可附也從犬廣声漁陽有獷平縣臣鍇曰史云獷狄古猛反狀犬形也從犬爿声臣鍇曰當言狀省側上反奘妄強犬也從犬壯声在郎反獒犬如人心可使者從犬敖声春秋傳曰公嗾夫獒臣鍇按爾雅狗四赤為獒顏叨反獳怒犬皃從犬需声讀若槈奴豆反

狧 犬食也從犬舌声讀若比目魚鰈之鰈臣鍇曰以舌呑物會意他合反

狎 犬可習也從犬甲声臣鍇曰獸之可習者唯犬甚也侯甲反

狃 犬性忕也從犬丑声臣鍇曰忕慣習也春秋左傳莫敖狃于蒲騷之役女有反

犯 侵也從犬巳声浮鑑反

獪 狡獪也從犬會声臣鍇曰獪多所會合也古最反

猜 恨賊也從犬青声臣鍇曰犬性多猜害七開反

猛 健犬也從犬孟声梅冷反

犺 健犬也從犬亢声看浪反

狜 多畏也從犬去声臣鍇曰駑犬性易狜羌脅反

怯 桂林說狜從心

獜 健也從犬粦声詩曰盧獜獜臣鍇曰今詩作令里神反

獧 疾跳也一曰急也從犬瞏声古縣反

倏 走也從犬攸声讀若叔臣鍇曰倏忽也張衡賦曰儵眩眩兮返常閭假作儵假借尸竹反

狟 犬行也從犬亘声周

書曰尚狟狟臣鍇曰今尚書作桓戶寒反

犻　過弗取也從犬市聲讀若孛步咄反

⿰犭易　犬開張耳皃從犬易声知白反

猌　犬張齗怒也從犬來声讀又若銀臣鍇曰愁縶字從此牛吝反

犮　走犬皃從犬而ノ之曳其足則剌犮也臣鍇曰袚茇废跋從此指事蒲撥反

戾　曲也從犬出戶下戾者身曲戾也臣鍇曰犬善出卑戶也會意婁惠反

獨　犬相得而鬭也從犬蜀声羊為群犬為獨也一曰北嚻山有獨狢獸如虎白身豕鬣尾如馬臣鍇曰北嚻山出山海經陁谷反

⿰犭谷　獨狢獸從犬谷声余足反

獮　秋田也從犬璽声經義獮少也取禽獸少也息衍反

禰　或從豕作宗廟田也故從豕示

獵　敀獵也逐禽也從犬巤声良涉反

獠　獵也從犬尞声臣鍇按爾雅宵田為獠力照反

狩　犬田也從犬守声易曰明夷于南狩

詩救反

臭 禽走臭而知其迹者犬也故從犬從自臣鍇曰自鼻也會意赤狩反

獲 獵所獲也從犬蒦声戶麥反

獘 頓仆也從犬敝声春秋曰與犬犬斃避制反

斃 獘或從死

獻 宗廟犬名羹獻犬肥者以獻從犬鬳声臣鍇曰禮犬曰羹獻希建反

犴 獟犬也從犬干声一曰逐虎犬也臣鍇曰獟猶驍也魚見反

獟 猘犬也從犬堯声五弔反

狾 狂犬也從犬折声春秋傳曰狾犬入華臣氏之門正曵反

狂 狾犬也從犬㞷声倦匡反

𢗷 古文從心

類 種類相似唯犬為甚故從犬頪声臣鍇曰類音耒戀位反

獿 犬獿獿咳吠也犬翏声火包反

狄 赤狄本犬種狄之為言淫辟也從犬亦省声曰溺反

狻 狻麑如虦貓食虎豹者從犬夋声見爾雅素攢反

玃 母猴也從犬矍声爾雅云玃父

善顧攫持人也俱縛反

猶 玃屬從犬酋声一曰隴西謂犬子為猷臣鍇曰又可止之言今作猶延秋反

狙 玃屬從犬且声一曰狙犬也暫齧人者一曰犬不齧人也臣鍇曰莊子狙公養群狙親去反

猴 夒也從犬侯声何溝反

㺇 犬類胥已上黄胥已下黒食母猴從犬殼声讀若構或曰穀似牂羊出蜀北嚻山中犬首而馬尾呼屋反

狼 似犬鋭頭頰高前後廣從犬良声勒當反

狛 如狼善驅羊從犬白声讀若檗宵嚴讀之淺泊晉悪反反

獌 狼屬從犬曼声爾雅曰貙獌似貍舞販反

狐 妖獸也鬼所乗之有三德其色中和小前豊後死則丘首從犬瓜声魂徒反

獺 小狗也食魚從犬賴声他割反

猵 獺屬從犬扁声臣鍇按愽物志頭如馬頭胥已下似蝙蝠毛嫩大可五斤俗作獱辟消反

獱 或從賓

猋

犬走皃從三犬臣鍇曰飆猋從此會意必遙反

文八十三　重五

㹜 兩犬相齧也從二犬凡㹜之屬皆從㹜臣鍇曰會意語斅反

獄 司空也從㹜臣声復說獄司空臣鍇曰臣順同息茲反

獄 确也從㹜言聲二犬所以守也元旭反

文三

鼠 穴蟲之揔名也象形凡鼠之屬皆從鼠臣鍇曰上象齒下用腹爪尾鼠好齧傷故象齒叔呂反

⿰鼠番 鼠也從鼠番声讀若樊或曰鼠婦臣鍇曰爾雅作蟠復喧反

⿰鼠各 鼠出胡地皮可作裘從鼠各声

臣鍇曰狐貉閒傳反

鼢 地行鼠伯勞所作也一曰偃鼠從鼠分声臣鍇曰伯勞百舌也數粉反

蚡 或作虫分臣鍇曰漢有田蚡

䶄 䶄令鼠從鼠平声類寧反

鼶 鼠也從鼠虒声臣鍇按爾雅注曰夏小正曰鼶鼬則穴辛茲反

𪕮 竹鼠也如犬從鼠而声臣鍇曰鼠齧竹者里由反

鼫 五技鼠也能飛不能過屋能緣不能窮木能游不能渡谷能穴不能掩身能走不能先人從鼠石声臣鍇曰按古今注以為今螻蛄也神隻反

鼨 豹文鼠也從鼠冬声臣鍇按爾雅豹文鼮鼠又注云未詳疑此說文本脫誤隻公反

鼨 籀文從夂作

䶀 鼠之屬也從鼠益声晏索反

貖 或從豸作

鼷 小鼠也從鼠奚声臣鍇曰春秋左傳鼷鼠食郊牛角賢迷反

鼩 精鼩鼠也從鼠句声臣鍇曰爾雅注小鼱鼩也群吁反

鼸

𪕔也從鼠兼声臣鍇按爾雅注鼠以頰內藏物也丘點反

䶄鼸屬從鼠今声讀若含侯貪反

鼬如鼪赤黃色尾大食鼠者從鼠由声羊狩反

䶂胡地風鼠從鼠勺声真若反

⿰鼠宂鼠屬也從鼠宂声臣鍇曰宂如勇反而擁反

鼭鼠似雞鼠尾從鼠此声即宜反

鼲鼠出先零胡皮可作裘從鼠軍声户昆反

䶙獑𪖆鼠黑身白腰若帶手有長白毛似握版之狀類蝯蜼之屬從鼠胡声臣鍇曰西都賦曰獲獑胡之㹎版手版也魂徒反

文二十　重三

能熊屬足似鹿從肉㠯声能獸堅中故稱賢能而彊壯稱能傑也凡能之屬皆從能臣鍇曰骨節實也奴登

反

文一

熊　獸似豕山居冬蟄從能炎省声凡熊之屬皆從熊臣鍇曰熊陽物故冬蟄于戎反

羆　如熊黃白文從熊罷省声彼移反　古文從皮

文二　重一

火　燬也南方之行炎而上象形凡火之屬皆從火臣鍇曰通論詳矣呼朵反

炟　曰後漢章帝名也臣鍇以為火盛也從火旦声多枏反

𤈦　火也從火尾声詩曰王室如𤈦呼委

反

燬火也從火毀聲春秋傳曰衛侯燬吁委反　燹火也從火豩聲吁位反　焌然也從火夋聲周禮曰遂炊其焌焌火在前以焞焞龜翠卒反　𤎯柴祭天也從火昚昚古文慎字祭天所以慎也臣鍇曰慎敬慎也力照反　然燒也從火肰聲臣鍇曰狀音然仁遷反　𤑔或從艸難　爇燒也從火埶聲臣鍇按春秋傳曰爇僖負羈儒拙反　燔爇也從火番聲復喧反　燒爇也從火堯聲式遥反　烈火猛也從火𠛱聲臣鍇曰詩曰如火烈烈良舌反　炪火光也從火出聲商書曰予亦炪謀讀若巧拙之拙臣鍇曰今尚書作拙燭悅反　熚熚㶿火皃從火畢聲畢聿反　㶿熚㶿也從火㦽聲㦽古文悖字分勿反　烝火氣也從火丞聲臣鍇曰蒸從此才承反　熯乾皃從火漢省聲詩曰我孔熯矣

爾件反　炥火皃從火弗声普未反　熮火皃從火翏声逸周書曰味辛而不熮利挑反　焛
火皃從火𤇾省声讀若粦里刃反　⿰火雁火色從火雁声讀若鴈臣鍇曰雁音鴈迎諫反　熲火光也從
火頃声居迥反　爚火飛也從火龠声一曰爇也臣鍇曰東京賦曰遺光煜爚儵略反　熛火飛也從
火𤐫声讀若漂彼消反　熇火熱也從火高声詩曰多將熇熇火酷反　烄交木然也從火交声臣鍇
曰架而燒之也根卯反　𤆍小熱也從火干声詩曰憂心𤆍𤆍臣鍇曰頩從此長廉反　燋所以然持
火也從火焦声周禮曰以明火爇燋也煎昭反　炭燒木木灰也從火屵声他旦反　⿰火差束炭火差省
声讀若齹楚宜反　燩交灼木也從火敎省声讀若狡根卯反　炦火气也從火犮声步將反

灰　死灭餘燼從火又又手也火既滅可以執持臣鍇曰會意呼迴反

炱　灰炱煤也從火台声臣鍇曰火煙所生也田咍反

煨　盆中火也從火畏声塢板反

熄　畜火也從火息声臣鍇按史多用為息字消息字式反

烓　行竈也從火圭声讀若冋臣鍇按爾雅注今三隅竈也烏攜反

煁　烓也從火甚声氏吟反

燀　炊也從火單声春秋傳曰燀之以薪昌善反

炊　爨也從火吹省声叱為反

烘　尞也從火共声詩曰卬烘于煁呼弓反

齌　炊餔疾從火齊声寂帝反

烰　烝也從火孚声詩曰烝之烰烰臣鍇曰蒸气上出呂氏春秋有侁氏得嬰兒命烰人養之烰人庖人也附柔反

熹　炙也從火喜声忻宜反

炙　炙肉也從肉在火上臣鍇曰會意之射反又按炙字別有部注云炮肉也從肉在火上凡炙之屬皆

從炙之石反 熇 炙也從火夕声音石反 煎 敖也從火前声臣鍇按楚辭曰煎鴻鶴即此疑誤敗

然 熬 乾煎也從火敖声顛叨反 𩱹 或從麥作 炮 毛炙肉從火包声臣鍇曰詩曰毛炮胾羹

步交反 㶼 炮肉也微火溫肉也從火衣声愛根反 熷 置魚箭中炙也從火曾声走棱反

煏 以火焙肉從火畐声臣鍇按周禮注鮑魚於畐火室作之畐音普逼反皮抑反 爆 灼也從火暴声

蒲速反 煬 炙燥也從火昜声臣鍇曰暘也亂亮反 燋 灼也從火隺声臣鍇曰霍音矐

胡撲反 爤 熟也從火蘭声婁槃反 燗 或從間 爢 爛也從火靡声美支反

尉 從上按下也從𡰥又持火所以尉繒也臣鍇曰𡰥音夷安平也此會意迂胃反 𤐫 灼龜不兆也從

火龜声春秋傳曰龜𪚰不兆讀若焦臣鍇曰今春秋左傳作焦會意煎昭反

灸 灼也從火久声幾柳反

灼 灸也從火勺声真若反

煉 鑠治金也從火柬声郎電反

燭 庭燎火燭也從火蜀声專玉反

熜 然麻蒸也從火悤声子峯反

灺 燭婁也從火也声似下反

𤈦 火餘也從火声一曰薪也曰盡字從此今俗作燼夕晉反

焠 堅刀刃也從火卒声臣鍇曰王襃聖主得賢臣頌曰清水焠其鋒也此退反

煣 屈申木也從火柔柔亦声臣鍇曰周禮煣輻必齊以火揉木如紂反

燓 燒田也從火楙楙亦声臣鍇曰復喧反

熑 火煣車網絕也從火兼声周禮曰煣牙外不熑力鹽反

燎 放火也從火尞声臣鍇曰春秋左傳若火之燎于原力表反

⿱𦥯火 火飛也從火囟與䙴卷同意闕臣鍇曰⿱𦥯火從昦

𦥑爨從𦥑昊晨從臼取其共捧以上之意此會意力幺反 𤎌 焦也從火曹声祖叨反 𤓺 火所傷也

從火雥声臣鍇曰雥音雜旁紹所謂古字音與今小異煎昭反 𤒎 或省 𢦏 天火曰𢦏從火𢦏声臣鍇

曰𢦏音災走該反 灾 或從宀火曰宀室屋也 災 籀文從巛曰巛音災也 𤆎 古文從才

臣鍇曰才声 煙 火气也從火垔声伊田反 𡨕 籀文從宀 𡇈 古文 烟 或從火因 焆

焆焆煙皃從火肙声因悅反 熅 鬱煙也從火昷声臣鍇按易曰天地烟熅相烝也迂分反 ⿰火皀 望火

皃從火皀声讀若馰顙之馰臣鍇曰皀音都歷切 燂 火熱也從火覃声似猷反 焞 明也從火享声

春秋傳曰焞燿天地他門反 煦 烝也一曰赤皃一曰溫潤也從火昫声動戍反 炳 火丙声

鄗永反

焯 明也從火卓声周書曰焯見三有俊心真若反

炤 明也從昭從火止要反

煒 盛赤也從火韋声詩曰彤管有煒于鬼反

㸅 盛火也從火多声昌婢反

熠 盛光也從火習声詩曰熠燿逸入反

煜 燿也從火昱声以 反

燿 照也從火翟声異召反

煇 光也從火軍声吁袁反

炯 光也從火同声居迥反

爗 盛也從火𠌶声詩曰爗爗震電筠輒反

爓 火門也從火閻声羊廉反

炫 爓燿也從火玄声預顯反

煌 煌煌也從火皇声户光反

焜 煌也從火昆声孤損反

光 明也從火在人上光明意也臣鍇曰通論備矣國昌反

灮 古文

炗 古文

熱 溫也從火埶声爾絶反

熾 盛也從火戠声昌意反

⿱戠火 古文

燠 熱在中也從火

奧声臣鍇曰尚書時燠嘔報反 煖 溫也從火爰声呼遠反 煗 溫也從火耎声奴短反 炅 見也

從火日声臣鍇曰古又借為桂會意居迥反 炕 乾也從火亢声臣鍇按爾雅曰晝曩宵炕看藏反

燥 乾也從火喿声則耗反 威 滅也從火戌火死於戌陽气至戌而盡詩曰赫赫宗周褒姒威之臣

鍇曰會意火悅反 焅 旱氣也從火告声闊毒反 燾 溥覆照也從火壽声臣鍇按春秋左傳如天之

無不壽徒號反 爟 取火于日官名從火雚声舉火曰爟周禮曰司爟掌行火之政令古煥反 𤇯 燧候

表也邊有警則舉火從火逢声甫蛩反 爝 苣火祓也從火爵声呂不韋曰湯得伊尹爝以爟火釁以犧豭

臣鍇按莊子曰許由云日月出矣爝火不息子妙反 熭 暴乾也從火彗声臣鍇曰太公六韜曰日中必熭于

歲反烜或與爟同臣鍇按說文烜字在爟字下注曰或從亘今此特出而注云或與爟同又别無切音疑傳寫之誤

熙燥也從火巸声臣鍇曰何晏賦重熙累盛軒其反

文一百十二　重十五

炎火光上也從重火凡炎之屬皆從炎延占反

燄火行微燄燄也從炎臽声臣鍇曰尚書曰無若火始燄燄羊染反

𦧟炎光也從炎舌声透點反

𤐫侵也從炎㐭声讀若桑椹字施甚反

煔火行也從炎占声羊染反

燅于湯中爚肉從炎熱省声臣鍇曰儀禮有司曰乃燅于俎以猷反

𤓷或從炙作

燮大熟也從又持火辛辛者物熟味也

臣鍇曰辛音
粦兵死及牛馬之血為粦粦鬼火也從炎舛声臣鍇按愽物志戰鬬死亡之處有人馬血積年化為粦粦著地入草木皆如霜露不可見有觸者著人體便有光拂拭便散無數又有吒声如熠豆舛者人足也言光行著人里冈反

文八　重一

黑火所熏之色也從炎上出四凡黑之屬皆從黑臣鍇曰四古窻字享勃反

黸齊謂黑為黸從黑盧声臣鍇曰尚書曰黸弓借旅字論孤反

⿰黑會沃黑色從黑會声烏最反

黯深黑也從黑音声臣鍇曰黯然銷䰟言思深下也歐減反

黶中黑也從黑厭声臣鍇曰春秋左傳晋史墨字

黶歐減反　黳小黑子從黑殹声幽雞反　䵣白而有黑也從黑旦声五原有莫黑縣臣鍇曰雖白而色

滋多幹反　黬雖皙而黑也從黑箴声古人名黬字皙干咸反　⿰黑易赤黑也從黑易声讀若煬胤亮反

黲淺青黑色從黑參声臣鍇按陸機漢功臣贊曰上黲下黷此反　黤青黑也從黑奄聲歐減反

黝微青黑色從黑幼声爾雅曰地謂之黝伊糾反　黗黃濁黑從黑屯声他袞反　黚黃黑也從

黑金声于咸反　黦黑有文也從黑冤声讀若飴登字臣鍇曰色經溽暑而變斑色迂厥反　⿱算黑黃黑而白

從黑算声一曰短黑讀若以芥為齏名曰芥荃也篡刮反　⿱幵黑黑皺也從黑幵声堅殄反　點小黑也從

黑占声多忝切　黠堅黑也從黑吉声痕札反　黔黧也從黑今声秦謂民為黔首謂黑色周謂之黎民

易曰為黔喙臣鍇曰黧黕澤垢也從黑尤声臣鍇曰楚
黑淺黑帶黃勤潛反辭曰或黕點而汙之得坎反
黨不鮮也從黑尚声臣黷握持垢也從黑賣声
鍇曰莽黨然登沆反易曰再三黷陁谷反黵
大汙也從黑黴中久雨青黑從黑微省声臣鍇貶
詹声口敢反按楚辭黛黎以沮敗閭之反黜下
也從黑出䵒盤姍一色從黑黱畫眉也從黑朕声臣
声刺率反般声別安反鍇按古人云衛之處子
粉白黱黑今俗儵青黑繒發白色也䵝羔裘之縫從
作黛字徒再反從黑攸声尸竹反黑或声臣鍇
按詩曰羔羊之䵝以黫黫謂之涅涅滓也從黮桑葚
黑為縫也于抑反黑殿省声庭硯反之黑
從黑甚声臣鍇按詩黔果實黔黯黑也從黥黑刑在
曰食我桑黮徒坎反黭黑弇声烏感反面也從

黑京聲臣鍇曰黑涅面也虔京反

剠或從刀作

黬黬者忘而息也從黑敢声歐減反

黟黑木也從黑多声丹陽有黟縣幽雞反

黚淺黃黑也从黑甘声讀若染繒中束緅黚巨淹切

文三十七　重一

囪在牆曰牖在屋曰囪象形凡囪之屬皆從囪臣鍇曰象交疏形楚尨反

窗古文

窻或從穴臣鍇曰會意

悤多遽悤悤也從心囪囪亦声麤中反

文二　重二

焱火華也從三火凡焱之屬皆從焱臣鍇曰火熏所生也羊染反

熒 星下燈燭之光從焱冂臣鍇曰秦嘉詩曰熒熒華燭冂猶室也會意玄經反 燊 盛皃從焱在木上讀若詩莘莘征夫莘古文伷一曰𦺜一曰役臣鍇曰會意所臻反

文三

炙 炮肉也從肉在火上凡炙之屬皆從炙眞石反

⿰朿炙 籀文臣鍇曰今東京文作此字

⿰炙番 宗廟火熟肉從炙番声春秋傳曰天子有事⿰炙番焉以饋同姓諸侯臣鍇曰詩曰燔炙芬芬今春秋左傳作膰復喧反

⿰炙尞 炙也從炙尞声讀若䝉燎臣鍇曰後漢書光武于竈下⿰炙尞衣今人作燎力照反

赤 南方色也從火凡赤之屬皆從赤臣鍇曰南方之星其中一者最赤名大火會意昌夕反

烾 古文從炎土臣鍇曰尚書厥土赤埴

赨 赤色也從赤蟲省声杜紅反

𧹞 日出之赤從赤穀省声呼屋反

赧 面慙赤也從赤反声周失天下於赧王臣鍇曰赧王入秦為家人無謚謂其慙故謂之赧被竊鈌之言也反音女展反會意尼綰反

䞓 赤色從赤巠声詩曰魴魚經尾恥呈反

赬 或從貞

䞋 或從丁

浾 經棠棗之汁或從水

泟 浾或從正

赭 赤土也從赤者声臣鍇曰張衡賦赭堊流黃[illegible]也反

䞘 赤也從赤倝声讀若浣瀚從此朝旱反

赫 火赤皃從二赤臣鍇曰會意歇

文三　重一

宅反

文八　重五

說文解字通釋卷第十九

說文解字通釋卷第二十

繫傳二十

文林郎守祕書省校書郎臣徐鍇傳釋

朝散大夫行祕書省校書郎臣朱翱反切

二十一部　文　重

大　天大地大人亦大爲象人形古文人也凡大之屬皆從大臣鍇按老子天大地大王亦大也古文亦以此爲人字也　特奈反

奎 兩髀之間從大圭声臣鍇按爾雅釋草云茥蒛盆奎亦人蒛盆骨天文奎亦取象也穹圭反

夾 持也從大俠二人苟掐反

奄 覆也大有餘也又欠也從大申申展也臣鍇按詩奄有龜繹會意依漸反

夸 奢也從大于声臣鍇按老子曰服文采帶利劍是謂盜夸焉瓜反

奯 空大也從大歲声讀若詩施罟濊濊歡活反

𡙁 大也從大𢦏声讀若詩𡙁𡙁大猷臣鍇曰今詩借秩又按山海經海外東有𡙁國又曰民不績衣不耕食也鐵從此遲匹反

奛 奢奛也從大亘声戶寒反

⿱大瓜 奃大也從大瓜声烏瓜反

奅 大也從大卯声臣鍇曰又地名漢公孫賀封南奅侯匹孝反

⿱大云 大也從大云声讀若齳于惲反

奃 大也從大氐声讀者氐的齊反

⿱大介 大也從大介声讀若蓋苟差反

⿱大此 瞋大也從大此声七

里反

⿱大弗 大也從大弗声讀若予違汝弼臣鍇曰此尚書之言也皮密反

⿱大屯 大也從大屯声讀若鶉是倫反

契 大約也從大㓞声易曰後代聖人易之以書契臣鍇按周禮司約掌萬民之約大約劑書于宗彝注大約邦國約也劑即券契也春秋左傳王叔氏不能舉其契韓子宋人得契密數其齒謂以刀分之有相入之齒縫也刀判缺之故曰契劑亦分也券猶辨也義亦同㓞口八反溪細反

夷 平也從大從弓東方之人也臣鍇曰老子曰大道甚夷會意寅支反

文十八

亦 人之臂亦也從大象兩亦之形凡亦之屬皆從亦臣鍇曰人之掖也八其處也移赤反

夾 盜竊褱物也從亦有所持俗謂蔽人俾夾是也弘農陝字從此臣鍇曰入入字也牧儼反

文二

夨 傾頭也從大象形凡夨之屬皆從夨臣鍇曰夨傾其首也齊食反

奊 頭傾也從夨吉声讀若子臣鍇按春秋左傳齊有慶奊字繩亦用此為結字也經節反

奊 頭衺骫奊態也從夨圭声臣鍇曰骫音委羊截反

吳 姓也亦郡也吳大言也從夨口臣鍇曰大言故夨口以出声也詩頌曰不吳不揚不告于訩今寫詩者擅改吳作吳又音作華其謬甚矣會意阮孤反

𡗣 古文如此

昃 日西也從夨日声臣鍇按易曰日昃之離作此字會意齊食反

文五　重二

夭屈也從大象形凡夭之屬皆從夭
臣鍇曰夭矯其頭頸也依少反

喬高而曲也從夭從高省臣鍇曰按爾雅木上句曰喬
上曲也故詩曰南有喬木不可休息會意伩昭反

幸吉而免凶也從屰從夭夭死之事故謂死之不幸臣
鍇曰國語曰偷居幸生春秋左傳曰幸而不死猶可
悦屰反也反夭不夭也故
曰幸屰吾逆會意恨耿反

奔走也從夭卉声走同意俱
從夭臣鍇曰夭曲也走則
夭其趾故走從夭奔卉非
声疑奔走于艸莽於坤反

文四

交 交脛也從大象交形凡交之屬皆從交加肴反

䢅 衺也從交韋声臣鍇曰所謂辟違宇歸反

絞 縊也從交糸声臣鍇曰春秋左傳絞縊以戮會意根卯反

文二

尢 跛曲脛也從大象偏曲之形凡尣之屬皆從尣臣鍇曰大一足跛曲也烏光反

尪 古文從㞷臣鍇曰春秋左傳焚巫尪㞷音皇

尳 膝病從尣骨骨亦声胡兀反

𡯁 蹇也從尣皮声臣鍇曰晉使𡯁俗作跛蹣顆反

𡯅 𡯁𡯅行不正從尣左声臣鍇曰行左戾則箇反

𡯌行不正也從尢艮声讀若耀臣鍇曰艮音杳力照反尲不正也從尢兼声干咸反尬尲尬也從尢介声苟差反

尥行脛相交也從尢勺声力照反𡯨尲𡯨不能行為人所引曰尲𡯨從尢从爪是声臣鍇曰詩曰言提之耳的齊反

𡰈𡯨也從尢從爪巂声勺迷反𡯻股尪也從尢于声臣鍇曰股曲也沉于反

𡰪膝中疾也從尢從羸羸声魯坐反

文十二　重一

壺昆吾圜器也象形從大象其蓋也凡壺之屬皆從壺臣鍇曰昆吾紂臣作瓦器大掩之也魂孤反

壼壹壺也從凶從壺不得泄凶也易曰天地壹壺臣鍇曰气擁鬱也今易作絪縕會意迂分反

壹 專壹也從壺吉声凡壹之屬皆從壹
臣鍇曰從壺取其不泄也伊吉反

懿 專久而美也從壹從恣省声臣鍇
曰春秋左傳曰不廢懿親乙器反

㤟 疾利口也書
曰相時㤟民
臣鍇曰今皆作憸冊所言衆已見心部
也會意先廉反疑此誤收

文二

㚔 所以驚人也從大從羊一曰大声也凡㚔之屬皆從
㚔一曰讀若瓠一曰俗語以盜不止為㚔讀若籋臣
鍇曰羊音
飪女懾反

文二

睪 司視也從橫目從㚔令吏將目捕罪人也臣鍇曰澤繹懌釋驛圛從此會意移赤反

執 捕罪人也從丮㚔㚔亦声臣鍇曰丮音掬持也會意之習反

圉 囹圄所以拘罪人從口㚔臣鍇曰會意疑舉反

盩 引擊也從㚔攴見血也扶風有盩厔縣臣鍇曰攴音撲擊也盩字從此會意陟求反

報 當罪人也從㚔從𠬝𠬝服罪也臣鍇曰尚書曰報以庶尤史記曰張湯爰書論訊鞫報𠬝音服也會意補號反

鞫 窮理罪人也從㚔人言竹声臣鍇曰以言鞫之也漢書音義鞫窮也居逺反

𥷚 或省言

文七　重一

奢 張也從大者声凡奢之屬皆從奢申嗟反

奲 籒𤲐當奲奲皃從奢單声臣鍇曰
文奲謂重而垂也當去声揣果反

文二　重一

亢 人頸也從大省象頸脉形凡亢之屬皆從亢臣鍇曰
亢喉嚨也故鮑昭舞鶴賦曰引員吭之纖婉本作此字格康反

頏 或從頁作𩕱 直項莽𨈆皃從亢從夊
夊倨也亢亦声解黨反

文二　重一

夲 進趣也從大十大十猶兼十人也凡夲之屬皆從
夲讀若滔臣鍇曰大奄有之義也會意偷劳反

𠦬疾也從夲卉声　暴疾有所趣也從夲　臣鍇
拜從此呼兀反　曰暴曬暴字與此別盆操反

㚞進也從屮從夲允声易曰㚞升　奏奏進也從夲從
大吉臣鍇曰今易作允與準反　屮從屮屮上進

義臣鍇曰史記曰藺相　𡙸古文　𢍎亦古文　皋气皋白之進也從白
如前奏出會意則遏反
從夲禮祝曰皋登謌曰奏故皋奏同從夲周禮曰
詔來鼓皋舞皋吉之也臣鍇曰皋猶皞也家豪反

文六　重二

夰放也從大而八分也凡夰之屬皆從夰
臣鍇曰大人也分舒散也會意姦皓反

𥄎舉目驚𥄎然也從明從夰臣鍇曰　奡嫚也從百從
禮曰見似目矍本此字九遇反　夰夰亦声虞

書曰若丹朱奡讀若傲論語奡盪舟臣鍇曰今文尚書作傲五號反

昦 春為昦天元气昦昦從日亣亣亦声臣鍇曰舒和廣大皃會意候抱反

臩 驚走也一曰往来皃從亣臦周書書曰伯臩古文臦古文囧字也臣鍇曰臦背也今文尚書作囧具徃反

文五

亣 籒文大改古文亦象人形凡大之屬皆從大臣鍇曰中作八字象與大殊也他未反

奕 大也從大亦声詩曰奕奕梁山臣鍇曰新廟奕奕移赤反

奘 駔大也從大壯声臣鍇曰亦見爾雅勒泱反

臭 大白澤也從大白古文以為澤字臣鍇曰澤和潤也會意姦皓反

奚 大腹也從大𦃃省声

縣古文系字臣鍇

耎稍前大也從大而声讀若畏偄之偄爾件反

臩大皃從大䀠声或曰拳勇字讀若傿臣鍇曰顒字從此其獻反

奰壯大也從三大三目二目為䀠三目為奰益大也一曰迫也讀若易虙羲氏詩曰不醉而怒謂之奰辨利反

文八

夫丈夫也從大一以象簪也周制以八寸為尺十尺為丈人長八尺故曰丈夫凡夫之屬皆從夫臣鍇曰通論詳矣甫殳反

規有也從夫見声臣鍇曰言為可聞行為可見言有規矩也會意堅隨反

㚘並行也從二夫輦字

從此讀若伴侶之伴臣鍇曰會意步滿反

文三

立 住也從大立一之上凡立之屬皆從立臣鍇按周禮注云古借此為位字里汲反

⿰立隶 臨也從立隶声臣鍇曰春秋左傳如齊涖盟今俗作涖涖借也隶音逮柳嗜反

⿰立𦎫 磊⿰立𦎫重聚也從立𦎫声臣鍇𦎫音純都罪反

端 直也從立耑声臣鍇曰春秋左傳曰太伯端委端委禮衣之幅正者顛歡反

竱 等也從立專声春秋國語曰竱本肇末職件反

竦 敬也從立束束自申束也亦声臣鍇曰立自竦也會意思奉反

竫 亭安也從立爭声臣鍇曰亭孤直也寂逞反

靖 立竫也從立青声一曰細

皃寂逞反

竢 待也從立矣声臣鍇曰立而待之也特史反

䇃 或從巳

竘 健也一曰匠也從立句声讀若齲逸周書有竘匠臣鍇曰竘從此也俱取反

竵 不正也從立𠕻声臣鍇曰𠕻音過昆柴反

竭 負舉也從立曷声臣鍇曰負而立也其熱反

䇓 待也從立須声臣鍇曰立而待也春秋左傳寡君須矣四于反

𥏣 或從芻

𥫄 瘻也從立羸声魯坐反

竣 偓竣也從立夋声國語曰有司已事而竣臣鍇曰退立也七窅反

𥩠 見鬼魅皃從立录声籒文魅字讀若虙羲氏之虙音伏臣鍇曰录祿代六反

䇐 驚皃從立昔声七削反

𥪖 短人立碑碑皃從立卑声傍把反

竲 北地高樓無屋者從立曾声臣鍇曰立為高也作滕反

文十九　重二

竝 併也從兩立凡竝之屬皆從竝也頻靜反

替 廢一偏下也從竝白声臣鍇曰竝立而一下也白音自他計反 替 或從曰臣鍇曰曰音越

𪞶 或從兟

文二　重二

囟 頭會匘蓋也象形凡囟之屬皆從囟臣鍇曰頭囟也思震反

𦥸 古文囟字 𩕄 或從宰肉 巤 毛巤象形髮在囟上及毛髮巤巤之形此與籀文肯字同臣鍇

曰儠躐從巤此律捷反

𣬉 人臍也從囟囟取气通也從囟比声臣鍇曰毗輔字本作仳多借此字阜宜反

文三　重二

思 容也從心囟声凡思之屬皆從思臣鍇曰通論詳矣息茲反

慮 謀思也從思虍声臣鍇曰虍音呼留御反

文二

心 人心土藏在身之中象形傳士説以為火藏凡心之屬皆從心臣鍇曰心星為大火然則心屬火也昔任反

息 喘也從心自自亦声臣鍇曰自鼻也气息從鼻出會意消式反

情 人之陰气有欲者從心青声臣

鍇按白虎通人之六情所以扶成五性喜怒哀樂愛惡也自成反

性 人之陽气性善者也從心生声臣鍇曰五性仁義禮知信屬陽所以五五陽數情屬陰所以六六陰數息令反

志 意也從心之声職吏切

意 志也察言而知意也從心音声臣鍇曰通論詳矣乙記反

恉 意也從心旨声臣鍇曰指手指也旨甘美也准此為意指字古令假借多致紛雜職美反

悳 外得於人内得于已從直從心臣鍇曰通論詳矣多則反

惪 古文

應 當也從心雁声臣鍇曰雁鷹字于陵反

慎 謹也從心眞声臣鍇曰通論詳矣時印反

昚 古文

忠 敬也從心中声珎蒙反

愨 謹也從心㱿声刻學反

𢡃 美也從心頪声臣鍇曰爾雅曰借藐字毛樸反

快 喜也從心夬声苦夬反

愷 康也從心

豈声臣鍇按詩曰愷樂飲酒刻海反

㥦 快也從心匧声臣鍇曰今多作愜輕帖反

念 常思也從心今声臣鍇按尚書曰我念爾祖常念之也寧店反

㤓 思也從心付声臣鍇曰甫殳反

憲 敏也從心目害省声臣鍇按禮曰發慮憲目與心應為敏希建反

憕 平也從心登声臣鍇曰北史有薛憕纏陵反

戁 敬也從心難声臣鍇曰今詩作熯我孔熯矣尼綰反

忻 闓也從心斤声司馬法曰善者忻民之善閉民之惡希斤反

惲 重厚也從心軍声迂吻反

惇 厚也從心𦎫声得昏反

忼 慨也從心亢声一曰易忼龍有悔看浪反

慨 忼慨壯士不得志也從心既声臣鍇曰内自高亢憤激也苦蓋反

悃 愊也從心困声苦衮反

愊 誠志也從心畐声坡式反

愿 謹也從心原声臣鍇曰尚書愿

而和魚怨反　慧　儇也從心彗声臣鍇曰儇敏也迥桂反　憭　慧也從心尞声臣鍇按詩曰佼人憭

兮呂曉反　恔　憭也從心交声臣鍇曰佼人本此字根卯反　懕　靜也從心厭声臣鍇曰列女傳曰后

婉懕伊閑反　悊　敬也從心折声臣鍇曰古以此字為哲字知苦反　悰　樂也從心宗声臣鍇曰謝

惠連詩曰贍涂意小悰存公反　恬　安也從心甜省声臣鍇曰莊子曰以恬養智亭嫌反　恢　大也從心

灰声臣鍇老子曰天網恢恢庫推反　恭　肅也從心共声臣鍇曰通論詳矣矩容反　憼　敬也從心敬敬

亦声巳皿反　恕　仁也從心如声失箸反　怡　和也從心台声寅之反　慈

愛也從心玆声秦思反　忯　愛也從心氏声臣鍇按爾雅忯忯愛也翹移反　恮　謹也從心全声七沿

反恩惠也從心因声愛根反慸高也從心帶声一曰極也一曰困劣臣鍇按禮曰音沾懘笛計

反慭問也謹敬也從心猌声一曰說也一曰甘也春秋傳曰旻天不慭又曰兩君之士皆未慭臣鍇曰猌

音牛吝反皆未慭皆未甘也言意未甘止也魚晋反懬闊也一曰廣也大也從心廣廣亦声一曰寬也臣鍇

按漢書武帝詔曰庻僚父懬會意困盇反悈飾也從心戒声司馬法曰有虞氏悈于中國苟差反

㥯謹也從心𤔌声臣鍇曰爰穩隱字從此於靳反慶行賀人也從心夊吉禮以鹿皮為摯臣鍇曰夊

行也會意丘病反愃寬嫺心腹皃從心宣声詩曰赫兮愃兮呼遠反愻順也從心孫声唐書曰五

品不愻臣鍇曰今文尚書作遜蘇困反𡫳實也從心塞省声虞書曰剛而塞臣鍇按詩曰其心塞淵今皆

作塞借也恂信心也從心旬声臣鍇曰詩恂誠也
四冄反美旦都信美也今借洵息寅反忱從心
冘声詩曰天命惟思也從心隹声懷念思也從心褱声
匪忱是吟反声與追反臣鍇曰褱音懷抱
也户惀欲知之皃從心想冀思也從心相声臣鍇曰
埋反侖声劳存反希冀所思之故史記司馬
遷曰讀其書想見㥛深也從心彖慉起也從心畜声
其為人息仰反声夕位反慉詩曰能不我慉
臣鍇曰與起意滿也從心啻声一曰十萬曰意籒文
同許郁反啻臣鍇曰憶從此依色反又省
悹憂也從心官憀憀然也從心愙敬也從心客声
声古輸反翏声梨桃反春秋傳曰以陳
備三愙臣鍇曰經義三恪在二王後之上愯懼也從心
其禮轉降示敬而已今皆作恪客各反雙音声春

秋傳曰駟氏愯臣鍇按漢書刑法志曰愯之以思奉反

懼　恐也從心瞿聲建芋反　[篆]　古文

怙　恃也從心古聲桓土反

恃　賴也從心恃聲辰上反

慒　慮也從心曹聲存公反

悟　覺也從心吾聲䫉乎反　[篆]　古文悟

憮　愛也韓鄭曰憮一曰不動從心無聲臣鍇曰今爾雅作憮勿撫反

㤅　惠也從心旡聲臣鍇曰愛字從此先音既旡再反　[篆]　古文

[篆]　知也從心胥聲臣鍇曰有才智也仙呂反

慰　安也從心㷉聲一曰恚怒也迂胃反

愨　謹也從心㲉聲讀若毃臣鍇曰㲉音山芮反此芮反

[篆]　䈞著也從心䈞聲臣鍇曰悲回思慮之也陳𡬆反

怞　朗也從心由聲詩曰憂心且怞長宥反

[篆]　煤撫也從心某聲讀若侮臣鍇曰撫愛之也勿撫反

忞　強也從心

文聲臣鍇曰自強也眉均反

慔勉也從心莫聲臣鍇按爾雅注自勉強也莫度反

愐勉也從心面聲彌件反

怈習也從心曳聲余制反

懋勉也從心楙聲虞書曰惟時懋哉臣鍇曰楙音茂莫透反

𢞬或省

慕習也從心莫聲臣鍇曰通論詳矣莫度反

悛止也從心夋聲七泚反

[忄隶]肆也從心隶聲他沒反

懙趣步懙懙從心與聲臣鍇曰懙懙美也尹女反

慆說也從心舀聲臣鍇按春秋左傳曰日不悛以樂慆憂偷勞反

懕安也從心厭聲詩曰懕懕夜飲臣鍇曰今詩作厭於潛反

憺安也從心詹聲臣鍇曰梁有蕭憺梁武兄弟徒撖反

怕無為也從心白聲臣鍇曰按相如子虛賦曰怕乎無為憺乎自持潘客反

恤憂也收也從心血聲臣鍇曰通論詳矣相聿反

忓極也從心

干声骨安反

懽　喜款也從心雚声爾雅曰懽懽愮愮憂也臣鍇按爾雅注賢者憂懼無所告也古翰反

⿰忄禺　懼也琅琊朱虛有媀亭從心禺声元無反

惄　飢餓也從心叔声一曰憂也詩曰惄如朝飢屔覓反

㦜　勞也從心卻声臣鍇曰㦜猶卻也其雀反

憸　憸詖也憸利于上佞人也從心僉声七廉反

愒　息也從心曷声臣鍇曰愒猶憩豈例反

⿱毳心　精戇也從心毳声呼骨反

⿱冊心　疾利口也從心冊声詩曰相時⿱冊心民臣鍇曰今皆作憸冊所言衆也會意先廉反

急　褊也從心及声飢泣反

⿲辛心辛　憂也從心辡声一曰急必撚反

⿰忄亟　疾也從心亟声一曰謹重皃已力反

懁　急也從心睘声讀若絹臣鍇曰睘音狥均戰反

⿰忄巠　恨也從心巠声其頸反

⿱弦心　急也從心弦声河南密縣有慈亭形先反

慓疾也從心票声匹眇反　懦駑弱者也從心需声輭區反　恁下齎也從心任声臣鍇曰恁心所齎卑下也而沈反　⿱代心夫常也從心代声他剋反　怚驕也從心且声臣鍇曰嵇康詩恃愛肆驕怚即處反　悒不安也從心邑声臣鍇曰憂悒也毅戢反　悆忘也嘾也從心余声周書曰有疾不悆悆憙也玄遇反　忒更也從心弋声他得反　憪愉也從心閒声臣鍇曰愉樂候艱反　懱輕易也從心蔑声商書曰以相陵懱名壹反　愚戇也從心禺禺猴屬獸之愚者臣鍇曰通論詳矣元無反　戇愚也從心贛声臣鍇曰史記云汲黯之戇愚詠巷反　⿰忄采姦也從心采声七海反　愉薄也從心俞声論語曰私覿愉愉如也臣鍇曰示民不愉愉薄也羊朱反　惷愚也從心春声臣鍇曰周禮三宥曰

春愚丑尨反
懝 騃也從心疑疑亦声一曰惶臣鍇曰猶儓儗也偶代反
忮 狠也從心支声臣鍇按論語曰不忮不求真避反
悍 勇也從心旱声侯玩反
態 意也從心能姿之餘也臣鍇曰心能于其事然後有態度也會意他代反
㑷 或從人
怪 異也從心圣声臣鍇曰圣音怪古賣反
像 放也從心象声徒廣反
慢 惰也從心曼声一曰慢不畏謀患反
怠 慢也從心台声按在反
懈 怠也從心解声候賣反
憜 不敬也從心隋声春秋傳曰執玉憜特妥反
惰 憜或省自
媠 古文
愯 驚也從心從声讀若悚臣鍇曰春秋左傳慫之以行借聳字思奉反
怫 鬱也從心弗声臣鍇曰魏樂府曰中心何怫鬱附勿反
忦 忽也從心介声孟子曰孝子之心不若是忿也臣鍇曰忽

略不省也宜介反　忽　忘也從心勿声呼兀反　忘　不識也從心亾声勿強反　慲　忘也慲兜

也從心㒼声臣鍇曰不曉了之意也没團反　恣　縱也從心次声則四反　愓　放也從心昜声曰平

也徒廣反　憧　意不定也從心童声臣鍇曰易曰憧憧往來赤重反　悝　謿也從心里声春秋傳有孔悝

一曰病也臣鍇曰今人言恢恢諧也庫摧反　憰　權詐也從心矞声賜穴反　㤮　誤也從心狂声句唱

反　怳　狂之皃從心況省声詡上反　恑　變也從心危声句委反　𢤱　有二心也從心巂声

臣鍇曰猶言攜貳也匀迷反　悸　心動也從心季声臣鍇曰魯靈光殿賦曰心愢愢而發悸岐季反

憿　幸也從心敫声臣鍇曰今多作儌儌要也非此字堅蕭　懖　善自用之意也從心銛声商書曰今

女銛銛臣鍇曰今尚書作聒聒古活反[illegible]古文從耳忨貪也從心声春秋傳曰忨歲而愒日五輸反

惏河之北謂貪曰惏從心林声臣鍇曰春秋左傳狄固貪惏婁參反懜不明也從心夢声莫贈反

愆過也從心衍声豈虔反𡩟或從寒省𧩼籀文慊疑也從心兼声臣鍇曰今人又音口撿反賢兼反

惑亂也從心或声胡國反怋也從心民声臣鍇曰亂也喧盆反

怓亂也從心奴声詩曰以謹惽怓獿交反惷亂也從心舂声春秋傳曰王室曰惷惷焉一曰厚也臣鍇曰今左傳借惷字川準反

惽不憭也從心昏声喧盆反忥癡皃從心气声許意反

㦣言不慧也從心衛声千歲反憒亂也從心貴声臣鍇曰蜀志云作事憒憒誠非前人胡塊反忌

增惡也從心已声徤侍反忿悄也從心分声臣鍇曰潘岳悄悄介而恨也敷粉反𢡅西征賦方鄙吝

之忿悄從心黎声一曰怠臣鍇曰黎遲也故為怠里西反恚恨也從心圭声臣鍇曰忿之深切也于棄反

怨恚也從心夗声迂券反㤪古文怒恚也從心奴声乃布反憝怨也從心敦声

周書曰凡民罔不憝徒佩反慍怒也從心𥁕声臣鍇曰蓄怒也迂郡反惡過也從心亞声臣鍇

曰過論詳矣過泊反憎惡也從心曾声走稜反怖恨怒也從心市声詩曰視我怖怖滿會反

忉怒也從心刀声讀若顡臣鍇曰當言刈省疑脫誤偶喙反𢡃怨恨也從心彖声讀若膎矦叙反

恨怨也從心艮声遐艮反懟怨也從心對声臣鍇按國語曰以我為懟怨乎衛怨也徒對反

悔 悔恨也從心每声虎酟反 恚 小怒也從心圭声臣鍇曰恚音駐唱曳反 悁 忿也從心肙声

一曰憂臣鍇曰悁猶狷也于旋反 𢙐 籀文 怏 不服懟也從心央声隱唱反 懣 煩也從心

滿声免困反 憤 懣也從心賁声臣鍇曰孔子曰不憤不啓俟其滿乃啓之也符訓反 悶 懣也從心

門声免困反 惆 失意也從心周声丑羞反 悵 望恨也從心長声田向反 愾 太息也從

心氣氣亦声詩曰愾我寤歎許意反 懆 愁不安也從心喿声詩曰念子懆懆此誥反 愴 傷也從心

倉声初訪反 怛 憯也從心旦声臣鍇曰宋玉風流賦曰中心憯怛多幹反 𢘅 從心旦詩曰信誓

𢘅𢘅臣鍇曰今詩作旦晃散反 憯 痛也從心朁声七感切 慘 毒也從心參声此嗿反 悽

痛也從心妻声七低反
恫 痛也從心同声一曰呻吟臣鍇按詩曰神罔時恫土蒙反
悲 痛也從心非声府眉反
惻 痛也從心則声蔡色反
惜 痛也從心昔声思益反
愍 痛也從心敃声眉引反
慇 痛也從心殷声臣鍇按詩曰憂心殷殷本作此字意斤反
㥸 痛声也從心依声孝經曰哭不㥸臣鍇曰声之曲引也今孝經作偯殷豈反
⿱簡心 簡存也從心簡省声讀若簡臣鍇曰若尚書云簡在上帝之心良限反
慅 動也從心蚤声一曰起也素叨反
感 動人心也從心咸声臣鍇按易曰聖人感人心而天下和平詩曰無感我帨兮感動也苟坎反
忧 不動也從心尤声讀若祐延救反
⿰忄虒 低傂不憂事也從心虒声讀若移書爾反
⿱咎心 怨仇也從心咎声臣鍇曰若春秋左傳楚人以咎子上伎酒反

愪憂皃也從心員声羽文反　怮憂皃從心幼声伊糾反　恙憂也從心羊声胤亮反

忦憂也從心介声宜介反　惴憂懼也從心耑声詩曰惴惴其慄支瑞反　憌憂也從心鈞声常倫反

怲憂也從心丙声詩曰憂心怲怲兵永反　惔憂也從心炎声詩曰憂心如惔臣鍇曰如火熱也憂而心熱也秋南反

惙憂也從心叕声詩曰憂心惙惙一曰意不定也誅劣反　慯憂也從心殤省声庶錫反

愁憂也從心秋声燀[illegible]反　愵憂皃從心弱声讀與惄同涅覓反

惂憂困也從心舀声苦感切　悠憂也從心攸声臣鍇按春秋左傳曰悠悠乎深思而淺謀深思而憂也延秋反

悴憂也從心卒声讀與易萃卦同奉醉反　慁憂也從心圂声一曰擾臣鍇按春秋左傳曰主不恩

賓胡頓反 愵 楚潁之間謂憂曰愵從心弱声臣鍇曰弱音聾柳嗜反 忓 憂也從心于声讀若吁呪于反

忡 憂也從心中声詩曰憂心忡忡臣鍇曰憂而心動也敕戎反 悄 憂也從心肖声詩曰憂心悄悄臣鍇曰憂思低下也千肭反

慼 憂也從心戚声臣鍇曰春秋左傳晉人戚憂以重我憂近心之切也令作戚同千僻反

𢝊 愁也從心頁声𢝊心形于顏面故從頁臣鍇曰一本愁憂字憂從此與憂別衣仇反

患 憂也從心上貫吅吅亦声臣鍇曰通論詳矣戶慣反 𢝔 古文從關省 𢟦 亦古文從臼心

恇 怯也從心匡匡亦声區王反 㥦 思皃從心夾声去涉反 懾 火气也從心聶声一曰服也之具聶反

憚 忌難也從心單声一曰難也徒岸反 悼 懼也從心卓声陳楚謂懼曰悼徒號反

繠 垂也從惢糸声臣鍇曰春秋左傳曰佩玉繠兮如鍛反

文二

說文解字通釋卷第二十

說文解字通釋卷第二十一

繫傳二十二

文林郎守秘書省校書郎臣徐鍇傳釋

朝散大夫行秘書省校書郎臣朱翺反切

三部　四百九十五文　重六十四

巛 準也北方之行象衆水並流中有微陽之氣也凡水之屬皆從水臣鍇按周禮匠人爲國置槷以水準地之平也通論詳矣式登反

河水出敦煌塞外昆侖山發源注海從水可声臣鍇按
山海經海内昆侖墟在海内之西方八百里萬仞去
嵩高五萬里河水出東北隅以行其南又入渤海又出海
外即南北入禹所導積石山故尚書云導河積石前代學者
引史記云自張騫窮河原悪覩所謂昆侖以為記者之妄
臣鍇以爲禹貢記禹所施功故指言自積石河為四瀆之
長所以限隔夷夏其勢慓悍祭其發原遠大委輸多之所
致其含靈畜怪莫斯為大未必始于積石今中國之山川
靈異固多矣而裔夷之外風氣不均其物異形昆侖之奇
詭又奚足致驚爾推周公仲尼之徒所記而云河出昆侖
張騫雖博見足歷窮荒然粗略涉之河在地中潛行又何
可見昆侖亦神靈之宅帝之下都亦非造次可親攉而論
之其出昆侖詳矣今按河出昆侖東流潛行地下至規期
山北流分為兩原一出于闐復合東注蒲昌海復潛行地

下南出積石山西南流又東回入塞過敦煌張掖酒泉南
與洮河合過安定北又北流過朔方郡西又南流過五原
郡南又東流過雲中西河郡東又南流過上郡河東郡西
南出龍門至潼關與渭水合又東回過砥柱及洛陽郎孟
津至鞏縣與洛水合至成皋與濟水合又東北流過武德
與沁水合至黎陽信都鉅鹿之北分爲九河又合爲一河
入海漢書云燉煌本酒泉地春秋左傳所謂允姓
之戎所居瓜州也發原獨至於海故曰瀆閑俄反
汃 西極
之水從水八声爾雅曰西至於汃國謂之四極
泑 澤在
昆侖
臣鍇按今爾雅作邠注云極遠之國也匹人反
下從水幼声讀若㓜同臣
涷 水出發鳩山入河
鍇按水所鍾曰澤伊糾反
從水東声得紅反
潼 水出廣
廣漢梓潼北界南入墊江從水童声臣鍇按
涪 水出廣
山海經注發鳩山在上黨長子縣西田風反
漢剛邑

道徼外南入漢從水音声臣鍇按漢書廣漢郡剛邑道涪水徼外南至從墊疊音江入漢過郡二行千六十九里縣有蠻夷曰道附柔反

江　水出蜀湔氐徼外崏山入海從水工声臣鍇按漢書湔氐蜀郡道崏山在西徼外江所出東南入海過郡九行七千六百六十里又按周禮揚州其川三江崏山為大江至九江為中江至徐州為北江出崏山若鼈口今益州建寧漏江縣潛行地底數里至楚都廣十里名南江初在犍為與青水汶水合至雒縣與雒水合東北至巴郡與涪水漢水白水合東至長沙與澧沅湘合顏延之所謂三湘淪洞庭者也至江夏與沔水合至潯陽為九道東會于彭蠡澤經蕪湖為中江至南徐州名北江入海溝降反

沱　江別流也崏山東別為沱從水它声臣鍇按漢書沱出南郡江縣西東入江今又為池字豆科反

浙　江水東至會稽山陰為浙江從水折

声臣鍇按漢書淛江出會稽縣縣南蠻夷中東入海漢書
淛江或作漸江慎所言或別也漢世謂黟歙爲山越也之
列反
涐水出蜀汶江徼外東南入江從水我声按漢書涐
水出汶江縣徼外過郡七行三千三十里偶和反
湔水出蜀郡緜虒玉壘山東南入江從水前声一曰湔
手澣之臣鍇按漢書湔出緜虒縣玉壘山至江陽入
江過郡三行千八百九十里則千反
沫水出蜀西南徼外東南入江從水末声門撥反
溫水出犍為涪南入黚水從水𥁕声臣鍇按漢書溫出涪縣至鄨音鄨又敝入黚水黚水亦南至鄨入江塢門反
灊水出巴郡宕渠西南入江從水鬵声臣鍇按漢書廬江灊縣沘山灊水所出北至壽春入芍陂以侵反
沮水出漢中房陵東入江從水且声臣鍇按漢書沮水出房陵縣東至郢入江行七百里王粲所謂倚曲沮之長洲且渠反

滇益州池從水眞声臣鍇按史記漢池水原廣末更狹
似到流故曰滇池漢書在益州郡滇池縣西北大澤
也的涂水出益州牧靡南山西北入澠從水余声臣鍇
煙反按漢書涂中牧靡縣西北至越嶲入澠過郡二
行千二十里注云靡音麻即升麻殺毒藥所出也沅水
周禮書塗路字如此古無塗字途彌俗也田吾反出
牂牁故且蘭東北入淹水出越嶲徼外東入若水
江從水元声言袁反水從水奄声般潛反洮出
隴西臨洮東北入河從水兆声臣鍇按漢書洮出水
臨洮縣西羌中北至枹罕東入河偷勞反溺自
張掖刪丹西至酒泉合黎餘波入流沙從沙水弱声桑欽
所説臣鍇按漢書云桑欽以為導弱水自此西至酒泉合
黎泥浪滄浪水也南入江從水良声臣鍇按江涇水
覓反水出荆水東南流為滄浪之水勤當反出

安定涇陽幵頭山東南入渭從水巠声雝州川也臣鍇按
漢書幵頭山在涇陽縣西涇水東南至陽陵入渭過郡三
行千六十里幵苦見反在今靈洲東南土人謂之汧屯山
陽陵漢景帝陵所在又按自幵頭一名薄落東南經新平扶風
至京兆高陵縣而入渭與清
洛水合至潼津入河堅丁反
漾水出隴西柏道東至武都爲漢從水羕声臣鍇
按漢書漾出氐道縣至武都
爲漢水今漢書作瀁亂亮反
瀁古文漾從水養声
渭水出隴西首陽
渭首亭南谷東入河從水胃声杜林所說夏書以爲出
鳥鼠山雝州濅臣鍇按漢書出首陽縣西南鳥鼠同穴山
東至船司空入河過郡四行千八百七十里周禮注可以
爲陂灌溉曰濅臣鍇按自首陽東至狟道縣上邽縣北陳
倉縣南武功縣北槐里縣南與芳禮二水合東至高陵與
涇水合又與洛水合經秦漢之都至潼津而入河船司空

漢造船官所漾漾也東為滄浪水從漢古文漢沔
在也于貴反　水難省声喝散反　如此
水出武郡沮縣東狼谷東南入江從水丏声或以為入夏
水臣鍇按漢書自沮縣至沙羡南入江過郡五行四千里
荆州川沮音千湟水出金城臨羌塞外東入河從水皇
余反彌究反　声臣鍇按漢書湟出臨羌縣鹽池北
東至允吾入河允吾亦汧水出右扶風汧縣西北入渭
金城郡之縣名户荒反　從水幵声臣鍇曰班固西都
賦所謂汧涌澇水出右扶風鄠北入渭從水勞声臣鍇
其西棄妍反　曰相如上林賦所謂蕩蕩八川蘭刀反
漆水出右扶風杜陵岐山東入渭一曰入洛一曰漆城
池從水桼声臣鍇按漢書在右扶風漆縣西詩所謂
漆沮既從滻水出京兆藍田谷入洛水出左馮翊歸
秋日反　滻從水產声所簡反　德北夷中東南

入渭從水各声雝州濅臣鍇按漢書歸德為德又按今出
上洛冢領山經上洛弘農河南盧氏蠡城陽市宜陽合伊
瀍穀澗之水至鞏
縣入河勤記反
淯水出弘農盧氏山東南入沔從水
育声或以為出酈山西臣鍇按漢
書清出盧氏縣南至順陽入沔過郡二行六
百里張衡南都賦所謂清水盪其胷融六反
汝水出弘
農盧氏
還歸山東入淮從水女声臣鍇按漢書汝出汝南定陵縣
高陵山東南至新蔡入淮過郡四行千三百四十里又淮
南子博物志皆同高陵一名
猛山則此注傳寫誤輭許反
潩水出河南密縣大隗山
南入潁從水異声臣鍇
按漢書潩出密縣大騩山
南至臨潁入潁以即反
汾水出太原晉陽山西南入
河從水分声或曰出汾陽
北山冀州濅臣鍇按漢書汾出太原汾陽縣北山西南至
汾陰入河過郡二行千三百四十里春秋左傳所謂新田

有汾澮以流其惡也周禮云冀州其浸汾潞扶云反
濕水出東郡東武陽入海從水㬎声桑欽云出平原高
声臣鍇按漢書禹治濕水出東郡東武陽縣東北至千乘入海過郡三行千二十里㬎乇合反它合反
泡水出山陽平樂東北入泗從水包声臣鍇按漢書泡出平樂縣東北沛入泗浦包反
菏菏澤水在山陽湖陵南禹貢浮于淮泗達于菏從水苛声臣鍇按尚書又曰導菏澤被孟豬更和反
泗受泲音濟水東入淮從水四声臣鍇按漢書泗出濟陰乘氏縣東南至睢陵入淮過郡六行千一百一十里周禮青州川淮泗素次反
洹水在齊魯之間從水亘声臣鍇按杜預春秋釋側洹出汲郡林慮縣東北至信成入張甲河按張甲河信成縣杜預所言晉制在漢後地名改易也春秋左傳曰声伯夢濟洹而歌也户寒反
灉河灉水在宋從水雝

声臣鍇按尚書雷夏旣澤灉沮會同言灉入于雷澤也爾雅曰水自河出為灉按漢書雷澤在今濟陰城陽西北宛封反

澶　澶淵水也在宋從水亶声臣鍇按春秋諸侯盟于澶淵杜預釋例頓丘衞南繁也示川反

洙　水出泰山蓋臨樂山北入泗從水朱声臣鍇按漢書洙出蓋縣臨樂山西北入泗杜預云入沇水下合泗船區反

沭　水出青州濅從水朮声臣鍇按漢書術水自東莞縣音官南至下邳入泗過郡三行七百一十里注術與沭同常出反

沂　水出東海費東西入泗從水斤声一曰沂水出泰山蓋青州濅臣鍇按漢書沂出泰山蓋縣南至下邳入泗過郡五行六百里魚希反

洋　水出齊臨朐石膏山東北入鉅定從水羊声臣鍇按漢書洋水出臨朐石膏山東北至廣饒入鉅定水名在齊郡鉅定縣廣饒亦齊郡屬縣似羊反

濁　水出齊郡厲嬀山東

北入鉅定從水蜀声臣鍇按漢書濁出齊郡廣縣爲山東北至廣饒入鉅定木渥反

溉 水出東海桑瀆覆甑山東北入海從水旣声一曰灌注也臣鍇按漢書溉出北甑山東北至都昌入海荀代反

濰 水出琅邪箕屋山東入海從水維声徐州濅夏書曰維淄其導臣鍇按漢書維出琅邪箕縣北至昌都入海過郡三行五百二十里與追反

浯 水出琅邪靈門壺山東北入濰從水吾声臣鍇按漢書浯水出靈門縣與此同阮孤反

治 水出東萊曲城陽丘山南入海從水台声臣鍇按漢書治出曲城縣陽丘山南至沂入海直而反

汶 水出琅邪朱虛東泰山東入濰從水文声桑欽說汶水出泰山萊蕪西南入泲臣鍇按漢書朱虛縣東山汶所出東至安丘入維論語曰吾必在汶上矣亡運反

濅 水出魏郡武安東北入滹沱從水濅声臣鍇按

漢書魏郡武安縣有濅水東北至昌入滹沱河過郡五行六百一里進沁反

湡　水出趙國襄國西山東北入濅從水禺声臣鍇按漢書趙國漢分郡縣封諸侯故曰國襄國縣西山渠水所出東北至任入濅又云有蓼水湡水東至朝平入湡朝平廣平國之縣名也五俱反

㴲　水出趙國襄國中東入湡從水虒声臣鍇按漢書廣平國南和縣有葭水東入滱未知滱所出卒兹反

渚　水在常山中丘逢山東入湡從水者声一曰小洲曰渚臣鍇按漢書中丘縣逢山長谷渚水所出東至張邑入濁諸與反

濟　水出常山房子贊皇山東入泜從水齊声臣鍇按漢書房子縣贊皇山濟水所出東至廮陶入泜此非四瀆之濟古皆作沵字今人多亂之即洗反

洨　水出常山石邑井陵山東南入泜從水交声郝國有洨縣臣鍇按漢書石邑縣西有井陵山洨水所出東

南至癭陶入泜井陵今或作井陘誤也佼交反泜水在常山從水氐声纏伊反濡水出涿郡故安東入漆涑從水需声臣鍇按漢書易水出故安縣至范陽入濡輭區反澮水出河西霍山西南入汾從水會声臣鍇按杜預春秋釋例澮出平陽絳縣西入汾古最反沁水出上黨穀遠羊頭山東南入河從水心声臣鍇按漢書穀遠縣羊頭山世靡谷沁水所出東南至荥陽入河過郡三行九百七十里顔師古曰今沁至懷州武陟縣界入河云榮陽疑傳寫誤七任反沾水出上黨壺關東入淇一曰沾益也從水占声臣鍇按漢書至朝歌入淇此又益也今俗作添土兼反潞冀州寖也上黨有潞縣從水路声臣鍇按周禮潞出歸德縣漢書云潞縣古路子國按歸德縣屬北地郡勒姤反淇水出河内共北山東入河或曰出隆慮西山從水其

声臣鍇按漢書出共縣北山東至黎陽入河履知反

漳

濁漳出上黨長子鹿谷山東入清漳清漳出沾山大要谷北入河南漳出南郡臨沮從水章声臣鍇按漢書濁漳東至鄴入清漳清漳出沾縣東北至邑城入大河過郡五行千六百八十里又南郡臨沮縣東北有荆山漳水所出東至江陵入陽水入沔行六百里注春秋左傳所謂江漢沮漳楚之望也周良反

蕩

水出河内蕩陰東入黄澤從水蕩声臣鍇按漢書出蕩陰縣東至内黄澤蕩音湯蕩音盪

沇

水出河東東垣王屋山東為泲從水允声呑臣反

臣鍇按漢書王屋山在垣縣東北流水所出南至武德入河軼出荥陽北地中又東至琅槐入海過郡九行千八百四十里今按沇出山東至温縣西北始名泲水又東南流當鞏縣之北而南入河與河並流過成皐軼出為滎水東流過陽武及封丘北又東過寃朐縣南至

定陶縣南又東北流與荷水會東至乘氏縣西分而為二
其一東北流入鉅野澤過壽張西與汶水合又北過穀城
縣西又東北過盧縣北經齊
郡東萊郡而入海與件反
沿 古文沇如此臣次立按
說文徐鉉注云口部已
有此重出又本部下文沿
字注云緣水而下與川反
泲 沇也東入于海從水𠂤声
臣鍇曰今多作濟故與常
山濟水相亂此則
四瀆之濟即洗反
洈 水出南郡高成洈山東入繇從水
危声臣鍇按漢書洈出洈山東入
繇南至華容入江
注繇音由虞為反
溠 水在漢南從水差声荊州𣶒春秋
傳田脩涂梁溠臣鍇按杜預春秋
釋利義陽縣西有溠水原出縣北
從縣西東南至隨入䐶水側巴反
洭 水出桂陽盧聚山
洭湞關為桂水郡
念洭縣洭水所出東北入沅又桂
水出桂陽縣東北入湘區昌反
潓 水出盧江入淮從
水惠声囲桂反

灌水出廬江雩婁北入淮從水雚声臣鍇按漢書雩婁縣灌水北至蓼入決水過行郡二行五百一十里決水亦出此縣雩許于反婁力于反古翰反

漸水出丹陽黟南蠻中東入海從水斬声臣鍇按山海經漢書黟縣漸江今浙江是也又漢書云武陵索縣有漸水東入沅就冉反

泠水出丹陽宛陵西北入江從水令声臣鍇按漢書丹陽宛陵有清水至蕪湖入江也又應泠水出丹陽宛陵然則清泠同也連丁反

𣸣水在丹陽從水箄声匹賣反

溧水出丹陽溧陽縣從水栗声臣鍇按漢書溧水出南入湖力出反

湘水出零陵陽海山北入江從水相声臣鍇按漢書零陵郡零陵湘水所出北至酃入江邊郡二行二千五百三十里修翔反

汨長沙汨羅淵也從水冥省声屈平所沉水臣鍇按漢書注長沙國羅縣北帶汨水水原出豫章艾縣西流

湘汨西北去縣三十里名屈
潭屈原自沉處也民的反
溱水出桂陽臨武入匯從
水秦声臣鍇按漢書桂
陽臨武縣溱水東南至湞陽入匯行七
百里今人以此字為漕洧之漕鑪莘反
深水出桂陽南
平西入营道
從水突声
式琴反
潭水出武陵鐔成玉山東入鬱林從水覃声
臣鍇按漢書鐔成縣潭水所出東至阿林
入鬱林過郡二行七
百二十里田南反
油水出武陵孱陵西東南
入江從水由声延秋反
⿰氵買水
出
豫章艾縣西北入湘
從水買声謀指反
湞水出南海龍川西入溱從水貞
声按漢書在桂湞陽縣界宅争反
溜水出鬱林從水留声臣鍇按漢書鬱林有
中留縣顏師古云留水名力救反良秀反
瀷水出
河南
宻縣東入潁從水翼声臣鍇按漢書
出宻縣大騩山南至臨潁以即反
潕水出南陽舞陰
東入汝從水無

声勿撫反

滶　水出南陽魯陽入父城從水敖声顏叩反

瀙　水出南陽舞陽中陽山入潁從水親声臣鍇按漢書出舞陰中陰山東至蔡入汝次鄰反

淮　水出南陽平氏桐栢大復山東南入海從水隹声臣鍇按漢書桐柏大復山在平氏縣東南淮水所出東南至淮陵入海過郡四行三千里青州川按淮源初涌出復潛流三千里然後長鶩東北經大復山從義陽郡北東過江夏平春縣北又東過新息縣南期思縣北至原鹿縣南與汝水合東北至九江壽春縣東北與肥水合東至當塗縣北與渦水合東北至下邳淮陰縣與泗水合東至廣陵淮浦縣西入海也户埋反

滍　水出南陽魯陽堯山東北入汝從水蚩声臣鍇按漢書東北至潁川定陵入汝直几反

澧　水出南陽雉衡山東入汝從水豊声臣鍇按漢書雉縣有衡山澧所出東至郾入汝郾音屋蓮弟反

溳水出南陽蔡陽東入夏水從水員声羽分反

淠水出汝南弋陽垂山東入淮從水畀声正惠反

澺水出汝南上蔡黑閭澗入汝從水意声依邑反

洇水出汝南新郪入潁從水囟声臣鍇按漢書汝南細陽縣在洇水之陽淮洇本出新郪新郪亦汝南屬縣囟音信息惠反

灈水出汝南吳房入瀙從水瞿声臣鍇曰在汝南灈陽界東入瀙也羣吁反

潁水出潁川陽城乾山東入淮從水頃声豫州濅臣鍇按漢書乾山潁所出東至下蔡入淮過郡三行千五百里與湛水爲荊州濅注乾音千余郢反

洧水出潁川陽城山東南入潁從水有声臣鍇按漢書陽城山在城陽縣洧東南至長平入潁過郡三行五百里荣美反

濦水出潁川陽城少室山東入潁從水㥯声臣鍇按漢書汝南濦強縣界意斤反

濄水受淮陽扶溝浪湯渠東入淮

從水過声臣鍇按漢書淮陽扶溝縣渦水首受狼湯渠東入淮過郡三行千里注狼音浪湯音宕古多反

泄水受九江博安洵波北入氐從水世声臣鍇按爾雅水自過出為洵延世反

汳水受陳留浚儀陰溝至濛為雝水東入泗從水反声符販反

潧水出鄭國從水曾声詩曰潧與洧方渙渙兮側詵反

淩水在臨淮從水夌声力膺反

濮水出東郡濮陽南入鉅野從水僕声臣鍇按漢書同濮水已伏反

濼齊魯間水也從水樂声春秋傳公會齊侯于濼臣鍇按漢杜預春秋釋例在濟南歷城縣故城西北入濟盧毒反

漷水在魯從水郭声臣鍇按杜預曰自東海合鄉西南經魯國至高平湖陸縣入泗虎獲反

淨魯北城門池也從水爭声臣鍇白古獨謂城溝為池春秋公羊傳曰齊桓公使高子將南陽之甲立喜公或白自鹿門至

爭門是也按讖孫奔齊自鹿門爭門則淨門皆北門也從性反

灅 水出右北平浚靡南東入庚水從水壘声臣鍇按漢書水出浚靡縣南至無終東入庚庚水出無終縣西至雍奴入海過郡二行六百五十里庚亦作浭落浼反

沽 水出漁陽塞外東入海從水古声臣鍇按漢書水出塞外東南至泉州入海行七百五十里泉州縣屬漁陽古乎反

沛 水出遼東番汗塞外西南入海從水巿声臣鍇按漢書沛出番汗縣出塞外西南入海番音盤汗音寒

浿 水出樂浪鏤方東入海從水貝声一曰出浿水縣臣鍇按漢書水自樂浪浿水縣西至增地鏤方縣皆屬樂浪也普拜反

濕 北方水也從水㬎声戶埋反

㶟 水出鴈門陰館累頭山東入海從水纍声或曰治水也臣鍇按漢書治水出累頭山南至泉州入海過郡六行千一百里注曰治音弋之反力龜反

泒 水出雁門葰人戍夫山東此入海
從水瓜声臣鍇曰葰音瑣古乎反 沮 水出北路直
地西東入洛

從水虘声臣鍇按漢書直路縣沮水作沮洛出同郡歸德
縣北蠻中入河今按周禮注洛出歸德疑即此也且渠反

滱 水起北地靈丘東入河從水寇声滱水即漚夷水并
州川臣鍇按漢書代郡靈丘縣有滱河東至文安入

大河過郡五行九百四十里并州川臣鍇即周禮所
謂漚夷也慎云北地靈丘蓋地有改易也可候反 淶

水起北地廣昌東入河從水來声并州濅臣鍇按漢書代
郡廣昌縣淶水東南至容城入河過郡三行五百里周禮

所謂其濅菜
易也婁才反 泥 水出北地郁郅北蠻夷中從水尼声臣
鍇按漢書泥水出北地郁郅縣北蠻夷

中北地有泥
陽縣檷梘反 湳 西河美稷保東水也
從水南声奴感反 漹 水出西河中
陽北沙南入

河從水爲聲般馬反

涶 河津也在西河西從水垂聲臣鍇曰西河郡也吐戈反

[illegible] 水名也從水旗聲以虛反

洵 過水中也從水旬聲臣鍇按爾雅過水洵也續倫反

涻 水出北囂山入邛澤從水舍聲臣鍇按山海經北囂山亦云涻水也詩夜反

[illegible] 水名也從水刃聲耳引反

淔 水名也從水直聲暢陟反

淁 水名也從水妾聲七捷反

涺 水名也從水居聲堅踈反

湶 水也從水泉聲其冀反

沋 水也從水尤聲馬秋反

涃 水也從水困聲苦悶反

[illegible] 水也從水貟聲讀若瑣先大反

浝 水也從水尨聲免江反

[illegible] 水也從水乳聲能吼反

[illegible] 水也從水夂聲夂古文終字隻公反

洦 淺水也從水百聲臣鍇按顏之推家訓趙州柏人城北有小水土人不知名後讀西徐整碑云洦

流東會之推以為此水漢来無名直以淺皀目之也潘客反

汧　水也從水千声七先反

洍　水也一曰詩江有洍從水𦣞声臣鍇按今爾雅作沱云沱湖在江邉詳紀反

澥　勃澥海之別名也從水解声一説澥即澥谷臣鍇按列子諸書多謂海為渤澥侯豸反

漠　北方流沙也一曰清也從水莫声臣鍇按史記云匈奴漠也班固云踰大漠門洛反

海　天池也以納百川者也從水每声臣鍇按莊子曰溟海者天池也吼乃反

溥　大也從水專声拍戸反

⿰氵闇　水大至也從水闇声烏撼反

洪　洚水也從水共声貞聰反

洚　大水也從水夅声胡翁反

洚　水不導其道也從水夅声一曰洚下臣鍇按尚書降水警子作降侯邦反

衍　水朝宗于海皃也從水行余羡反

潮　水朝宗于海也從水朝省声臣鍇曰今俗作潮

直超反

濥　水脈行地中濥濥也從水寅声異印反

滔　水漫天皃從水舀声偷刀反

涓　小流從水肙声爾雅曰汝為涓臣鍇按周廟銘曰涓涓不壅今爾雅汝為濆弓玄反

混　豐流也從水昆声古論反

潒　水潒瀁也從水象声讀若蕩徒廣反

漦　順流也一曰水名也從水𠩺声臣鍇按爾雅又漦淥淥出次沫也國語曰龍亡而漦在𠩺仕淄反仕甾反

汭　水相入也從水內声臣鍇按春秋左傳館于洛汭水曲曰汭是相入處也汝歲反

潚　深清也從水肅声即肉反

演　長流也一曰水名從水寅声異展反

渙　流散也從水奐声臣鍇按周易風行水上曰渙渙散也蘇判反

泌　俠流也從水必声臣鍇按詩曰泌之洋洋頻未反

活　流声也從水𠰏声臣鍇按詩其流活活古活反

𣽷　活或從聒

湝　水流

湝湝從水皆声一曰湝寒也詩曰風雨湝湝臣鍇曰衆流之皃古諧反

泫 泫湝流水從水玄声上黨有泫氏縣臣鍇按漢書泫氏縣泫水所出也豫顯反

淲 水流皃詩曰淲池北流從水彪省声反彪反

滂 沛也從水旁声臣鍇曰水廣及皃坡良反

瀏 流清皃從水劉声詩曰瀏其清矣連丑反

淢 疾流也從水或声況邑反

濊 礙流也從水薉声詩曰施器濊濊歡括反

洼 深廣也從水圭声一曰洼池臣鍇曰圭音皇春秋左傳周氏之洼周氏之池也烏光反

漻 清深也從水翏声讀若牢臣鍇按莊子曰漻乎其清也黎桃反

泚 清也從水此声臣鍇按謝眺詩曰寒流自清泚取啓反

況 寒水也從水兄声臣鍇曰愴況寒凉皃詡誑反

沖 涌繇也從水中声讀若動臣鍇曰繇也橫而搖動也潘岳曰泳之彌沖直東反

汎浮皃從水凡声方梵反
沄轉流也從水云声讀若混臣鍇曰按張衡賦水沄而涌濤羽文反
浩澆也從水告声書曰洪水浩浩候抱反
沆莽沆大水從水亢声一曰大澤臣鍇曰莽沆大水皃博物志曰停水東方曰都一名沆也解黨反
泬水從孔疾出也從水穴翾迭反
濞水暴至声從水鼻声披備反
灂水小声也從水爵声臣鍇曰小水瀺灂声也士角反
潝水疾声也從水翕声希立反
滕水超涌也從水朕声臣鍇曰又古國名徒崩反
洸水涌光也從水光光亦声詩曰在洸有潰臣鍇曰言勇如水之涌也國昌反
潏涌出也從水矞声一曰水中坻人所為為潏一曰潏水在京兆杜陵臣鍇按漢書潏在鄠縣北過上林入渭鵙穴反
波水涌流也從水皮声補陁反
澐江水之大波謂

之澐從水雲声臣鍇按梁有般澐也羽文反瀾大波為瀾從水闌声臣鍇按爾雅注言渙瀾也勒飡反漣小波從連臣次立按說文曰瀾或從連徐鉉曰今俗音力延反淪小波為淪從水侖声詩曰河水清且淪漪一曰沒臣鍇曰有倫理也呂辰反漂浮也從水票声片袄反浮汜也從水孚声附柔反氾濫也從水巳声一曰淹符梵反濫氾也從水監声一曰濡上及下也詩曰滭沸濫泉一曰清也臣鍇按孔子家語江出嶓山原可濫觴泛觴也盧闞反泓下深皃從水弘声烏亭反湋回也一曰水名從水韋声字歸反測深所至也從水則声察色反湍疾瀨也從水耑声土鑾反淙水声也從水宗声俟邛反激水礙也疾波也從水敫声一曰半遮臣鍇曰敫音龠堅歷反洞疾流

也從水同声頭貢反

潘　大波也從水潘声福袁反

洶　涌也從水匈声勗恐反

涌　滕也從水甬声一曰涌水在楚與恐反

湁　湁湒灂也從水拾声臣鍇按上林賦曰湁湒鼎灂丑立反

涳　宜流也從水空声苦龍反

汋　激水声也從水勺声一曰井一有水一無水為瀱汋實削反

渾　混流声也從水軍声一曰洿下兒户昆反

洌　水清也從水列声易曰井洌寒泉食良舌反

淑　清湛也從水叔声臣鍇曰湛澄深也成育反

溶　水盛也從水容声與恐反

澂　清也從水數声臣鍇按劉向列女傳曰澂漢酒醴如此數音徵纏凌反

清　朗也澂水之兒從水青声親貞反

湜　水清底見也從水是声詩曰湜湜其止神息反

潣　水流浼浼兒從水閔声眉引反

滲　下漉也從水參声臣鍇按相如封禪

書滋夜漉所禁反

潿 下流濁也從水圍声字歸反

溷 亂也一曰水濁皃從水圂声明頓反

淈 濁也從水屈声一曰滒泥一曰水出皃也古沒反

漩 回泉也從水旋省声似戀反

漼 深也從水崔声詩曰有漼者淵醋餒反

淵 回水也從水𣶒象形左右岸也中象水也扶連反

𣶒 古文淵從口臣鍇曰會意

囦 淵或省水

㳽 滿也從水爾声面侈反

澹 水搖也從水詹声從敢反

潯 旁深也從水尋声臣鍇按淮南子曰游于江潯海裔似侵反

泙 谷也從水平声備明反

泏 水皃從水出声讀若窋誇訥反

瀳 水至皃從水薦声讀若尊則千反

[illegible] 土得水沮也從水𧗿声讀若麵臣鍇曰沮低散也遲夕反

滿 盈溢也從水㒼声臣鍇曰㒼亡干反門罕反

滑

利也從水骨声胡劼反 濇 不滑也從水嗇声師吸反 澤 光潤也從水睪声臣鍇按山海經濁澤而有光澄赫反 淫 浸淫隨理也從水㸒声一曰久雨曰淫臣鍇曰隨其脈理而浸漬也移今反 瀸 漬也從水韱声爾雅曰泉一見一否曰瀸精廉反 潰 漏也從水貴声亦決也胡塊反 泆 水所蕩泆也從水失声移七反 沴 水不利也從水㐱声五行傳曰若其沴作臣鍇曰气不利乃為沴㐱非声傳寫誤也郎計反 淺 不深也從水戔声刺件反 洔 水暫益且止未減也從水寺声只耳反 渻 少減也一曰水門也從水省声一曰水出丘前為渻息水反 淖 泥也從水卓声臣鍇按春秋左傳掀公以出于淖獰敎反 濢 小溼也從水翠声遵誄反 溽 溼暑也從水辱声臣鍇曰月令曰土潤溽暑儒曲反

涅 黑土在水者也從水土日声臣鍇曰論語涅而不緇檷穴反

滋 益也從水茲声一曰滋水出牛飲山白陘谷東入虖沱臣鍇按春秋左傳曰正考父三命滋恭則欺反

溜 青黑皃也從水留声臣鍇曰留音忽虎配反

浥 溼也從水邑声臣鍇按詩曰厭浥行露殷戢反

沙 水散石從水少水少沙見也楚東有沙水臣鍇曰會意色加反

𣲡 譚長說沙或從尐尐子結切

瀨 水流沙上也從水賴声臣鍇按漢有下瀨將軍郎蔡反

濆 水厓也從水賁声詩曰敦彼淮濆臣鍇曰水厓墳潤也扶云反

涘 水厓也從水矣声周書曰王出涘臣鍇曰人至厓止若有竢也牀史反

汻 水厓也從水午声臣鍇按詩曰及江之汻忽午反

氿 水厓枯土也從水九声爾雅曰水醮曰氿臣鍇曰水醮盡處俱水反

漘 水厓

也從水漘声詩曰寘河之漘臣鍇曰爾雅云夷上洒下是倫反

浦水濱也從水甫声臣鍇按楚辭送美兮南浦送至于水瀕也拍户皮

沚小渚曰沚從水止声詩曰于沼于沚只耳反

沸滭沸檻泉也從水弗声臣鍇曰滭沸檻泉毛詩也沸涌字作濆分勿反

潨小水入大水曰潨從水衆声詩曰鳧鷖在潨隻公反

派別水也從水𠂢𠂢亦声臣鍇曰𠂢匹賣反

汜水別復入也從水巳声詩曰江有汜一曰汜窮瀆也詳紀反

湀湀辟流水處也從水癸声臣鍇按爾雅湀門流川云通川也虬癸反

濘滎濘也從水寧声臣鍇曰春秋左傳戎馬旋濘泥濘也手徑反

洼深池也從水圭声臣鍇曰又渥洼水名恩崖反

窪清水也從水窐声一曰窊也臣鍇曰老子窪則盈烏瓜反

濴絶小水也從水熒省声玄經反

潢積水

池也從水黄声臣鍇曰春秋左傳潢汙行潦之水户荒反

沼 池也從水召声臣鍇按詩潛鯡在沼立少反

湖 大陂也從水胡声揚州浸有五湖浸川澤所仰以溉灌臣鍇曰湖猶都也五湖一名具區其派有五故曰五湖或云以其周行五百里故曰五潮此失之甚夫雲夢澤方五百里可言五澤乎或引國語吳越戰于五湖直在一湖中戰故曰太湖自名五湖蓋五湖其都數若言兩京五都三秦百越但舉南都亦可言五都豈便謂其總舉太湖哉在三之中故云王湖傻可爽乎塊徒反

汥 水都也從水支声臣鍇曰水岐技所會翅移反

洫 十里為成成間廣八赤深八赤謂之洫從水血声論語曰盡力于溝洫況色反

溝 水瀆廣四赤深四赤從水冓声臣按爾雅水注川曰谿注谿曰谷注谷曰溝注澮曰瀆便尤反

瀆 溝也從水賣声一曰邑中溝陁谷反

渠水所居也從水㮾声臣鍇曰㮾即柜字巨居反瀶谷也從水臨声讀若林一曰寒也力尋反

湄水艸交曰湄從水眉声閩之反洐溝行水也從水行声閑撗反澗山夾水也從水間声一曰澗出弘農新安東南入洛臣鍇曰澗猶隈也溝瀰反澳隈崖也其内曰澳其外曰隈從水奥声臣鍇按

淮南子漁者以其隈隩曲崖相讓内謂岸内曲隈外曲也詩曰汭鞫之即于目反澩夏有水冬無水曰澩從水學省声讀若學士角反澩學或不省𤅩水濡而乾也從水鸛声詩曰𤅩其乾矣臣鍇曰鸛字鸑罕反灘俗𤅩從隹汕魚游水皃從水山声詩曰烝然汕汕臣鍇曰舒散皃史患反

決行流也從水夬声廬江有決水出大別山臣鍇按漢書決水廬江雩婁縣鵬穴反灓漏流也從水䜌声魯

剜反　滴　水注也從水啻声顛狄反　潜　新吕灑水也從水昔声漢律曰及其洒潜史索反　澨　埤增水邊土人所止者從水筮声夏書曰過三澨時制反　注　灌也從水主声支處反　沃　漑灌也從水芺声剜毒反　津　水渡也從水𦘔声臣鍇曰𦘔音津將親反　𦨈　古文津從舟淮　淜　無舟渡河也從水朋声臣鍇按詩曰不敢淜河今借馮字皮陵反　潢　小津也從水橫声一曰吕舡渡也户更反　泭　編木以渡水也從水付声臣鍇按爾雅庶人乘泭甫殳反　渡　濟也從水度声特路反　沿　緣水而下也從水㕣声春秋傳曰三汾夏臣鍇曰㕣音兖與川反　泝　逆流而上曰泝洄泝向也水欲不違之而上也從水㡿声桑柞反　遡　泝或從辵朔　洄　泝洄也從水回声户隈反　泳　潛行水中

也從水永声子柄反潛涉水也一曰藏從水朁声一曰漢為潛臣鍇曰禹貢梁州潛水自漢出秦苦反

淦水入船中也從水金声一曰泥也臣鍇按漢書淦水出豫章新淦西入湖溝暗反汵淦或從今

泛浮也從水乏声方颿反汓浮行水上也從水從子古文或以汓為没字臣鍇曰會意延秋反

泅汓或從囚砅履石渡水也從石從水詩曰深則砅臣鍇曰今詩又作厲會意里曳反濿砅或從厲

湊水上人所會也從水奏声倉候反湛没也從水甚声一曰湛水豫章浸臣鍇按今周禮荊水其濅潁湛注云當在豫州在此非也宅減反𣽰古文湛湮没也從水垔声伊倫反

沒沈也從水𠬸声臣鍇曰𠬸音没謀骨反氼没水也從人從水讀與溺同臣鍇曰會意泥覓反

渨没也從水畏滃雲气起也從水翁声臣泱滃也
声烏枚反鍇雲起于水綰本反從水
来声臣鍇按漢武内傳曰七淒雲雨起也從水妻声臣
月七日決鬱日雲起殷強反鍇按宋玉高堂賦曰淒
兮如雨渰雲雨皃從水弇声詩溟小雨溟溟也從
七低反曰有渰淒淒依漸反水具声民粤反
涑小雨零也從水東声臣瀑疾雨也從水暴声詩曰
鍇曰東音藥史迮反終風且瀑一曰沫也且
曰瀑賫也臣鍇曰澍時雨澍生萬物從水尌声湒雨
今詩作暴盆操反臣鍇曰尌音豎時注反下
也從水咠声一曰澬久雨涔資也一曰水潦雨水大
濈涌也沸人反名從水資声疾咨反皃從水
尞声臣鍇按楚詞曰收潦雨清言百川至濩雨流霤下
秋則暴雨流潦之水盡而澄徹也勒抱反皃下從水

蔓声户霤反

涿 流下滴也從水豖声上谷有涿縣臣鍇曰豖音畜角反

𣶒 奇字涿从曰有涿鹿縣

瀧 雨瀧瀧也從水龍声臣鍇曰猶言瀧瀧也来充反

渿 渿沛也從水桼声臣鍇曰流清皃能大反

漊 雨漊漊也從水婁声一曰汝南請飲酒習之不醉為漊臣鍇曰漊漊小雨不絕之皃律乳反

滈 久雨也從水高声侯抱反

溦 小雨也從水微省声臣鍇曰散音微尾希反

濛 溦雨從水蒙声臣鍇從詩曰零雨其濛母東反

洓 陵上滴水也從水朿声一曰濁黙也臣鍇曰究者琢池心反

洅 霤震洅洅也從水再声臣鍇曰謂霤声震屋霤水声散也則代反

淊 泥水淊淊也從水臽声一曰繅絲湯侯坎反

涵 水澤多也從水圅声詩曰僭始既涵胡甘反

[illegible] 漸溼從也挐声而隹反

瀀澤多也從水憂声詩曰既瀀既渥衣尤反涔漬也從水岑声涔陽渚在郢臣鍇按楚辭望涔陽乎

極浦助吟反浞小濡皃也從水足声士角反渥霑也從水屋声乙卓反漼灌也從水

崔声臣鍇曰崔音確呼郭反濃露多也從水農声詩曰零露濃濃奴聰反瀌兩雪瀌瀌從水麃声

臣鍇曰瀌猶浮也此詩之言彼消反溓薄水也或曰中絕小水從水兼声臣鍇按潘岳寡婦賦曰霤淋淋而

夜下兮水溓溓而微凝連鹽反泐水石之理從水𠂔声周禮曰石有時而泐臣鍇曰言石因其脈理而解裂

也𠂔音勒郎忒反滯凝也從水帶声臣鍇按楚辭聖人不凝滯于物直例反汦著止也從水氏

声臣鍇曰春秋左傳物乃汦伏只耳反漷水裂去也從水虢声古獲反澌水索也從水斯声臣

涸亦从水鹵舟

鍇曰索盡也先刺反

汔 水涸也從水气声或曰江下也詩曰汔可小康希气反

涸 渴也從水固声

讀若狐貈之貈閑傅反

消 盡也從水肖声息超反

潐 盡也從水焦声子妙反

渴 盡也從水曷声臣鍇曰𣶃潵字徒欠刻居反

漮 水虛也從水康声臣鍇按爾雅漮虛也注漮之言空也謂丘虛爾弬莊反

瀱 井一有水一無水曰瀱汋從水罽声臣鍇曰按爾雅夏有水冬無水也居例反

溼 幽溼也從一覆也覆土而有水故溼也從濕省声臣鍇曰今人不知有此字以濕為此字濕它帀反水名非此也傷執反

湆 幽溼也從水音声臣鍇曰今人多言浥湆也羌邑反

洿 濁水不流也一曰窊下也從水夸声臣鍇按淮南子曰決而入江洿水下樂也古乎反

汙 薉也從水于声一曰小池為汙一曰涂也屋怖反

湫　隘下也從水秋声有湫水在周地春秋傳曰晏子之宅湫隘安定朝𨚍有湫泉臣鍇按史記封禪書云祠湫于朝那即由反

潤　水潤下從水閏声如順反

準　平也從水隼声王閔反

汀　平也從水丁声臣鍇曰水岸平處京師南九里汀宅寧反

𠀆　汀或從平

汓　水吏也亦溫也從水丑声如紂反

瀵　水瀵也從水糞声讀若粉臣鍇按爾雅瀵大出尾下注云尾猶底也河東汾陰縣有水口如車輪許濆沸涌出其深無限名之為瀵馮翊郃陽縣又有一瀵相去數里夾河河渚又一瀵皆潛通夫問反

滜　新也從水臯声臣鍇按詩滜其深矣又新臺有漼本皆如此字醋餕反

瀞　無垢也從水靜声從性反

瀎　滅瀎拭滅皃從水蔑声臣鍇按春秋左傳曰三數叔魚之惡不為瀎滅本此字今作末假借門撥反

泧　瀎泧

也從水戊声讀若椒樧之樧歡括反

洎 灌釜也從水自声其冀反

渜 湯也從水耎声奴短反

洝 渜水也從水安声烏旰切

洏 洝也從水而声一曰煮孰也忍伊反

涗 財溫水也從水兑声周禮曰吕涗漚其絲臣鍇曰財裁始也輸柍反

涫 鬻也從水官声酒泉有樂涫縣臣鍇按史記龜筴傳曰心如涫湯古安反

涾 涫溢也今河朔方言謂沸溢為涾從水沓声臣鍇曰沓沓然沸也道合反

汏 浙灡也從水大声臣鍇曰水激過也楚辭曰齊吴榜以擊汏張衡賦曰次瀺灂特奈反

⿰氵簡 淅也從水簡声艮限反

淅 汏米也從水析声星激反

滰 浚乾漬米也從水竟声孟子曰孔子去齊滰淅而行其兩反

溲 浸沃也從水叜声色酉反

浚 抒也從水夋声臣鍇曰抒取出之也蘇狥反

瀝 浚也從水

歷声臣鍇按魯靈光殿賦曰動滴瀝以成響凡言滴瀝者皆謂漉出而餘滴也連的反

漉浚也從水鹿声一曰水下皃也臣鍇曰水下所謂滲漉盧木反

潘淅米汁也從水番声一曰潘水在河南滎陽臣鍇按左傳遺之潘沐潘可以沐也浦漫反

灡潘也從水蘭声勤飡反

泔周謂潘曰泔從水甘声溝三反

滫久泔也從水脩声息抽反

澱滓垽也從水殿声臣鍇按爾雅澱謂之垽滓澱也今青澱澄澱所出也庭硯反

淤澱滓濁泥也從水於声於據反

滓澱也從水宰声阻史反

淰濁也從水念声乃忝反

瀹漬也從水龠声倫略反

⿰氵⿵門焦釃酒也一曰浚也從門從水焦声讀若夏書天用勦絕臣鍇曰釃濾酒也故從門即沼反

漀側出泉也從水殸声士挺反

湎沈于酒也從水面声用書曰网

敢湎于酒彌究反　湑　莤酒也一曰浚也一曰露皃也從水胥声詩曰有酒湑我又曰零露湑兮臣鍇曰莤

音縮東茅以酹也私呂反　漿　酢漿也從水將省声子長反　𤖶　古文牀　涼　萍也從水京声

柳昌反　淡　薄味也從水炎声稻槧反　涒　食已復吐之從水君声爾雅曰太歲在申曰涒灘它門反

澆　沃也從水堯声堅蕭反　液　津也從水夜声移尺反　滒　多汁也從水哥声讀若柯臣鍇

按淮南子曰甚淖而滒更和反　灝　豆汁也從水顥声荀老反　溢　器滿也從水益声移七反

滌也從水西声古文㠯爲洒埽字息米反　滌　洒也從水條声田溺反　瀐　和也從水戠声臻也反

汁　液也從水十声之習反　瀋　汁也從水審声春秋傳曰猶拾瀋尺甚反　湏　飲歃也從水弭

声面傍反潠飲歃也從水算声一曰吮也巽倦反漱盪口也從水欶声色透反洞滄也從水

同声臣鍇按詩洞酌彼行潦洞遠也當作迥借此字余請反滄寒也從水倉声初況反𤄊冷寒

也從水靚声又敬反淬滅火器也從水卒声臣鍇曰淬劒燒而入水也此退反沐灌髮也從水木

声門逐反沬洒面也從水未声虎配反頮古文沬從頁浴洒身也從水谷声余足反

澡洒手也從水喿声子草反洗洒足也從水先声臣鍇按尚書曰自洗腆思典反汲引水

于井也從水及声飢泣反淳淥也從水䭬声臣鍇按周禮曰渥淳其帛是倫反淋以水沃也從水

林声一曰淋淋山水下也方尋反漬漚也從水責声賛寄反漚久漬也從水區声臣鍇按春秋

左傳曰鄫人之渫除去也從水枼声臣鍇按澣濯衣
湢營者安闕反　易曰井渫不食私列反　垢也
從水榦声臣鍇曰今澣　濯　澣也從水翟　涑　澣也
榦音浣胡旱反　從完　声木渥反　從水
束声一曰河東涑水臣鍇按春　潎　于水中擊絮也從水
秋左傳曰入我涑川相玉反　敝声臣鍇曰莊子所
謂洴澼絖史記所謂諸母　㳖　塗也從水從土尨　汛
漂也絖與纊同片滯反　声讀若隴兔江反　灑　也
從水麗声　汛　灑也從水卂　染　㠯繒染為色
所解反　声思震反　從水杂声柔檢反　泰
滑也從廾水　𡘜　古文泰如此　濶　海岱之間謂相汙曰
大声他蓋反　濶從水閻声羊廉反　灒
汙灑一曰水中人也　浼　汙也從水免声詩曰河水浼浼
從水贊声箭鴈反　孟子曰汝安能浼我梅礌反

⿰氵愁腹中有水气也從水愁声即沼反　湩乳汁也從水重声臣鍇按列子曰乳湩有餘端奉反
洟鼻液也從水夷声臣鍇按禮曰垂洟涕今人多誤以洟為涕以涕為洟他計反　汗人液也從水干
声侯玩反　泣無声出涕者泣從水立声羗邑反　涕泣也從水弟声它禮反　潸涕流皃也
從水散省声詩曰潸焉出涕色閑反　湅⿰氵簡也從水柬声臣鍇按周禮書湅帛如此郎見反　⿰氵獻議罪
也從水獻声與法同意臣鍇曰如水之平也今相承從言訛也魚滅反　渝變汙也從水俞声一曰渝水出
遼西臨渝東出塞臣鍇曰春秋左傳曰專之渝羊朱反　減損也從水咸声古黯反　滅盡也從水
烕声臣鍇曰烕音血彌悅反　漕水轉轂也從水曹声一曰人所乘及船也慈到反　泮諸侯饗射

之宮也西南為水東北為墻從水半半亦声臣鍇曰
天子辟廱水周之諸侯泮宮水繞其半會意鋪渙反漏
吕銅受水刻節晝夜百刻從水屚澒丹沙所化為水銀
声臣鍇曰屚音漏屋屚也勒豆反也從水項声臣鍇
按淮南子曰正土之气御于埃天埃天五百歲生缺缺百
五歲生黄埃黄埃五百歲生黄澒黄澒五百歲生黄金偏
土之气御于清天清天五百歲生青曾青曾五百歲生青
澒青澒五百歲生青金壯土之气御于赤天赤天七百歲生
赤丹赤丹七百歲生赤澒赤澒七百歲生赤金弱土之气
御于白天白天九百歲生白礜白礜九百歲生白澒白澒
九百歲生白金萍苹水艸也從水苹苹亦声治治
水銀也呼寵反臣鍇曰苹音平頻寧反水
也從水曰声臣鍇曰尚濊水多皃從水淉水也從
書曰作泊作干筆反歲声烏最水果声

骨朶反

湆 溼也以水合声侯夾切

湯 熱水也从水昜声土郎切

文四百六十五　重二十三

沝 二水也闕凡沝之屬皆從沝職累反

𣴑 水行也從沝㐬㐬突忽也臣鍇曰突忽猶疾也里由反

流 篆文流從水

𣥠 徒行厲水也從步沝臣鍇曰詩曰涉冐為亂常攝反

涉 篆文涉從水

文三　重二

瀕 水厓也人所賓附頻蹙不前而止從頁從涉凡頻之屬皆從頻臣鍇曰故謂之頻也詩曰率止之頻或借

賓字或作瀕同作
濵乃誤婢民反

顰 涉水顰蹙也從頻卑声婢民反

文二

說文解字通釋卷第二十一

說文解字通釋卷第二十二 奇書

繫傳二十二

文林郎守祕書省校書郎臣徐鍇傳釋

朝散大夫行祕書省校書郎臣朱翱反切

十八部 文 重

〳

水小流也周禮匠人為溝洫梠廣五寸二梠為一耦一耦之伐廣赤深赤謂之〳倍〳曰遂倍遂曰溝倍溝曰洫倍洫曰巜凡〳之屬皆從〳臣鍇曰尚書掞畎澮距巜畎〳也起於田間溝也象形 激犬反

𤰝古文𡿨從田𤰝篆文𡿨從田犬聲
巛𤰝之川也田𤰝六𤰝而為一畝

文一　重二

巜水流澮澮也方百里為巜廣二尋深二仞凡巜之属
皆從巜讀若儈同臣鍇按釋名水注溝曰巜巜會也
小水之所聚會也
今人作澮古顊反

𡿭水生厓石間𡿭𡿭也從巜𠃊聲臣
鍇曰水流石間不駃也里刃反

文二

巛貫穿通流水也虞書曰濬𡿨巜距巛言深𡿨
巜之水會為巛也凡巛之屬皆從巛叱專反

巠 水脈也从巛在一之下一地也壬省聲一曰水冥巠也臣鍇曰經理也斜茗反 巠 古文巠不省

巟 水廣也从巛亾聲易曰包巟用馮河臣鍇曰荒恍統从此忽光反

𢀖 水流也从巛或聲臣鍇按郭璞江賦測𢀖濜溳也況邑反

𣶒 水流也从巛曰聲臣鍇按相如賦曰汩乎順流汩即此字曰音越于筆反

𡿪 水流𡿪𡿪也从巛歺省聲臣鍇曰列字从此良舌反

邕 四方有水自邕城池者是也从巛邑讀若雝臣鍇曰古以城塹因山爲高岸曰塹有溝無水曰陘有水曰池春秋左傳曰齊申池又史曰金城湯池是也會意究封反 𡿶 籀文邕如此

侃 剛直也从㐰㐰古文信也从巛取其不舍晝夜論語曰子貢侃侃如也臣鍇曰子路有聞未之能行唯恐有聞是其不捨晝夜也會意肯肝反

𡿧 害也从一雝川春秋傳曰川雝

為澤凶臣鍇曰
州 水中可居者曰州周遶其旁從重川
昔堯遭洪水民居水中高土故曰九
州詩曰在河之州一曰州疇也各疇其土而生也 古文
州 如此
臣鍇曰古九州字與洲渚字同也會意隻留反

文十　重三

泉 水原也象水流出成川形也凡泉之屬皆從泉
臣鍇曰凡水原所出也川三成川也族延反

⿱緐泉 泉水也從泉緐聲讀若飯臣
鍇曰阪泉盖本此字服萬反

文二

灥 三泉也闕凡灥之
屬皆從灥續倫反

灥水泉本也從灥出厂下臣鍇曰會意北水原字原隰字古作邍也言袁反 厵篆文𠩵省

文二　重一

永水長也象水巠理之長水也詩曰江之永矣凡永之屬皆從永雨省反

羕水長也從永羊声詩曰江之羕矣臣鍇曰蜀有彭羕揚漾從此余亮反

文二

𠂢水之衺流別也從反永凡𠂢之屬皆從𠂢讀若蜀稗縣臣鍇曰永長流反則分派也匹賣反

衇血理之分衺行體中者從𠂢從血臣鍇曰五藏六府之气血分流四胑也會意莫獲反 脈衇或

從衇籀文覛邪視也從𠂢從見臣鍇按張衡西京賦
肉衇衇覛覛往昔之館又南都賦覛魯縣而來遷
民的覛籀文覛
反

文三　重三

谷泉出通川爲谷從水半見出於口凡
谷之屬皆從谷臣鍇曰指事孤速反
谿山瀆無所通者從谷奚声𧮫通谷也從谷害声臣
谿臣鍇曰俗作溪若兮反谷鍇曰前有所通也吼
作𧮰空谷也從谷翏声梨挑反𧯁大長谷也從谷龍声讀若聾来充反谾谷中響
反谷翏声梨挑反谷声讀若聾来充反谷也從谷
左声臣鍇曰隆㟍永歎遠壑必盈幽谷谸望山谷谸谸
無私有至斯響鏗裕中谷声也混耕反谸青也從谷千

聲七縣反 㕡 深通川也從𣦵𣦵殘也地坑坎意也虞書曰睿畎澮距川臣鍇曰會意蘇徇反 濬 容或從水 濬 古文容從水

文八　重三

仌 凍也象水凝之形也凡仌之屬皆從仌臣鍇曰冰初疑文理如此也彬仍反

冰 水堅也從水仌臣鍇今以為仌字也言丞反 凝 俗冰從疑 凜 寒也從仌稟声力甚反

凊 寒也從仌青声臣鍇曰冬和而夏凊也此併反 凍 仌也從仌東聲得貢反 滕 仌出也從仌朕声詩曰納于滕陰力膺反 凌 滕或從夌 凘 流仌也從仌斯声臣鍇曰冰解而流也後漢書曰河

流澌不可渡也辛兹反

凋　半傷也從仌周声臣鍇曰語曰歲寒然後知松柏之後凋後凋者非不凋也松栢為凋即凋是半傷也都僚反

冬　四時盡也從仌夂夂古文終臣鍇曰白虎通曰冬終也仌霜冬終之候也會意都農反

𣅶　古文冬從日臣鍇曰冬者月之終也曰窮于紀也

冶　消也從仌台声臣鍇曰木玄虛海賦曰陽氷不治羊者反

凔　寒也從仌倉声初訪反

冷　寒也從仌令声魯皿反

凾　寒也從仌圅聲胡甘反

滭　風寒也從仌畢声畢聿反

冹　一之曰滭泼也從仌犮声臣鍇曰詩之言也一之曰十一月之日也分勿反

凓　寒皃也從仌㮚声臣鍇曰寒使人戰凍也力必反

瀨　寒也從欠賴声郎蔡反

文十七　重三

雨　水從雲下也一象天冂象雲水霝其間也凡雨之屬皆從雨王矩反

𠕲　古文雨臣鍇曰但象雲雨而已

靁　陰陽薄動靁雨生物者也從雨畾象回轉形臣鍇曰陰陽相盪薄易繫曰雷風相薄雷出則萬物出也來推反

𩆩　籀文靁間有回回靁声也

𩂩　古文靁

𩇓　亦古文靁

霣　雨也齊人謂靁為霣從雨員声一曰雲轉起也讀若昆臣鍇按易曰有霣自天也眉引反

𩃹　古文霣如此

霆　靁餘声也鈴鈴所以挺出萬物從雨廷声臣鍇按陰陽相薄而為雷激而為霆霹歷也田丁反

霅　霅霅震電皃從雨𧮫省声一曰雲衆言臣鍇按吳都賦颯霅吸呷人衆声也宅甲反

電陰陽激燿也從雨申声庭硯反　電古文電如此　震劈歷振物者從雨辰声春秋傳曰

震夷伯之廟臣鍇以為霆其急激者也震所加物之稱也春秋左傳南宮極震章信反　震古文震如此

雪凝雨說物者也從雨彗声臣鍇以謂雪之著物積久而不流其浸潤深以解說物也相省反　霄

雨霓為霄也從雨肖声齊語臣鍇以為霄雪今人所謂溼雪着物則消者也息超反　霰稷雪也從雨散声臣

鍇按詩曰如彼雨雪先集惟霰郭璞以謂雨雪雜下也息茜反　霰霰或從見　雹雨冰也從雨包声臣

鍇按西京雜記陰气脅陽為雹別車反　雹古文雹如此　霝雨零也從雨㗊象零形詩曰霝雨

其濛連丁反　⿱雨各雨下零也從雨各声勒記反　零餘雨也從雨令声臣鍇曰孫楚詩零雨被秋草

連丁反

𩅞 小雨裁零也從雨鮮聲讀若斯辛鉉反

霢 霢霂小雨也從雨脈聲臣鍇曰詩曰潤之以霢霂臣以為霢霂若人之血脈流偏又如沐之霑濡也莫獲反

霂 霢霂也從雨沐聲門逐反

䨘 小雨也從雨酸聲素攢反

䨢 微雨也從雨𢦔聲讀若芟精廉反

䨶 小雨也從雨眾聲明堂月令曰䨶雨止宋反

霃 久陰也從雨沈聲池心反

䨴 久雨也從雨兼聲連鹽反

𩃮 久雨也從雨圅聲甘反

霖 凡雨三日已上為霖從雨林聲力尋反

䨒 霖雨也從雨乑聲南陽名霖雨䨒臣鍇曰聚䨒然不正也銀蔵切

𩃓 雨聲也從雨眞聲讀若資子思反

䨞 雨皃也方語從雨禹聲讀若瑀于角反

䨲 小雨也從雨僉聲精廉反

霑 雨染也從雨沾聲陟潛反

䨔 霑也從雨染聲而獻反

霤 屋水流也從雨留声臣鍇曰屋簷滴處春秋左傳曰三進及霤良秀反

屚 屋穿水入也從雨在尸下屋也臣鍇曰會意漏字從此勒豆反

䨣 雨濡革也從雨革声讀若膊臣鍇曰皮革得雨䨣然起也霸字從此普悪反

霽 雨止也從雨齊声子計反

霋 霽謂之霋從雨妻声七位反

霩 雨止雲罷皃也從雨郭声呼郭反

露 潤澤也從雨路声勒姤反

霜 喪也成物者也從雨相声色方反

霚 地气發天不應也從雨敄声臣鍇曰釋名云霚冐也今俗作霧爾雅云霧謂之昧勿赴反

雺 籀文霚省

霾 風雨土也從雨貍声詩曰終風且霾臣鍇曰若雨沙也閣皆反

霿 天气下地不應曰霿霿晦也從雨瞀声臣鍇按爾雅作雺悶諷反

霓 屈虹青赤或白色陰气也從雨兒声臣鍇曰霓也擬西反

䨢寒也從雨執声或曰早霜也
讀若春秋傳曰墊阨丁念反雩夏祭樂于赤帝以
祈甘雨也從雨于
声臣鍇曰四月雩舞羽也故或從羽臣鍇曰周禮以
之祭也員須反𦐤雩或從羽雩羽舞也皇舞舞旱熯之事注皇舞象羽舞旱
熯之事
謂雩也䨛水音也從雨羽声云煦反需䇓也遇雨不進而止䇓也從雨而声易曰雲上於天
需臣鍇按春秋左傳需事之下
也然則需遲疑䇓待也四于反

文四十六　重十一

雲山川气也從雨云声象雲回轉形凡雲之屬
皆從雲臣鍇曰禮曰山川出雲指事羽文反
云古文
雲
省雨𠆥亦古文雲臣鍇曰
二字直象形而已霒雲覆日也從雲今
声臣鍇按漢書曰

浮雲為我陰郁吟反侌古文霒省𠅖亦古文霒

文二　重四

魚 水蟲也象形魚尾與燕尾相佀凡魚之屬皆從魚 臣鍇曰下火象尾而已非水火之火字研余反

鰖 魚子已生者也從魚憜省 臣鍇曰謂已放散泊草渚者也禿頗反 ⿰阝⿱左魚 籀文鰖省

鮞 魚子也一曰魚之美者有東海之鮞從魚而声讀若而 臣鍇曰呂氏春秋伊尹之言也忍伊反

魼 魚也從魚去声 臣鍇按相如賦禺禺魼魶去魚反

鰨 虛鰨也從魚扇声 臣鍇按字書魚似鮎四足它榼反

鱒 赤目魚也從魚尊声 臣鍇按爾雅注鮅鱒似鯶赤眼鯶鯇也租本反

⿱犾魚 魚也從魚犾声 臣鍇按犾音魚吝反里神

反　鰫　魚也從魚容聲與封反　鱮　魚也從魚胥聲先居反　鮔　鯍也周禮謂之鮔從魚恒聲臣鍇按相如賦鮔鰽漸離鰽即鯍溝恒反　鯍　鮔鯍也從魚巟声夢登反　鮪　鮥也周禮春獻王鮪從魚有声臣鍇按爾雅注鱣屬大曰王鮪小曰叔鮪詩序曰春獻鮪注曰春鮪新來也于洧反　鮥　叔鮪也從魚各聲勒託反　鯀　魚也從魚系声臣鍇曰即禹父名也孤損反　鰥　魚也從魚眔聲固山反

鯉　鱣也從魚里声示矣反　鱣　鯉也從魚亶声陟連反　䲣　籀文鱣如此　鱄　魚也從魚專声臣鍇按鱄曰赤魚殊剸反　鮦　魚也從魚同声一曰鱺也讀若絝襱臣鍇按爾雅鱧大鮦小者鮵注今青州呼小鱺曰鮵篆勇反　鱺　鮦也從魚蠡声蓮第反　鱋　魚也一曰鯉一名鰜從魚婁声臣鍇

按亦比目魚也力殊反

鰜 鰜也從魚兼声結添反

鯈 魚也從魚攸声臣鍇按何晏景福殿賦曰瀨戲鰋鯈陳收反

⿰魚豆 魚也從魚豆声土偶反

鯾 魚也從魚便声賓延反

鯿 鯾或從扁

魴 赤尾魚也從魚方声浮長反

鰟 籀文魴從旁

鱮 魚也從魚與声臣鍇按鱮似魴頭大夕與反

鰱 魚也從魚連声鄰延反

⿰魚反 魚也從魚反声坏甲反

⿰魚幼 魚也從魚幼声讀若幽伊糾反

鮒 魚也從魚付声臣鍇按鮒小魚也符注反

⿰魚巠 魚也從魚巠声岐或反

⿰魚朁 魚也從魚朁声臣鍇曰今作鯽津易反

鱺 魚也從魚麗声里西反

鰻 魚也從魚曼声沒團反

鱯 魚也從魚蒦声讀若瓠臣鍇按爾雅注似鮎而大色白戶化反

魾 大鱯也小者名鮡從魚丕声部

悲反鱧鱯也從魚豊声連弟反⿰魚果鱧也從魚果声戶把反鱨揚也從魚嘗声臣鍇按詩曰鯈鱨鰋鯉字書黃頰魚也射強反鱓魚也從魚單声傳曰伯牙鼓琴鱓魚出聽移今反鯢也從魚兒聲擬西反鰼鰌也從魚習声臣鍇按爾雅注泥鰌也似入反鰌鰼也從魚酋声七牛反

鯇魚也從魚完聲戶版反魠哆口魚也從魚乇乇声宅作反鮆飲而不食刀魚也九江有之從魚此声臣鍇按爾雅鮤魚刀注鮆也自禮反鮎鰋也從魚占声年兼反鰋鮀也從魚晏声依遠反鰋鰋或從匽鮷大鮎也從魚弟声敵圭反⿰魚賴魚也從魚賴声郎蔡反鮀鮎也從魚它声臣鍇按爾雅亦鯊鮀也豆科反⿰魚朁魚也從魚替声似侵反⿰魚翁魚也從魚翁声烏公

反⿰魚臽魚也從魚臽声經念反鱖魚也從魚厥声俱稅反鯫白魚也從魚取声士足反

鱓魚也皮可以爲鼓從魚單聲石遣反鮸魚也出薉邪頭國從魚免声臣鍇曰今人音敏美選反

魵魚出薉邪頭國從魚分声臣鍇曰薉邪頭東夷也數粉反⿰魚虜魚也出樂浪潘國從魚虜声勒古反

鰸魚也狀似鰕無足長寸大如叉股出遼東從魚區声器方反鯜魚也出樂浪番國從魚妾声七

捷反⿰魚市魚也出樂浪番國從魚市声浦會反⿰魚匊魚也出樂浪番國從魚匊声一曰⿰魚匊出九江有兩乳

一曰溥浮居六切魦魚也出樂浪番國從魚沙省声臣鍇曰今沙魚皮有珠文可飾刀劍鞞皮亦可食

所加鱳魚也出樂浪番國從魚樂声勒託反鮮魚也出貉國從魚羴省声臣鍇曰古以此字音尠借

爲眇少今人用爲鱻息行反

鱅魚也從魚庸声與封反

鰅魚也皮有文出樂浪番國東暆神爵四年初捕取輸考工從魚禺声周成王時揚州獻鰅元鍾反

鰂烏鰂也從魚則声殘忒反

鯽鰂或從即

鮐海魚也從魚台声臣鍇曰所謂老人鮐背也田咍反

鮊海魚也從魚白声讀若書白不黑陪陌反

鰒海魚也從魚复声臣鍇按即石決明也褚彥回食而不賣者別卓反

鮫海魚也皮可飾刀從魚交声臣鍇曰左思賦所謂鼉帶鮫函也加肴反

鱷海大魚也從魚畺声春秋傳曰取其鱷鯢虔迎反

鯨鱷或從京

鯁魚骨也從魚更声根杏反

鱗魚甲也從魚粦声里神反

鮏魚臭也從魚生声息形反

鱳鮏臭也從魚樂声周禮曰膳膏鱳素叨反

鮨魚胳醬也出蜀中從魚旨声一曰鮪

魚名臣鍇曰脂肉也鮺藏魚也從魚差省声南方謂之
山雅注蘆眞夷反魿北方謂之蘆臣鍇曰今俗作
鮓側䰼蘆也從魚今聲一曰大魚鮑饐魚也從魚包
瓦反為蘆小魚為魿祖慘反声臣鍇曰饐陳
臭也步魿蟲連行紆行者也從魚令声臣鍇曰連
拗反行謂若螘之行連屬不絶也連丁反鰕
魵也從魚段鰝大鰕也從魚鯦當氐也從魚咎声臣
声痕加反高声候抱反鍇按爾雅注海魚似
鯿大鱗肥美魧大貝也從魚亢声一曰魚膏讀若岡臣
多鯁溝曰反鍇按爾雅注今紫貝也大者如車渠恒
湯鮩蚌也從魚丙声臣鍇鮚蚌也從魚吉声漢律會
反曰爾雅作蜃蒲猛反稽郡獻鮚醬三斗巨乙
反鮅魚名也從魚鱹魚名從魚瞿鯸魚名從魚矦
必声果聿反声九遇反声何溝反

鯛魚骨耑脃從魚周声臣鍇曰小魚也覩挑反鯙烝然鯙鯙從魚卓声臣鍇按詩南有嘉魚烝然鯙鯙注烝久也鯙作罩罩篧也輟角反鱍鱣鮪鱍鱍從魚犮声臣鍇按詩施罛濊濊鱣鮪撥撥借撥字北末反䲀魚出東萊從魚夫声甫安反鯕魚名也從魚其声虔知反鮡魚名也從魚兆声池沼反魤魚名也從魚匕声呼跨反鱻新魚精也從三魚不變魚臣鍇曰三衆也衆而不變是鱻也息遷反魶無似鼈無甲有尾無足口在腹下从魚納声奴荅切

文一百三　重七

䲆二魚也闕凡䲆之屬皆從䲆研余反

𩺰捕魚也從水𩺰臣鍇曰從二魚二魚多也研余反　漁篆文𩺰從魚

文二　重一

燕玄鳥也籋口布翄枝尾象形凡燕之屬皆從燕臣鍇曰籋音聶小鍇也于甸反

文一

龍鱗蟲之長能南能明能細能巨能短能長春分而登天秋分而潛淵從肉飛之形童省凡龍之屬皆從龍臣鍇曰⿺𠂤乚肉飛也力鍾反

靇龍也從龍霝声霝古文霝字連丁反　龕龍皃也從龍合声㦈南反　⿱幵龍龍髶脊上⿱幵龍⿱幵龍也從

龍幵声丁帖反 龖 飛龍也從二龍讀若沓大市反

文五

飛 鳥翥也象形凡飛之屬皆從飛臣鍇曰上旁飞者象鳥頭頸長毛甫肥反

䨸 翄也從飛異声籀文翼以即反 𦐊 篆文䨸從羽

文二　重一

非 違也從飛下翄取其相背也凡非之屬皆從非甫肥反

𩇨 別也從非己声斧尾反 靡 披靡也從非麻声臣鍇曰披靡分故取相遠之義眉彼反 靠

相違也從非告声古與反

陛 牢也所以拘非也從非陛省声比倪反

文五

卂 疾飛也從飛而羽不見也凡卂之屬皆從卂

臣鍇曰此字出于飛羽不見無飞也思震反

煢 回飛疾也從卂營省声臣鍇曰詩借為瘽字葵名反

文二

說文解字通釋卷第二十二

說文解字通釋卷第二十三

繫傳二十三

文林郎守祕書省校書郎臣徐鍇傳釋

朝散大夫行祕書省校書郎臣朱翺反切

十二部　七百八十八文　重八十

乚燕燕玄鳥也齊魯謂之乙取其鳴自謼象形也九乙之屬皆從乙臣鍇按爾雅燕燕乙此與甲乙之乙相類此音軋其形舉首下曲與甲乙字異也厄戞反

乙或從鳥臣鍇曰小雅作此字

通也從乙子乙請子之候鳥也乙至而得子嘉美之也古人名嘉字子孔臣鍇曰古人及鳥生子曰乳獸曰產從孚又云孔甚苦蠓反

從乙乙者玄鳥明堂月令玄鳥至之曰祠于高禖以請子故乳從乙請子必以乙至之曰者乙春分來秋去開生之候玄鳥帝少昊司分之官也臣鍇曰偰生于鳥故貴之同于人言乳文言之也言產質理也乳者化之信也南朝有高禖石以石為主然拄反

文四

鳥飛上翔不下來也從一一猶天也象形凡不之屬皆從不臣鍇曰指事甫柔反

不也從口不不亦声臣鍇曰否者不可之意見于言也付刃反

文二

至 鳥飛從高下至地也從一一猶地也象形不上去而至下来也人至之屬皆從至臣鍇按禮曰玄鳥言之也戰媚反

到 至也從至刀声都告反

𡊴 古文至

臻 至也從至秦声側詵反

𦤸 忿戾也從至至而復孫孫遁也周書曰有夏氏之民叨𦤸𦤸讀若摯同臣鍇曰今尚書作懫借也此會意陟利反

臸 到也從二至而吉反

臺 觀四方而高者也從至高省與室屋同意之声臣鍇按春秋公羊傳曰諸侯臺門謂築土為門也兩觀于臺上更為重屋田咍反

文六　重一

西　鳥在巢上也象形日在西方而鳥西故因以為東西之西也凡西之屬皆從西臣鍇曰此本象鳥棲也斯低反

卥　古文西臣鍇曰卜亦象鳥也　𠧧　籀文西　棲　俗西從木妻　𧟄　姓也從西圭声

臣鍇按張訦梁四公記有𧟄闅勺迷反

文二　重三

鹵　西方鹹地也從西省囟象鹽形安定有鹵縣東方謂之㡿西方謂之鹵凡鹵之屬皆從鹵臣鍇按史記曰

大抵東方食鹽西方食鹽鹵春秋左傳晉有大鹵之地安定在晉也爾雅注齊有海濱廣斥也又河東解縣鹽池有印鹽方如印齒文也勒古反

鹺鹹也從鹵差省河内謂之蓄沛人言若虘臣鍇按禮鹽曰蓄殘陀反鹹銜也北方味從鹵咸声俟

彡反

文三

鹽鹹也從鹵監声古者夙沙初作煮海鹽凡鹽之屬皆從鹽臣鍇按夙沙黃帝臣也西方有鹽井也羊廉反

盬古河東鹽池袤五十一里廣七里周百一十六里從鹽省古声臣鍇按今靈慶也昆靦反鹼鹵也

从鹽省僉声魚欠切　文二

户　護也半門爲户象形凡户之屬皆從户臣鍇按禮曰將上堂声必揚將入户視必下桓土反

㦿　古文户從木

扇　扉也從户翅省臣鍇曰象鳥之翅會意詩椽反

扉　户扇也從户非声臣按春秋左傳曰入于扉中甫肥反

房　室在旁也從户方声臣鍇按秦築宫于驪山之旁曰阿房宫也浮長反

戻　輜車旁推户也從户大声讀與釱同臣鍇曰謂車中狹不容轉扉傍壁爲扇推而開閉也徒詩反

戹　隘也從户乙声臣鍇曰户小門也晏索反

扃　外閉之關也從户向声臣鍇曰古人言外户是也居屏反

肁　始開也從户聿声臣鍇曰声字從此與必反

扆　户牖之間謂之扆從户衣声臣鍇曰禮注

云若今屛風也般豈反

⿸戶劫 閉也從戶劫省声枯蹋反

文十　重一

門 聞也從二戶象形凡門之屬皆從門臣鍇按尚書闢四門明四目所以廣聞見也莫魂反

閶 天門也從門昌声楚人名門閶闔臣鍇按楚詞叫帝閽使開關兮倚閶闔而望予潘岳賦夢良人來遊若閶闔兮洞開此則通名爲閶闔今人或者但謂天門為閶闔誤矣醜將反

闈 宮中之門也從門韋声字歸反

⿵門詹 闔謂之樀樀廟門也從門詹声臣鍇曰今俗作擔羊廉反

閎 巷門也從門厷声臣鍇按春秋左傳曰高其閈閎混耕反

閨 特立之戶也上員下方有似圭從門圭圭亦声消兮反

閤 門旁戶也從門

合声苟合反

闟 樓上户也從門翕声他榼反

閈 門也從門干声汝南平與里門曰閈侯玩反

閭 里門也從門呂声周禮曰五家為比五比為閭閭侶也十五家相群侶也連于反

閻 里中門也從門臽声臣鍇曰史記李斯以閻閭入事羊廉反

壛 閻或從土

闠 市外門也從門貴声胡塊反

闉 城内重門也從門垔声詩云出其闉闍臣鍇曰若今門外甕城門也伊倫反

闍 闉闍也從門者声丁通反

闕 門觀也從門欮省声臣鍇按中央闕而為道又古今注人臣至此則思其所闕蓋為二臺于門外人君作樓觀于上上貟下方以其闕然為道謂之闕以其上可遠觀以其縣法謂之象魏書名也區越反

閞 門欂櫨也從門弁声皮變反

⿵門介 門扉也從門介声古拜反

闔 門扉也從門盍声一曰閉

也臣按春秋左傳曰旋于門中以枚數闑謂以鞭數扉之版也候臘反

闑 門梱也從門臬声魚滅反

閾 門榍也從門或声論語曰行不履閾臣鍇曰門限也于抑反

𨵦 古文閾從洫

閬 門高也從門良声巴郡有閬中縣来宕反

闢 開也從門辟声頻役反

𨷐 虞書曰闢四門從門從廾

闡 開也從門單声易曰闡幽昌善反

闟 闢門也從門為声國語曰闟門而與之言于委反

開 張也從門幵声渴才反

閜 大開也從門可声大杯亦為閜臣鍇曰書傳多云谽閜也許下反

閘 開閉門也從門甲声烏甲反

閟 閉門也從門必声春秋傳曰閟門而與之言筆媚反

閣 所以止扉者從門各声臣鍇按爾雅弋長者謂之閣所以止扉即今云門頰扇所附著也根莫反

閒 隟也

從門從月臣鍇曰夫門當夜閉閉而見月光是有間隙也豆閑反

閒 古文閒如此

閜 門傾也從門阿声惡可反

閼 遮壅也從門於声臣鍇曰按史記書壅閼字如此憂歇反

[門繇] 開閉門戶利也從門利也從門繇声或曰縷十紘也職沈反

[門曷] 門声也從門曷声乙鍇反

闀 門響也從門鄉声臣鍇按爾雅兩階間謂之闀注人君南闀當階間也許文反

闌 門遮也從門東声勒飡反

閑 闌也從門中有木臣鍇按易曰閑邪存其誠陶潛有閑情賦謂閑止其情欲也會意候艱反

閉 闔門也從門才所以距門臣鍇曰才木也會意辟桂反

閡 外閉也從門亥声偶代反

闇 閉門也從門音声歐欽反

關 呂木橫持門戶從門丱声古還反

[門龠] 開下牡也從門龠声臣鍇曰今人作鑰也角略反

闐 盛皃

也從門眞声臣鍇曰詩云振旅闐闐笛前反

闛　闛闛盛皃也從門堂声特郎反

閹　豎也宮中閹閽閉門者也從門奄声於劒反

閽　常目昏閉門隸也從門昏声喧盆反

闚　閃也從門規声去規反

闌　妄入宮掖也從門䜌声臣鍇曰律所謂闌入也勒飡反

閄　声也從門二二古文下字讀若軍敶之敶臣鍇曰二字短下畫為二字三閄字從此遲悞反

閃　闚頭門中也從人在門中臣鍇曰會意施塹反

閱　具數于門中從門兑声臣鍇曰春秋曰大閱簡車馬也具數一一數之也今人言伐閱謂歷數其門中之功伐也與缺反

闋　事已閉門也從門癸声傾雪反

闞　望也從門敢声臣鍇按詩曰進厥武臣闞如哮虎闞進且望也苦濫反

闊　疏也從門活声苦末反

閔　弔者在門也從門文声眉引反

𢘅

古文閔從思

闖 馬出門皃從馬在門中讀若郴臣鍇按春秋公羊傳曰左右舉大槖而至開之闖然公子揚生也敕鳩反

闓 開也从門豈声苦亥切

文五十七　重六

耳 主聽也象形凡耳之屬皆從耳柔以反

耴 耳垂也從耳下垂象形春秋傳曰秦公子耴耴者其耳垂也故㠯為名臣鍇曰以晉景公黑臀之類言之也此指事陟聶反

䎶 小垂耳也從耳占声丁添反

耽 耳大垂也從耳冘声詩曰女之耽兮覩貪反

聃 耳曼也從耳冉声臣鍇曰耳無輪郭也他甘反

䏇 聃或從甘

䎪 垂耳也從耳詹声南

方有瞻耳 耿 耳著頰也從耳烱省声杜林説耿光
國多談反 也從光聖省声凡字皆左形右声耿光説
非是臣鍇曰耿耿經侹昭著之皃故曰耿耿不寐又耿介
也尚書以覲文王之耿光今按鳥部多右形左声不知此
言後人加之邪將傳 聯 連也從耳耳連于頰從絲絲連
寫失之邪根杏反 不絶也臣鍇曰周禮官府之聯
事謂大事非一官所了者 聊 耳鳴也從耳卯声臣鍇曰
衆共成之也會意鄰延反 楚辭曰耳聊耿而未止梨
桃 聖 通也從耳呈 聰 察也從耳悤 聽 聆也從悳從
反 声詩令反 声麤中反 耳從壬声他
寧 聆 聽也從耳令 職 記微也從耳戠声臣鍇按周
反 声連丁反 禮國有六職皆主記事之微
也章 聒 讙語也從耳昏声臣鍇曰春秋左 聥 張耳有
直反 傳太子痤聒而與之語古活反 所聞也

從耳禹声俱取反

聲　音也從耳殸声臣鍇曰通論詳矣識征反

聞　知声也從耳門声云反

䎽　古文聞從昏

聘　訪也從耳甹声臣鍇曰聘訪問之以耳也匹併反

聾　無聞也從耳龍声来充反

聳　生而聾曰聳從耳從省声思奉反

⿰耳宰　益梁之州謂聾為⿰耳宰秦晋聽而不聦聞而不達謂之⿰耳宰從耳宰声臣鍇曰不全聾也祖殆反

聵　生聾也從耳貴声臣鍇曰謂從生即聾也五夬反

⿰耳欳　聵或從欳

⿰耳豙　聵或從豕作

聉　無知意也從耳出声讀若孽誅貀反

⿰耳月　墮耳也從耳月声元伐反

⿰耳闋　吳楚之外凡無耳者謂之⿰耳闋從耳闋声讀若斷耳為盟臣鍇曰言缺⿰耳闋也五滑反

聑　安也從二耳丁帖反

聅　軍法㠯矢貫耳也從矢從耳司馬法曰小罪聅之中罪刖之大罪剄之臣

鍇按春秋左傳曰貫三人耳耴列反

聶　附耳私小語也從三耳臣鍇曰一耳就二耳也史記曰乃效兒女子呫聶耳語女懾反

聝　軍戰斷耳也春秋傳曰以為俘聝从耳或声古獲切

馘　聝或从首

[illegible]　乘輿金飾為耳也从耳麻声讀若渳水一日若月令靡艸之靡亡彼切

聆　國語曰回祿信于聆遂闕　臣今切

文三十二　重四

𦣝　頷也象形凡𦣝之屬皆從𦣝　臣鍇曰姬蓝亦從此寅之反

頤　篆文𦣝從頁臣鍇曰指事籀文𦣝從呰

𦣞　廣𦣝也從𦣝巳声臣鍇曰熙字從此寅之反

戺　古文𦣝從户臣鍇曰今人言戺階戺也

文二　重三

手 拳也象形凡手之屬皆從手臣鍇曰五指之形式九反

𠂿 古文手

拇 將指也從手毋声臣鍇按春秋左氏傳曰闔傷指而卒凡書傳謂大拇為將指頭指為鹽鈹指所謂將指者為諸指之率也厚反

指 手指也從手旨声職美反

拳 手也從手𠔉声衢貟反

掌 手中也從手尚声職想反

擥 手擥也揚雄曰擥握也從手取声烏貫反

攕 好手皃從手韱声詩曰攕攕女手色咸反

掔 人臂皃也從手削声周禮曰輻欲其掔尒臣鍇曰人臂捎長纖好也色投反

摳 繑也一曰摳衣升堂從手區声臣鍇按經解說摳衣謂以手於衣下舉裾便不躓步也可留反

揖 讓也從手咠声一曰手著胷曰揖伊入反

攐 摳衣也從手褰声臣鍇按詩曰子惠思我攐裳涉溍

豈虔反

擡 舉手下手也從手壹声臣鍇按潘岳賦率軍禮以長擡伊肆反

攘 推也從手襄声然莊反

拜 首至地從手𢪒声𢪒音忽具壞反臣鍇曰𢪒進趣之疾也故拜從之

𢫳 古文拜從二手

𢷎 楊雄說拜從兩手下

撿 拱也從手僉声臣鍇曰按今人以此為檢字檢押從木作也留琰反

拱 斂手也從手共声臣鍇曰尚書桑穀生太戊之朝七日大拱拱兩手大指頭指相拄也矩悚反

捾 搯捾也從手官声一曰援也烏末反

搯 搯捾也從手舀声周書曰師乃搯搯者拔兵刃以習擊刺詩曰左旋右搯臣鍇曰今詩作抽左旋右抽偷力反

𢫬 擁也從手巩声矩悚反

推 排也從手隹声土回反

捘 推也從手夋声春秋傳曰捘衛侯之手臣鍇曰排擠之也七賔反

扶 佐也從手夫声凡無反

𢻱 古文扶從攴

將 扶也從手爿声子長反

持 握也從寺手直而反

挈 縣持也從手切声輕郮反

拑 脅持也從手甘声勤潛反

揲 閱持也從手枼声臣鍇曰周易揲之以四相聶反

摯 握持也從手執声脂利切

操 把持也從手喿声雌報反

攫 爪持也從手瞿声俱燭反

捦 急持衣捦也從手金声巨今反

㩒 捦或從禁

摶 索持也從手專声一曰至也本泊反

據 杖持也從手豦声飢御反

𢪈 幵持也從手幵声腕甘反

攝 引持也從手聶声失涉反

抪 捫持也從手布声嘖摸反

挾 俾持也從手夾声羊帖反

捫 撫持也從手門声詩曰莫捫朕古莫䰟反

擥 撮持也從手監声婁坎反

𢹎 理持也從手𤔔声盧盡反

握 搤持也從手屋声乙

卓反

握 古文握如此

撣 提持也從手單声讀若行遲驒驒持丹反

把 握也從手巴声補寫反

拏 牽引也從手奴声一曰已也女加反

攜 提也從手巂声勺迷反

㧪 拈也從手耴声丁帖反

提 挈也從手是声敵圭反

拈 㧪也從手占声年兼反

摛 舒也從手离声臣鍇曰以手舒之也丑离反

捨 釋也從手舍声式且反

擪 一指按也從手厭声于帖反

按 下也從手安声烏肝反

控 引也從手空声詩曰控于大邦匈奴名引弓控弦寬宋反

捋 取易也從手寽声一曰劣也魯掇反

撩 理也從手尞声梨桃反

插 刺内也從手臿臣鍇曰會意也楚反

措 置也從手昔声臣鍇曰周易曰苟措諸地可矣倉玄反

掄 擇也從手侖声一曰從手貫也臣鍇

按周禮山林　入　摩也從手盾声臣鍇曰史　緣也從
旁昆反　淮南王拊揗其民食尹反　手彖與
絠　拊也從手有　揗也從手付　把也從手音
反　声普百反　声分武反　声今鹽官入
水取鹽曰掊臣鍇曰詩　掇也從手合　拾取也從
曰曾是掊克步矛反　声常入反　手叕声都
撮　引取也從手寽声詩　捊或　自關㠯東謂
反　曰原隰捊矣步侯反　從包　取曰捽從手
弇声一曰覆　予也從手受　奉也受也從手卪取
也依漸反　声常岫反　臣鍇曰卪節也上有
節下承奉之尚書說命曰敢　給也一曰約也從
不承受君之明德視澄反　手臣声章信反
拭也從手堇　朋羣也從手　交也從手　撞
声巳郡反　黨声胡莽反　声鄧攝反　也

從手市声普未反挏擳引也從手同声漢有挏馬官作馬酒臣鍇按漢書百官表謂取馬乳作酒頭貢反
招手呼也從手召声也臣鍇按春秋左傳皮冠以招虞人眞遥反撫安也從手無声一曰掇也一曰
揗也臣鍇曰尚書撫于五辰揗于五時分武反𢼈古文撫從亡辵擇簡選也從手睪声澄赫反
捉搤也從手足声一曰握也臣鍇曰春秋左傳曰叔武聞君至捉髮走出今或借作握氊岳反搤
捉也從手益晏索反挻長也從手延声臣鍇按詩曰松桷有梴賒延反揃揻也從手前声一曰竊也
臣鍇按春秋左傳楚王曰姑揃揻此借翦字子善反揻批也從手咸声彌悅反批捽也從手此声
側捉反掬撮也從手鞠省声竪祝反摕撮取也從手帶讀若詩蹛煉之蹛的替反□摕或

從折示兩手從古文撫從止辵臣次立曰今說揗撫
急持人也　文并李舟切韻不載從字如此　也
從手昏声一曰揣量也度高下曰揣一曰捶抈開也
摹也眉均反　之也從手耑声初委反　從手
只声讀若抵掌摜習也從手貫声春秋傳投擿也從
之抵眞彼反　曰摜瀆鬼神古患反　手殳声
特隻擿搔也從手適声一曰投也臣鍇搔括也從手
反　按列子曰指擿無痕痒知白反　蚤声穌叨
反扴括也從手介擙擊也從手奧声一曰挈鑰壯也
反　声工八反　臣鍇按春秋左傳長水之斃無
不摽也抉挑也從手夬挑撓也從手兆声一曰摷爭
頻小反　声縈節反　也春秋國語曰郤至挑天
土彫据戟挶也從手居声臣鍇按詩予手拮据傳曰戟
反　拘也謂手執臂曲局如戟不可轉也堅疎反

挶 戟持從手局声俱燭反

擖 揭也從手害声閑刮反

搳 刮也從手葛声一曰撻也古鎋反

擿 拓果樹實也從手啻声一曰指近之也他狄反

抲 抲撝也從手可声周書曰盡執抲獻虎何反

摲 暫也從手斬声胙三反

拹 摺也從手劦声一曰擸也虛業反

摺 敗也從手習声之涉反

揫 束也從手秋声詩曰百祿是揫臣鍇按爾雅束聚也即由反

摟 曳也聚也從手婁声勒兜反

抎 有所失也從手云声春秋傳曰抎子辱矣臣鍇按呂氏春秋秦穆公之甲抎者七禮令注傳作隕于惲反

披 從旁持曰披從手皮声臣鍇曰周禮曰哭執披史記無不披靡謂四向而散也坯畀反

擢 引也從手翟声臣鍇曰謂授擢也朱握反

㩜 引縱曰㩜從手瘛声臣鍇曰周易曰牛㩜今作掣唱

曳反𢪱積也從手此声詩曰助我舉𢪱一曰搣頰旁也賛寄反掉搖也從手卓声春秋傳曰尾大不掉地料反搖動也從手䍃声延朝反搈動搈也從手容声臣鍇曰溶動也淮南子動搈無形之域與恐反㨳當也從手貳声直致反揂聚也從手酋声即由反掔固也從手臤声讀若詩曰赤舄掔掔臣鍇按史記倉公傳曰信即掔車轅未忍渡苦閑反捀奉也從手夆声甫坙反擧對舉也從手與声臣鍇曰會意以虛反掀舉出也從手欣声春秋傳曰掀公出于淖忻元反抍上舉也從手升声易曰抍馬壯吉只硫反撜抍或從登揭高舉也從手曷声臣鍇曰周禮曰書而揭之豈例反振舉救也從手辰声一曰奮也章信反扛橫關對舉也從手工声臣鍇按神僊

傳扛鼎之士溝降反 捎 自關已西凡取物之上者為撟捎從手肖声臣鍇曰謂取其捎也攩巢反 扮
握也從手分声讀若粉房粉反 撟 舉手也從手喬声一曰撟擅也巳少反 擁 抱也從手雝声宛冗
反 擩 染也從手需声周禮曰六曰擩祭然柱反 揄 引也從手俞声羊朱反 搫 搫擭不正
也從手般声別安反 擭 搫擭也從手蒦声一曰布擭一曰握也一曰搤也烏獲反 拚 拊手也從手弁
声皮變反 擅 專也從手亶声時絹反 揆 葵也從手癸声臣鍇曰詩曰天子葵之葵揆也虬癸反
擬 度也從手疑声牛以反 損 減也從手貟声思付反 失 縱也從手乙声詩必反
撥 治也從手發声北末反 挩 解挩也從手兑声他活反 挹 挹也從手邑臣鍇曰從上酌之

也伊涇反 抒挹也從手予聲神杵反 攫扟也從手矍聲俱攫反 抯挹也從手且聲讀若樝梨之樝臣鍇按任昉彈文曰舉手抯范臂側巴反 扟從上挹也從手卂聲讀若莘所臻反 拓拾也陳宋語也從手石聲貞石反 摭拓或從庶 攈拾也從手麇聲居郡反 擐貫也從手瞏聲春秋傳曰擐甲執兵尸慣反 擾煩也從手夒聲臣鍇曰夒乃高反尒小反 撓擾也從手堯聲一曰捄也咍牢反 揯引急也從手恒聲臣鍇曰揯猶直也攩亘之巴溝恒反 摍蹴引也從手宿聲色逐反 [illegible]相授也從手庋聲攩元反 援引也從手爰聲羽元反 擂引也從手留聲敕留反 抽擂或從由 㩅擂或從秀 拔擢也從手犮聲彭札反 揠拔也從手匽聲臣鍇曰孟

子曰宋人患苗不長擣手推也從手壽声攣係也從
而揠之也厄憂反　一曰築也得旱反　手䜌声
吕貞挺拔也從手廷搴拔取也從手寒声楚詞曰
反　声留鼎反　朝搴批之木蘭豈虔反
探遠取之也從手突声臣撢探也從手覃声臣鍇曰
鍇曰突音脫他含反　周禮有撢人陀闇反
捘推也從手委声一曰兩手相竊摩也臣撆別也從
鍇按詩注瀚濯煩挼之事是也奴戈反　手敝声
一曰繫也搹把也從手鬲声扼搹或搣摇也從手
僻噎反　讀若戹晏棗反　從戹　咸声候坎
反搦按也從手弱掎偏引一曰踦也從手奇声臣鍇
声女伯反　按春秋左傳譬如捕鹿諸戎掎
之居揮奮也從平軍扞伎也從手干摩研也從手
綺反　声火韋反　声候玩反　麻声没訛

反
揅　摩也從手研声禦堅反
㩻　反手擊也從手𣬉声臣鍇按春秋左傳㩻而殺之篇兮反
攪　亂也從手覺声詩曰祇攪我心根卯反
搑　推擣也從手茸声而擁反
撞　丮擣也從手童声臣鍇曰東方朔曰以莛撞宅邦反
摧　擠也從手崔声一曰挏一曰折也臣鍇曰挏推動也徂回反
排　擠也從手非声步乖反
擠　排也從手齊声子計反
抵　擠也從手氐声的米反
㧢　就也從手因声臣鍇按易因而重之今此㧢仍字皆作因仍也伊倫反
扔　因也從手乃声而應反
括　絜也從手𠯑声臣鍇按周易曰括囊無咎古活反
擘　撝也從手辟声八麥反
撝　裂也從手為声一曰手指撝喧垂反
捇　裂也從手赤声麾獲反
扐　易筮再扐而後卦從手力声郎

忒技巧也從手支摹規也從手拙不巧也從手
反声強倚反莫門胡反出声燭悅反
𢯷縫指𢯷從手沓声讀若眔一曰韋韜臣鍇曰今
射𢯷縫衣所用捍鍼也以韋為之也道合反摶
圜也從手專㨡手推之也從手撮四圭也從手最声
声杜酸反圂声胡兀反亦二指撮也臣鍇
按漢律曆志以量者捄盛也于裡中也從手求声一曰
不失圭撮村奪反擾也詩曰捄之陾陾臣鍇曰裡
盛土之器拮手口共有所作也從手吉声詩曰予手拮
也卷于反据臣鍇曰以手反口各舉衣裣之一角也
經節搰掘也從手骨掘搰也從手屈掩斂也小上
反声胡兀反声瞿弗反曰掩從手
奄声依摡滌也從手既声詩曰揟取水沮也從手胥
漸反摡之釜鬵苟代反声武威有婿次縣

先居反

播 種也從手番声一曰布也臣鍇曰尚書曰塈益播補貨反

𢿌 古文播從攴

挃 穫禾声也從手至声詩曰穫之挃挃知疾反

擳 剌也從手致声一曰剌之財至也涉利反

扤 動也從手兀声臣鍇按詩曰天之扤我吾忽反

抈 折也從手月声元伐反

拉 摧也從手立声勒沓反

摎 縛殺也從手翏声居幽反

撻 鄉飲酒不敬撻其背從手達声它末反

㒓 古文撻周書曰撻以記之

挫 摧也從手巠声祖卧反

掕 止馬也從手夌声輦孕反

抨 撣也從手平声普萠反

捲 气勢也從手卷声春秋國語曰予有捲勇一曰捲收也衢負反

扱 收也從手及声楚之反

摷 拘擊也從手巢声即沼反

挨 擊背也從手矣声遏駭反

撲 挨也從手菐声别卓反

撽旁擊也從手敫声牽料反扚疾擊也從手勺声得了反抶笞擊也從手失声臣鍇按春秋左傳曰歜以戈抶職暢七反扺側声也從手民声臣鍇按史記曰抵掌而談梁到溉見廣絕交論抵凡于地貞彼反抰以車鞅擊也從手央声殷仰反㨐衣上擊也從手保声布偶反捭兩手擊從手卑声北買反捶以杖擊也從手垂声或曰擿也職累反搉敲擊也從手隺声刻學反摬中擊也從手竟声一竟反拂過擊也從手弗声臣鍇曰擊而過之也分勿反⿰扌堅擣頭也從手堅声讀若論語鏗尒舍琴而作懸耕反抌深擊也從手冘声讀若告言不正曰抌竹甚反⿱毀手傷擊也從手毀声吁委反擊攴也從手毄声臣鍇曰攴撲也堅歷反抗扞也從手亢声香浪反杭抗或

從木

捕 取也從手甫声盤怖反

搢 刺也從手籍省声春秋國語曰籍魚鱉助責反

撚 執也從手然声一曰蹂也涊泫反

挂 畫也從手圭声古賣反

拕 曳也從手它声忒羅反

捈 臥引也從手余声吐都反

抴 捈也從手世声延世反

揤 捽也從手即声魏郡有揤裴侯國煎弋反

揙 摶也從手扁声翩究反

撅 以手有所把也從手厥声俱越反

攎 挐持也從手盧声論孤反

挐 持也從手如声一曰誣也女除反

捽 持頭髮也從手卒声昨没反

搵 没也從手昷声烏悶反

搒 掩也從手㫄声曰享反

挌 擊也從手各声加額反

拲 兩手共同械也從手共声周禮曰上罪梏拲而桎短悚反

桊 拲或從木

掫 夜戒守有所擊也從手取声春秋傳曰賓

將掫臣鍇曰所謂扞掫也子侯反

捐　棄也從手肙声與川反

掤　所以覆矢也從手朋声詩曰抑釋掤忌臣鍇按春秋左傳釋掤而游掤箭箙蓋也借氷字彬仍反

扜　指麾也從手于声況于反

麾　旌旗所以指麾也從手靡声毀為反

捷　獵也軍獲淂也從手疌声春秋傳曰齊人來獻戎捷疾聶反

扣　牽馬也從手口口亦声臣鍇按春秋左傳太子扣馬諫懇走反

掍　同也從手昆声孫損反

搜　衆意皃也一曰求也從手叜声詩曰東矢其搜色酋反

擧　對舉也從手與声一曰輿也臣鍇曰輿輦也已呂反

換　易也從手奐声戶岸反

掖　以手持人臂投地也從手夜声一曰人臂下也臣鍇按春秋左傳曰掖以赴外移赤反

揚　飛舉也從手易声猶良反

敭　古文揚從攴

𠦬 脊呂也象脊𦚾形也凡𠦬之屬皆從𠦬讀若乖徐鍇曰脊脅肉也呂即膂字骨淮反

脊 脊呂也從肉從𠦬津易反

文二

文二百六十六　重二十

說文解字通釋卷第二十三

說文解字通釋卷第二十四

繫傳二十四

文林郎守祕書省校書郎臣徐鍇傳釋

朝散大夫行祕書省校書郎臣朱翱反切

二十四部　文　重

女　婦人也象形凡女之屬皆從女王育說臣鍇曰通論詳矣臣舉反

姓　人所生也古之神聖人母感天而生子故稱天子因生以爲姓從女生生亦声臣鍇曰據典氏妻附寶感

大霓繞斗星而生黃帝顓頊母感瑤
光貫月而生顓頊也會意息正反
姜 神農居姜水因以爲姓從女羊声九商反
姬 黃帝居姬水因水爲姓從女𦣞声居而反
姞 黃帝之後伯鯈姓也后稷妃家從女吉声
臣鍇曰春秋左傳姞吉人也后稷之元妃也伯鯈南燕伯也巨乙反
嬴 帝少皞之姓也從女羸省声以征反
姚 虞舜居姚虛因以爲姓從女兆声或以爲姚嬈也史篇以爲姚易也延朝反
㜣 人姓也從女然声年霓反
嬀 虞舜居嬀汭因以爲姓從女為声俱為反
妘 祝融之後姓也從女云声羽文反
□ 籀文妘從鼎
姺 殷諸侯為亂疑姓也從女先声春秋傳曰商有姺邳思典反
妞 也從女田声商書曰無有作玜吼號反
娸 人姓也從女其声杜林說娸醜也或曰讀若近遺之反

奼 少女也從女毛声張迓反 媒 謀也謀合二姓從女某声莫堆反 妁 酌也斟酌二姓也從女勺声臣鍇按毛詩注曰媒妁之言是也實削反 嫁 女適人從女家声干乍反 娶 取婦也從女取声七駐反 婚 婦家也從女昏禮娶婦以昏時婦人陰故曰婚喧盆反 𡣍 籀文婚如此 姻 壻家也女之所因故曰姻從女因声伊倫反 婣 籀文姻從㴊 妻 婦與巳齊者也從女從屮從又又持事妻職也屮声七低反臣次立按徐鉉曰屮進也齊之義也 𡜊 古文妻從肖女肖古文貴字 婦 服也從女持帚灑埽也臣鍇曰自此以上通論詳矣符九反 妃 匹也從女巳声芳非反 媲 妃也從女𣬉声匹計反 妊 孕也從女壬壬亦声而沈反 娠 女妊身動也從女 春

秋傳曰后緡方娠一曰官婢女隸曰娠章信反 媰 婦人妊身也從女芻聲周書曰至媰婦臣鍇曰今尚書曰至于屬婦側秀反 嬔 生子齊均也從女𤯓聲讀若幡符販反臣次立按說文曰從女從生免聲 嫛 婗也從女殹聲幽雞反 婗 嫛婗也從女兒聲一曰婦惡皃臣鍇曰嫛婗嬰兒皃也擬西反 母 牧也從女象懷子形一曰象乳臣鍇曰通論詳矣莫厚反 嫗 母也從女區聲迂注反 媼 母老偁也從女盈声讀若奧武威有媼關縣晏考反 姁 嫗也從女句声臣鍇曰史記呂娥姁呂后也勳戍反 姐 蜀人謂母曰姐淮南謂之社從女且声讀若左即瓦反 姑 夫母也從女古声古呼反 威 姑也從女戌声律曰婦告威姑臣鍇曰借為威權也迂歸反臣次立按說文曰從女從戌徐鍇曰土盛于戌土陰之主也故從戌

妣殁母也從女比声并止反𡚽籀文妣省姊女兄也從女𠂔声津矣反娣女弟也從女弟声笛計反妹夫之女弟也從女未声臣鍇曰曹大家女誡所謂嫂妹也莫隊反媦楚人謂女弟曰媦從女胃声春秋公羊傳曰楚王之妻媦于貴反嫂兄妻也從女叜声思討反姪兄之女也從女至声臣鍇按春秋左傳姪其從姑亭結反姨妻之女弟同出為姨從女夷声臣鍇按春秋左傳曰吾姨也寅之反妿女師也從女加声杜林說曰加教于女也讀若阿鸎何反娒女師也從女每声讀若母同臣鍇按春秋在傳曰伯姬待娒莫透反媾重婚也從女冓声易曰匪寇婚媾格漚反姼美女也從女多声尺紙反𡛜姼或從氏妭美婦也從女犮声臣鍇曰一曰鬼婦張衡西京賦曰弱女紱于

神漢步㜎女隸也從女奚声臣鍇按周婢女之卑者
將反禮曰奚八人借奚字賢迷反從女卑卑
亦声臣鍇曰㚤婦官也從女奴奴婢皆古辠人從女
會意頻旨反弋声以即反又声周禮曰其奴男
人于辠隸女人于舂藁内都反臣次立曰又㚢古文奴
非声按徐鉉云又手也持事者也當云從反從人
媊甘氏星經曰太白號上公妻曰女媊居南斗食厲天
下祭之謂之明星從女前声臣鍇曰甘氏史記張耳
傳所謂甘公太白陰也故為上公妻山海媧古之神聖
經西王母司天之厲厲癘气也即然反女化萬物
者也從女咼𡟿籀文媧娀帝高辛之妃偰母號也從
声古蛙反從咼女戎声詩曰有娀方將臣
鍇曰呂氏春秋女娀高辛之娥帝堯之女舜妻娥皇也
妃吞燕卵所生契也昔中反從女我声秦晉謂好曰

娙娥臣鍇按漢制婦官有娙娥
云娙娥女子長而好也偶和反

嫄
台侯之女周棄母字
從女原声臣鍇曰所
謂姜嫄
言袁反

嬿
女字也從女
燕声于甸反

妸
女字從女可声
讀若阿鷖何反

嬃
女字
也從
女須声楚詞曰女嬃之嬋媛
侍中說楚謂姊為嬃四于反

婕
女字也從女疌声
讀若接疾聶反

嬩
女字也從女與声讀若予臣
鍇曰古婕妤字也以虛反

孁
女字也從女
霝声連丁反

嫽
女字也從女
尞声力照反

㛄
女字也從女衣声
讀若依于機反

婤
女字也從女
周声隻留反

姶
女字也從女合声春秋傳曰
嬖人婤姶一曰無声烏合反

妀
女字也從女
已声訖耳反

妵
女字也從女主声臣鍇按春秋
左傳宋華姓人名也上偶反

⿰女久
女字也從女
久声幾栁反

[illegible]
女
號

也從女耳声然侍反

始女之初也從女台声臣鍇按易曰有天地然後有萬物然後有夫婦有夫婦然後有上下人曰至哉坤元萬物資始坤毋道也會意施起反

媚説也從女眉声容至反

嫵媚也從女無声臣鍇曰相如上林賦曰嫵媚冉弱然柱反

媄色好也從女美声免鄙反

㜅媚也從女畜声許郁反

嫷南楚之外謂好曰嫷從女隋省声吐破反

姝好也從女朱声尺朱反

好美也從女子臣鍇曰子者男子之美稱也會意蒿老反

嬹説也從女興声香孕反

嬮好也從女猒声于潛反

㚯好也從女殳声詩曰靜女其殳臣鍇曰今詩作姝尺朱反

姣好也從女交声臣鍇按史記曰秦後有長姣美人根夘反

嬽好也從女𡚇声讀若蜀郡布名臣鍇曰此今人所書娟字也于旋反

娧

好也從女兊声吐殺反　媌目裏好也從女苗声莫梢反　嫿靜好也從女畫声麞獲反　婠

體德好也從女官声讀若楚郤宛宛桓反　娙長好也從女巠声擬鏗反　㜺白好也從女贊声或曰不

謹也蕭鴈反　孌順也從女䜌声詩曰婉兮孌兮蔓遣反　𡢃籀文孌如此　婉順也從女

宛声春秋傳太子痤婉蔚遠反　妴婉也從女夗声迂券反　姛項直皃也從女同声它奉反

嫣長皃也從女焉声臣鍇曰漢有韓嫣倚健反　姌弱長皃從女冄声柔撿反　嫋姌也從女

弱声臣鍇按楚辭曰嫋兮秋風禰了反　孅銳細也從女韱声先廉反　嫇嬰嫇也從女冥声一曰嫇

嫇小人皃民粤反　媱曲肩行皃從女䍃声延朝反　嬛材緊也從女睘声春秋傳曰嬛嫁在疚臣

鍇曰張衡賦所謂嫘材也虛全反 姽 閑体行姽姽也從女危声臣鍇曰閑體體閑放也丑果反 婐 姽也從女果声一曰果敢也一曰女侍曰婐讀若騧一曰若委孟軻曰舜為天子二女婐烏禍反 委 委隨也從女禾声臣鍇按春秋左傳曰女子從人者也醞累反臣次立曰禾非声按徐鍇曰委曲也敢禾穀垂穗委曲之皃當云從禾

𡝩 婐姽也一曰弱也從女危声臣鍇曰危音一果反奴坐反 㚲 小弱也從女占声一曰女輕薄善走讀若占一曰多技藝齒揩反

⿰女沾 妗也從女沾声敕淹反 妗 淒妗也從女今声一曰善笑皃處占反

⿰女篕 竦身也從女篕声讀若詩曰糾糾葛屨已少反 婧 竦立也從女青声一曰有才讀若韭菁臣鍇按劉向列女傳齊有女婧此併反

妌 静也從女井声從性反 娙 婦人皃從女巠

声四之反

嫙 好也從女旋声旋延反

[illegible] 材也從女齊声子泥反

婚 面醜也從女昏声户刮反

嬥 直好皃從女翟声一曰嬈也徒了反

嫢 媞也從女規声讀若癸秦晉謂細要曰嫢蚪癸反

媞 諦也從女是声一曰研黠也一曰江淮之間謂母曰媞善紙反

婺 不繇也從女敄声勿赴反

嫺 雅也從女閒声臣鍇曰謂閑雅逶迤若女子也候艱反

媐 說樂也從女巸声臣鍇按春秋左傳鄭有公子媐軞其反

娛 樂也從女吳声元于反

娭 戲也從女矣声一曰卑賤名也過在反

媅 樂也從女甚声覩貪反

娓 順也從女尾声讀若媚亡斐反

嫡 孎也從女啻声顛狄反

孎 謹也從女屬声讀若人不孫為不孎輟蜀反

[illegible] 宴婉也從女冤声迂眷反

媕 女有心媕

婩也從女弇声依漸反媣媞也從女染声柔撿反嫥壹也從女専声一曰女嫥嫥準旋反

如從隨也從女從口臣鍇曰女子從父之教從夫之命故從口春秋傳公如齊左傳曰如其言此會意熱除反

嫧齊也從女責声千辟反娕謹也從女朿声讀若敕數數測角反嬐敏疾也從女僉声一曰莊白牛撿反

嬪服也從女賓声臣鍇曰尚書嬪于虞婢民反𡠥至也從女執声周書曰大命不㜂讀若執同虞書曰雉㜂戰媢反

㜛侻伏也從女沓声一曰伏意也它合反晏安也從女晏省声詩經曰以晏父母殷訕反

嬗緩也從女亶声一曰傳也時絹反嫴保任也從女辜声臣鍇曰若律令傷人保嫴也古乎反

媻奢也從女般声一曰小妻也步他反娑舞也從女沙声詩曰

市也婆婆先多反

姷　耦也從女有声讀若佑延救反

侑　姷或從人

姰　鈞適也謂男女併也從女旬声讀若旬堅鄰反

姕　婦人小物也從女此声詩曰屢舞姕姕即宜反

妓　婦人小物也從女支声讀若跂行臣鍇曰物猶言人物也強倚反

嬰　頸飾也從女賏賏其連也臣鍇曰會意又女曰嬰通論詳矣伊貞反

姌　三女為奻奻美也從女冄声臣鍇按國語人三為眾女三為奻奻美物也今借粲字七贊反

媛　美女也人所欲援也從女爰声詩曰邦之媛兮臣鍇曰援援助也王化之基始于內德也干面反

娉　問也從女甹声扁令反

娽　隨從也從女彔声劣束反

妝　飾也從女牀省声臣鍇曰今俗作粧側羊反

孌　慕也從女䜌声蔓遣反

媟　嬻也從女枼声和列反

嬻　媟嬻也從女賣

声陀谷反

竅短面也從女竅声詰紐反

嬖便辟也愛也從女辟声臣鍇按春秋左傳云嬖人之子也辟桂反

[女毄]難也從女毄声起賣反

妎妒也從女介声恒艾反

妒婦妒夫也從女戶声得兑反

媢夫妒婦也從女冒声讀若胞一曰梅目相視也臣鍇按史記曰妒媢生患莫號反

𡝩巧也詩曰桃之𡝩𡝩女子笑皃從女芺声臣鍇曰少而速壯也殷喬反

佞巧讇高材也從女仁声年徑反臣次立曰仁非声按說文曰從信省徐鉉曰女子之信近于佞也

嫈小心態也從女熒省声恩行反

嫪婟也從女翏声劳到反

婟嫪也從女固声渾素反

姿態也從女次声子私反

[女虘]驕也從女虘声臣鍇按嵇康詩曰母兄鞠育有慈無威恃愛肆[女虘]不訓不師借姐字也即架反

妨

害也從女方臣鍇曰若妄亂也從女亡婾巧黠也從
女之性相妨也弗商反声聞誰反女俞声臣
鍇按春秋左傳趙孟□婁□貪也從女娋小小侵也
丨丨媮甚矣忒婁反汙声渾素反從女肖声
息約□量也從女朶妯動也從女由声臣鍇曰嫌
反声揣果反詩曰憂心且妯甲溺反
不平于心也從女兼声一曰疑媘減也從女省声臣鍇
也臣鍇曰女子多嫌疑賢兼反按顏之推家訓作此
媘字息婼不順也從女若声春婞狠也一曰見親
求反秋有叔孫婼褚芍反從女幸声楚詞曰
鯀婞直易使怒也從女敝声嫸好枝格人語也一
賢頂反嫳讀若擊僻蔑反曰靳也從女善声
方闡□疾悍也從女發声嬒含怒也一曰難知也從
反讀若唑誅緥反女會声詩曰碩大且嬒

臣鍇曰今詩云碩大且儼此當云讀若也丑感反娿媕娿也從女阿声烏何反妍技也一曰不省録事也從女幵声一曰難侵讀若研一曰慧也一曰安也禦堅反娃圜深目皃也從女圭声或曰吳楚之間謂好娃臣鍇曰吳有館娃宮娃宮深意也思崖反⿰女陜不媚前却陜陜從女陜声臣鍇曰乍進乍退無姿製也收儼反

妜鼻目間皃從女夬声讀若煙火炔炔縈節反

⿰女巂愚戇多態也從女巂声讀若隓式垂反

⿰女恚不說皃也從女恚声于弃反

嫼怒皃也從女黒声亨勒反

⿰女戉輕也從女成声于厥反

嫖輕也從女票声片祆反

娙訬疾也從女巠声古多反

姎女人自稱姎我也從女央声妟亢反

媁不説皃恣也從女韋声宇歸反

婎如雉姿也一曰醜也從女隹声翾惟反

嬓

有守也從女弦声形先反媥輕皃也從女扁声僻連反嫚悔易也從女曼声謀患反㛼疾言

失次也從女臿声讀若懾丑輒反嬬弱也一曰不妻也從女需声四于反婄不肖也從女咅声讀

若竹皮箬滿吼反嬯遲鈍也從女臺声闒嬯亦如此田咍反嫸下志貪頑也從女覃声讀若深

乃簟反㜗婪也從女參声此嗊反婪貪也從女林声杜林說卜者黨相詐驗為婪讀若譚臣鍇

田女性多貪婁參反嬾懈怠也從女賴声一曰卧食臣鍇曰女性多怠也勤但反婁空也從毋中女

婁空之意也一曰婁務愚也臣鍇曰毋一作毋皆無也口中空也女心無事者也務婁愚故從女勤塊反婁

籀文婁從人中女曰声婁古文婁如此㛸婓婡也從女折声許列反婡得志婡婡也從

女夾声一曰娭息一曰少气也羌脅反

嬈　苛也一曰擾戲弄也從女堯声一曰嬥也臣鍇按淮南子少而死者其鬼嬈嬈擾撓人也禰了反

[女毀]　惡也一曰人皃也從女毀声吁委反

姍　誹也一曰女臭也從女姍省声一曰刪翼便也臣鍇曰漢書多用為訕字史悪反

媨　醜也一曰老嫗也從女酉声讀若蹴于又反

嫫　嫫母古帝妃都醜也從女莫声門胡反

婓　往来婓婓也從女非声一曰大醜皃甫肥反

孃　煩役也一曰肥大也從女褱声女長反

嬒　女黑色也從女會声詩曰蔚兮嬒兮烏最反

[女耎]　好皃從女耎声尒件反

[女奄]　誣拏也從女奄声于劒反

[女監]　過差也從女監声論語曰小人窮斯濫矣臣鍇曰女性易成濫也盧闞反

嫯　侮易也從女敖声五號反

婬　私逸也從女㸒声移今反

姘除也從女并声漢律曰齊人與妻婢姦曰姘披彭反 奸犯淫從女干干亦声臣鍇曰春秋左傳曰臣奸旗鼓奸不以犯道也骨安反 姅婦人污見也從女半声漢律曰見姅變不得侍祠脯漫反 娗女出病也從女廷声笛頲反 婥女病也從女卓声獰敎反 娷諉也從女垂声竹至反 㛴有所恨痛也從女𡿺省声今汝南人有所恨言大懟㛴臣鍇曰事過而好恨痛者婦人之性也奴道反 媿慙也從女鬼声臣鍇曰易懟媿女子也短遂反 愧媿或從恥省 奻訟也從二女女還反 姦私也從三女菅山反 𡥦古文姦從旱心 㜬美也从女臤声苦間切

文二百五十八　重十四

毋 止之也從女有奸之者凡毋之屬皆從毋臣鍇曰能有守也此指事文區反

毐 人無行也從毋士賈侍中說秦始皇毋與嫪毐淫坐誅故罵淫曰嫪毐讀若娭臣鍇曰士音仕會意過在反

文二

民 衆氓也從古文之象形凡民之屬皆從民臣鍇曰通論詳矣彌鄰反

㞀 古文民

氓 民小從民亡声讀若青没彭反

文二　重一

丿 右戾也象左引之形凡丿之屬皆從丿臣鍇曰其為文舉首而申體也夭字從此依必反

乂 芟艸也從丿乀相交臣鍇曰象刈草之刀形偶喙反

刈 乂或從刀

弗 撟也從韋省從乀臣鍇曰弗者違也分勿反

乀 左戾從反丿讀與弗同皮密反

文四　重一

𠂆 抴也明也象抴引之形凡𠂆之屬皆從𠂆虒字從此臣鍇曰曳物形象丿猷而不舉首也延世反

弋 橜也象折木衺銳著形丿象物挂之也臣鍇按爾雅橜謂之杙弋杙也以即反

文二

乁 流也從反丿凡乁之屬皆從乁讀若移臣鍇曰反丿蹭也凡曳者不順而曳之也反曳也故為流流順也以支反

也 女陰也象形乁声臣鍇曰語之餘凡言也則气出口下而盡此象气出口而下歛而盡也拽者反

也 秦刻石文

文二　重一

氏 巴蜀名山岸脅之堆旁箸欲落墯者曰氏氏崩声聞數百里象形乁声凡氏之屬皆從氏揚雄賦曰響若氏隤臣鍇曰巳堆之形乁音移響若氏隤解嘲之文古皆通謂之賦姓氏也善紙反

氒 木本也从氏而大于末也讀若厥臣鍇曰指事也俱越反

文二

氐 至也本也从氏下箸一一地也凡氐之屬皆从氐臣鍇按天根氐也指事的齊反

[illegible] 卧也从氐垔声于進反

[illegible] 觸也从氐失声亭結反

[illegible] 家本無注臣鍇按一本云許氏無此字此云家本無注疑許慎子許冲所言也今字書云音瞎誤也

文四

戈 平頭戟也从弋一橫之象形也凡戈之屬皆从戈臣鍇曰謂戟小支上向則為戟平之則為戈古多反

肈上諱擊也臣鍇曰後漢孝和帝名也當言始也故從戈肁声池沼反 戎兵也從戈甲甲古文甲字
臣鍇曰會意如融反 戣周制侍臣執戣立于東垂兵也從戈癸声揆推反 𢧀盾也從戈旱声侯玩
反 戟有枝兵也從戈倝声周禮戟長丈六尺巳逆反 戛戟也從戈百讀若棘根察反 賊
敗也從戈則声臣鍇曰賊猶害也殘忒反 戍守邊也從人持戈臣鍇曰會意失捂反 戰鬬也從戈
單声正彥反 戲三軍之偏也一曰兵也從戈䖒声臣鍇曰史記所謂戲下也忻智反 𢧢利也一曰
剔也從戈呈声臣鍇曰山海經有戜民國不續不耕服也不稼不穡食也亭結反 或邦也從口戈以守一
一地也臣鍇曰口音圍此會意于抑反 域或或從土 𢧵斷也從戈雀声情鐵反 戮殺也

從戈今声商書曰西伯既戡黎戕槍也他國臣來弒君
臣鍇曰爾雅堪殺也墈南反　曰戕從戈爿声臣鍇
按春秋左傳邾人戮殺也從戈翏声戡刺也從戈甚声
戕鄫子賤忘反　声栗菊反　臣鍇曰今以此
為戚也戭長槍也從戈寅声春𢦏傷也從戈才声臣
慳南反　秋傳有檮戭異展反　鍇曰哉栽裁載戴
之類字從戩滅也從戈晉声詩曰㦰絶也從从持戈
此走該反　實始戩商子善反　一曰田器古文
讀若咸一曰讀若詩云攕攕女手臣武楚莊王曰夫武
鍇曰從二人也會意攕從此精廉反　定功戢兵故止
戈為武戢藏兵也從戈咠声詩戠闕職從此古職字
文甫反　曰載戢干戈臻邑反　古之職役皆執于
戈臣鍇曰闕者不知戔賊也從二戈周書曰戔戔巧言
所以從音也章直反　臣鍇曰兵多則殘也會意自閑

反

文二十六　重一

戉 大斧也從戈乚声司馬法曰夏執玄戉殷執白戚周左杖黄戉右記白旄凡戉之屬皆從戉臣鍇曰乚音厥今作鉞鉞音劂于厥反

戚 戉也從戉尗声千益反

文二

我 施身自謂也或説我頃頓也從戈手手古文垂也一曰古文殺字凡我之屬皆從我臣鍇曰所以從戈者

取戈自持也或說則為傾側之俄故云埀也顏左反

𢦒 古文我

義 己之威儀也從我從羊臣鍇曰通論詳矣魚智反

羛 墨翟書義從弗魏郡有羛陽鄉讀若錡今屬鄴本內黃北二十里鄉也

文三　重一

亅 鉤逆者謂之亅象形凡亅之屬皆從亅讀若橜臣鍇曰鉤喙之曲芒今曰逆須𠄌從此矍月反

𠄌 鉤識也從反亅讀若𡨄臣鍇曰鉤柄之表識𠄌戉從此俱越反

文二

琴 禁也神農所作洞越練朱五弦周加二弦象形也凡琴之屬皆從琴臣鍇曰君子所以自禁制也越竅也巨今反

鑿 古文琴從金

瑟 庖犧所作弦樂也從琴必声臣鍇曰弘廣也吳扎觀樂曰聖人之弘也史記黃帝使素女鼓五十弦琴黃帝悲乃分之為二十五弦然則五十弦庖犧所為也師訖反

𤨿 古文瑟

文二　重二

乚 匿也象迟曲隱蔽形凡乚之屬皆從乚讀若隱依謹反

直 正見也從十目乚臣鍇曰乚隱也今十目所見是直也春秋左傳曰叔向古之遺直也會意陳力反

[illegible]古文直或从木如此

文二　重一

亾逃也从入乚凡亾之屬皆从亾臣鍇曰乚音隱魯昭公逃于齊稱亾人也會意勿強反

乍止也一曰亾也从亾一一有所礙也臣鍇曰出亾得一則止暫止也指事愁亞反

望出亾在外望其還也从亾望省声臣鍇曰望音望闇誑反

无奇字無通于无者虛無道也王育說天屈西北為无臣鍇曰无者虛无也無者對有之稱自有而無无謂萬物之始未始有有始也道者蒙帝之先道者始初之為也實無也無則不容立言故強名之曰道強者非得意而樂受之言欲明其趣故強引而名之以為立言之本夫天地之初天

動而上地成而下水流溼火就燥誰使之然哉故歸之自
然無動而生有無者有初也夫肆事在治其始及其中也
則不足以治之矣故道每貴于无无則易治是以聖人尚
簡易乾以易知坤以簡能者據其初也若治器先治其鐄
璞故曰通于无虛无道也淮南子曰天不滿西北至此屈
曲也不滿則无也若如初說則中橫畫直如王述說中橫
畫坙俱亾气也亾人為匃逯安說臣鍇曰伍亾也
指事也子胥出亾匃食于吳市也溝艾反無從亾
舞声臣鍇曰無
音武文區反

文五　重一

匸衺徯有所俠藏也從乚上有一覆之凡匸之屬皆
從匸讀若徯同臣鍇曰徯猶立也象形亦啓反

區　踦區藏隱也從品在匸中品衆也臣鍇曰張衡云神皐隩區凡言區者皆有所藏也器于反

匿　亾也從匸若声讀若羊騶箠尼測反

匽　側逃也從匸丙声一曰匽箕屬臣鍇曰側幽也楚辭曰隱思君子陫側陋從此

匽　匿也從匸晏声臣鍇曰周禮宮人掌井匽匽霤下聚水處也偃匽從此依遠反

匹　四丈也從匸八八揲一匹八亦声臣鍇曰會意篇七反

医　盛弓弩矢器從匸矢矢亦声春秋國語曰兵不解医臣鍇曰會意殹從此伊閉反

文七

匚　受物之器象形凡匚之屬皆從匚讀若方臣鍇曰正三方也府昌反

匚 籀文匚

匠 木工也從匚斤斤所作器也自障反

匧 樴藏也從匚夾声輕帖反

篋 匧或從竹

匡 飯器也筥也從匚㞷声臣鍇曰㞷音皇匾昌反

筐 匡或從竹

匴 盝米籔也從匚算声臣鍇曰藪水中盝米竹器也蘇纂反

[匚贛] 小杯也從匚贛声夫控反

[木贛] [匚贛]或從木

匪 如篋從匚非声逸周書曰實玄黄于匪斧尾反

[匚倉] 古器也從匚倉声窻陽反

[匚攸] 田器也從匚攸声笛遼反

𠤳 田器也從匚異声以即反

匫 古器也從匚曶声臣鍇曰曶音忽呼兀反

匬 甌器也從匚俞声持婁反

匱 匣也從匚賫声求位反

匣 匱也從匚甲声侯甲反

匵 匱也從匚賣声陁谷反

匯 器也從匚淮声苦罪反

柩 棺也從匚木久声其究反

匶 籀文柩如此臣鍇曰

今周禮或用此字

匰　宗廟盛主器也從匚單声周禮祭祀共匰主得干反

匜　似羹魁柄中有道可以注水酒從匚也声臣鍇曰春秋左傳曰奉匜沃盥以爾反

文十九　重五

曲　象器曲受物之形也凡曲之屬皆從曲或說曲蠶薄也丘六反

𠚕　骫曲也從曲玉声臣鍇曰骫音委丘六反

𠙺　古器也從曲舀声偷牢反

文三

甾　東楚名缶曰甾象形也凡甾之屬皆從甾側持反

甾 古文

疀 斛也古田器從甾疌声臣鍇按爾雅斛謂之疀注謂今俗鍫與此異楚聅反

畚 蒲器也𤱶属所以盛種從甾弁声補忖反

𤱶 㪷也從甾并声杜林以為竹器楊雄以為蒲器讀若軿車類丁反

盧 甗也從甾虍声讀若盧同 臣鍇曰盧字從此論孤反

盧 籒文盧

盧 如此

篆文

文五　重三

瓦 土器已燒之總名象形也凡瓦之属皆從瓦 臣鍇曰象乙乙交相任受也五寡反

瓬 周家摶埴之工也從瓦方声讀若抙破之抙 臣鍇曰摶團也埴黏土也周禮摶埴之工陶也旊也陶人為

甗旋人為甄匋也從瓦垔声臣鍇甍屋棟也從瓦夢
簋夫兩反曰甄化之也居然反省声臣鍇曰所
以承瓦也甑甗也從瓦曾𤮊籀文甑甗甑也從瓦
沒彭反声子孕反從鬳鬳声一曰
穿也讀若言臣鍇曰春秋瓵甌瓿謂之瓵從瓦台声
左傳紀公之甗擬件反臣鍇曰按史記寅之反
𤭛大盆也從瓦甌小盆也從瓦瓮罌也從瓦公
尚声晏亢反區声殷妻反声彎桐反
瓨似罌長頸受十升從㼝小盂也從瓦瓴甕也以
瓦工讀若翁俟降反夗声烏管反瓶從瓦
令声臣鍇曰史記云高屋㼰罌謂之甁從瓦甂以小
之上建瓴水也連丁反卑声頻兮反瓿大
口而卑從瓦瓿甂也從瓦音㼸器也從瓦容甋瓴
扁声辟消反声盆慕反声與封反甋

也從瓦辟声詩云中唐有甓
讀若檗臣鍇曰塼也萍覓反

甃 井壁也從瓦
秋声側秀反

甈 康瓠
破罌

也從瓦臬声臣鍇曰康之言㤟也
破則空也賈誼曰寶康瓠兮魚滅反

㽂 甈或
從埶

甐 䃪垢瓦
石也從

瓦爽声臣鍇曰以碎瓦石甐去
瓶内垢山海經有玄䃪又爽反

⿰耎瓦 蹈瓦甄也從瓦
耎声零帖反

⿰今瓦 治橐輪也從瓦
今声侯貪反

⿰卒瓦 碎也從瓦卒
声蘇内反

瓪 敗瓦也從瓦
反声補綰反

文二十五　重二

弓 以近窮遠也象形古者揮作弓周禮六弓王弓弧弓
以射甲革甚質夾弓庾弓以射干侯鳥獸唐弓大弓

以授學射者凡弓之屬皆從弓臣鍇曰揮黃帝臣也周禮
弓往體多來體寡謂之夾庾之屬合五成規此弱弓也往

體寡來体多謂之弓之屬合九而成規強弓也往体来
体若一謂之唐弓之屬利射深合七而成規也堅終反
弴畫弓也從弓𦎧声臣鍇弭弓無緣可以解轡紛者
曰所謂雕弓也得昏反　從弓耳声臣鍇曰緣者
絲纏飾之也春秋左𢏬弭或弲角弓也雒陽名弩曰
傳右執鞭弭酉侈反　從兒　弲從弓肙声火玄反
弧木弓也從弓瓜声一曰往體寡来体多曰弨弓反
弧臣鍇曰易曰弦木爲弧魂徒反　也從
弓召声詩曰彤弓弨兮臣鍇𢐀弓曲也從弓彄弓弩
曰弓弛強而体反也充招反　瞿声衢貟反　端弦
所居也從弓𢐞弓便利也從弓張施弓弦也從弓
區声可留反　繇声讀若燒延朝反　長声竹陽反
彏弓急張也從弓弸弓彊皃　從弓彊弓有力也
矍声俱縛反　朋声普鸎反　從弓畺声

其央彎持弓關矢也從弓䜌声臣鍇曰春引開弓也
反秋左傳曰將注則又關矢烏關反從弓丨
声臣鍇曰丨一弙滿弓有所鄉也從弓于声臣鍇曰山
音衮以刼反海經曰人有方矸弓躲黃蛇哀都反
弘弓声也從弓厶声臣鍇弛弓解也從弓也声臣
曰厶肱字也户明反鍇曰去弦也書爾反
㢮弛或弢弓衣也從弓𡕥𡕥垂飾與鼓同意臣
從虒鍇按春秋左傳曰中項伏弢偷旁反弩
弓有臂者從弓奴声周禮四弩彀張弩也從弓殸声臣
夾弩庾弩唐弩大弩援户反鍇曰漢金吾彀騎騎
執弓矢也弩待射而爲亂又山海經曰非仁羿莫能上與
盪舟之羿别羿為主射之官居此官者不一也格漚反
彉滿弩也從弓黃声彃躲也從弓畢声楚辭曰彃
讀若郭昆霍反夫羿焉彃日也畢聿反

行丸也從弓單声特丹反　弸　或說彈從弓打丸如此　芎　帝嚳䠶官也夏少康滅之從弓开声論語曰芎善䠶　發　䠶發也從弓癹声方伐切　彌　弛弓也从弓璽声斯民切　逆桂反

文二十七　重三

弜　彊也從二弓凡弜之屬皆從弜闕其繦反

弼　輔也重也從弜西声臣鍇曰西皮𥃩反臣次立按說文引徐鍇云西舌也非声舌柔而弜剛以柔從剛輔弼之意

弻　古文弼如此　𢐀　亦古文弼如此　㢸　弼或如此

文二　重三

弦 弓弦也從弓象絲軫之形凡弦之屬皆從弦臣鍇曰軫重也形先反

盭 弼戾也從弦省從盩盩引戾之也讀若戾臣鍇按漢書用此為戾字妻惠反

玅 急戾也從弦省少声于堯反

[seal character] 不成遂急戾也從弦省曷声讀若瘞葬于計反

文四

系 繫也從系丿声凡系之屬皆從系臣鍇曰丿音曳異契反

[seal character] 籀文系從爪絲 𦃃 系或從毄處

孫 子之子也從子系續也臣鍇曰會意素昆反

緜 聯微也從系帛名連反

繇 從隨也從系䍃声延朝反

文四　重二

說文解字繫傳卷第二十四

說文解字通釋卷第二十五

繫傳二十五

文林郎守祕書省校書郎臣徐鍇傳釋

朝散大夫行祕書省校書郎臣朱翺反切

十二部　文四百三十一重六十一

糸 細絲也象束絲之形凡糸之屬皆从糸讀若覛徐鍇曰一蠶所吐為忽十忽為絲糸五忽也莫狄切

𢆯 古文糸

繭 蠶衣也从糸从虫芇省古典切

絸 古文繭从糸見

繅 繹繭為絲也从

糸巢声穌遭切繹抽絲也从糸睪声羊益切緒絲耑也从糸者声徐呂切緬微絲也从糸緬

声弭沇切純絲也从糸屯声論語曰今也純儉常倫切綃生絲也从糸肖声相幺切紬大絲

也从糸皆声口皆切䊷絲曼延也从糸㐬声呼光切紇絲下也从糸气声春秋傳有臧孫紇下没

切紙絲滓也从糸氐声都兮切絓繭滓絓頭也一曰以囊絮練也从絲圭声胡卦切纅絲

色也从糸樂声以灼切繀著絲於筟車也从糸崔声穌對切經織也从糸巠声九丁切

織作布帛之總名也从糸戠声之弋切[illegible]樂浪挈令織从糸从式臣鉉等曰挈手令蓋律令之書也

紝機縷也从糸壬声如甚切絍紝或从任綜機縷也从糸宗声子宋切綹緯十縷為

絡从糸咎声讀若柳力久切

緯　織横絲也从糸韋声云貴切

緷　緯也从糸軍声王問切

繢　織餘也从糸貴声胡貴切

統　紀也从糸充声他綜切

紀　絲別也从糸已声居擬切

繦　觕類也从糸強声居兩切

纇　絲節也从糸頪声盧對切

紿　絲勞即紿从糸台声徒亥切

納　絲溼納納也从糸内声奴荅切

紡　網絲也从糸方声妃兩切

絕　斷絲也从糸从刀从卪情雪切

𢇍　古文絕象不連體絕二絲

繼　續也从糸㡭一曰反㡭為繼古詣切

續　連也从糸賣似足切

賡　古文續从庚貝臣鉉等曰今俗作古行切

纘　繼也从糸贊声作管切

紹　繼也从糸召声一曰紹緊絲也市沼切

𥿋　古文紹从邵

⿰糸羨　偏緩也从糸羨声昌善切

⿰糸盈　緩也从糸

盈声讀與聽同杔丁切⿰糸呈⿰糸盈或从呈縱緩也一曰舍也从糸從声足用切紓緩也从糸

予声傷魚切繎絲勞也从糸然声女延切紆詘也从糸于声曰縈也億俱切緈直也

从糸幸声讀若陘胡頂切纖細也从糸韱声息廉切細微也从糸囟声穌計切緢旄絲

也从糸苗声周書曰惟緢有稽武儦切縒參縒也从糸差声楚宜切繙冕也从糸番声附袁切

縮亂也从糸宿声曰蹴也所六切紊亂也从糸文声商書曰有條而不紊亡運切級

絲次弟也从糸及声居立切總聚束也从糸悤声臣鉉等曰今俗作揔非是作孔切⿱具糸約也从糸

具声居玉切約纏束也从糸勺声于略切繚纏也从糸尞声盧鳥切纏繞也从糸廛声

切 直連

繞 纏也从糸堯声而沼切 紾 轉也从糸㐱声之忍切 繯 落也从糸瞏声胡畎切

辮 交也从糸辡声頻犬切 結 締也从糸吉声古屑切 縎 結也从糸骨声古忽切

締 結不解也从糸帝声特計切 縛 束也从糸尃声符钁切 繃 束也从糸崩声墨子曰禹葬會稽桐棺三寸葛以繃之補盲切

絿 急也从糸求声詩曰不競不絿巨鳩切 絅 急引也从糸同声古熒切

𥿊 散絲也从糸𠂢声匹卦切 䌆 不均也从糸羸声力臥切 給 相足也从糸合声居立切

綝 止也从糸林声讀若郴丑林切 縪 止也从糸畢声卑吉切 紈 素也从糸丸声胡官切

終 絿絲也从糸冬声職戎切 夂 古文終 𦆅 合也从糸从集讀若捷姊入切 繒

帛也从糸曾声疾陵切 縡 籀文繒从宰省揚雄以為漢律祠宗廟丹書告 緭 繒也从糸胃声云貴切

絩 綺絲之數也漢律曰綺絲數謂之絩布謂之總綬組謂之首从糸兆声治小切 綺 文繒也从糸奇声袪彼切

縠 細縳也从糸殸声胡谷切 縳 白鮮色也从糸專声持沇切 縑 并絲繒也从糸兼声古甜切

綈 厚繒也从糸弟声杜兮切 練 湅繒也从糸柬声郎甸切 縞 鮮色也从糸高声古老切

䌳 粗緒也从糸壐声臣鉉等曰今俗別作絁非是式支切 紬 大絲繒也从糸由声直由切

綮 緻繒也一曰徽幟信也有齒从糸攺声康礼切 綾 東齊謂布帛之細曰綾从糸夌声力膺切

縵 繒無文也从糸曼声漢律曰賜衣者縵表白裏莫半切 繡 五采備也从糸肅声息救切

絢詩云素以為絢兮从糸旬聲臣鉉等案論語注絢文貌許掾切繪會五采繡也虞書曰山龍華蟲作繪論語曰繪事後素从糸會聲黃外切緀白文皃詩曰緀兮斐兮成是貝錦从糸妻聲七稽切⿰糸米繡文如聚細米也从糸从米米亦聲莫礼切絹繒如麥稍从糸肙聲吉掾切綠帛青黃色也从糸彔聲力玉切縹帛青白色也从糸㬥聲敷沼切⿰糸育帛青經縹緯一曰育陽染也从糸育聲余六切絑純赤也虞書丹朱如此从糸朱聲章俱切纁淺絳也从糸熏聲許云切絀絳也从糸出聲丑律切絳大赤也从糸夅聲古巷切綰惡也絳也从糸官聲一曰綃也讀若雞卵烏版切縉帛赤色也春秋傳縉雲氏禮有縉緣从糸晉聲即刃切綪赤繒也从茜染故謂之綪从糸青聲

倉絢切

緹 帛丹黃色从糸是声他礼切

紙 緹或从氏

縓 帛赤黃色一染謂之縓再染謂之經三染謂之纁从糸原声七絹切

紫 帛青赤色从糸此声將此切

紅 帛赤白色从糸工声户公切

繱 帛青色从糸蔥声倉紅切

紺 帛深青揚赤色从糸甘声古暗切

綥 帛蒼艾色从糸畀声詩縞衣綥巾未嫁女所服一曰不借綥渠之切

綦 綥或从其

繰 帛如紺色或曰深繒从糸喿声讀若喿親小切

緇 帛黑色也从糸甾声側持切

纔 帛雀頭色一曰微黑色如紺纔淺也讀若纔从糸毚声士咸切

䋹 帛騅色也从糸剡声詩曰毳衣如䋹臣鉉等曰今俗別作毯非是土敢切

綟 帛文艸染色从糸戾声郎計切

紑 白鮮衣皃从糸不声詩曰素衣其紑匹丘切

緂 白鮮衣皃从糸炎声

謂衣米色鮮也充彡切

繻 采色从糸需声讀若易繻有衣臣鉉等曰漢書傳符帛也相俞切

縟 繁采色也从糸辱声而蜀切

纚 冠織也从糸麗声所綺切

紘 冠卷也从糸厷声户萌切

紭 紘或从弘

紞 冕冠塞耳者从糸冘声臣鉉等曰今俗别作髧非是都感切

纓 冠系也从糸嬰声于盈切

紻 纓卷也从糸央声于兩切

緌 系冠纓也从糸委声儒佳切

緄 織帶也从糸昆声古本切

紳 大帶也从糸申声失人切

繟 帶緩也从糸單声昌善切

綬 韍維也从糸受声殖酉切

組 綬屬其小者以爲冕纓从糸且声則古切

緺 綬紫青也从糸咼声古蛙切

縌 綬維也从糸逆声宜戟切

纂 似組而赤从糸算声作管切

紐 系也一曰結而可解从糸丑声女久切

綸 青絲綬也从糸侖声古還切 綎 系綬也从糸廷声他丁切 絙 綬也从糸亘声胡官切

繐 細疏布也从糸惠声私銳切 䋽 頸連也从糸暴省声補各切 緱 刀劍緱也从糸矦声古矦切

紟 衣系也从糸今声居音切 䌈 籀文从金 緣 衣純也从糸彖声以絹切 纀 裳削幅謂之纀从糸僕声博木切

絝 脛衣也从糸夸声苦故切 繑 絝紐也从糸喬声牽搖切

緥 小兒衣也从糸保声臣鉉等曰今俗作褓非是博抱切 繜 薉貉中女子無絝以帛為脛空用絮補核名曰繜衣狀如襜褕从糸尊声子昆切

紴 絛屬从糸皮声讀若被或讀若水波之波博禾切

絛 扁緒也从糸攸声土刀切 䋐 采彰也一曰車馬飾从糸戉声王伐切 緃 絨屬从糸从從

省声足容切紃圜采也从糸川声詳遵切緟增益也从糸重声直容切纕援臂也从糸襄

声汝羊切纗維綱中繩从糸巂声讀若畫或讀若維户圭切綱維紘繩也从糸岡声古郎切

𦃃古文綱縜持綱紐也从糸員声周礼曰縜寸臣鉉等曰絹長寸也爲贇切綅絳綫也从

糸侵省声詩曰貝冑朱綅子林切縷綫也从糸婁声力主切綫縷也从糸戔声私箭切

線古文綫⿰糸穴縷一枚也从糸穴声乎決切縫以鍼紩衣也从糸逢声符容切緁

緶衣也从糸疌声七接反𦅸緁或从習紩縫也从糸失声直質切緛衣戚也从糸耎声而

沇切⿰糸旦補縫也从糸旦声文莧切繕補也从糸善声時戰切絬論語曰絬衣長短右袂从

糸舌声私列切

纍　綴得理也一曰大索也从糸畾声力追切

縭　以絲介履也从糸离声力知切

繄　戟衣也从糸殹声一曰赤黑色繒烏雞切

縿　旌旗之游也从糸參声所銜切

徽　衺幅也一曰三糾繩也从糸微省声許歸切

⿱斬糸　扁緒也一曰弩罥鉤帶从糸折声并列切

紉　繟繩也从糸刃声女鄰切

繩　索也从糸蠅省声食陵切

⿰糸爭　紆未縈繩一曰急弦之声从糸爭声讀若旌側莖切

縈　收韏也从糸熒省声於營切

絇　纑繩絇也从糸句声讀若鳩其俱切

縋　以繩有所縣也春秋傳曰夜縋納師从糸追声持偽切

絭　攘臂繩也从糸𠔉声居願切

緘　束篋也从糸咸声古咸切

縢　緘也从糸朕声徒登切

編　次簡也从糸扁声布玄切

維　車蓋維也从糸隹声以追

切

絥 車絥也从糸伏声平祕切

茯 絥或从艸

鞴 絥或从革葡声

𦀄 乘輿馬飾也从糸正声諸盈切

綊 𦀄綊也从糸夾声胡頰切

緐 馬髦飾也从糸每声春秋傳曰可以稱旌緐乎附袁切

䋣 繁或从弁弁籀文弁

繮 馬紲也从糸畺声居良切

紛 馬尾韜也从糸分声撫文切

紂 馬緧也从糸肘省声除柳切

緧 馬紂也从糸酋声七由切

絆 馬縶也从糸半聲博慢切

𦄌 絆前兩足也从糸須声漢令蠻夷卒有𦄌相主切

紖 牛系也从糸引声讀若矤直引切

縼 以長繩繫牛也从糸旋声辭戀切

縻 牛轡也从糸麻声靡爲切

䌰 縻或从多

紲 糸也从糸世声春秋傳曰臣負羈紲私列切

緤 紲或从枼

纆 索也从糸黑声莫北切

縆

大索也一曰急也从糸恒声古恒切繘綆也从糸矞声余聿切𦃇古文从絲䌊籒文繘

綆汲井綆也从糸更声古杏切絠彈彄也从糸有声弋宰切又古亥切繳生絲縷也从糸

敫声之若切繴繴謂之罿罿謂之罬罬謂之罦捕鳥覆車也从糸辟声博戹切緍釣魚繁也从糸

昏声吳人解衣相被謂之緍武申切絮敝緜也从糸如声息據切絡絮也一曰麻未

漚也从糸各声盧各切纊絮也从糸廣声春秋傳曰皆如挾纊苦謗切絖纊或从光紙絮一苫也从糸

氏声諸氏切𦁼治敝絮也从糸咅声芳武切𦄘絜緼也一曰敝絮从糸奴声易曰需有衣絮女

余切繫繫繞也一曰惡絮从糸毄声古詣切䌖繫䌖也一曰維从糸虒声郎兮切緝績也

从糸咠声七入切　絘　績所緝也从糸次声七四切　績　緝也从糸責声則歷切　纑　布縷

也从糸盧声洛乎切　紨　布也一曰粗紬从糸付声防無切　繐　蜀細布也从糸彗声祥歲切

絺　細葛也从糸希声丑脂切　綌　粗葛也从糸谷声綺戟切　峪　綌或从巾　縐　絺之細也

詩曰蒙彼縐絺一曰蹴也从糸芻声側救切　絟　細布也从糸全声此緣切　紵　䟫屬細者為絟粗者

為紵从糸宁声直呂切　𦂵　紵或从緒省　緦　十五升布也一曰兩麻一絲布也从糸思声息茲切

𦃇　古文緦从糸省　緆　細布也从糸易声先擊切　𦇻　緆或从麻　緰　緰貲布也从糸俞声

度矦切　縗　服衣長六寸博四寸直心从糸衰声倉回切　絰　喪首戴也从糸至声臣鉉等曰當从

姪者乃得声徒結切緶交枲也一曰緁衣也从糸便声房連切⿱户糸履也一曰青絲頭履也讀若阡

陌之陌从糸户声亡百切⿰糸封枲履也从糸封声博蠓切緉履兩枚也一曰絞也从糸从兩兩亦声力

讓切絜麻一耑也从糸切声古屑切繆枲之一絜也一曰綢繆繆从糸翏声武彪切綢繆也

从糸周声直由切縕紼也从糸昷声于云切紼亂系也从糸弗声分勿切絣氐人殊縷

布也从糸并声北萌切紕氐人纐也讀若禹貢玭珠从糸比声卑履切⿰糸罽西胡毳布也从糸罽

声居例切縊經也从糸益声春秋傳曰夷姜縊于賜切綏車中把也从糸从妥徐鍇曰禮升車必正

立執綏所以安也當从爪从安省說文無妥字息遺切彝宗廟常器也从糸糸綦也廾持米器中實也彑

声此與爵相似周禮六彝雞彝鳥彝黄彝虎彝蜼彝斝彝以待祼將之礼以脂切　彝　彝皆古文彝

緻密也从糸致声直利切

文二百四十八　重三十一

素白緻繒也从糸𠂹取其澤也凡素之屬皆从素桑故切

素屬从素奴声居玉切

約白約縞也从素勺声以灼切

率素屬从素率声所律切

繛𦅾也从素卓声昌約切　綽繛或省

緩繛也从素爰声胡玩切　緩緩或省

文六　重二

絲　蠶所吐也从二糸凡絲之屬皆从絲息兹切

轡　馬轡也从絲从軎與連同意詩曰六轡如絲兵媚切

𢇇　織絹从糸貫杼也从絲省廾声古還切臣鉉等曰廿古磺字

文三

率　捕鳥畢也象絲罔上下其竿柄也凡率之屬皆从率所律切

文一

虫　一名蝮博三寸首大如擘指象其卧形物之微細或行或毛或蠃或介或鱗以虫爲象凡虫之屬皆从虫

許偉切
蝮 虫也从虫复声芳目切 螣 神蛇也从虫朕声徒登切 蚦 大蛇可食从虫冄声人占切
螼 螾也从虫堇声弃忍切 螾 側行者从虫寅声余忍切 蚓 螾或从引 螉 蟲在牛馬
皮者从虫翁声烏紅切 蜙 蜙蝑也从虫從声子紅切 蠁 知声蟲也从虫鄉声許兩切 [虫向]
司馬相如蠁从向 蛁 蟲也从虫召声都僚切 [虫叡] 蟲也从虫叡声祖外切 蛹 繭蟲也从
虫甬声余隴切 螝 蛹也从虫鬼声讀若潰胡罪切 蛕 腹中長蟲也从虫有声户恢切 蟯 腹中
短蟲也从虫堯声如招切 雖 似蜥蜴而大从虫唯声息遺切 虺 虺以注鳴詩曰胡為虺蜥从虫兀声

臣鉉等曰几非声未詳許偉切

蜥　蜥易也从虫析声先繫切

蝘　在壁曰蝘蜓在艸曰蜥易从虫匽声于殄切

䗂　蝘或从䖵

蜓　蝘蜓也从虫廷声一曰螾蜓徒典切

蚖　榮蚖蛇醫从虫元声愚袁切

蠸　蟲也一曰大螫也讀若蜀都布名从虫雚声巨員切

螟　蟲食穀葉者吏冥冥犯法即生螟从虫从冥冥亦声莫經切

蟘　蟲食苗葉者吏乞貸則生蟘从虫从貸貸亦声詩曰去其螟蟘臣鉉等曰今俗作蟘非是徒得切

蟣　蝨子也一曰齊謂蛭曰蟣从虫幾声居稀切

蛭　蟣也从虫至声之日切

蝚　蛭蝚至掌也从虫柔声耳由切

蛣　蛣蚰蝎也从虫吉声去吉切

蚰　蛣蚰也从虫出声區勿切

蟫　白魚也从虫覃声余箴切

蛵　丁蛵負勞也从虫巠声戶經切

蛓　毛蠹也从

虫臽声乎感切

蟜　蟲也从虫喬声居夭切

蛓　毛蟲也从虫𢦏声千志切

𧊜　蠆也从虫圭声烏蝸切

蚔　畫也从虫氏声巨支切

蠆　毒蟲也象形丑芥切

𧓉　蠆或从䖵

蝤　蝤蠀也从虫酋声字秋切

蠀　蠀螬也从虫齊声徂兮切

強　蚚也从虫弘声徐鍇曰弘與強声不相近秦刻石文从口疑从籀文省巨良切

𧖥　籀文強从䖵从彊

蚚　強也从虫斤声巨衣切

蜀　葵中蠶也从虫上目象蜀頭形中象其身蜎蜎詩曰蜎蜎者蜀市玉切

蠲　馬蠲也从虫目益声勹象形明堂月令曰腐艸為蠲古玄切

螕　齧牛蟲也从虫𣬉声邊兮切

蠖　尺蠖屈申蟲也从虫蒦声烏郭切

蝝　復陶也劉歆說蝝蚍蜉子董仲舒說蝗子也从虫彖声與專切

螻　螻蛄也从虫婁声一曰螜天螻

洛侯切蛄螻蛄也从虫古声古乎切蠪丁蠪也从虫龍声盧紅切蛾羅也从虫我声臣鉉

等案爾雅蛾羅蠶蛾也䖵部已有蠶或作蛾此重出五何切螘蚍蜉也从虫豈声魚綺切蚳螘子

也从虫氐声周禮有蚳醢讀若祁直尼切蟁籀文蚳从䖵𧐖古文蚳从辰土蠜自蠜也从

虫樊声附袁切䘁悉䘁也从虫帥声臣鉉等曰今俗作蟀非是所律切蝒馬蜩也从虫面声武延切

蟷蟷蠰不過也从虫當声都郎切蠰蟷蠰也从虫襄声汝羊切蜋堂蜋也从虫良声一名蚚

父魯當切蛸蟲蛸堂蜋子从虫肖声相邀切蛢⿰虫矞蟥以翼鳴者从虫并声薄經切⿰虫矞⿰虫矞蟥

也从虫矞声余律切蟥⿰虫矞蟥也从虫黃声乎光切⿰虫施蛅蟴强羊也从虫施声式支切蛅蛅斯

墨也从虫占　蝎　蝤蠐也从虫　蜆　縊女也从虫　蠦　蠦
声職廉切　曷声胡葛切　見声胡典切　蜰
也从虫肥　𧌑　渠𧌑一曰天社从　𧕯　𧕯蠃蒲盧細要土
声符非切　虫卻声其虐切　蠭也天地之性細
要純雄無子詩曰螟蠕有子　蜾　蜾或　蠃　蜾蠃也从虫
蜾蠃負之从虫冎声古火切　从果　蠃声从曰虒
蝓郎　蠕　螟蠕桑蟲也从　蛺　蛺蜨也从虫　蜨　蛺蜨也
果切　虫霝声郎丁切　夾声兼叶切　从虫疌
声臣鉉等曰今俗　蚩　蟲也从虫之　螌　螌蝥毒蟲也从
作蝶非是徒叶切　声赤之切　虫般声布還切
蝥　螌蝥也从虫敄声臣鉉等曰今俗作蛑　蟠　鼠婦也
非是蝥即蠿蝥蜘蛛之別名也莫交切　从虫番
声附　蛜　蛜威委黍委黍鼠婦也　蜙　蜙蝑以股鳴者从
袁切　从虫伊省声于脂切　虫松声息恭切

蚣　蚣或省臣鉉等曰俗作古紅切以為蜈蜈蟲名

蝑　蚣蝑也从虫胥声相居切

蟅　蟲也从虫庶声之夜切

蝗　螽也从虫皇声乎光切

蜩　蟬也从虫周声詩曰五月鳴蜩徒聊切

⿰虫舟　蜩或从舟

蟬　以旁鳴者从虫單声市連切

蜺　寒蜩也从虫兒声五雞切

螇　螇鹿蛁蟟也从虫奚声胡雞切

蚗　蛥蚗蛁蟟也从虫夬声于悅切

⿰虫丏　蛥蚗蟬屬讀若周天子赧从虫丏声武延切

蛚　蜻蛚也从虫列声良薛切

蜻　蜻蛚也从虫青声子盈切

蛉　蜻蛉也从虫令声一名桑根郎丁切

蠓　蠛蠓也从虫蒙声莫孔切

𧍩　螶𧍩也一曰蜉蝣朝生莫死者从虫𡮼声离灼切

蚋　秦晋謂之蚋楚謂之蚊从虫芮声而銳切

蟰　蟰蛸長股者从虫肅声穌彫切

⿰虫省　蟲也从虫省声息正

切蛶商何也从虫寽声力輟切蜡蝇胆也周禮蜡氏掌除骴从虫昔声鉏駕切蝡動也从虫耎声而沇切蚑行也从虫支声巨支切蠉蟲行也从虫睘声香沇切𧈝蟲曳行也从虫屮声讀若騁丑善切螸蠭醜螸垂腴也从虫欲声余足切蝙蝇醜蝙搖翼也从虫扇声式戰切蛻蛇蟬所解皮也从虫稅省輸芮切蠚螫也从虫若省声呼各切螫蟲行毒也从虫赦声施隻切蝁䖫也从虫亞声烏各切蛘搔蛘也从虫羊声余兩切蝕敗創也从虫人食食亦声乘力切蛟龍之屬也池魚滿三千六百蛟來為之長能率魚飛置笱水中即蛟去从虫交声古肴切螭若龍而黃北方謂之地螻从虫离声或云無角曰螭丑知切虯龍子有角者从虫丩声渠

幽切
蜦　蛇屬黑色潛于神淵能興風雨从虫侖声讀若戾艸力屯切
蜧　蜦或从戾
螊　海蟲也長寸而白可食从虫兼声讀若嗛力鹽切
蜃　雉入海化為蜃从虫辰声時忍切
蛤　蜃屬有三皆生于海千歲化為盒秦謂之牡厲又云百歲燕所化魁盒一名復累老服翼所化从虫合声古沓切
螷　陛也脩為螷圜為蠇从虫庳臣鉉等曰今俗作鮩或作蠯非是蒲猛切
蝸　蝸蠃也从虫咼声古華切
蚌　蜃屬从虫丰声步項切
蠇　蚌屬似螊微大出海中今民食之从虫萬声讀若賴力制切
蝓　虎蝓也从虫俞声羊朱切
蜎　蛸也从虫肙声狂沇切
蟺　夗蟺也从虫亶声常演切
蚴　蚴蟉也从虫幽声于蚪切
蟉　蚴蟉也从虫翏声力幽切
蟄　藏也从虫執声直立切

蚨　青蚨水蟲可還錢从虫夫声房無切

⿰虫匊　⿰虫匊鼀詹諸以脰鳴者从虫匊声居六切

蝦　蝦蟆也从虫叚声乎加切

蟆　蝦蟆也从虫莫声莫遐切

蠵　大龜也以胃鳴者从虫巂声户圭切司馬相如說蠵从敻

螹　螹離也从虫漸省声慈染切

蟹　有二敖八足旁行非蛇鮮之穴無所庇从虫解声胡買切

䲒　蟹或从魚

蛫　蟹也从虫危声過委切

蜮　短狐也似鼈三足以气䠶害人从虫或声于逼切

蟈　蜮又从國臣鉉等曰今俗作古獲切以為蝦蟇之别名

⿰虫屰　似蜥易長一丈水潛吞人即浮出日南从虫屰声吾各切

蝄　蝄蜽山川之精物也淮南王說蝄蜽狀如三歲小兒赤黑色赤目長耳美髮从虫网声國語曰木石之怪夔蝄蜽文兩切

蜽　蝄蜽也从虫兩声臣鉉等曰今俗别作魍魎非

是良獎切【蝯】善援禺屬从虫爰声臣鉉等曰今俗别作猨非是雨元切【蠗】禺屬从虫翟声直角切

【蜼】如毋猴卬鼻長尾从虫隹声余季切【蚼】北方有蚼犬食人从虫句声古厚切【蛩】蛩蛩獸也

一曰秦謂蟬蛻曰蛩从虫巩声渠容切【蟨】鼠也一曰西方有獸前足短與蛩蛩巨虛比其名謂之蟨从虫

厥声居月切【蝙】蝙蝠也从虫扁声布玄切【蝠】蝙蝠服翼也从虫畐声方六切【蠻】南蠻蛇種

从虫䜌声莫還切【閩】東南越蛇種从虫門声武巾切【虹】螮蝀也狀似蟲从虫工声明堂月令曰虹

始見户工切【䖶】籀文虹从申申電也【螮】螮蝀虹也从虫帶声都計切【蝀】螮蝀也从虫東

声多貢切【蠥】衣服歌謡艸木之怪謂之祅禽獸蟲蝗之怪謂之蠥从虫辥声魚列切

文一百五十三　重十五

䖵　蟲之總名也从二虫凡䖵之屬皆从䖵讀若昆古䰟切

蠶　任絲也从䖵朁聲昨含切

䖸　蠶化飛蟲从䖵我聲五何切

蛾　或从虫

蝨　齧人蟲从䖵叉聲子皓切

蚤　蝨或从虫

蝨　齧人蟲从䖵卂聲所櫛切

螽　蝗也从䖵夂聲夂古文終字職戎切

螽　螽或从虫衆聲

蟁　蟲也从䖵展省聲知衍切

蠽　小蟬蜩也从䖵截聲子列切

蠿　蠿蟊作罔蛛蟊也从䖵㡭聲㡭古絕字側八切

蟊　蠿蟊也从䖵矛聲莫交切

𧕬　蟲也从䖵寍聲奴丁切

螬　蠀螬也从䖵曹聲財牢切

𧓍　螻蛄也从䖵𦍸聲胡葛切

𧓍 蟲蛸也从䖵卑声匹標切 蜱 𧓍或从虫

蠭 飛蟲螫人者从䖵逢声敷容切 𧖅 古文省

蠠 蠭甘飴也一曰螟子从虫鼏声彌必切 蜜 蠠或从宓

𧖄 𧖄蠊也从䖵巨声强魚切

蟁 齧人飛蟲从䖵民声無分切 𧍸 蟁或从昬以昬時出也 蚊 俗蟁从虫从文

蝱 齧人飛蟲从䖵亡声武庚切

蠹 木中蟲从䖵橐声當故切 𣓪 蠹或从木象蟲在木中形譚長說

蠡 蟲齧木中也从䖵彖声盧啓切 𧒒 古文

蠤 多足蟲也从䖵求声巨鳩切 蛷 蠤或从虫

𧖅 虻蠹也从䖵囊声縛年切 蜉 蠹或从虫从孚

𧓎 蟲食也从䖵雋声子兖切

蠢 蟲動也从䖵春声尺尹切 𢦟 古文蠢从𢦏周書曰我有截于西

蟲 有足謂之蟲無足謂之豸从三虫凡蟲之屬皆从蟲直弓切

蟊 蟲食艸根者从蟲象其形吏抵冒取民財則生徐鍇曰唯此一字象蟲形不从矛書者多誤莫浮切

蝥 蟊或从敄臣鉉等按虫部已有莫交切作螌蝥蟲此重出 **蛑** 古文蟊从虫从牟 **蠤** 蚍蜉大螘也从蟲𣬉声房脂切 **蚍** 蠤或从虫比声

蟁 𧒂也从蟲門声武巾切 **蜚** 臭蟲負蠜也从蟲非声房未切 **𧔥** 蜚或从虫

蠱 腹中蟲也春秋傳曰皿蟲為蠱晦淫之所生也梟桀死之鬼亦為蠱从蟲从皿皿物之用也公戶切

文二十五　重十三

風 八風也東方曰明庶風東南曰清明風南方曰景風西南曰涼風西方曰閶闔風西北曰不周風北方曰廣莫風東北曰融風風動蟲生故蟲八日而化从虫凡声凡風之屬皆从風方戎切

凬 古文風

䬝 北風謂之䬝从風涼省声呂張切

𩗗 小風也从風术声翾聿切

飆 扶搖風也从風猋声甫遙切

颮 飆或从包

飄 回風也从風票声撫招切

颯 翔風也从風立声穌合切

飂 高風也从風翏声力求切

𩗩 疾風也从風从忽忽亦声呼骨切

䬘 大風也从風胃声王勿切

[風日] 大風也从風日声于筆切

颺 風所飛揚也从風昜声與章切

颲 風雨暴疾

文六　重四

也从風利声讀

颲　烈風也从風列声讀若列良薛切

文十三　重二

它　虫也从虫而長象冤曲尾形上古艸居患它故相問無它乎凡它之屬皆从它託何切

蛇　它或从虫臣鉉等曰今俗作食遮切

文一　重一

龜　舊也外骨內肉者也从它龜頭與它頭同天地之性廣肩無雄龜鼈之類以它爲雄象足甲尾之形凡龜之屬皆从龜居追切

古文龜

𪚦 龜名从龜夂声夂古文終字徒冬切

䶰 龜甲邊也从龜冄声天子巨䶰尺有二寸諸矦尺大夫八寸士六寸汝閻切

文三　重一

黽 鼃黽也从它象形黽頭與它頭同臣鉉等曰色其腹也凡黽之屬皆从黽莫杏切

籀文黽

鼈 甲蟲也从黽敝声并列切

黿 大鼈也从黽元声愚袁切

鼃 蝦蟇也从黽圭声烏媧切

鼀 圥鼀詹諸也其鳴詹諸其皮鼀鼀其行圥圥从黽从圥圥亦声七宿切

䵷 或从酋

䵹 䵹鼀詹諸也詩曰得此䵹鼀言其行䵹䵹从黽爾声式支切

鼉 水蟲似蜥易長大从黽單

声徒何切

⿰奚黽　水蟲也薉貉之民食之从黽奚声胡雞切

⿰句黽　黽屬頭有兩角出遼東从黽句声其俱切

蠅　營營青蠅蟲之大腹者从黽从虫余陵切

鼅　鼅鼄鼅鼄也从黽知省声陟离切

蜘　或从虫

鼄　鼅鼄也从黽朱声陟輸切

蛛　鼄或从虫

鼂　匽鼂也讀若朝揚雄說匽鼂蟲名杜林以爲朝旦非是从黽从旦臣鉉等曰今俗作晁直遥切

鼌　篆文从皀

文十三　重五

卵　凡物無乳者卵生象形凡卵之屬皆从卵盧管切

毈　卵不孚也从卵段声徒執切

文二

說文解字通釋卷第二十五

說文解字通釋卷第二十六

繫傳二十六

文林郎守祕書省校書郎臣徐鍇傳釋

朝散大夫行祕書省校書郎臣朱翺反切

十一部　文二百二十六　重四十六

二　地之數也從偶一凡二之屬皆從二臣鍇曰通論備矣仁至反

弍　古文二臣鍇

亟　敏疾也從人口又二二天地也臣鍇曰承天之時因地之利口謀之曰義與一同

手執之時乎時不可失疾也會意气至反
恒 常也從心舟在二之間上下一心以舟施恒也臣鍇曰二十下也心當有常易恒曰四時變化而能久成注曰長陽長陰合而相與可久之道也胡滰反
亙 古文恒從月詩曰如月之恒
亘 求亘也从二從回古文回象亘回形上下所求物也臣鍇曰宣字從回風回轉所以宣陰陽也詢全反
竺 厚也從二竹聲臣鍇曰二厚也得酷反
凡 最括而言也從二二偶其也從了弓古文及字臣鍇曰一一垂及字也符芝反

文六　重二

土 地之吐生萬物者也二象地之下地之中丨物出形也凡土之屬皆從土臣鍇曰通論詳矣

地 元气初分輕清陽為天重濁陰為地萬物所陳列也从土也声臣鍇曰通論詳矣田至反

墜 籀文地从𨸏土彖声

坤 地也易之卦也从土申土位在申苦敦反

垓 兼垓八極地也从土亥声春秋國語曰天子居九垓四方上下可居者从土與声臣鍇之曰苟孩反

墺 鍇按尚書曰四墺既宅嘔報反

𡊽 古文墺如此

堣 堣夷在冀州暘谷立春之日值之而出从土禺声尚書曰宅堣夷元無反

坶 朝歌南七十里地也从土母声周書曰武王與紂戰坶野臣鍇按爾雅注百里之國十里為郊王畿千里郊當百里尚書曰畬于商郊門逐反

坡 阪也从土皮声臣鍇曰謂坂陀也滂何反

坪 地平也從土平声皮命反

均 平徧也從土勻声堅鄰反

壤 柔土也从土襄声臣鍇按孔安國曰無塊曰壤尔往反

塙

堅不可拔也从土高声臣鍇曰曰所謂墝埆之地也口有反墽磽也从土敫声臣鍇曰磽謂多小石地口有反

壚剛土也从盧土声臣鍇曰尚書下土墳壚然則壚也論孤反⿰土華赤剛土也從土華省声悉并反

埴黏土也从土直声臣鍇曰埏埴用黏土也神息反塿摩土也从土婁声臣鍇曰爬螻之使歷歷

然勒壠反坴土塊坴坴也讀若逵一曰坴梁地从土圥声臣鍇曰按史奉使賈人贅壻伐南越略取坴梁之

地也坴音六栗菊反⿱土軍土也从土軍声洛陽有大⿱土軍里户昆反墣塊也从土菐声臣鍇按國語楚

靈王出亡野人枕之以墣披岳反圤墣或從卜凷墣也从土凵凵屈象形也臣鍇曰指事苦配反

塊俗凷從土鬼堛凷也从土畐声披式反墢種也从土𤼵声一曰内其中臣鍇曰種内

子于土中也子紅反塍稻田畦也从土朕声臣鍇曰言其直應繩也時輿反坺治也一曰臿土謂之坺詩云武王載坺一曰塵皃从土犮声臣鍇曰按今詩作伐字步捋反坄陶竈窻也从土役省声臣鍇按儀禮曰為投于西墻下今俗作垼與僻反基牆始也从土其声居而反垣牆也從土亘声臣鍇曰垣猶院周繞之意羽元反𩫖籀文垣從章圪牆高皃也詩曰崇墉圪圪从土气声其气反

堵垣也五版為堵从土者声也臣鍇曰一版五尺也得古反𩫨籀文堵從𩫏壁垣也從土辟声早僻反㙩周垣也从土尞声臣鍇曰按西都賦撩以周垣力照反堨壁間隙也从土曷声讀若謁魚㓕反埒庳垣也从土寽声臣鍇曰晉王濟馬埒謂于外作短垣繞之也錄設反堪地突

也从土甚声臣鍇曰地穴出也借為不堪字慳南反

堀　突也从土屈声詩曰蜉蝣之堀閱臣鍇曰詩傳謂堀閱蜉蝣之堀地使開閱之也瞿弗反

堂　殿也從土尚声徒郎反

坣　古文堂如此

𩫖　籀文堂从尚京省声

垛　堂塾也从土朵声臣鍇曰謂堂前兩階耑也兜果反

坫　屏也從土占声臣鍇曰論語有反坫也丁念反

[土浝]　塗也从土浝声巳弄反臣次立按徐鉉云水部巳有此重出

垷　塗也從土見声易顯反

墐　塗也从土堇声臣鍇按詩曰塞向墐户也其櫬反

墍　仰塗从土既声臣鍇按尚書曰惟其塗墍茨許意反

堊　白塗也从土亞声臣鍇曰堊白善土也遏泊反

墀　塗地也从土犀声礼天子赤墀臣鍇按漢制青瑣冊墀後庭玄墀釦砌墀階上地也纒伊反

墼　瓴適也一曰不燒从土毄声堅

歷反

⿱弁土 棄埽除也讀與糞同从土弁声翻文反

埽 棄也从土帚声止鍇曰會意思討反

在 存也从土才声此與坐同意前来反

㘴 止也从留省从土所止也臣鍇曰會意徂可反

坐 古文坐如此

坻 著也从土氏声臣鍇按春秋左傳曰物乃坻伏真彼反

塡 塞也从土真声臣鍇曰毛詩傳箋曰塡與鎮同陟陳反

坦 安也從土旦聲他但反

坒 地相次坒也衞大夫貞子名坒从土比声臣鍇曰鄰比若今人言毗田也頻至反

堤 滯也从土是声的米反

壎 樂器也以土作六孔從土熏声吁袁反

封 爵諸侯之土也从土之寸寸其制度也公侯百里伯七十里子男五十里臣鍇曰此會意各之其土也敷客反

𡉘 籀文封从半土

⿱丰土 古文封省

壐 王者印也所以主土从土爾声宥此

反
璽 籀文璽從王
墨 書墨也从土黑臣鍇曰會意沒黑反
埍 吕黍和炭丸而鬃也从土

完声一曰補垣也户牟反
型 鑄器之法也从土刑声臣鍇曰鑄器之範俗謂之樸賢星反
埻 射臬

也从土𦎫声讀若準臣鍇曰所謂埻的也今多借準虫閏反
塒 鷄棲于垣為塒从土時声臣鍇曰尔雅云

鑿垣而棲也市之反
城 吕盛民也从土成成亦声臣鍇按古今注曰城盛也所以盛受人物此會意示征反

𩫨 籀文城從𩫖
墉 城垣也从土庸声臣鍇曰通呼曰城築土壘壁曰墉興封反
𩫏 古文

墉如此
堞 城上女垣也从土葉声徒叶反
坎 陷也从土欠声口糁反
墊 下也从上執声

春秋傳曰墊隘臣鍇曰尚書曰下民昏墊丁念反
坻 小渚也从土氐声詩曰宛在水中坻纏伊反

汷　坻或从水从夂
渚　坻或从水耆
㙌　下入也从土㬎声長立反
垎　水乾也从土各声一曰堅也行赫反
垐　以土增大道上从土次声臣鍇曰字書云此即今瓷字疾咨反
堲　古文垐从土即虞書曰龍朕堲讒說殄行堲疾惡也
增　益也从土曾声走稜反
埤　增也从土卑声頻移反
坿　益也从土付声符注反
塞　隔也从土𡫳声叟代反
圣　汝潁之間謂致力于地曰圣从又土讀若兔鹿窟臣鍇曰又手也會意怪字从此誇訥反
垍　堅土也讀若泉从土自声其冀反
埱　气出于土也一曰始也从土叔声昌伏反
埵　堅土也讀若朵从土垂声兜果反
埐　地也从土侵省声七林反
埾　土積也从土聚省声臣鍇曰今尔雅注書聚字多如此寂煦反
堨　保也一曰高土

也讀若毒从土 培 培敦土田山川从土咅声臣鍇按春
壽声得早反 秋左傳分之土田陪敦命以伯禽封
于少昊之虛注培增也詩曰鍚之山 埩 治也从土爭声
川土田附庸此總兩説也步雷反 臣鍇曰若今人
言屛浄也 墇 擁也从土章 [土則] 遏遮也从土 垠 地垠
寂逞反 声止向反 則声察色反 也从
土艮声一曰 圻 或从 墠 野土也从土單声臣鍇按
岸也語殷反 土斤 周礼除地為墠石遺反
垑 恃也从土多 壘 軍壁也从土 垝 毀垣也从土危
声天氏反 畾声郲水反 声詩曰乘彼垝
垣句 陒 垝或 圮 毀也从土巳声虞書 [酉非] 圮或从手
委反 从自 曰方命圮族方鄙反 配省非声
垔 塞也从土西声書曰鯀垔洪水臣鍇按古賦 [古文垔] 西
多呼西為先叶韻故得與垔為声伊倫反 或

從𠂤 𡋯 古文垔如此 塹 坑也一曰大也从土斬声七驗反 壙 塹穴也一曰大也从土廣

声困畚反 埂 秦謂坑爲埂从土更声讀若井汲綆根横反 塏 高燥也从土豈声臣鍇曰所謂爽塏

也刻海反 毀 缺也從土毇省声阡委反 毀 古文毀從壬 壓 壞也一曰塞補也从土厭声馬

甲反 壞 敗也从土褱声胡介反 𣀔 籒文壞从文臣次立按徐鉉云支部有敷此重出 𡊅

古文壞省 坷 坎坷也从土可声梁國寧陵有坷亭臣鍇曰坎坷不通也則箇反 㙤 坼也从土虖声

吼迓反 𡑞 㙤或从𠂤 坼 裂也从土㡿声詩曰不坼不疈軟赫反 埃 塵埃也从土矣声隱

唱反 塺 塵也从土麻声臣鍇按楚辭曰涉氛霧兮如塺莫播反 坋 塵也从土分声一曰坋大防也

臣鍇曰防隄也數粉反

⿱非土 塵也从土非聲符既反

埃 塵也从土矣聲遏開反

⿱殹土 塵埃地从土殹聲幽雞反

垽 澱也从土沂聲臣鍇曰按尔雅澱謂之垽注云澤澱也疑斬反

垢 濁也从土后聲講吼反

⿰土壹 天陰塵也詩云壹壹其陰从土壹聲伊閑反

坏 丘再成者也一曰瓦未燒从土不聲臣鍇曰尔雅云也普杯反

垤 螘封也从土至聲詩曰鸛鳴于垤臣鍇按晉史王湛乘王濟馬于螘封中試之是也亭結反

坥 益州部謂蟥場曰坥从土且聲臣鍇曰蟥場謂曲壇所吐樓地且渠反

埍 徒隸所居也一曰女一曰亭部讀若夐从土肙聲激犬反

⿰土㱿 因突出也从土㱿聲痕扎反

堋 喪葬不下土也从土朋聲春秋傳曰朝而堋禮謂之封周官謂之窆虞書曰堋淫于家亦如是此懵反

瘞 幽薶

也從土疾声于許反

垗　畔也為四時界祭其中從土兆声周禮曰跳五帝于四郊臣鍇曰今周礼作兆假借池沼反

塋　墓也从土營省亦声玄經反

墓　丘也從土莫声莫度反

墳　墓也从土賁声扶去反

壠　丘壟也從土龍声呂恐反

壇　祭壇場也從土亶声特丹反

圯　東楚謂橋從土巳声臣鍇按史記張良所見老父墮其履圯下寅之反

場　祭神道也一曰山田不耕者一曰治穀田从土易声臣鍇按應璩書述祈雨云拜請靈場又詩曰十月築場圃寅良反

垐　遠邊也从土坐声是吹反

圭　瑞玉也上員下方公執桓圭九寸侯執信圭伯執躬圭皆七寸子執穀璧男執蒲璧皆五寸圭目封諸侯從重上楚爵有執圭者臣鍇按周札注桓圭作雙柱或以爲雙獄形信圭蓋刻為人形躬圭亦為人形穀辟壁皆為穀

蒲形所謂丑王亦曰五瑞旣分 珪 古文圭 堀 兔堀也
之土田又以王為信也消兮反 從玉 從土屈
声臣鍇曰文子兔走歸堀閲
字從屈此堀字從屬九勿反

文一百三十二　重二十五

垚 土之高也從三土凡垚之屬皆從
垚臣鍇曰累土故高也研梟反

堯 高也从垚在兀上高遠也臣鍇曰帝
堯堯德高遠之意也會意研梟反 㚖 古文
堯

文二　重一

堇 粘土也從黄省從土凡堇之屬皆從堇臣鍇曰
黄土乃黏也今人謂水中泥黏者為堇伎殷反

𡋬古文堇 𦰩亦古文堇 艱土難治也從堇艮声亘閑反 囏籀文艱從喜

文二　重三

里居也從田從土一曰土声也凡里之屬皆從里臣鍇按尚書曰百姓里居六矣反

釐家福也從里𠩺声臣鍇按史記曰受釐坐宣室利之反 野郊外也從里予声抴者反 壄古文野從林

文三　重一

田陳也樹穀曰田象四口十阡陌之形制也凡田之屬皆從田笛前反

町　田踐處曰可从田丁声臣鍇曰言平訂訂也王充論衡曰町町若之間他挺反

㽉　城下田也一曰㽉郤也从田耎声臣鍇按史記申屠嘉侵廟㽉垣汝綿反

疇　耕治之田也從田𠃬象耕滑田詰屈也陳収反

𠃬　疇或省

疁　燒種也從田翏声漢律田疁田茠艸里由反

畬　三歲治田也從田余声易曰不菑畬以虛反

𤳉　和田也從田柔柔亦声也鄭有𤳉地名也臣鍇按國語曰依𤳉歷華四色名也然尤反

畸　殘田也從田奇声臣鍇曰謂田奇零也斤離反

𤰪　殘田也從田差声詩曰天方薦𤰪殹也昨何反

畮　六尺為步百步為晦秦田二百四十步為晦从田每声莫厚反

畝　晦或從十久臣鍇曰十其制夊声

甸　天子五百里內田从田包省声臣鍇曰所謂五百里甸服庭硯反

畿　天子千里

地自遠近言之則言畿從田幾省声臣希反

畦 田五十晦從田圭声匀迷反

畹 田三十晦從田宛声臣鍇按楚辭曰余既滋蘭之九畹蔚遠反

畔 田界也從田半声臣鍇按列子曰聽遊于疆畔者蒲腕反

界 境也從田介声苟差反

㽘 境也一曰陌也趙魏謂陌為㽘從田亢声格康反

畷 兩陌間道也廣六尺从田叕声臣鍇按西都賦曰畛畷無數礼大蜡祭郵表畷誅說反

畛 井田間陌也從田㐱声支允反

略 經略土地從田各声臣鍇按春秋左傳曰封畛土略又曰侵敗王略留腳反

當 田相值也從田尚声得郎反

畤 天地五帝所基止祭地也從田寺声右扶風雝有五時好時鄜時皆黄帝時祭或云秦文公立臣鍇曰祭地所祭之地也直里反

畯 農夫也從田夋声臣鍇曰詩曰田畯至饎于閏反

甿 田民也從田亾声臣鍇曰按詩曰甿之蚩蚩没宏反

𤳘 轥田也從田粦声里刃反

畱 止也從田丣声臣鍇曰田猶土也里由反

畜 田畜也淮南王曰玄田為畜臣鍇曰畜養起於微也敇六反

𤲸 魯郊禮畜從茲田茲益也

疃 禽獸所踐地處詩曰町疃鹿場從田童声土卯反

暘 不生也從田昜声臣鍇曰今借此為鶡茂字丑向反

文二十九　重三

畕 比田也從二田凡畕之屬皆從畕闊九商反

畺 界也從畕三其界畫臣鍇曰今周禮畺字如此指事九商反

疆 畺或從土弓声

黃 地之色也从田炗声炗古文光也凡黃之屬皆從黃戶荒反

古文黃

䵹 赤黃也一曰輕易人䵹也從黃夾声曉鹽反

䵵 黃黑色也從黃耑声土變反

䵋 青黃色也從黃有声臣鍇按陳壽國書吳有士䵋呼猥反

黇 白黃也從黃占声他兼反

黊 鮮明黃也從黃圭声匀迷反

文六

文二　重一

男 丈夫也从田力言男用力于田也凡男之屬皆从男臣鍇曰通論詳矣年覃反

舅 母之兄弟為舅妻之父為外舅從男臼声使酒反

甥 謂我舅者吾謂之甥從男生色行反

文三

力 筋也象人筋之形治功曰力能禦大灾也凡力之屬皆從力臣鍇曰象人筋竦其身作力勁健之形留置反

勳 能成王功也從力熏声臣鍇曰按周礼司勳職王功曰勳注輔成王業若周公國功曰功注保全國家若伊尹人功曰庸注法施于人若后稷事功曰劳注以劳定國若禹功治功曰力注制治成法若皋陶戰功曰多注克敵出奇若韓信

勛 古文勳從員臣鍇曰古文尚書作此陳平也詡君反

功 以劳定國也從力工

声尹聽反

助 佐也从力且声牀詛反

勴 助也从力非慮声畱御反

勑 劳勑也从力來声臣鍇按詩序曰勞來安集之也勒葉反

劼 慎也从力吉声或曰非力刀也周書曰劼毖殷獻臣讀若覃起八反

務 趣也从力敄声臣鍇曰言趣赴此事也勿赴反

⿸厥力 強也从力厥声瞿月反

勱 勉力也从力萬声周書曰用勱相我邦家讀與厲同謀致反

勍 強也春秋傳曰勍敵之人从力京声虔迎反

勁 強也从力巠声居正反

勉 強也从力免声美選反

劭 勉也从力召声讀若舜樂韶食要反

勖 勉也从力冒声周書曰勖哉夫子臣鍇曰勉其事冒犯而為之也喧六反

勸 勉也从力雚声區怨反

勝 任也从力朕声失稱反

勶 發也从力徹徹亦声恥列反

勠 并力也力翏声

臣鍇按春秋左傳曰戮力一必力付反

勨　繇緩也从力象声讀若演以象反

動　作也从力重声待捴反

𨔝　古文動从辵

⿰畕力　推也从力畾省声臣鍇曰書史謂宋城于城推木石下推木石下推敵謂之⿰畕力魯内反

劣　弱也从力少臣鍇曰會意録設反

勞　劇也从力熒省熒火燒冂也用力者勞臣鍇曰會意闇刀反

⿱𤇾心　古文勞如此

劇　務也从力豦声求許反

勀　尤劇也从力克声臣鍇按春秋左傳伐例得雋曰克謂用力多也慳黒反

勩　劳也从力貰声詩曰莫知我勩予契反

勦　劳也从力巢声春秋傳曰安用勦民即君反

券　劳也从力类声臣鍇曰今用倦字無復作此也俱便反

勤　勞也从力堇声伎殷反

加　語相增加也从力口臣鍇按史曰惡声之加人也會意間

巴反

𠢕 健也從力敖声讀若豪顏叨反 勇 气也從力甬声臣鍇曰通論詳矣與恐反 恿 古文勇從心 㦷 勇或從戈用 勃 排也從力孛声臣鍇曰勃然興起有所排擠也步咄反 勡 劫也從力票声臣鍇曰令人言剽劫匹妙反 劫 人欲去吕力脅止曰劫或曰吕力去曰劫臣鍇曰會意居怯反 飭 致堅也從人力食声讀若敕臣鍇按周礼曰審曲面勢以飭五材飭修整之也修飾从巾今俗人多同之由不曉故也暢陟反 劾 法有辠也从力亥声侯耐反 募 廣求也从力莫声莫度反 勥 迫也從力強声巳賞反 𠢐 古文勥从彊

文四十 重六

劦 同力也從三力山海經曰惟號之山其風若劦凡劦之屬皆從劦羊帖反

恊 同心和也从劦心臣鍇按尚書曰三后恊心羊帖反

勰 同思之和從劦思臣鍇曰春秋左傳曰謀勰乃行本此字也羊帖反

協 衆之同和从劦十声

叶 古文協从口十

旪 叶或從曰臣鍇曰昔越亦發言也巳

上五字皆會意

文一　重五

說文解字通釋卷第二十六

說文解字通釋卷第二十七

繫傳二十七

文林郎守祕書省校書郎臣徐鍇傳釋

朝散大夫行祕書省校書郎臣朱翺反切

九部　六百二文　重七十六

金　五色金也黃爲之長文𤕰不生衣百鍊不輕從革不違西方之行生於土从土左右注象金在土中形今聲也凡金之屬皆從金臣鍇曰黃白赤青黑也今掘地得黃金者發土則色見不爲土汚也通論詳矣居斟反

金古文金臣鍇曰亼上皆象金形銀白金也從金艮声言陳反鐐白金从金尞声臣鍇曰尒雅其美者謂之鐐梨挑反鋈白金也從金沃声臣鍇按詩曰陰靷鋈續腕毒反鉛青金也從金㕣声與川反錫鉛鉛之間也從金易声臣鍇曰銀色而鉛質也星激反鈏錫也从金引声臣鍇曰尒雅云也異印反銅赤金也從金同声田風反鏈銅屬也从金連声臣鍇按史記曰長沙出連錫郎此也鄭延反鐵黑金也從金戴声聽切反鐵鐵或省銕古文鐵從夷鍇九江謂鐵曰鍇從金皆声臣鍇曰張衡南都賦曰銅錫鉛鍇南陽與九江雖遥俱爲楚地也字書曰鐵好也一曰白鐵也夫鐵精則白肯駭反鋚鐵也一曰轡首銅也從金攸声臣鍇曰今人言鋚鍇也延秋反鏤剛鐵也可以刻

鏤从金婁声夏書曰梁州貢鏤金也一曰鏤釜也勒丑反

鐼 鐵類也从金賁声讀若訓父文反

銑 金之澤者也从金先声一曰小鑿一曰鐘下兩角其間謂之銑臣鍇按國語曰玦之以金者銑寒甚矣胡可恃也注曰銑猶洒也洒然寒皃言無和潤也思典反

鋻 剛也从金臤声臣鍇曰淬刀劍刃使堅也經硯反

鑗 金屬也一曰剝也从金黎声里西反

錄 金色从金柔声臣鍇曰借為領録字劣束反

鑄 銷金也从金壽声支處反

銷 鑠金也从金肖声息超反

鑠 銷金从金樂声書却反

鍊 冶金也从金柬声郎電反

釘 鍊鉼黃金也从金丁声的寘反

錮 鑄塞也从金固声臣鍇曰鑄銅鐵以塞隙也後漢法有黨錮寒其仕進之路也骨度反

鑲 作型中腸也从金襄声臣鍇曰鑄鍾鑄屬使肉空者于型

範中更作土模所以後却流銅也又若果實之穰釋名云鉤鑲兵也兩頭曰鉤中央曰鑲或推鑲或鉤引也臣鍇按晏子云直兵將推之曲兵將鉤之即此也然莊反

鋏 可𠂇持治器鑄鎔者也从金夾声讀若漁人莢魚之莢一曰若挾持臣鍇曰今鐵夾持鑄鍋者居狹反

鎔 治器法也从金容声臣鍇曰亦樓範也古言鎔裁出于此與封反

鋌 銅鐵朴也从金廷声笛顛反

鍛 小冶也从金段声臣鍇曰推之而已不銷故曰小治鄙半反

鐃 鐵文也从金曉声喜杳反

鏡 景也从金竟声居竟反

鉹 曲鉹也一曰鬵鼎也从金多声讀若摘一曰若詩曰侈兮之移同臣鍇按爾雅鬵鉹也注涼州呼曰鉹昌婢反

鈃 佀鍾而頸長从金幵声賢昰反

鍾 酒器也从金重声之松反

鑑 大盆也从金監声一曰鑑諸也可𠂇取明水于

月臣鍇按周礼曰春始治鑒注曰如甀大口鑒諸鏡也一曰石也各撕反

鐈 佀鼎而長足从金喬声伎昭反

鐆 陽隊也从金隊声臣鍇按周礼司烜民掌以夫遂取明火于日以鑑取明水于月注云夫遂陽燧也鑒鏡屬也取水者世謂之方諸夕位反

鋞 溫器也圜直上从金巠声臣鍇曰所以煗物賢星反

鑴 瓽也从金巂声戶迷反

鑊 鑴也从金蒦声戶郭反

鍑 釜而大口者从金复声分副反

鍪 鍑屬也从金敄声莫浮反

錪 朝鮮謂釜曰錪从金典声聽銑反

銼 鍑也从金坐声泉和反

鑹 銼鑹也从金羸声魯戈反

鉶 器也从金刑声臣鍇曰鉶羹器也賢星反

鎬 溫器也从金高声武王所都鎬在長安西上林苑中字亦如此候抱反

鏖 溫器也一曰金器从金麀声讀若奥阿高反

銚 温器也从金兆声一曰田器臣鍇按詩傳曰錢銚也延朝反 鋀 酒器也从金𧯷象器形徒斗反

𧯷 鋀或省金 鐎 鐎斗也从金焦声臣鍇曰史記注刁斗云以銅作鐎器受二升晝炊飯夜擊持行也

煎胎反 鋗 小盆也从金肙声火玄反 鍵 鉉也从金建声一曰車轄其獻反 鏏 鼎也从金

彗声讀若彗于歲反 鉉 舉鼎具也从金玄声易謂之鉉礼謂之鼏胡顯反 鋊 可吕句鼎耳及鑪炭

也从金谷声讀若洛一曰銅屑余足反 鎣 器也从金熒省声讀若銑玄經反 鑯 鑯器也从金韱

声一曰鐫精廉反 鐙 錠也从金登声臣鍇按尔雅瓦豆謂之鐙注即膏鐙也臣鍇以此楚辭所謂蘭膏明

燭華鐙錯冊增反 錠 鐙也从金定声顛定反 鏶 鍱也从金集声牆揖反 鍓 鏶或从咠

鏟 鏶也从金產声一曰平鐵臣鍇曰鉋昭賦云鏟利銅山初簡反 鍱 鏶也齊謂之鍱从金枼声臣鍇曰今言鐵葉也亦接反 鑪 方鑪也从金盧声論孤反 鏇 圜鑪也从金旋声似戀反 [金虒] 器也从金虒声敵圭反 鐪 煎膠器也从金虜声勒古反 釦 金飾器口从金口口亦声臣鍇曰若今金銀稜器也懇走反 錯 金塗也从金昔声臣鍇曰詩曰約軝錯衡操各反 [金御] 鉏[金御]也从金御声臣鍇曰鉏[金御]猶犬牙也疑舉反 鋙 [金御]或从吾 錡 鉏[金御]也从金奇声江淮之間謂釜錡臣鍇曰春秋左傳筐莒錡釜之器注有足曰錡魚倚反 鍤 郭夜鍼也从金臿声丑輒反 鉥 綦鍼也从金朮声臣鍇曰刺余之緘也綦屨履底也常出反 鍼 所以縫也从金咸声正沈反 鈹 大鍼也从金皮声一

曰劒而刀裝者臣鍇按春秋左傳曰夾之以鈹杯卑反

鑱 銳也从金毚声夲嵒反

鈕 印鼻也从金丑声女有反

珇 古文鈕从王

銎 斤斧穿也从金巩声臣鍇曰柄孔受柯處六韜曰大柯斧鍫長八寸曲恭反

鈭 鈭錍斧也从金此声即宜反

錍 鈭錍也从金卑声賔而反

鏨 小鑿也从金斬斬亦声昨三反

鐫 破木鐫也从金雋声一曰琢石也讀若瓍津宣反

鑿 穿木也从金鑿省声自莫反

銛 臿屬也从金舌声讀若掞桑欽讀若鐮先廉反

鈂 臿屬也从金冘声讀若沈池心反

𨧪 臿金也从金危声一曰鍡垒鐵也讀若毀行溝委反

鐅 河內謂臿頭金也从金敝声辟嚧反

錢 銚也古者田器从金戔声詩曰庤乃錢鎛一曰貨也自僊反

钁 大鉏也从金矍声俱矍反

鈐 鈐鏅大犂也一曰類耜从金今声勤潛反 鏅 鈐鏅也从金隋声特安反 鏺 兩刃有木柄可㠯刈艸从金發声讀若撥普末反 鉵 耜屬也从金蟲省声杜冬反 鉏 立薅所用也从金且声蟬于反 䥯 耜屬也从金罷声讀若嫣彼移反 鎌 鍥也从金兼声力鹽反 鍥 大鎌也从金契声經節反 鉊 大鎌也从金召声鎌或謂之鉊張㵶說眞遥反 銍 穫禾短鎌也从金至声臣鍇按尒雅曰鑊也知疾反 鎮 博壓也从金眞声陟陳反 鉆 鐵銸也从金占声一曰膏專鐵鉆敕淹反 銸 鉆也从金取声臣鍇曰猶鑷也陟聶反 鉗 㠯鐵有所劫束也从金甘声勤潛反 釱 鐵鉗也从金大声臣鍇按字書在足曰釱笛計反 鋸 槍唐也从金居声飢御反 鐕 可㠯綴著物者从金替声祖堪

反

錐 銳也从金隹声專唯反 **銳** 芒也从金兌声與歲反 **𠛾** 籀文銳从剡 **鏝** 鐵杇也从金曼声臣鍇曰所以泥也役團反 **槾** 鏝或从木臣次立按徐鍇云木部有此重出 **鑽** 所吕穿也从金贊声祖半反 **鑢** 鍇銅鐵也从金慮声臣錯曰摩錯之也留御反 **銓** 衡也从金全声七沿反 **銖** 權十分黍之重从金朱声臣鍇曰二十四銖為一兩也船區反 **鋝** 十銖二十五分之十三也从金寽声周禮曰重三鋝北方二十兩為鋝録設反 **鍰** 鋝也从金爰声虞書曰罰百鍰户刪反 **錙** 六銖也从金甾声側持反 **錘** 八銖也从金垂声直垂反 **鈞** 三十斤也从金匀声堅鄰反 **銞** 古文鈞从旬 **鈀** 兵車也从金巴声一曰鐵也司馬法曰晨夜内鈀車不奢反 **鐲** 鉦也

从金蜀声軍法司馬執鐲臣鍇按周礼注
形如小鐘軍行鳴之以為鼓節木渥反
丁
反
鉦鐃也从金正声侶鈴鐃
柄中上下通真名反
鐃小鉦也从金堯声軍
法卒長執鐃獰交反
鈴鈴釘也从金令声連
鐸大鈴也从金睪声軍法五人為伍
五伍為兩兩司馬執鐸騰莫反
鏞大鐘謂之鏞从金庸声與
封
反
鏤大鐘淳于之屬所以應鐘声也堵以二
金樂則鼓鐏應之从金薄声匹各反
鈁方鐘也从
金方声
府昌反
鐘樂鐘也秋分之音也物種成从
金童声古者垂作鐘之松反
鏞鐘或从甬
鏄鏄鱗也鍾上橫木上金華也从金專声一曰田器也
詩曰庤乃錢鏄臣鍇曰鍾筍上飾今儀制令所謂𢘿
山也又詩傳曰
鏄鎛也本泊反
鍠鐘声也从金皇声詩
曰鐘鼓鍠鍠户荒反
鎗鏜声也从
金倉声測

彭反**錚**金声也从金爭声測彭反**鏜**鍾鼓之声也从金堂声詩曰擊鼓其鏜吞臣反**鏓**鎗鏓也从金悤声一曰大鑿平木者麤中反**鑋**金声也从金輕声讀若春秋傳曰鑋而乘他車輂寧反

鐔劍鼻也从金覃声臣鍇按莊子曰周宋以為鐔劍鐔鼻也人握處之下也移金反**鏌**鏌釾大戟也从金莫声臣鍇曰又劍名門落反**釾**鏌釾也从金牙声延車反**鎩**鈹有鐔也从金殺声臣鍇按嵇康曰鸞翮有時鎩師壞反

鏢刀削末銅也从金㶾声臣鍇曰削音肖刀匣也片妖反**鈒**鋋也从金及声臣鍇曰鈒戟也飾吸反**鋋**小矛也从金延声示川反**鈗**从侍臣所執兵从金允声周書曰冕執鈗與準反**鉈**短矛也从金它声臣鍇曰今又音蛇晉書曰丈八鉈矛左右盤亦牙反**鏦**矛也

从金从声取蚣反

錄 鏦或从彖

錟 長矛也从金炎声讀若老聃杜南反

鏠 兵耑也从金逢声甫蚤反

錞 矛戟柲下銅鐏从金辜声詩曰厹矛沃鐓臣鍇曰柲柄也得昏反

鐏 柲下銅也从金尊声徂寸反

鏐 弩眉也从金翏声一曰黄金之美者里由反

鎧 甲也从金豈声苦蓋反

釬 臂鎧也从金干声臣鍇曰管子曰桓公方田弛弓脫釬公羊曰賊而鋟其版侯旰反

錏 錏鍜頸鎧也从金亞声歐爪反

鍜 錏鍜也从金段声痕加反

鐗 車軸鐵也从金間声臣鍇按釋名曰鐗間也間缸軸之間使不相摩也溝鴈反

釭 車轂中鐵也从金工声君聦反

銴 車樘結也从金折声讀若誓一曰銅生五色時制反

釳 乘輿馬頭上防釳插吕翟尾鐵翮象角所吕防罔羅釳去之也从金气声疑迄反

鈦

巠斫刀也从金鑾人君車四馬鑣八鑾鈴象鸞鳥之声
夫声甫癹反和即敬也从金鸞省声臣鍇按古今
注作朱鳥口銜鈴礼所謂行前朱雀也鉞車鑾声也从
臣鍇以為行步中度則声和也魯刿反金戉声詩曰
鑾声鉞鉞臣鍇曰戉即古之鍚馬頭飾也从金陽声詩
斧鉞字今皆用此鉞虎會反曰鉤膺鏤鍚一曰鍱車
輪鐵也臣鍇按刻金華當馬額也淮銜馬勒口中也从
南子曰鍛鍚文鐃乍晦明猶良反金行銜者行馬
者也臣鍇曰馬銜所以制鑣馬銜也从金⿰角麃鑣或
馬之行也會意侯乡反麃声彼消反从角
鉣組帶鐵也从金刧䥍羊箠也端有鐵从金釣鉤
声讀若刧居怯反執声讀若至弘利反魚
也从金勺鋃鋃鐺鎖也从金鐺鋃鐺也从金[illegible]大
声的耀反良声勒當反當声得郎反鎖

也一環貫二者从金每声詩曰盧重鋂莫堆反
鍡 鍡鑸不平也从金畏声烏賄反
鑸 不平也从金壘声落浼反
鎎 怒戰也从金氣声春秋傳曰諸侯敵王所鎎許意反
鋪 箸門鋪首也从金甫声噴摸反
鐉 所吕鉤門户樞一曰治户器也从金巽声七浴反
鈔 扠取也从金少声側嘲反
錔 吕金有所冐也从金沓声他合反
銽 斷也从金昏声古獺反
鉻 鬄也从金各声勒託反
⿰金亶 伐擊也从金亶声旨闡反
鏃 利也从金族声作木反
鈌 刺也从金夬声縈節反
鏉 利也从金欶声色透反
鎦 殺也从金留声臣鍇按春秋左傳虔劉我邊垂本此字里由反
鍲 業也賈人占鍲从金昏声臣鍇曰謂使自隱度其家之所有也史記曰楊可方為告緡眉均反
鉅 大剛也从金巨声臣

鍇曰商子論兵曰惡如鉅鐵求許反

鎕 鎕銻火齊也从金唐声臣鍇按火齊如珠黃色揭之葉葉起也特郎反

銻 鎕銻也从金弟声敵圭反

鈋 鈋圜也从金化声臣鍇按史記項羽封諸侯印刓弊忍不能與本此字也五他反

鐓 下垂也一曰千斤椎从金敦声都魁反

鍒 鐵之耎也从金柔声然尤反

錭 鈍也从金周声特豪反

鈍 錭也从金屯声徒寸反

⿰金朿 利也从金朿声讀若齊徂泥反

錗 側意也从金委声女至反

鏑 矢鋒也从金啇声顛狄反

鍭 矢金鏃翦羽謂之鍭从金侯声乎鉤切

文百九十七 臣次立按說文曰文一百九十七補遺鍭一字 重十三

幵 平也象二干對構上平也凡幵之屬皆從幵臣鍇曰幵但象物平也無音義激賢反

文一

勺 挹取也象形中有实與包同意凡勺之屬皆從勺臣鍇曰禮曰今夫水一勺之多少也真若反

与 賜予也一勺為与此郎與同臣鍇曰不患少而患不均故從一勺尹汝反

文二

几 踞几也象形周禮五几玉几彫几形几髹几素几凡几之屬皆從几臣鍇曰人所凭坐几也謹美反

凭 依几也從几從任周書曰凭几玉几讀若馮臣鍇曰會意皮淩反

処 處也從尸得几而止也孝經曰

仲尼凥閑凥如此臣鍇曰會意九魚反

処 止也從夂得几而止臣鍇按詩曰爰居爰處以爲居者定居處者暫止而已會意嗔佇反

處 或從虍声

文四　重一

且 薦也從几足有二横一其下地凡且之屬皆從且七賈反

𠀃 古文以爲且又以爲几字

俎 禮俎也從半肉在且上臣鍇曰指事側所反

𧇧 且往也從且虍声昨怒反

文三　重二

斤 斫木斧也象形凡斤之屬皆從斤臣鍇曰尸象木也幾欣反

斧 斫也從斤父声浮甫反

斨 方銎斧也從斤爿声詩曰又缺我斨倩常反

斫 擊也從斤石声貞若反

斪 斫也從斤句声臣鍇按尔雅劬斸謂之錠注鉏屬羣吁反

斸 斫也從斤屬声輟蜀反

斲 斫也從斤豆声輟角反臣次立曰豆徒斗切非声又按徐鉉曰豆器也斤以斲之

𣃔 斲或從丮畫

釿 劑也從金從斤宜謹反

所 伐木声也從斤户声詩曰伐木所所師阻反

斯 析也從斤其声詩曰斧以斯之息移反

斮 斬也從斤昔声臣鍇曰尚書曰斮朝涉之脛側削反

斷 截也從斤𢇍𢇍古文絕字都件反

㫁 古文斷從𠂤𠂤古文叀周書曰㫁㫁猗無佗技

㫁

亦古文斷

𣃔 柯擊也從斤良声勒可反

新 取木也從斤亲声息鄰反

斦 二斤也闕 臣次立按說文曰從二斤語斤切

文十五　重三

斗 十升也象形有柄凡斗之屬皆從斗都厚反

斛 十斗也從斗角声胡谷反

斝 玉爵也夏曰醆殷曰斝周曰爵從斗門象形吅也爵同意或說斝表六升 臣鍇曰然則如亦象形也格雅反

料 量也從米在斗中讀若遼梨桃反

斞 量也從斗臾声周禮曰求三斞 臣鍇曰周禮考工記之言注曰未聞勻取反

斡 蠡柄也從斗倝声楊雄杜林說皆㠯為軺

車輪斡臣鍇曰蠡所以抒也烏末反

魁羹斗也從斗鬼声臣鍇曰謂斗杓為魁柄為摽也庫推反

斠平斗斛量也從斗冓声臣鍇曰斠量之今作較江岳反

斟勺也從斗甚声止沈反

斜抒也從斗余声讀若荼似車反

⿰奭斗挹也從斗奭声臣鍇按張衡思玄賦曰⿰奭斗白水為漿卷朱反

⿰半斗量物分半也從斗半亦声脯漫反

⿰旁斗量物溢也從斗旁声破郎反

⿰䜌斗抒滿也從斗䜌声俱戀反

斣相易物俱等為斣從斗蜀声昌六反

⿰庣斗斛旁有庣從斗庣声一曰突也曰庣利也爾雅曰庣謂之疀古田器也臣鍇按漢書量其旁有庣注耳也周禮耳三寸實一升爾雅所謂庣今俗作鍬字土彫反

升十龠也從升亦象形失稱反

文十七　臣次立曰今文十六補遺𦥒一字

矛　酋矛也建于兵車長二丈象形凡矛之屬皆從矛臣鍇曰鉤兵也酋矛長牙也㔾矛也勹其上所注旄屬建者邪迆立之也周禮酋矛常有四尺十六尺爲常也莫浮反

𢦒　古文矛從戈

䂆　矛屬也從矛良声勒當反

矠　矛屬也從矛笞声讀若笮臣鍇按史記曰矠魚鼈測索反

矜　矛柄也從矛今声臣鍇按史記曰鉏耰棘矜機仍反

𥍰　刺也從矛曰声女有反

𥎊　矛屬從矛害声恒夬反

文六　重一

車 輿輪之揔名也夏后時奚仲所作象形凡車之屬皆从車臣鍇按周礼曰一器而工聚者惟車為多山海

經番禺生奚仲奚仲生吉光吉光是始以木為車注云父子共作也稱椰反

𨏖 籒文車 軒 曲輈藩車也从車干声臣鍇曰載物則直輈軒大夫以上車也轓兩旁壁也忻元反

輜 輧車前衣車後也从車甾声臣鍇曰所謂庫車側持反 軿 輜車也从車并声頻寧反 轀

臥車也从車昷声塢門反 輬 臥車也从車京声栁昌反 軺 小車也从車召声延朝反 輕 輕車

也从車巠声牽并反 輶 輕車也从車酋声詩曰輶車鑾鑣延秋反 輣 兵車也从車朋声臣鍇曰史記

曰淮南王造輣車部行反 軘 兵車也从車屯声徒論反 𨊸 陷敶車也从車童声臣鍇曰臨衝閑閑衝

假借未轈兵高車加巢目望敵也从車巢声輯車和
重反春秋傳曰楚子登轈車事交反輯也
从車咠声臣鍇輿車輿也从車舁声臣鍇𨎮衣車蓋也从
牆揖反按輿車底也以虛反車曼声悶半
反軓車軾前也从車凡声周軾車前也从車式声臣
礼曰立當前軓浮檻反鍇按周礼兵車軾高
三尺三寸人所輅車軨前橫木也从車各声臣鍇曰史
凭也申力反記婁敬脫輓輅勤妬反臣次立按徐
鉉云各非声較車輢上曲銅也从車爻声臣鍇按古今
當从路省注車較車耳也在車輦上重起如牛魚
詩曰猗重較𨋎車耳反出也从轛車橫也从車對声
兮江岳反車反声府晚反周礼曰參分軹圍
去一目為轛圍臣鍇按周礼注軾之植者衡者又曰車
軨輿立者爲轛橫者為軹轛以其向人為名追類反

輢 車旁也从車奇声于綺反 輒 車兩輢也从車耴声陟聶反 軐 車約軐也从車川声周礼曰孤乘夏軐一曰下棺車曰軐臣鍇曰約謂為節約刻飾之也今人俗作軔丑巡反 轖 車籍交錯也从車嗇声臣鍇按枚乘七發曰中若結轖踈憶反 軨 車轖間橫木也从車令声連丁反 䡼 司馬相如軨从霝

輑 軺車前橫木也讀若羣从車君声一曰讀若褌愚縕反 軫 車後橫木也从車㐱声支引反

轐 車伏兔也从車菐声周礼曰加軫與轐焉已伏反 𨍱 車伏兔下革也从車𢡆声𢡆古文昏字讀若閔眉引反 軸 持輪也从車由声陳六反臣次立按說文引徐鉉曰當从胄省 輹 車軸縛也从車复声易曰車脫輹方菊反 輮 車輞也从車柔声臣鍇曰車輪外罔木一曰牙一曰渠如紂反 轂 輻所

湊也从車𣪊声孤速反
𨏥 車輮規也一曰一輪車从車熒省声讀若煢葵名反
輪 有輻曰輪無輻曰輇从車侖声呂辰反
輥 轂齊等皃也从車昆声周礼曰望其轂欲其輥孤損反
軝 長轂之軝也以朱約之从車氏声詩曰約軝錯衡翹移反
𩊚 軝或从革
軹 車輪小穿也从車只声眞彼反
軎 車軸耑也从車象𦘒之形杜林說臣鍇曰指事于歲反
轊 軎或作彗
輻 輪轑也从車畐声方菊反
軑 車輨也从車大声笛計反
輨 轂耑錔也从車官声古椀反
轅 輈也从車袁声羽元反
輈 轅也从車舟声陟求反
𨎌 籀文輈
輂 直轅車轒也从車具声臣鍇曰載物之車俱燭反
軏 車轅耑特衡者从車元声臣鍇曰重縛在衡上也元伐反
軛 轅前也从車戹声晏

索反　䡣 軶軥也从車軍声户昆反　軥 軶下曲也从車句声臣鍇按春秋左傳射其下兩軥而還格逼

反　轙 車衡載轡者从車義声臣鍇曰尒雅軶上鐶轡所貫也研之反　钀 轙或从金獻臣鍇按尒雅

鑣謂之钀載轡謂之轙然則钀與轙異疑此說文本脫誤　輔 春秋傳曰輔車相依从車甫声人頰車也

浮甫反　軜 驂馬内轡繫軾前者从車内声詩曰鋈以觼軜奴合反　轑 蓋弓也一曰輻也从車尞声臣

鍇曰車椽也乘車二十八勒抱反　⿴行車 車搖也从車从衒省声古縣反　⿱丞車 軺車後登也从車承声讀

若易拯馬之抍臣鍇曰从後上也視澄反　載 乘也从車𢦏声則代反　軍 圜圍也四千人為軍从包

省从車軍兵車也俱勳反　軓 範軷也从車笵省声讀與犯同浮檻反　軷 出將有事于道必先告其

神立壇四通樹茅㠯依神為軷既祭犯軷轢牲𨏼載高而行為範軷从車友声詩曰取羝以軷彭札反𨏼皃也从車獻声臣鍇曰何晏景福殿賦曰反宇𨏼𨏼顏遏反轄車声也从車害声一曰轄鍵也開刮反

轉還也从車專声智箭反輸委輸也从車俞声臣鍇曰以車委輸也施迂反輖重也从車周声隻留反輩若軍發車百兩為輩从車非声補配反軋報也从車乙声尼戛反輾轢也从車𡱝声尼𡱝反轢車所踐也从車樂声連的反軌車徹也从車元声臣鍇曰古車徹从車也俱皮反𨋩車跡也从車從省臣鍇曰今俗作蹤子龍反軼車相出也从車失声臣鍇按春秋左傳懼其侵軼我也移七反𨍏車𨍏鈏声也从車眞声讀若論語鏗佘含瑟而作一曰讀若掔若開反

輊抵也从車執声臣鍇曰潘岳曰如輊如軒軒輊舉也涉利反軭車戾也从車匡声倦臣反軔礙車也从車刃声臣鍇曰止輪之轉其物名軔揚椎賦曰車不安軔尔吝反輟車小缺復合者也从車叕声誅劣反臣次立按徐鉉曰門部輟與叕同此重出𨋌礙也从車多声溪祢反轚車轄相擊也从車轂轂亦声周礼曰舟輿轚互者也巳惠反𨏥治車軸也从車算声率眷反軻接軸車也从車可声可貨反𨍼車堅也从車殸声鑋耕反軵反推車令有所付者从車付讀若胥臣鍇按春秋後語鬼谷子曰牽受推軵儀不如秦也乳恕反輇藩車下庳輪也从車全声讀若饌一曰無輻也臣鍇曰無輻謂直斫木為之若推輪乎丑旬反輗大車轅耑持衡者也从車兒声臣鍇曰論語所謂大車無輗擬西反

軥軦或从宜梘軦又从木軧大車後也从車氐声的米反轃大車簣也从車秦声讀若臻側詵反轒淮陽名車穹隆轒从車賁声臣鍇按六韜曰大攻城圍邑則有轒轀臨衝轀作轀扶云反⿰車宛大車後壓也从車宛声迂分反輂大車駕馬也从車共声俱燭反䡝連車也一曰卻車抵堂為䡝从車从差省声讀若遲臣鍇按春秋左傳曰䡝車鮑點䡝車官名士佳反輦輓車也从車扶在車前引之也里典反輓引車也从車免声武反反軖紡車也从車㞷声讀若狂一曰一輪車也僊臣反轘車裂人也从車睘声春秋傳曰轘諸栗門戶刪反臣次立按徐鉉曰睘音渠營切非声當从環省斬截也从車斤斬法車裂側減反輀䘮車也从車而声忍伊反轟羣車声从三車臣鍇

曰會意　昏耕反

文九十九　重八　臣次立曰今重六補遺輯梘二字

說文解字通釋卷第二十七

說文解字通釋卷第二十八

繫傳二十八

文林郎守祕書省校書郎臣徐鍇傳釋

朝散大夫行祕書省校書郎臣朱翺反切

四十二部　文　重

𠂤　小𠂤也象形凡𠂤之屬皆从𠂤臣鍇曰再尸象推之漸進也都魁反

𡴎　危高也从𠂤屮声讀若臬臣鍇曰辥字从此知舌反

官　吏事君也从宀从𠂤𠂤猶衆也此與師同

意臣鍇曰按國語天子千品萬官也𠆢在屋下也師从𠂤亦取義于衆也會意古安反

文三

阜 大陸山無石也象形凡阜之屬皆从阜臣鍇曰彌高大也故从三尸符九反

古文阜

陵 大阜也从阜夌声力膺反

[阝鯀] 大阜也从阜鯀声胡本反

阞 地理也从阜力声臣鍇曰地之脈理也泐字从此郎忒反

陰 闇也水之南山之北也从阜侌声臣鍇曰山北水南日所不及都吟反

陽 高明也从阜昜声猶良反

陸 高平地从阜坴声栗菊反

籀文陸如此

阿 大陵曰阿从阜可声一曰阿曲阜也烏何反

陂 阪也从阜皮声一曰沱也彼移反

阪

坡者曰阪从𨸏反声一曰澤障也一曰山脅也福產反

陬 阪隅也从𨸏取声臣鍇按山海經曰海內西北陬側丘反

隅 陬也从𨸏禺声元無反

險 阻難也从𨸏僉声香貶反

限 阻也从𨸏艮声一曰門榍侯產反

阻 險也从𨸏且声側所反

陮 陮隗高也从𨸏隹声臣鍇曰京高立也特賄反

隗 陮隗也从𨸏鬼声魚賄反

阭 高也一曰石也从𨸏允声與準反

⿰阝厽 磊也从𨸏厽声落猥反

陗 陖也从𨸏肖声臣鍇曰高竦也太玄曰豐牆阯七肖反

陖 陗高也从𨸏夋声蘇狗反

隥 仰也从𨸏登声徒亘反

陋 阸陜也从𨸏㔷声勒豆反

陜 隘也从𨸏夾下夾反

陟 登也从𨸏步竹力反 古文陟如此

陷 高下也从𨸏臽声一曰陊寒蘸反

隰 阪下溼也

从𨸏縣声　隔　敲也从𨸏區　隫　下隊也从𨸏　隊　从高
似集反　　声囂于反　　貴声徒崔反　隤墜也
从𨸏㒸声臣鍇曰顛隊　降　下也从𨸏夅　隕　从高下也
字本無土也徒佩反　　声良巷反　隕　从𨸏員声
易曰有隕自　陁　小崩也从𨸏也声臣鍇按左思　𨻸　危
天兩北反　吳都賦曰崩巒阤岑池倚反　也
从𨸏从毀省徐巡臣為陧卤也賈侍中說陧法度也班
固說陧不安也周書和之阢陧讀若虹蜺之蜺語挈反
隓　敗城𨸏曰隓从𨸏差声臣鍇曰今俗作隳許規反臣
次立按徐鉉曰說文無差字蓋二左也衆力左之故
从二　𡐦　篆文隓　⿰阝頃　仄也从𨸏頃　陊　落也从𨸏多
左　如此　声屈呈反　声圖坐反
阬　閬也从𨸏亢声臣鍇曰阬閬高大而空楚辭曰　⿰阝賣
導帝之乎九阬九州也此亦阬塹字看浪反

通溝臣防水也从𠂤隫古文隫防隄也从𠂤方声臣
賣声讀若洞𠃊谷反𠔏从谷鍇按春秋左氏傳
塹防門而守坊防或隄塘也从𠂤是阯基也从𠂤
之浮長反从土隄声的齊反阯止声只耳
反址阯或从土陘山絶坎也从𠂤巠声臣鍇按尒雅
山絶陘注連絶也堅經反附
附婁小土山也从𠂤巠声春秋傳婁阺秦謂陵阪
無松栢臣鍇曰今左傳作培假借户經切阺曰阺从𠂤
氏声臣鍇曰古阢石山戴土也从隒崖也从𠂤兼声
言隴阺的米反阢𠂤兀声五忽反隒讀若儼牛檢反
阸塞也从𠂤戹隔障也从𠂤鬲障隔也从𠂤章
声晏索反声溝戹反声止向反
隱蔽也從𠂤㥯隩水隈崖也从𠂤隈水曲隩也从
声依謹反奥声嘔報反𠂤畏声千枚

反⿱臾𠂤⿱臾𠂤商小塊也从臾𠂤臣鍇曰遣字从此溪善反⿰阝解水衡官谷也从𠂤解声一曰小谿臣鍇曰

古亦言⿰阝解谷也猴豸反隴天水大阪也从𠂤龍声吕恐反⿰阝衣酒泉天⿰阝衣阪从𠂤衣声于機反

陜弘農陜也虢國王季之子所封也从𠂤夾声收儼反⿰阝無弘農陜東陬也从𠂤無声文匾反

⿰阝卷河東安邑陬也从𠂤卷声居遠反陭上黨陭氏阪也从𠂤奇声於奇反隃北陵西隃

鴈門是也从𠂤俞声臣鍇按尔雅注即鴈門山失喻反阮代郡五阮關也从𠂤元声讀若昆擬遠反

⿰阝告大𠂤也一曰右扶風郿有陪𠂤从𠂤告声骨僕反⿰阝貞丘名也从𠂤貞声陟情反⿰阝武丘名

也从𠂤武声弗孺反⿰阝丁丘名也从𠂤丁声讀若丁的寘反⿰阝為鄭地坂也从𠂤為声春秋傳曰将會

鄭伯于隝喧垂反 陼 如渚者丘从𨸏者声水中高者也諸與反 陳 宛丘也舜後媯滿所封也从𨸏

木申声值辰反 䧅 古文陳省木 阽 壁危也从𨸏占声臣鍇按謝朓曰阽危賴宗羊廉反 陶

再成丘也在濟陰从𨸏匋声夏書曰東至于陶丘陶丘有堯城堯嘗所居故堯號陶唐氏也持豪反 𨹹 耕𨸏

臿浚出下壚土一曰耕休田也从土𨸏召声止要反 除 殿陛也从𨸏余声臣鍇曰王粲賦云循階除而下降

也陳諸反 階 陛也从𨸏皆声古鍇反 阼 主階也从𨸏乍声昨怒反 陛 升高階也从𨸏坒声

頻啓反 陔 階次也从𨸏亥声臣鍇曰禮有陔夏樂謂擊鼓為登階之節苟孩反 隙 壁際孔也从𨸏

𡭴声起逆反 際 壁會也从𨸏祭声子歲反 陪 重土也一曰滿也後𨸏音声一曰陪臣陪備也臣鍇

曰諸侯之臣於天子曰陪臣步雷反 ⿰阝彖 道邊庳垣也从𨸏彖声徒亂反 陾 築牆声也从𨸏耎声詩曰

捄之陾陾 陴 城上女牆俾倪也从𨸏卑声頻移反 ⿰𩫖卑 从𩫖 籒文陴 隍 城池也有

水曰沱無水曰隍从𨸏皇声易曰城復于隍臣鍇按尚書曰若納諸隍也户光反 阹 依山谷為牛馬圈也

从𨸏去声臣鍇按揚椎羽獵賦曰泰山為阹遣如反 ⿰阝坐 危也从𨸏坐声是吹反 隖 小障也一曰庳

城也从𨸏烏声臣鍇曰董卓為郿隖隖堡障也宛古反 院 堅也从𨸏完声俱便反 陙 水𨸏也从

𨸏辰声臣鍇曰若滑岸也是倫反 陯 山𨸏陷也从𨸏侖声勞存反 ⿰阝戔 水𨸏也从𨸏戔声慈竹反

文九十二 臣次立按說文文九十二補遺陵一字 重九

𨺅 兩𨸏之間也从二𨸏凡𨺅之屬皆从𨺅闕符九反

𨺮 𨸏突也从𨺅夬声棨節反臣次立按說文曰从𨺅决省声

𨺊 陋也从𨺅𦍌声臣鍇曰詩曰誕寘之𨺅巷乙賣反 隘 篆文𨺅从𨸏

𨽌 塞上亭守䙴火者从𨺅从火从遂遂亦声夕位反 篆文𤆥省

文四　重二

厽 累坂土為牆壁象形也凡厽之屬皆从厽臣鍇曰厽字亦或从此力委反

絫 增也从糸厽厽亦声絫十黍之重也力委反

垒 絫墼也从厽从土臣鍇曰今但作壘壘壁壘也

力委反

文三

四 陰數也象四分之形凡四之屬皆从四素次反

 古文四 亖 籀文四如此

文一　重二

宁 辨積物也象形凡宁之屬皆从宁臣鍇曰辨分別也宁象上隆四周之形直與反

𦉥 幡也所以載盛米从宁从甾甾缶也从宁宁亦声臣鍇曰幡音椿陟呂反

文二

叕　綴聯也象形凡叕之屬皆从叕　臣鍇曰交絡互綴之象　誅劣反

綴　合箸也从糸从叕亦声　臣鍇曰會意　誅稅反

文二

亞　醜也象人局背之形賈侍中説㠯爲次第也凡亞之屬皆从亞　恩罵反

[illegible]　闕　恩罵反

文二

五　五行也从二陰陽在天地間交午也凡五屬之皆从五臣鍇曰交午更用事也二天地也隅古反

㐅　古文五如此臣鍇曰但象交午而已

文一　重一

六　易之數陰变於六正於八从入入凡六之屬皆从六臣鍇曰入象一变二也栗菊反

文一

七　陽之正也从一微陰从中邪出也凡七之屬皆从七秋日反

文一

九 陽之變也象其屈曲究盡之形凡九之屬皆从九臣鍇曰初畫起于東東陽气之始屈曲究極終歸西北此乾位陽所歸扒擲反

馗 九達道也佀龜背故謂之馗从九首臣鍇曰一道為一首權雖反

逵 馗或从辵坴馗高也从坴臣鍇曰坴高土也會意

文二 重一

禸 獸足蹂地也象形九声爾雅曰狐狸貛貉醜其足蹞其跡禸凡禸之屬皆从禸臣鍇曰厶其指也尒雅注曰厶禸禸指指頭處如紂反

蹂 篆文内 禽 走獸總名也頭象形从内今声禽离兕頭相似臣鍇曰凶頭象也臣任反 离 山神獸也从禽頭从内屮声歐陽喬說离猛獸也臣鍇按春秋左傳曰魑魅离魅莫能逢之丑離反臣次立按徐鉉曰从屮義無所取疑象形 萬 蟲也象形从厹舞飯反 𥝢 周成王時州靡國獻𥝢𥝢人身反踵自笑笑即上脣弇其自食人北方謂之土螻尒雅曰𥝢𥝢如人被髮象形从曰从内讀若費一曰𥝢𥝢一名梟羊臣鍇曰反踵脚跟在前也符既反 禹 蟲也象形从内臣鍇曰牙齒蟲病謂之齲齒牙甫反 禹 古文禹如此 禼 蟲也象形从内讀若偰私列反 禼 古文卨如此

文七　重三

嘼 犍也象耳頭足内地之形古文嘼下内也凡嘼之
屬皆从嘼臣鍇曰古文下从内作嘼也楮又反

獸 守備也从犬嘼亦声臣
鍇曰獸守山也詩救反

文二

甲 位東方之孟陽气崩動从木載孚甲之象也大一經
曰頭玄為甲甲為人頭凡甲之屬皆从甲臣鍇曰甲
在東北甲子陽气所起也自内而起故孚甲胄之地孚猶
葭莩殼蘀也其字形亦取象人頭也漢書律曆志曰申甲
於甲溝
呷反

甲 古文甲始一見于十歲成于木之象臣鍇曰申
一也甲乙為幹其數十成于東方人象木也

文一　重一

乚象春艸木冤曲而出陰气尚強其出乙乙也乙與丨同
意乙承甲象人頸也凡乙之屬皆从乙臣鍇曰此與
燕燕乙之字音義皆别亦宜有分此甲乙字下迂曲也丨
音徹同為出也乙乙未展也律曆志曰奮軋于乙殷筆反
乾上出也从乙乙物之達也倝声臣鍇按易曰夫乾確
然又曰確乎其不可拔潛龍也君子終日乾乾自強
不息也故从乙乙冃人乾籀文乾亂治也从𤔔从乙乙
難而出也其延反如此治之也臣鍇曰乙
者治之難
尤異也从乙又声臣鍇曰乙者欲出而見閡
也魯彖反
見閡則顯其九異天同焉皆忠不知其所
以殊靡然皆枕不知其所以異故必見閡
見閡而為不已然後彰其特出焉明秋反

文四　重一

丙位南方也萬物成炳然陰气初起陽气將虧从一入冂一者陽也丙承乙象人肩也凡丙之屬皆从丙臣鍇曰陽功就萬物皆成炳然彰著夫物極則衰功成則去明盛而晦陽極而陰物非陰不定夏之有秋所以揫歛焦殺萬物使成也冂猶門也易曰乾坤其易之門邪天地陰陽之門户陽功成將去冂也律曆志曰明炳於丙會意鄙永反

文一

丁夏時萬物皆丁壯成實象形也丁承丙象人心也凡丁之屬皆从丁臣鍇曰物挺然成立之皃夫萬物方

茂非成之謂衰殺乃見其成人也方剛之謂守柔乃見其剛陰气盛于外陽气營于内故萬物炳然非所謂成得一隂之贄摯歛之乃為成故盛于丙成於丁其形正中故象心律曆志曰大成于丁的冥反

文一

戊中宫也象六甲三龍相拘絞也戊承丁象人脅也凡戊之屬皆从戊臣鍇曰五土無定居主在中往來不相越故曰拘絞人脅亦相任也亦在中五象也律曆志曰豐楙于戊莫遘反

成就也从戊丁声臣鍇曰戊中宫成於中也丁成也會意示征反

𢦩古文成从戊午臣鍇曰午南方亦物成之義

文二　重一

己　中宮也象萬物辟藏詘之形也己承戊象人腹也凡己之屬皆从己臣鍇曰萬物與陰陽之气藏則歸土屈曲包含象人腹圜曲也人腹中央也律曆志曰理紀于己訖耳反

己　古文己如此臣鍇曰孔子家語子夏閒讀史記曰晉師以三豕渡河曰己亥也然則彼己之字當作此己字

巹　謹身有所承也从己从丞讀若詩曰赤舄己己隱反

𢀜　長踞也从己其声讀若杞暨己反

文三　重一

巴 蟲也或曰食象蛇也象形凡巴之屬皆从巴臣鍇按博物志巴蛇吞象三歲出其骨君子食之無腹心之疾山海經曰有玄蛇食麈鹿也一象所吞也指事不奢反

𢀳 𢀳擊也从巴帚声補寫反

文二

庚 位西方象秋時萬物庚庚有實也庚承己象人齊凡庚之屬皆从庚臣鍇曰史記曰大横庚庚堅強之皃畫所會聚如人之臍也律曆志曰斂更于庚根横反

文一

辛 秋時萬物成而孰金剛味辛辛痛即泣出从一辛辛辠也辛承庚象人股凡辛之屬皆从辛臣鍇曰言萬物方盛初見斷制民難與慮始故辛痛也人股漸焦殺所[illegible]反故象之辛亦漸揫歛也律曆志曰悉新于辛會意息因反

辠 犯法也从自辛言辠人蹙自辛苦之憂秦以辠似皇字改為罪臣鍇曰會意造浼反

辜 辠也从辛古声古乎反

𣦸 古文辜从死

辥 辠也从辛𡴎声私列反

辤 不受也从受辛宜辤之也臣鍇曰會意夕茲反

辝 籀文辭从台

辭 辭訟也从𤔔辛𤔔猶理辜也臣鍇曰會意夕茲反

𤔲 籀文辭从司

文六　重三

辡 辠人相與訟也从二辛凡辡之屬皆从辡臣鍇曰會意皮緬反

辯 治也从言在辡之間臣鍇曰察言以治之也會意皮緬反

文二

壬 位北方陰極陽生故易曰龍戰于野戰者接也象人裹妊之形承亥壬以子生之叙也壬與巫同意壬承辛象人脛脛任体也凡壬之屬皆从壬臣鍇曰陽初生陰陽交也二為陰中一為陽起于中丨相交辛陰气成就乃能承陽以有生也故曰承辛生子也叙次叙也工巫皆規矩也人脛上承股其任彌重也律曆志曰懷任于壬爾音

反

文一

冬時水土平可揆度象水从四方流入地中形也癸承壬象人足也凡癸之屬皆从癸臣鍇曰冬萬物成焉羣動息焉故可為度故冬至律黃鍾初九度量所起于黃鍾秋收潦而水清冬土几其宅水歸其壑也足最在下故取象也律曆志曰陳揆于癸見水反

籒文癸从癶从矢声臣鍇曰𣥠足也

文一　重一

子 十一月陽气動萬物滋入以為稱象形也凡子之屬皆从子臣鍇曰十一月夜半陽气所起人承陽本其初故以為稱律曆志曰孳萌于子也通論詳矣津矣反

𢀈 古文從巛髮也

子 籀文子从囟有髮臂脛在几上也

孕 裹子也从子几臣鍇曰几音殊草木之實垂亦取象于几朶字是也人裹妊似之也會意以證反

㝃 生子免身也从子免臣鍇曰會意美選反

字 乳也愛也从宀子子亦声臣鍇曰易曰女子貞十年不字乳也春秋左傳曰大不字小字愛也宀覆之也會意慈伺反

㝅 乳也从子㱿声或曰㝅瞀臣鍇按春秋左傳曰楚人謂乳為穀故名子文曰穀於菟穀瞀愚闇也格漚反

孿 一乳兩子也从子䜌声臣鍇曰孿猶連也數春反

孺 乳子也一曰輪也輪

尚小也从子需声臣鍇曰史記孺子可教礼大夫妻曰孺人猶言小童也閏務反

季 少偁从子稚省稚亦声見翠反

孟 長也从子皿声莫更反

𡥥 古文孟如此

孽 庶子也从子辥声臣鍇曰通論詳矣魚滅反

孳 汲汲生也从子茲声臣鍇曰人生在勤故从子也則斯反

𢀩 籀文孳从絲

孤 無父也从子瓜声臣鍇曰通論詳矣古乎反

存 恤問也从子在声臣鍇曰在亦存也會意在坤反

𡥈 敉也从子爻声臣鍇曰教从此加有反

疑 惑也从子止匕矢声臣鍇曰幼子多惑也止不通也匕反比之也矢声研之反

文十五　重四

了 尦也从子無臂象形凡了之屬皆从了臣鍇曰尦音鳥旁無輔了尦然也呂曉反

孑 無右臂也从了乚象形經節反 孓 無左臂象形從了亅声俱越反

文三

孨 謹也从三子凡孨之屬皆从孨讀若翦臣鍇曰三人同行必有師焉君子慎獨失能三子同君而不散離必謹守者也職件反

孱 迮也从孨在尸下一曰孨声一曰呻吟也臣鍇曰尸屋象也士閑反

孴 盛皃也从孨从田讀若疑一曰若存臣鍇曰曰音越曰詞也今音女立反 孴 籀文孴从二子反靈光殿賦曰芝栭欑羅以戢孴曰牛以反

一曰呑
奇字晉

文三　重一

𠫓　不順忽出也从倒子易曰突如其來如不孝子突出不容於內也𠫓即易突字也凡𠫓之屬皆从𠫓臣鍇曰反為人子之道也故文从反子字舜之事父烝烝乂不格姦瞽亦允若父求使之未嘗不在于側求殺之未嘗得也突然反道而出是悖也他骨反

㐬　倒或从古文子

育　養子使作善也从𠫓肉声虞書曰教育子臣鍇曰不順子也不順者尚教之況順者乎今尚書曰教胄子也融六反

毓　育或从每㐬古㐬通也从㐬从疋疋亦声臣鍇曰白虎通書之教

也疋疏也
會色居反

文三　重二

丑 紐也十二月萬物動用事象手之形時加丑亦舉手時也凡丑之屬皆从丑臣鍇曰卜所執不出于手也眛爽為丑人皆起有為也律曆志曰紐牙于丑敇紐反

䏔 食肉也从肉丑丑亦声女就反

羞 進獻也从羊羊所進也从丑丑亦声臣鍇曰丑手進也會意息抽反

文二

寅 髕也正月陽气動去黃泉欲上出陰尚強也象宀不達髕寅于下也凡寅之屬皆从寅臣鍇曰髕擯斥之意人陽气上銳而出閡于宂也曰所擯也象形律曆志曰引達于寅翼真反

寅 古文寅臣鍇曰重易相次出于士也

文一　重一

卯 冒也二月萬物冒地而出象開門之形故二月為天門凡卯之屬皆从卯臣鍇曰二月陰不能制陽陽冒而出也天門萬物畢出也律曆志曰冒茆莫保反於卯免狡反

卯 古文卯臣鍇曰開斥之象

文二

辰震也三月陽气動雷電振民農時也物皆生从乙匕象芒達厂声也辰房星天時也从二二古文上也凡辰之屬皆从辰臣鍇曰靁出奮豫之時也匕化也乙草大芒初出曲卷也爾雅云大辰房心尾也大火謂之大辰大火心也明者以為時候心在中最明故時候主焉尚書曰撫于五辰辰時也律曆志曰振羙于辰石倫反

辰古文辰

晨（耨）也从寸在辰下失耕時于封畺上戮之辰者農之時也故房星為辰田候也臣鍇按國語曰農祥晨正民于是耕農祥房星為大辰也儒曲反

文二　重一

巳　巳也四月陽气已出陰气已藏萬物見成文章故巳為蛇象形凡巳之屬皆从巳臣鍇曰四月純陽之月故曰陰气已藏象蛇之變化有文章也四月巳主蛇律曆志曰已盛于巳上巳下巳音似詳犯反

㠯　用也从反巳賈侍中說㠯意㠯實象形也臣鍇按春秋帥帥例能左右之曰㠯左用之也移里反

文二

午　啎也五月陰气午逆陽冒地而出也此与矢同意凡午之屬皆从午臣鍇曰人為陽一為地丨為陰气貫地午逆陽也五月陽極而陰生仵者正衙之也矢亦象衡逆也律曆志曰咢布于午偶吉反

啎　逆也从午吾声臣鍇曰相逢也楚辭曰重華不可啎兮頊五反

文二

未 味也六月滋味也五行木老于未象木重枝葉也凡未之屬皆从未臣鍇曰律曆志曰昧薆于未勿貴反

文一

申 神也七月陰气成体自申束从臼自持也吏㠯餔時聽事申旦政也凡申之屬皆从申臣鍇曰七月三陰故曰陰气成九三陽成君子終日乾乾六三陰成律曆志曰申堅于申式人反

申 古文申 籀文申

𨊲 擊小鼓引樂声也从申柬声周礼曰小樂事鼓𨊲讀若引臣鍇曰詩曰應𨊲縣鼓異印反

臾 束縛捽抴為臾从申从乙臣鍇曰申束縛也乙屈也會意羊朱反

曳

叟曳也从申丿声延世反

文四　重二

酉就也八月黍成可為酎酒象古文酉之形也凡酉之屬皆从酉臣鍇曰就成熟也律曆志曰留熟于酉㕜

酒反

丣古文酉从卯卯為春門萬物已出丣為秋門萬物已入从一卯閉門象也

酒就也所以就人性之善惡从水从酉酉亦声一曰造也吉凶所造起也古者儀狄作酒醪禹甞之而美遂疏儀狄杜康作林酒臣鍇曰周礼五齊三酒一泛齊二醴齊三盎齊四緹齊五沈齊三酒一事酒二昔酒三清酒津酉反

⿰酉冡蘜生衣也从酉

豕声毋東反

䤁熟麴也从酉甚声移今反

釀醞也作酒曰釀从酉襄声汝向反

醞釀也从酉昷声迂郡反

𨡊酒疾熟也从酉弁声服萬反

酴酒毋也从酉余声讀若盧臣鍇曰此盖酒之初和頭也田吾反

醑酺也从酉胥声臣鍇曰醑甘美也連的反

釃下酒也从酉麗声一曰醇臣鍇曰釃猶籭也籭取之也踈此反

䣺䤍酒也从酉肙声古縣反

醴酒一宿熟也从酉豊声臣鍇按史記楚元王為穆生設醴然則醴甘酒連弟反

醪汁滓酒也从酉翏声闌刀反

醇不澆酒也从酉享声是倫反

醹厚酒也从酉需声詩曰酒醴維醹然柱反

酎三重醇酒也从酉時省明堂月令曰孟秋天子飲酎臣鍇按春秋左傳曰見于嘗酎西京雜記漢制嘗以正月作酒八月乃熟以獻完廟長有反

醠

濁酒也从酉盎声臣鍇按周礼有盎齊晏亢反

醲厚酒也从酉農声安重反

⿰酉茸酒也從酉茸聲乳逄反

酤一宿酒也一曰買酒也从酉古声臣鍇曰謂造之一夜而熟若今鷄鳴酒也詩曰無酒酤我古呼反

[illegible]酒也从酉[illegible]省声珍移反

⿰酉監泛齊行酒也从酉監声臣鍇曰徧行以飲之也盧闞反

⿱章酉酒味淫也从酉竷省声讀若春秋傳曰美而豔臣鍇曰淫長也欲敢反

酓酒味苦也从酉今声臣鍇曰歓字从此唃嗛反

酷酒厚味也从酉告声鬫毒反

醰聒長味也从酉声声臣鍇按王褒洞簫賦曰良醰醰而有味徒紺反

醆爵也一曰酒濁而微清也从酉戔声阻限反

⿰酉市酒色也从酉市声普未反

配酒色从酉已声臣鍇曰匹妃字古只作妃浦妹反

⿰酉弋酒色也从酉弋声以即反

[illegible]盛酒

行觴也从酉勺声真若反醮冠娶禮祭也从酉焦声子妙反𥛺醮或从示⿰酉肖歃酒从酉肖声臣鍇曰以曆少呷之也子荏反酳少少飲也从酉匀声余振反醻獻醻主人進客也从酉𠷎声市柔反酬醻或从州醋客酌主人也从酉昔声臣鍇按易曰可以醻醋才各反⿰酉盡飲酒俱盡也从酉釂声彌畢反釂飲酒盡也从酉盜声臣鍇按史記郭解姊子與人飲酒使之嚼子妙反酣酒樂也从酉甘声臣鍇曰飲洽也侯貪反酖樂酒也从酉冘声臣鍇曰酖酖然安且樂也覩貪反醧私宴飲也从酉區声臣鍇曰醧猶饇也於遽反醵會飲酒也从酉豦声臣鍇曰史記曰歲時無以進醵其虐反⿰酉巨醵或从巨酺主德布大飲酒也从酉甫声臣鍇按史記曰天下酺五日注秦法吏民無故聚

飲有刑令特許醅醉飽也从酉音声醺醉也从酉熏
之也盆乎反　讀若僰盆　反　声詩曰公尸
來燕醺醺臣鍇曰飲有醟酗也从酉熒省声臣酗醉
酒气熏熏然謝君反　鍇曰酒失也于柄反　醟
也从酉句酲病酒也一曰醉而覺也从酉呈声臣醫
声勳成反　鍇曰漢書樂志柘漿析朝酲直成反
治病工也殹惡姿也醫之性然得酒而使从酉王育說一
曰殹病声酒所以治病周礼有醫酒古者巫彭初作醫臣
鍇曰會意醨薄酒也从酉离声醶酢也从酉韱声臣
於其反　讀若离鄰之反　鍇曰醶醶然酸七
漸酸酢也从酉夋声關關䤋籀文酸莤禮祭束茅
反　東謂酢曰酸素攢反　从畯　加于裸圭
而灌鬯酒是為莤象神歆之也从艸从酉春秋傳曰爾貢
苞茅不入王祭不供無以莤酒一曰榼上塞也臣鍇曰會

意危遂反

酨　酢漿也从酉𢦏声臣鍇曰周礼注有酨漿徒再反

醶　酢漿也从酉僉声初減反

酢　醶也从酉乍声臣鍇曰今人以此為酬醋字反以醋為酒酢時俗相承之變也倉去反

酏　黍酒也从酉也声一曰甜也賈侍中㠯為鬻清臣鍇曰猶今人言酒輭也以爾反

醬　鹽也从肉酉酒以和醬也爿声即亮反

[爿酉]　古文醬如此

[爿酉皿]　籀文醬如此

醢　肉醬也从酉盍声吼乃反

[鹵醢]　籀文醢从鹵

醔　醬酭榆醬也从酉敄声莫透反

酹　餟祭也从酉寽声勒會反

䤅　醬酭也从酉俞声田侯切

䤢　檮榆醬也从酉畢声避翳反

[酉矞]　醬也从酉矞声消聿反

醉　卒也各卒其度量不至于亂也一曰酒潰也从酉卒将遂反

䣼　雜味也从酉京声力狀反

[氵車酉]　闕昨土反

[亻王酉]

闕而琰反

文六十七　臣次立曰補遺醆一字計文六十八　重八

酋　繹酒也从酉水半見于上禮有大酋掌酒官也凡酋之屬皆从酋臣鍇按國語曰毒之酋腊其傷人也必甚然則酋久酒也酒久則水上見謂糟少也字由反

尊　酒器也从酋廾目奉之也周礼六尊犧尊象尊著尊壺尊太尊山尊目待祭祀賓客之禮臣鍇曰會意祖存反

尊　尊或从寸

文二

戌滅也九月陽气微萬物畢成陽下入地戌含一也五行土生于戊盛于戌从戊一亦声凡戌之屬皆从戌

臣鍇曰土寄四季而王也律曆志曰畢入于戌相聿反

文一

亥荄也十月微陽起接盛陰从二二古文上字也一人男一人女也从乙象褢子咳咳之形也春秋傳曰亥有二首六身凡亥之屬皆从亥臣鍇曰言萬物之荄皆動也十月坤之上六陰極陽將生也从上者陽微在下也十月之時陽气萌兆盛陰感陽萬物皆含育于内象人之懷妊䏈兆也古文質竪上二畫于左為筭家之二萬乙字曲上竪下横為筭家六千左人字曲之上横下畫為筭家之六百右人字亦然陽一位為筭家之單六中闕六十也故

亥有二首六身故身士文侑曰然則二萬六千六百有六旬也今按李斯所書𥚃亥字旁人皆作丁字形皮逍以其衆畫適爾類之取說其字義則當人字也律曆志曰該閡於亥侯乃反

𠀅古文亥亥為豕與豕同意亥生子復從一起臣鍇曰家語子夏云三豕渡河亥誤為豕當為此豕字也亥豕也二二辰終也故同意天道終則復始故亥生子子生丑復始於一也易窮則變变則通通則久之義也

文一　重一

說文解字通釋卷第二十八

說文解字叙目第二十九

繫傳二十九

文林郎守祕書省校書郎臣徐鍇傳釋

古者庖犧氏之王天下也仰則觀象於天俯則觀法於地視鳥獸之文與地之宜近取諸身遠取諸物於是始作易八卦目垂憲象及神農氏結繩

爲治而統其事庶業其繁飾僞萌生黃帝之史蒼頡見鳥獸蹏迒之迹知分理之可相別異也初造書契百工以乂萬品以察蓋取諸夬夬揚于王庭言文者宣教明化於王者朝廷君子所以施祿及下居德則忌也臣鍇曰按易伏羲氏之王天下始作八卦以田為漁又曰上古結繩以理後世聖人易之以書契又曰伏羲氏没神農氏作神農氏没黃

帝氏作說易者以伏羲為上古然則伏羲雖畫八卦猶結繩以理諸書皆云倉頡為黃帝史後世聖人即黃帝也而孔氏尚書序云伏羲氏之王天下始畫八卦造書契以代結繩之政由是文籍生焉伏羲神農黃帝之書謂之三墳蓋孔氏略述書起之由言因伏羲畫八卦視河洛之圖而後文籍孳生其刱文字始自黃帝爾揔述三皇之道故并言之說者言以結繩大事以大結小事以小結也獸足通曰蹏爾雅狐貍迹内麇迹躔鹿迹速狼迹远是鳥獸之足迹各異也作事在於謀始謀始在於作契契之不明乱之所生也故文字為書契而作止訟於未萌然後百官理而万事明也夫以剛決柔以陽變陰三陽初起刱制理乱之象也故取法焉

蒼頡之初作書蓋依類象形故謂之文其後形聲

相益即謂之字字者孳乳而寖多也著於竹帛謂之書書者如也臣鍇曰如謂如其事也以迄五帝三王之世改易殊體臣鍇曰按黃帝爲五帝首蒼頡所作日月之字即其文歷代必有改变故周宣王大史籒作大篆大體蓋不甚相遠年代縣邈不可盡知按齊蕭子良所撰五十二家書又好奇者隨意增之致遠則泥皆妄穿鑿臣不敢言也封于泰山者七十有二代靡有同焉臣鍇按白虎通王者受命必封禪因高以事天刻石著已之功業史記封禪書自無懷氏而下則七十二君故其文字隨世不同

也
周禮八歲入小學保氏教國子先
以六書一曰指事指事者視而可識察而
可見上下是也二曰象形象形者畫
成其物隨體詰詘日月是也三曰形
聲形聲者以事爲名取譬相成江河
是也四曰會意會意者比類合誼以
見指撝武信是也五曰轉注轉注者

建類一首同意相受考老是也六曰假借假借者本無其字依聲記事令長是也（臣鍇按周礼司徒之屬保氏下大夫堂養國子以道乃教之六藝其五曰六書　古謂八歲初學甲子子子方名然後書計少年所學因謂文字為小學）及宣王太史籒著大篆十五篇與古文或同或異至孔子書六經左丘明述春秋傳皆以古文厥意可得而說其後諸侯力政

不統於王臣鍇曰謂周之末世也惡禮樂之害已而皆去其典籍分爲七國田疇異畮車涂異軌律法異令衣冠異制言語異聲文字異形秦始皇帝初兼天下丞相李斯乃奏同之罷其不與秦文合者斯作蒼頡篇中車府令趙高作爰歷篇太史令胡毋敬作愽學篇臣鍇按漢書藝

文志史籀大篆十五篇王建武時亡六篇蒼頡一篇上七章李斯作爰歷六章博學七章也皆取史籀大篆或頗省改所謂小篆者也是時秦燒滅經書滌除舊典大發隸卒興役戍官獄職務繁初有隸書以趣約易而古文由此絕矣臣鍇曰王僧虔云秦獄吏程邈善大篆得辠始皇囚于雲陽增減大篆躰去其繁複始皇善之出為御史名其書曰隸書按班固云謂施之于徒隸也如今之隸書而無點畫俯仰之勢故曰古隸杜陵秋胡善古隸是也自爾秦書有八

體一曰大篆二曰小篆三曰刻符四曰蟲書臣鍇曰案漢書注蟲書即鳥書以書旛信首爲鳥形即下云鳥蟲是也五曰摹印臣鍇按蕭子良以刻符摹印合爲一體臣以爲符者內外之信若晉鄙奪魏王兵符又云借符以罵宋然則符者竹而中剖之字形半分理應別爲一體摹印屈曲塡密秦璽文是子良誤合之六曰署書臣鍇按蕭子良云署書漢高六年蕭何所定以題蒼龍白虎二闕羊欣云蕭何覃思累月然後題之七曰殳書臣鍇按蕭子良云殳書伯氏之職而古旣記笏亦書殳臣以爲古盤盂有銘几杖有誠故殳有題殳躰八觚隨其勢而書之也八曰隸書漢興有艸

書臣鍇曰按書傳多云張芝作艸又云齊相杜操所作據說文則張芝之前已有矣但不知誰所剏蕭子良云藁書者董仲舒欲言災異藁艸未上即為藁書藁者艸之初也但史記言上官奪屈原藁今亡漢興有艸書知所言藁繫傳藁字並作藁艸是剏詞非是艸書也

尉律臣鍇曰尉律漢律篇名學僮十七巳上始試諷籒書九千乃得爲吏又以八體試之郡移太史并課最者以爲尚書史書或不正輒舉劾之今雖有尉律不課小學不修莫達其

說久矣孝宣皇帝時召通蒼頡讀者張敞從受之臣鍇案漢書蒼頡多古字俗師失其讀宣帝時徵齊人能正讀者張敞从受之傳王外孫孫子杜林為作訓也涼州刺史杜業沛人爰禮講學大夫秦近亦能言之孝平皇帝時徵禮等百餘人令說文字未央庭中以禮爲小學元士黃門侍郎楊雄采以作訓纂篇凡蒼頡已下十四

篇凡五千三百四十字群書所載略存之矣臣鍇案蒼頡爰曆博學通謂之三蒼故并訓纂為四篇又按漢書門里師合三蒼斷六十字為一章凡五十五章并為蒼頡篇武帝時司馬相如作凡將篇元帝時黄門令史游作急就篇成帝時將作大匠李長作元尚篇皆蒼頡中正字凡將則頗有出矣雄訓纂者順續蒼頡又易蒼頡中重複之字凡八十九章班固又續楊雄作十三章凡一百二篇及亡新居攝使大司空甄豐等校文書之部自以為應制作頗改定古文時有六書一曰古文孔子

壁中書也臣鍇按前所言自秦與隸書古文从此絶矣故此古文是魯恭王壞孔子宅所得世間無之二曰奇字即古文而異者也臣鍇按蕭子良云籀書即大篆新臣甄豐謂之奇字史籀增古文為之故與古文異也三曰篆書即小篆秦始皇帝使下杜人程邈所作也臣鍇案漢書李斯等作蒼頡爰曆多取史籀篇而篆躰復頗異所謂秦篆然則斯等雖改史篇而程邈復同作也四曰佐書即秦隸書五曰繆篆所以摹印也六曰鳥虫書所以書幡信也

臣鍇曰此即前所謂虫書也壁中書者魯恭王壞孔子宅而得禮記尚書春秋論語孝經又北平侯張倉獻春秋左氏傳郡國亦往往於山川得鼎彝其銘即前代之古文臣鍇曰若漢汾陰巫得鼎文張敞云均邑得尸臣之鼎有文也彝宗廟之常器樽罍是也皆自相佀雖叵復見遠沫臣鍇曰沫音脉其詳可得略說也而世人大共非訾以爲好奇

者也故詭更正文鄉壁（臣鍇曰鄉音向）虛造不可知之書變亂常行以燿於世諸生競逐說字解經誼稱秦之隸書爲蒼頡時書云父子相傳何得改易乃猥（一本作張）曰馬頭人爲長人持十爲斗虫者屈中也廷尉說律至以字斷法苛人受錢苛之字止句也（臣鍇曰言不知而說之也）若此者甚

衆皆不合孔氏古文繆於史籀俗儒鄙夫翫其所集蔽所希聞不見通學未常覩字例之條怪舊埶而善野言以其所知爲祕妙究洞聖人之微恉又見蒼頡篇中幼子承詔因曰古帝之所作也其辭有神僊之術焉其迷誤不諭豈不悖哉書曰予欲觀古人

之象言必遵修舊文而不穿鑿孔子
曰吾猶及史之闕文今亡矣夫蓋非
其不知而不問人用已私是非無正
巧說邪辭使天下學者疑蓋文字者
經藝之本王政之始前人所以垂後
後人所以識古故曰本立而道生
知天下之至賾而不可亂也今敘篆

文合以古籀博采通人至于小大信而有證稽撰其說將以理羣類解繆誤曉學者達神恉臣鍇曰恉音旨意旨也分別部居不相雜廁也臣鍇曰謂分部相從自慎為始也萬物咸覩靡不兼載厥誼不昭爰明以諭臣鍇曰謂注中多引詩書為證也其偁易孟氏臣鍇按漢書易有施孟梁丘三家又有周氏服氏楊氏韓氏士氏丁氏之說今慎取孟氏為證不同書孔氏詩毛氏禮周

官春秋左氏論語孝經皆古文也其

於所不知蓋闕如也

說文解字通釋第一

一　上　示　三

王　王　玨　气

士　丨

說文解字通釋第二

屮　艸　蓐　茻

說文解字通釋第三

小　八　釆　半

牛　犛　告　口

凵　吅　哭　走

止　癶　步　此

說文解字通釋第四

正　是　辵　彳

廴　㢟　行　齒

牙　足　疋　品

龠　冊

說文解字通釋第五

㗊　舌　干　𧮫

只　㕯　句　丩

古　十　卅　言

誩　音　䇂　丵

菐　廾　𠬜　共

異　舁

說文解字通釋第六

臼　晨　爨　革

鬲　䰜　爪　丮

鬥　又　𠂇　史

支　𦘒　聿　畫

隶　臤　臣　殳

殺　𠘧　寸　皮

㼱　攴　教　卜

用　爻　㸚

說文解字通釋第七

𥄎目䀠眉

盾自白鼻

皕習羽隹

奞萑𦫳苜

羊羴瞿雔

雥鳥烏

說文解字通釋第八

𠦒　冓　幺　𢆶

叀　玄　予　放

𠬪　𣦼　歺　死

冎　骨　肉　筋

刀　刃　㓞　丯

耒　角

說文解字通釋第九

竹　箕　丌　左

工　㠭　巫　甘

曰　乃　丂　可

兮　号　亏　旨

喜　壴　鼓　豈

豆　豊　豐　䖒

虍　虎　虤　皿

凵 去 血

說文解字通釋第十

丶 丹 青 井

皀 鬯 食 亼

會 倉 入 缶

矢 高 冂 𩫖

京 亯 㫗 畗

亯　嗇　來　麥

夂　舛　舜　韋

弟　夂　久　桀

說文解字通釋第十一

木　東　林

說文解字通釋第十二

才　叒　之　帀

出 𣎵 生 乇

𠂹 𠌶 華 𥝌

稽 巢 桼 束

㯻 囗 員 貝

邑 䢺

說文解字通釋第十三

日 旦 倝 㫃

冥晶月有

朙囧夕多

毌𢎘𣐺𠧪

齊朿片鼎

克彔禾秝

黍香米毇

臼凶朩麻

說文解字通釋第十四

尗　耑　韭　瓜

瓠　宀　宮　呂

穴　㝱　疒　冖

𠔼　冃　㒳　网

襾　巾　巿　帛

白　㡀　黹

說文解字通釋第十五

人　匕　从

比　北　丘　㐺

𡈼　重　臥　身

㐆

說文解字通釋第十六

衣　裘　老　毛

毳　尸　尺　尾

履　舟　方　儿

兄　兂　皃　𠑹

先　秃　見　覞

欠　㱃　次　旡

說文解字通釋第十七

頁　𦣻　面　丏

首県須彡

彣文髟后

司卮卩印

色卯辟勹

包茍鬼甶

厶嵬

說文解字通釋第十八

山　屾　屵　广

厂　丸　危　石

長　勿　冄　而

豕　㣇　彑　豚

豸　𤉡　易　象

說文解字通釋第十九

馬　廌　鹿　麤

㲋 兔 萈 犬

㹜 鼠 能 熊

火 炎 黑 囪

焱 炙 赤

說文解字通釋第二十

大 亦 夨 夭

交 尣 壺 壹

㚔　奢　亢　夲

夰　亣　夫　立

竝　囟　思　心

惢

說文解字通釋第二十一

水　沝　瀕

說文解字通釋第二十二

〱　巜　川　泉

灥　永　𠂢　谷

仌　雨　雲　魚

𩺰　燕　龍　飛

非　卂

說文解字通釋第二十三

乞　不　至　西

鹵　鹽　戶　門

耳　𦣝　手　𠦬

說文解字通釋第二十四

女　毋　民　丿

厂　乁　氏　氐

戈　戉　我　亅

琴　乚　亡　匸

匚 甾 曲 瓦

弓 弜 弦 系

說文解字通釋第二十五

糸 素 絲 率

虫 䖵 蟲 風

它 龜 黽 卵

說文解字通釋第二十六

二 土 垚 堇

里 田 畕 黃

男 力 劦

說文解字通釋第二十七

金 幵 勺 几

且 斤 斗 矛

車

說文解字通釋第二十八

𨸏　𨺅　厽
四　宁　叕　亞
五　六　七　九
禸　嘼　甲　乙
丙　丁　戊　己
巴　庚　辛　辡

壬 癸 子 了
孨 𠫓 丑 寅
卯 辰 巳 午
未 申 酉 酋
戌 亥

說文解字敘目第二十九

說文解字通釋第三十

繫傳三十

文林郎守祕書省校書郎臣徐鍇

後叙曰此十四篇五百四十部也九千三百五十三文重一千一百六十三解說凡十三萬三千四百四十一字其建首也立一爲耑臣鍇曰耑音端方呂

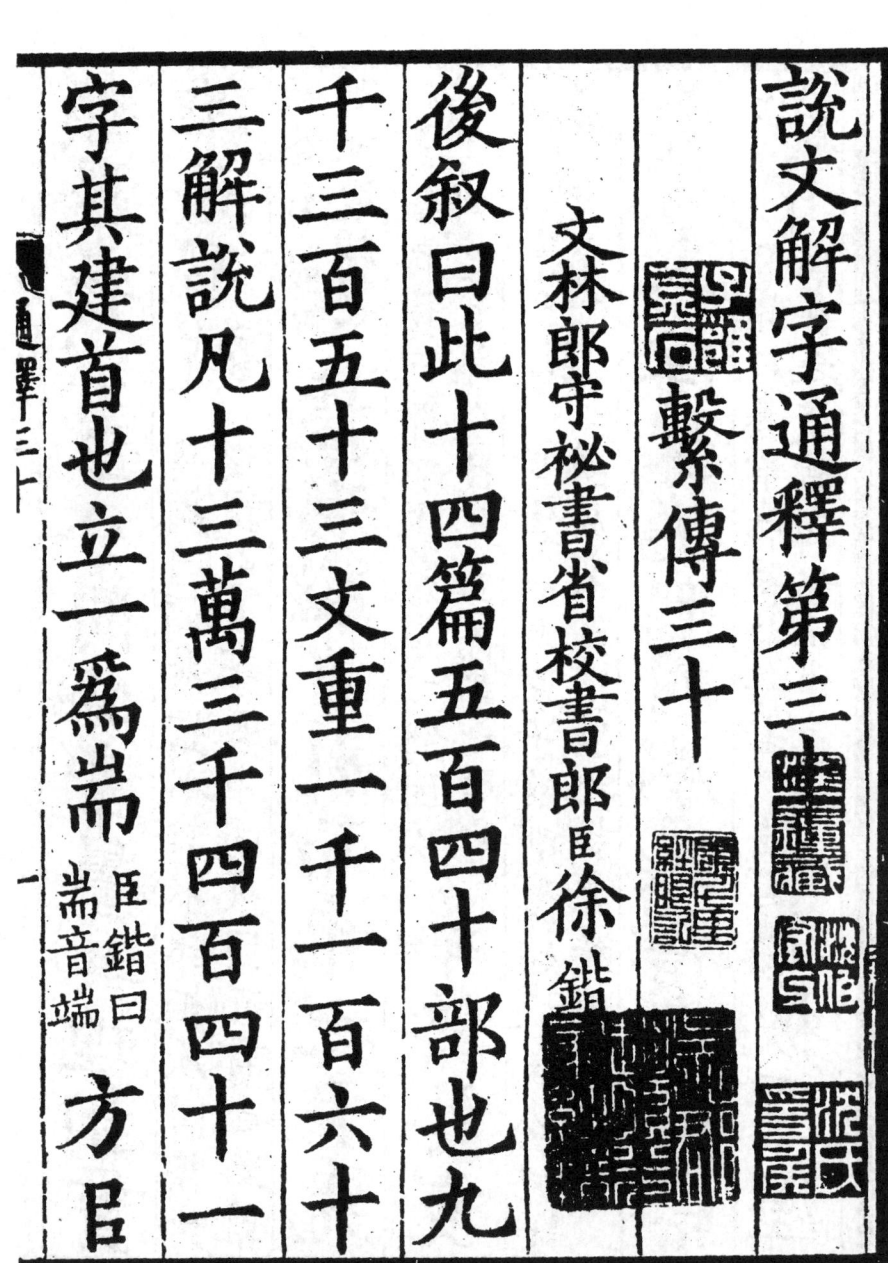

類聚物以羣分同條牽屬共理相貫雜而不越臣鍇曰類聚謂水部水部相次同條共理謂中之類與屮同從丨而貫之雖雜而各有部分不相逾越也據形聯系引而申之吕究萬原臣鍇曰據形聯系謂之部因次吕匕部從吕究盡萬事之原也畢終於亥知化窮冥臣鍇謂亥生子終則復始故託於一寄終於亥亥則物之該盡故曰窮冥也于時大漢聖德熙明承天稽唐敷崇殷中臣鍇曰漢承堯後故稽考唐堯之道殷正也正中也遐邇被澤渥

衍沛滂廣業甄微學士知方探嘖索

隱臣鍇曰索音索厥誼可傳粤在永元困頓之

秊孟陬之月朔日甲子臣鍇曰永漨和帝年號歲在子曰困頓永元十二年歲在庚子也正月爲陬曾曾小子祖自炎神縉雲

相黃共承高辛太岳佐夏呂叔作藩

俾侯于許世祚遺靈自彼徂召宅此

汝瀕臣鍇按許出神農之後姜姓與齊同祖謂爲縉雲氏於黃帝時後三世至高辛世爲太岳胤侯爲禹心膂之

臣故封於吕周武王封苗裔文叔於許以爲太岳胤在潁川許昌縣召謂汝南邵陵縣後世所居也切印

景行敢涉聖門其弘如何節彼南山

欲罷不能既竭愚才惜道之味聞疑

臣鍇曰言疑則闕之也載疑演贊其志次列微辭知

此者稀儻昭所尤庶有達者理而董

之臣鍇曰董正也召陵萬歲里公乘臣鍇曰墨因秦制二十等爵公

乘第八也艸莽臣沖稽首再拜上書皇帝陛

下臣伏見陛下㠯神明盛德承遵聖
業上考度於天下流化於民先天而
天不違後天而奉天時萬國咸寧神
人以和猶復深惟五經之妙皆爲漢
制博采幽遠窮理盡性以至於命先
帝詔侍中騎都尉賈逵修理舊文殊
藝異術王教一耑苟有可㠯加於國

者靡不悉集易曰窮神之化德之盛
也書曰人之有能有爲使羞其行而
國其昌臣父故太尉南閣祭酒慎本
從逵受古學蓋聖人不空作皆有依
據今五經之道昭炳光明而文字者
其本所由生自周禮漢律皆當學六書
貫通其意恐巧說衺辭使學者疑慎

博問通人考之於逵作說文解字六
藝群書之詁皆訓其意而天地鬼神
山川屮木鳥獸蚰虫雜物奇怪王制
禮儀世間人事莫不畢載凡十五卷
十二萬令說文作十三萬三千四百
四十一字愼前以詔書校書東觀教
小黄門孟生李喜等㠯文字未定未

奏上今慎已病遣臣齎詣闕慎又學孝經孔氏古文說古文孝經者孝昭帝時魯國三老所獻建武時給事中議郎衛宏所校皆口傳官無其說謹撰具一篇并上臣鍇按後漢書杜林嘗得古文漆書尚書後吕傳衛宏及徐巡慎又從宏受也臣誠惶誠恐頓首頓首死辠死辠稽首再拜吕聞皇帝陛下建光元年

九月己亥朔二十日戊午上臣鍇曰建光元年灋安帝之十五年歲在辛酉也召上書者汝南許沖詣左掖門外會令并齋所上書十月十九日中黃門饒喜吕詔書賜召陵公乘許沖布四十匹即日受詔朱雀掖門

勑勿謝

說文解字通釋第三十

說文解字部敘第三十一

繫傳三十一

文林郎守祕書省校書郎臣徐鍇撰

一 天地之始也一气之化也天先成而地後定天者上也故次之以 丄 在上者莫若天 二 古文上字 垂三光以示人 示 示者三光也故次之以 三 通三才而後爲王 王 王者故次之以 王 王者所服用也故次之以 王 天地之精也 玉 玉雙爲珏 珏 山澤以出气山澤之精玉石以君子所比德也故次之以 气 气象陶烝人事以成故次之以 士 士事也不可不一道心惟微故出也故次之以

次之以丨一也自丨而起者屮故次之以屮屮艸之初也故次之以艸

艸之深爲蓐故次之以蓐蓐之廣博爲茻故次之以茻三者皆屮之屬也丨初分爲小小才可分

也故次之以小八實分之故次之以八釆分之明也故次之以釆音辨分者半也故次之

以半牲之大而分者莫若牛故次之以牛犛牛之屬也故次之以犛牛勞則善仰而

告人故次之以告告必以口故次之以口口開爲凵故次之以凵口犯反開口而言必喧故次之

以吅喧哭聲也故次之以哭哭而亡之故次之以走走必止故次之以止止之

刺撥故次之以癶音撥止必安步故次之以步步止于此故次之以此止乎此者居正也故

次之以正居正於是故次之以是是而有行必慎故次之以辵辵行且止也慎者必安故次之以彳小安步也安而引長之故次之以廴音引引引而有儀有儀可觀故次之有㢟丑延反僊延而後爲行故次之以行窮下而上齒承止故次之以齒牙亦齒屬故次之以牙足亦止也故次之以足古文足爲止故次之以疋所雅二音疋亦疏也疏通者必品之故次之以品品三竅也故次之以龠冊亦編竹故次之以冊冊言之衆故次之以㗊音戢戢多言之窮必卷舌故次之以舌舌干口故次之以干干而谷故次之以𧮫渠却反谷口上上處理也語必餘聲故次之以只只止而餘聲也止則訥故次之以㕯止而訥者言之句也故次之以句句之

相糾也故次之以丩已反周言相傳爲古故次之以古古積久也故次之以十十之變爲卅所傳而積久者言也故次之以言二言必竟故次之以誩聲成文曰音故次之以音多言愼於愆故次之以䇂辛愆也屮之嶽華猥出似辛故次之以丵丵必猥叢故次之以菐叢之衆猥必有廾故次之以𠬞或收之或𠬜之故次之以𠬜之謂共故次之以共共者合異謀故次之以異矯異爲同衆共力也故次之以舁舁者臼之故次之以臼臼者敬敕持之也昧旦丕顯故次之以晨晨而炊故次之以爨爨而新故次之以革爨新以鬲故次之以鬲鬲而烹飪故次之以䰜力反石和飪以爪故次之以爪

爪所以戟持丮音戟丮而不已必鬥丁侯反能解争者以
故次之以丮鬭故次之以鬥二而有制故次
之又又必有所佐𠂇左右以供史史忠正也中
以又故次之以𠂇也故次之以史必有支故次
之支手敏爲聿聿敏於手者筆聿筆也筆所以
以支故次之以聿故次之以聿規畫故次之以
畫畫界以相及隶隶及也規畫所及以爲臤臤堅
故次之以畫堅久也故次之以隶口間也堅
以事君曰臣故曰臣臣必有所執殳殳以示殺
臣堅也故次之以臣故次之以殳故次之以
殺殺之字從殳殳從几王者三驅示殺託几音殊凡鳥也驅
於驅禽故次之以几有法度故次
之寸寸法度也皮革之飭皮柔韋曰甍甍所以治
以寸以示法度故次之以皮故次之以甍者以支

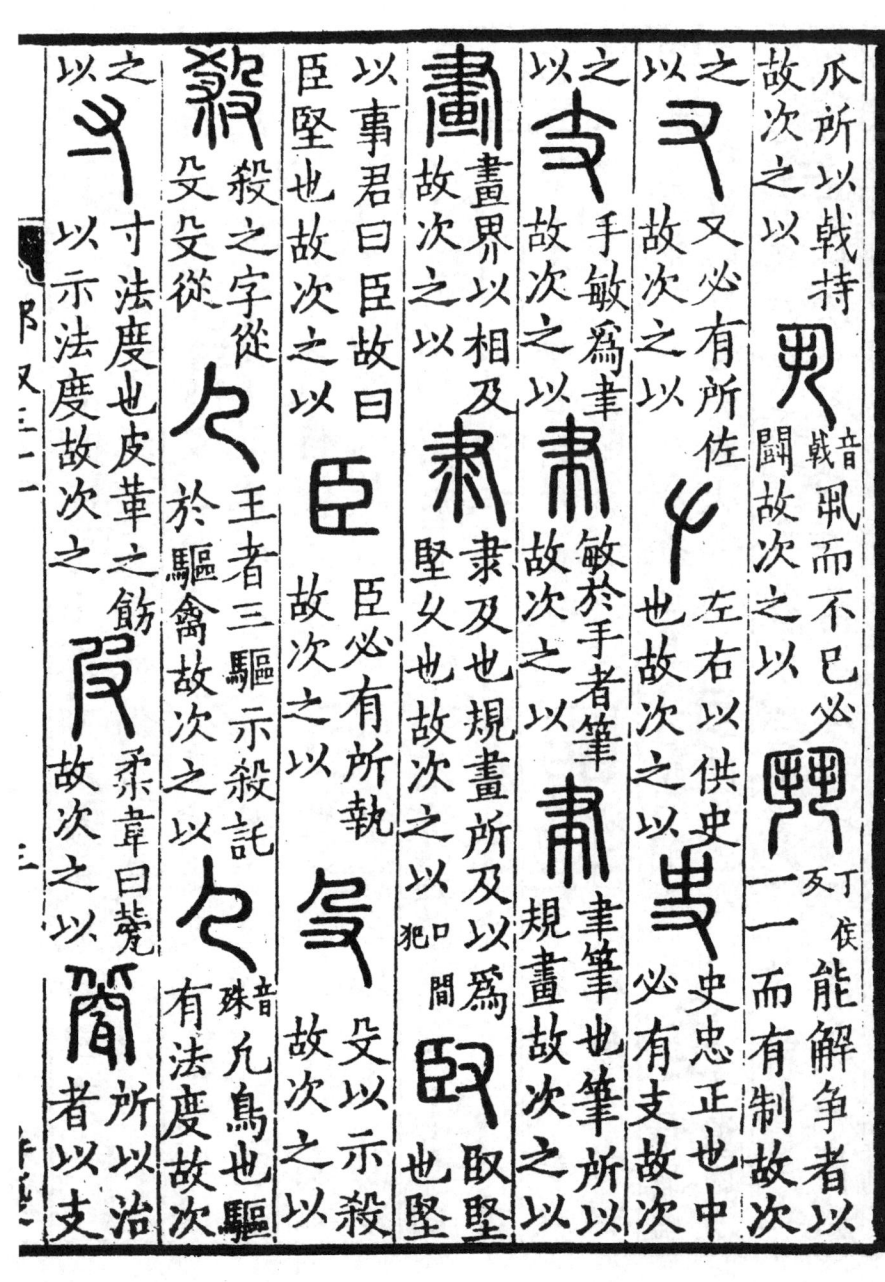

故次之以**攴**攴作教刑故次之以**教**卜筮神以教民也故曰交効也効教也故次之以**卜**

卜而从乃可用故次之以**用**交以情言故次之以**爻**爻交也交之積故次之以**㸚**力余反明而

使人故次之以**旻**旻舉目使人也目而使人故次之以**目**左右察之故次之以**䀠**目之飭以

眉故次之以**眉**所以蔽眉目者盾故次之以**盾**盾亦通蔽眉目鼻故次之以**自**白亦

自也故次之以**白**鼻百出於白也皕二百也故次之以**皕**鳥之習飛以气白气所由出也故次之以

習習而翫之鳥之所以飛也鳥之自翫習者羽故次之以**羽**有羽者佳故次之以**隹**佳喜自奞故次

之以**奞**有角而奞者萑故次之以**萑**萑所以異者角故次之以**丫**丫角也目之角矣繇苜故

次之以 苜 [音末] 獸之美角者羊故次之以 羊 羊之臭羴故次之以 羴 [音膻同] 鳥之角鷹鷹似於

羊也故次之以 瞿 瞿鷹隼之視也鳥雙爲雔故次之以 雔 [音讎] 鳥之群爲雥故次之以 雥 [音雜] 鳥

即隹也故次之以 鳥 鳥鳥之異者故次之以 烏 烏之言雜雜夂必弃之故次之以 𠦒

[音般] 華所以弃也華除然後交材以構故次之以 冓 冓者初也故次之以 幺 幺而微故次之以

𢆶 [音幽] 𢆶小也小謹爲叀故次之以 叀 [音專] 幽而微爲玄故次之以 玄 微而相成亦相予而相承

故次之以 予 受予者多者逐故次之以 放 放者落也故次之以 𠬪 [音平表反] 落必殘故次之以

𣦼 [音殘] 𣦼而歺故次之以 歺 歺者死也故次之以 死 肉去則爲冎故次之以 冎 冎而

後骨故次之以骨　骨肉之覈也故次之以肉　肉必有筋故次之以筋　筋肉㦰也割㦰以刀故次之以刀　刀以刃故次之以刃　刃所以爲巧㓞巧也故次之以㓞　格八反　刀以斷草故次之以丯　古拜反　丯草之散亂也耒所以耕耕去草故次之以耒　耒曲木也角亦曲骨也故次之以角　骨之堅者爲角艸之堅者爲竹故次之以竹　竹以爲箕故次之以箕　刀所薦也故次之以丌　箕　薦所以佐故次之以左　左然後有所爲故次之以工　工欲知其工必展視之故次之以㠭　音展　㠭展也巫者虛無也嫌其無規榘故次之以巫　工規榘也甘者美也美而無守則亂工一所守故次之以甘　含道以言故次之以曰　曰言也其言也詷故次之以乃　乃難言之也乃而聲曲故次之

以丂　丂曲也曲必舒可故次之以可　可必有所稽故次之以兮　兮稽也稽而遲留留

而舒舒必形於聲故次之以号　号必舒故次之以亏　亏舒也言所以通旨故次之以旨

旨通必喜故次之以喜　喜而飾之以樂故次之以壴　音駐　喜樂也樂之聞者莫若鼓故次之以

鼓　師有功則豈樂故次之以豈　豈愷也飮至以豆故次之以豆　豆行豐故次之以

豊　豐尚豐故次之以豐　器以匋故次之以䖒　虛陶器必文之故次之以虍　音呼　虍

虎文也獸之文者虎故次之以虎　虎怒爲虤故次之以虤　音顏　虎以飾彝器故次之以皿　皿以

稟於凵　故次之以凵　音袪　凵　去也故次之以去　去相違也相違則爭爭必傷傷則血

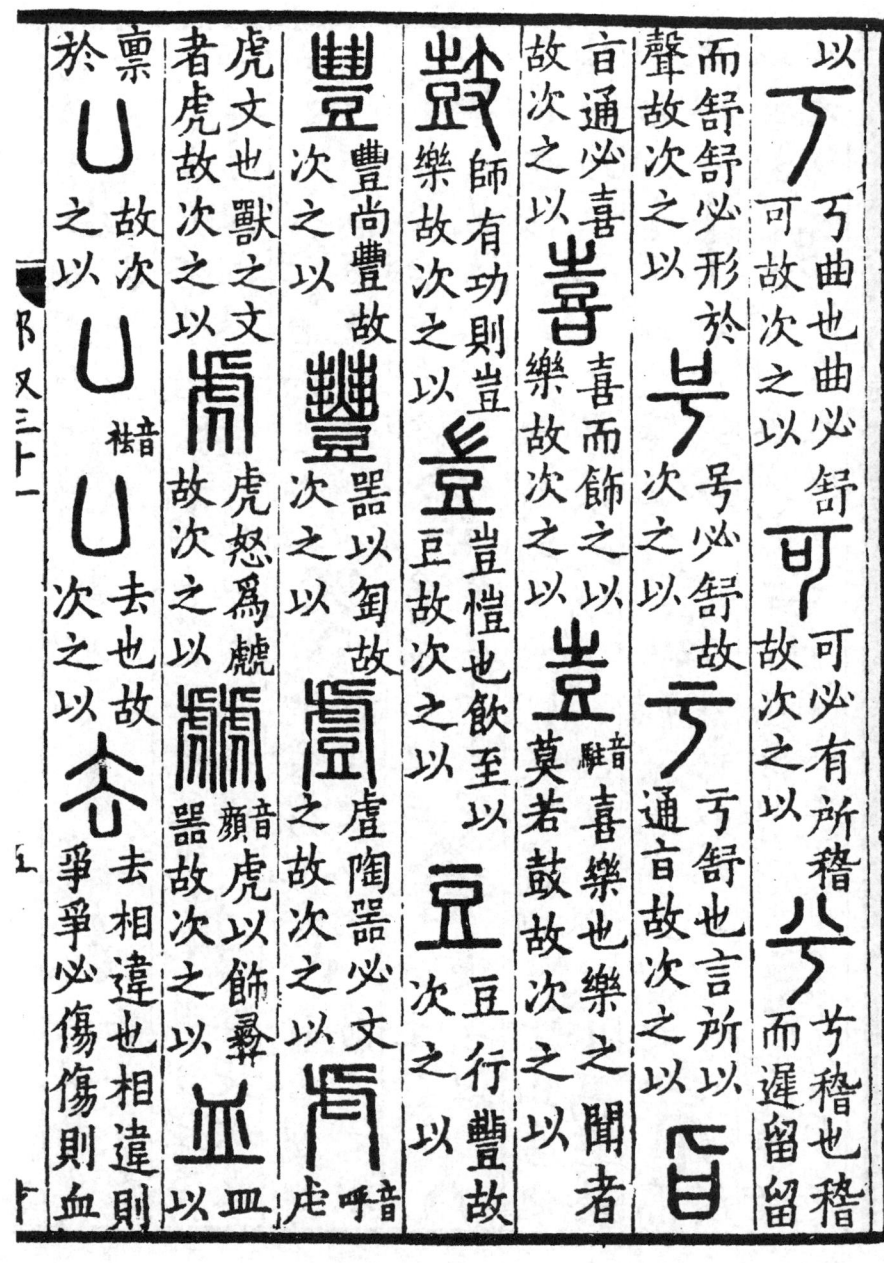

故次之以血血明自而箸也故次之以丶丶竹甫反丶箸也丶之明者莫若丹故次之以丹丹而青故次之以青青丹青之不可移也若井故次之以井井以供烹飪故次之以皀皀皮立反又音香皀粒也粒以爲皀故次之以鬯鬯食類也故次之以食食合衆者故次之以亼亼音集亼合也合會也故次之以會會而歠之曰倉故次之以倉倉主入故次之以入入於缶故次之以缶缶矢亦所以主入故次之以矢矢及高迴故次之以高高山𠂤之高在於坰故次之以冂冂坰字在𩫏之外故次之以𩫏𩫏音郭京爲高丘郭之外也故次之以京京高所以享故次之以亯亯許丈反亯必滿故次之以畗畗滿也滿厚故次之以㫗㫗厚字厚者斂而取

之故次之以㐭稟字稟而愛之故次之以嗇嗇必有來故次之以來來麥也故次之以麥周所降麥天所來也來若有行故次之以夊夊行遲也遲而相背爲舛故次之以舛艸之蔓延相背䑞故次之以䑞相背者韋也故次之以韋韋違也制韋而次第之故次之以弟弟者自後至也故次之以夂竹几反文在後也有所致必久故次之以久違而夂者磔之故次之以桀桀磔也桀於木故次之以木木生於東故次之以東林木之漸也故次之以林林以生材故次之以才才木也水之大者海之若木焉故次之以叒音若木長有所之故次之以之之者必反反而帀故次之以帀帀而復出故次之以出草木之出米然而盛故次

之以𣎳(方末反)𣎳生也故次之以生葉出毛然翹出故次之以乇(音譌)翹而垂故次之以

𠂹垂者草木之華也故次之以華木頭曲而禾故次之以禾(音稽)曲而稽留

稽木之多曲者鳥所依故次之以巢禾木之類桼也故次之以桼木可用而束之故次之以

束圂而束之故次之以㯻㯻口之也故次之以囗(音韋)口而數之故次之以員物之

庶者具故次之以貝邑有名數也故次之以邑兩邑相對故次之以𨛜(音巷)物圜爲日日

亦物也故次之以日日盛於旦故次之以旦旦而光盛故次之以倝(音幹)倝光盛也光之流

偃蹇故次之以㫃(音偃)光盛則冥故次之以冥冥往則旦來故次之以晶晶退而月繼之

故次之以月日月有食之故次之以有食必明故次之以朙明而夕故次之以

夕重夕爲多矣故次之以多日月避而其照通也多區其气同也故次之以毌草木

之成實者華𢎘也故次之以𢎘音含马之連累故次之以𣐺平反甬橐之結爲𠧪故次之以

𠧪音苕禾麥之實先後必齊故次之以齊木之長齊其刺均也故次之以朿音剌木判之爲片

故次之以片折薪以灼故次之以鼎鼏之鼎器之銘刻也故次之以克克刻也成而彔彔然

故次之以彔器成而食故次之以禾禾之生必匀故次之以秝秝等匀也禾之黏黍故次

之以黍黍稷馨香故次之以香穀之精爲米故次之以米米而舂之故次之以毇

音毀 毇以臼故次之以臼　地之陷者凶故次之以凶　凶惡地也地惡不理以埶麻故次之以

朩　林朩也故次之以林　匹賣反 巳理者爲麻故次之以麻　尗麻之屬也故次之以

尗　禾黍麻尗之屬實在其耑故次之以耑　耑之盛者韭故次之以韭　盛而蔓者瓜故次之以

瓜　瓠匏瓜也故次之以瓠　瓠者亦施于宇故次之以宀　音緜 宀深屋也故次之以宮

宮律呂之中也故次之以呂　古者陶居而穴處貫桴而土鼓故次之以穴　居深而寢安必寱故次之

以㝱　寢而安必有所倚故次之以疒　女厄反 或倚之或覆之故次之以冖　重覆之故次之

以𠔼　莫保反 𠔼者所以冒首故次之以冃　兩者無冒也故次之以㒳　㒳而西覆之故次之

以襾火嫁反所以覆者巾故次之以巾巿似巾而蔽膝者巿故次之以巿方勿反帛爲巾也

故次之以帛白帛之敝故次之以㡀㡀而黹之故次之以黹音致

說文解字繫傳第三十一

說文解字部敘第三十二

繫傳三十二

文林郎守祕書省校書郎臣徐鍇撰

人 天成地平人生其間盈天地之間惟人人久則匕故次之以 匕 匕而比之久而不遺也故次之以 匕 匕比而相从故次之以 从 反道相从爲比故次之以 比 有比必有背故次之以 北 北背也背而求衆故次之以 㐺 牛金反 依衆也衆依於丘故次之以 丘 丘土之厚也故次之以 壬 壬者厚也故次之以 重 裘衣之重也故次之以 裘 童子不衣裘故次之以 老

老則毛髮先變故次之以毛毳細毛也故次之以毳尸者毛所主也故次之以尸尸者身也

以身爲尺度故次之以尺屍尸之後故次之以尾寢不尸故次之以臥臥以安身故次

之以身反身必有依故次之以㐆依音衣者身之飾故次之以衣衣所以明禮故次之以

履履禮也履所以載人故次之以舟大夫方舟故次之以方舟在人之下几亦在下故次之

以儿奇字人也兄以口教其下故次之以兄兂人所以飾也故次之以兂簪字兂所以爲容故次

之以皃皃所以蔽皃故次之以𠑹音古擁蔽者有先也故次之以先先者勞故次之以

禿禿者有所見故次之以見覞並見也故次之以覞弋召反見而欲之故次之以欠

渴而飲渴欠也故次之以㱃㱃而次故次之以㳄疾延反㳄食急而气逆故次之以旡音既旡而頓

其首故次之以頁音頡頁頁俱首也故次之以𦣻首故次之以面鳥之逆者梟其首故次之以

県公幺反故次之以首故次之以須須者面之飾故次之以彡彡飾也羽旄文事也

故次之以文羽旄之彰故次之以彣備天下之飾者后故次之以后后出令於內臣司政於外故次

之以司臣節其政卮節其酒故次之以卮卮所以節故次之以卩印亦節制故次之以

印人之節制在於容色故次之以色節而放之故次之以卯音卿卯所以立法故次之以辟

法所以包束人也故次之以勹音包勹包也故次之以包包束之必亟故次之以茍音亟茍敬也

敬近於事鬼故次之以鬼　鬼者狀仿佛而私故次之以甶音弗　故次之以厶音私　仿佛者景嵬然故次之以嵬　嵬然而高者山故次之以山　故次之以屾音詵　山山然而高故次之以屵音枿　屵山岸也依山而居故次之以广　故次之以厂　旁巖而居者其地反仄故次之以丸　反仄而危故次之以危　形危者石故次之以石　石之乆也故次之以長　長而動搖者勿故次之以勿　勿旗也動而冄弱故次之以冄　冄冄者人之鬢鬚故次之以而　而鬢鬚也畜之多而鬣者豕故次之以豕　㣇其屬也故次之以㣇音悌　㣇之屬鼻卷故次之以彑已例反　豕性為豚故次之以豚　豚字獸之長脊似於豚故次之以豸　豸強獸也獸之強者兕故次之以兕　兕野獸也虫獸之畏人也虺易故次之以

易野獸之大者象故次之以象象者大可像也馬亦大獸也故次之以馬獸之神者廌故

次之以廌鹿亦旅行群食義獸也故次之以鹿鹿之群行爲麤故次之以麤獸之善走

㲋故次之以㲋丑略反兔㲋屬也故次之以兔獸之似兔者萈故次之以萈音桓萈善走犬亦

善走故次之以犬犬好爭故次之以㹜魚斤反犬以捕獸獸之穴者鼠故次之以鼠獸之強者

能能熊之屬也熊屬穴居故次之以能故次之以熊熊陽物也熊熊然火之盛也故次之以

火故次之以炎炎煙所箸者黑故次之以黑通黑者囪故次之以囪悤字焰火之睒故

次之以焱弋劒反故次之以炙故次之以赤火者光炎大也故次之以大大人形也

故次之以亦。亦人掖也，掖蛘而側，故次之以夨。音側。夨者夭矯也，故次之以夭。夭相交，故次之以交。交脛劣而交，故次之以尣。音尪。尣者气不至於足也，气在腹不通若壺，故次之以壺。壺者中一鬱，故次之以壹。壹以防盜，故次之以幸。女涉反。幸盜爲盜夸，故次之以奢。奢必亢，故次之以亢。亢進之以夲。音滔。夲進也，進而不已必放，故次之以夰。工皓反。放彭而大，故次之以亣。亣古文大也，亦人形，故次之以夫。三十而立爲丈夫也，故次之以立。雙立爲竝，故次之以竝。竝者會也，頭蓋所會爲囟，故次之以囟。音信。囟气所通也，故次之以思。思生於心，故次之以心。心生疑，故次之以惢。才規反。惢疑也，心大火也，火水之妃也，故次之以水。二水故次之以瀕音蘋人不得濟而頻故次之以顰水始於微故次之以𡿨畎字漸而之澮故次之以巜澮字濬畎畝距川故次之以川出於山爲泉故次之以泉故次之以灥音觶長

流爲永故次之以永歧流分背爲𠂢故次之以𠂢匹賣反水出於谷故次之以谷山谷冰壯

故次之以仌水之烝液爲雨故次之以雨雨而興雲故次之以雲雲烝雨降魚生焉故

次之以魚故次之以𩺰燕同尾故次之以燕龍魚之長而能飛故次之以

龍故次之以飛故次之以非疾飛爲卂故次之以卂飛卂者莫卂於乙故次之以

乙音軋飛背而疾若不復矣故次之以不去必有所至故次之以至至而棲故次之以

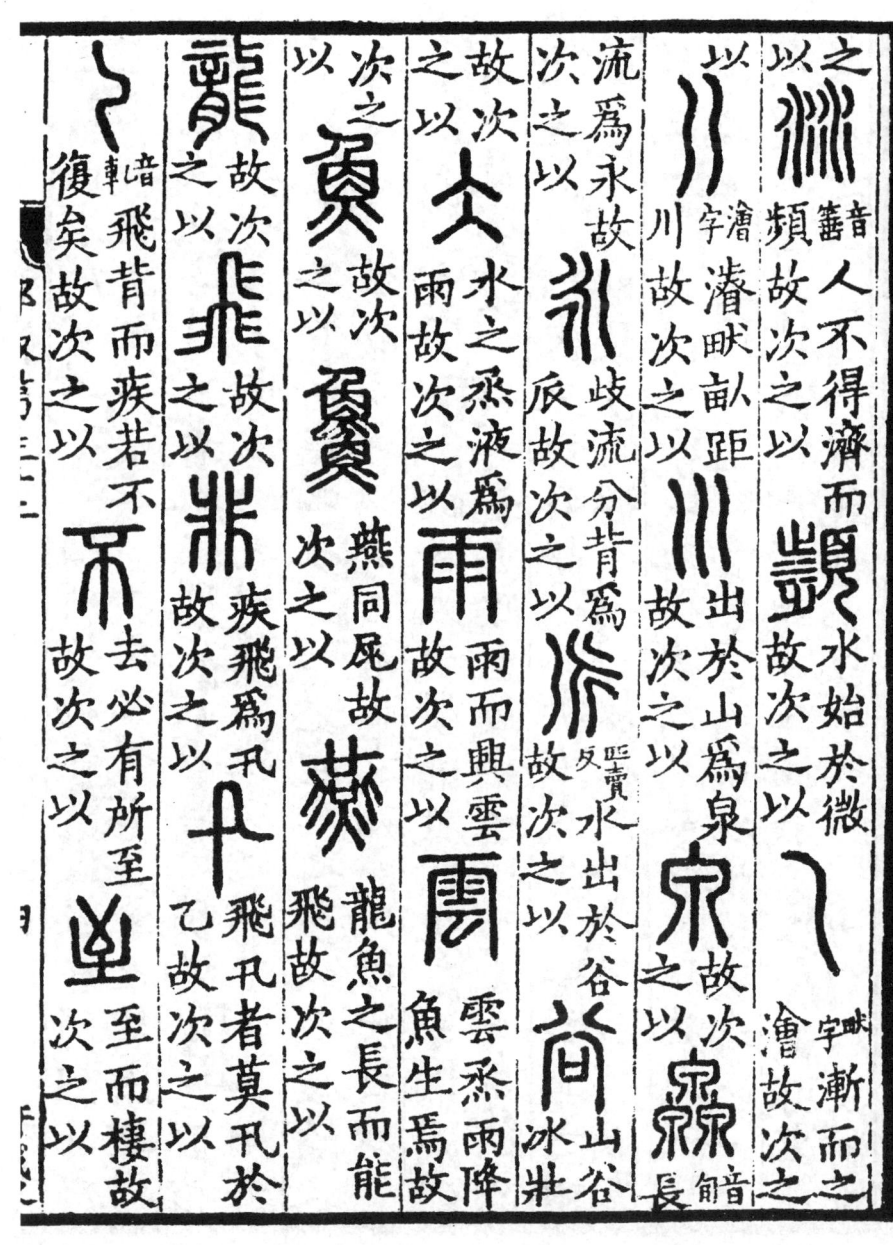

西西方所食者鹵故次之以鹵鹵所以爲鹽故次之以鹽鹽者門到而户食之故次之以
戶之以故次門耳者人之門也故次之以耳匝耳之輔也故次之以𦣝匝指相應
故次之以手手臂所連爲𠦬故次之以𠦬古淮反𠦬在人之後人之後隨人者也女亦隨人故次之以
女女以一自守故次之以毋音無女亦陰也故次之以民民人之蒙暗民陰也民閉則自放故
次之以丿音夭夭夭然自融曳故次之以厂亦右曳也故次之以乀音怡土之附山將陁落
爲氏阤乀也氏也故次之以氐阤必有所止故次之以氏戈者戱之平頭所以抵故次之以戈
戊戈之主也故次之以戉音鉞戊所執以主斷我亦所執稱也故次之以我鉤啄也所以鉤制留

止也故次之以亅巨月反琴所以自禁心之散也故次之以珡琴制放心者所以自隱約故次之以乚音隱能隱亡者故次之以亡亡必有所裹挾故次之以匸音徯匸衷挾也有所裹者器器有規榘故次之以匚音方方所以爲曲器故次之以曲曲之屬爲由故次之以甾音甾由亦瓦器故次之以瓦瓦之穹隆狀弓故次之以弓故次之以弜音強故次之以弦弦者系故次之以系音繫系者系也故次之以糸音冪系以爲素故次之以素素系也故次之以絲絲以爲网故次之以率率网也躲孿然相牽率者虫故次之以虫音虺蚰衆蟲虫之總也故次之以䖵故次之以蟲風動蟲生故次之以風它之旁轉若回風故次之以它

龜以它爲雄故次之以黽黽廣胷似龜黽蟲之化故次之以卵卵孚化地之性也地數二故次之以二二土也故次之以土土之高故次之以垚音堯土之垚占黍故次之以堇堇高土也堇畀土也畀高故次之以里里雜可以居人故次之以田田相比故次之以畕音疆畕田色黃故次之以黃黃田者男之事也故次之以男男力於田故次之以力力尚協故次之以劦劦音叶劦取金生於土力而故次之以金金從衡量故次之以幵幵音肩幵上平也平者不失於圭勺故次之以勺勺凡亦平故次之以几几且者几也故次之以且且斤在俎故次之以斤斤與斗者皆權量也故次之以斗斗矛所以守故次之以矛

矛　矛車所建也故次之以　車　𠂤車所陟故次之以　𠂤　丁回反故次之以　𨸏　兩𠂤中爲道故次之以　𨺅　累土𠂤之屬也故次之以　厽　音累　厽三累也故次之以　四　宁四向圍宁也故次之以　宁　宁連叕周之故次之以　叕　連叕者相亞也故次之以　亞　亞交午也故次之以

五　至於　九　内者九也故次之以　禸　内獸迹也故次之以　嘼　火又反　嘼亦有甲故次之以　甲　至於　己　己藏詘蛇之象故次之以　巴　有所藏者實也故次之以　庚　庚木實也至於　癸　癸字　十二辰以配曰故次之以　子　至於　亥　終矣

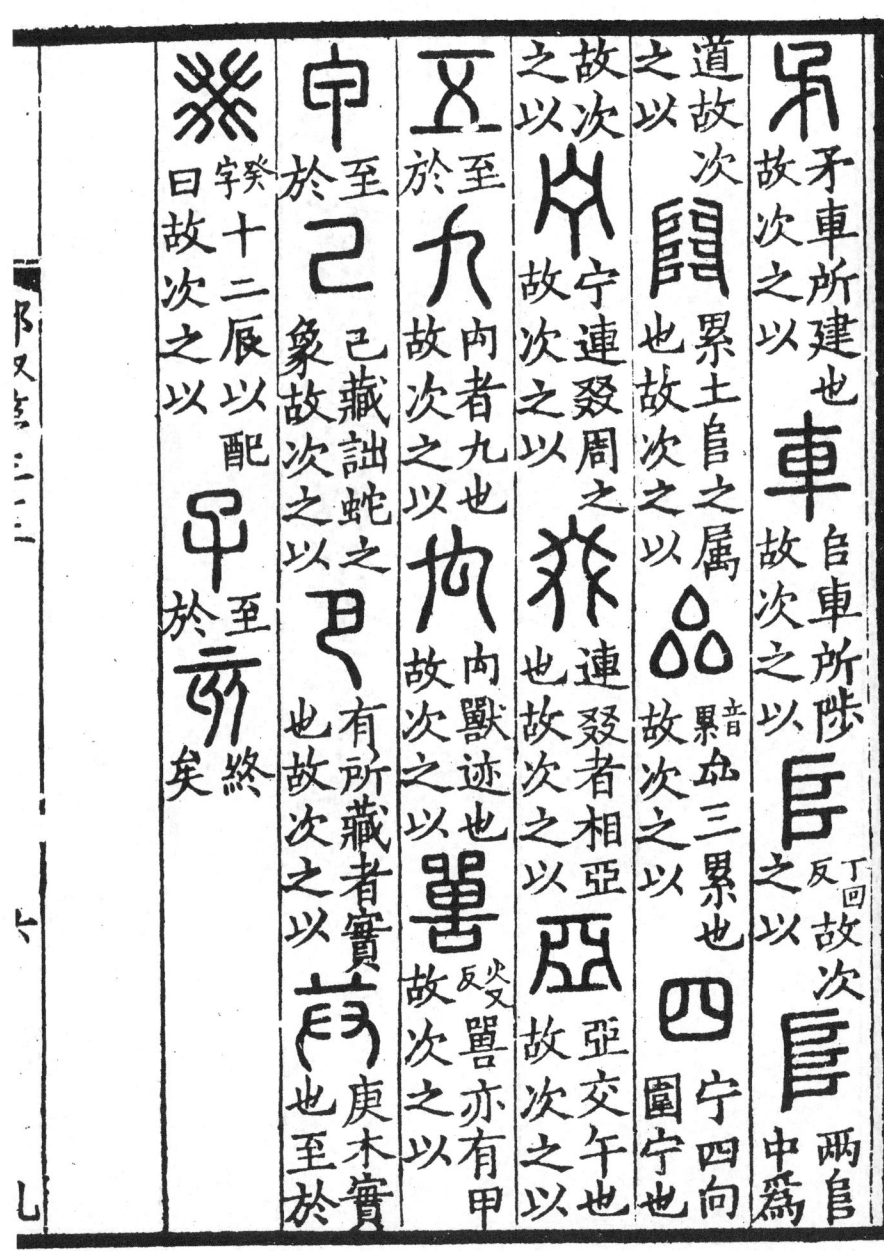

說文解字部敘第三十二

說文解字通論上第三十三

繫傳三十三

文林郎守祕書省校書郎臣徐鍇撰

昔在太极決鬱吁渝若埴在範若金在鑪不假不坯實爲

太始水澤火熹各與類期上屬於天下累於祇聖人知之
物見其質神示其情聖人謀之於是畫一以象道一者妙
萬物而爲形者也生二以象兩二者佴也佴次也天實先
成地實次之人生其閒故二生三三者參也天成地平人
參其閒然後萬物形而禮義昭矣易曰天一地二老子曰

天大地大故於文一大爲天

天

地者迆也迆而高也

天之爲言顚也無所與高也

山岳也丘陵也墳衍也

迆而卑皋隰也汙潰也故曰地有二形高下平故天
於文土迆爲地坤以簡能故省之也迆亦聲也

地

之分精气爲人煩气爲蟲故於文蟲煩而人省也春秋穀
梁子曰獨陽不生獨陰不成獨天不生陰陽天必三合而
生故於文人爲三
歧上一而下二也

人

古者聖人仰觀象於天俯取法於
坤故仰睎於天三光下臨（人謂文上爲三）

文

俯察於地山谷相交陰陽相午中則於人強弱相成
剛柔相形故於文人乂爲文故曰經緯天地謂之文
王者則天之明因地之義通人之情丨（音袞）而貫之丨一也
一以貫之故於文丨貫三爲王丨者居中也皇極之道也
三者天地人也天曰柔克地曰剛克人曰正直王者抑剛
而法柔體於正直故王之位居中而高三之中王者之位
也上附者居中而高也詩曰載色載笑匪怒伊教夫登山
者必下瞭爲在谷者必仰窺爲地使之然也王者人中之

高也則天以臨民故曰

聖人之大寶曰位也

王

皇者大也始也天地既開始爲君曰皇故文王自爲皇自始也始爲王也皇之爲言煌煌然放道而趨率性而行自然有合於道也民無得而名若觀火焉不測其薪燎之本但見其煌煌而已

皇

帝者諦也審諦於道也秉桀護也故書曰若稽古帝堯古者皇也言順考上古三皇之道而效之故書曰耄期倦于勤故於文二朿爲帝二古上也朿千賜反聲也朿者刺也審諦之物也

帝

王者天下之所歸往也爲君之義同而體道之名滅也君者尹也正也長民之通稱也天下之所取表正也表正則影正表曲則影曲口以出令也晋悼公曰臣之求君以出令也舜曰惟口出好興戎朕言不再狎侮小人罔以盡其力狎侮君子罔以盡其心故以文口尹爲君慎其口也君群下之所歸往也大

王不忍鬬其民獨身率妻子避狄於岐山百姓曰有君如是其賢也從之者如歸市居之一年成邑二年成都三年五倍其初也

古文口爲君象坐形也爲君者必先知百姓之艱難然後深居高視以圖民事也書曰台小子舊學于甘盤既乃遯于荒野入宅于河自河祖亳是也非高不能察微非靚不能慮艱非神不能威亂故深居高視神之以圖民也堯舜垂衣裳而天下治孔子曰恭己正南面而已故象南面垂衣之形也

下其口者慮民也后之言後也繼體君也書曰嗣先人宅丕后易泰之象曰后以財成天地之道輔相天地之宜言物富然後有禮禮履也有禮然後安故受以泰泰然後財成既富而教必世而後仁之義也后者繼體君也又姤象后以施命誥四方夫益而不已必夬夬決也決必有所遇天地相遇后以施令亦嗣君也書曰王享國

百年耄荒度作刑以詰四方是也易變而不窮也至乇剝
之後萬物始復復則不妄非繼體之象故無妄之象曰先
王以茂對時育萬物此夏桀之後湯始育民之象也故曰
先王於文一口厂爲后口發號也一令出惟行不惟反也厂
垂衣之象旁達之形天子之妃曰后后後也王前妃後
也古謂官長曰后書曰汝后稷是也故於文后偏也司
君官也天生烝民君實官之君不能獨治故設百官唐虞
稽古建官惟百夏商官倍以至于周千品萬官故於文宀
㠯爲官㠯堆也堆衆㠯也山以衆㠯成其高君以衆官成
其聖宀深屋萬乘之君夏𢀛勞于廟堂之上公卿高議於巖
廊官曰實也陽德也君道〇一爲〇者轉而不窮
也也天無二日故於文日也貞以利轉
也轉而不一不可日月者闕也虧闕也亦所以補陽之闕
以訓故從一也也陰德也臣道也陰不可抗於陽臣

不可敵於君故於文闕者爲月日貟而月方其中畫縱順
以從上也上陽也周貟爲君君德徧也德施普也闕者爲
臣才有闕也臣能集衆方以成德故曰翕受敷施九德咸
事臣能盡衆才以裨於君故曰人之有能有爲使羞其行
而國其昌臣者君子曰在天者莫明於日月故于文
司君之闕也　日月爲明書曰惟我文考若日月之
照臨光于四或從囧囧亦明在地者莫明乎水
海顯于西土　也日之狀也　火故於文水青爲
清青者精也道書曰積精成青書曰亮彼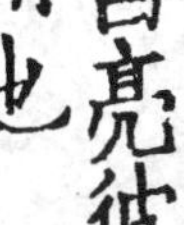火在人上
武王肆伐大商會朝清明天明地清也　則能光故
於文火儿者人也火在上者書曰光宅天下言其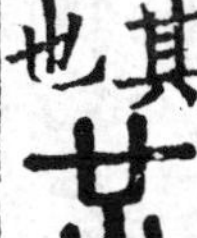
几爲　光充滿天下也故古文廿火爲光廿共也
清光皆明也水火皆在地也故曰在地者莫明乎水火在
人者莫明乎禮義故於文示豊爲禮示者明示之也示曰

月星也又古祇字也豐者禮器也禮之秘也難覩故陳籩豆設簠簋爲之揖讓升降趍翔以示之禮者履也道明示人則履行之禮者示也故古兩君相見陳禮樂以相示也明則易見也

禮 義者事之宜也孝經曰天之經也地之義也經常也言天有常道其气一也地從宜而化之萬物異形也義者明也尚斷謂之善則斷而從之故於文羊我爲義羊者美物也羊祥也大夫有羔羊之德君子有比爲我者已也人言之已斷之又我者俄也定於俄頃也君子所貴有立斷爲其於五行也禮在南方南方火也義在西方西方金也金燗爗也是以禮義皆明也故曰在人者莫明乎禮義也

義 仁者人也人之行也仁者親也仁者兼愛故於文人二爲仁

仁 二亦聲也古文尸二爲仁

𡰥 屋也覆也兼覆二也

忎 古文千心爲仁

[illegible] 唯仁者能服衆心也智者

知也知知者必有言故於文白知爲智白者詞言之气也知不窮气亦不窮也

⿴行言

君子先行其言然後從之子路單辭可以折獄古者胥命而不盟鸚猩能言不離禽獸言而不信非爲人也故於文人言爲信

信

或曰仁智信何以不明也曰仁者不尸其功智者自悔其迹莊子曰智生而無以智爲也是謂以恬養智臧武仲作不順而施不恕任智之過也大信不約亦不自顯也禮難見欲民之深曉義者斷割也不明則民不服其於五行也仁在東方東方木也木柔而晦智在北方北方水也水晦也信在中央土亦柔昧明在內也道書曰黃庭內景黃者中庭也故禮義尚明而仁智信尚晦也道者蹈也人所蹈也一達謂之道二達曰歧旁三代之所以直道而行也故夏后太康之弟述大禹之戒以謌曰惟彼陶唐有此冀方今失其道亂其紀綱乃底滅亡此禹遵陶唐之道也堯舜同道

堯曰稽古排可知矣此夏道也箕子作洪範曰無有作好遵王之道無反無側王道正直此殷道也詩曰周道如砥其直如矢此周道也左道者衺僻之徑也直道必循川涂衺徑越山便而行利速也直道夷而遠安而逸心泰而無慮風气舒緩其所負荷也多衺徑險隙而速危而逼心惕而多畏不有跋躓之懼必有虎狼之患風气擁迮其所負荷也少權道者違經而合於道也道經也權者不久之名也不得已而行也若人之遇尊者於涂必歧道以避之尊者過不旋踵則復故道也惟君子能行權道積之於雅素也立身行道當慎其積積久則不能自返也君子曰任重而道遠仁以為已任不亦重乎死而後已不亦遠乎君子之行於世兢兢業業畏天之渝不敢馳驅故於文辵首為道辵者乍行乍首術者方術也一方之道也猶五味之一止也首始也辵也輪之一輻蓋之一轑輻轑之不工不

能無害於輪蓋也故邑中道爲術大道之泒也夫道大非聖人不能盡故道從辵或行或止方術小易究必當精之乃爲術故於文行朮爲術朮述聲也行者安行也處之不宜然後可以爲術也大人體道以有術禹之道山川也賢者由術而至於道輪扁之言是也

德 德者得也内得於己外得於人内得於己天之性也外得於人人之佐也取於人之言也禮曰舜好問孟子曰禹聞善言則拜君子之於人也無適也無莫也義之與比也直其心則人歸之也故洪範三德一曰剛克二曰柔克三曰正直先列剛柔後斷以正直言酌其剛柔之正也故於文直心爲悳

悳 或加彳彳小步也德升也言漸也也書曰日宣三德又曰日嚴祗敬六德又曰德日新人生三月而咳三年免於襁褓八年數甲子識方面十五成童二十而冠三十而壯四十而仕五十爲大夫六十服官政七十致仕歸

教其鄉里國有疑議輂行者行也人所履行也君子而如公言德與年長也

德　言忠信行篤敬蠻貊之邦行也懷之曰行易曰果行育德又曰多識前言往行以畜其德行有小大深淺小曰行大曰德故於文彳亍爲行彳亍左右足相副而行也德大故彳漸進也德在內故主於心行在外主於行行彳也

眞　通名曰道道燾也覆燾之也行之言莖也若枝莖也眞者僊也化也人生而靜物之性性而有欲性之害也感於物而動然後心術形焉人不能反身天理乃失君子所以駭世眞人未嘗過而問爲眞親未笑而和眞悲未泣而哀魚目之賤也今有人以千金之珠易魚之一目魚不樂也何者貴而僞不若賤而眞智巧所以飾身也巧智繁多反以害其身僊人者反本脩古重道延命長世字民之道也然必眞乃能故漢王方平從後視鄰人之背曰噫子心哀不正終不可教以僊是

知學僊者必正其心也故於文匕目乚八爲眞匕者化也
反人爲匕衆人熙熙如春登臺我獨泊兮如無所歸衆人
或或好惡積億眞人恬漠獨與道息人皆趍顯我獨守默
人皆與彼我獨守此故反於人也黄帝聖人之眞也民利
其教百年而死人畏其神百年而亡人由其教百年而移
故曰黄帝三百年老聃眞人也莊子曰老子古人之博大
眞人哉夫子見之曰吾見老聃其猶龍也不知其乘風雲
而上孔子顯其智以化於民民猶不知故曰吾東家丘子
貢曰夫子之言性與天道不可得而聞也故眞從目囟莽
不能識也乚隱也八其所乘也乘乘風雲也眞人其生也天
行其死也物化眞人之气常眞古文匕八亦所乘也
存於夫非謂其身能上也一爲眞一不二也
道爲僞者飾也假也聖人在天下無爲而有守也有爲
也則無好也有爲則患生有好則諛起爲者敗之執

者失之堯虽曰白爲政不以爲爲事猶無爲也僞者人爲之也非天眞也故於文人爲爲僞

僞

萬物之音爲聲詩曰鶴鳴九皐聲聞于天八音之中惟石之聲爲精詣入於耳也深故書曰擊石拊石百獸率舞孔子擊石於衛擁縲子聞之曰有心哉擊磬乎敀於文耳殸爲聲殸古磬字也

殸

聲成文謂之音人之音也八音所以寫人之意也五聲宮商角徵羽自然有合者也取五聲而比之以成文曰音五聲雜糅還相爲宮以成一音故於文言含一爲音言者人之言也五聲一以和爲主也一者成於一也以一入器之聲傳人意故曰生於心有節於外謂之旨心气無節故以六音曲折爲之節文也

音

樂竟曰章故於文音十爲章十數之終也詩頌十篇爲什也

章

聲之外曰響響猶怳也怳怳然浮也訌訌然大也實而精者曰聲朴而浮者曰響響猶香也虛之謂也

響之附聲如影之箸形故於文音鄉爲響鄉猶向也彷也鄉亦響之聲也響

說文解字繫傳第三十三

說文解字通論中第三十四

繫傳三十四

文林郎守祕書省校書郎臣徐鍇

在昔太始萬物資起飛揚積墆各受其紀或熾或氷各以
類凝一不自固故二生焉二者一之任也土者二之幹也
故於文一
土
土受化以生天柔而地剛剛柔相和其精
爲金故金柔則可揉也剛則可折也剛柔
偶爲土
和則能斷故金可斷斷者成也故金在西方西方成熟之
方物熟而見割必辛故酉爲辛辛成則反質質則不飾故其
色白故於文土左右注
金
金星爲奎婁婁爲溝溝成則
精精爲水故金生水承金之
上廉起銳以成爲金

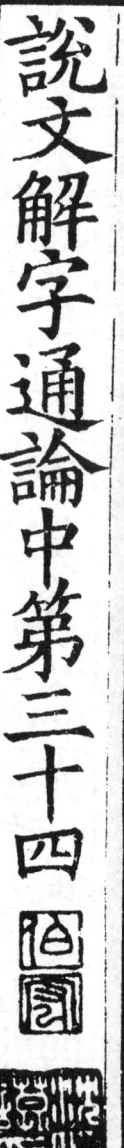

斷故水善利萬物稟義故不爭幾於道不顯其利故水在
北方北方晦方也萬物之積積必有生水究竟也故於文
乘屈爲水至柔能攻堅堅陽在内柔陰一中也水非
衛其外故莫之能勝故水一其内也 水 土不㞒水土
之气相謀而生木故木含津承水之究竟故丕冒海隅蒼
生物之初生常以柔弱故曰荏苒柔木稟水紆直故木曲
直惟仁者能曲直而不失於道仁者兼愛故木枝幹扶疎
仁者不忘本故木根荄遠故於文上有枝幹下有根荄爲
木 木 仁者和而善成和極則爇火能熱物故 火 名山
木生火火曰炎上故於文上出爲火 含魄
五行具山所以鎮地出雲雨以宣地气故 山 山之幽窈
曰山宣也故於文形隆而高踈宣爲山 爲谷故曰
竅於山川谷亦以引水故 谷 人因五方之風山川之气
於文日上水半見爲谷 以生故曰性者生也既生

有稟曰性天命之謂性也故傳曰山气多男澤气多女平衍氣仁叢林氣狂食艸者愚而善走食穀者聽明而折故於文性命者使也天與之本曰性性有善惡命心生爲性有吉凶授之以性配之以命受气有善惡天無可以奈何亦以吉凶之命配之此定命也故書曰民罔不自厥初生自貽哲命又曰惟天陰騭下民我不知天之基命定命基命之也定命定其命也孟子曰人之性善嗜欲害之人心不能守其善性天亦隨其行以愚凶短折配之故書曰我乃斷弃尒命天用勦絶其命言中道而鈔絶之也性惡而能自致於善天亦隨其行以聰智吉考終命配之故有隨命湯諸侯也天以桀爲不足與以湯有君民之德回顧而命之故書曰皇天眷命眷顧也人生善惡皆微不足以致吉凶暴德不能制之以及於危故有遭命易曰善不積不足以成名惡不積不足以滅身遭命

所以勵人爲善使至於極也故於文口令爲命令者使令也口者出令也天不言亦以寤寐禎祥告之也史記趙原過見三神於王澤曰我霍太山陽侯天使以告趙無恤是也以趙簡子世守鄭游吉之九言無傲禮無違同無怙富之類

命　性者人之陽气也情者人之陰气有欲者也人也　六情所以扶成五性也性猶火也情猶煙也火盛則煙微性盛則情微君子以性抑情企及者以情扶性也故於文心青爲情情青聲也情者亦精神之所生積精成青

心　心者人之本也身之中也與人俱生故於文心也　象人心之正中也其中畫右向歸於右也

臣　臣者牵也心常牵於君也傳曰忠臣不志其君孝子不忘其親書曰雖乃身在外乃心罔不在王室臣堅也漢光武曰王常輔翊漢室心如金石也莊子曰擎跽曲拳人臣之事也稽顙服之甚也肉袒服之盡也故於文臣

象人屈服之狀也故漢陳平謝曰主臣恐懼屈服之意也
故於文君則正身以出令君既正矣臣擎跽曲拳以事之
而已無勞
臣
民者氓也萌而無識也詩曰氓之蚩蚩抱
復諍也
布貿絲民者象其蒙然衣服憧憧而行之
皃也天下有道庶民
民
古文民上爲髻形下其足行中
不議故民字無口也
象蒙然衣被之狀衣食而已今
文民象
民
或曰人何以省民何以煩荅曰人者其總名
之也
也有精有麤舉其精也民其別也王者之牧
民必使衣食足而倉廩實民在下嫌其不足故民字象其
衣服充裕形體豐實之形也於文君字正而民字偏也易
之訟曰君子以作事謀始訟者爭也亂也止爭在於作契
作契在於謀始契之不明亂之所生也故有德司契而不
責於人猶有患焉是以古之王者先民之心弦木爲弧剡
木爲矢弧矢之利以威天下解民之睽故曰先張之弧後

脁之弧不至於用也易曰聰明神物而不殺也夫及其後也刑期於無刑辟以止辟兵者刑也刑者侀也一成而不變刑者形也一受而不易故於文刀井爲刱井者法也易曰改邑不改井王者改政不改刑刑罰世輕世重而務所以生之一也或曰井者井田也古者百畝爲夫九夫爲井百畝爲公田民田不熟則罰吏公田不治則罰民刀所以守也

父　君子曰鞭扑不可廢於家刑罰不可廢於國家人有嚴君焉父母之謂也故於文又舉丨爲父又者手也丨杖也舉而威之也

母　母生之於文女垂乳爲母母生之父教之母主愛而父尚嚴故曰父義而母慈義者事之宜也父雖愛之猶當以義斷恩也故曰君子之遠其子也

妻　妻者齊也治內職也故於文女又屮爲妻又持事也屮所持也妻者判合也夫者天也故於字夫正而妻偏也

姻　禮曰姻不失其親故古文

尚女爲妻尚古貴字也詩曰豈其食魚必河之魴豈其取妻必齊之姜言所貴者貴其正也詩曰齊侯之子衛侯之妻東宮之妹邢侯之姨譚公維厶古文私妻對姑曰婦婦服也服勤事也故於文女帚爲婦執箕帚也

婦古者女有辠爲妾周禮曰女子入爲隸妾故於文平女爲妾平愆字也又曰奔則爲妾奔亦辠也

妾子者孳也孳息也古者有胎教之法先其未形也詩曰載弄之璋又曰載弄之瓦故於文併足爲子併者在襁褓也生而知之爲上故終其身以爲子本其始也若言生則賢矣傳曰子者男子之美稱父母生之續莫大焉故終身謂之子不志親也

子既壯而任力故於文力田爲男男之爲言任也地之可治曰田傳曰天子居九垓之田生而曰男者命其耑也

男女者如也如男之教也於文女繫於人女以深㥟爲德象其衣裳綢繆閉固之象也

故曰女子衣則綢繆閉固是也不
從力者力在內不宜歸於男也
兄　兄者況也能以言況其弟也事有隱
避不可正言則譬況之而已矣故於文口儿爲
兄　弟者
兄儿者人在下者也以口教其下也下弟也
弟也
相次弟也古謂韋束之相次壓爲弟言如積
疊柔韋順後前不相突也故於文弟從韋
弟　又弟者易也順
兄之教則易也夫者扶也既壯曰夫於文大貫一爲夫大
人象也一其笄簪也男子二十而冠婦人十五而笄箸
一爲笄者通言婦人也男子冠而成人女子笄而成人國
君十五而冠則娶也故傳曰國君十五而生子冠而生子
禮也故曰夫曰丈夫仕曰大夫也故
夫　又曰壻壻者胥
曰夫人曰君夫人相扶以成家也　也胥有才智之
稱也知爲人父之道也故於文士胥爲胥詩曰女也不爽
士貳其行士也罔極二三其德士者夫也故夫之從一亦

其義也 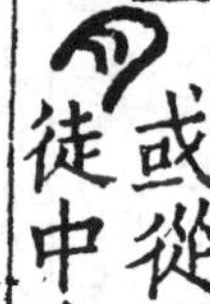 或從女胥爲壻胥者長也周官徒十人胥一人徒中有才智者爲之長曰胥古諸侯一娶九女壻者女之長也  太玄曰女不女其心亏覆夫諝諝美也男曰兒女曰嬰嬰者纓也又癭也皆擁於頸前之名也故於文女貝爲嬰嬰貝聲又胡人連貝以飾頸曰貝女子之飾也  兒者倪也女曰嬰其聲細嚶嚶然兒猶㒸其聲倪倪然差壯大也倪者耑倪也人之始也如木之有耑倪也又兒者提也兒則提攜之女則擁抱之從母言之也於文几曰爲兒  與古文齒相類古文齒作[illegible]左右三[illegible]各二也  囟未合之象也貴曰子或上從巛巛髮也古文作[illegible] [illegible]上有髮下猶襁抱之兒者竦鄙故囟未合而足展也貴而言之故曰世子公子胄子賤而言之故曰羽林孤兒健兒乞兒也咳者小兒之笑也咳咳然笑聲也三月而咳故於文口亥爲咳亥亥咳聲或從子亦同也

孫孫者遜也彌遜順也逮事於父見其子道遜順當續
而行之故於文子系爲孫系繼也詩曰無念爾祖聿
脩厥德嫡者滴也若榴霤之滴耑諦也取貴於庶也至
於女故從女傳曰苟偃立後曰鄭甥可子以母貴也
庶庶衆也嫡子一人餘爲庶也屋下衆爲庶史曰太任
十子周以宗強叔向曰吾母多而庶鮮言當衆也故
於文广芡爲庶芡光也古光字其光景衆也書曰庶殷丕作
又曰庶民子來經始靈臺比屋爲庶广屋覆之也庶者恕
也嫡者當庶妾隸之子曰孽孽之言蘖也有辠之女没
恕之也廢役之而已得見於君有所生若木既伐
而生枿猶顛木之有由蘖也母以子貴辥少而無父曰
也故從子故於文子孽爲孽辥者辠也孤於又子瓜爲
孤爪聲也書曰予娶于塗山辛壬癸甲啓呱呱而孝善
泣予不子惟荒度土功子不見父則泣呱呱也事

父母曰孝故於文子承老爲孝孝子能錫其類故過槁木必趍之見老者必敬承之也省之者省老之匕也匕者變也气壯則變白裹髮盛則變白裹又將化孝子之心不忍言其匕故省之也

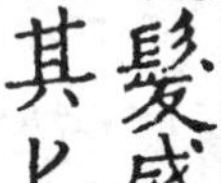

經曰父毋之年不可不知一則以喜一則以懼父在恒言不稱老也善兄弟爲友又同志爲友友右也相佐佑也故於文又又爲友兩手相順也兄弟之齒鴈行也兩手相承爲收異志相成也兩手相順爲友兄弟一體也朋友雖切磋其志歸於順也易曰天地睽而其道同也

親九族曰睦書曰敦睦九族睦从目順之也九族之内心不一者猶當目順之也孟子曰象恒以殺舜爲事舜恒欲見之故源源而來封之於鼻不及以政猶欲見之此敦睦之意也書曰虞賓在位群后德讓帝朱亦德讓也彼丹朱者淫放之人也罔水行舟晝夜頟頟被堯之教不及

於亂漸止其放心但無聖人之才百姓弗與能降心以爲
虞賓以濟其世而能德讓是亦和矣故曰堯能敦睦九族
也故於文目坴
爲睦坴睦聲也
睦　古文𡴆爲睦𡴆古
文目也𡴆坴省也
姻　親於外姻
曰姻亦雅
曰壻之父曰姻傳曰外姻至又曰夫猶無族姻乎姻者女之所
因也女因媒而親父母因女而親也詩曰惟酒食是議無父母
貽罹故於文
女因爲姻
姻　古文女𡛷爲婣𡛷婣聲也又𡛷回水也
女子有歸宗之義不忘本也詩曰泉原
在左淇水在右女子有行遠兄
弟父母曷瀚曷否歸寧父母
婣　信於朋友曰任任者
可保任也君子既壯
名譽不聞友之罪也君亦當任用之故
於文人壬爲任物之犬牙相制爲壬也
任　振貧老曰恤
恤者憂也收
也心戌然而慘惻之也心哀痛而收之若己身之有
患焉故於文心血爲恤血恤聲也血亦心之至也
恤

通而先識曰聖無所不通也於文耳呈爲聖呈聖聲也又
聖則萬物皆呈其情也從耳者非任耳也言心通萬物之
情若耳之通聲也天子黈纊充耳何任之有或曰聖人多
能歟曰聖人通天地之情達人物之性一以貫之何多能
之有百工之事也皆聖之作也又何不多能之有聖人之
多能治其法也小人之多能爲其巧也傳曰如有博施於
民而能濟衆者必也聖乎堯舜其猶病諸所謂施者非取
而施之也聖人在位脩元精之本練陰陽之和均天地之
利出細大之用行役不淹笄冠不過內無怨而外無曠壽
天得中故父無泣子之痛兄無哭弟之哀夫山之藷也手
種手形足植足形太平之世土地調矣寒燠和矣風氣徐
矣日月明矣人力閑矣民心適矣民手勸矣又合和氣以
成其穀穀則堅好而和沈君子食之以平其心故壽考而
無疾侵也堯之骨節入耳年齒長而聰明裹不及節民滓

水警予倦勤而弗能治也舜乃舉禹於鼻人之家禹親自操橐耜而九雜天下之山川大川三百支川三千畎澮無數稷降播種民於是乎粒食禽獸多則害人民踐禾稼智吞愚強捕小皆不得自全於是乎栞山槎木驅其猛獸取其衆者以佐民食民於是乎鮮食至今賴之此之謂博施易曰雲行雨施品物流形言施普則萬物支派以成其形也及至紂釀民之膏澤以爲藏有年數矣然武王散鹿臺之錢人不得數文傾鉅橋之粟人不得數升而民悅之曰聚者猶散之況復取乎此所謂大賚而天下服也夫水之爲沴也人皆走丘陵赴樹木孰若乎無水殛其父而任其子孰若乎不殛故曰堯舜其猶病諸也今天子睿明而不自有通徹而不自任罷聲色而樂典藝斥苑囿而任民事苟利於民也不拘於細大以爲不一勞者不久逸不暫費者不永寧上下光明宗枝膠固有唐虞湯武之德而無共

鯀驩皂之凶此聖人之才也賢於堯舜遠矣

聖 安君不念己危曰忠忠公家之利知無不爲曰忠忠中也臣救其君使至中道也君所謂可而有否焉臣獻其否以成其可君所謂否而有可焉臣獻其可以替其否詩曰不競不絿不剛不柔布政優優百禄是遒遒盡也盡中道也君既安矣臣必與焉如是何危之有故曰安君不念己危也

忠 不剛不柔曰龢言若宮商之龢聲五味之龢羹以相濟也禾者五穀之龢氣也二月而生八月而熟得時之中和也十一月一陽生正月二陽生三月三陽生未五月而極陰陽中分一歲各一百八十三日十一月一陽始生故陰陽争正月二陽生陽气勝二月陽气雖盛猶有陰氣存焉微陰輔陽生長萬物陰陽適和猶臣輔君以德政仁行以施以養育天下天曰柔克之義君道之美莫尚於斯至三月三陽生陰氣盡未五月而陽亢極陽極則陰生

故五月夏至一陰生陰陽爭七月二陰生陰氣勝八月陰氣雖壯猶有陽氣存焉微陽助陰以成熟萬物陰陽亦適和猶君任臣以刑罰行義以斷以化成天下地曰剛克之義臣道之盛也至九月三陰生無復陽氣未十月而陰氣盈溢陰極而陽生故十一月冬至一陽生周而復始違則爲沴故傳曰陰不孤立陽不獨存故曰禾二月生八月熟得時之中和中和而生中和而成夫和氣動於中而形於言鳳凰鳴矣于彼高岡梧桐生矣于彼朝陽菶菶萋萋雝雝喈喈草木暢茂而鳥鳴和也記曰鸞鳥自歌鳳鳥自舞言有所感動和气淡其心自然而舞也禹拜昌言皋陶賡歌九功之德皆可歌也人心和矣故移之於金石八音克諧無相奪倫金石和矣故曰笙鏞以間鳥獸蹌蹌鳥獸和矣故曰蕭韶九成鳳皇來儀政之和必以人聲爲效聲之和必以金石爲效金石之和必以鳥獸爲效鳥獸之和必以

鳳皇爲效鳳者羽族之長而天地之靈也無所誘慕非和
不至故不和其本而欲金石之和伶倫不能爲也故傳曰
得時之禾機疏而穗大其粟圜而糕薄其米多而沃食之
者強太平之世人含和气以食和穀故於文口禾爲和和
者不可名也謂之剛則柔矣謂之柔則剛矣言宮則含商
矣言商則存宮矣察而聽之莫此之調矣爲辛則鹹矣疑
鹹則甘矣舉而食之莫此之宜矣故曰和易曰黃者中之
色也淮南子曰色有五章以黃爲主夫黃有近於白舉火
而視黃似白也可以青可以朱可以玄故曰黃裳元吉堯
之盛也不知天下之治歟不治歟百姓之願戴已歟不願
戴已歟問於在朝在朝不知問於在野在野不知乃微服
而之康衢聞遊童子之歌於疆畔者曰立我烝民莫匪爾
極不識不知順帝之則問誰爲此歌者曰聞於長老問諸
長老曰古詩也此和之極也和之始也損益之切劘之剛

柔相諍推拊相應宮商相變金水相盪和之言唱和（音去聲）也故曰以和萬民及其成也同焉皆得不知其所以得同焉皆足不知其所以足忠名没矣諍者息矣故曰和和之言同和稓也易曰保合大和利貞也不理其本而欲天下之和伏羲不能爲也六德以和爲成故周大司徒教民六德曰智仁聖義忠和和者德之成故最在後以包通之也

咊

說文解字繫傳卷第三十四

說文解字通論下卷第三十五

繫傳三十五

文林郎守祕書省校書郎臣徐鍇撰

昔在太素清濁既敘三光宣其精五行播其形叅居鼎次亦各有成人者天地之化也力與天地並故於文一偶二為三天地之和人實敘之弗躬弗親庶民弗信詞之繹矣民之莫矣人與天地同功故亟成故於文一一人口又為亟又手

亟　哀樂者萬物之本性也樂則思散越之故曰烏烏之聲樂鐘鼓管磬所以飾喜也故於文口豈爲喜豈箸著尌樹陳

喜　小言之曰喜大言之曰樂獨言之樂立而上見也曰喜衆言之曰樂樂者出於人心

布之於管弦也樂弥廣則備鼓鼙故於文木幺爲樂象鼓形似白蓋象鼖形非白黑字左右之應朄也應和也朄引也小鼓挂在大鼓之旁爲引爲和也夏后氏足鼓殷人楹鼓周人縣鼓樹鼓也幺在木上足之樹之之象也鼓者器之最大者也樂主於喜喜生於仁鼓東方之象也故二月女夷擊鼓以司天和春分之音也仁之聲也萬物之始生也故樂字象鼓也鍾者金也金斷而有制樂而無節則亂故以金斷制之太玄曰庚斷甲庚金也義也甲木也仁也庚斷甲義斷仁也書曰笙鏞以間言間隔其聲爲之曲折之句也詩曰既和且平依我磬聲磬石也石有廉隅聲實而墜切而詘故以磬爲之準也立春則萬物畢出熙熙然汎汎然若將過溢焉至秋皆合於節制也金秋也文王受命始爲靈臺萬民悅之故其詩曰經始勿亟庶民子來人民喜之也又曰經之營之不日成之不日猶言不及淡日也無風雨之暴以沮之天喜之也又曰麀鹿攸伏白鳥翯翯於牣魚躍鳥獸喜之也文王諸侯也民物皆喜而從之將有僭擬之事矣王於是乎作辟雍以教之爲鼓鞀以和之擊金石以節之明旦節也故其詩曰於論鼓鐘於樂辟雍鼉鼓逢逢矇瞍奏公論者倫也言於是人心有倫理乎此辟廱也故曰小而言之曰喜大而言之曰樂又喜者主於心樂者無所不被也

樂 悦者彌小也悦猶說也拭也解脱也若人心有鬱結能解釋之也易曰悦以先民民忘其勞悦以犯難民忘其死傳曰陽門之介夫死司城子罕哭之哀而民悦本非無悶巳而心悦之也春秋傳曰殺子叢以悦行事有失以此自解說之自開釋其心也又曰公孫強獻白鴈曹伯陽悦之未形於言也故於文心兑爲悦易曰兑說也決也心有不快忽自開決也詩曰蜉蝣掘閱掘閱者蜉蝣之掘土使解悶也故曰悦

在說從心悅而不已見於言貌故喜從口詩曰嗟嘆之
心非不足故詠歌之詠歌之不足不知手之舞之足之
蹈之故舞從足不知者不自覺知也手足之煩不可久故
形於金石君子無故不徹縣也故曰悅主於心悅而不已
見於貌見於貌爲喜喜而不已發於聲故曰歌聲之不足
以盡故成於詠詠者長言之也酡之於詩也詠之不足則
舞之蹈之故於文舛無爲舞無舞聲也舛兩足左右也兩
足左右蹈厲之也又無者廡也舞者巾袖繁廡也周禮有
人舞帗舞也或曰手舞足蹈舞何以獨從足也曰略其可
知也心見於貌貌化於口口聲於言言飾於詞詞宜於手
手及於足由中以出自上而下足猶蹈之手可知矣故略
之也或曰喜之言何也曰喜嚭也披也人心之悅則其面
目粹然而變矣及其喜[illegible]怒者恚也武也春秋傳曰奮
也嚭然面目皆披釋其武怒又努也若強弩之發

也人心之怒則面目皆張起也莊子曰伏而喜仰而怒詩曰王赫斯怒爰整其旅孟子曰武王一怒而安天下之民心有所恚突然而發無所漸也武王怒不爲暴退而整其旅故能安天下之民此君子之怒申舟爲戮於宋楚莊王聞之投袂而起屨及於窒皇劍及於寢門之外車及於蒲胥之市不及納屨而走故不能成霸中國釋宋而歸師徒已困此小人之怒也怒當以心節之故於文心奴爲怒奴怒聲也

怒

哀者閔也閔痛之形於聲也故於文口衣爲哀衣哀聲也狀其聲也人有所痛聲自然而出無復思慮此天性也故取法焉莊子曰強悲者雖哭不哀魯哀公曰寡人生於深宮之中未嘗知哀孔子對曰宗廟之中仰視榱桷俯察几筵其物具在其人已亡以此思哀哀可知矣詩曰明發不寐有懷二人此文王之哀也相雎奔宋宋公閉門泣之目盡腫此亂君之哀也

怠

哭無

聲曰泣泣哭之細也微子過於殷墟欲哭則不可欲泣則以
其似婦人故於文水立爲泣水淚也立泣聲也哭主於哀
宣於外也泣主於悲滯於内也詩曰
不見復闋泣涕漣漣故曰似婦人也

泣

悲者亦痛也在内故於文心非
爲悲非悲聲也又心之所非則悲
矣淮南曰得之則喜失之則悲

悲

㤅者惠也心㤅之欲惠之也詩曰視
爾如荍貽我握椒故於文心旡爲㤅旡㤅聲歆食气逆不
得息曰㤅人有所愛急食之則气擁㤅也心有所㤅亦如
之也又㤅唈也气咽也詩曰如彼遡風亦孔之㤅向風而
行則㤅嗳唈也故從㤅今人氣擁則嗳也今文㤅嘉攵攵
㤅聲詩曰子惠思我褰裳涉溱子
不我思豈無他人㤅而思之也

慕

慕亦㤅也㤅在内而慕慕在外慕猶模
也習也愛而習翫模範之也史記曰司馬相如慕藺相如
之爲人以其名爲名常模範之是也於文心莫爲慕莫慕

聲也莫本音慕也莫亦模也愛者直愛之而已無所放也禮曰愛之斯錄之也

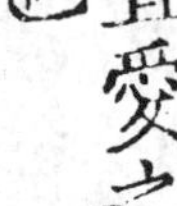

好上聲 好者好也愛而不釋也女子之性柔而滯有所好則愛而不釋也小子之性亦然好附著者也故於文女子爲好孔子曰有顏回者好樂傳曰生好物也未有輕而捨其生者

好物者控搏之好學者亦不捨也惡者惡也惡憎也傳曰死惡物也未有輕而迫死地也亞者醜也故於文心亞爲惡也

欲者貪欲也欲之言續也貪而不已也傳曰人之所惡其氣熖以取之書曰無若火始熖熖言人抑其欲若火之初發作起乍伏進退之時也又曰天生烝民有欲無主乃亂言君牧民救其欲也六韜曰義勝欲則從欲勝義則凶故於文欠谷爲欲欠者開口也谷欲聲

多才曰賢賢者賢臣也臤者執事也貝者貨也可以爲用而寶之故曰財賢者亦用而寶之故於文貝臤爲賢臤者

臣執事也書曰所寳惟賢則適人安外傳曰趙簡子問於王孫圉楚之白珩猶在乎其爲寳也幾何歲矣對曰楚之所寳觀射父左史倚相白珩先王之玩也非寳也

賢

愚者戇也戇猶椿也無所旄爲也愚之言寓也無所爲若寄寓然也禺屬獸之愚者僂猴之類是也愚者之心似之故於文禺心爲愚傳曰蟲莫智於龍莊子曰鳥莫智於鷾鴯驥不稱其力而稱其德由是言之則獸有愚智者也古之愚也直故曰惷愚惷惷猶惷惷若惷物直惷之無回慮故於文心惷爲惷惷亦聲周禮三宥一宥曰惷愚賢者猶有過舉況在於愚故其過失所當宥之也今之愚也詐謂反覆回沈以行詐

愚

勇者氣也力也勇者用也供用之謂勇勇則害上不登於明堂勇而故殺之不以聽也不義亂也非勇也冉有用矛刺齊師故能入其軍孔子曰義也言能以義勇也夫子力翹門關不以力聞夾谷之會

威攝大國可謂勇矣故於

文甬力爲勇甬勇聲也

勇古文心甬爲勇見義而爲

也心主於義士不尚力也畏多畏曰怯怯脅也爲人以威脅之不能動也犬性警而多畏驚犬之見猛獸垂尾而不能去故爲文犬去爲怯去怯亦聲也怯或心去爲怯怯怯主於心也敬敬者肅也於文苟支爲敬苟者亟也自急敕也支者執事也魏絳曰軍師不武執事不敬罪孰大焉敬恭亦肅也於文共心爲恭非獨心而已皃亦當恭共恭也共恭亦聲也語曰恭在皃敬在心洪範皃曰恭書曰接下思恭恭者取其供用敬者取其自警故曰恭在貌敬在心或曰敬在心何以從支恭在貌何以從心曰恭者龔愨其事釋曰見恭者貌行恭者心儻恭不由於心則幾於蘧蒢矣嫌其在貌故從心敬者自儆嫌其愨於心而已故從支支以執事也君子之心貌當相副所謂在貌在心有

多少之差尒恭不得離心敬不得無用錯舉而名也

肅

洪範曰作肅執事振敬為肅故於文聿𣶒為肅聿執事也𣶒深水也回流也尒雅曰振者拭也亦振勵也詩曰戰戰兢兢如臨深淵如履薄冰肅之意也肅之為言夙也早也恒夙興也言日之早萬物莫不肅然孫子曰朝氣鋭晝氣惰暮氣歸又肅之言束也自申束也

肅

古文

心日為肅日節也節其心也經曰節以制度高而不危滿而不溢也

慎

慎者謹也慎之言身也恒存於身也故於文心真為慎真其心不囟莽也真亦聲也

慎

古文屮火日為慎屮艸也日暵之下有火故當慎之也

慈

慈者愛也廣愛也上安下之詞故曰養老慈幼兹者滋廣也故於文心兹為慈慈之言字養之也兹亦慈聲也

志

心者直心而已心有所之為志詩者志之所之也天下之人其志不同各有所之也故於文心

之爲**志**見之於外曰意季子佩寳劍見於徐君徐君欲
志也而不言情見於色此意也故於文心音爲意
意猶抑也含其言欲出而抑之古詩曰盈盈一水間脈脈
不得語此畜意也楚詞曰蓄怨兮積思心煩憺兮忘食事
願一見兮道余意君之心兮與余異車既駕兮朅而歸不
得見兮我心悲倚結軨兮太息涕潺湲兮霑軾忼慨絶兮
不得中瞀亂兮迷惑私自憐兮何極意**言**出於口爲言
之謂也又心音者察音以知其心也　言行君子之
所慎也詩曰哀哉不能言匪舌是出唯躬是瘁唯君子能
言滿天下無口過孔子曰余欲無言也故於文口辛爲
言辛愆也言出禍入直言曰言無委曲故深戒之也禮曰
王言如絲其出如綸王言如綸其出如綍書曰朕言不再惟口起
羞
也**語**論難曰語語者午也言交午也故於文言吾爲語
詩曰于時言言于時語語吾語聲也言者直言語

者相應荅也易曰亂之作也則言語以爲階階漸也起於言漸至於語也

語

詞者音內而言外在音之內在言之外也何以言之惟也思也曰也兮也斯也若此之類皆詞也語之助也詩曰惟此文王又曰在城闕兮又曰神之格思不可度思矧可斁思書曰曰雨曰霽詩曰令我來斯皆詞也聲成文曰音此詞直音內之助聲不出於音故曰音之內聲成文之內一助聲也言之外者直言曰言又一字曰言惟思曰兮斯之類皆在句之外爲助楚詞曰魂兮歸來些些亦詞也在句之外也故曰音之內言之外爲詞故於文司言爲詞司者臣主事於外也

詞

辭者訟也所以理也𤔔者亂也亂理也於文冂坰也外內之象也[illegible]相引爲亂也𠬪以理之也

𤔔

傳曰兵作於外爲寇於內爲亂也辛者䇂也𤔔辛猶理䇂也呂刑曰明清于單辭又單穆公曰告以文辭董之以武師又孔子曰

晉爲覇鄭入陳非文辭不爲功愼辭也哉又晉趙盾伐邾欲立邾捷甾率車八百乘以伐入國邾人拒之曰齊出玃且長趙盾曰其辭順犯順不祥乃去之詩曰詞之繹矣民之輯矣詞之莫矣民之釋矣又屈原雖放忠厚之至猶欲進言以救其國亂楚人録其意謂之楚辭辭之言孜也孜孜爲辭也詩曰匪手攜之言示之事匪面命之言提其耳故楚辭之文下諷上也周公之作大誥上提其下之耳也或曰辭達而已矣楚辭何爲其豔也曰是非知之之言也玉之在佩必合於宮商君子之言必成於文天何言哉星辰綮爲雲霞蔚爲言之無文行之不遠楚人之俗剽而疾險而激其艸木也秀而麗其君子也炳而絜故因其俗以諷之使至於道也君子之文因麗以導其質故味而逾實故雖麗而無害也小人之文反質以行其麗故味而逾虛故雖質而無救也此深淺之分厚薄之别爲可同也

辭籀文𤔲司爲辭司者主於理亂也

詞應和難詰首尾以終其事曰論論倫也同歸而殊塗一致而百慮語各有倫而同歸於理也倫理也

論著於心成己之性曰志志有所牵曰思思絲也猶物之牵挽也於文心囟爲思囟人之頭囟信也囟通氣也

思思有所圖曰慮慮猶縷也如絲之有縷以成文也故於文思虍爲慮虍慮聲也

慮憂者愁也傳曰痛心疾首詩曰維憂用老故於文心頁爲惪百首也心惪則髮白顚回思慮聖道心惪而髮白謝莊繫刑一宿髮盡白惪生也

惪今文惪從夊和之利也詩曰布政憂優優和也書曰臯陶邁種德邁行也行布其德也和气亦行也和緩行遲故從夊夊夊者足有物曳之行遲

憂患憂之深也有患必憂患之言貫也貫於心也憂者幽也子州支父有幽憂之病未任治天下是也憂之來幽幽然沉滯

也患者慣也急慣人心也語曰擇福莫若重擇患莫若輕患關人心故於文心上串爲患也重患也傳曰猶有患爲不早除之至於重累乃爲患也魏武帝詩曰明明如月何時可掇憂從中來不可斷絕此憂患也患古文心曰曰爲患患又心門丱爲患門患之聲曰揭人心也也丱者慣也關者心也

闗洗心曰齋齋戒絜也於文示齊爲齋示明也齋籀文齋從𩏂省𩏂禱也祇也齊者萬物之絜齊也齋心以禱也子曰丘之禱久矣能絜其心神據禱防患曰戒戒警也書曰儆戒之也子所慎齋戰疾也無虞君子思患而豫防之莊子曰寇莫憯於陰陽而鏌釾爲下義者金也金兵戈也以義斷情欲爲戒若藥家之用甘草爲國老大黃爲將軍是也故於文廾持戈爲戒

諫諫者間也君所謂否而有可焉臣獻其可以間隔之也猶白黑相間以成文也

故於文言柬爲諫柬者分別也能分別善惡以陳於君也
太史克之對魯宣公是也惟聖人能納諫宣公中庸以下
里克能諫以止之諫諂者陷也陷君於惡也始則陷於
此諫之善者也人陷於人者必及其身故於文言
臽爲諂諂又言閻爲讇讇諛者言如物之腴也腴鳥
臽陷也閻諂聲也獸腹之甘美者也諛者必
以甘言入於君而已故莊子謂之導諛爲諂言求諛譖
進而有陷於人也故於文言臾爲諛臾諛聲也者
愬也論語公伯寮愬子路於季孫誣告之也意主於害人
者也譖者簪也若簪之箸物切至也故易曰勿疑朋盍簪
蓋合也簪疾也簪猶譖譖佞者巧諂高才也祝鮀之佞
也故於文言朁爲譖有才者也有小才不以正道
近其君曰佞也詩曰媚茲一人應侯順德媚愛其君惟順
德而已小慈大慈賊也老子謂陽朱曰彼其小言盡人毒

也佞者女子之仁故於文女仁爲佞佞恩者因也有所因也故於文心因爲恩因亦聲也恩雔者怨也害起於微也易曰亂之興也則言語以爲階詩曰亂之又生君子信讒言必讒也故於文言雔爲讎雔者鳥之雙也人之讎怨不顧禮義者則如禽鳥之爲也兩怒而有言在其間必溢惡之言也若禽鳥之聲也詭蠡之對公孫雄曰吾雖醜然人面其猶鳥獸孰知是誐誐者乎雔怨之讎也讎亦雔之聲也讎善者吉也美也繕也若物之已繕治者也文子曰聽善言便計愚者知悅之故於文言羊爲善羊者美物也語曰爾愛其羊傳曰人之欲善誰不如我善易曰出其言善千里之外應之故善從二言譱齊桓公謂亟丘之鄉人曰至德不孤善言必三故古善亦或從三言譱篆文善從一言一壹也吉也傳曰一言而善也否者不也否嚭也心有不

可口必言之故於文口不爲否 啇

說文解字繫傳三十五

說文解字祛妄第三十六

繫傳三十六

文林郎守祕書省校書郎臣徐鍇撰

說文之學久矣其說有不可得而詳者通識君子所宜詳而論之楚夏殊音方俗異語六書之內形聲居多其會意之字學者不了鄙近傳寫多妄加聲字篤論之士所宜隱括而李陽氷隨而譏之以為己力不亦誣乎自切韻玉篇之興說文之學湮廢泯沒能省讀者不能二三弃本逐末乃至於此沮誦逾遠許慎不作世之知者有可以振之可也前代學者所譏文字蓋亦有矣　中興書闕不可得盡此盖作者之冠冕而後來之妄故臣今略記所憶作祛妄

篇導說文云導禾司馬相如曰導一莖六穗於庖顏之推作家訓云導擇禾也故光武詔曰非徒豫養導擇之勞是也而說文云導禾名乃引封禪書導一莖六穗於庖犧雙觡共抵之獸爲證無妨自當有禾名導非相如所用也禾一莖六穗於庖豈成文乎縱使相如天才鄙拙強爲此語則下句當云麟雙觡共抵之獸不得云犧也吾嘗笑許純儒不達文章之體如此之流不足馮信此皆之推之言也臣錯以爲導訓擇治乃從寸故漢書有導官學不從禾也相如云導一莖六穗於庖猶言此禾也則有一莖六穗在庖此犧也則有雙觡共抵之獸雖今之作者對屬之當何以過此況在古乎上句末有於庖字乃云禾一莖六穗於庖下句末有之獸字所以云犧雙觡共抵之獸猶言殺此雙觡共抵之獸交互對之尒若依之推云導擇也則是擇一莖六穗於庖麟雙觡共抵之獸非徒鄙陋乃

不成文豈相如之意哉屬對允愜文字相避近自陳隨尒封禪書又云招翠黃乘於沼鬼神接靈圉賓於閒館如此者不可勝數豈鄙拙乎

弋

陽氷曰弋質也天地既分人生其閒皆形質已成故一二三皆從弋臣鍇以爲弋之訓質蒼雅未聞既云天地既分人生其閒皆形質已成乃從弋則一二之時形質未成何得從弋其謬甚矣

毒

說文從屮毒聲陽氷云從屮母出地之盛從土土可制毒非取毒聲毒烏代反臣鍇按顏師古注漢書毒音與毒同是古有此音豈得非聲毋何得爲出地之盛方說毒而言土可制毒爲不類矣

折

說文去斷草籀文從手陽氷云斷折各異斷自折折人手折之臣鍇按古字令令長長皆同用自毁爲壞人毁爲壞音怪字亦不異衣服爲衣被此衣爲衣去聲亦復不殊自折人折何可遽異此爲謬矣

路

說文從足各聲臣鍇

以爲古之音字或與今殊蓋亦不甚切或多聲字可言各
者路各別之意陽冰去非各聲從足輅省臣今按周禮車
輅字多借路字然則先有路字龠說文去樂竹管以和
後有輅字不得去路從輅省也眾聲從品侖侖理也
陽冰去從亼冊亼古集字品象眾竅蓋集眾管如冊之形
而置竅亦臣錯按詩左手執龠是龠以和樂也又曰於論
鼓鍾注去論倫也品實三口象龠丫說文去撥也倒入
三管於義何害何必妄拆龠字也一爲干入二爲羊
言稍甚也陽冰去干一爲羊臣錯以爲撥稍密深也故去
入一爲干入二爲羊二重深也何必須言干一爲羊欲作
何訓要說文去從臼自臼交省聲臣錯曰臼持也人身
乎頸膂皆關節要害所以自秉持其身猶竹木之
節交要實聲許不言象形此義明了不𠬝說文從又從
可強以爲形故也陽冰所見爲淺近焉卪闕陽冰

去從尸尸予也コ器也又手也手持器爲求之於人人與
之也臣鍇以爲陽氷之言尸音夷以此爲與是強名也此
義亦
跳

皮

說文去剝獸謂之皮從又爲省聲李去從又持
皮襘然臣鍇以爲剝獸之皮則又爲手以剝皮
剝皮所以飾物豈空持之而已萬
物皆可以持豈獨皮而持之乎

隹

說文去鳥之短尾
惣名陽氷去鳥之
總稱尒雅長尾而從佳知非短尾之稱臣鍇以爲本注當
言亦總名脫亦一字尒不然者許慎豈如此之疏乎

叀

說文叀小謹也從幺省屮才見屮亦聲陽氷去壘斗
中形象車軸頭叀壘之形上畫平引不從屮也臣鍇
以爲以叀爲壘斗其
義無取安得不從屮

幺

說文小也象子初生之形陽氷
去ム不公也重ム爲幺蒙昧之
象也會意非象形臣鍇按尒雅幺幼也
直是幼小之稱非爲蒙昧陽氷妄矣

疐

說文去閡也
從叀引而止

之陽氷去車前重不前合從車宜上畫平不從屮明矣臣錯以爲此則毛詩狼跋其胡載疐其尾字言狼進則躐其胡退則閡其尾凡專謹者事多閡故從叀而引止之疐之名不主於車也陽氷妄矣

刃　說文去刃刀之堅利處象有刃之形陽氷曰刀面曰刃一示其處所也此會意臣錯以爲刃在刀前即是象形縱使以一示其處即爲指事非會意也

艸　說文曰冬冬生草陽氷去謂之草非也臣錯以爲竹類於草近於木遠今言草之冬冬者即當矣若不言冬冬生草可謂之冬冬生木乎非木非草復是何物陽氷之妄

豐　說文曰豆之豐滿者象形陽氷去山中之丰乃豐聲也臣錯以爲象豆滿形足矣山是何義乎

血　說文曰血祭所獻也從皿一血也陽氷去從一聲臣錯以爲人身之血無可以象故象血在此但見於器若言一聲則惟有皿在比但見器尒豈關血乎陽氷此義

最[篆]陽氺云凵象膏澤之氣土象土木爲臺氣主火之
謬義會意臣錯以爲鐙火之臺不得言土膏澤下流
形非會意亼說文云叁合也從入一象三合形陽氺
亦不上出象亼入者合集之義自一而成乎億萬入
者集之初故從入從一臣錯以爲集合也故象三合人三
爲衆衆合乃爲集入一尒豈得言集集者象衆集豈言其
初陽氺矤說文云詞也從矢引省聲矢者取詞之初所
妄矣矤之陽氺云蒼頡作字無形象者則取音以爲
之訓矢引則爲矧其類往往而有之矣字是也臣錯以爲
周禮六書無形象者莫過聲字則取法於耳又尒字則取
象氣散皆有以象之不尒則會意亦虛象也今言矢引爲
弦在左右皆音六書所未聞六書之中欲附何處若有全
以音爲字則是七書不木說文云從屮下象根陽氺云
得言六書此淺俗之甚象不之形木者五行之一豈

取象於艸乎臣錯案周易云百果草木皆甲坼是草木同
言甲坼屮甲坼之象合抱之木生於豪末木象於屮何足
非
乎

才

說文云草木之初也從丨貫一將生枝也一地也
陽氷曰才木之幹也木體枝上曲今去其枝但有
槎枿臣錯按古人多以此爲才始若云材
木爲良材者將節目盡去豈存其槎枿乎

日

說文曰陽
精不虧從
口一陽氷云古人正圜象日形其中一點象烏非口一蓋
篆籒方其外引其點亦臣錯云無妨古文自有日中作烏
者日中含一
不足致譏也

齊

說文云禾麥吐穗上平象形陽氷云二
物相竝乃知齊平臣錯以爲上三物相
齊不勞其下更爲二字
二實地形陽氷妄矣

米

說文云穬粟實也象禾實之
形陽氷云象在穗上之形臣
錯以爲天降嘉穀一稃二米此象稃穀坼開米出見
也米者已去稃粟之名若穗上則粟穀矣陽氷爲妄

尗說文云象菽生形陽氷云父之弟爲叔從上小言其尊行居上而已小也臣鍇以爲菽有歧蔓此上象之叔者長幼之名叔猶季也叔之言蹙也蹙蹙退也在後之稱又夫之弟爲叔叔並幼小之名父之弟古爲季父叔父是叔與季同義今單言叔父爲叔淺近之言非可引證且尊行在上而已小者非徒叔父也

弔說文云古者葬之中野以弓驅禽獸人遇弓爲弔陽氷云弔從二人往返相弔問之義臣鍇以爲相弔所以哀人之疚也一人弔一人若二人相弔問則須二人俱有故乃得用此弔字不亦迂乎

袁說文云從衣叀省聲形陽氷云從衣屮口非叀省臣錯以爲叀音丑善反豈得不爲袁之聲不知陽氷所謂也

禿說文云人無髮也從禾王育說蒼頡出見禿人伏禾中未知其審陽氷云從穆省聲臣鍇以爲禾有實梢垂如禿者髮種種然記伏禾中者慱異聞爾從穆而省無

乃臆說

欠　說文云張口气語也象氣從人上出之形陽冰云上象人開口下象气昨從人所謂欠去許氏擅改作欠無所據也臣鍇以爲陽冰作欠蓋按李斯等篆古文多互體雖有從彐者其下亦是人字且人之欠去气竝上出不下流安得氣在彐下陽冰在許慎之後所見雖博猶應不及於慎今之所說無乃偏執之論乎

頁　說文如此陽冰云頁當作頁臣鍇按李斯書實如陽冰所作然陽冰不了其義許慎言其所由李斯小篆所異者少李斯隨事書之筆力微變未足譏評也

卩　說文云象卩相合分之形陽冰云㠯字從卩而生一重爲卩二爲㠯三爲㠯臣鍇以爲卩自瑞信㠯自堆堆自不相因也

亡　說文從几從乚從倒亡陽冰云非倒亡聲倒亡不亡也臣鍇以爲說文傳寫實多聲字非慎之過陽冰非所致譏又陽冰作㠯與許小異竝如頁字解中也

豸 說文獸長脊行豸豸也陽冰云從肉力臣鍇以爲此象長脊陽冰以爲猛獸妄云肉力且無足之蟲亦謂之豸豈是力乎

亼 古法字陽冰云注一所以驅人之正臣鍇以爲上人爲入字非人字此亼正可介亼音集不得

狀 陽冰云象形之中犬字象似文之尤者故狀從言人犬臣鍇以爲犬動止多狀曉人之意人所易審故狀從犬若陽冰之言迂闊而無當也

州 說文九州地之高者從重川爲州陽冰云三ㄐ爲州臣鍇以爲水中可居曰州九州之義在水之上其州高處亦復有水故重川之言允矣若云ㄐ與州爲聲何必三乎

仌 說文云象水凝冰形陽冰云象冰裂之形臣鍇以爲冰之初結其狀如此豈有不象冰之結而象其隙罅其妄甚矣

龍 說文象肉飛之形陽冰云右旁反半弱象夭矯飛騰形臣鍇以爲肉飛自可三則其鬐鬣豈有反半弱反

弱則是不弱矣　非　說文云背違也從飛下兩翅取其相背何得夭矯乎　陽氷云兩手相背也臣鍇以爲兩翅自可相背不必從目此亦異體也　直　說文正見也故從十臣乚陽氷曰正視難見故從乚音隱臣鍇曰正直爲直乚者能見其曲隱匿陽氷所言妄矣　㚔　說文捕鳥畢也象絲罔上下其竿柄也陽氷云㚔車也玄牽省系系相牽之義入集也入入衆象也十十人也作捕鳥之具許氏誤用臣鍇以爲尒雅絴繂也㚔古盖同安得見此訓餘亦臆說　土　說文二象地之下地之中丨物非畢冈陽氷云車未出也陽氷云土數五成數十取成數下一地也臣鍇以爲士字從十從一陽氷無異義今云士字從十一則士字復何以處之其妄甚矣　㘴　說文從留省從土土所以止此與在同意陽氷云從丣丣時人不卧臣鍇以爲人君未明求衣昧旦丕顯卿士當夙

夜浚明庚人宵興日出封説文爵諸侯之土從之土寸
而作豈至夘時方起乎寸其制度陽氷云從古文坐
古文坐從半一之下土音皇非封臣錯以爲之者受命而
往各之其國土也坐音皇字之土兩字合之封字之土寸
三字合之較然金説文從土左右注象金在土中
有分非所識也金形今聲上古文陽氷云當作金
許愼金體非臣錯以爲金古文今古勺説文挹取也象
篆如此金爲正體陽氷合之妄矣形中有實與包
同意陽氷云古文不從屈一之體並從勹勹一爲勻二爲
勻一少也二漸多也兩均之義許氏因俗輩云一勺爲與
便謂中畫屈一則與與字同部又云包同意此正勺也豈
得爲同意哉移入勺部之略反大小篆皃如此許氏兄如
此臣錯以爲勺一勺也禮云今夫海一勺水之多實少也
與包同意則勺外之勹與勺蓋不相遠與陽氷之所皃異者

微無足說文賜予也一勺爲與與予皆同陽氷云中
致議也　畫盤屈兩頭各鉤物有交互相與之義與互
同意許云一勺甚涉迂誕與屈中爲虫何殊臣鍇以爲勺
取也謂挹取而與之一而與之無或二三也言與則直與
爾何必交互乃爲相與與雖篆有說文酋矛也象形陽
今古筆有省便義無踰於慎也　氷作[illegible]然無所說臣
錯以爲矛戟之字直如許慎所作丨其柄也上㇆其首也
㇄亦其枝也丿其建衣也陽氷所作[illegible]本出蟲蟊賊字蟲蟊字上
非矛字亦不成文中丨直象苗之莖弓象蟲緣繞自下
而上食其葉端今人見此因書矛戟字與之同妄矣
說文蛇食象形陽氷云從己中一不合次己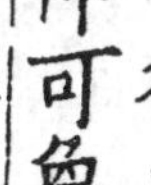說
下臣鍇以爲己亦屈伸可象巴蛇陽氷妄矣　文
云秋時萬物庚庚有實也陽氷云從午代象人兩手把干
立庚庚然史記大橫庚庚是也臣鍇按史記漢文帝卜得

兆正横其繇曰大横庚庚然則庚庚横貌也木實亦横著樹陽氷云兩手把干立爲庚庚立則竪矣豈得庚庚乎又案李斯篆庚字正如許慎則知陽氷妄也

𠫓 說文不順忽出也從倒子不孝子突出也陽氷云䟽流二字並從古𠫓䟽通流行也豈不順哉臣鍇以爲䟽流非取不順盖取出之速疾爾子之事父出必告今不順故忽然自出故速也氷所言煩蕪今不復載之也

午 說文啎也五月陰氣午逆陽冒地而出與矢同意陽氷云五月筍成竹此之半枝出地臣鍇以爲說文十幹十二辰皆取象天地及气之出入或取物之大者豈取半竹乎五字既陰陽交午此午則象陰之衝陽陽上冒而未徹矢亦象上射象射以徹春氣又五月草木並盛衝華載實者衆豈獨竹乎

戌 說文九月萬物畢成陽下入地從戊含一也五行土生於戊盛於戌從戊一聲陽氷曰戊土也一陽也陽

氣入地一固非聲臣鍇以爲一自與戌爲聲不勞入地也

亥說文曰二古上字一人男一人女乙象懷子咳咳之形陽氷曰古文本象豕形諸義穿鑿之爾豕古文亥從豕陽氷曰本象豕減一畫爾篆文乃從二首六身臣鍇以爲二首六身丘明所記史趙所言豈得謂之穿鑿盖古之篆文文體互變謹案孔子家語子夏聞讀史三豕渡河知已誤爲三亥亥誤爲豕然則古文亥當作𠀅也及史趙所云亥有二首六身則爲篆文𠀅矣杜預注云下亥上二畫竪置身旁則如筭之六也案士匄云二萬六千六百有六旬矣今據李斯書亥字𠀅如此然則二畫竪則筭家之二萬上曲次之則似筭家之六千丁象筭家之六百又丁則筭家之隔位六矣此盖史趙以亥字布畫偶有此形因舉言之亦不言亥字之義則如許慎所說陽氷妄非趙許不足言也臣鍇以爲文字之義無出說文而古來學者

尟能師尚輕薄之徒互矜字義六書既未能曉蒼雅曾不經懷蔡雍漢末碩學而云色絲爲絶殊不知絶字糸旁爲刀刀下爲卪而又況不及蔡者乎魏祖以合爲人一口吴人云無口爲天有口爲吾曽不知吴從夨梁武書貞字爲與上人取會嬉戲無顧經典矣庚肩吾方述書法乃云土力爲地隨文帝惡隨字爲走乃去之成隋字隋裂肉也其不祥大爲殊不知隨從辵辵安步也而妄去之者豈非不學之故將亦天奪其明乎及顔元孫作干禄字書欲以訓世其從孫真卿書之于石而蠭字改豸爲牙皃字轉冂爲勹鄰正體也而謂之訛隣俗謬也反謂之正蓋爲病矣又國子司業張參作九經文字稱爲古殺字而刊石作暇腦字𡿺旁𡿺轉寫者以𡿺在右乃作𠜶云𡿺字不亦疏乎又圖讖之興興于兩漢自唐堯申四岳之命箕子陳五行之書河圖洛書聖人則之比天所以陰騭下人而聖人知命

之術也自仲舒劉向博極其學自餘諸子多非兼才其陳説圖讖皆玄契將來然離合文字本非其術至使所作符命文字皆俗體相兼顔之推論之詳矣又童謡讖亦天所以告俗人或時之識占候者隨事而作以傳俗聞未可以文字言也君子於其言無所苟而已矣況文字乎又點畫之法著自前聞蓋博物君子優游端粹援毫布墨寫其心素寛閑由其樂易精粹自其端平規旋矩折如中繩墨蕭何題署張芝章草筆迹輕重著在縑緗而後之學者弃本逐末争求點畫之妙不測布置之由乃至刪除點畫加減隨意是有杶幹之才而不得楝宇之法豫章杞梓得無枉屈之嘆乎目巧之室臣所不取又梁武帝觀鍾繇書云損補巧密臣以爲損謂字闊則畫短間狹則點微補謂字狹則畫盈字疏則點壯爾古謂善結字者謂布置也點畫雖多善布置者不覺其密點畫雖少能結字者不見其疏此

乃可稱爾若多則師心以減少則任意以增以求平滿則
誰實不能事不師古亦臣所耻今文字可謂訛矣　陛下
神稔勝氣獨冠皇流多才多藝俯弘小學以虞舜好問之
德兼漢宣乙夜之勤盖太山起於一拳巨海由乎一勺將
裨事業無遺幽介臣亦
何者而不上其所見哉

說文解字類聚第三十七

繫傳三十七

文林郎守祕書省校書郎臣徐鍇

一　二　三　四　五　六　七　八

九　十　百　千

夫物生而後有象象而後有滋滋而後有數昔伏羲氏繼天而興爲百代倡德首於木天地之始也帝出于震萬物之原也於是始作易觀龜魚之文以畫八卦以類萬物之情龜象也筮數也八卦之畫書之原也是以一二三皆數而畫之也積多則煩故自四皆

象也四方之分故象天地之分五者午也故象交午者陰陽之爭
也陰陽爭必伏故六象陽之入伏陰也伏而不已必升故七象陽
之升也其出地也隤故衷曲也八亦陰也陰彌長無復陽故象
陰之分列而已也九者陽之極也陽久則屈曲究竟放肆闡緩
之象也十則數已終也四方具焉百者亦成數也故從一從白
白詞語也千者數之彌大可舉也故從人持十爲千此數之略也

亦亏粤者乎可易知己

矣亏曾曰白乎皆只

右皆詞也詞者語之助也始或先之終或送之聲之大者
莫大乎雷息之大者莫大乎風風之飄飄或先之也雷之
隆隆將遺之也奎者汗者風之曲折也翕翕也㵳也氣之將
轉也春秋曰於越入吳詩曰替不畏明皆語之先也語曰

於從政乎何有騷曰山中人兮芳杜若此皆氣之轉也詩
曰毋也天只不諒人只語曰吾無隱乎爾此皆語之餘也
文者心之圖以曲盡爲能也君子之言也舒其節也審聽
其音息而知其意況聞其言乎聞其鳴嘆足以感人之性
況觀其行事乎是故周人觀晉使曰客容猛非祭焉而周
公善聽不言之説也於者始也古之烏字也巽盛氣以發
言也故象氣之烏聚今試言者詞言之气從鼻出與
鳥則氣自口出而分散且衆口相助故象口之氣左
右出而上合也爾也者亦辭之助故從之尒者詞之必然
猶云如此也若禮曰鼎鼎尒猶猶尒在句之下故象入而
丨左右分今試言尒則口音枳者語巳辭也故象口
氣直出旁四散而盡也氣下引之形在句之外今
試言只則下脣收者曳詞之難若春秋曰公至河有
而气下出而微也疾乃復又曰郊牛之口傷乃免牲

皆巾有事而攺非便止故加乃以緩之容有謀也故象气之出難今試言乃則气緩而透也

旨 詞也故從口乚乚氣上出也與粤異粤於也上有所連曰直發端而巳故气自上出無所閡粤從丂丂上閡於一也故虞書之首云曰若稽古帝堯帝舜也或難曰漢洪範云曰雨曰霽豈是上無所連自應之曰豈得不然此先言卜五占用二總舉其綱紀然後別發端云曰雨曰霽每一曰則文斷而自爲首也粤於也故曰粤若來三月皆連上文難者曰王延壽云粤若稽古帝漢粤字豈有所連自又應曰延壽之賦實摸引尚書本當作曰相承假借爲粤非實字也丂者气欲舒出丂上閡於一也古文以爲丂字今試言丂則氣出口而上其聲上而不遠故欲舒而上閡也故今丂字從之兮者詞之所考也若言美人兮西方之人兮愼疑審事言必稽考用駐其詞義近於粤在句之中語之曲折也今試

言兮則氣越出而稽留故從丂上八八气之稽留也丂者於也象气之舒丂從一象其气平今試言丂則其气在口欝紆既口平直而往上若有所制也夫事無所疑則直言兮若言嬪于虞謂巳歷試降于虞無所疑也于時言言于時語語言者室既處之而巳亦無所疑也粤者于之審慎也故書曰粤三日丁亥又曰粤若來三月君子無易猶言將形於舌必隱於心外言粤以續其聲使無斷絶心實内數其日月以言之也故從宷審字也又曰亦越我武王又曰對越在天皆當作粤借越字也粤者會意故無出口之象也

乎

者語之餘也若詩曰亶其然乎傳曰其是之謂乎在句之外今試言乎則聲出口而揚舉訌而大故乎從兮兮者有所稽考乎者若有所疑問皆相類故乎從兮而復象气

丂

气也丂者气欲舒而有閡今試言丂則其气自口而下去口不遠反丂爲之越揚也

丂音訶則气丂循訶也故可從丂可肯也既可則聲
藹而無閡藹而通也故可從曰丂以言可之也

曾者詞之舒也詩曰曾是莫聽曰者詞也矤者詞之
今試言曾則气直出口而分故象之也況也書
曰矤內史友外史友況譬當勁疾故從矢矤亦抽
引之詞故從引省今試言矤則气直激而疾也

矣者語巳
詞也詩
曰何嗟及矣誰昔然矣語曰賔不顧矣皆事之訣絕無所
奈何者也矢者亦所以訣絕不復返之意也今試言矢則
气亦直而出也凡此數者皆

知者詞也憭也覺也覺知
盡也激去不返而尤疾也知之欲其速故從矢心術
之深非明者不能見故以口則易知也今試言知則气亦
直而激也凡此數者皆盡也無形可象故擬其口气之出
入舒疾高下聚散

其緩詞而象於箕云發語而本於气
以爲之制也若夫其夫扶爲民夫之借焉有鳥鳥之名

介同人體爲兼禺屬何爲負儋斯則析薪乙爲薏乙乙爲
蛇巳若此之類皆蕪實名則取象自別也然則詞之虛立
與實相扶物之受名依詞取義云之出气則紛然雲撓其
之發口則吺矣箕張推此求之餘可知矣此皆詞之類也

金木水火土米

此六府也昔伏羲之卦文之初也蒼頡沮誦知結繩之不可
以夂也仰觀俯察始爲文蓋皆象形此六者是也五行者
天之五佐德之大者也故
皆象之米人所以生也
禾則穀也
朩者麻之類也人所以衣也故專
象之火則無復詰屈而流故殖象其凝結之形也火
水之水則無變矣合抱之木生於豪末故木生於
屮屮木之初也土爲陰陰數二土以重厚爲德張華
曰凡土三尺巳上爲壤三尺巳下爲土故土必

重所以名土者吐也能生萬物故象二之有所出也金生
於土左右注皆金也米者象左右粟粒也不從於
艸所以貴也此六者有形之主而六者之孳益不可勝
載也後之賢者隨義而益之故有字九物之大者略
已象之爲文矣後之字皆孳合而爲之
亦不能及遠故也是之謂六府之類也

山　川　厂　广　井

夫地之所載山土之鎮也萬物之育也山出雲
土之自出山精气之宅也故象之川以利
天下河潤九里餘三百步澤之大也故亦象之者山
攺邑不攺井八家共井所以養也故植象也厂崖之
可居也古始變穴居或广亦同亦宫室之象也此
依山而居重人之所居厂象之宀五者之孳化亦不

可勝也是之謂地類也

日月云雨

夫仰則觀象於天日月是已云雨皆不獨存皆上屬於天雲象其決鬱回復於天之下雨亦象其自雲而下也故犆象之是之謂天類也

爪手身目首

夫有生莫靈於人故手足皆象之爪亦象也覆者用爪仰則見掌故反爪為手身亦象其冠帶之形目人之日月也身人之體也首人之元也故犒象之是之謂人類凡四者

之類出之也

鳥烏舃燕鳳焉

夫鳥者羽族之通名也中有雉焉烏日中之禽也感孝而至舃者知歲之所在歲者福也俚語曰干舃喿則行人至然則祥鳥也燕者識啓閉之候鳳者百禽之長膺仁背義腹信翼順擇地而翔有德而下延首奮翼五光備舉詩曰鳳凰于飛翽翽其羽故象其羽翼森纚沃若之形也焉出江淮之際亦奇禽也則未知今爲何鳥焉皆鳥之貴也故取象之是之謂羽族之屬凡羽族之類出之也

龍魚龜它虹

龍者蟲之長也君子有比焉故從肉以象其神而飛騰撓弱不可制之象也

它者虫之別也故犆象之

黽蟲之異也天生神物聖人用之故象其外骨之形魚水屬也大者千里未有知其脩者象其振鬣棹尾之形也虹天之气也陰陽之表以生形似於虫水激暘亦能生之古今見者多言其有首尾非可貴也故附於虫霓者晻昧而疑於雲故附於雨是之謂水族之類凡此皆以水族之類出之也

牛犬羊豕馬廌麞兔鼠

牛者大物故曰一元大武犬所以守羊豕宗廟之牲也

馬所服用也

廌神物也能識不直

麞與牛羊特驚異視其解角以知其時故象之有

兔爰爰獸之趫狡也以豪爲用

鼠毛族

而宂處疑於蟲獸故謹而象之是
謂獸類凡厽者之類出之也
米 來 尗 韭 竹 舜
米者民之 來 麥也天降嘉 尗 者穀而異象其 韭 者
所貴也 種敬而象之 出土旁引蔓 菜
之有益者也得气之和故一種 竹 者陰而含陽非草非
而久尚書曰包匭菁茅菁韭也 木故謹而象之竹叢
生故並兩舜蕣茅也萅萅華赤者也連茄而生草之秀異
故從艸以言其根連若行亦非稙象之也是之謂禾竹之
類凡禾竹之
類出之也
甲 乙 丙 丁 戊 己 庚 辛 壬 癸

十日者治曆之本也甲象東北十三月之時陽始欲出正其體然上有所冒乙者二月之後軋然巳出矣冒險而出其出難故乙然詰屈也丙爲四月巳出而內外皆炳然而正八內外之分也丁爲五月其體丁壯象其正身無所屈撓戊己爲六月戊象居中五方相向絞相成也巳正身在中四顧望也庚爲七月萬物成實故象實之著乎枝幹也辛爲八月物巳成而未熟陰气未極陽气未萌無復象似萬物將收縮白露制物故取辛萬物之見焦殺若獲辠然也壬者十月十一月之交也陰陽初交壬象物之上下相交受也癸者十二月之時也土反其宅水歸其埊土縮其壤水收其潦故象水自四方流入內也

此十幹之類也

子丑寅卯辰巳午未申

丣古文酉戌亥

右十二次也人含陽以生子者人之初也象陽之初起於歲十一月子嬰兒之象也丑爲十二月陽氣彌長有爲之時也天造草昧建侯而不寧象人之手有爲陽用力爲之陰用力以制之皆象用手也

寅爲十三月陽謀成而出陰惡甚而力擯之西伯戡黎之時耶故象陽衝陰而出上有冒也

卯爲二月陽逾強陰不能制故象陽開出也

辰爲三月陽气長而未盛無可以象故從乙乙物出也人人加功之時也二上也星在上也二古上字上畫短下畫長厂爲聲此形聲字也

巳爲四月巳爲蛇蛇之變化

成文章正陽之月文
明之時故象蛇形也
午
爲五月陰之初生迕逆陽气一
地也人陽也丨象陰出衝午之
也
未
爲六月草木盛於五月故聚畜百藥木气之盛也
味主在和五月木雖盛純陽而已味一而未和至
六月得陰氣委殺乃
盛成而有味故象之
申
爲七月陰生三月矣三月一時
陰體成矣成則自申固而收束
故象
之
酉
爲八月萬物負陰而抱陽陽气將潛
萬物隨之以入故象門之閉也與
戼
同
意
戌
爲九月陽氣將滅土生於戊盛於戌言
陽將入於土也故從戊一亦象之也
亥
爲十月
盛陰接
陽絪緼遺精化育之象十一月而子生矣
故象之也此十二支也故以配日曰榦也

文

天地絪縕萬物化生天感而下地感而上隂陽交泰萬物咸亨陽以經之隂以緯之天地經之人實緯之故曰經天緯地之謂文

說文解字繫傳第三十七

說文解字錯綜卷第三十八

繫傳三十八

文林郎守祕書省校書郎臣徐鍇撰

昔聖人之作書也觀象於天而生文觀變於陰陽而爲字幽贊於神明而河出圖洛出書極數於萬物而秝粟降測實於幽冥而鬼哭察於無聲著

於無形曲而因之隨而模之一而繩之所以窮高遠而徹幽隱者也止戈而爲武交脩而爲文武者救患於未萌文者陶鈞於旣成其治之大乎君子曰作書者其知後世之患乎其聖人之留神乎君子人者若能脩之善人勉焉淫人聳焉故畫一以極其本

加二以致其變屈曲究竟以盡其意孳而肴之以窮其機故萬物舛形剛柔分情隆弛其德更貿其迹一著於筆如置金石刻於彝器罔敢或二故定天下之糾紛成萬物之精華者莫大於書非天下之至精其孰能作之逝者没也來者進也没則瀸滅進則

過溢往者著之來者平之追往而迎
來立中而定之以爲萬世法非天下
之至正其孰能作之民心不齊世變
風移夸而自巧以誣國寶器不中法
謂之悖道故立匚方音以爲器正矩以
爲工人君若能察之大化得焉萬民
一焉非天下之大智其孰能作之是

以君子所樂而玩者文之質也所取而
馮者字之意也以行事者取其義以作
器者尚其規故曰皿蟲爲蠱反正爲乏
非天下之至神其孰能作之其稱名也
小其取義也大其著於人也深精則簡
麤則繁故人獸異也精者象而麤者譬
故日月丘陵殊也古者聖人之心在於

書乎故著而行之是以古之王者立中而天下治正家而天下定南面而治垂衣裳而已矣蓋著於王（王字也）天無私覆地無私載日月無私照人君法之故背私而爲公蓋著於公（八背也厶私也）王者之道廣覆兼愛無適也無莫也蓋著於衣（衣下覆二人之象）爲上者正身以出令蓋著於君（古文君爲[illegible]今文尹）

口尹正也爲下者鞠躬以事其上蓋著於臣曲身
之狀君子居於正故能久蓋著之立天不能
獨運地以佐之君不能獨治臣以佐之
交修可否以成其德故令出而不擁蓋
著於行从兩彳相佐佑殺者所以立法也故務於去
惡去惡而善行矣蓋著於刑刑從井井法也古
者制器有象成象有矩蓋著於工古者

敬鬼神而遠之人不易物惟德繄物故神不享其珎而享其德無法則煩煩則黷黷則無福蓋著於巫（巫從工工法也）古者制民畢力於田蓋著於男其有德則爲官長正車服衣冠而臨之蓋著於夫古之制以其所有易其所無交易而退各得其所區而別之交而不爭蓋著於

市市從乚几乙及也，乚其中分界也唯口出好興戎
尚口乃窮是以古之君子信心而後
行故令行而不逆隱括而後語故語
出而遠應喋喋之辭君子慎之蓋著
於言言從口辛，辛愆字天得一以成地得一
以寧故天地之動貞夫一者也古之
君子得一善則拳拳服膺而不捨書

曰安汝止得一而止之大中之道也
蓋著於正正者直也古之君子一其心
而事君夫子曰一以貫之三代之所
以直道而行也蓋著於德（與悳字同）古之
君子則天以臨民剛以經之柔以緯
之陽以繩之陰以繟之寬以濟之猛
以糾之故文武之道一弛而一張文

陽而武陰蓋著之明 明從日從月陰陽之象也

說文解字錯綜卷第三十八

說文解字疑義卷第三十九

繫傳三十九

文林郎守秘書省校書郎臣徐鍇撰

古者文字少而民務寡是以古字多象形假借後代事繁字轉滋益形聲實象則不能紀遠故也始於八卦瞻天擬地曰盈月虧山抜水曲金散土重木挺而上草聚而下皆象形也無形可載有勢可見則爲指事上下之别起於互對有下而上上名所以立有上而下下名所以生無定物也故立一而下上引之以見指歸故曰指事會意者人事也無形無勢取義垂訓故作會意載戢干戈殺以止殺故止戈則爲武君子先行其言而後從之去食存信故人言

必信無形可象無勢可指無意可會故作形聲江河四瀆名以地分華岱五岳號隨境異逶迤峻極其狀本同故立體於側各以聲韻別之六書之中最爲淺末故後代滋益多附爲屬類成字而復於偏旁訓傳喻近譬故爲轉注人毛七化音爲老壽耆耋亦老故以老字注之受意於老轉相傳注故謂之轉注義近形聲而有異爲形聲江河不同灘溼各異轉注考老實同妙好無隅此其分也五者不足則假借之古人簡易之意也出令去聲所以使令平或長平於德或長上聲於年皆可爲長故因而假之若衣平在體爲衣去巾平車爲巾去之類也此聖人制字之大倫而中古之後師有愚智學有工拙智者據義而借令長之類是也淺者遠而假之若山海經以俊爲舜列子以進爲盡也又有本字湮没假借獨行若春秋莅盟本宜作竦今則爲莅省者是也減婚之字本當從女今之婚字世所不行從便則假借

難移論義則宜有分別今於通釋之內各
於本注注之以省疑釋滯成一家之說

劉　案說文有劉瀏等字而無此字疑脫漏臣鍇以爲亦
雅劉殺也尚書曰重我民無盡劉當云從刀金丣聲
或曰從刀

志　案說文有誌字而無此字亦脫誤且鍇據
鎦省聲　詩序在心爲志發言爲詩當云從心之聲
當在

騂　案說文垶字注云從土騂
心部　騂省聲而無騂字亦脫誤

希　案說文有稀莃
等字而無此字
亦脫誤或疑稀字從禾從爻從巾爻巾皆
象歷歷然稀疏皃莃字從稀省亦未審也

崔　案說文有
攉灌等字
而無此字此當
是崔字之省也

免　案說文有娩晚等
字而無此字脫誤

由　案說文有油
宙軸等字而
無此字亦脫誤李陽冰云即缶
字同今按古有由字亦未審也

右據偏旁有之而諸部不見此盖相承
脫誤非著書之時本所無故記於此

衣衣長長隶隶鼻鼻音音羽羽乁乁乃乃

右皆說文字體與小篆有小異者文字之興自伏羲始八卦兆其原鳥迹著其體帝王迭興改物𢎞名河出圖洛出書符命異形民物異聽文字多品誰能一之然自三代巳前人事未備天所制也故曰道不貸三代法不過三王貸而過之謂之變古故三正迭用不是過矣典𥉻前志帝王之槷矱也訓誥號誓國家之杓秉也文字者矩矱之區宅而號令之鐘皷也一有而不可廢則其爲用也大矣哉故立象以盡意也象可志而不可弃乾坤毀則無以見易文字滅則無以見經無以見經則聖人之道或幾乎隊矣天子之制車同軌書同文一民之耳目必也無訟之端也故

周禮保氏掌教國子六書又曰司寇之屬掌通諸侯八歲屬瞽史諭書名此皆所以制天下御諸侯之經也故古者以鳥迹爲始即古文也書有工拙或引筆爲畫頭重而尾纖取類賦名謂之科斗孔子壁書滕公墓是也大篆史籀所作所謂籒文是也字體繁複蓋與古文並行故孔子時經復行古文也秦政嚴急務趣約易李斯頗刪籀文謂之小篆會稽山銘及今之篆文是也苛暴尤甚篆復不足以給故程邈作古隸以自贖字畫曲折點綴易成即今之隸文但無八法而已凡此五者皆正文也而鳥書蟲書刻符殳書之類隨事立制同於圖畫非文字之常也然而愚智不同師説或異豪端曲折不能不小有異同許慎所解解其義也點畫多少皆案程式李斯小篆隨筆增減所謂秦文或字體或與小篆爲異其中亦多云此篆本從文此古文是也如衣之類本以覆二人爲義　三屬

丘本從到亡皆本如此而小篆引筆乃有小異而李陽
氷一改之使依秦刻石不亦疏乎今有所書寫則可
依秦文者依之至於連篇按部一歸之說文本體故臣所書
字體與小篆不異者或依小篆如吉字中畫本直小篆止
偃之類其陽氷所說與說文乖異者並入袪妄篇又僇天
子傳山海經諸子所有異字本皆篆體相承隸書重紕貤
謬未始有極古文尚書足以證矣既未可深攷所不取焉
五體之外漢魏已來縣鍼倒薤偃波垂露之類皆字體之
外飾造者可述而齊蕭子良王融韋仲庾元威之徒隨意
增益妄施小巧以異爲愽以多爲貴至於宋景之史秋胡
之妻皆令撰書厚誣前人以成已學是以王融作七國時
書皆成隸字其爲虛誕不言可明是以一百二十文體臣
所不敢
言也

說文解字疑義卷第三十九

集卷第三十九

說文解字系述卷第四十

繫傳四十

文林郎守祕書省校書郎臣徐鍇撰

說文之學遠矣時歷九代年移七百保氏弛教學人墮業聖人不作神旨幽沬故臣附其本書作通釋第一至三十

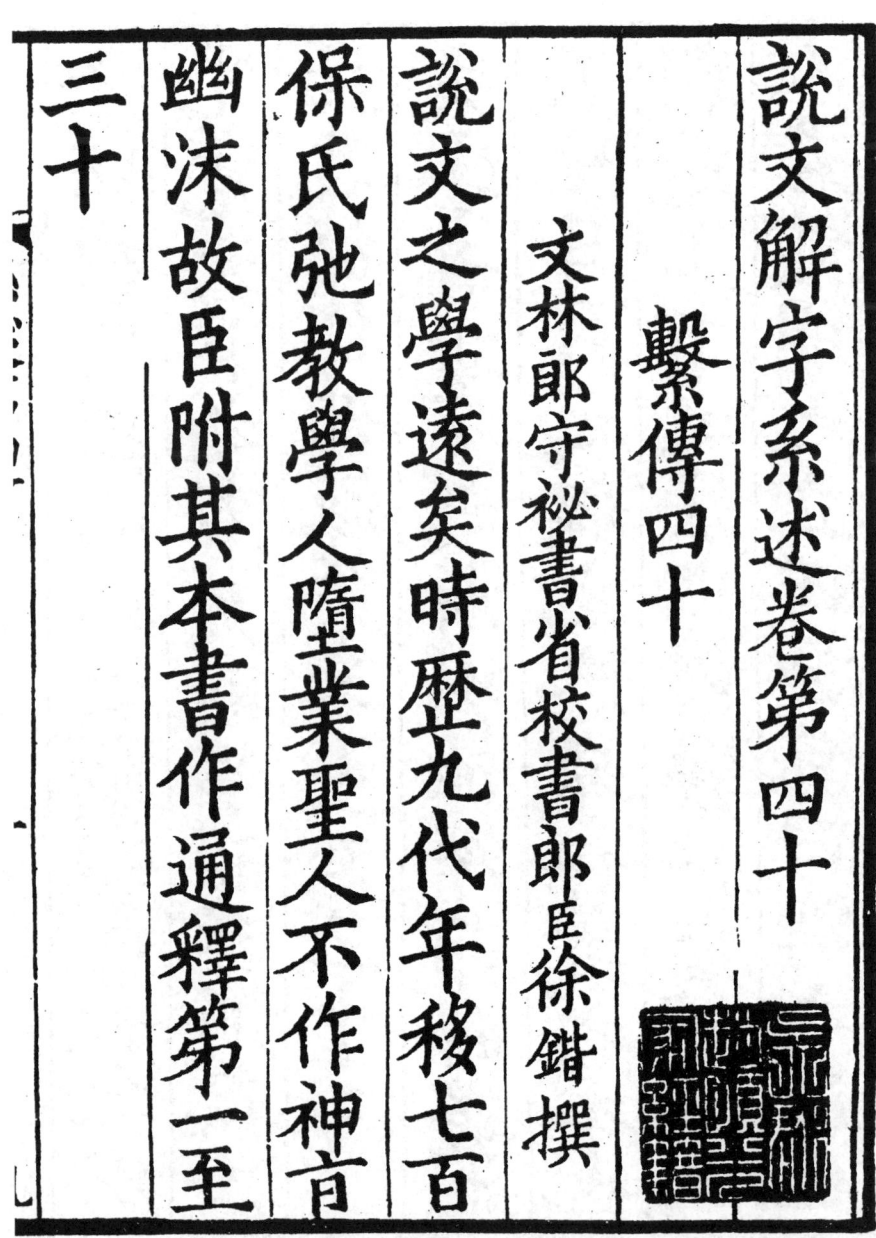

分部相屬因而繹之觸類而長之以究竟天下之事久則不昭昧則無次抽其緒作部敘第三十一至三十二

文字者聖人之所以極深而研幾也天地日月之經也忠孝仁義之本也朝廷上下之法也禮樂法度之規也人君能明之立四極包四海之道也

人臣能明之事君理下之則也字别
有義具之則緐沿流索潤以反其原
舉其要作通論三十三至三十五
字指澄深學者不曉讖者皆妄作祛
妄第三十六
禀受有義朋友有群譬諸草木區别
是分萬類紛糅不相奪倫作類聚第

三十七

文有不得盡言言有不得盡意曼者

失真拘者多滯或同或異推極其情

皦如也繹如也以成作錯綜第三十八

書闕簡脱傳者異詞述者不明後人

洞疑作疑義第三十九

昔在伏羲設卦興統去聲黄帝作書蒼

頡沮誦周宣中興史籀是承爰及許
慎維綱振繩勒成一家大義以弘傳
非其人訛僞相仍　聖皇紹祚粵若
稽古通幽洞冥萬物咸覩竇生下臣
是經是綸作系述第四十

說文解字繫傳卷第四十

熙寧己酉冬傳監察王聖美本翰
林祗候劉允恭等篆子容題時領少府
并詳定天下印文允恭等寀吏也
司農南齊再看舊闕二十五三十
共二卷俟別求補寫
嘉祐中予編定集賢書籍暇日因往
見樞相宋鄭公謂予曰知君校中祕

書皆以文字訂正此正校讎之事也又曰文字之學今世罕傳說文之外復得何書予以徐公繫傳爲對公曰某少時觀此未以爲奇其後兄弟留心字學當世所有之書訪求殆遍其間論議曾不得徐公之彷彿其所據以今所得校之十不及其五六誠

該洽無比也又問予曰小徐學問文章才敏皆優於其兄而後人稱美出其兄下何耶予曰信如公言所以然者楚金仕江左少年早卒鼎臣歸朝公卿皆與之游士夫大從其學者亦衆宜乎名高一時也公再三見賞相謂曰君之評論精詣如此當書録

以遺異日修史者不能出此說也因
校此書畢追思公言聊志諸卷末已
酉十二月十五日子容題

余暇日較正三館亂書得南唐徐楚金說文繫傳愛其博洽有根據而一半斷爛不可讀會江西漕 劉文潛以書來言李仁甫託訪此書乃從葉石林氏昔得之方傳錄未竟而余有補外之命遂令小子槩於舟中補足此本得於蘇魏公家而訛舛尚多當是未經校理也乾道癸巳十月廿四日尤袤題

附録

重印錢曾述古堂影宋抄本説文繫傳跋〔一〕

葉德輝

南唐徐鍇《説文繫傳》，近所傳本有三：一乾隆壬寅汪啓淑刻本，一馬氏《龍威秘書》巾箱刻本，一道光己亥祁寯藻刻本。汪、馬本行世已久，人雖知其謬誤，恨無善本代之，乾嘉諸儒亦頗援引，以校徐鉉本。迨祁本出，人人知汪、馬之非，而益信祁本之足貴矣。祁本出自影宋抄本，歷經黄蕘圃、顧千里鑒藏，其善處已詳祁序及後附《校勘記》中。然其本出自何人，傳之誰氏，顧氏《思適齋文集》、黄氏《士禮居藏書題跋記》曾未一言及之。祁序所稱汪士鐘藏宋槧殘本，則出自明趙宧光舊藏，亦經黄氏藏過。其書每半葉七行，行大字十四字，小字雙行二十二字，衹存《通釋》第三十至末，凡十一卷，語詳莫友芝《知見傳本書目》。今汪、祁二本行字與此同，相校則互有迻易。汪本譌奪亦同馬本，祁刻《校勘記》時舉正之。

〔一〕編者按：《四部叢刊》本原無題目，據葉氏《郋園北遊文存》補。

就三本互勘，祁本之善自無可議，惟不見宋刻或影宋原抄本，終無以釋人疑問也。

囊閱錢曾《讀書敏求記》，載有此書四十卷，云：「流傳絶少，世罕有覯之者。當李巽巖時，蒐訪歲久，僅得七八，闕卷誤字，又無是正，何況後之學人，年代浸遠，何從睹其全本？此等書應有神物呵護。留心籍氏者，莫謂述古書庫中無驚人秘笈也。」曾之推重是書，余固未敢深信。述古藏書散後，此書歸上海郁泰峰宜稼堂，郁書於同治初元半歸揭陽丁禹生中丞持靜齋，丁書於癸丑年散落滬市間。余在繆藝風先生坐中，有書估持書來，見之，余出即尾追估人，已渺如黄鶴。顧揣其書，必不出滬上也。時屬張菊生同年訪之，乃知果在南潯張石銘孝廉家，今已借得影印，先以示余。

因取汪、祁二本勘之，知其同出一原，行字皆有迻改。汪本迻改尤多，《木部》《心部》闕至數十字，《桑部》脱去部首字，㒳、黹、㐆、㱃、次、兵、嵬、象等部通部俱脱。馬本亦然。至祁刻《校勘記》所舉原抄及汪、馬各本誤處，此本並同。其汪刻異者，諦審行字，均刻後改之。如《（一）（上）部》「上」篆下「任器」，此本「任」作「仕」，汪本作「禮器」，是也。顧細按汪刻，「禮」字微偏，其爲刻後校改，痕迹可驗也。《示部》「橐」篆下「讀若春麥爲毳之毳」，此本與祁本同，汪本兩「毳」字均作「橐」，而「橐」字略小，其必刻後據鉉本校改，而原見之本必作「毳」字，亦痕迹可驗也。《玉部》「璪」篆下「相帶縈帶」，汪本無此四字，此本、祁本有之，則汪本之譌奪也。「玭」篆下「玭，珠之有聲者」，祁本無「者」字，《校勘記》云「當依汪本作『玭，珠之有聲者』」，此本正有「者」字，則又知此本勝於祁所據之抄本也。略舉前一二篇，以見大凡，餘非別作校記，不能詳也。

又二十五卷，據祁刻云，舊闕此卷，宋鈔本以大徐所校定本補之，故祁本此卷前結銜題名祇徐鉉一行，此本與汪、馬兩刻仍題徐鍇傳釋、朱翶反切兩行，則所據之原本又似與祁刻所據者微有不同。但鉉本用孫愐切音，鍇本用朱翶反切，此本雖題朱翶反切，書中仍用孫愐切音，則此本又不如祁刻所見原本之審慎矣。此本篆字出自抄胥，不無描寫之失，然近世鉉、鍇二書亦已家絃户誦，昔邢子才有云：「誤書思之，亦是一適。」此在深通小學之儒，必不以此爲病。若論此抄本之古，則在顧黄以前，亦較顧黄本爲有來歷。余誠不意二百數十年所傳驚人秘笈，至今化身千億，流布人間，論菊生同年表章之功，他日當於《説文統系圖》中增一坐位矣。

辛酉八月中秋，葉德輝跋。

宋槧殘本說文解字繫傳跋

張元濟

右天水槧《說文解字繫傳》卷三十至卷四十，凡十一卷，趙宋第二刻也。此書元、明兩世未有刊傳，乾嘉以來，汪氏、馬氏、祁氏始先後板行。三刻之中，祁本爲最當。時嘗從富民汪氏借校宋本未得者，即此十一卷也。今夏重觀罟里瞿氏鐵琴銅劍樓藏書，幸獲寓目，半璧之珍，世所未見。首有趙凡夫手補《敘目》一卷，故志載十二卷，舊爲寒山堂故物。册中汪士鐘印爛然照眼，蓋即相國祁公所稱富民汪氏也。會當重印《叢刊》，請於良士兄，借得宋刊諸卷，與述古景本配合印行。既彌祁氏當年之缺憾，且釋近世治楚金書者不見宋本之惑，其欣快爲何如耶？戊辰中元，海鹽張元濟謹識。

楚金書宋刊見於著録者，故有陳氏《帶經堂目》中嘉祐足本，蔣香生時已傳帶往臺灣，存於中土者，唯兹述古景本與殘宋十一卷而已。今搜求所及，並入《叢刊》，二難併合，寧非佳話？惜奂彬同年已歸道山，不獲相與考訂，共此欣賞，重覽舊跋，爲之黯然。元濟再識。